Thomas Kirch

Mitwirkungsverbote bei Vergabeverfahren

Kommunale Nahverkehrsdienstleistungen in der öffentlichen Ausschreibung

Nomos Verlagsgesellschaft
Baden-Baden

Bibliografische Information Der Deutschen Bibliothek

Die Deutsche Bibliothek verzeichnet diese Publikation in
der Deutschen Nationalbibliografie; detaillierte bibliografische
Daten sind im Internet über http://dnb.ddb.de abrufbar.

Zugl.: Bremen, Univ., Diss., 2004

ISBN 3-8329-0863-3

1. Auflage 2004

Danksagung

Die vorliegende Arbeit wurde im Frühjahr 2003 von der juristischen Fakultät der Universität Bremen als Dissertation angenommen. Für die Veröffentlichung wurden Rechtsprechung und Literatur bis April 2004 berücksichtigt.

Ich danke *Herrn Prof. Dr. Dian Schefold* als Betreuer dieser Arbeit für die fruchtbaren Gespräche und Diskussionen, die die Erstellung der Arbeit begleitet haben. In und an der Auseinandersetzung ist die Arbeit gewachsen. *Herrn Prof. Dr. Felix Ekardt* danke ich für die schnellste Anfertigung des Zweitgutachtens.

Ein besonderer Dank geht an *Frau Dr. Sibylle Barth* und die *Herren Eckart Abel-Lorenz, Dr. Hubertus Baumeister* und *Dr. Niels Griem* die mir als Partner der Anwaltskanzlei *Barth Baumeister Griem* (Bremen) nicht nur den unbeschränkten Rückgriff auf ihre Bibliothek, sondern auch auf andere wertvolle Ressourcen wie etwa die Espressomaschine gewährt haben...

Ohne die Unterstützung meiner Eltern hätte ich diese Arbeit nicht anfertigen können. Ihnen und der Erinnerung an meine Schwester Barbara ist die Arbeit gewidmet.

Berlin, im Mai 2004 *Thomas Kirch*

Vorwort

Die hier vorgelegte Arbeit scheint ein mit den Privatisierungsproblemen nur lose verbundenes, sehr spezielles Thema zu behandeln, das für das Vergaberecht zuerst durch die berühmte Entscheidung des OLG Brandenburg zum Flughafen Schönefeld[1] ins Gespräch gebracht worden ist. In der Tat ist der Öffentliche Personennahverkehr ja nicht in erster Linie ein Bereich der Privatisierung. Öffentliche – vor allem kommunale – und private Unternehmen wirken hier seit langem zusammen; Änderungen haben allenfalls die Privatisierung und Regionalisierung der Bahn, weniger bei Nahverkehrsunternehmen bewirkt.

Trotzdem hat sich auch deren Stellung aus drei verschiedenen Richtungen verändert. Zunächst sucht die sektorenspezifische Regulierung des Verkehrs durch Art. 70 ff. EGV und die darauf gestützten Verordnungen die gemeinschaftsrechtlichen Ziele des Binnenmarkts und eines funktionsfähigen Wettbewerbs zu erreichen. Sodann enthält das Vergaberecht Verfahrensregelungen und Maßstäbe, nach denen das Wettbewerbsprinzip bei der Vergabe auch von Verkehrsleistungen durchgesetzt werden soll. Und schließlich wirft die Beteiligung auch kommunaler Unternehmen an Vergabeverfahren das Problem des Mitwirkungsverbots der in den Unternehmen Tätigen an den Vergabeentscheidungen der Kommunen auf. Dieses Problem, kurz nach Inkrafttreten des geltenden Vergaberechts in der erwähnten Entscheidung des OLG Brandenburg erörtert, ist deshalb in § 16 der Durchführungsverordnung, der Vergabeverordnung vom 9.1.2001[2] geregelt worden, etwas abweichend vom allgemeinen Verwaltungsverfahrensrecht, das auf die privatrechtsförmigen Vergabeverfahren nicht anwendbar ist.

Diese in der vorliegenden Arbeit eingehend behandelten Änderungen können sich entscheidend auf die kommunalen Nahverkehrsunternehmen auswirken. Während diese, unabhängig von ihrer Rechtsform, traditionell als Instrumente der durch die Garantie der kommunalen Selbstverwaltung gewährleisteten wirtschaftlichen Betätigung der Gemeinden fungieren, werden sie, legt man die erwähnten Regelungen zugrunde, zu wirtschaftlichen Unternehmen, die nicht privilegiert behandelt werden dürfen[3], sich im Wettbewerb mit Privaten zu bewähren haben und folglich dem dafür geltenden Recht, namentlich dem Recht des unlauteren Wettbewerbs unterliegen, und über deren Berücksichtigung bei der Vergabe von Verkehrsleistungen die Kommunen bei Mitwirkungsverboten für Personen, die im Rahmen der Unternehmen tätig sind, zu entscheiden haben. Diese Betrachtungsweise wird in der vorliegenden Arbeit konsequent verfolgt. Die organisatorische Trennung von kommunalem Unternehmen – hier: Nahverkehrsunternehmen – und kommunaler Verwaltung, traditionell bloßes Mittel zur besseren wirtschaftlichen Erfüllung, auch zur einfacheren Erfolgskontrolle der Verwirklichung des öffentlichen Zwecks, führt zum Erfordernis der Gleichstellung des Unternehmens mit andern Privaten und damit praktisch zur Privatisierung, selbst wenn die Anteile des Unternehmens in kommunaler Hand bleiben. In diesen Zusammenhang gestellt, erweisen sich die Mitwirkungsverbote als entscheidender Schritt zur Privatisierung. Die Verfolgung des Wohls der Trägerkörperschaft, nach den Gemeindeordnungen Aufgabe der

1 OLG Brandenburg v. 3.8.1999, NVwZ 1999, S. 1142 ff.
2 BGBl. I, S. 110 (VgV).
3 Art. 86 EGV.

in die Organe wirtschaftlicher Unternehmen entsandter oder auf ihre Veranlassung gewählter Vertreter, hebt den Gegensatz zwischen dem Interesse des Unternehmens und dem kommunalen Interesse nicht auf. Es ist ein Verdienst der vorliegenden Arbeit, dies herausgearbeitet zu haben.

Die Arbeit argumentiert im einzelnen differenzierend, in subtiler Auslegung des § 16 VgV und, trotz der eingehend dargelegten verfassungsrechtlichen Ansätze in dieser Richtung, in Ablehnung globaler Neutralitätsgebote. Auch die Bedeutung der Garantie der kommunalen Selbstverwaltung für die wirtschaftliche Betätigung der Kommunen und deren Berücksichtigung im Kommunalwirtschaftsrecht wird durchaus gesehen. Aber die Arbeit entscheidet sich für den Vorrang des Wettbewerbs, mit allen hier nur angedeuteten, in der Arbeit im einzelnen entwickelten Konsequenzen. Sie leistet damit einen Beitrag zur weiteren Diskussion.

Dass dagegen, vor allem unter dem Blickwinkel des Art. 28 II GG und unter Berufung auf das Recht der Gemeinden, *alle* Angelegenheiten der örtlichen Gemeinschaft und damit auch die einem kommunalen öffentlichen Zweck dienende wirtschaftliche Betätigung zu regeln, auch eine entgegengesetze Argumentation denkbar ist, sei immerhin angemerkt[4]. Dieses Recht, auch europarechtlich gewährleistet[5], läßt auch auf kommunaler Ebene Raum für die Erbringung von Diensten von allgemeinem wirtschaftlichem Interesse[6]. Das wird auch in der vorliegenden Arbeit nicht verkannt. Auch wer deren Folgerungen nicht durchgehend zustimmt, findet darin einen Argumentationshaushalt, der die weitere Erörterung fördert.

Bremen, im April 2004 *Dian Schefold*

4 Dazu im einzelnen *Schefold*, BDVR-Rundschreiben 2/2004, 89ff.

5 Vgl. die Europäische Charta der kommunalen Selbstverwaltung vom 15.10.1985, deutsches Zustimmungsgesetz vom 22.1.1987 (BGBl. II S. 65), künftig Teil I Art. 5 I 1, 9 III 1 des Entwurfs eines Vertrags über eine Verfassung für Europa.

6 Vgl. insb. Art. 16, 73, 86 Abs. 2 EGV.

Inhaltsverzeichnis

Abkürzungsverzeichnis

a.A.	anderer Ansicht
a.E.	am Ende
a.F.	alte Fassung
ABl.EG	Amtsblatt der Europäischen Gemeinschaft
Abs.	Absatz
AEG	Allgemeines Eisenbahngesetz
AG	Aktiengesellschaft
Alt.	Alternative
AöR	Archiv für öffentliches Recht (Zeitschrift)
Art.	Artikel
Aufl.	Auflage
Az.	Aktenzeichen
BauR	Zeitschrift für das gesamte öffentliche und private Baurecht
BayObLG	Bayerisches Oberstes Landesgericht
BayÖPNVG	Gesetz über den öffentlichen Personennahverkehr in Bayern
BayVBl.	Bayerische Verwaltungsblätter (Zeitschrift)
BB	Betriebsberater (Zeitschrift)
BbgÖPNVG	Gesetz über den öffentlichen Personennahverkehr im Land Brandenburg
BDVR	Bund Deutscher Verwaltungsrichter
Begr.	Begründer
Beil.	Beilage
Beschl.	Beschluss
BGB	Bürgerliches Gesetzbuch
BGBl.	Bundesgesetzblatt
BGH	Bundesgerichtshof
BGHZ	Amtliche Sammlung der Entscheidungen des Bundesgerichtshofs in Zivilsachen
BlnÖPNVG	Gesetz über die Aufgaben und die Weiterentwicklung des öffentlichen Personennahverkehrs im Land Berlin
BR-Drs.	Drucksachen des Deutschen Bundesrats
BremÖPNVG	Gesetz über den öffentlichen Personennahverkehr im Land Bremen
Bsp.	Beispiel
bspw.	beispielsweise
BT-Drs.	Drucksache des Deutschen Bundestags
BVerfG	Bundesverfassungsgericht
BVerfGE	Amtliche Sammlung der Entscheidungen des Bundesverfassungsgerichts
BVerwG	Bundesverwaltungsgericht
BVerwGE	Amtliche Sammlung der Entscheidungen des Bundesverwaltungsgerichts
BW-ÖPNVG	Gesetz über die Planung, Organisation und Gestaltung des öffentlichen Personennahverkehrs in Baden-Württemberg

bzgl.	bezüglich
bzw.	beziehungsweise
DAR	Deutsches Autorecht (Zeitschrift)
DB	Der Betrieb (Zeitschrift)
ders.	derselbe
DKR	Dienstleistungskoordinierungsrichtlinie: RL 92/50/EWG des Rates über die Koordinierung der Verfahren zur Vergabe öffentlicher Dienstleistungsaufträge
DÖV	Die Öffentliche Verwaltung (Zeitschrift)
DVBl.	Deutsches Verwaltungsblatt (Zeitschrift)
EG	Europäische Gemeinschaft(en)
EGV	EG-Vertrag, Vertrag zur Gründung der Europäischen Gemeinschaft
Einf.	Einführung
endg.	endgültig
Erg.Lfg.	Ergänzungslieferung
EU	Europäische Union
EuG	Europäisches Gericht erster Instanz
EuGH	Europäischer Gerichtshof
EuGRZ	Europäische Grundrechte Zeitschrift
EuR	Europarecht (Zeitschrift)
EuZW	Europäische Zeitschrift für Wirtschaftsrecht
EWS	Europäisches Wirtschafts- & Steuerrecht (Zeitschrift)
f.	folgende(r)
ff.	fortfolgende
Fn.	Fußnote
FS	Festschrift
gem.	gemäß
GewArch	Gewerbearchiv (Zeitschrift)
GG	Grundgesetz für die Bundesrepublik Deutschland
ggf.	gegebenenfalls
GKV	Geringste Kosten Verordnung: Verordnung zur Anwendung von § 13a I 3 PBefG
GmbH	Gesellschaft mit begrenzter Haftung
GVFG	Gemeindeverkehrsfinanzierungsgesetz
GWB	Gesetz gegen Wettbewerbsbeschränkungen
h.M.	herrschende Meinung
HdB.	Handbuch
HessÖPNVG	Gesetz zur Weiterentwicklung des öffentlichen Personennahverkehrs in Hessen
HGrG	Haushaltsgrundsätzegesetz
Hrsg.	Herausgeber
i.d.F.	in der Fassung
i.d.R.	in der Regel
i.S.	im Sinne
i.S.d.	im Sinne des (der)
i.V.m.	in Verbindung mit

JA	Juristische Arbeitsblätter (Zeitschrift)
JR	Juristische Rundschau (Zeitschrift)
Jura	Juristische Ausbildung (Zeitschrift)
JuS	Juristische Schulung (Zeitschrift)
JZ	Juristenzeitung
Kap.	Kapitel
KG	Kammergergericht
KOM	Mitteilungen der Kommission der Europäischen Gemeinschaft
LG	Landgericht
lit.	Buchstabe
LKV	Landes- und Kommunalverfassung (Zeitschrift)
Ls.	Leitsatz
m.w.N.	mit weiteren Nachweisen
MDR	Monatsschrift für Deutsches Recht (Zeitschrift)
Mio.	Millionen
MIV	Motorisierter Individualverkehr
MV-ÖPNVG	Gesetz über den öffentlichen Personennahverkehr in Mecklenburg-Vorpommern
n.F.	neue Fassung
NdsNVG	Niedersächsisches Gesetz zur Neuordnung des öffentlichen Personennahverkehrs
NJW	Neue Juristische Wochenschrift (Zeitschrift)
Nr.	Nummer
NVwZ	Neue Zeitschrift für Verwaltungsrecht
NWVBl.	Nordrhein-Westfälische Verwaltungsblätter (Zeitschrift)
NZBau	Neue Zeitschrift für Baurecht und Vergaberecht
NZV	Neue Zeitschrift für Verkehrsrecht
OLG	Oberlandesgericht
ÖPNV	Öffentlicher Personennahverkehr
ÖPNVG	Gesetz über den öffentlichen Personennahverkehr (Landesnahverkehrsgesetz)
ÖPNVG-LSA	Gesetz zur Gestaltung des Öffentlichen Personennahverkehrs im Land Sachsen-Anhalt
ÖSPV	Öffentlicher Straßenpersonennahverkehr (i.S.d. PBefG)
OVG	Oberverwaltungsgericht
PBefG	Personenbeförderungsgesetz
RabelsZ	Rabels Zeitschrift für ausländisches und internationales Privatrecht
RegE	Regierungsentwurf
RegG NW	Nordrheinwestfälisches Regionalisierungsgesetz: Gesetz zur Regionalisierung des öffentlichen Schienenpersonennahverkehrs sowie zur Weiterentwicklung des ÖPNV
RegG	Regionalisierungsgesetz: Gesetz zur Regionalisierung des öffentlichen Personennahverkehrs .
RL	Richtlinie
Rn.	Randnummer
RPA	Recht und Praxis der öffentlichen Auftragsvergabe (Zeitschrift)

RP-NVG	Rheinlandpfälzisches Landesgesetz über öffentlichen Personennahverkehr (Nahverkehrsgesetz - NVG)
Rs.	Rechtssache
Rspr.	Rechtssprechung
S.	Satz, Seite
s.o.	siehe oben
SaarlÖPNVG	Gesetz Nr. 1361 über den öffentlichen Personennahverkehr im Saarland
SächsÖPNVG	Gesetz über den öffentlichen Personennahverkehr im Freistaat Sachsen
SH-ÖPNVG	Gesetz über den öffentlichen Personennahverkehr in Schleswig-Holstein
Slg.	Sammlung (EuGH-Entscheidungen)
sog.	sogenannt
SPNV	Schienenpersonennahverkehr (i.S.d. AEG)
SZ	Süddeutsche Zeitung
ThürÖPNVG:	Thüringer Gesetz über den öffentlichen Personennahverkehr
TranspR	Transportrecht (Zeitschrift)
u.a.	unter anderem
Urt.	Urteil
v.	vom
v.a.	vor allem
VBlBW	Verwaltungsblätter Baden-Württemberg (Zeitschrift)
VergabeR	Vergaberecht (Zeitschrift)
VersR	Versicherungsrecht (Zeitschrift)
VerwArch	Verwaltungsarchiv (Zeitschrift)
VG	Verwaltungsgericht
vgl.	vergleiche
VgRÄG	Vergaberechtsänderungsgesetz: Gesetz zur Änderung der Rechtsgrundlagen für die Vergabe öffentlicher Aufträge
VgV	Vergabeverordnung: Verordnung über die Vergabebestimmungen für öffentliche Aufträge
VK	Vergabekammer
VKS-News	Verband Kommunale Abfallwirtschaft und Stadtreinigung News (Zeitschrift)
VN	Vergabenews (Zeitschrift)
VO (EWG)	Verordnung der europäischen (Wirtschafts)gemeinschaft
VOL/A	Verdingungsverordnung für Leistungen ausgenommen Bauleistungen – Teil A
VOP	Verwaltung, Organisation, Personal, heute: Innovative Verwaltung (Zeitschrift)
VR	Verwaltungsrundschau (Zeitschrift)
VVDStRL	Veröffentlichungen der Vereinigung Deutscher Staatsrechtslehrer
VwGO	Verwaltungsgerichtsordnung
VwVfG	Verwaltungsverfahrensgesetz
WiVerw	Wirtschaft und Verwaltung (Zeitschrift)

WM	Wertpapiermitteilungen (Zeitschrift)
WRP	Wettbewerb in Recht und Praxis (Zeitschrift)
WuW	Wirtschaft und Wettbewerb (Zeitschrift)
z.B.	zum Beispiel
ZAU	Zeitschrift für angewandte Umweltforschung
ZfBR	Zeitschrift für deutsches und internationales Bau- und Vergaberecht
ZfK	Zeitung für kommunale Wirtschaft
ZfV	Zeitschrift für Versicherungswesen
ZG	Zeitschrift für Gesetzgebung
ZGR	Zeitschrift für Unternehmens- und Gesellschaftsrecht
ZHR	Zeitschrift für das gesamte Handelsrecht und Wirtschaftsrecht
Ziff.	Ziffer
ZIP	Zeitschrift für Wirtschaftsrecht
ZögU	Zeitschrift für öffentliche und gemeinwirtschaftliche Unternehmen
ZPO	Zivilprozessordnung
ZUR	Zeitschrift für Umweltrecht
ZVgR	Zeitschrift für Vergaberecht
ZZP	Zeitschrift für Zivilprozeß

Einleitung

Während der Ausschluss von als befangen geltenden Personen in Verwaltungsverfahren als allgemeiner Rechtsgrundsatz schon lange anerkannt ist,[7] wurde die Übertragung dieses Ansatzes auf den Bereich der öffentlichen Auftragsvergabe und Beschaffung erst durch den Beschluss des OLG Brandenburg zum Vergabeverfahren Flughafen Berlin-Brandenburg prominent.[8] Das Gericht wandte den in § 20 Abs. 1 Nr. 5 VwVfG kodifizierten Rechtsgedanken auf das zivilrechtlich zu beurteilende Vergabeverfahren an, was in der Literatur kontrovers beurteilt wurde.[9] Auch die spätere Rechtsprechung anderer OLG-Senate lässt eine einheitliche Linie auf den ersten Blick nicht unbedingt erkennen,[10] so dass sich der Verordnungsgeber im Rahmen der nach dem Inkrafttreten des VgRÄG[11] erforderlichen Neufassung der Vergabeverordnung mit § 16 VgV zur Aufnahme einer diesbezüglich eigenen Regelung in das Kartellvergaberecht entschlossen hat.[12] Die getroffene Regelung basiert auf der Fiktion der Voreingenommenheit natürlicher Personen, die am Vergabeverfahren auf Auftraggeberseite mitwirken und zugleich eine bestimmte Stellung auf Bieter- oder Bewerberseite innehaben. Ein Ausschluss von der Verfahrensmitwirkung kann aber dann unterbleiben, wenn für die betroffene Person kein Interessenkonflikt besteht, oder sich die Tätigkeiten nicht auf die Entscheidungen in dem Vergabeverfahren auswirken.

Mittlerweile liegt zu dieser Regelung die erste Rechtsprechung vor und auch die Doktrin war keineswegs untätig. Reichweite und Bedeutung der mit § 16 VgV getroffenen Regelung und insbesondere der eingeräumten Möglichkeiten zur Widerlegung der vermuteten Voreingenommenheit sind aber bislang weder von der Literatur noch von den Nachprüfungsinstanzen nach dem Kartellvergaberecht verständig und einheitlich gewürdigt worden. So werden die Widerlegungstatbestände bislang undifferenziert einander gleichgestellt,[13] als Verstoß gegen höherrangiges (Verwaltungs-) Recht gewertet,[14] oder so ausgelegt, dass sie ihrer praktischen Wirksamkeit beraubt werden.[15] Und während die Vergabekammer Sachsen[16] einem Verstoß gegen § 16 VgV im Vergabeverfahren - entgegen der Begründung des Verordnungsentwurfs[17] - keine selbständige Bedeutung zukommen lassen will,[18] hält es die VK Lüneburg[19] trotz der jetzt getroffenen Regelung für sachdienlich, statt einer Subsumtion, den zu treffenden Beschluss im Wesentlichen auf ein vage bleibendes vergaberechtliches Neutralitätsgebot zu stützen. Im Ergebnis richtige Entscheidungen lassen den Bezug zur einschlägigen Regelung des

---

7 Siehe etwa den Hinweis auf die Rechtsprechung des preuß. Oberverwaltungsgerichts bei *Haueisen*, DVBl. 1950, 774 (776) und *Wimmer*, MDR 1962, 11 (12).

8 OLG Brandenburg, NVwZ 1999, 1142ff.

9 Siehe hierzu unten, Zweiter Teil, A.II.1.a).

10 Siehe hierzu unten, Zweiter Teil, A.II.1.b) – d).

11 Vergaberechtsänderungsgesetz, BGBl. I 1998, 2546.

12 Siehe unten, Zweiter Teil, A.II.2.

13 So *Gröning*, WRP 2001, 1 (7).

14 So *Danckwerts*, NZBau 2001, 242 (244).

15 So aufgrund überzogener Beweislastanforderungen und eines Zirkelschlusses etwa die VK Rheinland Pfalz v. 30.4.2002, VK 6/02, S. 11f.

16 VK Sachsen v. 29.11.2001, 1/SVK/109-01, siebter LS.

17 Begr. des RegE, BR-Drs. 455/00, S. 20.

18 Anders jetzt VK Sachsen v. 29.5.2002, 1/SVK/044-02.

19 VK Lüneburg v. 14.1.2002, 203-VgK-22/2001, S. 24ff.

§ 16 VgV vermissen,[20] obgleich diese Bestimmung bei verständiger Anwendung lange Herleitungen aus verwaltungsrechtlichen Grundsätzen überflüssig macht und damit einen Beitrag auch zur Effizienz der Rechtskontrolle leistet. Vor allem Rechtssicherheit scheint die getroffene Regelung aus sich heraus aber bislang nicht gewährleisten zu können, so dass sich eine nähere Betrachtung, die einen eigenen, konsistenten Ansatz begründet, jedenfalls lohnt. Die vorliegende Untersuchung möchte im Ergebnis die hier bestehenden Unsicherheiten beseitigen und auch anwendbare Handlungsempfehlungen für die Organisation kommunaler Beschaffungs- und Wirtschaftsstrukturen in der Praxis geben.

Dem Kartellvergaberecht, welches mit der neuen Vergabeverordnung auch § 16 VgV umfasst, kommt zunehmend in Bereichen staatlichen Wirkens Bedeutung zu, die traditionell mit dem Begriff der Daseinsvorsorge etikettiert werden. Es ist eine allfällige Beobachtung, dass sich der Staat und seine Körperschaften in Zeiten chronisch leerer Haushaltskassen hier aus der unmittelbaren Erfüllungsverantwortung zurückzieht und seine Rolle auf die Gewährleistung für die Erbringung der gewünschten Dienste von allgemeinem Interesse beschränkt. Der Staat und seine Untergliederungen treten dann nicht mehr notwendigerweise als Ausführende in Erscheinung, sondern nur noch als Initiatoren der von Dritten zu erbringenden Leistung. Wo sich der Staat/die Kommunen zur Erbringung der gewünschten Dienste im Allgemeininteresse bislang eigener Unternehmen bedient hat, kann dies dazu führen, dass dieser Dritte auch das jeweilige öffentliche Unternehmen ist.

Als anschauliches Beispiel für die hier möglichen Verflechtungen dient der vorliegenden Untersuchung der ÖPNV nach dem PBefG.[21] Dieser wird bislang von kommunalen Unternehmen in Privatrechtsform dominiert, welche der Kontrolle und Leitung der anteilseignenden Gebietskörperschaft, die durch die Entsendung von Gemeindevertretern in die Gesellschaftsorgane des Unternehmens erfolgt, unterliegen. Die Durchführung eines Vergabeverfahrens ist nach § 13a PBefG i.V.m. § 1 GKV bislang nur für die Bestellung gemeinwirtschaftlicher Verkehrsleistungen obligatorisch. Die kommunalen Aufgabenträger treten hier als Initiatoren von Nahverkehrsdienstleistungen und auch des diesbezüglichen Wettbewerbs auf. Kommende Änderungen des europarechtlichen Rahmens werden Vergabeverfahren im Bereich des ÖPNVs aber voraussichtlich eine umfassende Bedeutung zukommen lassen. Ausschreibungswettbewerb kann hier dazu führen, dass eine Kommune als Aufgabenträger im ÖPNV nicht nur für die Durchführung eines Vergabeverfahrens zuständig ist, sondern sich mit einem eigenen Verkehrsunternehmen auch auf den von ihr selbst zu vergebenden Auftrag bewirbt. Hier kann es zu persönlichen Interessenkonflikten kommen, wenn ein Gemeindevertreter einerseits an der Durchführung der Ausschreibung beteiligt ist und andererseits als Organmitglied des kommunalen Bieterunternehmens an der Anfertigung eines Angebots mitwirkt. Eine Situation, die vor dem Hintergrund der wettbewerblichen Dualität von Angebot und Nachfrage zu irritieren vermag. Dementsprechend wird von § 16 Abs. 1 Nr. 3 lit. a VgV eine zum Ausschluss von der Mitwirkung am Vergabeverfahren führende Voreinge-

---

20 So auch der Beschluss des OLG Koblenz v. 5.9.2002, NZBau 2002, 699ff. Siehe hierzu eingehend unten, Zweiter Teil, B.V.3.b).

21 Keine Berücksichtigung findet der schienengebundene ÖPNV, der dem AEG als Sonderregelung unterfällt und mit der Novellierung der VgV, BGBl. 2003 I Nr. 6 v. 14.2.2003, weitestgehend im freihändigen Verfahren vergeben werden kann. Siehe § 4 Abs. 3 VgV und OLG Brandenburg v. 2.9.2003, NZBau 2003, 688 (Ls. 2).

nommenheit angenommen, wenn eine Person bei einem Bieter oder Bewerber als Mitglied des Vorstands, Aufsichtsrats oder eines gleichartigen Organs tätig ist. Soweit derartige personelle Verflechtungen aber aus der Kontroll- und Leitungspflicht der anteilseignenden Gebietskörperschaft folgen, ist die getroffene Regelung für kommunale wirtschaftliche Betätigung in Ausschreibungswettbewerben der jeweiligen Gebietskörperschaft über den Bereich des ÖPNVs hinaus von grundsätzlicher Bedeutung. Eine vertiefte Auseinandersetzung mit den Anforderungen des § 16 Abs. 1 Nr. 3 lit. a, Alt. 2 VgV, auf den sich diese Arbeit im Wesentlichen beschränkt, dient damit auch der Auslotung der Möglichkeiten und gegebenenfalls Grenzen kommunaler wirtschaftlicher Betätigung im Bereich kommunaler Daseinsvorsorge in Ausschreibungswettbewerben.

In diesem Zusammenhang wird auch auf die bislang wenig präzisierte Bedeutung von Grundrechten in Vergabeverfahren näher eingegangen werden. Neben den von § 16 Abs. 1 Nr. 3 lit. a VgV unmittelbar erfassten Situationen sind Konstellationen denkbar und in der Praxis relevant, bei denen die Voreingenommenheitsvermutung des § 16 VgV tatbestandlich nicht greift, obgleich tatsächlich eine Interessenkollision vorliegt. Inwiefern hier ein weiterreichendes vergaberechtliches Neutralitätsgebot die Auslegung des § 16 VgV beeinflussen kann, wird insbesondere aus verfassungsrechtlicher Sicht der Grundrechte – neben dem allgemeinen Gleichheitssatz, insbesondere nach der Wettbewerbsfreiheit aus Art. 12 Abs. 1 GG – und des Rechtsstaatsprinzips zu erörtern sein.

Im ersten Teil der vorliegenden Arbeit wird dem Zusammenhang von kommunalen Unternehmen im ÖPNV und den sich hieraus ergebenden personellen Verflechtungen mit der Auftraggeberseite bei der Ausschreibung von ÖPNV-Dienstleistungen nachgegangen. Es folgt im zweiten Teil eine umfassende Untersuchung der mit § 16 Abs. 1 Nr. 3 lit. a VgV getroffenen Regelung, die sich nach der Analyse des historischen Hintergrundes im Aufbau an der vorgegebenen Normstruktur orientiert. Soweit hierbei Schutzlücken ausgemacht werden, wird im dritten Teil dem Bestehen und der praktischen Bedeutung eines weiterreichenden vergaberechtlichen Neutralitätsgebots nachgegangen. Die Ergebnisse dieser Arbeit werden schließlich im vierten Teil präsentiert, wobei sie dort auch hinsichtlich der Anforderungen an die kommunale Praxis zusammengefasst werden.

§ 16 Abs. 1 Nr. 3 lit. a, Alt. 2 VgV setzt tatbestandlich voraus, dass eine natürliche Person eine Doppelstellung in einem Vergabeverfahren hat, in dem sie einerseits an Entscheidungen im Vergabeverfahren auf Auftraggeberseite mitwirkt und andererseits gleichzeitig auf Bieter- oder Bewerberseite in einem gesellschaftsrechtlichen Kontroll- oder Geschäftsführungsorgan sitzt. Für einen solchen Fall fingiert die Norm eine Vermutung der Voreingenommenheit, die grundsätzlich zum Ausschluss vom Vergabeverfahren führt. Inwieweit solche Konfliktlagen im Bereich des ÖPNV nach der derzeit gegebenen rechtlichen und faktischen Situation bestehen können, ist Gegenstand des ersten Teils dieser Untersuchung. Hierzu wird zunächst die Stellung der Kommunen im ÖPNV als traditionelle Aufgabe der gemeindlichen Daseinsvorsorge vorgestellt (folgend A.). Welche Bedeutung eine etwaige kommunale Aufgabenträgerschaft nach den RegG[22] für den Wettbewerb im ÖPNV hat, wird im Anschluss untersucht, wenn die rechtliche Öffnung des ÖPNV-Marktes für Ausschreibungswettbewerb skizziert wird, wobei auch sich abzeichnende Perspektiven für die Zukunft berücksichtigt werden (folgend B.). Inwieweit die Bewerbung kommunaler Verkehrsunternehmen auf öffentliche Ausschreibungen zulässig ist, ist Gegenstand der sodann folgenden Ausführungen (C.), bevor auf die etwaige Doppelrolle Einzelner aufgrund kommunaler Ingerenzpflichten gegenüber kommunalen Unternehmen eingegangen wird (D.).

A. Die Stellung der Kommunen im ÖPNV

Grundlage etwaiger Interessenkonflikte aufgrund personeller Verflechtungen bei der Vergabe von ÖPNV-Dienstleistungen ist eine Doppelrolle der Kommunen im ÖPNV, die aus der Funktion des ÖPNVs für die Allgemeinheit resultiert. Als Aufgabe der Daseinsvorsorge erbringen die Kommunen selbst traditionell Leistungen des ÖPNV mit eigenen Verkehrsunternehmen, während den durch die Regionalisierungsgesetze geschaffenen Aufgabenträgern, zu denen die Kommunen gehören können, bestimmte Aufgaben im ÖPNV gesetzlich zugetragen werden. Die hieraus folgende Bedeutung der Kommunen für den ÖPNV wird im Folgenden, insbesondere hinsichtlich der eigenen Leistungserbringung, näher vorgestellt. Nach einer Klärung des Begriffs des ÖPNVs wird der Bezug des ÖPNVs zur kommunalen Selbstverwaltung nach Art. 28 Abs. 2 GG und aufgrund der Regionalisierungsgesetze aufgezeigt. Sodann wird der rechtliche Rahmen kommunaler Nahverkehrsleistungen durch eigene Unternehmen skizziert.

I. Zum Begriff des öffentlichen Personennahverkehrs

Eine verkehrsträgerunabhängige Definition des Begriffs öffentlicher Personennahverkehr (ÖPNV) enthält - beschränkt auf den Anwendungsbereich des Gesetzes - § 2 RegG. Danach ist öffentlicher Personennahverkehr die allgemein zugängliche Beförderung von Personen mit Verkehrsmitteln im Linienverkehr, die überwiegend dazu be-

22 Gemeint ist das Regionalisierungsgesetz des Bundes (RegG), Gesetz zur Regionalisierung des öffentlichen Personennahverkehrs, in Art. 4 ENeuOG v. 27.12.1993, BGBl. I, S. 2378, sowie die ÖPNV-Gesetze der Länder.

stimmt sind, die Verkehrsnachfrage im Stadt-, Vorort- oder Regionalverkehr zu befriedigen. Dies soll im Zweifelsfall der Fall sein, wenn in der Mehrzahl der Beförderungsfälle eines Verkehrsmittels die gesamte Reiseweite 50 Kilometer oder die gesamte Reisezeit eine Stunde nicht übersteigt.[23] Unter Berücksichtigung der Verkehrsmittel lässt sich der Begriff des ÖPNVs aber weiter differenzieren. So bestimmt § 2 Abs. 5 AEG den öffentlichen Personennahverkehr mit Zügen als Schienenpersonennahverkehr, der üblicherweise mit SPNV abgekürzt wird. Im Geltungsbereich des PBefG, das parallel zu § 2 AEG im Übrigen die Definition des § 2 RegG übernimmt, wird der öffentliche Personennahverkehr hingegen auf solchen mit Straßenbahnen, Obussen und Kraftfahrzeugen beschränkt. Diese Verkehrsmittel werden in § 4 PBefG näher definiert, wobei zu den Straßenbahnen auch Hoch-, Untergrund- und Schwebebahnen gerechnet werden. Der ÖPNV nach PBefG wird im weitesten Sinne als straßengebunden betrachtet und mittlerweile üblich als öffentlicher Straßenpersonenverkehr mit ÖSPV abgekürzt. Gegenstand der vorliegenden Untersuchung ist, soweit es auf die Anwendung der spezifischen verkehrsträgerabhängigen Regelungen ankommt, alleine der ÖPNV nach dem PBefG, so dass diese geläufige Abkürzung stets in diesem Sinne zu verstehen ist, wenn sich aus dem Zusammenhang der Verwendung nichts anderes ergibt.

II. ÖPNV und kommunale Selbstverwaltung

1. Bedeutung und Finanzierung des ÖPNVs

„ÖPNV ist das an die Allgemeinheit gerichtete Angebot, sich von einem Ausgangsort an einen Zielort befördern zu lassen".[24] Hinter dieser zunächst banalen Feststellung verbirgt sich durch ihren Bezug auf die Allgemeinheit eine der wesentlichen Funktionen des ÖPNVs: Die Sicherstellung von Mobilität in einem wichtigen Teilbereich des alltäglich verfügbaren Lebensraums für alle Teile der Bevölkerung. Er hat damit eine besondere soziale Bedeutung,[25] insbesondere für die sogenannten „Zwangskunden", denen die Teilnahme am motorisierten Individualverkehr (MIV) nicht möglich ist.[26] Diese Erschließungs- und Versorgungsfunktion verbindet den ÖPNV mit dem Sozialstaatsprinzip des Art. 20 Abs. 1 GG,[27] das als Staatsziel dem Gesetzgeber die Schaffung sozialen Ausgleichs aufgibt.[28] Da der ÖPNV im Vergleich zum MIV das umweltfreundlichere Verkehrssystem ist, ergeben sich auch Berührungspunkte mit dem Staatsziel Umwelt-

23 Näher zur Begriffsbestimmung und mit Kritik an der fehlenden funktionalen Differenzierung nach städtischem und ländlichem Nahverkehr sowie Regionalverkehr *Barth*, Nahverkehr in kommunaler Verantwortung, S. 29ff; *Werner,* Nach der Regionalisierung, S. 6f. Siehe etwa auch *Höhnscheid*, Regionalisierung des ÖPNV, S. 7.

24 *Barth*, Nahverkehr in kommunaler Verantwortung, S. 34.

25 Siehe *Kommission*, „Grünbuch Bürgernetze", v. 29.11.1995, KOM(95), 601, S. 2.

26 Die zwangsweise Nichtteilnahme am MIV hat häufig finanzielle oder gesundheitliche Gründe.

27 Siehe hierzu näher *Barth*, Nahverkehr in kommunaler Verantwortung, S. 72f; *Wachinger*, Marktzugang im ÖPNV, 2.Teil, § 3 I.1.a).

28 *Gröschner*, in *Dreier*, GG, Art. 20 (Sozialstaat), Rn. 36ff.; siehe auch *Stein/Götz,* Staatsrecht, S. 161ff. Angesichts des hier bestehenden gesetzgeberischen Gestaltungsspielraums kann ein Anspruch auf die Bereitstellung bestimmter ÖPNV Dienstleistungen aber nicht aus dem Sozialstaatsprinzip gefordert werden, so ausdrücklich *Wachinger*, Marktzugang im ÖPNV, 2. Teil, § 4 II.1.a); *Werner,* Nach der Regionalisierung, S. 74; siehe auch Herzog, in *Maunz/Dürig*, GG, Art. 20, VIII. Abschnitt, Rn. 28.

schutz aus Art. 20a GG, was „push and pull“ - Konzepte zu Gunsten des ÖPNVs rechtfertigen kann.[29] Die Bereitstellung von ÖPNV entspricht dem Bedürfnis des Einzelnen nach räumlicher Mobilität, die Grundlage vielfältiger persönlicher Aktivitäten sind. Der ÖPNV spielt damit auch eine Rolle bei Betätigungen im Schutzbereich einzelner Grundrechte, wobei es allerdings einen grundrechtlichen Anspruch auf Mobilität außerhalb der einzelnen Grundrechtsverbürgungen nicht gibt.[30] Es zeigt sich aber, dass die vielfältigen Funktionen[31] von ÖPNV eine Anbindung an die Verfassung haben, die ihn im demokratischen Sozialstaat nach dem Grundgesetz als unverzichtbar erscheinen lassen.

Vor dem Hintergrund dieser gesellschaftlichen Funktionen des ÖPNVs ist sein finanzielles Fundament zu betrachten.[32] So decken die Erlöse aus Beförderungsentgelten die Kosten des ÖPNVs nur zur Hälfte bis zu zwei Dritteln.[33] Die Fehlbeträge werden von der öffentlichen Hand geleistet, wobei die hier bislang bestehenden Möglichkeiten zutreffend als „Förderbiotop“ bezeichnet werden.[34] So sind die Arten der Förderung vielfältig.[35] Sie beziehen sich sowohl auf die Betriebskosten als auch auf Investitionen in die Infrastruktur. Letztere[36] erfolgen insbesondere auf Grundlage des Gemeindeverkehrsfinanzierungsgesetzes (GVFG) und der Regionalisierungsgesetze von Bund[37] und Ländern[38].

---

29 Siehe *Wachinger*, Marktzugang im ÖPNV, 2. Teil, § 3 I.1.b); *Barth*, Nahverkehr in kommunaler Verantwortung, S. 37, 74. Zum Prinzip „Zuckerbrot und Peitsche“ zur Förderung des ÖPNV siehe *Cerwenka*, Internationales Verkehrswesen, 1996/6, 27ff.; sowie zu Grundlagen verkehrspolitischer Erwägungen *Priewasser,* ZAU 1997, 342ff.; *Retzko,* Internationales Verkehrswesen 1997, 12ff.

30 *Wachinger*, Marktzugang im ÖPNV, 2. Teil, § 4 II.2.a); siehe auch *Barth*, Nahverkehr in kommunaler Verantwortung, S. 73. Für ein Grundrecht auf Mobilität als Leistungs- und Teilhaberecht aber *Ronellenfitsch,* JÖR 44 (1996), 167ff.; *Maaß,* Wettbewerb im ÖPNV, S. 42ff. Vereinzelt wurde sogar ein Grundrecht auf „Autofahren“ vertreten: *Ronellenfitsch,* DAR 1992, 321ff, ders., DAR 1994, 7ff., und erneut *Ronellenfitsch,* in *Hrbek/Nettesheim,* EU und Daseinsvorsorge, S. 91. Siehe hiergegen aber *Sendler,* NJW 1995, 1468f.; *Eggstein,* VBlBW 1995, 161ff.; *Koch,* ZfV 1994, 545ff. Zu den grundrechtlichen Schutzpflichten im Verkehrsbereich *Werner,* Nach der Regionalisierung, S. 74ff.

31 Die hier keinesfalls abschließend aufgezählt sein sollen, siehe weiterführend etwa *Berschin*, Daseinsvorsorge durch Wettbewerb, § 2 III.

32 Siehe so auch *Rüger,* Verkehr und Technik 2000, 123 (124), der sich damit gegen die angebliche Unvertretbarkeit von Subventionen im ÖPNV wendet. Ebenso *Berschin/Hickmann*, Internationales Verkehrswesen 1998, 600 (604).

33 Vgl. etwa *Bundesministerium für Verkehr, Bau- und Wohnungswesen*, Bericht der Bundesregierung über den ÖPNV nach Vollendung der Einheit, S. 68f.; *Nesemeier,* Organisatorische Effizienzsteigerung im ÖPNV, S. 82; *Höhnscheid*, Regionalisierung des ÖPNV, S. 3. Zu den Hintergründen und den beim MIV nicht angelasteten externen Kosten siehe *Werner,* Nach der Regionalisierung, S. 12ff.; *Rüger,* Verkehr und Technik 2000, 123 (123).

34 *Wachinger*, Marktzugang im ÖPNV, 1. Teil, § 1 III.3. Nur aufgrund der undurchsichtigen Finanzierungspraxis konnte noch lange die Eigenwirtschaftlichkeit des ÖPNV behauptet werden, siehe *Berschin/Hickmann*, Internationales Verkehrswesen 1998, 600 (601).

35 Siehe hinsichtlich der vielfältigen Finanzleistungen der öffentlichen Hand die tabellarische Darstellung bei *Nesemeier,* Organisatorische Effizienzsteigerung im ÖPNV, S. 86.

36 Siehe näher hierzu *Wachinger/Wittemann,* Regionalisierung des ÖPNV, S. 72ff.

37 §§ 5f. RegG

38 Siehe etwa § 13 Abs. 2 BW-ÖPNVG; Art. 21 BayÖPNVG; § 11 Abs. 1 BbgÖPNVG; § 10 BremÖPNVG; § 9 HessÖPNVG; § 12 RegG NW;

Verluste kommunaler Verkehrsunternehmen werden in der Praxis auch durch Gesellschaftereinlagen der anteilseignenden Gebietskörperschaft abgedeckt.[39] Des Weiteren werden die steuerlichen Vorteile des kommunalen Querverbundes genutzt, der eine der wichtigsten Finanzierungsquellen des ÖPNVs darstellt.[40] Es werden hierzu die Gewinne wirtschaftlicher Geschäftszweige[41] des Verbundes mit den Verlusten des ÖPNV-Unternehmens verrechnet, was steuerliche Vergünstigungen mit sich bringt.

Als weitere Formen der Unterstützung des ÖPNVs bestehen Ausgleichsansprüche für Ermäßigungen im Schülerverkehr nach § 45a PBefG[42] und Freifahrten von Schwerbehinderten nach §§ 145ff. SGB IX, teilweise sind auch die Schulträger zur Übernahme der Kosten der für den Schulweg entstehenden Kosten verpflichtet. Neben gesetzlich vorgeschriebenen Leistungen werden auch direkte Betriebskostenzuschüsse an Verkehrsunternehmen geleistet, etwa wegen verbundbedingter Belastungen.[43]

Nicht zuletzt erfolgt ein Ausgleich für nicht aus sich heraus wirtschaftliche ÖPNV-Dienstleistungen bei der Bestellung oder Auferlegung gemeinwirtschaftlicher Verkehrsleistungen.[44] Soweit sich in Zukunft dieses Ersteller-Besteller-Prinzip durchsetzen wird, ist eine strukturelle Vereinfachung des Fördersystems insgesamt zu erwarten. Für versteckte Finanzhilfen wird wohl kein Raum mehr bleiben.[45] Die heutige vielgestaltige Finanzierungspraxis im ÖPNV bietet insgesamt kaum Anreiz zur Verbesserung der angebotenen Leistung und trägt damit zur Fehlallokation von Ressourcen und zu Wettbewerbsverzerrungen bei.[46] Auch bestehen aus der Perspektive des Beihilfenregimes der Gemeinschaft Bedenken gegen die derzeitige Förderungspraxis,[47] so dass ein Wandel dieser Strukturen absehbar scheint.

2. ÖPNV als öffentliche Aufgabe

a) ÖPNV und Daseinsvorsorge

Aus der Bedeutung des ÖPNVs für die Verwirklichung der Grundrechte, des Sozialstaatsprinzips und des Staatsziels Umweltschutz folgt sein umfassender Gemeinwohlbezug. ÖPNV ist damit, ohne dass sich daraus unmittelbar rechtliche Konsequenzen ableiten ließen, eine öffentliche Aufgabe der sogenannten Daseinsvorsorge.[48]

---

39 *Ratzenberger/Arnold-Rothmaier,* Finanzleistungen für den ÖPNV, S. 90ff. Vgl. auch § 9 Abs. 2 BremÖPNVG. Zur EG-rechtlichen Problematik der Finanzausstattung kommunaler Unternehmen durch ihre Anteilseigner siehe *Barth*, Nahverkehr in kommunaler Verantwortung, S. 131; *Werner,* Nach der Regionalisierung, S. 50f.

40 *Wachinger*, Marktzugang im ÖPNV, 1. Teil, § 1 III.e).

41 Dies ist bislang vor allem die kommunale Energiewirtschaft, die aber zunehmend unter Wettbewerbsdruck gerät, siehe etwa *Theobald,* in *Schneider/Theobald,* HdB Recht der Energiewirtschaft, § 1, Rn. 196ff.

42 Siehe hierzu kritisch *Berschin/Hickmann*, Internationales Verkehrswesen 1998, 600 (602).

43 Siehe etwa § 13 Abs. 3 S. 1 BW-ÖPNVG. Verbundbedingte Belastungen entstehen etwa dadurch, dass Verkehrsunternehmen statt jeweils eines einzelnen Fahrscheins, nur noch ein im gesamten Verbund gültigen Verbundfahrschein verkaufen.

44 Siehe hierzu näher unten, Erster Teil, B.I.

45 Siehe *Wachinger*, Marktzugang im ÖPNV, 1.Teil, § 1 III.3.

46 *Runge,* ZögU 2001, 223 (229).

47 Siehe näher unten, Erster Teil, B,I.3.

48 *Barth*, Nahverkehr in kommunaler Verantwortung, S. 82ff.; *Maaß,*. Personenbeförderungswesen, S. 55f.; *Werner,* Nach der Regionalisierung, S. 91. Siehe auch *Runge,* ZögU 2001, 223 (223), so-

Unter Leistungen der Daseinsvorsorge sind heute marktbezogene oder nichtmarktbezogene Tätigkeiten zu verstehen, die im Interesse der Allgemeinheit erbracht werden und mit besonderen Gemeinwohlverpflichtungen verbunden werden.[49] Ein rechtlicher Gehalt, insbesondere hinsichtlich staatlicher Kompetenzzuweisungen,[50] wohnt dem Begriff aus sich heraus aber nicht inne.[51] Daseinsvorsorge ist zunächst allein ein soziologischer Terminus,[52] der keine Rechtsfolgen zu begründen vermag.[53] Dementsprechend wird die Übernahme dieses unbestimmten Konzepts aus dem Politischen in der Rechtswissenschaft bemängelt.[54] Die Zurechnung des ÖPNV zur Daseinsvorsorge bestätigt aber seinen Bezug zum Sozialstaatsprinzip[55] und ist als spiegelbildlich zu verstehen. Ein Mandat zur staatlichen oder kommunalen Aufgabenwahrnehmung ergibt sich hieraus nicht.[56] Dementsprechend ist auch die Erbringung von Leistungen der Daseinsvorsorge nicht grundsätzlich nach öffentlichem Recht zu beurteilen,[57] das Verhalten im Markt wird grundsätzlich dem Zivilrecht zugeordnet.[58]

Gleiches gilt für die Einstufung des ÖPNVs als öffentliche Aufgabe. Als solche können alle Aufgaben verstanden werden, die von besonderer Bedeutung für das allgemeine Wohl sind und damit im öffentlichen Interesse liegen.[59] Diese sind aber nicht zwingend

---

wie etwa schon *Siebert,* in *Rechts- und Staatswissenschaftliche Fakultät zu Göttingen (Hrsg.),* FS Niedermayer, S. 219.

49 Siehe *Kommission*, Mitteilung „Leistungen der Daseinsvorsorge in Europa“, KOM(2000), 580endg., Anhang II. Der Ursprung des Begriffs liegt bei *Forsthoff,* Die Verwaltung als Leistungsträger (1938), und kann als im Staatsverständnis des Dritten Reichs verwurzelt betrachtet werden, siehe hierzu *Scheidemann,* Der Begriff der Daseinsvorsorge S. 17ff. und auch die Darstellung bei *Püttner,* in *Hrbek/Nettesheim,* EU und Daseinsvorsorge, S. 33f. *Huber*, in *Schnur (Hrsg.)*, FS Forsthoff, S. 139ff., führt den Begriff auf die Staatslehren Hegels und v. Steins zurück. Während einige den Begriff der Daseinsvorsorge trotz Überwindung der grundsätzlich freiheitsfeindlichen Ausrichtung ganz ablehnen, siehe *Wachinger*, Marktzugang im ÖPNV, 2. Teil, § 3 II.1.c), halten in andere für nützlich bis notwendig, siehe *Heinze*, BayVBl. 2004, 33 (36, 40). Siehe zu den Gefahren einer Verrechtlichung des Begriffs die Ausführungen von *Hermes*, Staatliche Infrastrukturverantwortung, S. 116ff. m.w.N.

50 Siehe hierzu ausführlich *Pielow,* Grundstrukturen öffentlicher Versorgung, S. 365ff., sowie auch *Schwarze,* EuZW 2001, 334 (335).

51 Siehe *Storr*, DÖV 2002, 357 (359).

52 Siehe zu seiner Verwendung in der juristischen Argumentation aber die Nachweise bei *Hermes*, Staatliche Infrastrukturverantwortung, S. 94, sowie bei *Storr,* Der Staat als Unternehmer, S. 109ff.

53 *Ossenbühl,* DÖV 1971, 513 (517); *Ruffert,* VerwArch 2001, VerwArch 2001, 27 (41); *Schink,* NVwZ 2002, 129 (132); *Fischerhof,* DÖV 1960, 41 (46).

54 *Koenig,* EuZW 2001, 481.

55 Siehe *Werner,* Nach der Regionalisierung, S. 73; sowie allgemein Herzog, in *Maunz/Dürig*, GG, Art. 20, VIII. Abschnitt, Rn. 13.

56 Eindringlich *Pielow,* NWVBl. 1999, 369 (372f.), siehe auch *Hill*, BB 1997, 425 (427). *Badura,* DÖV 1966, 624 (630) koppelte hingegen die Daseinsvorsorge noch an die leistende Verwaltung, jetzt noch in diese Richtung *Püttner,* in *Hrbek/Nettesheim,* EU und Daseinsvorsorge, S. 37f. *Rüfner,* in *Isensee/Kirchhof,* HdBStR III, S. 1040 stellt demgegenüber richtig fest, dass in einer freiheitlichen Ordnung die Daseinsvorsorge primär Aufgabe des Bürgers sei.

57 So aber *Hösch*, WiVerw 2000, 159 (170).

58 Vgl. schon *Siebert,* in *Rechts- und Staatswissenschaftliche Fakultät zu Göttingen (Hrsg.),* FS Niedermayer, S. 219.

59 Siehe etwa *Badura,* in *v. Münch (Hrsg.),* FS Schlochauer, S. 8f.; *Becker*, Die Erfüllung öffentlicher Aufgaben, S. 21; *Gramm,* Privatisierung und notwendige Staatsaufgaben, S. 56ff.; *Hünnekens*, Rechtsfragen der Infrastruktur, S. 108f.; *Isensee*, in *Isensee/Kirchhof,* HdB StaatsR III, § 57, Rn. 136; *Löwer,* DVBl. 1991, 132 (138); *Peters,* in *Dietz/Hübner (Hrsg.)*, FS Nipperdey II, S. 878; *Lee,* Privatisierung, S. 29. Unzutreffend kritisch *Bull*, Staatsaufgaben, S. 48, und *di Fabio*, JZ

durch die öffentliche Hand wahrzunehmen, das Konzept der öffentlichen Aufgabe ist zunächst trägerneutral.[60] Öffentliche Aufgaben können sowohl vom Staat, als auch von Privaten vorgenommen werden.[61] Dies unterscheidet sie vom engeren Begriff[62] der Staatsaufgaben, die als „verstaatlichte Schnittmenge"[63] der öffentlichen Aufgaben vom Staat in verfassungskonformer Weise wahrgenommen werden.[64]

Aber auch soweit eine Staatsaufgabe vorliegt, kann aus dieser Zuordnung noch nicht auf eine Leistungserbringung durch den Staat und/oder seine Untergliederungen selbst geschlossen werden.[65] So wird heute allgemein eine Trias[66] staatlicher Verantwortlichkeit unterschieden: Die Erfüllungsverantwortung bei staatlicher Selbsterbringung, die Auffangverantwortung, wenn die private Leistungserbringung unzureichend ist und die Rahmenverantwortung, bei der sich der Staat auf die Regulierung des Rahmens privater Leistungserbringung beschränkt.[67]

b) Anknüpfungspunkte zu Art. 28 GG

Als öffentliche Aufgabe der Daseinsvorsorge hat der ÖPNV Berührung mit der kommunalen Selbstverwaltungsgarantie des Art. 28 Abs. 2 GG.

Diese Bestimmung der Verfassung gewährleistet den Gemeinden in Form einer institutionellen Garantie[68] das Recht, alle Angelegenheiten der örtlichen Gemeinschaft im Rahmen der Gesetze in eigener Verantwortung zu regeln. Hierzu zählen „diejenigen Bedürfnisse und Interessen, die in der örtlichen Gemeinschaft wurzeln, oder auf sie einen spezifischen Bezug haben".[69] Umfasst sind Angelegenheiten, die das Zusammenleben und Wohnen der Menschen in der Gemeinde als solche betreffen.[70] Die Anwendung dieser Kriterien ist angesichts der Größen- und Strukturunterschiede der Gemeinden

---

1999, 585 (587f.) die verkennen, dass die Zuordnung einer Aufgabe als öffentliche Aufgabe Rechte und Pflichten aus sich heraus nicht zu begründen vermag.

60 *Pielow,* Grundstrukturen öffentlicher Versorgung, S. 302f.;

61 *Hermes*, Staatliche Infrastrukturverantwortung, S. 137, siehe auch *Matthey,* Auftragsvergabe in den Sektoren, S. 174, sowie *Osterloh,* VVDStRL 54 (1995), 204 (224f.).

62 Wobei die Begriffsverwendung keineswegs einheitlich ist, siehe die Nachweise aus der Rechtsprechung bei *Pielow,* Grundstrukturen öffentlicher Versorgung, S. 304ff.

63 *Pielow,* Grundstrukturen öffentlicher Versorgung, S. 313.

64 Siehe *Hermes*, Staatliche Infrastrukturverantwortung, S. 93; *Hünnekens*, Rechtsfragen der Infrastruktur, S. 110.; *Isensee*, in *Isensee/Kirchhof,* HdB StaatsR III, § 57, Rn. 137; *Löwer,* DVBl. 1991, 132 (138); *Mackeben*, Grenzen der Privatisierung, S. 37ff.; *Müller,* Rechtsformenwahl, S. 7; *Burgi*, Funktionale Privatisierung, S. 61, sowie *Ossenbühl,* VVDStRL 29 (1971), 137 (153).

65 Siehe *Hellermann*, Örtliche Daseinsvorsorge, S. 150.

66 Diese kann freilich noch weiter untergliedert werden, etwa mit *Schuppert,* Die Verwaltung 1998, 415 (423) in die Stufen der Erfüllungs-, Überwachungs-, Finanzierungs-, Organisations-, Beratungs-, Einstands- und sozialen Abfederungsverantwortung.

67 Siehe hierzu *Pielow,* Grundstrukturen öffentlicher Versorgung, S. 344ff. m.w.N., sowie zum gesellschaftlichen Hintergrund S. 324ff.; *Hermes*, Staatliche Infrastrukturverantwortung, S. 337ff.; *Hoffmann-Riem*, DÖV 1997, 433 (441f.), sowie vor dem Hintergrund des hier interessierenden ÖPNVs *Barth*, Nahverkehr in kommunaler Verantwortung, S. 85f. Vgl. *Schuppert,* DÖV 1998, 831 (835).

68 BVerfGE 79, 127 (147ff.); *Gern*, Kommunalrecht, S. 66; *Clemens*, NVwZ 1990, 834 (835); *Hellermann*, Örtliche Daseinsvorsorge, S. 136, sowie etwa *Dreier*, in *Dreier*, GG. Art. 28, Rn. 93, m.w.N.. Vgl. aber weitergehend *Knemeyer,* LKV 1991, 49 (51); *Maurer,* in *Schoch,* Selbstverwaltung der Kreise, S. 1 (10ff.); *Schink,* VerwArch 81 (1990), 385 (396f.).

69 BVerfGE 79, 127 (151, m.w.N.).

70 BVerfGE 79, 127 (151f.).

und insbesondere aufgrund der nicht immer möglichen Abgrenzung von örtlichen und überörtlichen Belangen schwierig. Die geschichtliche Entwicklung und historischen Erscheinungsformen der Selbstverwaltung sowie eine aktuelle, funktionale Betrachtung geben deshalb im Zweifel Anhaltspunkte für die Verortung einzelner Aufgaben.[71] Aufgrund der hier stets verbleibenden Spielräume bleibt die Zuordnung im Einzelfall immer eine Entscheidung wertender Betrachtung.[72] Zu dem so abstrakt bestimmten Aufgabenkreis kommunaler Selbstverwaltung zählen insbesondere Aufgaben der kommunalen Daseinsvorsorge,[73] wobei das Aufgabenfeld keineswegs unveränderlich, sondern für die Zukunft offen und variabel ist.[74] Traditionell zählt hierzu aber der ÖPNV.[75]

Wird für diesen eine funktionale Differenzierung[76] vorgenommen, so ergeben sich folgende Anknüpfungen zur kommunalen Selbstverwaltungsgarantie:[77]

Städtischer Nahverkehr, der den in § 2 RegG genannten Stadt- und Vorortverkehr umfasst und die Verkehrsbedürfnisse in einem Stadtgebiet oder Ballungsraum und zwischen einem solchen Gebiet mit seinem Umland befriedigt, bedient regelmäßig die in einer Gemeinde anfallenden Verkehrsbedürfnisse der Gemeindeeinwohner. Er hat einen spezifischen Bezug zur örtlichen Gemeinschaft und fällt damit in den Aufgabenbereich kommunaler Selbstverwaltung.[78]

Ländlicher Nahverkehr, der als kleinräumiger Verkehr Klein- und Mittelzentren sowie einen dispers besiedelten Raum bedient, weist schon über den örtlichen Bezugspunkt des Art. 28 Abs. 2 S. 1 GG hinaus, indem er meist das Gemeindegebiet verlassen

---

71 Siehe *Hellermann*, Örtliche Daseinsvorsorge, S. 143f., *Gern*, Kommunalrecht, S. 70; sowie etwa *Löwer*, in *v. Münch*, GG, Art. 28, Rn. 45, und *Dreier*, in *Dreier*, GG, Art. 28, Rn. 105.

72 So *Hellermann*, Örtliche Daseinsvorsorge, S. 144. Siehe für eine wertende Betrachtung auch *Clemens*, NVwZ 1990, 834 (841); *Faber*, in *Wassermann (Gesamthrsg.)*, AK-GG, Art. 28 Abs. 2, Rn. 33f.; *Stein/Götz*, Staatsrecht, S. 125.

73 Siehe *Badura*, DÖV 1998, 818 (818); *Hellermann*, Örtliche Daseinsvorsorge, S. 144; *v. Mutius*, in (Hrsg.), Festgabe *Unruh*, S. 247; *Stern*, StaatsR I, S. 412; *Schink*, NVwZ 2002, 129 (132).

74 *Gern*, Kommunalrecht, S. 69; *Schmidt-Jortzig*, DÖV 1993, 973 (975); *Maurer*, in *Schoch*, Selbstverwaltung der Kreise, S. 1 (14f.). Siehe zum Wandel kommunaler Aufgaben auch *Schmidt-Aßmann*, in *Schoch*, Selbstverwaltung der Kreise, S. 75 (89). In der Praxis haben die Tätigkeiten der Kommunen mit der herkömmlichen Daseinsvorsorge manchmal wenig zu tun, wie die Beispiele von *Schink*, NVwZ 2002, 129 (129) zeigen. Ob diese Tätigkeiten allerdings tatsächlich statthaft sind, kann bezweifelt werden.

75 So soll etwa nach *Schmidt-Jortzig*, DÖV 1993, 973 (975) die Nahverkehrsbedienung eine klassische Versorgungsoption der Selbstverwaltungsaufgabe sein. Siehe auch *Nagel*, Gemeindeordnung als Hürde, S. 23f.; *Rennert*, JZ 2003 385 (388).

76 Die funktionale Betrachtung folgt den Maßstäben von *Werner*, Nach der Regionalisierung, S. 7, siehe ebenso *Barth*, Nahverkehr in kommunaler Verantwortung, S. 32.

77 Siehe auch *Barth*, in *Barth/Baumeister/Berschin/Werner*, Recht des ÖPNV, A 3, S. 48ff.

78 Siehe *Barth*, Nahverkehr in kommunaler Verantwortung, S. 78f., sowie auch *Werner*, Nach der Regionalisierung, S. 106; *Hünnekens*, Rechtsfragen der Infrastruktur, S. 198f. Soweit Leistungen des ÖPNVs im städtischen Nahverkehr auch übergemeindliche Bedeutung haben, kommt es auf den funktionalen Schwerpunkt der Leistung an. Gegen einen Entzug aller verbundintegrierten Linien aus dem Bereich der gemeindlichen Angelegenheiten hat *Barth*, ebenda, zutreffend eingewandt, dass die Garantie des Art. 28 Abs. 2 GG damit letztlich von der Verfassung der Verkehrsunternehmen in Verbünden abhinge. Es kommt aber vielmehr auf eine Betrachtung im Einzelfall an. Anders *Scheder*, in *Kormann*, Kommunen und Verkehrswegeplanung, S. 21; *Wachinger/Wittemann*, Regionalisierung des ÖPNV, S. 115.

wird. Er ist damit nach Maßgabe der Landes-ÖPNV-Gesetze der Selbstverwaltung der Gemeindeverbände nach Art. 28 Abs. 2 S. 2 GG, also den Kreisen[79] zuzurechnen.[80]

Regionalverkehr, der noch als Nahverkehr im Rechtssinn zu gelten hat[81] und mehrere Oberzentren miteinander verbindet, hat keinen Bezug mehr zu einer bestimmten Gemeinde. Er kann aber, trotz des unbestimmten Begriffs der Region, entweder tatsächlich noch eine Kreisangelegenheit darstellen oder den Kreisen gesetzlich als Selbstverwaltungsangelegenheit zugewiesen werden.[82]

c) ÖPNV als Aufgabe der Daseinsvorsorge der Aufgabenträger

Dass der ÖPNV[83] als Aufgabe der Daseinsvorsorge im Bereich der kommunalen Selbstverwaltung angesiedelt ist, bestätigen auf einfachgesetzlicher Ebene die Regionalisierungsgesetze von Bund und Ländern. Nach § 1 RegG ist die Sicherstellung einer ausreichenden Bedienung der Bevölkerung mit Verkehrsleistungen im ÖPNV eine Aufgabe der Daseinsvorsorge, wobei die hierfür zuständigen Stellen von Landesrecht bestimmt werden. Dies sind nach den ÖPNV-Gesetzen der Länder für den straßengebundenen ÖPNV grundsätzlich die Landkreise und kreisfreien Städte,[84] für lokale Verkehre – also Stadtverkehre – kann die Aufgabenträgerschaft aber nach fast allen Landesgesetzen auf kreisangehörige Gemeinden übertragen werden.[85] Die pauschale Zuweisung der Aufgabenträgerschaft für den städtischen Nahverkehr auf die Kreisebene ist hinsichtlich der Gewährleistungen des Art. 28 Abs. 2 S. 1 GG nicht unproblematisch.[86] Es zeigt sich

---

79 Siehe zur Selbstverwaltungsgarantie für Gemeindeverbände *Gern*, Kommunalrecht, S. 87ff.; *Maurer*, in *Schoch*, Selbstverwaltung der Kreise, S. 20ff.

80 *Barth*, Nahverkehr in kommunaler Verantwortung, S. 79; *Schoch*, in *Schoch*, Selbstverwaltung der Kreise, S. 33.

81 S.o.

82 *Barth*, Nahverkehr in kommunaler Verantwortung, S. 79f.

83 Ohne SPNV, der überwiegend den Ländern als Aufgabenträgern zugewiesen ist. Dieser stellt regelmäßig keine Angelegenheit der örtlichen Gemeinschaft dar, siehe hierzu näher *Barth*, in *Barth/Baumeister/Berschin/Werner*, Recht des ÖPNV, A3, Rn. 157ff.

84 Siehe § 8 Abs. 1 BayÖPNVG; § 6 Abs. 1 BW-ÖPNVG; § 3 Abs. 3 BbgÖPNVG; § 4 Abs. 1 HesÖPNVG mit Einbezug der Gemeinden mit mehr als 50 000 Einwohnern; § 3 Abs. 3 ÖPNVG M-V; § 4 Abs. 1 Nr. 2 NdsNVG; § 3 Abs. 1 RegG NW mit Einbezug von bestimmten mittleren und großen kreisangehörigen Städten; § 5 Abs. 1 RP-NVG; § 5 Abs. 2 SaarlÖPNVG; § 3 Abs. 1 S. 1 SächsÖPNVG; § 3 Abs. 1 ÖPNVG-LSA; § 2 Abs. 2 SH-ÖPNVG mit Einbezug von kreisangehörigen Gemeinden in Abs. 3, soweit diese die Aufgaben im ÖPNV bereits wahrnehmen; § 3 Abs. 1 Nr. 2 ThürÖPNVG mit Einbezug der großen kreisangehörigen Städte nach § 6 Abs. 4 Thüringer Kommunalordnung. In den Stadtstaaten ist dies die Stadt oder die Stadtgemeinden: § 3 Abs. 1 BlnÖPNVG; § 6 Abs. 1 BremÖPNVG. Hamburg hat kein ÖPNV-Gesetz erlassen.

85 Eine solche Möglichkeit besteht nicht in Baden-Württemberg und Brandenburg. Im Übrigen siehe mit im Einzelnen divergierenden Regelungen § 9 BayÖPNVG; § 3 Abs. 4 ÖPNVG M-V; § 4 Abs. 3 NdsÖPNVG; § 4 RegG NW; § 5 Abs. 2 RP-NVG; § 6 SaarlÖPNVG; § 3 Abs. 1 S. 2 SächsÖPNVG; § 4 Abs. 1 ÖPNVG-LSA; § 2 Abs. 3 SH-ÖPNVG. In Hessen ist eine Beteiligung von Kommunen unter 50 000 Einwohnern an der Aufgabenträgerschaft im ÖPNV nach § 7 HesÖPNVG über lokale Nahverkehrsgesellschaften möglich.

86 Siehe einerseits *Barth*, Nahverkehr in kommunaler Verantwortung, S. 211 sowie dieselbe, in *Barth/Baumeister/Berschin/Werner*, Recht des ÖPNV, A3, Rn. 176 (Übertragungspflicht wegen kommunaler Zuständigkeit für lokale Verkehre), sowie andererseits *Wachinger/Wittemann*, Regionalisierung des ÖPNV, S. 115. Diese Problematik verliert dort ihre Bedeutung, wo die Übertragung der Aufgabenträgerschaft auf eine Gemeinde auf Verlangen zwingend vorgesehen ist, siehe so Art. 9 Abs. 1 BayÖPNVG.

aber, dass die einfachgesetzliche Ausgestaltung den oben festgestellten örtlichen Bezügen nach Art. 28 Abs. 2 GG im Wesentlichen entspricht.

Mit der Aufnahme des Begriffs „Daseinsvorsorge" in die Gesetzessprache der meisten Regionalisierungsgesetze[87] soll dieser zum Rechtsbegriff geworden sein.[88] Konkrete Rechtsfolgen oder gar Eingriffsbefugnisse sind mit diesen Normierungen aber nicht unmittelbar verbunden,[89] so dass sie nach richtiger Betrachtung lediglich deklaratorischen Charakter besitzt.[90] Die Sicherstellung einer ausreichenden Verkehrsbedienung ist eine freiwillige Aufgabe der Aufgabenträgern.[91] Wie sich aus dem Hinweis auf die Bestellung gemeinwirtschaftlicher Verkehrsleistungen nach VO (EWG) 1191/69 F 91[92] in § 4 RegG ergibt, begründet dies kein Recht auf Eigenerbringung, sondern einen hinsichtlich der Verkehrsdurchführung trägerneutralen Sicherstellungsauftrag.[93] Dies ergibt sich auch daraus, dass die Aufgabenträger nach einzelnen ÖPNV-Gesetzen der Länder zur Durchführung der Verkehrsleistung auf Verkehrsunternehmen zurückzugreifen haben, ohne dass die Inhaberschaft vorprogrammiert wäre.[94] Nach dem PBefG ist die Verkehrsbedienung ein Gegenstand des Gewerberechts.[95]

Die Sicherstellung einer ausreichenden Verkehrsbedienung knüpft an die Regelung der VO (EWG) 1191/69 F 91 an.[96] Demnach ist hierunter eine den öffentlichen Verkehrsinteressen angemessene Verkehrsbedienung zu verstehen.[97] Die hier zu stellenden

---

87 Siehe außer § 1 RegG etwa auch § 5 BW-ÖPNVG; Art. 2 Abs. 1 BayÖPNVG; § 2 BlnÖPNVG; § 2 BbgÖPNVG; § 2 BremÖPNVG; § 2 Abs. 2 HessÖPNVG; § 2 Abs. 2 NdsNVG; § 1 Abs. 1 RegG NW; § 2 Abs. 1 SaarlÖPNVG; § 2 Abs. 1 SächsÖPNVG; § 1 Abs. 1 ÖPNVG-LSA.

88 *Hermes*, Staatliche Infrastrukturverantwortung, S. 95; siehe auch *Ronellenfitsch*, in *Hrbek/Nettesheim*, EU und Daseinsvorsorge, S. 89.

89 Der Begriff unterscheidet sich also von der Konzeption *Forsthoffs*: *Wachinger*, Marktzugang im ÖPNV, 2. Teil, § 3 II.1.c).

90 *Wachinger/Wittemann*, Regionalisierung des ÖPNV, S. 110. Nach der Begründung des Gesetzentwurfs, BT-Drs. 12/6269, S. 136, stellt § 1 Abs. 1 RegG einen unverbindlichen Programmsatz dar. Hiergegen wendet sich *Fromm*, TranspR 1994, 425 (427), der aber verkennt, dass aus einer Zuordnung des ÖPNVs zu den öffentlichen Aufgaben noch keine unmittelbaren Konsequenzen für staatlich/kommunale Betätigung ableitbar sind.

91 So aufgrund des Fehlens eines festgelegten Bedienungsniveaus richtig *Barth*, Nahverkehr in kommunaler Verantwortung, S. 189f. Damit ist die Zuweisung der Aufgabenträgerschaft zunächst lediglich eine kompetentielle Regelung. Anders aber *Wachinger/Wittemann*, Regionalisierung des ÖPNV, S. 113f.; *Fromm*, TranspR 1994, 425 (429); *Kluth*, WiVerw 2000, 184 (189, Fn. 39). Vgl. auch *Sellmann*, NdsVBl. 1996, 121 (125), für den SPNV in Niedersachsen, sowie *Kroh*, BW-ÖPNVG, § 5, Rn. 2.

92 Dies meint die VO (EWG) 1191/69 v. 26.6.1969, ABl. EG Nr. L 156, in der Fassung nach der VO (EWG) 1893/91 v. 20.6.1991, ABl. EG Nr. L 169.

93 *Wachinger*, Marktzugang im ÖPNV. 2. Teil, § 3 II.1.c). Es geht sicher zu weit, mit *Ronellenfitsch*, VerwArch 2001, 293 (295f.) aus der Zuordnung des ÖPNV zur Daseinsvorsorge anzunehmen, dass dieser sei eine originäre Staatsaufgabe, und eine ausreichende Verkehrsbedienung dann gegeben sei, wenn der ÖPNV flächendeckend eine vollwertige Alternative zum MIV darstellt. Siehe hierzu auch sogleich im Text.

94 Siehe § 4 ÖPNVG M-V: Die Erstellung von Verkehrsleistungen ist Angelegenheit von Verkehrsunternehmen, sowie auch § 3 Abs. 6 BbgÖPNVG; § 6 Abs. 2 HessÖPNVG; § 4 Abs. 1 RP-NVG. Vgl. Art. 8 Abs. 1 S. 2 BayÖPNVG.

95 Vgl. *Fromm*, TranspR 1994, 425 (428).

96 Siehe BT-Drs. 12/6269, S. 136. Ebenso *Barth*, Nahverkehr in kommunaler Verantwortung, S. 159; *Metz*, in *Kolks*, Verkehrswesen in der kommunalen Praxis Bd. II, Rn. 590ff.

97 Siehe EuGH v. 17.9.1998, Slg. I 5141, Rs. C-412/96, Rn. 34f. *Barth*, Nahverkehr in kommunaler Verantwortung, S. 140, die auf S. 159 zutreffend ausführt, dass die ausreichende Verkehrsbedienung kein Minus gegenüber einer befriedigenden Verkehrsbedienung nach § 13 Abs. 2 Nr. 2

Anforderungen haben die Landesgesetzgeber in ihren jeweiligen ÖPNV-Gesetzen im Rahmen von Grundsatzbestimmungen und Zielen präzisiert.[98] Nach dem Regelungszusammenhang der §§ 3, 4 und 1 RegG sowie den landesgesetzlichen Ausgestaltungen[99] beziehen sich die Aufgaben der Aufgabenträger auf die Planung, Organisation und Finanzierung des ÖPNVs,[100] wobei alle diese Elemente bei der Vereinbarung oder Auferlegung gemeinwirtschaftlicher Verkehrsleistungen zusammentreffen. Hier haben die Aufgabenträger als Besteller der gewünschten Leistung die volle Verantwortung für die konkrete Durchführung des initiierten Verkehrs. Im Übrigen bezieht sich die Planungsverantwortung im Kern[101] auf das Aufstellen eines Nahverkehrsplans,[102] der auch genehmigungsrechtliche Relevanz nach §§ 13 Abs. 2a, 8 Abs. 3 S. 2 PBefG besitzt.[103] Hinsichtlich der sonstigen Finanzierung enthalten die ÖPNV-Gesetze der Länder jeweils eigene Regelungen, welche die Förderung von Investitionen und die Kofinanzierung der Betriebskosten betreffen.[104] Auch konkrete organisatorische Maßnahmen ergeben sich aus den diesbezüglichen Landesregelungen.[105] Hierunter fällt etwa die schon erörterte Aufgabenverteilung auf Kreise und Gemeinden als aufgabenträgerinterne Organisationsregelung sowie die Bildung von Verkehrsverbünden[106], Zweckverbänden[107] oder Nahverkehrsbeiräten.[108] Auch Pflichten zur Zusammenarbeit lassen sich hierunter fassen.[109]

PBefG darstellt. Anders aber *Batzill/Zuck*, Personenbeförderungsrecht im Spannungsfeld, S. 45ff.; *Fromm*, TranspR 1994, 425 (430); *Zuck*, DÖV 1994, 941 (944).

98 Siehe Art. 2, 3, 4, 5 BayÖPNVG; § 2 BlnÖPNVG; § 2 BbgÖPNVG; §§, 2, 3, 4 BremÖPNVG; § 1 HessÖPNVG; § 2 ÖPNVG M-V; § 2 NdsNVG; § 2 RegG NW; §§ 2, 3 RP-NVG; §§ 2, 3, 4 SaarlÖPNVG; § 2 SächsÖPNVG; § 1 ÖPNVG-LSA; § 1 SH-ÖPNVG; § 2 ThürÖPNVG. Siehe hierzu näher *Barth*, Nahverkehr in kommunaler Verantwortung, S. 159ff.; *Werner*, Nach der Regionalisierung, S. 92, 97ff.

99 So ausdrücklich § 4 Abs. 1 RP-NVG, hinsichtlich der konkret getroffenen Regelungen ähneln sich die Landesgesetze im Übrigen.

100 Näher hierzu *Werner*, Nach der Regionalisierung, S. 237ff.

101 Es gibt noch andere von den jeweiligen Landesgesetzen vorgesehene Planungsaufgaben, die aber nicht unbedingt den Aufgabenträgern obliegen. So etwa in Berlin die Aufstellung eines Bedarfsplans nach § 5 Abs. 1 BlnÖPNVG; die Integration von Siedlungs- und Verkehrsplanung in Hessen nach § 11 HessÖPNVG; die Aufstellung eines ÖPNV-Landesplans nach § 11 ÖPNVG M-V.

102 Siehe zu diesem Instrument näher *Barth*, Nahverkehr in kommunaler Verantwortung, S 179ff; *Biletzki*, NZV 2000, 313ff.; *Wachinger/Wittemann*, Regionalisierung des ÖPNV, S. 117ff.; *Muthesius*, in *Püttner* (Hrsg.), Der regionalisierte Nahverkehr, S. 103ff., sowie hinsichtlich der Anforderungen im Ausschreibungswettbewerb *Derichs*, Nahverkehrspläne im Zeichen der Liberalisierung, S. 37ff.

103 Siehe die einschlägigen Bestimmungen der ÖPNV-Gesetze der Länder: Art. 13 BayÖPNVG; § 5 Abs. 2 BlnÖPNVG; § 7f. BbgÖPNVG; § 8 BremÖPNVG; § 12 HessÖPNVG; § 7 ÖPNVG M-V; § 6 NdsÖPNVG; § 8 RegG NW; § 8 RP-NVG; § 9 SaarlÖPNVG; § 5 SächsÖPNVG; § 6 ÖPNVG LSA; § 4 SH-ÖPNVG; §§ 5f. ThürÖPNVG.

104 Siehe Dritter Teil BayÖPNVG; §§ 6f. BlnÖPNVG; §§ 9ff. BbgÖPNVG; Dritter Teil BremÖPNVG; §§ 8f. HessÖPNVG; § 8 ÖPNVG M-V; § 7 NdsÖPNVG; Vierter Abschnitt RegG NW; §§ 9ff. RP-NVG; Vierter Abschnitt SaarlÖPNVG; § 7 SächsÖPNVG; Teil 4 ÖPNVG-LSA; § 6 SH-ÖPNVG; §§ 7ff ThürÖPNVG.

105 Hierzu näher *Barth*, Nahverkehr in kommunaler Verantwortung, S. 177ff..

106 § 4 BlnÖPNVG; §§ 5f. HessÖPNVG.

107 § 7 BremÖPNVG.

108 § 6 BbgÖPNVG.

109 § 4 ÖPNVG M-V; § 5 NdsNVG.

Der öffentliche Personennahverkehr als Aufgabe der Daseinsvorsorge der Aufgabenträger stellt sich also als ein komplexes Aufgabenfeld dar, in welchem den Aufgabenträgern mit der Möglichkeit zur Bestellung von gemeinwirtschaftlichen Verkehren eine Auffangverantwortung zukommt. Hinsichtlich der organisatorischen und planerischen Betätigungsfelder kann hingegen eine Rahmenverantwortung angenommen werden.

3. Kommunale Unternehmen im ÖPNV

Neben den nach der Regionalisierung mit der Aufgabenträgerschaft begründeten Instrumenten bedienen sich zahlreiche Kreise und Kommunen im ÖPNV zur Sicherstellung der Verkehrsbedienung schon lange[110] eigener Verkehrsunternehmen, welche auch heute noch den Markt im städtischen und ländlichen Verkehr dominieren.[111] Diese können als Teil der Aufgabe Daseinsvorsorge im ÖPNV nach § 1 RegG betrachtet werden.[112] Die Regionalisierungsgesetze selbst enthalten aber keine Bestimmungen hinsichtlich des Führens oder der Errichtung öffentlicher Verkehrsbetriebe. So verweist etwa Art. 11 Abs. 1 BayÖPNVG ausdrücklich auf die diesbezüglichen Vorschriften der Gemeinde- und Kreisordnung. Soweit § 4 Abs. 4 NdsÖPNVG bestimmt, dass kreisangehörige Gemeinden unbeschadet der Pflichten der Aufgabenträger ÖPNV in eigener Verantwortung selbst durchführen können, wird dieses „Können" ebenfalls die Beachtung des kommunalen Wirtschaftsrechts voraussetzen. Im Übrigen setzen die ÖPNV-Gesetze der Länder die Existenz privater und öffentlicher Verkehrsunternehmen entweder voraus[113] oder lassen die Eigentümerfrage offen.[114] Im Folgenden werden nach einer Begriffsbestimmung die rechtlichen Grundlagen einer eigenen Leistungserbringung durch kommunale Verkehrsunternehmen vorgestellt.

a) Kommunale Unternehmen: Begriff und Rechtsformen

In Anlehnung an die Definition der Transparenzrichtlinie[115] sind als kommunale Unternehmen solche zu betrachten, auf die eine Kommune auf Grund Eigentums, finanzieller Beteiligung, Satzung oder sonstiger die Tätigkeit des Unternehmens regelnde Bestimmungen unmittelbar oder mittelbar einen beherrschenden Einfluss ausüben kann.[116] Es handelt sich bei ihnen um aus der unmittelbaren Kommunalverwaltung aus-

---

110 Siehe zur geschichtlichen Entwicklung kommunaler Unternehmen im ÖPNV *Ambrosius*, in *Püttner (Hrsg.)*, Der regionalisierte Nahverkehr, S. 11 (34ff.).

111 Vgl. *Bundesministerium für Verkehr, Bau- und Wohnungswesen*, Bericht der Bundesregierung über den ÖPNV nach Vollendung der Einheit, S. 11f., sowie die tabellarische Darstellung bei *Scheele/Sterzel*, ÖPNV zwischen Gemeinwohlinteressen und Markt, S. 16. Siehe auch *Barth*, Nahverkehr in kommunaler Verantwortung, S. 33; *Runge*, ZögU 2001, 223 (224).

112 Siehe *Hösch*, GewArch 2001, 223 (227). Wie oben dargestellt, ergibt sich aus der Bestimmung des ÖPNVs als Aufgabe der Daseinsvorsorge aber kein Recht oder gar eine Pflicht zur Selbsterbringung.

113 § 3 Abs. 6 BbgÖPNVG; § 9 Abs. 2 BremÖPNVG; § 6 Abs. 2 SaarlÖPNVG; § 2 Abs. 7 SH-ÖPNVG;

114 § 4 Abs. 3 ÖPNVG M-V; § 9 Abs. 4 ThürÖPNVG. Nach § 4 RP-NVG umfasst die Aufgabenträgerstellung grundsätzlich nicht die Durchführung von Verkehrsleistungen.

115 Art. 2 Abs. 1 lit. b RL 80/723/EWG, geändert durch RL 2000/52/EWG, ABlEG. Nr. L 193, S. 75. Eine eigene Definition gibt es im deutschen Recht nicht, siehe etwa *Gusy*, JA 1995, 166 (167).

116 Siehe für eine funktionale Abgrenzung nach der Erfüllung eines öffentlichen Zwecks *Mann*, JZ 2002, 819 (819)

gegliederte, verselbstständigte Verwaltungseinheiten, die dem Oberbegriff der öffentlichen Einrichtungen zuzurechnen sind.[117]

Kommunale Unternehmen üben eine wirtschaftliche Betätigung aus, wenn sie als Hersteller, Anbieter oder Verteiler von Gütern oder Dienstleistungen am Markt tätig werden und die Leistung ihrer Art nach auch von einem Privaten mit Gewinnerzielungsabsicht erbracht werden kann.[118] Entscheidend wird es dabei auf die Betätigung im Markt, also in der Konkurrenz, ankommen.[119] Sie werden nach den Gemeindeordnungen[120] von den nichtwirtschaftlichen Unternehmen, die ausschließlich den Eigenbedarf der Verwaltung decken oder in derartigem Umfang öffentliche Angelegenheiten wahrnehmen, dass wirtschaftliche Gesichtspunkte zurücktreten, unterschieden.[121] Da kommunale ÖPNV-Unternehmen im Markt in Konkurrenz zu Privaten stehen, gehen sie einer wirtschaftlichen Tätigkeit nach den Gemeindeordnungen nach.[122]

Für eine wirtschaftliche Betätigung greifen die Kommunen innerhalb ihres diesbezüglich bestehenden Organisationsermessens[123] überwiegend auf Unternehmensformen des Privatrechts zurück. Im ÖPNV sind dies vor allem die Gesellschaft mit begrenzter Haftung (GmbH) und die Aktiengesellschaft (AG),[124] auf die sich diese Untersuchung im Folgenden konzentrieren wird. Von der Wahl privatrechtlicher Unternehmensformen versprechen sich die Kommunen gegenüber den eingeschränkten Möglichkeiten der öffentlichen Rechtsformen[125] Effektivitätssteigerungen und eine kostensenkende Betriebsführung. Diesbezüglich relevant sind die mit der Privatrechtsform mögliche Umgehung des öffentlichen Dienst- und Besoldungsrechts sowie auch eine „Entpolitisierung im Geschäftsbetrieb".[126] Einige Gemeindeordnungen[127] sehen jetzt vor, dass kommunale Wirtschaftsunternehmen in der Form eines „Kommunalunternehmens" als öffentliche Anstalt geführt werden können. In der Organisationsstruktur mit einem Vorstand mit

117 *Cronauge*, Kommunale Unternehmen, Rn. 41, 45, siehe auch *Püttner,* Die öffentlichen Unternehmen, S. 33f. Die Herauslösung aus dem unmittelbaren Verwaltungsaufbau ist für ein Agieren in der Wirtschaft erforderlich, siehe *Schefold,* VOP 1985, 101 (101).

118 Siehe § 100 Abs. 1 BrbGO; § 107 Abs. 1 S. 3 NW-GO, sowie die Negativabgrenzungen in § 102 Abs. 3 GO BW; § 121 Abs. 2 HGO; sowie etwa auch BVerwGE 39, 329 (332); *Badura*, DÖV 1998, 818 (820); *Cronauge,* Kommunale Unternehmen, Rn. 147. Die Formel wird von *Löwer,* VVDStRL 60 (2000), 416 (418) auf ein Rechtsgutachten aus dem Jahr 1932 zurückgeführt.

119 Vgl. *Hösch*, WiVerw 2000, 159 (159), sowie auch *Grawert*, in *Grupp/Ronellenfitsch,* FS Blümel, S. 123. *Dickersbach*, WiVerw 1983, 187 (190) setzt demgegenüber die Möglichkeit privater Konkurrenz in den Konjunktiv, was zumindest heute als von der Realität eingeholt zu betrachten ist.

120 Siehe etwa § 107 Abs. 2 NW-GO; § 108 Abs. 3 NGO.

121 *Beckhof,* in *Blum*, KVR Niedersachsen, § 108 NGO, Rn. 10.

122 *Barth*, Nahverkehr in kommunaler Verantwortung, S. 90.

123 *Cronauge*, Kommunale Unternehmen, Rn. 137; *Ehlers*, DVBl. 1998, 497, (505); *Müller,* Rechtsformenwahl, S. 270; *Zugmaier,* BayVBl. 2001, 233 (234). Die Wahl einer privatrechtlichen Gesellschaftsform wird von den Gemeindeordnungen näher geregelt, siehe etwa Art. 93 BayGO, §103 GO BW; 109 Abs. 2 GO Nds.; 108 Abs. 1 GO-NW.

124 Siehe *Eichhorn/Greiling*, in *Püttner (Hrsg.),* Der regionalisierte Nahverkehr, 51 (55f.); *Will,* ZögU 2001, 92 (98).

125 Von denen bis vor kurzem im Wesentlichen die klassische Organisationsform des Eigenbetriebs genutzt wurde. Siehe *Cronauge*, Kommunale Unternehmen, Rn. 143, 147ff..

126 *Ronellenfitsch,* DÖV 1999, 705 (706). Siehe auch *Cronauge*, Kommunale Unternehmen, Rn. 127ff.; *Bremeier*, in *Buddäus*, Organisationswandel, S. 287 (294); *Engellandt*, Die Einflußnahme der Kommunen, S. 6ff.; *Leisner,* WiVerw 1983, 212 (215); *Schuppert,* Die Erfüllung öffentlicher Aufgaben, S. 125ff.; *Stober,* NJW 1984, 449 (452).

127 Art. 89 BayGO; § 114a GO NW; § 86a GO Rh-Pf.

Leitungs- und einem Verwaltungsrat mit Aufsichtsfunktionen ähnelt das Kommunalunternehmen der Aktiengesellschaft,[128] ohne allerdings dem zivilistischen Gesellschaftsrecht zu unterfallen.[129] Damit stellen diese Gemeindeordnungen eine zur Unternehmensführung geeignete öffentlich-rechtliche Organisationsform zur Verfügung.[130] Ein Rückgriff auf Formen des Privatrechts kann hier nicht mehr mit der Formenarmut und –untauglichkeit des öffentlichen Rechts gerechtfertigt werden. Darüber, ob bereits ÖPNV-Unternehmen in dieser Form geführt werden, ist noch nichts bekannt.

Derzeit bereiten sich viele öffentliche Verkehrsunternehmen und ihre Träger (auch) durch gesellschaftsrechtliche Umstrukturierungen auf die europarechtlich wohl absehbare Öffnung des ÖPNV-Marktes auf den Wettbewerb vor.[131] Die Trennung von Regie- und Betreiberfunktionen[132] sowie eine umfassende Effektivierung betrieblicher Abläufe[133] scheint unausweichlich. Faktisch kann auch eine Separierung der Bereiche Infrastruktur und Betrieb geboten sein, die Infrastruktur kann in die Verantwortlichkeit einer selbständigen, wettbewerbsneutralen Infrastrukturgesellschaft zu legen sein.[134] Unternehmen, die sich bislang alleine am „Verdienen“ staatlicher Zuschüsse orientiert haben,[135] werden ohne Restrukturierung im Wettbewerb jedenfalls kaum eine Chance haben.[136]

b) Zulässigkeit und Grenzen kommunaler Wirtschaftstätigkeit

Kommunale Wirtschaftstätigkeiten, also auch kommunale Verkehrsbetriebe, sind eingebettet in ein Normgeflecht verfassungsrechtlicher und wettbewerbsrechtlicher Vorgaben, die zum Teil dem Europarecht zugehörig sind. Um einer isolierten Betrachtung der durch § 16 VgV hinzukommenden Bindungen zu entgehen, werden die allgemeinen Voraussetzungen gemeindlicher wirtschaftlicher Aktivität kurz skizziert, so dass diese Bestimmung auch in ihrem Wirkungszusammenhang betrachtet werden kann.

---

128 *Cronauge*, Kommunale Unternehmen, Rn. 157. Da weder dem Verwaltungsrat noch dem Gemeinderat Weisungsbefugnisse gegenüber dem geschäftsführenden Vorstand zukommen, hinkt der Vergleich mit einer GmbH augenfällig. Diesen zieht aber *Held*, NWVBl. 2000, 201 (204).

129 Dies kann die Steuerung öffentlich-rechtlicher Kommunalunternehmen gegenüber solchen in Privatrechtsform erhöhen, siehe *Ehlers*, NWVBl. 2000,1 (2); *Schulz,* BayVBl. 1996, 129 (130); sowie zur Steuerung kommunaler Unternehmen noch näher unten, Erster Teil, D.

130 Siehe näher zum öffentlich-rechtlichen Kommunalunternehmen *Mann,* NVwZ 1996, 557ff.; *Schulz,* BayVBl. 1996, 129ff.; *Thode/Peres,* BayVBl. 1999, 6ff.

131 Siehe beispielhaft zur wettbewerbskonformen Reorganisation der Bremer Straßenbahn AG *Drechsler/Hofmann,* Der Nahverkehr 11/2001, 33ff., sowie zu Maßnahmen des Zweckverband Verkehrsverbund Bremen/Niedersachsen (ZVBN) als Aufgabenträger *Herr*, Verkehr und Technik 2001, 525ff.

132 Siehe etwa für Umstrukturierungen der Essener Verkehrs-AG *Hensel*, ZfK 9/2002, 20; der Verkehrsgesellschaft Frankfurt *Barth/Kretschmann/Ott/Werner,* Der Nahverkehr 2001/12, 28ff. und *Kretschmann/Ott,* Verkehr und Technik 2001, 477ff., sowie auch der österreichischen Innsbrucker Verkehrsbetriebe *Baltes/Schaffkamp*, Der Nahverkehr, 4/2000, 21ff.

133 Siehe für die Kasseler Verkehrs-Gesellschaft AG *Will,* ZögU 2001, 92 (99).

134 Siehe näher *Oellers/Mietzsch,* Der Städtetag 4/2001, 30 (33). Dies fordern auch schon *Berschin/Hickmann*, Internationales Verkehrswesen 1998, 600 (604).

135 Siehe hierzu *Berschin/Hickmann*, Internationales Verkehrswesen 1998, 600 (602).

136 Siehe *Kretschmann/Ott,* Verkehr und Technik 2001, 477 (477).

(1) Selbstverwaltungsgarantie

Der Betrieb kommunaler wirtschaftlicher Unternehmen gehört zum hergebrachten Aufgabenbestand kommunaler Betätigung im Rahmen der Selbstverwaltungsgarantie des Art. 28 Abs. 2 GG.[137] Zur Erledigung der Angelegenheiten der örtlichen Gemeinschaft können die Gemeinden eigene Unternehmen unterhalten, um selbst Leistungen mit unmittelbarem Gemeinwohlbezug für die Bürger bereitzustellen,[138] geschützt ist auch die Wahl privatrechtlicher Organisationsformen.[139] Aufgrund des örtlichen Bezugs zählen hierzu auch Leistungen des ÖPNVs und damit der Unterhalt von Nahverkehrsunternehmen. Die diesbezüglichen Tätigkeiten müssen sich im Rahmen der Gesetze und der sonstigen Verfassungsbestimmungen bewegen,[140] lediglich der Kernbereich der gemeindlichen Selbstverwaltung ist vor einer Aushöhlung durch den Gesetzgeber geschützt.[141]

(2) Kommunalverfassungsrecht/Gemeindeordnungen

Wenn auch die kommunale Selbstverwaltungstätigkeit nicht dem beliebigen Zugriff des Gesetzgebers anheim gestellt ist,[142] so verwirklicht sie sich im Wesentlichen im Rahmen der Gesetze. Hier treffen zunächst die jeweiligen Gemeindeordnungen nähere Bestimmungen über die Zulässigkeit und Grenzen kommunaler Wirtschaftstätigkeit durch eigene Unternehmen. Für Verkehrsunternehmen der Kreise gelten nach den Landkreisordnungen inhaltsgleiche Regelungen.[143]

Wenn sich auch die Vorschriften der Ländern nicht zuletzt aufgrund von vereinzelten Reformen der neueren Zeit[144] mehr oder weniger stark unterscheiden, so ist ihnen im Wesentlichen gemein, dass sie den Gemeinden grundsätzlich das Recht zur wirtschaftli-

137 Nach *Scholz,* DÖV 1976, 44 (45) gehört dies zu den ureigensten Domänen gemeindlicher Selbstverwaltung, siehe auch *Stern/Püttner,* Die Gemeindewirtschaft, S. 161, *Jarass*, DÖV 2002, 489 (497); *Ruffert,* VerwArch 2001, 27 (32), jeweils m.w.N., sowie *Held,* WiVerw 1998, 264 (266); *Papier*, DVBl. 2003, 686 (688).

138 Siehe BVerwGE 98, 273 (275); *Badura*, DÖV 1998, 818 (823); *Burmeister*, in *v. Mutius (Hrsg.)*, Festgabe v. Unruh, S. 623f.; *Cronauge*, Kommunale Unternehmen, Rn. 35f.; *Hellermann*, Örtliche Daseinsvorsorge, S. 145 m.w.N., *Schink,* NVwZ 2002, 129 (133). Siehe auch *Tettinger,* in *Sachs,* GG, Art. 28, Rn. 207ff.

139 *Dreier*, in *Dreier*, GG, Art. 28, Rn. 126; *Jarass*, DÖV 2002, 489 (497); *Löwer,* in *v. Münch*, GG, Art. 28, Rn. 70.

140 Siehe *Hellermann*, Örtliche Daseinsvorsorge, S. 152; *Löwer,* DVBl. 1991, 132 (140f.).

141 Siehe etwa *Schmidt-Bleibtreu/Klein,* GG, Art. 28, Rn. 9; *Tettinger,* in *Sachs,* GG, Art. 28, Rn. 191ff. *Löwer,* in *v. Münch*, GG, Art. 28 Rn. 36 spricht hier von Selbstverwaltungsmindestgarantien.

142 Siehe BVerfGE 79, 127 („Rastede"); *Clemens*, NVwZ 1990, 834 (838f).

143 Meist gelten die Bestimmungen der Gemeindeordnungen entsprechend, siehe etwa § 48 LKrO BW; § 52 Abs. 1 HKO; § 65 NLO; § 53 Abs. 1 KrO/NW. Eine eigene Regelung findet sich in Art. 74ff. BayLKrO. Siehe zur wirtschaftlichen Betätigung der Kreise näher *Gern*, Kommunalrecht, Rn. 908.

144 Siehe etwa zur Neufassung der BayGO *Knemeyer,* BayVBl. 1999, 1ff., der den Wandel „vom kommunalen Wirtschaftsrecht zum kommunalen Unternehmensrecht" den anderen Ländern zur Nachahmung empfiehlt. Siehe hierzu auch Köhler, BayVBl. 2000, 1ff. Zu den Änderungen des Kommunalwirtschaftsrecht in Nordrhein-Westfalen siehe *Ehlers*, NWVBl. 2000, 1ff.; *Held,* NWVBl. 2000, 201ff.; Lux, NWVBl. 2000, 7ff. Zu den zum 1.4.2003 wirksam gewordenen Änderungen des sächsischen kommunalen Wirtschaftsrechts siehe *Sollondz*, LKV 2003, 297ff.

chen Betätigung durch eigene Unternehmen gewähren. Zurückgehend auf § 67 Abs. 1 DGO[145] muss aber ein öffentlicher Zweck das Unternehmen rechtfertigen, die wirtschaftliche Tätigkeit in angemessenem Verhältnis zur Leistungsfähigkeit der Gemeinde stehen und der verfolgte Zweck nicht durch andere besser oder ebenso gut erfüllt werden kann, wobei die Voraussetzungen im Einzelnen divergieren[146] können.[147] Hinsichtlich des Vorliegens eines die kommunalwirtschaftliche Betätigung rechtfertigenden öffentlichen Zwecks besteht nach allgemeiner Ansicht ein kommunalpolitischer Beurteilungsspielraum.[148]

(a) Öffentliche Zwecksetzung

Die Verfolgung eines öffentlichen Zwecks als Maßgabe kommunaler Wirtschaftstätigkeit ergibt sich schon aus der Ausrichtung allen staatlichen Handelns auf das Gemeinwohl.[149] Kommunales Wirtschaftsengagement ist niemals privatautonomes Handeln, sondern auf eine öffentliche Aufgabe gerichtete, zweckgebundene Verwaltungstätigkeit.[150] Das Tätigwerden öffentlicher Unternehmen gehört zum staatlichen Wirkbereich,[151] unabhängig von der Erfüllung öffentlicher Aufgaben.[152] Die wirtschaftliche Betätigung von Kommunen ist somit kein Selbstzweck, sondern muss auf die Verwirklichung des Gemeinwohls gerichtet sein.[153] Unter diesem Gesichtspunkt sind Forderungen nach Lockerungen der kommunalrechtlichen Bindungen für kommunale Wirtschaftstätigkeiten kritisch zu beurteilen, der Schutz kommunaler Besitzstände rechtfertigt sich noch nicht aus sich heraus.[154]

---

145 Siehe zum geschichtlichen Hintergrund dieser Regelung *Schefold*, VOP 1985, 28 (30).

146 Siehe im Überblick die tabellarische Gegenüberstellung von *Schink*, NVwZ 2002, 129 (130), sowie die Darstellung von *Helm*, Rechtspflicht zur Privatisierung, S. 229ff.

147 Vgl. etwa § 108 Abs. 1 NGO und § 107 Abs. 1 GO NW.

148 BVerwGE 39, 329 (334); *Badura*, DÖV 1998, 818 (821); *Ehlers*, DVBl. 1998, 497 (498f.); *Hill*, BB 1997, 425 (428); *Henneke*, NdsVBl. 1999, 1 (3, m.w.N.); *Kämmerer*, Privatisierung, S. 244. Das Vorliegen eines öffentlichen Zwecks bleibt aber jedenfalls materielle Zulässigkeitsvoraussetzung kommunaler Wirtschaftstätigkeit, allein eine formelle Entscheidung der Gemeindeorgane reicht nicht aus: *Ipsen*, in *Ipsen/Schmidt-Jortzig*, FS Rauschning, S. 651.

149 Siehe *Berg*, GewArch 1990, 225 (228) und WiVerw 2000, 141 (149); *Ehlers*, JZ 1990, 1089 (1091); *Held*, NWVBl. 2000, 201 (203); *Löwer*, VVDStRL 60 (2000), 416 (426); *Mann*, JZ 2002, 819 (820); *Pielow*, NWVBl. 1999, 369 (376); *Pieroth/Hartmann*, DVBl. 2002, 421 (427), *Schulz*, BayVBl. 1996, 97 (97), sowie etwa auch *Emmerich*, JuS 1970, 332 (335) und *Dickersbach*, WiVerw 1983, 187 (199), der die Bezugnahme auf einen öffentlichen Zweck deshalb als tautologisch bezeichnet. A.a. hinsichtlich der öffentlichen Zwecksetzung *Otting*, DVBl. 1997, 1258 (1263).

150 RhPfVerfGH, NVwZ 2000, 801 (801). Siehe auch *Burgi*, VerwArch 2002, 255 (260); *Ehlers*, NWVBl. 2000, 1 (5); *Heintzen*, NVwZ 2000, 743 (743); *Hösch*, WiVerw 2000, 159 (160); *Pielow*, NWVBl. 1999, 369 (371). Vgl. aber *Hellermann*, Örtliche Daseinsvorsorge, S. 146ff.

151 *Burgi*, EuR 1997, 261 (268).

152 *Gersdorf*, Öffentliche Unternehmen im Spannungsfeld, S. 135.

153 Siehe *Isensee*, in *Isensee/Kirchhof*, HdBStR III, § 57, Rn. 1f.; *Britz*, NVwZ 2001, 380 (382); *Schmidt*, Die Verwaltung 1995, 281 (284); *Grawert*, in *Grupp/Ronellenfitsch*, FS Blümel, S. 125.

154 *Badura*, DÖV 1998, 818 (823): „Die vielfach hervortretenden Bestrebungen einer konkurrenzwirtschaftlichen Expansion der Kommunalwirtschaft können nach dem geltenden Recht die Schranke nicht überwinden oder sprengen, dass eine wirtschaftliche Betätigung der Gemeinden nur zulässig ist, wenn ein besonderer und überwiegender Zweck sie erfordert". Demgegenüber bemängeln *Moraing/Püttner*, in *Püttner*, ÖPNV in Bewegung, S. 45 (48), dass auch nach der Novellierung des Gemeindewirtschaftsrechts in der NW-GO eine wirtschaftliche Betätigung von Gemeinden nach § 107 Abs. 1 Nr. 1 NW-GO nur zulässig ist, wenn ein öffentlicher Zweck die Betätigung erfordert.

So muss das Unternehmen unmittelbar durch seine Leistung dem Gemeinwohl dienen, rein gewinnorientierte Unternehmen, deren Leistungen nur über die Erträge mittelbar den Bürgern zugute kommen, sind nicht durch einen öffentlichen Zweck gerechtfertigt.[155] Die Vorhaltung öffentlicher Verkehrsunternehmen erfolgt bisher aufgrund der fast ausschließlich defizitären Leistungserbringung zu Gunsten der auf ÖPNV angewiesenen Allgemeinheit und wird damit bislang von einem öffentlichen Zweck gedeckt.[156] Sogenannte Randnutzungen oder Annextätigkeiten bei einer im Übrigen durch einen öffentlichen Zweck gerechtfertigten kommunalen Wirtschaftstätigkeit können sich hier aber als problematisch darstellen. Bei Randnutzungen ist die Gewinnerzielung und –optimierung eigentlicher Zweck der Tätigkeit.[157] Sofern „bei Gelegenheit" der Erfüllung öffentlicher Aufgaben lediglich sonst brachliegendes Wirtschaftspotential in einer gegenüber der eigentlichen Aufgabe nachgeordneten Größenordnung genutzt wird, sind Annextätigkeiten, die mit dem öffentlichen Zweck der Haupttätigkeit vereinbar sind, aber als statthaft zu betrachten.[158] Die Aufnahme einer (zusätzlichen) kommerziellen Tätigkeit in Konkurrenz zu Privaten[159] oder unter Schaffung neuer Kapazitäten ist hingegen unzulässig.[160] Im ÖPNV ist insbesondere an die Nutzung von Werbeflächen in den Fahrzeugen und an den Haltestellen zu denken, welche als Ausnutzung ohnehin vorhandener Kapazitäten und angesichts der geringen wirtschaftlichen Bedeutung jedenfalls unproblematisch ist. Ob hingegen die Durchführung von Ausflugsfahrten in Konkurrenz zu Privaten als zusätzliche privatwirtschaftliche Tätigkeit noch statthaft ist, kann bezweifelt werden.[161] Die Mitnahme von Gewinnen aus der einem unmittelbaren

---

Dies verkennt aber die verfassungsmäßig vorgegebenen Bindungen, die in dieser Bestimmung Ausdruck finden.

155 BVerfGE 61, 82 (107); *Badura*, DÖV 1998, 818 (821); *Berg*, GewArch 1990, 225 (228); *Ehlers*, DVBl. 1998, 497 (499); *Enkler*, ZG 1998, 328 (329f.); *Hösch*, GewArch 2001, 223 (226); *Krölls*, GewArch 1992, 281 (286); *Löwer*, DVBl. 2000, 1757; *Papier*, DVBl. 2003, 686, (688f.); *Pielow*, NWVBl. 1999, 369 (377); *Schefold*, VOP 1985, 28 (32); *Schink*, NVwZ 2002, 129 (134); *Sodan*, DÖV 2000, 361 (370). A.A. *Britz*, NVwZ 2001, 380 (383); sowie *Cremer*, DÖV 2003, 921 (930); *Dickersbach*, WiVerw 1983, 187 (199); *Hellermann*, Örtliche Daseinsvorsorge, S. 154f.; *Hoffman-Klein/Noch*, DÖV 2002, 422 (425f.); *Jarass*, DÖV 2002, 489 (491); *Gusy*, JA 1995, 166 (170); und auch *Otting*, DVBl. 1997, 1258 (1262), der die rein erwerbswirtschaftliche Betätigung in einem Zirkelschluss aus der kommunalen Finanzhoheit heraus begründen möchte: Erstere sei zulässig, da die kommunalen Einnahmemöglichkeiten auch Einnahmen aus erwerbswirtschaftlicher Betätigung umfasse...

156 Vgl. *Barth*, Nahverkehr in kommunaler Verantwortung, S. 107f., und *Berschin*, Daseinsvorsorge durch Wettbewerb, § 12 III.1.b), der öffentliche Verkehrsunternehmen für nicht mehr zur Sicherstellung einer ausreichenden Verkehrsbedienung erforderlich hält. Vgl. auch unten, Erster Teil, C.II.

157 A.A. *Krölls*, GewArch 1992, 281 (827), der aber verschweigt, worin der Zweck sonst liegen soll.

158 Siehe BVerwGE 82, 29, sowie *Britz*, NVwZ 2001, 380 (834); *Enkler*, ZG 1998, 328 (334f.); *Jarass*, NWVBl. 2002. 335 (338). *Berg*, WiVerw 2000, 141 (153) und *Ronellenfitsch*, DÖV 1999, 705 (709) wenden sich allerdings unter Hinweis auf die Steuerstaatlichkeit gegen jede öffentliche Wirtschaftstätigkeit, die alleine der Defizitabdeckung dient. Wohl kritisch auch *Cosson*, DVBl. 1999, 891 (895).

159 Siehe in diesem Sinn OLG Hamm, NJW 1998, 3504 („Gelsengrün").

160 Siehe *Badura*, DÖV 1998, 818 (821). A.A. RhPfVerfGH, NVwZ 2000, 801 (803); *Britz*, NVwZ 2001, 380 (385).

161 Anders *Barth*, Nahverkehr in kommunaler Verantwortung, S. 94. Das OLG Hamm, NJW 1998, 3504 („Gelsengrün"), hat aber ein Tätigwerden des kommunalen Gärtnereibetriebes für private Kunden als nicht durch einen öffentlichen Zweck gerechtfertigt betrachtet. Dies könnte auf den ÖPNV übertragen werden. Dann sind auch die von *Ehlers*, DVBl. 1998, 497 (498), angeführten

öffentlichen Zweck dienenden kommunalen Wirtschaftstätigkeit ist aber zweifellos zulässig[162] und auch gewünscht.[163]

(b) Subsidiaritätsklauseln

Unterschiedliche Anforderungen an die Art und Weise der Zweckerfüllung stellen die Subsidiaritätsklauseln der Gemeindeordnungen. Nach diesen ist eine kommunale Wirtschaftsbetätigung meist[164] nur zulässig, wenn der öffentliche Zweck durch andere nicht besser und wirtschaftlicher erfüllt werden kann.[165] Hierin ist lediglich eine Klarstellung und Präzisierung der Gemeinwohlbindung zu sehen, da eine gemeindliche Unternehmenstätigkeit, die von anderen besser und wirtschaftlicher erfüllt werden kann, kaum der Verwirklichung eines öffentlichen Zwecks dienen wird.[166] Dementsprechend kritisch ist die Privilegierung einzelner Tätigkeitsbereiche durch die Freistellung vom Subsidiaritätserfordernis etwa[167] nach § 107 Abs. 1 S. 1 Nr. 3 NW-GO zu betrachten.[168] Diese Klauseln werden damit kaum zu einer über die öffentliche Zwecksetzung hinausgehenden Begrenzung kommunaler Wirtschaftstätigkeit führen.[169]

(c) Örtlichkeitsprinzip

Hinsichtlich der Bewerbung kommunaler ÖPNV-Unternehmen auf die Ausschreibungen gemeinwirtschaftlicher Verkehre in anderen Kommunen/Kreisen stellt sich das sogenannte Territorialitäts- oder auch Örtlichkeitsprinzip als problematisch dar. Nach

---

Beispiele für weitere Betätigungen kommunaler Verkehrsbetriebe, wie das Betreiben von Reisebüros, für die Allgemeinheit zugänglichen Werkstätten und Waschanlagen, bedenklich. Soweit Letztgenannter die Einstellung zusätzlichen Personals zur Erfüllung gewinnbringender Zusatzaufträge für statthaft hält, bleibt unklar, wie dies möglich sein soll, ohne zu privaten Dritten allgemein in Konkurrenz zu treten (*Ehlers*, aaO., S. 501). Siehe ähnlich wie hier *Schink*, NVwZ 2002, 129 (135).

162 Siehe nur *Ehlers*, DVBl. 1998, 497 (500), und *Schink*, NVwZ 2002, 129 (134, m.w.N.).

163 Siehe etwa § 109 Abs. 1 NW-GO, § 114 Abs. 1 NGO.

164 So in § 102 BadWürttGO; § 108 NGO; § 197 NWGO; § 108 SaarlKommSelbstverwG; § 97 SächsGO; § 116 SachsAnhGO; § 101 SchlHGO; § 71 ThürGO.

165 Etwa in Rheinland-Pfalz ist das Subsidiaritätserfordernis aber dahin „qualifiziert", dass kommunale Unternehmen schon unzulässig sind, wenn ein privater Dritter die Aufgabe „ebenso gut" erfüllen kann: § 85 Abs. 1 Nr. 3 RhPfGO.

166 *Badura*, DÖV 1998, 818 (822); *Hösch*, GewArch 2001, 223 (229); *Held*, NWVBl. 2000, 201 (203); *Hill*, BB 1997, 425 (430), siehe auch *Ronellenfitsch*, DÖV 1999, 705 (711) und *Sollondz*, LKV 2003, 297 (301). Allerdings setzt die Prüfung der Subsidiarität nach den Gemeindeordnungen das Bestehen eines öffentlichen Zwecks eigentlich voraus, siehe *Köhler*, BayVBl. 2000, 1 (5). Im Rahmen von Subsidiaritätserwägungen wird aber der angenommene öffentliche Zweck hinsichtlich der Statthaftigkeit der Aufgabenwahrnehmung überprüft. Nach *Hösch*, DÖV 2000, 393 (400) und *Berg*, WiVerw 2000, 141 (157) sollen demgegenüber unzureichende Marktergebnisse Voraussetzung einer öffentlichen Zwecksetzung kommunaler Wirtschaftstätigkeit sein, so dass Subsidiarität und Zwecksetzung nicht zu trennen sind.

167 Ähnlich Art. 87 Abs., 1 Nr. 4 BayGO; § 102 Abs. 1 Nr. 3 BadWürttGO.

168 Siehe *Ehlers*, NWVBl. 2000, 1 (4); *Held*, NWVBl. 2000, 201 (103). Erfüllen andere den verfolgten Zweck besser und wirtschaftlicher, so werden die Unternehmen zum Selbstzweck, § 107 Abs. 1 S. 1 Nr. 3 NW-GO begründet hier einen hinsichtlich der Verwendung von Steuergeldern bedenklichen Besitzstandsschutz. Siehe skeptisch auch *Grawert*, in *Grupp/Ronellenfitsch*, FS Blümel, S. 124. *Pielow*, NWVBl. 1999, 369 (379) führt gegen die Privilegierung grundrechtliche Bedenken an.

169 Vgl. *Schink*, NVwZ 2002, 129 (132 u. 137f.).

diesem ist die kommunale Wirtschaftstätigkeit zunächst auf den eigenen örtlichen Wirkungskreis entsprechend Art. 28 Abs. 2 GG beschränkt. In einigen GO ist jetzt ausdrücklich geregelt, dass unter bestimmten Voraussetzungen eine wirtschaftliche Betätigung außerhalb des Gemeindegebiets zulässig ist.[170] Derartige Regelungen stoßen aber angesichts der Beschränkung des gemeindlichen Selbstverwaltungsbereichs auf Angelegenheiten der örtlichen Gemeinschaft auf verfassungsrechtliche Bedenken.[171] Dem wird entgegengehalten, dass Art. 28 Abs. 2 GG keine Beschränkungsnorm, sondern eine Schutznorm zu Gunsten der Gemeinden gegenüber den Gesetzgebern sei.[172] Auch erfasse diese Bestimmung nur hoheitliche Tätigkeiten.[173] Der letztgenannte Einwand verkennt aber, dass kommunale Wirtschaftstätigkeit stets kompetenzgebunden ist[174] und der Aufgabenkreis der örtlichen Angelegenheiten zugleich die Grenze der Betätigung darstellt.[175] Es spricht einiges dafür, eine verfassungsrechtliche, nicht dispositive[176] Beschränkung kommunaler Verkehrsunternehmen auf das kommunale und angrenzende Gebiet zur Befriedigung der verkehrlichen Bedürfnisse der örtlichen Gemeinschaft nach Art. 28 Abs. 2 GG anzunehmen.[177] Die wirtschaftliche Betätigung außerhalb des Ge-

---

170 Siehe § 107 Abs. 3 NWGO; Art. 87 Abs. 2 BayGO; § 71 Abs. 4 ThürKO.

171 Siehe außer den im Folgenden genannten aber *Jarass*, DÖV 2002, 489 (499), und *Püttner*, DÖV 2002, 731 (735).

172 *Moraing*, WiVerw 1998, 233 (244); siehe auch *Karst*, DÖV 2002, 809 (813f.), sowie differenzierend *Britz*, NVwZ 2001, 380 (835).

173 *Hellermann*, Örtliche Daseinsvorsorge, S. 157f.; *Moraing*, WiVerw 1998, 233 (244f.), vgl. auch *Dickersbach*, WiVerw 1983, 187 (195). *Kämmerer*, Privatisierung, S. 188f. stellt für die Zulässigkeit überörtlicher Gemeindewirtschaft darauf ab, dass diese nach außen als wirtschaftliche Tätigkeit, und nicht als Verwaltungshandeln zu qualifizieren sei. Kompetenzen anderer Verwaltungsorgane sollen deshalb nicht berührt werden. *Schwintowski*, NVwZ 2001, 607 (610) meint tatsächlich, dass das Örtlichkeitsprinzip der Gemeindeordnungen gegen die wirtschaftliche Handlungsfreiheit nach Art. 2 Abs. 1 GG und auch die Gleichbehandlung nach Art. 3 Abs. 1 GG konkretisierende Regelungen des Gesellschaftsrechts verstoßen würde und deshalb wegen des Vorrangs des Bundesrechts verdrängt würde.

174 Siehe *Ruffert*, VerwArch 2001, 27 (34f.); *Becker*, DÖV 2000, 1032 (1034); *Enkler*, ZG 1998, 328 (337); *Gern*, NJW 2002, 2593 (2598); *Henneke*, NdsVBl. 1998, 273 (278);); *Leimkühler*, VergabeR 2002, 535 (361); *Löwer*, VVDStRL 60 (2000), 416 (437) und *derselbe*, NWVBl. 2000, 241 (244); *Schneider*, DVBl. 2000, 1250 (1258).

175 *Ehlers*, NWVBl. 2000, 1 (6); siehe auch *Badura*, DÖV 1998, 818 (823); *Berg*, WiVerw 2000, 141 (147); *David*, NVwZ 2000, 738 (742); *Grawert*, in *Grupp/Ronellenfitsch*, FS Blümel, S. 129; *Held*, NWVBl. 2000, 201 (206), *Heintzen*, NVwZ 2000, 743 (743); *Koehler*, VR 2/2000, 44 (47). Dies verkennt auch *Dolde*, ZHR 166 (2002), 515 (516), wenn er meint, dass das Örtlichkeitsprinzip gegenüber Privaten keine Schutzwirkung entfalte. Dies kann insbesondere bei Grundrechtsbeeinträchtigungen nicht überzeugen.

176 A.A. *Kühling*, NJW 2001, 177 (179); *Leimkühler*, VergabeR 2002, 535 (361); *Papier*, DVBl. 2003, 686 (688); *Püttner*, DÖV 2002, 731 (736).

177 So *Barth*, Nahverkehr in kommunaler Verantwortung, S. 113. Siehe auch *Badura*, DÖV 1998, 818 (822); *Ehlers*, NWVBl. 2000, 1 (6); *Held*, NWVBl. 2000, 201 (202); *Hill*, BB 1997, 425 (426); *Hösch*, DÖV 2000, 393 (403); *Lux*, NWVBl. 2000, 7 (10); *Mann*, JZ 2002, 819 (825); *Pielow*, NWVBl. 1999, 369 (373); *Potthast*, NZBau 2000, 181 (182); *Schink*, NVwZ 2002, 129 (136). Teilweise wird aber auch eine kapazitätsauslastende außerörtliche Tätigkeit dann nicht ausgeschlossen, wenn sie der Rentabilität der Haupttätigkeit dient und auf diese rückführbar ist: *Antweiler*, VergabeR 2001, 259 (263); *Köhler*, BayVBl. 2000, 1 (9). Eine solche Betätigung kann als Annextätigkeit zulässig sein. *Hoffman-Klein/Noch*, DÖV 2002, 422 (425f.) wollen hingegen eine überörtliche wirtschaftliche Betätigung von Gemeinden durch die mittelbare Verfolgung eines öffentlichen Zwecks rechtfertigen. Siehe für eine ähnliche, „dynamische“ Auslegung des Örtlich-

meindegebiets muss unmittelbar der örtlichen Gemeinschaft zugute kommen[178] oder als zulässige Annextätigkeit nur von untergeordneter Bedeutung sein.[179] Eine räumliche Überschreitung der Gemeindegrenzen muss sich am öffentlichen Zweck *des jeweiligen* Unternehmens messen lassen.[180]

(3) Grundrechtliche Wettbewerbsfreiheit

Wenn es auch kein verfassungsrechtliches Subsidiaritätsprinzip zu Gunsten der privaten Wirtschaft geben soll[181], so haben Kommunen bei ihrer wirtschaftlichen Betätigung aber jedenfalls die Grundrechte zu beachten.[182] Kommunale ÖPNV-Unternehmen stehen vorrangig in einem Spannungsverhältnis zur durch die Berufsfreiheit von Art. 12 Abs. 1 GG geschützten Tätigkeit privater Verkehrsunternehmen.[183]

Nach der Rechtsprechung der Verwaltungsgerichte gewährt die Berufsfreiheit aus Art. 12 Abs. 1 GG aber erst dann einen Anspruch auf Unterlassen der staatlichen/kommunalen Konkurrenz, wenn die private wirtschaftliche Betätigung unmöglich

---

keitsprinzips *Karst,* DÖV 2002, 809 (814). Diese Ansichten verkennen aber die verfassungsrechtlich - legitimatorische Bedeutung des Örtlichkeitsprinzips von Art. 28 Abs. 2 GG.

178 *Hösch*, GewArch 2001, 223 (230). Siehe zur möglichen interkommunalen Zusammenarbeit näher *Enkler,* ZG 1998, 328 (338ff.).

179 Siehe in diesem Sinn die für die einverständliche Aufnahme einer als nichtwirtschaftlich privilegierten Tätigkeit auf fremdem Gemeindegebiet OLG Düsseldorf, NVwZ 2000, 714 (715f.), sowie jüngst ergänzt durch OLG Düsseldorf v. 17.6.2002, WuW 2002, 899 (910ff.): Auch privilegierte nichtwirtschaftliche Betätigungen müssen zumindest zum öffentlichen Zweck der kommunalen Einrichtung beitragen. Ob die Suche verlorener Kunden jenseits des Gemeindegebiets zur Sicherung der Existenz des jeweiligen kommunalen Unternehmens zulässig ist, ist damit jedenfalls dann in Frage zu stellen, wenn die externe Tätigkeit Schwerpunkt des Wirtschaftens wird. In letzter Konsequenz würde dann die außergemeindliche Betätigung und die Existenz des Unternehmens zum Selbstzweck, ohne dass noch ein kommunales Bedürfnis und damit ein öffentlicher Zweck vorliegt. Diesbezüglich aber unkritisch *Cronauge,* AfK I/99, 24 (31). Ebenso wie hier *Jarass,* NWVBl. 2002, 335 (338).

180 OLG Düsseldorf v. 17.6.2002, WuW 2002, 899 (910f.). Eine kommunalwirtschaftliche Betätigung außerhalb des Gemeindegebiets lässt sich auch auf entsprechender Grundlage der Gemeindeordnungen nur rechtfertigen, wenn die Betätigung öffentlichen Zwecken dient: *Heintzen*, NVwZ 2000, 743 (745). Kritisch hinsichtlich jeder Gebietsüberschreitung aber *Grawert,* in *Grupp/Ronellenfitsch,* FS Blümel, S. 129.

181 *Britz*, NVwZ 2001, 380 (381); *Ehlers*, JZ 1990, 1089 (1096); *Hill*, BB 1997, 425 (428); *Moraing,* WiVerw 1998, 233 (242); *Otting,* DVBl. 1997, 1258 (1260); *Pieroth/Hartmann*, DVBl. 2002, 421 (427); *Schneider,* DVBl. 2000, 1250 (1255). Für ein derartiges Subsidiaritätsprinzip aber unter der Geltung des Grundgesetzes grundlegend *Isensee*, Subsidiaritätsprinzip und Verfassungsrecht, S. 313; sowie aus der neueren Zeit etwa *Berg*, WiVerw 2000, 141 (149); *Hösch*, WiVerw 2000, 159 (172); *Sodan,* DÖV 2000, 361 (369). Siehe auch *Rennert*, JZ 2003, 385 (395).

182 *Ehlers*, DVBl. 1998, 497 (502). Hieraus kann auf einen Vorrang privater wirtschaftlicher Betätigung geschlossen werden, siehe *Schmidt,* Die Verwaltung 1995, 281 (284), was als Subsidiaritätsprinzip verstanden werden kann, siehe *Burgi*, Funktionale Privatisierung, S. 232. Diesem kommt als Ausformung des Grundrechtsschutz aber keine eigene Bedeutung zu: *Helm*, Rechtspflicht zur Privatisierung, S. 170. Die Gemeinden können sich demgegenüber weder bei der Erfüllung öffentlicher Aufgaben noch bei rein privatrechtlichem Handeln auf die Grundrechte berufen, siehe BVerfGE 61, 82 (103f.).

183 *Krölls,* GewArch 1992, 281 (281) bezeichnet das Spannungsverhältnis zwischen privater und öffentlicher Wirtschaft als „quasi-natürlich“.

oder unzumutbar eingeschränkt wird oder eine unerlaubte Monopolstellung entsteht.[184] Nach dieser Ansicht ist Konkurrenz der Wettbewerbsfreiheit immanent, auch wenn diese von staatlicher oder kommunaler Seite ausgeht.[185] Insofern soll schon der Schutzbereich dieses Grundrechts nicht berührt sein.[186]

Dieser von der allgemeinen Grundrechtsdogmatik abweichende Ansatz wird aber zunehmend[187] mit guten Gründen in Frage gestellt.[188] So bietet Art. 12 GG Schutz auch vor bloß faktischen und mittelbaren Eingriffen,[189] so dass die Wettbewerbsfreiheit nach allgemeinen Maßstäben durch wirtschaftliches Handeln der öffentlichen Hand auch verletzt sein kann, wenn noch kein Verdrängungs- oder Auszehrungswettbewerb vorliegt.[190] Da sich der Staat und seine Untergliederungen nicht selbst auf grundrechtliche Freiheiten berufen können, ihnen damit Privatautonomie nicht zukommt, ist ihr Wirtschaften auch nicht der Art. 12 GG immanenten konkurrierenden Grundrechtsausübung[191] vergleichbar.[192] Die Wettbewerbsfreiheit schützt aber nur vor ebenfalls grundrechtlich gestützter, wettbewerblich zulässiger Konkurrenz nicht.[193] Der Staat (und seine Untergliederungen) sind damit keine geborenen Mitspieler im Entdeckungsverfahren des Marktes.[194] Grundrechtsgebundenem wirtschaftlichen Handeln der öffentlichen Hand kann damit nicht von vornherein die Relevanz für den Schutzbereich des Art. 12 GG abgesprochen werden, da nur die private Wettbewerbsfreiheit in Art. 12 GG zu verorten ist.[195] Schon das staatliche Machtpotential, welches auch bei seiner Wirtschaftstätigkeit eine Rolle spielt, spricht gegen die Gleichstellung privater und staatlicher Wirt-

---

184 Siehe etwa BVerwGE 39, 329 (336ff.); BVerwG, NJW 1978, 15398f.; NJW 1995, 2938f.; RhPfVerfGH, NVwZ 2000, 801 (802); VGH Kassel, DÖV 1996, 476 (477); VG Schl.-H., GewArch. 1997, 144 (145).

185 So auch *Antweiler*, VergabeR 2001, 259 (264); *Frenz*, Verwaltungsgerichtlicher Rechtsschutz, S. 99; *Jarass*, in *Jarass/Pieroth*, GG, Art. 12, Rn. 16; *Kittler*, NJW 2000, 122 (122); *Manssen*, in *Mangoldt/Klein/Starck*, GG, Art. 12, Rn. 79; *Meyer*, LKV 2000, 321 (322); *Moraing*, WiVerw 1998, 233 (243); *Otting*, DVBl. 1997, 1258 (1260); *Pagenkopf*, GewArch 2000, 177 (179); *Papier*, DVBl. 2003, 686 (689). Differenzierend *Kluth*, WiVerw 2000, 184 (200f.).

186 *Möstl*, Grundrechtsbindung, S. 86; *Pieroth/Hartmann*, DVBl. 2002, 421 (425); *Schmahl*, LKV 2000, 47 (51f.)

187 Siehe *Schliesky*, Öffentliches Wettbewerbsrecht, S. 88 m.w.N., sowie auch *Kämper/Heßhaus*, NWVBl. 2001, 377 (379).

188 Siehe außer den im folgenden genannten auch *Cremer*, DÖV 2003, 921 (925ff.).

189 Siehe zum Eingriffsbegriff näher unten, Dritter Teil, C.I.3.a) (2).

190 *Frenz*, Verwaltungsgerichtlicher Rechtsschutz, S. 100, siehe auch *Faber*, DVBl. 2003, 761 (762); *Hösch*, DÖV 2000, 393 (398f.); *Sodan*, DÖV 2000, 361 (371): *Tettinger*, NJW 1998, 3473 (3474); *derselbe*, DVBl. 1999, 679 (686); *Pielow*, NWVBl. 1999, 369 (376), sowie *Grawert*, in *Grupp/Ronellenfitsch*, FS Blümel, S. 135.

191 Siehe BVerfGE 34, 252 (256).

192 Siehe *Glahs/Külpmann*, VergabeR 2002, 555 (558); *Hösch*, WiVerw 2000, 159 (178f.); *Krölls*, GewArch 1992, 281 (283); *Schliesky*, Öffentliches Wettbewerbsrecht, S. 199 sowie derselbe, DVBl. 1999, 78 (80). Soweit *Pieroth/Hartmann*, DVBl. 2001, 421 (425f.), dem entgegenhalten, dass Wettbewerb lediglich als Phänomen geschützt würde, verkennt dies die Abwehrfunktion der Grundrechte gegen den Staat zurechenbarem Verhalten. Soweit ein solches Verhalten Wettbewerb unmöglich macht, ist dies schon nach Wettbewerbsrecht kein Wettbewerbsverhalten mehr.

193 Siehe *Krölls*, GewArch 1992, 281 (284); *Kluth*, WiVerw 2000, 184 (199). *Schmidt*, WM 1992, 1 (5) hat treffend festgestellt, dass der Staat nicht der geborene Wettbewerber des Privaten sei, der Zutritt zum Markt sei ihm nur aufgrund eines konkreten Kompetenztitels möglich.

194 *Löwer*, VVDStRL 60 (2000), 416 (419).

195 *Schliesky*, DVBl. 1999, 78 (82).

schaftstätigkeit.[196] Dies gilt angesichts der Marktmacht der öffentlichen Hand im ÖPNV auch für diesen Bereich.[197] Die Rechtsprechung des BVerwG soll die Berufsfreiheit auch auf die Berufswahlfreiheit verengen.[198] Sofern öffentliche Wirtschaftstätigkeit in Konkurrenz zu Privaten deren Wettbewerbschancen beeinträchtigt, liegt hierin nach dieser Betrachtung ein Eingriff, der einer gesetzlichen Grundlage bedarf.[199] Diese liegt für kommunale Unternehmen regelmäßig in den diesbezüglichen Regelungen der Gemeindeordnungen.[200]

(4) Nationales und europäisches Wettbewerbsrecht

Unternehmerisches Handeln der Gemeinden im Markt unterfällt grundsätzlich dem nationalen und europäischen Wettbewerbsrecht.[201] Die Errichtung und der Betrieb kommunaler Verkehrsunternehmen muss sich an diesen Bestimmungen messen lassen und sich innerhalb der hier gesetzten Grenzen bewegen.

So war es praktisch anerkannt, dass eine kommunale wirtschaftliche Betätigung durch eigene Unternehmen bei Verletzung der kommunalrechtlichen Zulässigkeitsvoraussetzungen über § 1 UWG einen zivilrechtlichen Unterlassungsanspruch benachteiligter Privater, die in einem konkreten Wettbewerbsverhältnis zur Kommune stehen, begründen können.[202] Der Schutz vor Verstößen gegen Kommunalwirtschaftsrecht war meist nur über das Wettbewerbsrecht möglich, da der Schutz Dritter durch das Kommunalwirtschaftsrecht nach bisher überwiegender Ansicht lediglich objektiv-rechtlich ge-

---

196 Siehe *Schliesky,* Öffentliches Wettbewerbsrecht, S. 89; *Pielow,* NWVBl. 1999, 369 (375).

197 Siehe *Barth*, Nahverkehr in kommunaler Verantwortung, S. 99.

198 Siehe etwa *Ehlers*, DVBl. 1998, 497 (502).

199 Siehe *Krölls,* GewArch 1992, 281 (284), *Spannowsky,* ZGR 1996, 400 (406).

200 Siehe *Hösch*, WiVerw 2000, 159 (180); *Krölls,* GewArch 1992, 281 (284); *Kluth,* WiVerw 2000, 184 (22f.); *Spannowsky,* ZGR 1996, 400 (406).

201 *Antweiler*, VergabeR 2001, 259 (265); *Britz*, NVwZ 2001, 380 (381); *Mann,* JZ 2002, 819 (824). Diese Erkenntnis hat sich nach *Papier*, DVBl. 2003, 686 (690) allgemein durchgesetzt. Die Erfüllung öffentlicher Aufgaben muss dem nicht entgegenstehen, siehe OLG Celle, WuW 2002, 276 (277). In § 130 GWB ist die Anwendung dieses Gesetzes auf Unternehmen, die ganz oder teilweise im Eigentum der öffentlichen Hand stehen, ausdrücklich angeordnet, siehe hierzu *Emmerich*, in *Immenga/Mestmäcker,* GWB, § 130, Rn. 7ff. Siehe für eine Freistellung öffentlicher Unternehmen vom privaten Wettbewerbsrecht aber *Schefold*, BDVR-Rundschreiben 2/2004, 89 (91).

202 Siehe OLG Düsseldorf, NJW-RR 1997, 1470; OLG Hamm, NJW 1998, 3504 („Gelsengrün"); LG Wuppertal, DVBl. 1999, 939; sowie auch OLG Düsseldorf, NVwZ 2000, 111 (111). Aber anders jüngst der BGH, NVwZ 2002, 1139, der einen Anspruch aus § 1 UWG wegen Verstoßes gegen Art. 87 BayGO ablehnt, weil diese Bestimmung keine wettbewerbsbezogene Schutzrichtung besitze. Ob sich diese Auffassung bei den Zivilgerichten allgemein durchsetzt, bleibt abzuwarten, siehe differenzierend *Gröning*, WRP 2002, 17 (20ff., 25). So geht das OLG Düsseldorf v. 17.6.2002, WuW 2002, 899 (LS. 2 und S. 903) nach einer auf die Gesetzgebungsgeschichte gestützten Auslegung der GO NW als Landesrecht davon aus, dass § 107 GO NRW auch eine den Wettbewerb regelnde Funktion hat, so dass ein Verstoß gegen diese Bestimmung zugleich eine Wettbewerbsverfälschung entgegen § 97 Abs. 1 GWB bedeute. Das OLG Düsseldorf stellt fest, dass ein öffentliches Unternehmen, welches gesetzlich an der Teilnahme am Wettbewerb gehindert ist, eben diesen bei einer dennoch erfolgenden Teilnahme „massiv" verfälscht. Demgegenüber gibt es aber auch Stimmen, nach denen es nicht Aufgabe des Wettbewerbsrechts sei, öffentlich-rechtliche Marktzutrittsregelungen zu sanktionieren, siehe so *Dolde*, ZHR 166 (2002), 515 (520); *Köhler,* in *Köhler/Piper,* UWG, § 1, Rn. 581 m.w.N., sowie dagegen *Gröning*, WRP 2002, 17 (26). *Glahs/Külpmann*, VergabeR 2002, 555 (562ff.) sehen die Entscheidung des OLG Düsseldorf allerdings nicht im Widerspruch zum vorgenannten BGH, da die Voraussetzungen der vergaberechtlichen Wettbewerbsgebote und § 1 UWG zu unterscheiden seien.

währleistet wird.[203] In den diesbezüglichen Bestimmungen der Gemeindeordnungen wurden aber „wertbezogene" Normen,[204] die auch den Schutz der privaten Wirtschaft bezwecken, im Sinne von § 1 UWG gesehen.[205] Ihnen wird damit wettbewerbsrechtlich eine Bedeutung zugemessen, die ihnen öffentlich-rechtlich abgesprochen wird.[206] „Sauberer" wäre wohl die Bejahung subjektiv-öffentlicher Rechte der Konkurrenten aus den Regelungen des kommunalen Wirtschaftsrechts, so dass nach der 2-Stufentheorie hinsichtlich der Zulässigkeit kommunaler Wirtschaftsbetätigung die Verwaltungsgerichte zuständig wären.[207] Solange sich diese Betrachtung aber nicht durchsetzt,[208] ist die Rechtsprechung der Zivilgerichte zu § 1 UWG aus Rechtsschutzgründen hinzuneh-

---

203 *Badura*, DÖV 1998, 818 (821); *Ehlers*, DVBl. 1998, 497 (503); *Meyer*, NVwZ 2002, 1075 (1076); *Pagenkopf*, GewArch 2000, 177 (184). Siehe auch *Köhler*, BayVBl. 2000, 1 (10); *Potthast*, NZBau 2000, 181 (182); *Schmidt-Aßmann*, in *derselbe*, BesVwR, 1. Abschn., Rn. 121. Siehe kritisch zu diesem Konzept *Schink*, NVwZ 2002, 129 (138), der den Subsidiaritätsklauseln in grundrechtskonformer Auslegung subjektiven Rechtsschutz beimessen will, sowie für die Annahme einer drittschützenden Wirkung auch *Faber*, DVBl. 2003, 761 (765); *Grawert*, in *Grupp/Ronellenfitsch*, FS Blümel, S. 136; *Hösch*, DÖV 2000, 393 (402); *Kluth*, WiVerw 2000, 184 (205f.); *Löwer*, VVDStRL 60 (2000), 416 (446); *Tettinger*, NJW 1998, 3473 (3474). Wie auch *Pielow*, NWVBl. 1999, 369 (379) geht Schink mit guten Gründen davon aus, dass den Regelungen des kommunalen Wirtschaftsrechts nach der allgemeinen Dogmatik eine drittschützende Wirkung zukommt, was zumindest in jedem Einzelfall zu untersuchen ist. Hierfür ebenfalls *Erdmann*, DVBl. 1998, 13 (19); *Löwer*, DVBl. 2000, 1757; *Ruffert*, NVwZ 2000, 763 (764).

204 Siehe hierzu *Otting*, DÖV 1999, 549 (553), sowie auch *David*, NVwZ 2000, 738 (739f.).

205 § 1 UWG gewährt also einen subjektiven Abwehranspruch für einen Verstoß gegen die objektivrechtlichen Bestimmungen des Gemeindewirtschaftsrechts: *Cosson*, DVBl. 1999, 891 (896). Die Bestimmung schützt auch vor Verstößen gegen allgemein wettbewerbsschützende Normen, geht also weiter als die öffentlich-rechtliche Schutznormtheorie: *David*, NVwZ 2000, 738 (740f.).

206 Unter Hinweis auf die Rechtsprechung der Verwaltungsgerichte deshalb auch gegen die Anwendung von § 1 UWG, in diesem Sinne etwa *Ehlers*, DVBl. 1998, 497 (503), sowie *Antweiler*, VergabeR 2001, 259 (265); *Kaltenborn*, WuW 2000, 488 (495); *Tomerius*, LKV 2000, 41 (46). *Tettinger*, NJW 1998, 3473 (3474): „Zivilgerichtliches Dilettieren in Zentralbereichen des allgemeinen Verwaltungsorganisationsrechts und speziell des Kommunalrechts". Dieses Auseinanderfallen der Standpunkte kann aber mit der jeweiligen Rechtsperspektive (Wettbewerbsrecht/Verwaltungsrecht) erklärt werden: *Cosson*, DVBl. 1999, 891 (896); *Hubschle*, GewArch 2000, 186 (189).

207 So mit näherer Begründung *Schink*, NVwZ 2002, 129 (139), der sich aber selber widerspricht, wenn er die Rechtsprechung zu § 1 UWG mit der Begründung ablehnt, dass sich die Vorschriften über die kommunale wirtschaftliche Betätigung ausschließlich an die Gemeinden richten. Er geht aber richtig davon aus, dass es bei der Zulässigkeit kommunaler Wirtschaftstätigkeit um eine klassische Abwehrkonstellation im Verhältnis Bürger-Staat geht, aufgrund der Besonderheiten kommunaler/staatlicher Wirtschaftstätigkeit greift der Rückgriff alleine auf das Wettbewerbsrecht zu kurz. So aber wohl *Köhler*, BayVBl. 2000, 1 (4).

208 Siehe aber RhPfVerfGH, NVwZ 2000, 801 (804).

men.[209] Es scheint sich aber – wohl indiziert durch die Rechtsschutzverweigerung des BGH - ein Wandel der Rechtsprechung auch der Verwaltungsgericht abzuzeichnen.[210]

Im Bereich des ÖPNV von besonderer Bedeutung ist der Einbezug öffentlicher Unternehmen in die Wettbewerbsregeln des EGV gem. Art. 86 Abs. 1 EGV.[211] Diese gelten auch für Unternehmen, die mit Dienstleistungen von allgemeinem wirtschaftlichen Interesse betraut sind, soweit die Anwendung der Vertragsregelungen nicht die Erfüllung der übertragenen Aufgaben rechtlich oder tatsächlich verhindert (Art. 86 Abs. 2 EGV). Nach richtiger Ansicht ist für die Anwendung dieser Ausnahmebestimmung im Bereich des ÖPNVs mangels Vorliegens einer hoheitlichen Betrauung aber kein Raum.[212] Zu den primärrechtlichen Wettbewerbsregeln gehört auch das Beihilfenregime der Art. 87 ff. EGV, die ein Beihilfenverbot mit Genehmigungsvorbehalt statuieren.[213] Beihilfen können nur dann rechtssicher gewährt werden, wenn sie das Notifizierungsverfahren nach Art. 88 Abs. 3 durchlaufen haben.[214] Kapitalausstattung, -zuführung und sonstige finanzielle Förderung öffentlicher Unternehmen durch die öffentliche Hand müssen sich an diesen Bestimmungen messen lassen.[215] Ob die derzeitigen Finanzierungsformen im ÖPNV den hier zu stellenden Anforderungen genügen, wird zunehmend in Frage gestellt.

So ist zwar die Ausnahme[216] vom Beihilfeverbot nach Art. 73 EGV für die Finanzierung des ÖPNVs von besonderer Bedeutung.[217] Nach dieser Bestimmung sind Beihilfen,

---

209 Ausdrücklich *Pielow,* NWVBl. 1999, 369 (380). Auch *Cosson*, DVBl. 1999, 891 (892) bezeichnet den Schutz von Privatunternehmen vor kommunaler Wirtschaftstätigkeit als „überfällig". Siehe positiv auch *Krölls,* GewArch 1992, 281 (285) und *Mann,* JZ 2002, 819 (824). Hiergegen wendet sich jetzt aber ausdrücklich der schon zitierte BGH, NVwZ 2002, 1139 (1142): § 1 UWG schütze nur vor unlauterem Wettbewerb, Sinn der Vorschrift sei nicht die Ausfüllung öffentlich-rechtlicher Schutzlücken. Damit soll der Streit um zivilrechtliche Abwehransprüche gegen kommunale Wirtschaftstätigkeit vorläufig beendet sein: *Antweiler*, NVwZ 2003, 1466 (1466).

210 Siehe OVG Münster v. 13.8.2003, NVwZ 2003, 1520 (Ls. 1): § 107 Abs. 1 S. 1 NWGO habe für örtliche Wirtschaftsteilnehmer drittschützenden Charakter. Kritisch zu dieser Entscheidung *Antweiler*, NVwZ 2003, 1466 (1468).

211 Siehe zur Bedeutung dieser Vorschrift für die öffentlichen Verkehrsunternehmen näher *Wachinger*, Marktzugang im ÖPNV, 3. Teil, § 8 III. Siehe allgemein etwa *Badura,* ZGR 1997, 291ff.; *Burgi*, EuR 1997, 261ff.; *Mestmäcker,* RabelsZ 52 (1988), 526ff.

212 Wenn auch die Erbringung von Leistungen des Nahverkehrs als Dienstleistungen von allgemeinem wirtschaftlichen Interesse zu verstehen sind, so werden die Verkehrsunternehmen mit diesen nicht aufgrund der gewerberechtlichen Genehmigung betraut. Soweit eine solche aufgrund einer vertraglichen Vereinbarung oder hoheitlichen Auferlegung gemeinwirtschaftlicher Verkehrsleistungen angenommen werden könnte, so fallen diese Akte bereits unter die Ausnahme von Art. 73 EGV i.V.m. VO (EWG) 1191/69 F 91, die als Sonderregelung die Anwendung von Art. 86 verdrängt. Siehe *Barth*, Nahverkehr in kommunaler Verantwortung, S. 120ff.; *Soukop,* ZögU 1996, 164 (167ff.); *Wachinger*, Marktzugang im ÖPNV, 3. Teil, § 8 III.1.b)bb), siehe auch *Werner,* Nach der Regionalisierung, S: 52. A.A. aber *Muthesius*, in *Püttner*, ÖPNV in Bewegung, S. 82f.

213 Näher hierzu etwa *Koenig/Kühling,* NJW 2000, 1065ff.; zum Notifizierungsverfahren und der zugrunde liegenden Verfahrensordnung *Kruse,* NVwZ 1999, 1049ff.

214 *Barth*, Nahverkehr in kommunaler Verantwortung, S. 118.

215 *Badura*, DÖV 1998, 818 (822). Unter Umständen kann aber auch die Finanzierung von Verkehrsinfrastrukturen hier relevant werden, siehe *Koenig/Kühling,* DÖV 2001, 881ff.; *Soltész,* EuZW 2001, 107ff. Zu weitgehend ist die Ansicht von *Hoffman-Klein/Noch,* DÖV 2002, 422 (423) dass alle Leistungen der öffentlichen Hand an Verkehrsunternehmen außerhalb der VO 1191/69 F 91 europarechtlich unzulässig wären.

216 Beihilfen, die unter diese Regelung fallen, sind ohne weiteren Gemeinschaftsakt zulässig: *Stadler*, in *Schwarze (Hrsg.),* EU-Kommentar, Art. 73, Rn. 1.

217 *Barth,* Nahverkehr in kommunaler Verantwortung, S. 116.

die den Erfordernissen der Koordinierung des Verkehrs oder der Abgeltung bestimmter, mit dem Begriff des öffentlichen Dienstes zusammenhängender Leistungen entsprechen, mit dem EGV vereinbar. Wenn auch primäres Gemeinschaftsrecht nicht durch sekundäre Rechtsakte eingeschränkt werden kann, so wird diese unbestimmte Klausel durch die VO (EWG) 1107/70[218] präzisiert und abschließend ausgefüllt.[219] Nach Art. 3 dieser Verordnung zählen zu den EG-rechtlich zulässigen Leistungen an Verkehrsunternehmer Zahlungen nach der VO (EWG) 1191/69 F 91. Letztere regelt den finanziellen Ausgleich der wirtschaftlichen Nachteile für Unternehmen, die im öffentlichen Interesse liegende gemeinwirtschaftliche Verkehrsleistungen aufgrund vertraglicher Vereinbarung oder hoheitlicher Auferlegung durchführen.[220] Soweit Verkehrsunternehmen im ÖPNV für nichtwirtschaftliche Verkehrsleistungen einen Ausgleich durch die öffentliche Hand erhalten, ist dieser zunächst nur vom allgemeinen Beihilfenregime ausgenommen, wenn die Leistungen nach dieser VO erfolgen. Kommunale Kapitalzuführungen[221] und Vorteile aus dem steuerlichen Querverbund[222] müssen somit grundsätzlich den allgemeinen Regelungen genügen[223, 224]. Die bereichsübergreifende Absicherung des

218 Verordnung des Rates über Beihilfen im Eisenbahn-, Straßen- und Binnenschiffsverkehr v. 04.06.1970, ABl. EG Nr. L 130/1.

219 So jetzt inzident der EuGH, der außerhalb des Anwendungsbereichs der VO (EWG) 1191/69 F 91 auf die allgemeine Beihilfenregelungen des EGV zurückgreift: Urt. v. 24.7.2003, Rs. C-280/00, NZBau 2003, 503ff. Siehe auch *Barth*, Nahverkehr in kommunaler Verantwortung, S. 120; *Berschin*, ZUR 1997, 4 (5); *Dippel/Wilhelm*, WiVerw 2001, 120 (127); *Werner*, Nach der Regionalisierung, S. 40; konkludent auch *Stadler*, in *Schwarze (Hrsg.)*, EU-Kommentar, Art. 73, Rn. 1, sowie zumindest im Ergebnis angenähert *Spuller*, LKV 2001, 252 (253). A.A. *Jung*, TranspR 1998, 133 (145f.); *Frohnmeyer*, in *Grabitz/Hilf*, EUV/EGV, Art. 73, Rn. 8; *Ronellenfitsch*, VerwArch 2001, 293 (306f.). Angesichts der Unbestimmtheit der Norm ist aber eine mitgliedsstaatliche Interpretationsmacht, nach der die Mitgliedsstaaten selbst über Ausnahmen vom umfassenden Beihilfenregime der Art. 87ff. EGV entscheiden könnten, jedenfalls abzulehnen. Aufgrund des nur sehr vagen Inhalts kann in Art. 73 EGV mitnichten eine unmittelbar anwendbare Norm gesehen werden, so aber *Wachinger*, Verkehr und Technik 2001, 197 (199).

220 Siehe zu dieser VO näher *Barth*, Nahverkehr in kommunaler Verantwortung, S. 139; *Berschin*, Daseinsvorsorge durch Wettbewerb, § 5 III.2.; *Wachinger*, Marktzugang im ÖPNV, 3. Teil, III.3.; *Wachinger/Wittemann*, Regionalisierung des ÖPNV, S. 35ff.; *Werner*, Nach der Regionalisierung, S. 53ff.

221 Diese stellen keine Beihilfe dar, wenn das betroffene Unternehmen die Mittel auch auf dem Kapitalmarkt hätte aufbringen können ((„private investor test"), siehe etwa *Badura*, ZGR 1997, 291 (299); *Deckert/Schröder*, EuR 1998, 291 (295f.). Dies wird im Fall chronisch defizitärer kommunaler Verkehrsunternehmen aber kaum der Fall sein, *Barth*, Nahverkehr in kommunaler Verantwortung, S. 132; *Werner*, Nach der Regionalisierung, S. 53. Bedenklich mag deshalb die Regelung des § 9 Abs. 2 BremÖPNVG erscheinen, nach welcher der Ausgleich von Kostendeckungsfehlbeträgen von den Stadtgemeinden Bremen und Bremerhaven in ihrer Eigenschaft als Träger von Verkehrsunternehmen in ihre Zuständigkeit als Gesellschafter fällt.

222 Siehe wegen der wettbewerbsverzerrenden Wirkung des Querverbundes aus europarechtlicher Sicht kritisch *Barth*, Nahverkehr in kommunaler Verantwortung, S. 131f.; *Fromm*, TranspR 1992, 256 (260); *Hösch*, GewArch 2001, 223 (225); *Maaß*, Wettbewerb im ÖPNV, S. 164f. Siehe aber skeptisch aufgrund und hinsichtlich des Kommissionsvorschlags *Ronellenfitsch*, VerwArch 2001, 293 (313, 315). Lediglich im Rahmen des Art. 86 Abs. 2 EGV sind Quersubventionierungen unschädlich, siehe *Grave*, EuZW 2001, 709 (711, m.w.N.).

223 Siehe hierzu näher *Barth*, Nahverkehr in kommunaler Verantwortung, S. 123ff.; *Werner*, Nach der Regionalisierung, S. 39ff. Teilweise wird aber bestritten, dass dem ÖPNV Relevanz für den innergemeinschaftlichen Handel zukommt: *Muthesius*, in *Brede (Hrsg.)*, Wettbewerb in Europa, S. 125; *Metz*, in *Püttner*, ÖPNV in Bewegung, S. 53 (57f.); *Ronellenfitsch*, VerwArch 2001, 293 (304); *Will*, Der Nahverkehr, 1-2/2001, 28 (31). Dem ist der EuGH, Urt. v. 24.7.2003, Rs. C-280/00,

„service public“[225] in Art. 16 EGV gilt unbeschadet der Art. 73, 86 und 87 EGV und kann damit die Anwendung des europäischen Wettbewerbs- und Beihilfenrechts nicht hindern.[226]

Eine tatbestandliche[227] Ausnahme vom europäischen Beihilferegime besteht nach neuerer Rechtsprechung des EuGHs nur für solche öffentlichen Zuschüsse, die einen Ausgleich für eine Gegenleistung darstellen, die von dem begünstigten Unternehmen zur Erfüllung gemeinwirtschaftlicher Verpflichtungen erbracht werden.[228] Dies ist anhand von vier Voraussetzungen, die kumulativ erfüllt sein müssen, zu ermitteln. So muss das begünstigte Unternehmen zunächst tatsächlich mit der Erfüllung der klar definierter gemeinwirtschaftlichen Verpflichtung betraut sein (1). Des Weiteren müssen die Parameter, anhand derer der zu zahlende Ausgleich berechnet wird, zuvor objektiv und transparent aufgestellt worden sein (2). Der danach gewährte Ausgleich darf nicht über

---

NZBau 2003, 503 (Ls. 2), aber nicht gefolgt,. Siehe bereits *Dippel/Wilhelm*, WiVerw 2001, 120 (134); *Berschin*, Verkehr und Technik 2000, 469 (471), *Spuller,* LKV 2001, 252 (254). Auch die Vorschläge der Kommission für einen neuen Ordnungs- und Wettbewerbsrahmen im ÖPNV belegen die Bedeutung dieses Marktes für die Integration des Binnenmarktes, siehe hierzu näher unten, Erster Teil, B.II. ÖPNV-Dienstleistungen (ausgenommen Eisenbahnen) gelten auch nach Richtlinie 92/50/EWG v. 18. Juni 1992, ABl. Nr. L 209/1 (DKR), Anhang IA, Kategorie 2 als prioritäre Dienstleistungen, so dass ihnen im Grundsatz jedenfalls oberhalb der Schwellenwerte der Vergaberichtlinien die Relevanz für den gemeinsamen Markt nicht abgesprochen werden kann.

224 Auch bei Beachtung der primärrechtlichen Beihilfenregelungen ist fraglich, ob der steuerliche Querverbund nach dem Trennungsgebot des Art. 1 Abs. 5 UA. 2 VO (EWG) 1191/69 F 91 europarechtlich Bestand haben kann. Siehe hierzu kritisch *Fehling*, Die Verwaltung 2001, 25 (45); *Fromm*, TranspR 1994, 425 (430); *Maaß,* Wettbewerb im ÖPNV, S. 164f., sowie *Werner,* Nach der Regionalisierung, S. 230.

225 Siehe zu diesem Begriff *Keller,* Service public und Art. 82 Abs. 2 EGV, S. 32ff., der im nationalen Bereich heute am ehesten als zumindest staatlich kontrollierte Daseinsvorsorge verstanden werden kann, siehe ebenda, S. 58, *Jung,* in *Callies/Ruffert,* EUV/EGV, Art. 16, Rn. 1. Vgl. auch *Kommission*, Mitteilung Leistungen der Daseinsvorsorge, KOM(2000) 580 endg., S. 3; *Mestmäcker,* in *Ruland (Hrsg.)*, FS Zacher, S. 635 (635f.).

226 *Berschin*, Daseinsvorsorge durch Wettbewerb, § 4 III.2.; *Nettesheim,* in *Hrbek/Nettesheim,* EU und Daseinsvorsorge, S. 50; *Koenig,* EuZW 2001, 481. Siehe auch *Jung*, in *Callies/Ruffert,* EUV/EGV, Art. 16, Rn. 12; Hatje, in *Schwarze (Hrsg.),* EU-Kommentar, Art. 16, Rn. 9, vgl. *Schwarze,* EuZW 2001, 334 (339). Ein „Überausgleich“ für Lasten aus Dienstleistungen von allgemeinem wirtschaftlichen Interesse ist nicht gerechtfertigt, und europarechtswidrig, *Nettesheim,* EWS 2002, 253 (257). Nach *Ronellenfitsch,* VerwArch 2001, 293 (298) und auch *Ronellenfitsch,* in *Hrbek/Nettesheim,* EU und Daseinsvorsorge, S. 92 soll hingegen - entgegen dem Wortlaut von Art. 16 und 86 Abs. 2 EGV – im Zweifel die Daseinsvorsorge Vorrang vor der Anwendung der Wettbewerbsregelungen haben. Soweit Leistungen im Bereich der Daseinsvorsorge von Relevanz für den europäischen Binnenmarkt sind, kann aufgrund der hier gegebenen Gemeinschaftskompetenzen (Art. 2, 3 Abs. 1 lit. c EGV) aber jedenfalls nicht von einem „Subsidiaritätsprinzip bei der Daseinsvorsorge“ gesprochen werden, so aber *Ronellenfitsch,* in *Hrbek/Nettesheim,* EU und Daseinsvorsorge, S. 95. Diesbezüglich stellt *Harms*, in *Brede (Hrsg.)*, Wettbewerb in Europa, S. 30ff. fest, dass dem Wettbewerb - in den Grenzen des Art. 86 Abs. 2 EGV - Priorität zukommt. Die von *Harms* angenommene Definitionsgewalt der einzelnen Staaten hinsichtlich des Umfangs der Leistungen von allgemeinen wirtschaftlichen Interessen kann auch im Rahmen des Subsidiaritätsprinzips aber nur bestehen, soweit nicht bestimmte Sachbereiche von europäischer Seite für den Binnenmarkt geöffnet wurden. Nach *Pielow,* Grundstrukturen öffentlicher Versorgung, S. 98, tendiert der rechtsnormative Gehalt des Art. 16 EGV „gegen Null“. Ähnlich auch *Kämmerer*, NVwZ 2002, 1041 (1042), der dieser Bestimmung aber die Bedeutung einer Auslegungsmaxime gibt.

227 Siehe für die Abgrenzung zur zuvor vorgeschlagenen Rechtfertigungslösung *Baumeister*, NZBau 2003, 550 (550); *Kämmerer*, DÖV 2004, 28 (32).

228 EuGH v. 24.7.2003, Rs. C-280/00, NZBau 2003, 503 (Ls. 2).

das hinausgehen, was zur vollständigen oder teilweisen Deckung der Kosten der Erfüllung der gemeinwirtschaftlichen Verpflichtung unter Berücksichtigung der dabei erzielten Einnahmen und eines angemessenen Gewinns erforderlich ist (3). Schließlich ist die Höhe des erforderlichen Ausgleichs, wenn die Wahl des Unternehmens nicht im Rahmen eines Verfahrens zur Vergabe eines öffentlichen Auftrags erfolgte, auf der Grundlage einer Analyse der Kosten zu bestimmen, die ein durchschnittliches, gut geführtes Unternehmen bei der Erfüllung der betreffenden Verpflichtung hätte (4).[229] Mit dieser als geradezu salomonisch[230] gepriesenen Entscheidung hat der EuGH die Frage geklärt, unter welchen Umständen Zahlungen der öffentlichen Hand für Leistungen im Bereich der Daseinsvorsorge nicht unter das Beihilferegime fallen. Das in den Medien berichtete „Aufatmen" der Kommunen, die nach der EuGH-Entscheidung angeblich alleine über die Finanzierung öffentlicher Leistungen entscheiden können sollen,[231] war aber wohl verfrüht.[232] So fällt nach dem vierten vom EuGH angeführten Kriterium ein Zuschuss zum einen dann nicht unter den Beihilfenbegriff, wenn eine öffentliche Ausschreibung stattgefunden hat.[233] Dies bedeutet, dass für Zahlungen an kommunale Nahverkehrsunternehmen zwar die Notifzierungspflicht nach Art. 88 Abs. 3 EGV entfallen kann. Im Gegenzug müssten die kommunalen Unternehmen sich dann aber im Ausschreibungswettbewerb behaupten. Erfolgt die Betrauung hingegen wettbewerbsfrei, so liegt zum anderen dann keine Beihilfe vor, wenn der Kostenausgleich nur nach Marktvergleichspreisen erfolgt, was über das Transparenzgebot des zweiten Kriteriums zumindest zu einem Preiswettbewerb führen wird.[234]

Die derzeitige Finanzierungspraxis im ÖPNV ist also kritisch zu betrachten,[235] die Bedeutung des EG-Beihilfenrechts wird in der kommunalen Praxis erst allmählich wahrgenommen.[236] Es steht zu erwarten, dass die anstehenden Umbrüche eine Stärkung der Rolle von Vergabeverfahren mit sich bringen werden, da Zahlungen aufgrund eines zuvor wettbewerblich ausgeschriebenen Vertrags stets nur den adequaten Kostenausgleich und Marktpreis für die zu erbringende Leistung darstellen.[237]

III. Zusammenfassung

Der ÖPNV ist aufgrund seiner Funktion und Bedeutung für die Allgemeinheit eine Aufgabe der Daseinsvorsorge, was die RegG von Bund und Ländern ausdrücklich aner-

---

229 EuGH v. 24.7.2003, Rs. C-280/00, NZBau 2003, 503 (Ls. 2).

230 So *Baumeister*, NZBau 2003, 550 (550).

231 Siehe SZ v. 25.7.2003, S. 17.

232 Vgl. so auch *Jasper*, Behördenspiegel 8/2003, S. 18.

233 Bei diskriminierungsfreien, transparenten und wettbewerbsoffenen Ausschreibungen entfällt das Beihilfemerkmal der Begünstigung, siehe *Koenig/Kühling*, NVwZ 2003, 779 (780).

234 *Baumeister*, NZBau 2003, 550 (550) spricht sogar von faktischem Wettbewerb. Da bei einer wettbewerbsfreien Betrauung aber gerade keine Konkurrenzsituation eintritt, dürfte diese Ansicht zu weit gehen.

235 Siehe außer den schon erwähnten auch *Berschin/Hickmann*, Internationales Verkehrswesen 1998, 600 (601ff.); *Goßler*, in *Smeddinck*, Umweltverkehr, S. 77ff.; *Heinze*, Ausgleich gemeinwirtschaftlicher Leistungen, S. 123ff.; *Meyer*, ZögU 2001, 53 (54); sowie aus betriebswirtschaftlicher Sicht zu den unterschiedlichen Finanzierungsarten *Grünendieck*, Die Finanzierung des Öffentlichen Personennahverkehrs, S. 168ff., 183ff., 209ff., 229f. und *Höhnscheid*, Regionalisierung des ÖPNV, S. 122ff.

236 *Darsow*, LKV 2002, 1 (2).

237 Siehe *Koenig/Kühling*, NVwZ 2003, 779 (780); *Pünder*, NZBau 2003, 530 (533).

kennen und präzisieren. Den Aufgabenträgern, zu denen für den örtlichen ÖPNV auch die Kommunen gehören können, werden bestimmte Funktionen zugewiesen, zu denen insbesondere die Vereinbarung oder Auferlegung gemeinwirtschaftlicher Verkehrsleistungen gehört. Neben diesen Instrumenten, die für die Gemeinden keine umfassende Funktion als Dienstleistungserbringer begründen, verfügen die Kommunen gestützt auf Art. 28 Abs. 2 GG aber traditionell auch über eigene Verkehrsunternehmen, mit denen sie Verkehrsleistungen für die Allgemeinheit erbringen. Die kommunalen Verkehrsbetriebe werden heute meist als Unternehmen in den privatrechtlichen Formen der GmbH oder AG geführt. Sie sind nicht nur an das allgemeine Wettbewerbsrecht gebunden, sondern auch an die Voraussetzungen der jeweils einschlägigen Gemeindeordnungen.

In diesen Strukturen ist eine kommunale Doppelrolle im ÖPNV schon erkennbar. Den Kommunen obliegt als Aufgabenträger im ÖPNV die Sicherstellung einer ausreichenden Verkehrsbedienung mit gemeinwirtschaftlichen Verkehrsleistungen. Soweit diese nicht von den Kommunen selbst zu erbringen sind, treten sie damit – bei Existenz eigener Verkehrsbetriebe – als Initiator und Erbringer von Verkehrsleistungen auf. Die Funktion der Aufgabenträgerschaft für den Markt im ÖPNV wird im Folgenden präzisiert.

B. Aufbruch des ÖPNVs in den Ausschreibungswettbewerb

Es wurde bereits festgestellt, dass den Kommunen als Aufgabenträger im ÖPNV die vertragliche Vereinbarung oder Auferlegung gemeinwirtschaftlicher Verkehrsleistungen obliegt, ohne dass aus dieser Funktion ein Recht auf Selbsterbringung dieser Leistungen folgt. Im Folgenden wird vielmehr dargestellt, dass den Aufgabenträgern eine Funktion als Marktveranstalter durch Ausschreibung der gewünschten Leistung zugewiesen wird. Die Öffnung des ÖPNV-Marktes durch Ausschreibungswettbewerb und die Rolle auch kommunaler Aufgabenträger als Initiator von Wettbewerb wird skizziert. Es werden zum einen die schon heute bestehenden Ausschreibungspflichten für gemeinwirtschaftliche Leistungen und die für eine Anwendung des § 16 VgV maßgebliche Anwendung des Kartellvergaberechts untersucht. Zum anderen wird aber auch ein Blick auf die derzeitigen Bestrebungen geworfen, auf europäischer Ebene eine umfassende Öffnung des ÖPNV-Marktes zu normieren.

I. Die Ausschreibung gemeinwirtschaftlicher Verkehrsleistungen

1. Die Ausschreibungspflicht nach § 1 Abs. 2 GKV

Das PBefG unterscheidet in §§ 13, 13a PBefG die Genehmigung eigen- und gemeinwirtschaftlicher Verkehre. Diese Differenzierung wurde zum 01.01.1996 mit dem Eisenbahnneuordnungsgesetz eingeführt.[238] Eigenwirtschaftliche Verkehrsdienstleistungen sind nach § 8 Abs. 4 PBefG solche, deren Aufwand durch Beförderungserlöse, Erträge aus gesetzlichen Ausgleichs- und Erstattungsregelungen sowie sonstigen Handelserträgen im handelsrechtlichen Sinne gedeckt werden. Hier hat allein das Verkehrsunternehmen die kaufmännische Verantwortung für den wirtschaftlichen Erfolg des be-

238 Gesetz v. 27.12.1993, BGBl. I, S. 2378ff. (2419). Siehe zur Begründung der Änderung BT-Drs. 12/6269, S. 142.

triebenen Verkehrs,[239] sie können damit als marktinitiiert verstanden werden.[240] Gemeinwirtschaftliche Verkehrsleistungen sind hingegen solche, die der Umsetzung eines vereinbarten oder auferlegten Verkehrs im Sinne der VO (EWG) 1191/69 F 91 dienen (siehe § 13a PBefG). Es handelt sich damit um Verkehre, die das Verkehrsunternehmen im eigenen wirtschaftlichen Interesse nicht oder nicht im gleichen Umfang und nicht unter den gleichen Bedingungen übernehmen würde.[241] Sie werden zur Sicherstellung einer ausreichenden Verkehrsbedienung von den landesrechtlich bestimmten Stellen veranlaßt (behördeninitiierte Verkehre).[242]

Genehmigungsvoraussetzung für gemeinwirtschaftliche Verkehre nach § 13a Abs. 1 PBefG ist, dass diejenige Lösung gewählt wurde, die die geringsten Kosten für die Allgemeinheit mit sich bringt. Wann dies gegeben ist, richtet sich nach der zur Durchführung dieser Bestimmung erlassenen Verordnung zur Anwendung von § 13a Abs. 1 S. 3 des PBefG vom 15.12.1995 – gemeinhin als geringste Kostenverordnung (GKV) bezeichnet. Nach § 1 Abs. 1 GKV sind als die geringsten Kosten für die Allgemeinheit die Kosten anzusehen, die zu der niedrigsten Haushaltsbelastung für die zuständige Behörde führen.[243] Diese sind in der Regel gegeben, wenn die gemeinwirtschaftliche Verkehrsleistung im Wettbewerb nach Maßgabe der VOL/A Abschnitt 1 vergeben wurde (§ 1 Abs. 2 GKV). Wird eine gemeinwirtschaftliche Verkehrsleistung auferlegt, so führt dieses nach Abs. 3 der Vorschrift zu den geringsten Kosten, wenn ein Vergabeverfahren nicht sachgerecht ist, zu keinem Ergebnis geführt hat oder eine vertragliche Vereinbarung aus anderen Gründen nicht zustande gekommen ist und die veranschlagten Kosten der Maßgabe der Verordnung PR 30/53 über die Preise bei öffentlichen Aufträgen ent-

239 Siehe *Will,* ZögU 2001, 92 (94).

240 *Ronellenfitsch,* VerwArch 2001, 131 (143).

241 Siehe Art. 2 Abs. 1 VO (EWG) 1191/69 F 91, sowie *Dippel/Wilhelm,* WiVerw 2001, 120 (129, Fn. 45); *Fehling,* Die Verwaltung 2001, 25 (31); *Metz,* in *Püttner,* ÖPNV in Bewegung, S. 53 (54f.), sowie auch *Ronellenfitsch,* VerwArch 2001, 131 (142)

242 Ob ein Verkehr eigen- oder gemeinwirtschaftlich zu erbringen ist, hängt damit vielfach von den von den Aufgabenträgern gestellten Ansprüchen ab. Ein Wahlrecht oder eine Entscheidungskompetenz der Unternehmer besteht nicht: *Berschin,* ZUR 1997, 4 (9); sowie *derselbe,* Verkehr und Technik 2000, 469 (471); *Hermanns/Hönig,* LKV 2002 206 (209), siehe auch *Baumeister/Kirch,* NZBau 2001, 653 (654). Anders aber die Gesetzesbegründung, BT-Drs. 12/6269, S. 144, zu Nummer 5 und *Ronellenfitsch,* VerwArch 2001, 131 (140).

243 Dies kann diese freilich nicht daran hindern, hohe Ansprüche an die zu erbringende Dienstleistung zu stellen: *Hösch,* GewArch 2001, 223 (225). Nach Art. 14 der VO (EWG) 1191/F 91 können Qualitätsanforderungen an gemeinwirtschaftliche Verkehre gestellt werden. Wirtschaftlichkeitsüberlegungen sind von der vorgelagerten Zielbestimmung abhängig, so dass die geringste Haushaltsbelastung zur Umsetzung des *gewünschten* Verkehrs gemeint ist. So umfasst auch der haushaltsrechtliche Grundsatz der Wirtschaftlichkeit nicht nur das Sparsamkeits oder Minimalprinzip, demzufolge ein *bestimmtes* Ergebnis mit möglichst geringem Mitteleinsatz zu erzielen ist, sondern auch das Ergiebigkeits- oder Maximalprinzip, nach dem mit dem Einsatz bestimmter Mittel ein maximales Ergebnis zu erreichen ist. Siehe hierzu Vorl. VV-BHO zu § 7, Rn 1, abgedruckt in *Piduch,* BHO; sowie *Piduch,* BHO, §7, Rn. 2. Es geht also auch im Rahmen von § 1 GKV keinesfalls nur um die billigste Verwirklichung der gemeinwirtschaftlichen Verkehre, wie *Fehling,* Die Verwaltung 2001, 25 (43) fälschlich annimmt. Ein reiner Preiswettbewerb würde letztlich zu Lasten der Qualität und damit der Fahrgäste führen, weshalb der Verband Deutsche Verkehrsunternehmen kundenorientierte Qualitätskriterien zur Anwendung auch in Ausschreibungen entwickelt hat. Siehe *ohne Verf.,* Bus & Bahn 1/2002, 8.

sprechen. Die Auferlegung ist damit zur vertraglichen Vereinbarung im Wettbewerb subsidiär.[244]

Damit ist zunächst die Durchführung eines Vergabeverfahrens nach dem ersten Abschnitt der VOL/A zur Vergabe gemeinwirtschaftlicher Verkehrsleistungen unabhängig vom Auftragswert obligatorisch. Den hier anzuwendenden Verfahrensbestimmungen kommt als Binnenrecht der Verwaltung drittschützende Wirkung nicht direkt zu, so dass die potentiellen Bieter keinen unmittelbaren Anspruch auf Einhaltung des einschlägigen Vergaberechts haben.[245] Auch finden die Regelungen der VgV nur im Bereich des Kartellvergaberechts nach dem vierten Teil des GWBs Anwendung, so dass bei der Vergabe von gemeinwirtschaftlichen Verkehrsleistungen nach der GKV auch die Bestimmung des § 16 VgV nicht zu berücksichtigen ist. Etwas anderes gilt aber, soweit (auch) die Vorschriften über die Vergabe öffentlicher Aufträge nach dem GWB zu berücksichtigen sind, was im Folgenden erörtert wird.

2. *Gemeinwirtschaftliche Verkehrsverträge und Kartellvergaberecht*

Während nach § 1 Abs. 2 GKV die Vergabe gemeinwirtschaftlicher Verkehrsdienstleistungen nach dem ersten Abschnitt der VOL/A erfolgen soll, ergeben sich die anzuwendenden Verfahrensvorschriften im Bereich des Kartellvergaberechts aus der VgV, die das Bindeglied zwischen GWB und den Verdingungsordnungen darstellt (§§ 97 Abs. 6, 127 GWB): Das GWB verweist hinsichtlich der näheren Verfahrensbestimmungen auf die VgV, die ihrerseits auf die für den jeweiligen Auftragsgegenstand einschlägige Verdingungsordnung verweist (Kaskadenprinzip). Soweit gemeinwirtschaftliche Verkehrsdienstleistungen als öffentliche Aufträge auch unter diese Bestimmungen fallen, so ist diesen als später[246] ergangene Regelungen, die der Umsetzung der Vorgaben der europäischen Vergaberichtlinien dienen,[247] der Vorrang[248] gegenüber der GKV ein-

244 Siehe auch *Barth*, Nahverkehr in kommunaler Verantwortung, S. 141; *Dippel/Wilhelm*, WiVerw 2001, 120 (128).

245 Siehe nur *Boesen*, VergabeR, Einl., Rn. 132. Ein Anspruch auf Gleichbehandlung kann sich aus dem Grundsatz der Selbstbindung der Verwaltung i.V.m. Art. 3 Abs. 1 GG ergeben, siehe *derselbe*, ebenda, Rn. 91, sowie auch *Dörr*, DÖV 2001, 1014 (1017); *Faber*, DÖV 1995, 403 (408f.). Siehe zu Gleichbehandlungsansprüchen im Bereich rein nationaler Vergabeverfahren des Weiteren auch *Byok*, NJW 1998, 2774 (2776); *Pietzcker*, NVwZ 1983, 121 (123).

246 Die am 1.2.2001 in Kraft getretene Neufassung der VgV stellt die vorläufig letzte Rechtsänderung zur Anpassung des nationalen Vergaberechts an die europarechtlichen Vorgaben der Vergaberichtlinien (siehe folgende Fn.) dar. Diese schreiben für öffentliche Aufträge oberhalb bestimmter Auftragswerte transparente Vergabeverfahren im Wettbewerb vor, auf deren Einhaltung die Wettbewerber einen Anspruch haben. Nachdem die sogenannte haushaltsrechtliche Lösung diesen Vorgaben nicht genügen konnte (siehe hierzu etwa *Boesen*, VergabeR, Einl., Rn. 139ff.; *Portz*, in *Byok/Jaeger*, VergabeR, Einl., Rn. 25ff.), entschied sich der deutsche Gesetzgeber mit dem Vergaberechtsänderungsgesetz (VgRÄG) zur Implementierung des Vergaberechts für Aufträge oberhalb der Schwellenwerte im vierten Teil des GWB. Unterhalb der Schwellenwerte bleiben alleine die haushaltsrechtlichen Vorgaben, die auf die Verdingungsordnungen verweisen, als Binnenrecht der Verwaltung beachtlich. Das nationale Vergaberecht ist damit zweigeteilt. Siehe hierzu im Überblick etwa *Schwarze*, EuZW 2000, 133 (137).

247 Dies sind noch die RL 92/50/EWG v. 18. Juni 1992, ABl.EG Nr. L 209/1 (Dienstleistungskoordinierungsrichtlinie = DKR), RL 93/36/EWG v. 14. Juni 1993, ABl.EG Nr. L 199/1 (Lieferkoordinierungsrichtlinie = LKR), RL 93/37/EWG v. 14. Juni 1993, ABl.EG Nr. L 199/54 (Baukoordinierungsrichtlinie = BKR), RL 93/38/EWG v. 14. Juni 1993, ABl.EG Nr. L 199/84, geändert durch RL 98/4/EG v. 16.2.1998, ABl. Nr. L 101/1, (Sektorenkoordinierungsrichtlinie = SKR), sowie die Rechtsmittelrichtlinien RL 89/665/EWG v. 21.12.1989, ABl. Nr. L 395/33 und RL 92/13/EWG v.

zuräumen.[249] Im Folgenden wird untersucht, unter welchen Voraussetzungen gemeinwirtschaftliche Verkehrsverträge im straßengebundenen öffentlichem Nahverkehr als öffentliche Aufträge unter die Regelungen des vierten Abschnitts des GWB fallen.

a) Zur Auftraggebereigenschaft der Aufgabenträger

Zunächst müssen die Besteller gemeinwirtschaftlicher Verkehrsleistungen als öffentliche Auftraggeber in den persönlichen Anwendungsbereich des vierten Teils des GWB nach § 98 GWB fallen. Gemeinwirtschaftliche Verträge werden als „Verträge über Verkehrsdienste aufgrund von Verpflichtungen des öffentlichen Dienstes“ nach Art. 14 Abs. 2 VO (EWG) 1191/69 F 91 von der zuständigen Behörde eines Mitgliedsstaates und einem Verkehrsunternehmen abgeschlossen. Zuständige Behörden sind die von den Landes-ÖPNV-Gesetzen bestimmten Aufgabenträger.[250] Soweit dies die Kommunen sind, zählen sie als Gebietskörperschaften unmittelbar zu den „klassischen“[251] öffentlichen Auftraggebern nach § 98 Nr. 1 GWB.

Sehen die Landesnahverkehrsgesetze vor, dass die Aufgabenträgerschaft von einer zu diesem Zweck gegründeten Nahverkehrsgesellschaft wahrzunehmen ist[252] oder wahrgenommen werden kann[253], fallen diese Gesellschaften unabhängig von ihrer Rechtsform regelmäßig unter den funktionalen Auftraggeberbegriff des § 98 Nr. 2 GWB.[254] Dieser erfasst juristische Personen des öffentlichen und privaten Rechts, die unter Beherrschung durch die öffentliche Hand nach ihrem Gründungszweck im Allgemeininteresse liegende Aufgaben nicht gewerblicher Art wahrnehmen. Die Bestellung gemeinwirtschaftlicher Verkehre zur Sicherstellung einer ausreichenden Verkehrsbedienung liegt als gesetzlich zugewiesene Aufgabe der Daseinsvorsorge (§§ 1 Abs. 1, 4 PBefG) ohne weiteres[255] im Allgemeininteresse.[256] Die jeweiligen Nahverkehrsgesell-

---

25.2.1992, ABl.EG Nr. L 76/14. Der europäische Rechtsetzungsprozess zur Novellierung der Vergaberichtlinien mit dem Ziel der Zusammenfassung, Vereinfachung und Modernisierung hat mit der Verabschiedung des sogenannten Legislativpakets am 2.2.2004 und der Veröffentlichung der Richtlinie 2004/18/EG vom 31.3.2004 über die Koordinierung der Verfahren zur Vergabe öffentlicher Bauaufträge, Lieferaufträge und Dienstleistungsaufträge, ABl.EG Nr. L, 134/114 und der Richtlinie 2004/17/EG vom 31.3.2004 zur Koordinierung der Zuschlagserteilung durch Auftraggeber im Bereich der Wasser-, Ernergie- und Verkehrsversorgung sowie der Postdienste, ABl.EG Nr. L 134/1 seinen Abschluss gefunden. Die Mitgliedstaaten müssen die geänderten Richtlinien bis Ende 2005 umsetzen.

248 Da das Kartellvergaberecht der Umsetzung der einschlägigen EG-Richtlinien dient, kann ein solcher Vorrang auch europarechtlich begründet werden.

249 Parallel hierzu kann auch § 15 AEG als ältere Norm unter Berücksichtigung des vierten Abschnitts des GWB so auszulegen sein, dass eine Ausschreibungspflicht besteht: VK Düsseldorf v. 18.4.2002, Az. VK-5/2002-L, S. 12 des Beschlusses. Offengelassen wurde dies in Rahmen der sofortigen Beschwerde, das OLG Düsseldorf v. 26.7.2002 WuW 2002, 914 (916) lässt aber mehr als nur Sympathien für diesen Ansatz erkennen. Siehe hiergegen aber *Prieß*, NZBau 2002, 539ff.

250 Siehe oben.

251 Siehe *Boesen*, VergabeR, § 98, Rn. 19; *Eschenbruch*, in *Niebuhr/Kulartz/Kus/Portz*, VergabeR, § 98, Rn. 17.

252 Siehe § 8 NdsNVG, sowie Art. 16 BayÖPNVG; § 3 SächsÖPNVG; § 10 Abs. 2 ÖPNVG-LSA für die Aufgabenträgerschaft im SPNV.

253 Siehe § 7 HessÖPNVG.

254 So auch *Schaaffkamp/Bayer*, WiVerw 2001, 148 (156f.).

255 Siehe zur gesetzlichen Zweckbestimmung auch *Ax/Schneider/Nette*, HdB VergabeR, Kap. 1, Rn. 14.

256 Siehe auch oben, Erster Teil, A.II.2.a).

schaften werden diese Aufgabe auch nach ihrem Gründungszweck zu erfüllen haben.[257] Hinsichtlich der Nichtgewerblichkeit[258] kommt es aufgrund der europäischen Herkunft dieses Begriffs im Vergaberecht nicht darauf an, dass die Aufgabenträgerschaft keine gewerbliche Tätigkeit nach nationalem Recht darstellt.[259] Anzeichen für die Gewerblichkeit einer Tätigkeit *können* aber das Vorliegen eines entwickelten Wettbewerbs und das Stehen in Konkurrenz sein.[260] Bei der Bestellung gemeinwirtschaftlicher Verkehrsleistungen kommt der jeweiligen Bestellorganisation für ihren Bereich aber ein Nachfragemonopol zu. Mit der Bestellung dieser Verkehrsleistungen agieren sie nicht in einem entwickelten Wettbewerb, sondern initiieren diesen auf ihrem Gebiet für die Verkehrsunternehmen. Dies geschieht ohne Gewinnerzielungsabsicht,[261] also ohne dass die Tätigkeit einen kommerziellen Charakter hätte,[262] so dass sie eine Aufgabe nichtgewerblicher Art ausüben. Die jeweiligen Gesellschaften werden als Landes- oder Kommunalunternehmen auch unter der Kontrolle[263] von Aufgabenträgern nach § 98 Nr. 1 GWB stehen, so dass sie unter den funktionalen Auftraggeberbegriff des § 98 Nr. 2 GWB fallen.

Wird die Aufgabenträgerschaft auf aus Gebietskörperschaften und Auftraggebern nach § 98 Nr. 2 GWB gebildeten Verbänden übertragen, so gelten diese nach § 98 Nr. 3 GWB ebenfalls als öffentliche Auftraggeber.[264]

Juristische Personen des privaten Rechts, die eine Tätigkeit auf dem Gebiet des Verkehrs ausüben, gelten nach § 98 Nr. 4 GWB als Sektorenauftraggeber. Eine solche Tätigkeit liegt nach § 8 Nr. 4 lit. c VgV/Art. 2 Abs. 2 lit. c SKR für den im ÖPNV einschlägigen Verkehrsbereich im Betreiben von Netzen zur Versorgung der Öffentlichkeit mit öffentlichem Personenverkehr. Netzbetreiber sind allerdings nur die Verkehrsunternehmen selbst und nicht die Aufgabenträger, beziehungsweise die mit Aufgabenträgerfunktionen ausgestatteten Nahverkehrsgesellschaften.[265] Damit gelten auch nur die Verkehrsunternehmen selbst als Sektorenauftraggeber, etwa wenn sie Unteraufträge ober-

---

257 Eine nachträgliche Zweckbestimmung oder -änderung ist unschädlich, siehe *Werner,* in *Byok/Jaeger*, VergabeR, § 98, Rn. 243f.; *Stickler,* in *Reidt/Stickler/Glahs*, VergabeR, § 98, Rn. 14; *Eschenbruch,* in *Niebuhr/Kulartz/Kus/Portz,* VergabeR, § 98, Rn. 31. Siehe zur Aufgabenwahrnehmung und zur Betrauung mit den Aufgaben *Barth*, in *Barth/Baumeister/Berschin/Werner,* Recht des ÖPNV, A3, S. 140ff.

258 Siehe zur Nichtgewerblichkeit im Sinne des § 98 Nr. 2 GWB näher etwa *Boesen*, VergabeR, § 98, Rn. 51ff.; *Dreher,* DB 1998, 2579 (2582); *Werner,* in *Byok/Jaeger*, VergabeR, § 98, Rn. 255, *Hailbronner*, EWS 1995, 285 (286) sowie auch *Dreher*, in *Immenga/Mestmäcker,* GWB, § 98, Rn. 39.

259 Siehe nur *Boesen*, VergabeR, § 98, Rn. 51f.

260 Siehe EuGH v. 10.11.1998, Rs. C-360/96, Rn. 49. Vgl. aber auch *Eschenbruch,* in *Niebuhr/Kulartz/Kus/Portz,* VergabeR, § 98, Rn. 41f.

261 Eine solche versteht *Werner,* in *Byok/Jaeger*, VergabeR, § 98, Rn. 255, als wichtigstes Indiz zur Beurteilung der Nichtgewerblichkeit einer Tätigkeit, ähnlich *Ax/Schneider/Nette*, HdB VergabeR, Kap. 1, Rn. 16.

262 Siehe zu diesem Begriff, wie er in den französischen und englischen Versionen der Vergaberichtlinien verwandt wird *Boesen*, VergabeR, § 98, Rn. 52.

263 Siehe hierzu etwa *Boesen*, VergabeR, § 98 Rn. 65ff.; *Eschenbruch,* in *Niebuhr/Kulartz/Kus/Portz,* VergabeR, § 98, Rn. 53ff.

264 Siehe näher zu § 98 Nr. 3 GWB etwa *Eschenbruch,* in *Niebuhr/Kulartz/Kus/Portz,* VergabeR, § 98, Rn. 111ff.

265 Siehe für den SPNV VK Düsseldorf v. 18.4.2002, Az. VK-5/2002-L, S. 10 des Beschlusses; sowie *Bayer/Manka*, Der Nahverkehr 3/1998, 8 (10).

halb der Schwellenwerte vergeben.[266] Für die unmittelbare Vergabe von gemeinwirtschaftlichen Verkehrsdienstleistungen durch die Aufgabenträger sind hingegen die Vorgaben der DKR einschlägig,[267] Aufgabenträger fallen nicht unter die Sektorenauftraggeber.

Grundsätzlich fallen damit die Besteller gemeinwirtschaftlicher Nahverkehrsleistungen nach den Regionalisierungsgesetzen unter den Begriff der öffentlichen Auftraggeber nach § 98 Nr. 1 – 3 GWB.[268]

b) Vorliegen eines öffentlichen Auftrages nach § 99 GWB

Nach § 99 GWB sind öffentliche Aufträge entgeltliche Verträge zwischen öffentlichen Auftraggebern und Unternehmen, die Liefer-, Bau- oder Dienstleistungen zum Gegenstand haben. Als Dienstleistungsaufträge gelten dabei alle Aufträge, die sich nicht unter eine der beiden anderen genannten Auftragsarten subsumieren lassen (§ 98 Abs. 4 GWB). Gegenstand von Verkehrsverträgen ist jedenfalls die Erbringung der Dienstleistung öffentlicher Nahverkehr, so dass diesbezügliche Verträge unter § 99 Abs. 4 GWB fallen können.

Diese sind entgeltlich, wenn sie einen Austausch von Leistungen vereinbaren, also rechtlich eine Verknüpfung von Leistung und Gegenleistung regeln.[269] Da die Auftraggeber aufgrund der Verkehrsverträge einen Anspruch auf Verkehrsdurchführung gegen das jeweilige Verkehrsunternehmen haben, während Letzteres einen Anspruch auf Zahlung des vereinbarten Preises erlangt,[270] kann am Vorliegen dieses Merkmals nicht ernsthaft gezweifelt werden.[271] Gemeinwirtschaftliche Verkehrsverträge sind damit entgeltliche Leistungsaustauschverträge.[272] Dass die Verkehrsleistung selbst gegenüber Dritten erbracht wird, ist diesbezüglich unbeachtlich:[273] Weder trennt das GWB zwischen Eigen- und Fremdbedarfsdeckung noch wäre eine solche Trennung sauber möglich.[274]

Die Anwendbarkeit des Kartellvergaberechts scheitert regelmäßig auch nicht daran, dass die Genehmigungen nach dem PBefG auch Konzession genannt werden und Dienstleistungskonzessionen vom Anwendungsbereich der Vergaberichtlinien[275] nicht

---

266 Siehe *Burgbacher*, TranspR 1999, 1 (5); *Werner*, Nach der Regionalisierung, S. 68f.

267 *Wachinger*, Marktzugang im ÖPNV, 4. Teil, § 11 I.1.b).

268 *Barth*, Nahverkehr in kommunaler Verantwortung, S. 147; *Kulartz*, NZBau 2001, 173 (174f.).

269 *Bayer/Manka*, Der Nahverkehr 3/1998, 8 (9). Siehe auch *Boesen*, VergabeR, § 99, Rn. 57; *Hailbronner*, in *Byok/Jaeger*, VergabeR, § 99, Rn. 337ff.

270 Siehe Art. 14 Abs. 2 lit. b VO (EWG) 1191/69 F 91

271 Siehe auch *Schaaffkamp/Bayer*, WiVerw 2001, 148 (156f.); *Kulartz*, NZBau 2001, 173 (175f.); *Berger*, Der Nahverkehr 7-8/2000, 41 (41); *Werner*, Nach der Regionalisierung, S. 201. Kritisch dennoch *Runge*, ZögU 2001, 223 (229).

272 Siehe *Barth*, Nahverkehr in kommunaler Verantwortung, S. 147; *Bayer/Manka*, Der Nahverkehr 3/1998, 8 (9), sowie für den SPNV VK Magdeburg v. 06.06.2002, Az. 33-32571/07 VK 05/02 MD, S. 13 des Beschlusses.

273 So auch *Recker*, Der Nahverkehr 7-8/2000, 16 (18).

274 *Wachinger*, Marktzugang im ÖPNV, 4. Teil, § 11 I.1.c)aa). Siehe auch *Wallerath*, Öffentliche Bedarfsdeckung, S. 23f.

275 Die im Kommissionsvorschlag vorgesehene Aufnahme von Dienstleistungskonzessionen in die DKR wurde nicht in die Endfassung übernommen, siehe Art. 1 lit. h des Vorschlags für eine Richtlinie des Rates über die Koordinierung des Verfahrens zu Vergabe öffentlicher Dienstleistungsaufträge v. 13.12.1990, KOM(1990) 372endg. Dass Dienstleistungskonzessionen demnach

erfasst werden.[276] Insoweit ist auch der Anwendungsbereich des GWB beschränkt.[277] Voraussetzung einer Dienstleistungskonzession im europarechtlichen Sinne ist nach Ansicht der Kommission, dass ein Unternehmer die mit der Dienstleistung verbundenen Risiken trägt, indem er seine Vergütung durch den Benutzer erhält.[278] Charakteristisch soll die Übertragung der Verantwortung für die Nutzung sein.[279] Bei der Bestellung gemeinwirtschaftlicher Leistungen liegt allerdings eine entgeltliche Leistungsbeziehung zwischen Auftraggeber und Auftragnehmer, die Letzterem meist nicht das Risiko für die Vermarktung der eingeräumten Rechtsstellung überlässt.[280] Dies wird auch im Rahmen von Anreizverträgen anzunehmen sein, da eine vollständige Übernahme des wirtschaftlichen Risikos durch das Verkehrsunternehmen im Rahmen gemeinwirtschaftlicher Verkehrsleistungen kaum jemals tatsächlich erfolgen wird.[281] Allenfalls soweit bei Nettoverträgen[282] das Risiko der Gewinnerzielung im Wesentlichen beim Verkehrsunternehmen liegt, kann etwas anderes gelten.[283] Gegen die grundsätzliche Annahme einer Konzession spricht auch, dass das ausschließliche Recht zur Durchführung der Verkehre erst mit Erteilung der Genehmigung, also nach der Vergabe des Auftrags, erteilt wird.[284] Für die Anwendung des Vergaberechts auf Verkehrsverträge spricht hingegen der Vorschlag der Kommission für die Neufassung der VO (EWG) 1191/69, der für Verträge, die heute schon unter die europäischen Vergaberichtlinien fallen, die Anwendung des Vergaberechts unberührt lässt. Lediglich Verträge, die nach der allgemeinen Systematik heute noch nicht auszuschreiben sind, werden einem eigenen Vergabever-

---

nicht von der DKR erfasst sind, hat auch der EuGH bestätigt: EuGH v. 7.12.2000, Slg. I 10745, Rs. C-324/98, Rn. 58.

276 Siehe so auch *Fehling*, Die Verwaltung 2001, 25 (41); *Kulartz*, NZBau 2001, 173 (175, 178); *Schaaffkamp/Bayer*, WiVerw 2001, 148 (159ff.); *Ullrich*, ZVgR 2000, 85 (94). A.A. *Enzian*, DVBl. 2002, 235ff. Zu den primärrechtlichen Vorgaben für die Vergabe von Dienstleistungskonzessionen siehe *Böckel*, LKV 2003, 393ff.

277 *Boesen*, VergabeR, § 99, Rn. 34; *Gallwas*, GewArch 2000, 401 (408); *Hailbronner*, in *Byok/Jaeger*, VergabeR, § 99, Rn. 340; *Stickler*, in *Reidt/Stickler/Glahs*, VergabeR, § 99, Rn. 33; *Dreher*, in *Immenga/Mestmäcker*, GWB, § 98, Rn. 140; *Thieme*, in *Langen/Bunte*, GWB, § 100, Rn. 51. Hiergegen wird allerdings eingewandt, dass § 99 GWB nach dem Wortlaut zumindest auch teilentgeltliche Verträge umfasst, *Schaaffkamp/Bayer*, WiVerw 2001, 148 (162).

278 Alleine die Ausübung einer wirtschaftlichen Tätigkeit aufgrund einer Konzession genannten behördlichen Genehmigung stellt keine Dienstleistungskonzession dar: *Kommission*, Mitteilung zu Auslegungsfragen im Bereich Konzessionen im Gemeinschaftsrecht v. 12.4.2000, ABl. C 94., S. 14.

279 *Kommission*, Mitteilung zu Auslegungsfragen im Bereich Konzessionen im Gemeinschaftsrecht v. 12.4.2000, ABl. C 94., S. 11. Weitere Merkmale sollen sein, dass die zugrunde liegenden Tätigkeiten üblicherweise in den Verantwortungsbereich des Staates fallen und Gegenstand von ausschließlichen Rechten sein können.

280 Siehe OLG Düsseldorf, WuW 2002, 914 (915f.).

281 A.A. *Prieß*, NZBau 2002, 539 (545f.).

282 Bei Nettoverträgen erhält das Verkehrsunternehmen einen festen Ausgleichsbetrag vom Bestellers sowie die Fahrgeldeinnahmen. Demgegenüber erhält bei einem Bruttovertrag der Besteller die Fahrgeldeinnahmen, so dass er auch das Einnahmerisiko trägt. Siehe zu diesen Begriffen etwa *Freitag/Saxinger*, Der Nahverkehr 7-8/2000, 25 (28f.).

283 Nach *Schaaffkamp/Bayer*, WiVerw 2001, 148 (160) soll es darauf ankommen, dass die Erlöse aus den Fahrgeldeinnahmen die öffentliche Kofinanzierung deutlich überwiegt. Ebenso, wenn auch nicht eindeutig für Nettoverträge differenzierend *Berger*, Der Landkreis 2001, 539 (539).

284 *Barth*, Nahverkehr in kommunaler Verantwortung, S. 148.

fahren unterworfen.[285] Verkehrsverträge sind also, soweit nicht ausnahmsweise die besonderen Voraussetzungen einer Dienstleistungskonzession gegeben sind,[286] nicht als solche schlechthin vom Anwendungsbereich des Kartellvergaberechts ausgenommen.[287]. Soweit eine Dienstleistungskonzession gegeben ist, bleibt allerdings § 1 Abs. 2 GKV zu beachten, der für jede vertraglich vereinbarte Durchführung gemeinwirtschaftlicher Verkehre ein Vergabeverfahren nach dem ersten Abschnitt VOL/A vorsieht.

Da das im Verkehrsvertrag vereinbarte Entgelt für die Erbringung der gemeinwirtschaftlichen Leistung bei einer Vergabe im Wettbewerb den Marktpreis für diese Leistung darstellt, kann die Anwendung des Vergaberechts auch nicht deshalb abgelehnt werden, weil es sich tatsächlich um die Vergabe einer Beihilfe handeln soll. Zum einen wird eine solche bei Einhaltung des Vergabeverfahrens gerade ausgeschlossen, da nur der Marktpreis für die bestellte Leistung gezahlt wird. Die Leistung wird zu einem (nicht subventionierten) Echtpreis eingekauft.[288] Das Vorliegen einer äquivalenten Gegenleistung spricht gegen die Annahme eines Subventionsvertrages.[289] Zum anderen schließt aber auch das Vorliegen eines Beihilfevertrages die Entgeltlichkeit des Vertrages nicht grundsätzlich aus.[290]

Ohne auf die Rechtsnatur von Verkehrsverträgen näher einzugehen,[291] gelten diese damit grundsätzlich als öffentliche Aufträge nach § 98 GWB.

c) Die Ausnahmetatbestände

Es gibt allerdings eine Reihe von normierten und eine richterrechtlich entwickelte Ausnahme vom Anwendungsbereich des Kartellvergaberechts.

(1) § 100 Abs. 2 GWB

So gilt das Kartellvergaberecht nach § 100 Abs. 2 lit. g GWB nicht für Aufträge, die an einen anderen Auftraggeber nach § 98 Nr. 1 –3 GWB vergeben werden, wenn dieser ein auf Gesetz oder Verordnung beruhendes ausschließliches Recht zur Erbringung der Leistung hat. Diese Regelung wird bei der Vergabe gemeinwirtschaftlicher Verkehrsleistungen aber kaum einschlägig sein können, weil ein ausschließliches Recht auf Erbringung der Verkehrsleistung erst mit der Genehmigung, also nach der Auftragsvergabe,

---

285 Siehe Art. 2 des Vorschlags für eine Verordnung des Europäischen Parlaments und des Rates über Maßnahmen der Mitgliedsstaaten im Zusammenhang mit Anforderungen des öffentlichen Dienstes und der Vergabe öffentlicher Dienstleistungsaufträge für den Personenverkehr auf der Schiene, der Straße und auf Binnenschifffahrtswegen v. 26.7.2000, KOM(2000) 7 endg.

286 Siehe näher *Wachinger*, Marktzugang im ÖPNV, 4. Teil, § 11 I.2.a)bb).

287 So aber *Burgbacher*, TranspR 1999,1 (5); *Runge,* ZögU 2001, 223 (229).

288 So für das Bestellerprinzip im SPNV *Berschin/Hickmann*, Internationales Verkehrswesen 1998, 600 (600),

289 Siehe *Bartosch*, WuW 2001, 673 (677); *Kulartz,* NZBau 2001, 173 (175); *Wachinger*, Marktzugang im ÖPNV, 4. Teil, § 11 I.1.c)aa).

290 *Barth*, Nahverkehr in kommunaler Verantwortung, S. 147.

291 Siehe hierzu unten, Zweiter Teil, I.A.2.

gewährt wird.[292] § 100 Abs. 2 lit. g GWB setzt hingegen voraus, dass das ausschließliche Recht zeitlich vor und unabhängig von der Auftragsvergabe eingeräumt wurde.[293]

Auch scheidet die Anwendung der von § 100 Abs. 2 lit. f und i GWB i.V.m. §§ 10, 7 VgV statuierten Ausnahme vom Kartellvergaberecht für Aufträge von Sektorenauftraggebern aus, da die Aufgabenträger als Auftraggeber nicht unter § 98 Nr. 4 GWB fallen.[294]

(2) In-House-Geschäfte

Hingegen ergibt sich eine bedeutsame Befreiung von den Regeln des europäischen Vergaberechts aus der Rechtsprechung des EuGH zu sogenannten „Inhouse-Geschäften", die auch den Anwendungsbereich des GWB beschränkt.[295] Diese Ausnahme vom europäischen Vergaberecht beruht darauf, dass ein vergaberechtlich nicht relevanter interner Vorgang vorliegt, es mithin also an einem (anderen) Unternehmen i.S.d. § 99 Abs. 1 GWB fehlt. So kann der Staat seine Bedürfnisse grundsätzlich selbst befriedigen, nicht vom Vergaberecht erfasst ist grundsätzlich die Eigenerbringung durch einen Eigen- oder Regiebetrieb als staatliche Eigenleistung. Hier fehlt es an einem selbständigen Auftragnehmer und damit auch am Vorliegen eines Vertrags.[296] Anwendbar ist das Vergaberecht nur, wenn die gewünschte Leistung von einem vom Auftraggeber verschiedenen Dritten erbracht werden soll, wenn sich der Auftragnehmer formell vom Auftraggeber unterscheidet und ihm gegenüber selbständig entscheiden kann.[297] Soweit im Rahmen sogenannter Organisationsprivatisierung zunehmend kommunale Wirtschaftsbetriebe als selbständige juristische Personen des Privatrechts geführt werden, die auf vertraglicher Basis mit der Erbringung der gewünschten Leistung beauftragt werden, wird damit grundsätzlich die Anwendbarkeit des Vergaberechts eröffnet.

Abgesehen von Fällen der Personenidentität von Auftraggeber und –nehmer soll nach dem EuGH das Vergaberecht, aber auch bei Vorliegen zweier rechtlich verschiedener Personen dann nicht anwendbar sein, wenn „die Gebietskörperschaft über die fragliche Person eine Kontrolle ausübt wie über ihre eigene Dienststelle und wenn diese Person zugleich ihre Tätigkeit im Wesentlichen für die Gebietskörperschaft oder Gebietskörperschaften verrichtet, die ihre Anteile innehaben".[298] Hinsichtlich des Tätigkeitsumfangs wird überwiegend aus der Privilegierung verbundener Unternehmen nach § 10 Abs. 1 VgV analog geschlossen, dass Fremdaufträge nicht mehr als 20% des Umsatzes des Unternehmens ausmachen dürfen.[299] Und da eine Kontrolle wie über eine eigene Dienststelle, also lediglich eine vergleichbare[300] Kontrolle, zur Annahme eines "In-

292 Siehe *Schaffkamp/Bayer,* WiVerw 2001, 148 (157f.), sowie auch *Kulartz,* NZBau 2001, 173 (177); *Fromm,* TranspR 1994, 425 (426). Vgl. *Barth,* Nahverkehr in kommunaler Verantwortung, S. 148.

293 *Boesen,* VergabeR, § 100, Rn. 83; *Dreher,* in *Immenga/Mestmäcker,* GWB, § 100, Rn. 22, siehe auch *Eschenbruch,* in *Niebuhr/Kulartz/Kus/Portz,* Vergaberecht, § 100, Rn. 33.

294 Dies übersieht *Hösch,* GewArch 2001, 223 (226).

295 Siehe BGH, DVBl. 2001, 1607.

296 Siehe nur *Faber,* DVBl. 2001, 248 (250) und *Gallwas,* GewArch 2000, 401 (404).

297 EuGH v. 18.11.1999, Rs. C-107/98 (Teckal, Rn. 50, 51), wiederholt in Urt. v. 7.12.2000, Rs. C-94/99, (ARGE Gewässerschutz, Rn. 40). Siehe auch *Schaffkamp/Bayer,* WiVerw 2001, 148 (158).

298 EuGH v. 18.11.1999, Rs. C-107/98 (Teckal, Rn. 50).

299 *Faber,* DVBl. 2001, 248 (254f.); *Gnittke/Siederer,* ZVgR 2000, 236 (238); *Steffen/Venus,* VKS-News 2001, 19 (28).

300 *Faber,* DVBl. 2001, 248 (253).

house-Geschäfts" ausreicht, kann die Beauftragung hundertprozentiger Töchterunternehmen[301] der öffentlichen Hand[302] gegebenenfalls vergaberechtsfrei erfolgen.[303]

Soweit sich auch private Dritte an dem Unternehmen beteiligen ist aber umstritten, unter welchen Voraussetzungen noch eine Kontrolle „wie über eine eigene Dienststelle" vorliegt. Nach der engsten Ansicht bedeutet schon die Beteiligung nur *eines* privaten Partners am Auftragnehmer eine Abgabe von Entscheidungsgewalt und gerade der häufig beabsichtigte „Zukauf von privater Handlungsqualität" würde gegen die Gleichstellung solcher Auftragnehmer mit eigenen Dienststellen sprechen.[304] Eine etwas weitere Meinung stellt auf die gesellschaftsrechtlich verbürgten Kontrollrechte von Minderheitsgesellschaftern ab, so dass eine Beteiligung Privater am Auftragnehmer ab 10% eine Kontrolle wie über eine eigene Dienststelle hindere.[305] Schließlich wird aber auch vertreten, dass schon ein gesellschaftsrechtliches Beherrschungsverhältnis, also eine Mehrheitsbeteiligung der öffentlichen Hand, die Möglichkeit zur Annahme eines „Inhouse-Geschäftes" eröffne.[306] Das OLG Naumburg hat zur Klärung dieser Problematik in einem Einzelfall den EuGH im Wege einer Vorabentscheidung angerufen.[307] Bis zur Entscheidung wird die Kontrollintensität wohl nur im Einzelfall anhand des Gesellschaftsvertrags ermittelt werden können.[308]

Damit kann im Einzelfall die Beauftragung eines kommunalen Verkehrsunternehmens mit der Erbringung gemeinwirtschaftlicher Verkehrsleistungen als „Inhouse"-Geschäft" vom Anwendungsbereich des Kartellvergaberechts ausgenommen sein. Zu beachten ist, dass dem nicht nur die Beteiligung privater Dritter am Unternehmen (Kontrolle), sondern auch die Expansion der Unternehmenstätigkeit in den Markt entgegenstehen (Tätigkeitsumfang) kann. Unberührt vom Vorliegen eines „Inhouse-Geschäfts" ist bei der Vergabe gemeinwirtschaftlicher Verkehrsleistungen jedenfalls die Ausschreibungspflicht nach § 1 Abs. 2 GKV zu beachten. Das Verkehrsgewerberecht ist eigentümerneutral ausgestaltet und sieht keine Möglichkeit der öffentlichen Hand vor, sich die Durchführung vorzubehalten.[309] Eine Ausschreibung gemeinwirtschaftlicher Verkehrsleistungen ist damit – soweit nicht die Voraussetzungen des § 1 Abs. 3 GKV vorliegen – zumindest im Rahmen des ersten Abschnitts der VOL/A unentbehrlich.[310]

---

301 Für die Übertragung dieses Ansatzes auf Schwestergesellschaften siehe *Dreher*, NZBau 2004, 14 (18).

302 Dies gilt auch, wenn mehrere Aufgabenträger ein gemeinsames Verkehrsunternehmen gründen, *Wachinger*, Marktzugang im ÖPNV, 4. Teil, § 11 I.2.c)bb).

303 Hiervon möchte *Berger*, Der Landkreis 2001, 539 (540) mangels vergleichbarer Kontrollmöglichkeiten Aktiengesellschaften aber ausnehmen.

304 Siehe hierfür *Burgi*, NVwZ 2001, 601ff (605), vgl auch *Frenz/Kafka*, GewArch 2000, 129 (132).

305 *Jaeger*, NZBau 2001, 6ff (9f); *Kulartz*, NZBau 2001, 173 (177).

306 Siehe *Boesen*, VergabeR, § 100, Rn. 102; *Eschenbruch*, in *Niebuhr/Kulartz/Kus/Portz*, VergabeR, § 99, Rn. 56; *Gnittke/Siederer*, ZVgR 2000, 236 (238); *Steffen/Venus*, VKS-News 2001, 19ff (27); *Tomerius*, NVwZ 2000, 727 (732).

307 OLG Naumburg v. 8.1.2003, VergabeR 2003, 196ff. Hierzu *Jasper*, VergabeR 2003, 613ff.

308 Hierfür *Wachinger*, Marktzugang im ÖPNV, 4. Teil, § 11 I.2.c)bb).

309 *Schaffkamp/Bayer*, WiVerw 2001, 248 (158f.).

310 Siehe auch *Hösch*, GewArch 2001, 223 (226). *Recker*, Der Nahverkehr 7-8/2000, 16 (19) geht hingegen davon aus, dass eine Auferlegung im Falle von Inhouse-Konstellationen stets zulässig ist. Mangels Privilegierungstatbestand für öffentliche Unternehmen nach § 13a PBefG kann dies nicht überzeugen.

d) Die Verfahrensvorschriften für Verkehrsverträge

Soweit Verkehrsverträge den Schwellenwert von 200 000 EUR gem. § 100 GWB i.V.m. § 2 Nr. 3 VgV überschreiten, was angesichts der Auftragsvolumina im straßengebundenen ÖPNV die Regel sein wird, werden sie demnach regelmäßig in den Anwendungsbereich des Kartellvergaberechts fallen. Die hier anzuwendenden Verfahrensvorschriften ergeben sich aus der VgV, so dass auch die Regelung des § 16 VgV über ausgeschlossene Personen zu beachten ist. Nach § 4 Abs. 1 VgV sind für Dienstleistungsaufträge grundsätzlich die Bestimmungen des zweiten Abschnitts der VOL/A einschlägig. Da die Aufgabenträger als ausschreibende Stelle selber kein Netz zur Versorgung der Öffentlichkeit mit Verkehrsleistungen betreiben, sondern im Rahmen der Ausschreibung den Betreiber auswählen, sind die Bestimmungen für Sektorenauftraggeber nach §§ 8 Abs. 4 lit. c i.V.m. § 7 Abs. 1 VgV nicht anwendbar.[311]

Verkehrsdienstleistungen des ÖPNV fallen als prioritäre Dienstleistungen des Landverkehrs unter den Anhang I A VOL/A, wobei für ÖPNV-Verkehre mit Eisenbahnen, Hoch- und Untergrundbahnen der Anhang I B VOL/A gilt. Straßengebundene gemeinwirtschaftliche Verkehrsleistungen sind also grundsätzlich nach den Bestimmungen des zweiten Abschnitts der VOL/A zu vergeben.[312] Vorrangig kommt somit das Offene Verfahren mit europaweiter Publizität zur Anwendung (§ 101 Abs. 5 GWB i.V.m. § 3a Nr. 1 Abs. 1 VOL/A).[313]

3. Der Streit um die Definition der Eigenwirtschaftlichkeit

Gemeinwirtschaftliche Verkehrsdienstleistungen unterfallen nach dem Dargestellten dem Kartellvergaberecht, wenn nicht die Tatbestandsvoraussetzungen einer europäischen Dienstleistungskonzession gegeben sind, ein "Inhouse-Geschäft" vorliegt oder die Schwellenwerte nach § 2 VgV nicht erreicht werden.[314] Zu beachten ist aber jedenfalls die Pflicht zur Durchführung eines Vergabeverfahrens nach § 1 Abs. 2 GKV. Für die vertragliche Vereinbarung gemeinwirtschaftlicher Verkehre bleibt - von Ausnahmen vom europäischen Vergaberecht unberührt - die Anwendung des ersten Abschnitts der VOL/A obligatorisch, eine hoheitliche Auferlegung ist demgegenüber unter den Voraussetzungen des § 1 Abs. 3 GKV subsidiär. Wann allerdings rechtlich ein der Ausschreibung unterliegender gemeinwirtschaftlicher Verkehr vorliegt, ist angesichts der weiten Definition der Eigenwirtschaftlichkeit in § 8 Abs. 4 PBefG, die sonstige Erträge im handelsrechtlichen Sinne zur Herstellung der Eigenwirtschaftlichkeit ausreichen lässt, umstritten. Die Abgrenzung der eigen- von den gemeinwirtschaftlichen Verkehrsdienstleistungen markiert die Reichweite des Ausschreibungswettbewerbs und ist damit

---

311 Siehe auch *Burgbacher*, TranspR 1999, 1 (5);

312 Siehe auch *Kulartz,* NZBau 2001, 173 (175), sowie näher *Schaaffkamp/Bayer*, WiVerw 2001, 148 (163f.).

313 Siehe zur Ausgestaltung von Vergabeverfahren im Verkehrsbereich *Barth*, Nahverkehr in kommunaler Verantwortung, S. 151; *Baumeister/Kirch*, NZBau 2001, 653ff.; *Kulartz,* NZBau 2001, 173 (179f.);

314 Vgl. geänderter Vorschlag für eine Verordnung des Europäischen Parlaments und des Rates über Maßnahmen der Mitgliedsstaaten im Zusammenhang mit Anforderungen des öffentlichen Dienstes und der Vergabe öffentlicher Dienstleistungsaufträge für den Personenverkehr auf der Schiene, der Straße und auf Binnenschifffahrtswegen v. 21.2.2002, KOM(2002) 107 endg., Erwägungsgründe 23 u. 24.

für die Öffnung des ÖPNV-Marktes unter der derzeitigen Rechtslage mit dem Besitzstandsschutz für eigenwirtschaftliche Verkehre nach § 13 Abs. 2 Nr. 2, Abs. 3 PBefG von besonderer Bedeutung.[315]

Den Einbezug der sonstigen Erträge im handelsrechtlichen Sinne in den Begriff der Eigenwirtschaftlichkeit wollen Teile der Praxis und Literatur[316] parallel zur Regelungsintention des Gesetzgebers[317] so verstanden wissen, dass entsprechend § 277 Abs. 3 S. 2 HGB auch Verlustübernahmen durch den Eigentümer und sonstige außerordentliche Erträge gemäß § 277 Abs. 4 HGB hier in Anschlag gebracht werden können. Zuschüsse öffentlicher Anteilseigner an ihr jeweiliges Verkehrsunternehmen für die Erbringung defizitärer Leistungen würden demnach die Eigenwirtschaftlichkeit eines Verkehres unberührt lassen. Hierin kann ein Versuch des Gesetzgebers erblickt werden, die „gewachsenen" Strukturen im ÖPNV, die sich durch ein unübersichtliches Fördersystem auszeichnen, zu sichern.[318]

Demgegenüber mehren sich die Stimmen, die in dieser gesetzlichen Fiktion mit guten Gründen einen Verstoß gegen Europarecht erblicken.[319] So sind nach Art. 2 Abs. 1 VO (EWG) 1191/69 F 91 i.V.m. § 13a PBefG Verkehrsleistungen dann als gemeinwirtschaftlich anzusehen, wenn das Verkehrsunternehmen sie nicht in eigenem wirtschaftlichen Interesse übernehmen würde, was gerade defizitäre Leistungen erfasst.[320] Soweit solche zur Sicherstellung einer ausreichenden Verkehrsbedienung gewünscht sind, stellt die VO hierfür die Instrumente der vertraglichen Vereinbarung oder die Auferlegung zur Verfügung. Nur für Ausgleichszahlungen im Rahmen dieser Instrumente entfällt gem. Art. 17 Abs. 2 der Verordnung die Notifikationspflicht nach Art. 88 Abs. 3 EGV, andere Formen der Verlustabdeckung für nicht kostendeckende Verkehrsleistungen fallen unter das Beihilfeverbot des Art. 87 EGV. Unzulässige Beihilfen können die Eigenwirtschaftlichkeit eines Verkehres demnach nicht herstellen.[321] Aber selbst wenn der

315 Siehe *Fehling*, Die Verwaltung 2001, 25 (35).

316 Siehe *Fey,* NZV 1996, 132 (133); *Metz,* in *Püttner,* ÖPNV in Bewegung, S. 53 (55); *Ronellenfitsch,* VerwArch 2001, 131 (143); *Karnop*, DVBl. 2004, 160 (161).

317 BT-Drs. 12/6269, S. 143: Der Begriff der Eigenwirtschaftlichkeit umfasse „Die herkömmlichen Einnahmeformen der Unternehmen".

318 Vgl. *Ronellenfitsch,* VerwArch 2001, 131 (132). *Muthesius*, in *Püttner,* ÖPNV in Bewegung, S. 20, sieht durch die sogleich unten dargestellte Rechtsprechung des OVG Magdeburg dementsprechend gar den „sozialen Frieden" gefährdet und beschwört: „An solchen Zuständen in unserem Land kann keinem gelegen sein".

319 Bedenken werden allerdings auch aus gewerbe- und grundrechtlicher Sicht angemeldet. So wird durch eine mittels Kofinanzierung ermöglichte Eigenwirtschaftlichkeit der Marktzugang anderer Unternehmer abgeschnitten, was hinsichtlich Art. 12 GG problematisch ist. Siehe hierzu *Werner,* in *Barth/Baumeister/Berschin/Werner,* Recht des ÖPNV, A4, Rn. 102, sowie *Berschin*, Verkehr und Technik 2000, 469 (471); *Dippel/Wilhelm*, WiVerw 2001, 120 (132f.); *Fromm*, TranspR 1994, 425 (431). Unkritisch hingegen *Scheele/Sterzel,* ÖPNV zwischen Gemeinwohlinteressen und Markt, S. 41, Fn. 64.

320 Dass die Verordnung bei kommunalen Verkehrsunternehmen oft nicht greifen soll, weil diese nichtwirtschaftliche Leistungen „freiwillig" erbrächten, also keine „Verpflichtung des öffentlichen Dienstes" vorläge", kann keinesfalls überzeugen. Es geht bei diesen nicht um Pflichtigkeit, sondern um das Erbringen von unrentablen Leistungen, die im Allgemeininteresse liegen. Anders aber *Wachinger*, Verkehr und Technik 2001, 197 (200).

321 Siehe *Bidinger*, NZV 1994, 209 (213); *Burgbacher*, TranspR 1999, 1 (3); *Dippel/Wilhelm*, WiVerw 2001, 120 (130ff.); *Fehling*, Die Verwaltung 2001, 25 (37); *Freitag*, Der Nahverkehr 7-8/2002, 25 (25); *Fromm*, TranspR 1994, 425 (430f.); *Hoffman-Klein/Noch,* DÖV 2002, 422 (424);

nationale Gesetzgeber mit der Definition der Eigenwirtschaftlichkeit in § 8 Abs. 4 PBefG eine „verdeckte" Bereichsausnahme geschaffen hätte, die sich auf Art. 1 Abs. 1 UA 2 VO (EWG) 1191/69 F 91 stützen ließe,[322] so würde dies nur dazu führen, dass die im Rahmen der sonstigen Erträge nach dem Handelsrecht gewährten Zuwendungen unter den Erlaubnisvorbehalt des Art. 87 EGV fielen.[323] Ohne das Notifikationsverfahren durchlaufen zu haben, könnten diese nicht rechtssicher gewährt werden, was die finanzielle Leistungsfähigkeit der betroffenen Unternehmen angesichts etwaiger Rückforderungsansprüche in Frage stellen würde.[324]

Der EuGH musste sich mit der Zulässigkeit der Unterscheidung zwischen gemein- und eigenwirtschaftlichen Verkehren nach dem PBefG im Rahmen des sogenannten Altmarkstreits auseinandersetzen.[325] Grundlage dieses vom BVerwG[326] in Gang gesetzen Vorabentscheidungsverfahrens nach Art. 234 EGV ist ein Urteil des OVG Magdeburg v. 7.4.1998, dem folgender Sachverhalt zugrunde liegt:[327] Die Kläger wandten sich im Rahmen einer Konkurrentenklage gegen die dem beigeladenen Verkehrsunternehmen erteilten eigenwirtschaftlichen Genehmigungen. Da die durchzuführenden Verkehre auf öffentliche Kofinanzierung angewiesen waren, gab das OVG der Klage insoweit statt, als dass die erteilten Genehmigungen aufzuheben seien, da die Voraussetzungen für die Genehmigung der beantragten Verkehre als gemeinwirtschaftliche nach § 13a PBefG nicht gegeben waren. Dem konzessionierten Verkehrsunternehmen fehle somit die finanzielle Leistungsfähigkeit zur Durchführung der Verkehre. Art. 1 Abs. 3 VO (EWG) 1191/69 F 91 verbiete Zahlungen der öffentlichen Hand außerhalb der von der Verordnung vorgesehenen Instrumente der Vereinbarung oder Auferlegung eines Verkehrsdienstes zur Sicherstellung einer ausreichenden Verkehrsbedienung. Die Übernahme von im ÖPNV erwirtschafteten Verlusten könne seit dem Inkrafttreten des novellierten PBefG am 1.6.1996 die Eigenwirtschaftlichkeit dementsprechend nicht mehr europarechtskonform herstellen. In der Revision wollte das BVerwG vom EuGH unter anderem geklärt wissen, ob die VO (EWG) 1191/69 F 91 dem nationalen Gesetzgeber die Möglichkeit eröffnet, den Betrieb einer Linie ohne Beachtung der Abschnitte II, III und IV der Verordnung zuzulassen, obgleich die Linie zwingend auf öffentliche Zuschüsse angewiesen ist.[328]

Hösch, GewArch 2001, 223(225); *Kulartz,* NZBau 2001, 173 (174); *Roth,* NVwZ 2001, 616 (618); *Zuck,* DÖV 1994, 941 (943f.).

322 Siehe BVerwG v. 6.4.2000, DVBl. 2000, 1617 (1619, dritte Vorlagefrage), sowie *Metz,* in *Püttner,* ÖPNV in Bewegung, S. 53 (56); *Ronellenfitsch,* VerwArch 2001, 293 (309).

323 *Dippel/Wilhelm,* WiVerw 2001, 120 (135), siehe auch *Berschin,* Verkehr und Technik 2000, 469 (471).

324 So auch grundsätzlich *Antweiler*, VergabeR 2001, 259 (269); *Bartosch,* WuW 2001, 673 (681f.). Siehe hierzu auch EuGH v. 7.12.2000, Rs. C-94/9 („ARGE-Gewässerschutz), VergabeR 2001, 28 (30, Tz. 30);

325 EuGH v. 24.7.2003, Rs. C-280/00, NZBau 2003, 504ff. Siehe zu diese Entscheidung bereits oben, Erster Teil, A.II.3.b)(4).

326 BVerwG v. 6.4.2000, DVBl. 2000, 1617.

327 Az. A ¼ S 221/97, LKV 1999, 31 = TranspR 1999, 27. Siehe zustimmend *Barth,* ZUR 1998, 215ff.; *Baumeister*, LKV 1999, 12 (12); *Berschin*, TranspR 1999, 33ff; *Meyer,* DVBl. 1999, 1409 (1412). Kritisch hingegen *Ronellenfitsch,* DÖV 1999, 705 (710), und wohl auch *Sellmann/Blume,* NVwZ 1999, 250 (258f.);

328 Beschl. v. 6.4.2000, DVBl. 2000, 1617 (1619, dritte Vorlagefrage). Des Weiteren begehrt das Gericht zu wissen, ob Zuschüsse im Nahverkehr aufgrund ihrer regionalen Bedeutung überhaupt unter das Beihilfenregime des Art. 87 Abs. 1 EGV fallen, und ob Art. 73 EGV dem nationalen Ge-

Hierzu hat der EuGH klargestellt, dass die VO (EWG) 1191/69 F 91 dahin auszulegen ist, dass ein Mitgliedstaat die Möglichkeit hat, diese Verordnung nicht auf den zwingend auf öffentliche Zuschüsse angewiesenen Betrieb von Liniendiensten im Stadt-, Vorort- und Regionalverkehr anzuwenden und ihre Anwendung auf die Fälle zu beschränken, in denen andernfalls eine ausreichende Verkehrsbedienung nicht möglich ist.[329] Allerdings muss nach den nationalen Regelungen klar festgelegt sein, in welchem Umfang von dieser Ausnahmebefugnis Gebrauch gemacht wurde. Hieran bestehen aus Sicht des EuGHs für die Differenzierung nach dem PBefG Zweifel, da nach der Auslegung des BVerwG den Unternehmen gerade ein Wahlrecht hinsichtlich der Einordnung der erbrachten Verkehrsdienste eingeräumt werde. Wäre dies der Fall, so genügten die nationalen Regelungen den europarechtlichen Bestimmtheitserfordernissen nicht. Hierüber hat aber das BVerwG im Weiteren selbst zu entscheiden.[330]

Die vom BVerwG durch klassische Auslegung gefundene Bedeutung der Differenzierung zwischen gemein- und eigenwirtschaftlichen Verkehren im PBefG wird nach den Kriterien des EuGH nicht als rechtssicher betrachtet werden können.[331] In diesem Fall muss die VO (EWG) 1191/69 F 91 in Deutschland vollumfänglich Anwendung finden und auch für eigenwirtschaftliche Leistungen gelten. Außerhalb der von der Verordnung vorgesehenen Instrumente erteilte Genehmigungen und Zuschüsse sind ohne weitere Prüfung anhand des EG-Vertrags mit Europarecht unvereinbar.[332] Ein Ausweg läge in einer europarechtskonformen Auslegung des PBefG, nach der nur noch tatsächlich selbsttragende Verkehre, für die ein Ausgleich nicht gewährt wird, als eigenwirtschaftlich betrachtet werden.[333]

Unabhängig vom konkreten Ausgang des Verfahrens vor dem BVerwG wird sich dieser Streit mit der Einführung eines neuen europarechtlichen Ordnungsrahmens für Leistungen des ÖPNVs erledigen. Die versteckte Subventionierung öffentlicher Verkehrsunternehmen wird spätestens mit der Einführung eines umfassenden Ausschreibungswettbewerbs nicht mehr möglich sein, obgleich schon das EuGH-Urteil diesbezüglich eindeutig die geltende Rechtslage festgestellt hat.[334]

II. Der künftige EG-rechtliche Rahmen

Auf europäischer Ebene laufen derzeit Bemühungen der Kommission, den europäischen Ordnungsrahmen[335] für den Verkehrsmarkt neu zu strukturieren.[336] Im vorliegen-

---

setzgeber die Möglichkeit lasse, öffentliche Zuschüsse an Verkehrsunternehmen ohne Rücksicht auf die VO (EWG) 1191/69 zuzulassen.

329 EuGH v. 24.7.2003, Rs. C-280/00, NZBau 2003, 504 (Ls. 1).

330 EuGH v. 24.7.2003, Rs. C-280/00, NZBau 2003, 504 (Rn. 58ff.). Damit soll der „schwarze Peter" der Liberalisierung im ÖPNV wieder beim BVerwG liegen: *Berschin*, TranspR 2003, 333 (333).

331 *Baumeister*, NZBau 2003, 550 (551); *Berschin*, TranspR 2003, 333 (335); *Karnop*, DVBl. 2004, 160 (162).

332 EuGH v. 24.7.2003, Rs. C-280/00, NZBau 2003, 504 (Rn. 65).

333 Siehe *Baumeister*, NZBau 2003, 550 (552). Die europarechtlichen Vorgaben verkennt *Karnop*, DVBl. 2004, 160 (164), wenn er nach wie vor auch sonstige handelsrechtliche Erträge zur Herstellung der Eigenwirtschaftlichkeit ausreichen lassen will.

334 So soll die (wettbewerbliche) Schonfrist bis zur Geltung des neuen Rechtsrahmen durch das EuGH-Urteil aufgebraucht sein, siehe *Jasper*, Behördenspiegel 8/2003, S. 18.

335 Siehe auch den Vorschlag für einen neuen Ordnungsrahmen von *Lehmann/Rodi*, ZögU 1998, 167 (174ff.), die den ÖPNV als Klubgut über Versorgungsverbände organisieren wollen.

den Zusammenhang ist die geplante Verordnung des Europäischen Parlaments und des Rates über Maßnahmen der Mitgliedsstaaten im Zusammenhang mit Anforderungen des öffentlichen Dienstes und der Vergabe öffentlicher Dienstleistungsaufträge für den Personenverkehr auf der Schiene, der Straße und auf Binnenschifffahrtswegen[337] von besonderer Bedeutung. Nachdem die Kommission im Rahmen des Mitentscheidungsverfahrens nach Art. 251 EGV im September 2000 dem Parlament einen ersten Verordnungsvorschlag[338] vorgestellt und Letzteres an diesem am 14. November 2001 in erster Lesung eine Reihe von Änderungen[339] vorgenommen hat, zog die Kommission das Verfahren entsprechend Art. 250 Abs. 2 EGV wieder an sich, um selbst einen geänderten Verordnungsvorschlag vorzulegen.[340] Dieser befindet sich derzeit im europäischen Gesetzgebungsverfahren. Dessen Ausgang kann als noch offen betrachtet werden, wobei hier sicherlich der Fortgang des Vorabentscheidungsverfahrens im Altmarkstreit hinsichtlich der Auslegung des relevanten Primärrechts eine Rolle spielen wird.[341] Ziel (auch) des geänderten Verordnungsvorschlags der Kommission ist es, durch kontrollierten Wettbewerb und andere Maßnahmen Anreize für einen effizienteren und attraktiveren öffentlichen Verkehr zu schaffen und dadurch die Rechtssicherheit der Beteiligten zu fördern.[342] Die VO (EWG) 1191/69 F 91, die lediglich das Vorgehen der Mitgliedsstaaten hinsichtlich - nach deutscher Diktion - gemeinwirtschaftlicher Verkehrsleistungen regelt, soll ersetzt werden. Angestrebt wird eine europaweit einheitliche

---

336 Siehe neben dem im Folgenden vorgestellten Verordnungsentwurf auch den Vorschlag für eine Verordnung des Europäischen Parlaments und des Rates über die Gewährung von Beihilfen zur Koordinierung des Eisenbahnverkehrs, des Straßenverkehrs und der Binnenschiffahrt v. 26.7.2000, KOM(2000) 5 endg.

337 Geänderter Vorschlag für eine Verordnung des Europäischen Parlaments und des Rates über Maßnahmen der Mitgliedstaaten im Zusammenhang mit Anforderungen des öffentlichen Dienstes und der Vergabe öffentlicher Dienstleistungsaufträge für den Personenverkehr auf der Schiene, der Straße und auf Binnenschifffahrtswegen v. 21.2.2002, KOM(2002) 107 endg.

338 Vorschlag für eine Verordnung des Europäischen Parlaments und des Rates über Maßnahmen der Mitgliedsstaaten im Zusammenhang mit Anforderungen des öffentlichen Dienstes und der Vergabe öffentlicher Dienstleistungsaufträge für den Personenverkehr auf der Schiene, der Straße und auf Binnenschifffahrtswegen v. 26.7.2000, KOM(2000) 7 endg. Zur Rezeption dieses Vorschlags in der Literatur siehe etwa *Barth/Werner,* Verkehr und Technik 2001, 345; *Bühner/Augsburg,* Nahverkehrs-praxis 11/2000, 23ff.; *Meyer,* ZögU 2001, 53ff.; *Mietzsch,* ZG 2002, 59ff., sowie *derselbe*, Verkehr und Technik 2001, 529ff.; *Oellers/Mietzsch,* Der Städtetag 4/2001, 30ff.; *Roth,* NVwZ 2001, 616ff.; *Runge,* ZögU 2001, 223 (227ff.), mit Replik von *Metz,* ZögU 2001, 478ff.; *Sellmann*, NVwZ 2001, 1360 (1365); *Will,* Der Nahverkehr, 1-2/2001, 28 (32).

339 Siehe den Bericht des Europäischen Parlaments v. 18.10.2001, endg. A5-0364/2001, abrufbar unter http://www.europarl.eu.int/plenary/default_de.htm. Siehe hierzu *Meyer,* Verkehr und Technik 2001, 433 (436); *Mietzsch,* ZG 2002, 59ff.

340 Geänderter Vorschlag für eine Verordnung des Europäischen Parlaments und des Rates über Maßnahmen der Mitgliedsstaaten im Zusammenhang mit Anforderungen des öffentlichen Dienstes und der Vergabe öffentlicher Dienstleistungsaufträge für den Personenverkehr auf der Schiene, der Straße und auf Binnenschifffahrtswegen v. 21.2.2002, KOM(2002) 107 endg., im Folgenden Verordnungsvorschlag genannt.

341 Kommt der EuGH zu dem Ergebnis, dass staatliche Beihilfen außerhalb des VO (EWG) 1191/69 F 91 im Grundsatz wettbewerbsverzerrend sind, so führt dies zu einer Öffnung des ÖPNV-Marktes bereits auf Basis des EG-Vertrages, siehe auch oben, Erster Teil, B.I.3. Der Verordnungsvorschlag kann als Versuch gewertet werden, die Marktöffnung nicht den Gerichten zu überlassen, er muss seinerseits aber auch den Anforderungen des Art. 86 Abs. 2 EGV genügen: *Meyer,* Verkehr und Technik 2001, 433 (433, 437).

342 Siehe S. 2f. sowie Art. 1 Abs. 1 des Verordnungsvorschlags.

Marktregelung für den gesamten öffentlichen Personenverkehr.[343] Die Kommission vollzieht damit einen Paradigmenwechsel von der Beihilfenkontrolle zur Kontrolle des Markzutritts.[344]

Instrument der Marktöffnung ist die Einführung einer Ausschreibungspflicht für sogenannte öffentliche Dienstleistungsaufträge, für die der Verordnungsvorschlag in Kapitel V ein eigenes, gegenüber den Vorgaben der Vergaberichtlinien vereinfachtes Vergabeverfahren vorsieht. Nach Art. 5 des Verordnungsvorschlags ist ein öffentlicher Dienstleistungsauftrag nicht nur für die Auszahlung jeglichen finanziellen Ausgleichs[345] für die durch die Erfüllung der Anforderungen des öffentlichen Dienstes entstandenen Kosten zu vergeben,[346] sondern auch für die Gewährung sämtlicher ausschließlicher Rechte. Letztere sind nach der Definition in Art. 3 des Verordnungsvorschlags Rechte, die einen Betreiber berechtigen, eine bestimmte Art von Personenverkehrsdiensten auf einer bestimmten Strecke unter Ausschluss anderer möglicher Betreiber durchzuführen. Damit würden künftig auch (echte) eigenwirtschaftliche Verkehrsgenehmigungen in einem Vergabewettbewerb zu vergeben sein, da die Genehmigung nach § 13 PBefG den Betreiber weitestgehend vor Konkurrenz schützt.[347] Soweit allerdings schon die strengeren Regelungen des originären europäischen Vergaberechts anwendbar sind, sollen diese vom Verordnungsvorschlag unberührt bleiben (Art. 2 und Erwägungsgründe 20 – 26 des Verordnungsvorschlags). Den Änderungswunsch des Parlaments, nach dem gerade den Vergabevorschriften des Verordnungsvorschlags der Vorrang eingeräumt werden sollte, konnte die Kommission als gegenläufig zu den Verpflichtungen des GPA[348] nicht akzeptieren.[349] Nach Ansicht der Kommission gilt der Verordnungsvorschlag somit uneingeschränkt für Dienstleistungskonzessionen, Inhouse-Geschäfte und die Vergabe ausschließlicher Rechte.[350] Eine Direktvergabe soll nur in den in den Art. 7 bis 8 Verordnungsvorschlag genannten Fällen möglich sein. Diese betreffen in der Hauptsache die auch vergaberechtlich nachrangigen Dienstleistungen[351] im Eisenbahn-, Metro- und Stadtbahnbereich[352] sowie Dienstleistungsaufträge von geringerem Wert, wobei dieser nach den Änderungen des Parlaments jetzt bei 1 000 000 EUR liegen soll.[353] Im Bereich des allgemeinen Vergaberechts bleibt es hingegen bei einem Schwellenwert von 200 000 EUR, was sich sachlich nicht befriedigend erklären lässt. Den Änderungswunsch des Europäischen Parlaments, nach dem die „zuständige Behörde" unter bestimmten

343 Siehe *Barth/Werner,* Verkehr und Technik 2001, 345 (345).

344 *Roth,* NVwZ 2001,616 (620).

345 Damit bleibt nach dem Verordnungsvorschlag kein Raum für eine fingierte Eigenwirtschaftlichkeit, wie sie heute aus § 8 Abs. 4 PBefG herausgelesen wird.

346 Hierzu zählt auch die unter Marktwert berechnete Nutzung von Wirtschaftsgütern, also etwa die verbilligte Zurverfügungstellung von Verkehrsinfrastrukturen durch die öffentliche Hand.

347 Siehe *Barth/Werner,* Verkehr und Technik 2001, 345 (348).

348 Government Procurement Agreement (Beschaffungsübereinkommen im Rahmen der WTO).

349 Siehe S. 3 des Verordnungsvorschlags.

350 Erwägungsgründe 23, 24, 25 des Verordnungsvorschlags.

351 Siehe Anhang I B VOL/A, zweiter Abschnitt, Kategorie 18, CPC-Referenznummer 711.

352 Art. 7 Abs. 1, 2, 3 Verordnungsvorschlag, siehe hierzu *Muthesius,* Der Nahverkehr 3/2002, 6.

353 Art. 7 Abs. 4. Eine weitere Möglichkeit der Direktvergabe soll nach Art. 7 Abs. 5 Verordnungsvorschlag bestehen, wenn ein Betreiber die Einrichtung eines neuen, sich selbst tragenden Verkehrs vorschlägt. Damit kann unternehmerisches Engagement zur Aufnahme eigenwirtschaftlicher Verkehre honoriert werden.

Voraussetzungen, insbesondere der Reziprozität[354], zur Eigenerbringung ermächtigt werden sollte, wurde von der Kommission im geänderten Verordnungsvorschlag nicht berücksichtigt.

Soweit gemeinwirtschaftliche Verkehrsverträge unter die Vorschriften des europäischen Vergaberechts subsumiert werden können, bleibt damit nach dem Kommissionsvorschlag alles beim Alten. Dies bestätigt die Auffassung, die das europäische Vergaberecht auf Verkehrsverträge im Grundsatz anwenden will. Nur bisher nicht erfasste Bereiche des ÖPNVs werden einem eigenen Vergaberegime unterworfen. Hier findet die Regelung des § 16 VgV keine Anwendung. Mit der Umsetzung des Verordnungsvorschlags würde der ÖPNV-Markt umfassend für Wettbewerb um den Markt durch Vergabeverfahren geöffnet werden.[355]

III. Zusammenfassung

Mit den bundesgesetzlichen Regelungen des Kartellvergaberechts und mit § 13a PBefG i.V.m. § 1 Abs. 2 GKV bestehen somit schon heute umfassende Pflichten zur Ausschreibung gemeinwirtschaftlicher Verkehrsleistungen. Soweit diese die Schwellenwerte von § 2 VgV überschreiten und das Vergaberecht des vierten Teils des GWBs nicht ausnahmsweise unanwendbar ist, verdrängt das Kartellvergaberecht den Verweis der GKV auf den ersten Abschnitt der VOL/A.[356] Die Vergabeverordnung ist in diesen Fällen als Bindeglied zwischen GWB und Verdingungsordnungen anwendbar und der Ausschluss natürlicher Personen vom Vergabeverfahren richtet sich nach § 16 VgV. Für gemeinwirtschaftliche Verkehrsleistungen unterhalb der Schwellenwerte der Vergaberichtlinien begründet § 13a PBefG i.V.m. § 1 Abs. 2 GKV eine grundsätzliche Pflicht zur Ausschreibung nach dem ersten Abschnitt der VOL/A.

Weitergehend sollen nach der Vorstellung der Kommission künftig aber öffentliche Dienstleistungsaufträge im Wege (vereinfachter) Ausschreibungsverfahren auch vergeben werden, wenn eine Ausschreibung nach dem geltenden europäischen Vergaberechtsregime nicht erforderlich ist. So soll nicht nur jeder finanzielle Ausgleich für die Erfüllung von aufgrund von Anforderungen des öffentlichen Dienstes entstandenen Kosten zu einer Ausschreibungspflicht führen, sondern auch die Gewährung ausschließlicher Rechte. Damit wären auch eigenwirtschaftliche Verkehrsleistungen im Wettbewerb zu vergeben. Soweit Verkehrsverträge aber schon vom Regime der europäischen Vergaberichtlinien erfasst werden, nach deutschem Recht also dem vierten Teil des GWB unterfallen, soll sich die Rechtslage nicht ändern.

---

354 Dies würde zur Existenz von getrennten Märkten im Nahverkehr führen: Unternehmen, die gebietsgebunden mit der Durchführung eines Verkehres direkt beauftragt werden, sind vom Wettbewerb auf anderen Märkten ausgeschlossen, während andererseits die Unternehmen, die im Wettbewerb stehen, nicht auf den geschlossenen Markt des direkt beauftragten Unternehmens eindringen können. Siehe hierzu *Meyer,* Verkehr und Technik 2001, 433 (436); *Mietzsch,* ZG 2002, 59 (66f); *Muthesius*, Der Nahverkehr 4/2001, 6 (7).

355 Siehe *Meyer,* ZögU 2001, 53 (55).

356 Siehe parallel hierzu zum Einfluss des Vergaberechts auf die Auslegung des § 15 AEG VK Magdeburg v. 06.06.2002, Az. 33-32571/07 VK 05/02 MD, S. 10 des Beschlusses, sowie *Bayer/Manka,* Der Nahverkehr 3/1998, 8 (10). Siehe auch *Berschin/Baumeister,* Der Nahverkehr 5/1998, 88 (88), und *Theobald/Kafka,* NZBau 2002, 603 (605). *Prieß,* NZBau 2002, 539 (539) betrachtet § 15 AEG allerdings gegenüber den Regelungen des GWB als spezielleres Gesetz.

Ist Gemeinden die ÖPNV-Aufgabenträgerschaft für den örtlichen Verkehr übertragen, so müssen sie sich für gemeinwirtschaftliche Verkehrsleistungen demnach grundsätzlich als Initiatoren von Markt und Wettbewerb betätigen. Dies kann, soweit sich eine Kommune auch selbst mit einem eigenem Verkehrsunternehmen am Wettbewerb beteiligen kann, als strukturell problematisch betrachtet werden. Nachfrage und Angebot, oder vergaberechtlich gesprochen: Ausschreibung und Angebotserstellung, liegen dann praktisch in einer Hand. Der Statthaftigkeit einer solchen kommunalen Teilnahme am Vergabewettbewerb wird im Folgenden nachgegangen.

C. Kommunale ÖPNV-Unternehmen als Bieter in Ausschreibungen

Nicht nur die Marktöffnung traditioneller Gebiete kommunaler Daseinsvorsorge durch Europäisches Gemeinschaftsrecht,[357] sondern auch knappe Haushaltskassen führen dazu, dass sich kommunale Unternehmen zunehmend im Wettbewerb mit Privaten behaupten müssen.[358] Dies gilt insbesondere für Bereiche, in denen die kommunale Eigenerbringung von Leistungen der Daseinsvorsorge durch Modelle abgelöst wird, die den Kommunen lediglich eine im Markt zu bewältigende Auffangverantwortung für die Sicherstellung der gewünschten Dienstleistungen zuschreiben. Soweit die jeweilige Gebietskörperschaft im Rahmen solcher Konzepte ihr Unternehmen nicht mehr ohne weiteres mit der Erbringung der gewünschten Leistung beauftragen kann, sind die jeweiligen kommunalen Unternehmen zur Teilnahme am Ausschreibungswettbewerb gezwungen. Dies ist im ÖPNV hinsichtlich der Erbringung gemeinwirtschaftlicher Verkehrsleistungen der Fall. Im Streben nach mehr Effizienz, Auslastung vorhandener Kapazitäten oder gar Gewinnung neuer Geschäftsfelder[359] bewerben sich kommunale Unternehmen aber zunehmend auch auf Vergabewettbewerbe außerhalb des eigenen Gemeindegebiets.[360] Hierbei müssen sie nicht nur die schon vorgestellten Vorgaben des Gemeinschafts- und des kommunalen Wirtschaftsrechts beachten, sondern auch das einschlägige Vergaberecht berücksichtigen. Die hier besonders virulenten Punkte werden im Folgenden erörtert.

I. Europarechtliche Zulässigkeit

Aus Sicht des Europäischen Primärrechts stellt sich die Beteiligung kommunaler Unternehmen an öffentlichen Ausschreibungen zunächst unproblematisch dar. Während nach Art. 295 EGV die Eigentumsordnungen der Mitgliedsstaaten vom EG-Vertrag unberührt bleibt, also die kommunale Inhaberschaft an einem Unternehmen nicht Gegenstand des Vertrags ist, untersagt Art. 86 Abs. 1 EGV den Mitgliedsstaaten für öffentliche Unternehmen mit dem Gründungsvertrag widersprechende Maßnahmen zu treffen. Die Teilnahme am Marktgeschehen ist diesen damit grundsätzlich zu den gleichen Bedingungen wie Privaten möglich.[361] Die im ÖPNV-Bereich einschlägige DKR bestimmt

---

357 Zu denken ist hier an die Elektrizitätsversorgung, RL 96/92/EG, ABlEG 1997 Nr. L S. 20.

358 Siehe nur *Britz*, NVwZ 2001, 380 (380).

359 Siehe hierzu *Hellermann*, Örtliche Daseinsvorsorge, S. 61ff.; *Enkler*, ZG 1998, 328 (329f.); *Zacharias*, VerwRdsch 2000, 271 (271).

360 *Antweiler*, VergabeR 2001, 259 (259); *Horn*, NVwZ 2001, 647 (647), siehe auch *Bleckmann/David*, DVBl. 1998, 1041 (1041).

361 Siehe Grill, in *Lenz*, EGV-Kommentar, Art. 86, Rn. 2; v. Burchard, in *Schwarze (Hrsg.)*, EU-Kommentar, Art. 86, Rn. 4.

in Art. 1 lit. c sogar, dass neben natürlichen und juristischen Personen – eine Beschränkung auf echte Private findet sich hier nicht – auch „öffentliche Einrichtungen, die Dienstleistungen anbieten“ als Dienstleistungserbringer und damit als potentielle Wettbewerber in Vergabeverfahren zu betrachten sind.[362]

Sofern öffentliche oder halböffentliche Unternehmen Zuwendungen von der öffentlichen Hand erhalten, liegt allerdings die Möglichkeit nahe, dass diese die Wettbewerbsfähigkeit des jeweiligen Unternehmens erhöhen. Die Unternehmen werden durch die Förderung womöglich in die Lage versetzt, im Rahmen von Ausschreibungen günstigere Angebote als die Konkurrenz abzugeben. In einem Verfahren vor dem österreichischen Bundesvergabeamt stellte sich diesem deshalb die Frage, ob die Teilnahme von Bietern, die hohe, nicht projektbezogene staatliche Subventionen erhalten, in Ausschreibungen gegen den europavergaberechtlichen Grundsatz der Gleichbehandlung der Bieter verstößt. Da die Zuwendungen nur an Einrichtungen des jeweiligen Mitgliedsstaates vergeben wurden, hielt das Gericht auch das Vorliegen einer versteckten Diskriminierung oder eine Beschränkung des Dienstleistungsverkehrs (Art. 59 ff. EGV) für möglich. Die Auslegung des diesbezüglichen Gemeinschaftsrechts überließ das Gericht im Wege einer Vorabentscheidung dem EuGH.[363]

Der EuGH kam zu dem Ergebnis, dass der Grundsatz der Gleichbehandlung der Bieter nicht schon dadurch verletzt ist, dass Unternehmen, die Zuwendungen erhalten, die es ihnen ermöglichen, zu Preisen erheblich unter denen ihrer Mitbewerber anzubieten, zu einem Vergabeverfahren nach der DKR zugelassen werden.[364] So stehe die Richtlinie einer Beteiligung öffentlicher Unternehmen an Ausschreibungen nicht entgegen und ein Ausschluss wegen öffentlicher Subventionierung sei nicht ausdrücklich vorgesehen. Damit könne eine solche auch nicht schlechthin zu einer Ungleichbehandlung der Bieter führen.[365] Der EuGH schloss es aber ausdrücklich nicht aus, dass Zuwendungen an Bieter im Einzelfall vom Auftraggeber zu berücksichtigen sind oder berücksichtigt werden können, um die begünstigten Bieter vom Verfahren auszuschließen. Dies könne insbesondere für nicht vertragskonforme Beihilfen gelten. Sei ein Auftraggeber der Ansicht, dass ein Bieter eine EG-rechtswidrige Beihilfe erhalten habe und aufgrund der Rückzahlungsverpflichtung in seiner finanziellen Leistungsfähigkeit bedroht sei, so fehle diesem Bieter die finanzielle und wirtschaftliche Sicherheit. Unter welchen näheren Voraussetzungen ein solcher Fall anzunehmen sei, ließ der EuGH jedoch offen.[366]

Da es gemeinschaftsweite Praxis sei, dass staatliche Beihilfen in der Regel nur Unternehmen gewährt werden, die im jeweiligen Mitgliedsstaat ansässig sind, stelle eine solche Subventionierungspraxis als dem Beihilfebegriff inhärent des Weiteren keine

---

362 Siehe so auch EuGH v. 7.12.2000, Rs. C-94/99 – ARGE Gewässerschutz, VergabeR 2001, 28 (Tz. 28).

363 EuGH v. 7.12.2000, Rs. C-94/99 – ARGE Gewässerschutz, VergabeR 2001, 28ff., m. Anm. Schabel. Auf die vierte Frage dem EuGH vorgelegte Frage, die auf das Vorliegen einer Inhouse-Konstellation abzielt, wird hier nicht näher eingegangen. Auch das Gericht hielt eine Antwort nicht mehr für erforderlich und verwies im Übrigen auf die schon erörterte Entscheidung des EuGH vom 18.11.199, Rs. C-107/98 (Teckal).

364 EuGH v. 7.12.2000, Rs. C-94/99 – ARGE Gewässerschutz, VergabeR 2001, 28 (Tz. 32). Dieser Befund kann auf die BKR und LKR übertragen werden, siehe *Antweiler*, VergabeR 2001, 259 (260).

365 EuGH v. 7.12.2000, Rs. C-94/99 – ARGE Gewässerschutz, VergabeR 2001, 28 (Tz. 25ff.).

366 EuGH v. 7.12.2000, Rs. C-94/99 – ARGE Gewässerschutz, VergabeR 2001, 28 (Tz. 29ff.).

versteckte Diskriminierung oder Beschränkung des Dienstleistungsverkehrs dar. Die Zulassung von Unternehmen, die derartige Zuwendungen erhalten, zum Vergabewettbewerb sei somit auch aus diesen Gesichtspunkten unbedenklich.[367]

Somit hindert grundsätzlich auch die staatliche Förderung eines (öffentlichen) Unternehmens eine Teilnahme des Unternehmens an Vergabeverfahren aus europarechtlicher Sicht nicht.[368] Beihilfe- und Vergaberecht sind insoweit nicht unmittelbar miteinander verwoben,[369] die derzeitige Förderungspraxis im ÖPNV in Deutschland steht einer Teilnahme kommunaler Verkehrsunternehmen an öffentlichen Ausschreibungen der Aufgabenträger aus europarechtlicher Sicht nicht schlechthin entgegen. Hinsichtlich eines möglicherweise zwingenden Ausschlusses verweist der EuGH aber richtig auf die Beachtung der einschlägigen Vergabevorschriften. Rechtswidrig erhaltene Beihilfen können nicht nur die finanzielle Leistungsfähigkeit des betroffenen Unternehmens aufgrund des Rückforderungsanspruchs berühren, sondern auch die Zuverlässigkeit (Art. 32 Abs. 1 DKR) in Frage stellen.[370]

II. Kommunales Wirtschaftsrecht

Kommunale Unternehmen sind - auch soweit sie sich wie Private auf öffentliche Ausschreibungen bewerben - an die oben bereits vorgestellten Vorgaben des kommunalen Wirtschaftsrechts nach den Gemeindeordnungen gebunden.[371] Insbesondere die Bindung der Unternehmen an eine öffentliche Zwecksetzung kann hier problematisch sein.[372] Bei einer Bewerbung eines kommunalen Unternehmens auf eine Ausschreibung der anteilseignenden Gebietskörperschaft wird die nachgefragte Leistung aber unmittelbar den Gemeindeeinwohnern zugute kommen, die unmittelbare Verfolgung eines öffentlichen Zwecks also gegeben sein. Bei einer Bewerbung außerhalb des jeweiligen Gemeindegebiets werden jedoch die schon vorgestellten Bedingungen für ein überörtliches Tätigwerden zu beachten sein. Demnach erfordert auch die überörtliche Betätigung grundsätzlich einen Bezug auf das Gemeindegebiet.[373] Eine solche Tätigkeit muss entweder unmittelbar den Gemeindeeinwohnern dienen, oder sich in den Grenzen einer zulässigen Annextätigkeit bewegen.[374]

Noch ungeklärt ist derzeit, wie sich öffentliche Unternehmen in umfassenden Ausschreibungsmärkten, wie ihn jetzt der Kommissionsvorschlag zur Neugestaltung des Ordnungsrahmens im ÖPNV vorsieht, grundsätzlich legitimieren. So gibt es schon Stimmen, die das Ende öffentlicher Unternehmen proklamieren.[375] Und Zweifel, ob kommunale Unternehmen noch einen öffentlichen Zweck verfolgen, wenn die Rechtsordnung die Erfüllung einer Aufgabe der Daseinsvorsorge dem (Ausschreibungs-) Markt überlassen will, sind zunächst nicht von der Hand zu weisen. Stellt die private

367 EuGH v. 7.12.2000, Rs. C-94/99 – ARGE Gewässerschutz, VergabeR 2001, 28 (Tz. 36ff.).

368 So auch *Antweiler*, VergabeR 2001, 259 (259).

369 Vgl. *Bartosch*, WuW 2001, 673 (681), sowie *Schabel,* Anmerkung zu EuGH v. 7.12.2000, Rs. C-94/99 – ARGE Gewässerschutz, VergabeR 2001, 28 (31).

370 Siehe hierzu auch *Antweiler*, VergabeR 2001, 259 (269).

371 Siehe oben, Erster Teil, A.II.3.b)(2).

372 *Horn*, NVwZ 2001, 647 (648).

373 *Heintzen*, NVwZ 2000, 743 (744).

374 Siehe näher oben, Erster Teil, A.II.3.b)(2).

375 *Berschin*, Daseinsvorsorge durch Wettbewerb, betitelt § 12 der Arbeit mit „Das Ende öffentlicher Unternehmen".

Wirtschaft selbst ein den Anforderungen der Allgemeinheit entsprechendes Leistungsangebot (wenn auch auf staatlichen Anreiz durch öffentlichen Einkauf) bereit, so bedarf es einer Überprüfung der Zwecksetzung öffentlicher Unternehmen. Beruhte deren Legitimation bisher darauf, dass sie Leistungen der Daseinsvorsorge erbringen, die der Markt nicht von sich aus bereitstellt,[376] so entfällt diese Begründung in Ausschreibungsmärkten.[377] Öffentliche Unternehmen, die den gleichen Bedingungen wie Private unterliegen, sollen nicht mehr besonderen öffentlichen Interessen dienen können.[378] Wenn auch die öffentliche Zwecksetzung kommunaler Wirtschaftstätigkeit nach Kommunalverfassungsrecht nicht unbedingt als Dauerpflicht zu verstehen ist,[379] so werden öffentliche Unternehmen, denen der öffentliche Zweck abhanden gekommen ist, aber auf Dauer wohl keinen Bestand haben.[380] Die Einführung von Ausschreibungswettbewerb würde bei Richtigkeit dieser Ansicht womöglich eine Pflicht zur funktionalen Privatisierung begründen.

Allerdings könnte dem die kommunale Selbstverwaltungsgarantie als Privatisierungsschranke entgegenstehen.[381] Es wird vorgebracht, dass die Erbringung gleichartiger Dienstleistungen durch private Anbieter die Zulässigkeit kommunaler Wirtschaftstätigkeit nicht beeinflussen soll.[382] Auch wären kommunale Unternehmen angeblich gemeinschaftsrechtlich vor Ungleichbehandlungen gegenüber Privaten geschützt sein, so dass sie wie diese in den Markt expandieren könnten.[383] Andererseits sollen die Gemeinden gegen gesetzgeberische Entscheidungen auf Verzicht der Marktteilnahme oder Öffnung von Gebietsmonopolen keinen Schutz aus Art. 28 Abs. 2 GG gewinnen,[384] womit sie auch den Folgen von gesetzlich angeordnetem Wettbewerb ausgeliefert wären. Auch ist die Garantie des Art. 28 Abs. 2 GG wohl nicht „europafest",[385] so dass die Selbstverwaltungsgarantie der Einführung europarechtlich initiierten Ausschreibungswettbewerbs nicht entgegengehalten werden kann. Es gilt auch zu Bedenken, dass öffentliche Unternehmen als Steuerungsmedium in Ausschreibungsmärkten entbehrlich werden, da die Erzielung des gewünschten Ergebnisses im Wesentlichen über die Bedarfsdefinition nach der Leistungsbeschreibung erreicht wird.[386] Angesichts der Offenheit der Diskussion über die Zukunft kommunaler Unternehmen in Deutschland kann auf die hier beste-

376 Siehe oben, Erster Teil, A.II.3.b)(2).

377 Vgl. *Ronellenfitsch,* DÖV 1999, 705 (710).

378 *Hill*, BB 1997, 425 (430), ähnlich *Schink,* NVwZ 2002, 129 (140). Vgl. *Moraing,* WiVerw 1998, 233 (262).

379 So *Jarass*, DÖV 2002, 335 (342). Wie sich dies mit den verfassungsrechtlichen Vorgaben verträgt, bleibt allerdings unerörtert.

380 *Püttner,* ZÖR 2001, 227 (240).

381 Siehe *Kämmerer*, Privatisierung, S. 187ff; *Lee,* Privatisierung, S. 95f.; Mit guten Gründen kritisch *Pielow,* Grundstrukturen öffentlicher Versorgung, S. 692ff. Europarechtlichen Wettbewerbsforderungen im Bereich der Daseinsvorsorge wird auch das Sozialstaatsprinzip aus Art. 20 Abs. 1 GG entgegengehalten, siehe *Broß*, JZ 2003, 874ff.

382 *Moraing,* WiVerw 1998, 233 (251).

383 Dies meint für den rein nationalen Bereich ernsthaft *Nagel,* Gemeindeordnung als Hürde, S. 54.

384 *Löwer,* VVDStRL 60 (2000), 416 (435). Auch *Dickersbach*, WiVerw 1983, 187 (195), *Henneke*, NdsVBl. 1998, 273 (280f.) und wohl auch *Rennert*, JZ 2003, 385 (389) sehen kommunalwirtschaftliche Betätigungen nicht im unantastbaren Kernbereich der Selbstverwaltungsgarantie verankert. A.A. aber *Nagel,* Gemeindeordnung als Hürde, S. 24.

385 *Faber*, DVBl. 1991, 1126 (1132); *Hellermann*, Örtliche Daseinsvorsorge, S. 78. Vgl. hierzu *Rengeling,* ZG 1994, 277ff.

386 Diesbezüglich skeptisch *Burgi*, VerwArch 2002, 255 (271).

henden Problematiken aber nur hingewiesen werden, eine „Patentlösung" hinsichtlich der Zulässigkeit und des Umfangs künftiger kommunaler Wirtschaftstätigkeit gibt es (derzeit) wohl nicht.[387] Unter Beachtung der bisherigen (Rechts-) Praxis wird im Weiteren davon ausgegangen, dass kommunalen Verkehrsunternehmen eine Bewerbung auf die Ausschreibung gemeinwirtschaftlicher Verkehrsleistungen grundsätzlich möglich ist, wenn die ausgeschriebene Tätigkeit den Gemeindeeinwohnern nach den vorgestellten Grundsätzen zugute kommt.

III. Berücksichtigung kommunaler Bieter durch die Vergabestelle

Das Vergaberecht selbst steht einer Berücksichtigung kommunaler Unternehmen in Ausschreibungen weder ober- noch unterhalb der Schwellenwerte der Vergaberichtlinien entgegen. Die Verpflichtung zur Gleichbehandlung aller Bieter gem. § 97 Abs. 2 GWB gilt unabhängig davon, wer Eigentümer des jeweiligen Unternehmens ist, § 130 GWB ordnet die Anwendung des GWB auf Unternehmen, die ganz oder teilweise im Eigentum der öffentlichen Hand stehen, ausdrücklich an.[388] Öffentliche Unternehmen sind damit im Kartellvergaberecht grundsätzlich wie Private zu behandeln.[389] Aufgrund der besonderen Stellung öffentlicher Unternehmen sind für sie aber einige Besonderheiten zu beachten.

Nicht zum Wettbewerb mit gewerblichen Unternehmen zugelassen sind nach §§ 7 Nr. 6 VOL/A, 8 Nr. 6 VOB/A Justizvollzugsanstalten, Einrichtungen der Jugendhilfe, Aus- und Fortbildungsstätten oder ähnliche Einrichtungen. Diese Einrichtungen, die nicht unter den Bedingungen des Wettbewerbs produzieren und sozialpolitische Zielsetzungen verfolgen, umfassen erwerbswirtschaftliche Unternehmen der öffentlichen Hand allerdings nicht.[390] Die Vorschrift steht einer Teilnahme öffentlicher Unternehmen, die tatsächlich in Konkurrenz zu Privaten stehen, an Ausschreibungswettbewerben nicht entgegen.[391]

Aufgrund der von § 2 Nr. 1 Abs. 2 VOL/A errichteten Pflicht zur Bekämpfung unlauterer Verhaltensweisen sind die Vergabestellen des Weiteren zur Überprüfung der gemeinderechtlichen Zulässigkeit einer Bewerbung eines öffentlichen Unternehmens verpflichtet, sofern die jeweiligen Bestimmungen auch den Schutz privatwirtschaftlicher Unternehmen bezwecken.[392] Soweit die landesrechtlichen Vorgaben des jeweiligen

387 *Schink*, NVwZ 2002, 129 (140).

388 Wenn im Einzelfall jeweils die Voraussetzungen für die Anwendung des Wettbewerbsrechts gegeben sind, *Emmerich*, in *Immenga/Mestmäcker*, GWB, § 130, Rn. 7. Soweit sich öffentliche Unternehmen an Vergabeverfahren beteiligen, werden sie sich aber ohne weiteres als Bieter oder Bewerber nach dem Kartellvergaberecht behandeln lassen müssen.

389 *Antweiler*, VergabeR 2001, 259 (261). Siehe auch *Boesen*, VergabeR, § 97, Rn. 54; *Kokott*, in *Byok/Jaeger*, VergabeR, Einf., Rn. 83.

390 Der Ausschluss der angeführten Einrichtungen folgt schon aus dem Gebot der Gleichbehandlung und Chancengleichheit, siehe *Schrammer*, in *Ingenstau/Korbion*, VOB, A § 8 Rn. 21f. sowie *Zdzieblo*, in *Daub/Eberstein*, VOL/A, § 7 Rn. 72.

391 *Kämper/Heßhaus*, NWVBl. 2001, 377 (384). A.A. aber *Prieß/Hausmann*, in *Motke/Pietzcker/Prieß*, VOB/A, § 8 Rn. 138.

392 OLG Düsseldorf, NVwZ 2000, 714. Hierzu kann auch das Territorialprinzip nach der jeweiligen Gemeindeordnung gehören, siehe OLG Celle, VergabeR 2001, 207 (208). Siehe des Weiteren *Müller*, in *Daub/Eberstein*, VOL/A, § 2, Rn. 14, sowie zustimmend auch *Stickler*, VergabeR 2001, 209 (210), und wohl ebenso *Potthast*, NZBau 2000, 181 (182). Kritisch hingegen *Antweiler*, Ver-

Gemeindewirtschaftsrechts drittschützend sind, ist die Beachtung dieser Vorschriften somit auch vergaberechtlich beachtlich.[393] Unter dieser Voraussetzung können sich die privatwirtschaftlichen Konkurrenten auf die Verletzung der einschlägigen Bestimmungen des Gemeindewirtschaftsrechts in Verbindung mit dem Prinzip der wettbewerblichen Vergabe (§ 97 Abs. 1 GWB, § 2 Nr. 1 VOL/A) in einem Nachprüfungsantrag berufen und den Ausschluss des kommunalen Unternehmens vom Vergabeverfahren verlangen.[394] Soweit das kommunale Wirtschaftsrecht aber nicht drittschützend ausgestaltet ist, ist ein Bieter, dessen Tätigkeit gegen die kommunalrechtlichen Vorgaben verstößt, wegen der Gefahr der nicht ordnungsgemäßen Vertragserfüllung aufgrund einer Intervention der Kommunalaufsicht als unzuverlässig zu betrachten.[395]

Die Vergabekammer Düsseldorf hat mit Beschluss vom 18.4.2002 festgestellt, dass ein Vergabeverstoß einer Vergabestelle darin zu sehen sei, dass Letztere nicht in den Verdingungsunterlagen ankündigt, dass die Überprüfung ungewöhnlich niedriger Preise auch unter dem Gesichtspunkt erhaltener Förderungen geprüft werde. Der Nachweis der Europarechtskonformität der von den Bietern erhaltenen Zuwendungen sei von diesen zu erbringen.[396] Der hiergegen gerichteten sofortigen Beschwerde gab das OLG Düsseldorf jedoch statt.[397] Das Beschwerdegericht stellt zunächst fest, dass sich der Rechtsschutz in Nachprüfungsverfahren auf die Überprüfung von Bestimmungen über das Vergabeverfahren beschränke (§ 97 Abs. 7 GWB). Wie auch schon der EuGH, trennt das Gericht deshalb grundsätzlich die Anwendung des Beihilferechts vom Vergabeverfahren.[398] Und weder das nationale noch das europäische Vergaberecht würden eine Bereinigung von Angeboten um vom Bieter erlangte, nicht notifizierte Beihilfen verlangen. So könne aus § 25b Nr. 2 Abs. 3 VOL/A der Umkehrschluss gezogen werden, dass die Vergabestellen eine solche Verpflichtung nicht treffe. Eine diesbezügliche Pflicht lasse sich auch nicht aus dem Wettbewerbsgrundsatz des § 97 Abs. 1 GWB ableiten.[399] Parallel zum EuGH im Vorabentscheidungsverfahren ARGE Gewässerschutz[400] wird auch eine Verletzung des Gleichbehandlungsgebots abgelehnt.

Wenn dem OLG Düsseldorf in seinen Ausführungen auch grundsätzlich insoweit zu folgen ist, als dass das Vergaberecht eine Preisbereinigung aufgrund von Beihilfezahlungen nicht kennt, so verbleibt aber die vom EuGH in der zitierten Entscheidung angeführte Möglichkeit der Berücksichtigung europarechtswidrig erlangter Beihilfen im Rahmen der Prüfung der finanziellen Leistungsfähigkeit und auch der Zuverlässigkeit der Bieter (siehe § 97 Abs. 4 S. 1 GWB, §§ 2 Nr. 3, 7 Nr. 4, 25 Nr. 2 VOL/A).[401] Die Beschränkung des OLG Düsseldorf auf die Berücksichtigung nicht notifizierter Beihil-

---

gabeR 2001, 259 (267), *Burgi*, NZBau 2003, 539 (542ff.) und *Kämper/Heßhaus*, NWVBl. 2001, 377 (381).

393 *Horn*, NVwZ 2001, 647 (648), siehe auch *Leimkühler*, VergabeR 2002, 535 (369).

394 Siehe OLG Düsseldorf, WuW 2002, 899 (LS 5 und S. 904).

395 *Zeiss*, NZBau 2003, 475 (479).

396 VK Düsseldorf v. 18.4.2002, VK-5/2002-L, S. 18 des Beschlusses.

397 OLG Düsseldorf, WuW 2002, 914ff.

398 OLG Düsseldorf, WuW 2002, 914 (920), zum EuGH siehe oben.

399 OLG Düsseldorf, WuW 2002, 914 (920f.).

400 Siehe oben.

401 Eine Prüfung wird sich dabei auf die formelle Rechtmäßigkeit der Beihilfe, also die ordnungsgemäße Notifikation zu beschränken haben, da öffentliche Auftraggeber nicht entscheiden können, ob eine Beihilfe mit dem gemeinsamen Markt vereinbar ist: *Antweiler*, VergabeR 2001, 259 (269).

fen alleine im Rahmen ungewöhnlich niedriger Preise greift zu kurz,[402] da auch bei normalpreisigen Angeboten die wirtschaftliche Leistungsfähigkeit eines Unternehmens bei Rückforderung der erhaltenen Beihilfen gefährdet sein kann. Besteht diesbezüglich ein begründeter Verdacht einer Vergabestelle, der Zweifel an der Eignung des Bieters oder Bewerbers weckt, so wird sie in Ausschreibungen in Aufklärungsverhandlungen nach § 24 Nr. 1 Abs. 1 VOL/A mit dem jeweiligen Bieter treten können. Da Verhandlungen über Preise nicht statthaft sind, darf eine Bereinigung des Preises, die zu einer Veränderung der Stellung im Wettbewerb führte, keinesfalls nachträglich vorgenommen werden.[403] Die Zuverlässigkeit ist nicht nur hinsichtlich der Gesetzestreue, als vielmehr auch bezüglich der Erbringung der Leistung während der Vertragslaufzeit - also auch bezüglich etwaiger Rückforderungsansprüche - zu prüfen.[404] Die zuverlässige Vertragserfüllung kann aber auch wegen wettbewerbsrechtlicher Unterlassungsklagen privater Konkurrenten oder des Einschreitens der Kommunalaufsicht bei Überschreitungen der kommunalwirtschaftlichen Grenzen fraglich sein.[405]

IV. Zusammenfassung

Eine Bewerbung kommunaler Unternehmen auf öffentliche Aufträge ist somit bei Beachtung der einschlägigen Rechtsvorschriften des Vergaberechts, zu denen über § 97 Abs. 1 GWB, § 2 Nr. 1 VOL/A auch die drittschützenden Normen des Gemeindewirtschaftsrechts gehören, grundsätzlich zulässig. Bei einer gemeindegebietsüberschreitenden Tätigkeit kann hier, je nach Ausgestaltung der einschlägigen Gemeindeordnung, insbesondere die Verfolgung eines öffentlichen Zwecks problematisch sein. Die derzeitige Förderungspraxis im ÖPNV steht einer Teilnahme am Wettbewerb um gemeinwirtschaftliche Verkehrsleistungen aber nicht schlechthin entgegen. Besteht allerdings der Verdacht, dass ein Unternehmen europarechtswidrige Beihilfen erhalten hat, so dass aufgrund eines etwaigen Rückzahlungsanspruchs die finanzielle Leistungsfähigkeit des Unternehmens zweifelhaft ist, können diesbezügliche Aufklärungsverhandlungen (§ 24 Nr. 1 Abs. 1 VOL/A) und gegebenenfalls der Ausschluss des Bieters (25 Nr. 2 VOL/A) statthaft sein.

Aus diesem Befund ergibt sich eine Doppelstellung der Kommunen im ÖPNV-Markt. Soweit sie die Aufgabenträgerschaft für den örtlichen Verkehr wahrnehmen und auch über eigene Verkehrsunternehmen verfügen, sind sie im Rahmen der Bestellung gemeinwirtschaftlicher Verkehrsleistungen nicht nur Veranstalter des diesbezüglichen Vergabewettbewerbs, sondern sie werden über ihre Verkehrsunternehmen an diesem regelmäßig auch selbst teilnehmen. Nachfrage und (ein) Angebot kumulieren in einer Institution. Dieser widersprüchliche Befund ist dem derzeitigen ÖPNV rechtlich und faktisch systembedingt inhärent. Wird bedacht, dass der Großteil aller ÖPNV Dienstleistungen nicht kostendeckend erbracht werden kann, nach wohl richtiger Betrachtung also als gemeinwirtschaftlich zu qualifizieren ist, so zeigt sich die Reichweite dieser Problematik: Selbst soweit Ausschreibungen oder Teilnahmewettbewerbe erfolgen, liegt

402 Siehe OLG Düsseldorf, WuW 2002, 914 (Ls. 4 a.E.).

403 Siehe *Kulartz,* in *Daub/Eberstein*, VOL/A, § 24, Rn. 13; *Schaller,* VOL, § 25 VOL/A, Rn. 22f.

404 Siehe *Boesen*, VergabeR, § 97, Rn. 84, sowie *Müller,* in *Daub/Eberstein*, VOL/A, § 25, Rn. 35.

405 *Antweiler*, VergabeR 2001, 259 (269f.); *Bleckmann/David*, DVBl. 1998, 1041 (1048); *Glahs/Külpmann*, VergabeR 2002, 555 (561); *Horn*, NVwZ 2001, 647 (648); *Leimkühler,* VergabeR 2001, 356 (372).

zunächst die Möglichkeit von Scheinwettbewerb nahe, da der Aufgabenträger selbst ein Bieter- oder Bewerberunternehmen betreibt.[406] Liegen Nachfrage und die Erstellung eines Angebots in einer Hand, so ist zunächst zweifelhaft, ob der Marktzugang Dritter tatsächlich gewährleistet werden kann. Eine Kommune wird hinsichtlich ihres Verkehrsunternehmens regelmäßig ein eigenes Interesse am Ausgang des Verfahrens haben, so dass insofern von institutioneller Befangenheit gesprochen werden kann.[407]

D. Die Kontrolle kommunaler Unternehmen durch Gemeindevertreter

Die bisherigen Ausführungen haben die Doppelstellung kommunaler Aufgabenträger im ÖPNV als Veranstalter und Teilnehmer von Markt und Wettbewerb konkretisiert und plastisch werden lassen. Der hierin liegende Zielkonflikt ist zunächst rein organisatorisch-institutioneller Natur. Im Folgenden wird aber aufgezeigt, dass er sich durchaus auch personell niederschlagen kann, so dass konkrete Interessenkonflikte natürlicher Personen möglich sind.

So besteht für die Gemeinden gegenüber ihren Unternehmen eine Einwirkungs- oder Ingerenzpflicht. Die gemeindliche Beteiligung oder Gründung einer Gesellschaft des Privatrechts wird nach den Gemeindeordnungen davon abhängig gemacht, dass die Gemeinden einen angemessenen Einfluss, insbesondere in einem gesellschaftsrechtlichen Überwachungsorgan, erhalten.[408] Die Vertretung einer Gemeinde in den Gesellschaftsorganen einer Eigen- oder Beteiligungsgesellschaft obliegt - abhängig vom jeweiligen Landesrecht[409] - dem Bürgermeister oder einem von ihm beauftragten Beamten oder Angestellten der Gemeinde[410] oder/und gewählten Gemeindevertretern[411]. Die Kontrolle kommunaler Unternehmen durch Gemeindevertreter[412] ist auch haushaltsrechtlich gefordert,[413] entspringt aber letztlich[414] dem Demokratieprinzip, das eine un-

---

406 *Ilgmann/Petzel*, Internationales Verkehrswesen 1998, 248 (250) stellen fest, dass diese Konstellation den Wettbewerb verzögern wird und fragen, was passieren würde, wenn der eigene Verkehrsbetrieb „plötzlich und unerwartet" nicht den Zuschlag erhält (248). Soweit *Grawert*, NWVBl 1998, 209 (212) ausführt, dass die institutionell-organisatorische Verselbständigung der Kommunalgesellschaft gegenüber der Kommune den Zurechnungszusammenhang der Entscheidungsfolgen (einer die Kommunalgesellschaft berührenden Verbandsentscheidung) unterbreche, kann dies nur gelten, soweit das von der Kommune entsandte Verbandsmitglied nicht in besonderer Weise (nämlich jetzt entsprechend § 16 Abs. 1 Nr. 3 lit. a VgV) mit dem Unternehmen verknüpft ist.

407 Vgl. *Kopp/Ramsauer*, VwVfG, § 20, Rn. 9; *Bonk/Schmitz*, in *Stelkens/Bonk/Sachs*, VwVfG, § 20, Rn. 8. *Engelhardt*, in *Obermayer*, VwVfG, § 20, Rn. 33ff.

408 Die Formulierungen in den GO können sich im Einzelnen unterscheiden, siehe § 102 Nr. 2 GO Bbg; § 103 Abs. 1 Nr. 3 GO BW; § 122 Abs. 1 Nr. 3 HGO; § 109 Abs. 1 Nr. 6 NGO; § 110 Abs. 1 Nr. 3 Saarl KSVG.

409 Siehe zu Auslegungsproblemen der Vertretungsregelungen *Püttner*, DVBl. 1986, 748ff., zur Entwicklungsgeschichte vor der Wiedervereinigung *Erichsen*, Die Vertretung der Kommunen, S. 4ff.

410 Siehe § 104 Abs. 1 S. 1 GO BW; § 104 Abs. 1 S. 1 GO Bbg; vgl. auch § 125 Abs. 1 HGO; § 52 Abs. 1 VerfBrhv.

411 Siehe etwa § 104 Abs. 1 S. 2 GO BW; § 111 Abs. 1 NGO; § 113 Abs. 2 GO NW; § 52 Abs. 2 VerfBrhv.

412 Was bei einer Entsendung von Gemeinderatsmitgliedern hinsichtlich der Beeinträchtigung der Dualität von Rat und Verwaltung und dem damit einhergehenden Steuerungs- und Kontrollverlust problematisch sein kann. Siehe hierzu näher *Schefold*, Kommunalwirtschaftliche Inkompatibilität.

413 Siehe etwa § 65 Abs. 1 Nr. 3 LHO.

414 Als weitere Anknüpfungspunkte werden die Aufgabenverantwortung der öffentlichen Hand, das Rechtsstaatsprinzip sowie grundrechtliche Schutzpflichten genannt, siehe etwa *Brenner*, LKV 2002, 7 (8); *v. Danwitz*, AöR 120 (1995), 595 (604ff.); *Ehlers*, Verwaltung in Privatrechtsform, S.

unterbrochene demokratische Legitimationskette[415] vom Volk zu den mit staatlichen/-kommunalen Aufgaben betrauten Organen und Amtswaltern verlangt.[416] Die öffentliche Hand kann nicht durch die Wahl privatrechtlicher Organisationsformen über diese verfassungsrechtliche Bindung disponieren, so dass ihr auch öffentliche Unternehmen in Privatrechtsform unterfallen.[417] Die Kontrolle und Lenkung kommunaler Unternehmen durch Gemeindevertreter nach den Gemeindeordnungen ist als Teil der Sicherstellung eines hinreichenden demokratischen Legitimationsniveaus für kommunale Unternehmen einfachgesetzlicher Ausdruck des Demokratieprinzips.

Dies erfordert allerdings nicht die ständige Weisungsgebung und tägliche Kontrolle des jeweiligen öffentlichen Unternehmens in den Gesellschaftsorganen.[418] Die Wahl einer verselbstständigten privatrechtlichen Organisationsform würde konterkariert,[419] ohne dass jedoch eine vollständige Entpolitisierung möglich wäre.[420] Auch können dem gesellschaftsrechtliche Barrieren entgegenstehen, da im Falle gegenläufiger Weisungen an die kommunalen Vertreter in den Gesellschaftsorganen diese den Interessen der Gesellschaft Vorrang einräumen müssen.[421] Die Lenkung kommunaler Unternehmen verwirklicht sich auch durch die Zielvorgaben und Aufgabenstellungen der Gesellschaftssatzung oder des Gesellschaftsvertrags,[422] die nach einigen Gemeindeordnungen auch aus-

---

129f.; Fabry, in *Fabry/Augsten (Hrsg.)*, HdB Unternehmen der öffentlichen Hand, Teil 1, Rn. 52.; *Mann*, JZ 2002, 819 (821f.); *Schulz*, BayVBl. 1996, 97 (98); *Spannowsky*, DVBl. 1992, 1072 (1073, 1075). Zu den unterschiedlichen Begründungsansätzen kritisch *Gersdorf*, Öffentliche Unternehmen im Spannungsfeld, S. 223ff., m.w.N. Siehe zu Einwirkungspflichten aus Schutzpflichten *Brüggemeier/Damm*, Kommunale Einwirkung, S. 49ff.

415 Siehe nur BVerfGE 47, 253 (Ls. 2 und S. 271f., 275) und *Böckenförde*, in *Isensee/Kirchhof*, HdBStR I, § 22, Rn. 11. Neben die personelle Legitimation tritt die materielle oder sachlich-inhaltliche Legitimation durch die Verantwortlichkeit der Exekutive gegenüber dem Parlament und ihrer Gesetzesbindung, siehe näher *Böckenförde*, in *Isensee/Kirchhof*, HdBStR I, § 22, Rn. 21ff.; Herzog, in *Maunz/Dürig*, GG, Art. 20 II, Rn. 47ff.; *Sachs*, in *Sachs*, GG, Art. 20, Rn. 35ff., sowie auch BVerfGE 93, 37 (66f.) mit Hinweisen auf weitere Legitimationsmodelle.

416 *Ehlers*, Verwaltung in Privatrechtsform, S. 125, 128; *Engellandt*, Die Einflußnahme der Kommunen, S. 21; *Gersdorf*, Öffentliche Unternehmen im Spannungsfeld, S. 223ff; *Möller*, Die rechtliche Stellung und Funktion des Aufsichtsrats, S. 34; *Püttner*, Die öffentlichen Unternehmen, S. 135f.; *Schmidt-Aßmann/Röhl*, DÖV 1994, 577 (585). Siehe auch *Berg*, GewArch 1990, 225 (230); *Büchner*, Die rechtliche Gestaltung kommunaler öffentlicher Unternehmen S. 66ff.; *Engel*, Grenzen und Formen der mittelbaren Kommunalverwaltung, S. 244ff.; *Püttner*, DVBl. 1975, 353ff.

417 *Gersdorf*, Öffentliche Unternehmen im Spannungsfeld, S. 135, siehe auch *Böckenförde*, in *Isensee/Kirchhof*, HdBStR I, § 22, Rn. 13.

418 *Engellandt*, Die Einflußnahme der Kommunen, S. 21f.; *Püttner*, Die öffentlichen Unternehmen, S. 37f.; *Schmidt-Aßmann/Ulmer*, BB 1988, Beil. 13, S. 13.

419 Siehe *Ehlers*, Verwaltung in Privatrechtsform, S. 131.

420 Privatisierungszweck und Einwirkungspflicht können insofern tatsächlich in Widerspruch treten, siehe *Schön*, ZGR 1996, 429 (429f.).

421 *Altmeppen*, in *Altmeppen/Roth*, GmbHG, § 52, Rn. 18; *Leisner*, WiVerw 1983, 212 (216f.); *Mertens*, Kölner Kommentar AktG, § 101, Rn. 55. Siehe auch *Engellandt*, DÖV 1996, 71 (71); *Würdinger*, DB 1976, 613 (616); *Schøfold*, Kommunalwirtschaftliche Inkompatibilität, S. 106; *Schmidt-Aßmann/Ulmer*, BB 1988, Beil. 13, S. 14ff.; *Schwintowski*, NJW 1995, 1316 (1318); *Spannowsky*, DVBl. 1992, 1072 (1074). Siehe hierzu auch noch unten, Zweiter Teil, C.V.2.c). Eine solche gesellschaftsrechtliche Einschränkung der Steuerung kommunaler Unternehmen entfällt bei öffentlich-rechtlichen Kommunalunternehmen, siehe *Ehlers*, NWVBl. 2000, 1 (2); *Schulz*, BayVBl. 1996, 129 (130).

422 Siehe *Schön*, ZGR 1996, 429 (435f., m.w.N.); *Spannowsky*, ZGR 1996, 400 (419, 423ff.). Die von einem kommunalen Unternehmen zu erfüllende öffentliche Aufgabe wird durch die Aufnahme in die Satzung zu einem Eigeninteresse der Gesellschaft, so dass sich mögliche Zielkonflikte zwi-

drücklich auf den öffentlichen Zweck auszurichten sind.[423] Innerhalb dieser Ausrichtung sind die Detailkonkretisierungen durch die entsandten Gemeindevertreter aus gesellschaftsrechtlicher Perspektive eigenverantwortlich vorzunehmen,[424] die parlamentarische Kontrolle ist insoweit eingeschränkt.[425] Sie dürfte aber – bei Ausnutzung der gegebenen Möglichkeiten – dennoch wirksam und damit effektiv im Sinne des BVerfG[426] sein.[427]

Die Vertretung der Gemeinde in einem Eigen- oder Beteiligungsunternehmen durch den Bürgermeister, einen Beamten oder Angestellten der Gemeinde oder ein Ratsmitglied kann dazu führen, dass sich die jeweilige Person im Rahmen eines Vergabeverfahrens in einer persönlichen Doppelrolle wiederfindet, die die Doppelstellung der Kommune als Marktveranstalter und -teilnehmer spiegelt. Ist ein Gemeindevertreter Mitglied eines Gesellschaftsorgans eines kommunalen Verkehrsunternehmens und auf kommunaler Seite gleichzeitig auch mit der Durchführung von Vergabeverfahren befasst, auf die sich auch das kommunale Unternehmen bewerben will, so muss er in seiner jeweiligen Funktion die gegenläufigen Interessen von Nachfrager und Anbieter vertreten. Da die Aufgabenzuweisung an Ratsmitglieder vernünftigerweise von deren Kompetenzen abhängig gemacht wird,[428] ist ein solcher Fall gerade bei kleineren Kommunen mit eingeschränkten personellen Ressourcen sogar wahrscheinlich. So leuchtet es zunächst unmittelbar ein, dass ein Ratsmitglied mit besonderem Know-how im ÖPNV-Bereich Funktionen der Kommune als Aufgabenträger wahrnimmt und gleichfalls seine Kompetenzen auch bei der Leitung eines eigenen Verkehrsbetriebes einbringt. Hauptamtliche Sachkunde scheint zunächst eine geeignete Grundlage für die Entsendung in einen diesbezüglichen Fachbetrieb einer Gemeinde.[429] Die doppelte Funktion von Kommunen

---

schen privatwirtschaftlicher Betätigung und Aufgabenerfüllung relativieren, siehe etwa *Leisner,* WiVerw 1983, 212 (221f.); *Mann,* JZ 2002, 819 (822); *Schwintowski,* NJW 1995, 1316 (1319). Zur Vereinbarung von Zustimmungsvorbehalten siehe *Engellandt,* DÖV 1996, 71ff.

423 Siehe etwa § 102 Nr. 1 GO Bbg; § 103 Abs. 1 Nr. 2 GO BW; § 108 Abs. 1 Nr. 7 GO NW.

424 Vgl. *Engellandt,* Die Einflußnahme der Kommunen, S. 22. Demgegenüber folgert einerseits *Gersdorf,* Öffentliche Unternehmen im Spannungsfeld, S. 239ff. aus dem Demokratieprinzip als Basis kommunaler/staatlicher Ingerenz, dass eine umfassende Steuerung gewährleistet sein muss, die auch die Beachtung politischer Vorgaben umfasse. Siehe des Weiteren zu einem verfassungsrechtlich modifizierten „Verwaltungsgesellschaftsrecht" *v. Danwitz,* AöR 120 (1995), 595 (622ff.); *Kraft,* Das Verwaltungsgesellschaftsrecht, S. 254ff.; *Stober,* NJW 1984, 449 (455). Andererseits begründet *Hellermann,* Örtliche Daseinsvorsorge, S. 244, aus dem Selbstverwaltungsrecht des Art. 28 Abs. 2 GG, dass die Kommunen ihren Eigengesellschaften auch ein größeres Maß an Autonomie gewähren können.

425 Siehe etwa *Berg,* GewArch 1990, 225 (230); *Leisner,* WiVerw 1983, 212 (224f.); *Schwintowski,* NJW 1995, 1316 (1320).

426 Siehe BVerfGE 93, 37 (67).

427 Siehe *Erbguth/Stollmann,* DÖV 1993, 798 (801); *Schefold,* VOP 1985, 101 (103). Kritisch aber etwa *Berg,* GewArch 1990, 225 (230f.); *Dreier,* Hierarchische Verwaltung, S. 294, m.w.N.

428 Die Wirksamkeit „interner" Kontrolle kommunaler Unternehmen hängt auch von der Eignung der entsandten Organmitglieder ab, siehe *Ehlers,* JZ 1990, 1089 (1093). Auf Bundes- und Landesebene geht *Kopp,* WiVerw 1983, 226 (227f.) ohne weiteres davon aus, dass ein angemessener Einfluss in einem gesellschaftsrechtlichen Überwachungsorgan durch die jeweils nach ihrem Ressort zuständigen Minister auszuüben ist. Siehe für die Entsendung fachlich zuständiger Amtsträger auch *Scheuing,* NVwZ 1982, 487 (489) und *Wais,* NJW 1982, 1263 (1264).

429 Siehe ähnlich für die Entsendung öffentlich Bediensteter auf Bundes- und Landesebene *Wais,* NJW 1982, 1263 (1264).

im ÖPNV kann sich somit aufgrund der Kontrolle kommunaler Unternehmen durch Gemeindevertreter auch personell niederschlagen und realisieren.

E. Ergebnisse des ersten Teils

Die Doppelstellung von Kommunen im Bereich des ÖPNV als Veranstalter und Teilnehmer von Wettbewerb um die Vergabe gemeinwirtschaftlicher Verkehrsleistungen wurde aufgezeigt und präzisiert.

ÖPNV ist aufgrund seiner umfassenden Bedeutung für das Allgemeinwohl eine Aufgabe der Daseinsvorsorge, was die Regionalisierungsgesetze von Bund und Ländern ausdrücklich anerkennen. Als städtischer und ländlicher Verkehr weist er grundsätzlich Bezüge zur kommunalen Selbstverwaltung auf. Die von den Regionalisierungsgesetzen begründete Aufgabenträgerschaft kann dementsprechend nach den meisten landesrechtlichen Regelungen auf kreisangehörige Gemeinden übertragen werden. Neben den damit gewährten Instrumenten zur Gestaltung des ÖPNV erbringen die Kommunen aber Leistungen des ÖPNV mit eigenen Verkehrsunternehmen in Privatrechtsform traditionell auch selbst.

Wie gezeigt, besteht für die Bestellung gemeinwirtschaftlicher Verkehre, deren Definition strittig ist, eine umfassende Pflicht zur öffentlichen Ausschreibung. Diese hat oberhalb der Schwellenwerte von § 2 VgV nach den Regelungen des Kartellvergaberechts zu erfolgen, wenn nicht ausnahmsweise dessen Anwendungsbereich nicht eröffnet ist. Soweit sich kommunale Verkehrsunternehmen auf die Vergabe eines diesbezüglichen Dienstleistungsauftrags zulässigerweise bewerben, begründet dies eine wettbewerbliche Zwitterstellung der Kommunen als Marktveranstalter und -teilnehmer. Die Kontrolle kommunaler Unternehmen durch in die Gesellschaftsorgane entsandte Gemeindevertreter kann hier dazu führen, dass dieser zunächst nur institutionelle Konflikt auf personeller Ebene eine Entsprechung findet. So spricht zunächst viel dafür, eine Person mit entsprechender Fachkompetenz nicht nur mit der Wahrnehmung von Funktionen der ÖPNV-Aufgabenträgerschaft zu betrauen, sondern auch in ein Kontroll- oder Leitungsorgan eines kommunalen Verkehrsbetriebes zu entsenden. Für den Betroffenen entsteht dann ein Zielkonflikt zwischen den Zwecken des Vergabeverfahrens, nämlich einen fairen Bieterwettbewerb und eine sparsame und wirtschaftliche Verwendung der Mittel des Auftraggebers zu gewährleisten, und den Interessen des jeweiligen Unternehmens am Zuschlag.[430]

Dies ist hinsichtlich der Durchführung von Vergabe*wettbewerb* problematisch. Wenn sich auch Wettbewerb als reales Phänomen einer begrifflichen Definition entzieht,[431] so kann er nach einer in Anspruch genommenen[432] Definition verstanden werden als „das selbständige Streben sich gegenseitig im Wirtschaftserfolg beeinflussender Anbieter oder Nachfrager (Mitbewerber) nach Geschäftsverbindung mit Dritten (Kunden oder Lieferanten) durch Inaussichtstellen günstig erscheinender Geschäftsbedingungen“.[433] Voraussetzung von Wettbewerb ist damit eine Dualität von Nachfragern und Anbietern.

430 *Quilisch/Fietz,* NZBau 2001, 540 (540).

431 *Zimmer*, in *Immenga/Mestmäcker,* GWB, § 1, Rn. 137, ähnlich *Bunte*, in *Langen/Bunte,* GWB, Einf., Rn. 65 .

432 Siehe *Niebuhr,* in *Niebuhr/Kulartz/Kus/Portz,* VergabeR, § 97, Rn. 7, sowie *Bechthold*, GWB, Einführung, Rn. 47.

433 *Fikentscher*, WuW 1961, 788 (798).

Diese ist in Fällen, in denen sich eine institutionelle Doppelstellung von Kommunen auch personell niederschlägt, beeinträchtigt. Während der institutionelle Wettbewerbskonflikt dadurch entschärft wird, dass ein kommunales Verkehrsunternehmen als selbständige juristische Person Dritter im Vergabewettbewerb ist, wird diese rechtsorganisatorische Trennung bei Personenidentitäten verwischt.

Dieser Befund für den kommunalen ÖPNV lässt sich auf andere Bereiche kommunaler Daseinsvorsorge, die (auch) von kommunalen Unternehmen erbracht werden, übertragen. Soweit eine Kommune zum Leistungseinkauf im Markt verpflichtet ist, obgleich sie zur Eigenerbringung in der Lage wäre, fällt sie in eine wettbewerbliche Doppelrolle.

Zweiter Teil: § 16 Abs. 1 Nr. 3 lit. a, Alt. 2 VgV

A. Rechtssystematischer und entwicklungsgeschichtlicher Hintergrund der Regelung des § 16 VgV

Seit Inkrafttreten der neuen Vergabeverordnung[434] am 01.02.2001 sind die soeben beschriebenen Situationen im Bereich des Kartellvergaberechts an den Regelungen des § 16 VgV zu messen. Aus dieser Bestimmung ergibt sich, welche Personen auf Seiten eines Auftraggebers von einem Vergabeverfahren auszuschließen sind, weil für sie aufgrund einer Verbindung mit einem Bieter oder Bewerber (widerleglich)[435] eine Voreingenommenheit im Vergabeverfahren vermutet wird. Die Aufnahme einer diesbezüglich eigenen Regelung in die Vergabeverordnung erfolgte vor dem Hintergrund der rechtssystematischen Einordnung von Vergabeverfahren und den hieraus folgenden Unsicherheiten bei der rechtlichen Bewertung solcher Situationen. Die rechtssystematische Einordnung von Vergabeverfahren (im ÖPNV) wird in ihrem Zusammenhang mit der in § 16 VgV getroffenen Regelung im Folgenden vorgestellt. Im Anschluss wird der unmittelbare rechtshistorische Hintergrund der getroffenen Regelung, die maßgeblich auf die Rechtsprechung der OLGe Brandenburg[436] und Stuttgart[437] zurückzuführen ist, dargestellt.

I. Rechtssystematischer Hintergrund

1. Grundsätzlicher Ausschluss der §§ 20f. VwVfG

In Verwaltungsverfahren nach den Verwaltungsverfahrensgesetzen[438] wird über die Befangenheitsregelungen der §§ 20f. VwVfG ein neutrales und unparteiisches Verhalten der öffentlichen Verwaltung sichergestellt.[439] Die Verwaltungsverfahrensgesetze von Bund und Ländern binden nach § 1 VwVfG aber nur öffentlich-rechtliches Verwaltungshandeln.[440] Die Vergabe öffentlicher Aufträge erfolgt grundsätzlich jedoch durch den Abschluss zivilrechtlicher Verträge, womit der gesamte Vergabevorgang dem privaten Wirtschaftsrecht zugeordnet wird.[441] Diese traditionelle und nach wie vor herrschende[442] Sichtweise[443] steht einer unmittelbaren Anwendung der §§ 20f. VwVfG in

434 BGBl. I 2001, 110.

435 Siehe hierzu näher unten Zweiter Teil, B. V.

436 Beschl. v. 3.8.1999, abgedruckt in NVwZ 1999, 1142ff.

437 Beschl. v. 24.3.2000, abgedruckt in NZBau 2000, 301ff.

438 Im Folgenden wird jeweils das VwVfG des Bundes zugrunde gelegt.

439 Siehe *Clausen*, in *Knack*, VwVfG, § 20, Rn. 2; *Kopp/Ramsauer*, VwVfG, § 20, Rn. 6; *Bonk/Schmitz*, in *Stelkens/Bonk/Sachs*, VwVfG, § 20, Rn. 1.

440 Siehe *Gusy*, DÖV 1984, 872 (876); *Obermayer/Fritz*, in *Obermayer*, VwVfG, § 1, Rn. 5ff.; *Stelkens/Schmitz*, in *Stelkens/Bonk/Sachs*, VwVfG, § 1, Rn. 63ff.; *Kopp/Ramsauer*, VwVfG, § 1, Rn. 5 u.16.

441 Siehe BGHZ 97, 312 (316f.), sowie *Niebuhr*, in *Niebuhr/Kulartz/Kus/Portz*, VergabeR, Einl., Rn. 47; *Pache*, DVBl. 2001, 1781 (1788); *Stickler*, in *Reidt/Stickler/Glahs*, VergabeR, Vorb. zu §§ 97-101, Rn. 7.

442 Eine allein öffentlich-rechtliche Betrachtung aller öffentlichen Aufträge (so *Zuleeg*, WiVerw 1984, 112 115)) oder zumindest aller Beschaffungsmaßnahmen mit Lenkungswirkung (so *v. Zezschwitz*,

Vergabeverfahren, die als ein zivilrechtliches, vorvertragliches Auswahlverfahren *sui generis* angesehen werden können,[444] entgegen.[445]

Insbesondere um den Primärrechtsschutz sicherzustellen, wurde aber immer wieder eine zweistufige Betrachtung[446] des Vergabevorgangs angeregt, nach der dem zivilrechtlichen Vertragsschluss die Entscheidung über die Vergabe als Verwaltungsakt vorgelagert ist.[447] Dieses Konstrukt soll den europarechtlichen Vorgaben besser entsprechen,[448] für die Auswahl des besten Angebots oder der geeigneten Bewerber kämen demnach im Grundsatz die Regelungen der §§ 20f. VwVfG zur Anwendung. Angesichts der neu geschaffenen Verpflichtung der Auftraggeber, alle nicht berücksichtigen Bieter 14 Tage vor dem Zuschlag gem. § 13 VgV über den beabsichtigten Zuschlag zu informieren, bedarf es eines solchen Modells aus Rechtsschutzgesichtspunkten aber nicht mehr.[449] Aufgrund dieser Regelung,[450] die verfassungsrechtliche[451] und europarechtliche[452] Anforderung an den Primärrechtsschutz umsetzt, ist eine zweistufige Betrachtung öffentlicher Beschaffungsmaßnahmen nicht länger erforderlich.[453]

Da die Verfahrensregelungen für das öffentliche Beschaffungswesen aber zunächst die öffentliche Gewalt als solche binden würden, soll das diesbezügliche Vergaberecht nach der maßgebenden Zuordnungstheorie, gemeint ist wohl die Sonderrechts- oder neuere Subjektstheorie,[454] als besonderes Verwaltungsrecht, also öffentliches Recht, zu qualifizieren sein.[455] Die Unterbringung des Kartellvergaberechts im zivilistischen GWB

NJW 1983, 1873 (1877)) blieb in der Minderheit. Siehe mit beachtenswerten Gründen differenzierend aber *Schlette,* Die Verwaltung als Vertragspartner, S. 149ff.

443 Siehe außer den zuvor genannten bspw. auch BGHZ 36, 91 (93f.); OLG Düsseldorf v. 12.2.1980, DÖV 1981, 537ff.; sowie *Bender*, JuS 1962, 178 (179); *Dreher*, in *Immenga/Mestmäcker,* GWB, Vor §§ 97ff.; Rn. 96; *Hösch*, BayVBl. 1997, 193 (193); *Kunert,* Staatliche Bedarfsdeckungsgeschäfte, S. 57ff.; *Maurer,* Allg. Verwaltungsrecht, § 3, Rn. 7f.; *Pietzcker, Zweiteilung des Vergaberechts*, S. 21f.; *Badura*, in *Schmidt-Aßmann*, Bes. VW-Recht, 3. Abschnitt, Rn. 73; *Faber*, DÖV 1995, 403 (405); *Forsthoff,* Der Staat als Auftraggeber, S. 10; *Binder*, ZZP 2000, 195 (216); *Dörr*, DÖV 2001, 1014 (1015); *B. Gallwas*, Die rechtliche Stellung des Bieters, S. 23; *Kokott,* in *Byok/Jaeger*, VergabeR, Einführung, Rn. 1; *Puhl,* VVDStRL 60 (2000), 456 (459); *Wallerath,* Öffentliche Bedarfsdeckung, S. 37.

444 So *Boesen*, VergabeR, Einl., Rn. 4.

445 *Berrisch*, DB 1999, 1797 (1798); *Dreher*, NZBau 2000, 280 (281); Siehe auch *Wais,* NJW 1982, 1263 (1265). A.A. *Kulartz/Niebuhr,* NZBau 2000, 6 (11), die aber übersehen, dass eine lückenschließende Anwendung nur eine entsprechende analoge ist.

446 Diese Konstruktion ist aus dem Bereich der Subventionsvergabe bekannt, siehe hierzu nur *Maurer,* Allg. Verwaltungsrecht, § 17, Rn. 11ff., m.w.N.

447 *Kopp,* BayVBl. 1980, 609 (610); *Hermes*, JZ 1997, 909 (914f.). Sympathien hierfür hat auch *Weitbreit,* in *Schwarze (Hrsg.),* Vergabe öffentlicher Aufträge, S. 188.

448 *Triantafylou,* NVwZ 1994, 943 (946).

449 So auch *Dreher,* in *Immenga/Mestmäcker,* GWB, Vor §§ 97ff., Rn. 96; *Dörr*, DÖV 2001, 1014 (1024).

450 Welche der Konstruktion in der beamtenrechtlichen Konkurrentenklage verwandt ist, vgl. BVerfG, DVBl. 1989,1247.

451 Siehe BKartA, Beschl. v. 19.4.1999, abgedruckt in NJW 2000, 151 (152ff.).

452 Siehe EuGH v. 28.10.1999, Rs. C- 81/98, „Alcatel", abgedruckt in NJW 2000, 569.

453 Gegen eine solche spricht auch, dass sie auf privatrechtliche Sektorenauftraggeber nicht passt: *Schwarze,* EuZW 2000, 133 (144).

454 Siehe zu den Abgrenzungstheorien zwischen öffentlichem und privatem Recht nur *Maurer,* Allg. Verwaltungsrecht, § 3, III und *Kopp/Ramsauer*, VwVfG, § 1, Rn. 12ff.

455 *Gallwas*, VergabeR 2001, 2 (3); ähnlich auch *Hermes*, JZ 1997, 909 (915); *Huber*, JZ 2000, 877 (881). Siehe auch *Puhl,* VVDStRL 60 (2001), 456 (484) und insbesondere *Schlette,* Die Verwaltung als Vertragspartner, S. 151f. Eine öffentlich-rechtliche Einordnung der Verdingungsordnun-

soll dem nicht entgegenstehen,[456] so dass nach dieser Ansicht eine zumindest zweistufige Betrachtung zwingend wäre. Mit dieser Auffassung ist aber die Bindung *echter* privater Sektorenauftraggeber nach § 98 Nr. 4 GWB an das Kartellvergaberecht nicht in Einklang zu bringen, die Zuordnung des Kartellvergaberechts zum öffentlichen Recht ist angesichts des Schutzes auch der privaten Interessen der Bieter und Bewerber (§ 97 Abs. 7 GWB) auch nach der Interessentheorie fraglich. Eine solche zweistufige Lösung wäre des Weiteren problematisch, weil sie aufgrund von Abgrenzungsproblemen und der Verdoppelung der Rechtsschutzwege[457] die Gefahr einer Doppelbelastung der Prozessgerichte und einer uneinheitlichen Spruchpraxis in sich birgt.[458] Obgleich aufgrund der öffentlich-rechtlichen Vorgaben für Vergabeverfahren die Trennung des zivilrechtlichen Vertrages von einem öffentlich-rechtlich zu beurteilenden Auswahlverfahren im Vergabewesen nicht unbedingt als bloße Fiktion zu werten ist,[459] gibt es für eine derartige Betrachtung derzeit keine Grundlage.[460] Die grundsätzlich zivilrechtliche Bewertung öffentlicher Beschaffungsvorgänge kann durch die Regelung des Kartellvergaberechts im zivilistischen GWB als durch den Gesetzgeber bestätigt angesehen werden.[461]

Weil die meisten öffentlichen Auftraggeber nach § 98 GWB aber an die Rechtsquellen des öffentlichen Rechts gebunden sind, hindert diese grundsätzliche systematische Einordnung des Vergabevorgangs die Überlagerung der öffentlichen Beschaffung durch Normen des öffentlichen Rechts nicht.[462] Die hier unmittelbar bestehenden Bindungen umfassen die Grundrechte,[463] das Haushaltsrecht[464] und auch die Beachtung der Erfordernisse eines gesamtwirtschaftlichen Gleichgewichts nach Art. 109 Abs. 2 GG[465]. Zutreffend ist das Vergaberecht auf der Grenze zwischen Privatrecht und öffentlichem Recht eingeordnet worden.[466] Trotz der öffentlich-rechtlichen Überlagerung wird der grundsätzlich zivilrechtliche Charakter der öffentlichen Auftragsvergabe noch nicht in Frage gestellt.[467] Aber gleichgültig, ob und inwieweit öffentlich-rechtliche Bindungen bestehen, scheiden privatrechtliche Handlungen als öffentlich-rechtliche Verwaltungstätigkeit im Sinne der VwVfGe aus,[468] so dass auch eine politisch instrumentalisierte Auftragsvergabe nicht in den Anwendungsbereich des VwVfG fällt.[469]

Eine einheitliche Zuordnung zum Zivilrecht ist aber auch geboten, um den Rechtsweg für öffentliche Aufträge ober- und unterhalb der Schwellenwerte nicht weiter aus-

---

gen aus öffentlich-rechtlicher Sicht hält auch *Pietzcker*, in *Bender/Breuer/Ossenbühl/Sendler*, FS Redeker, S. 505 für möglich, ohne eine solche allerdings anzunehmen.

456 *Gallwas*, VergabeR 2001, 2 (2); *Schlette,* Die Verwaltung als Vertragspartner, S. 153.

457 *Pietzcker,* Zweiteilung des Vergaberechts, S. 20.

458 Siehe *Binder*, ZZP 2000, 195 (216). Kritisch auch *Dörr*, DÖV 2001, 1014 (1024); *Zuleeg,* WiVerw 1984, 112 (114f.); *Reidt,* BauR 2000, 22 (23).

459 Siehe *Hermes*, JZ 1997, 909 (915), so aber *Reidt,* BauR 2000, 22 (23).

460 Siehe *Boesen*, VergabeR, Einl., Rn. 7.

461 Vgl. RegE zum VergRÄG, BT-Drs. 13/9340, S. 15.

462 Siehe statt aller nur *Boesen*, VergabeR, Einl., Rn. 7, sowie *Kokott,* in *Byok/Jaeger*, Einf., Rn. 56; aus der Rspr. bspw. GmS-OGB, NJW 1988, 2297 (2298).

463 Hierzu vertiefend unten, Dritter Teil, C.I.

464 Siehe insbesondere § 55 BHO/LHO.

465 *Hösch*, BayVBl. 1997, 193.

466 *Gallwas*, VergabeR 2001, 2 (2), siehe auch *Skouris,* EuR 1998, 111 (119f.).

467 So *Boesen*, VergabeR, Einl. Rn. 7.

468 *Hoffmann*, in *Obermayer,* VwVfG, § 1, Rn. 7;

469 Vgl. *Boesen*, VergabeR, Einl., Rn. 7, sowie a.A. *Schlette,* Die Verwaltung als Vertragspartner, S. 150.

einander zu reißen. Während oberhalb der Schwellenwerte jedenfalls die Oberlandesgerichte als Zivilgerichte Rechtsmittelinstanz sind (§ 116 Abs. 2 GWB), wäre bei einer öffentlich-rechtlichen Betrachtung unterhalb der Schwellenwerte der Rechtsweg zu den Verwaltungsgerichten eröffnet (§ 40 VwGO).[470] Der Rechtsschutz würde also weiter aufgespalten. Solange nicht eindeutig öffentlich-rechtlich zu bewertende Vertragsgestaltungen entsprechend den §§ 54ff. VwVfG gegeben sind, scheint somit die einheitliche Zuordnung zum Zivilrechtsweg gem. § 13 GVG als sinnvollste Lösung.[471]

Vor dem Inkrafttreten der Neuregelung des § 16 VgV fehlte es somit an einer ausdrücklichen Normierung für Situationen, in denen es personelle Überschneidungen zwischen einer Vergabestelle und einem Bieter oder Bewerber gibt. Um die aus der fehlenden unmittelbaren Anwendbarkeit[472] der §§ 20f. VwVfG folgende Regelungslücke zu schließen, war die Aufnahme einer diesbezüglich eigenen Regelung in die nach dem Inkrafttreten des Vergaberechtsänderungsgesetzes[473] erfolgte Neufassung[474] der Vergabeverordnung, also aus rechtssystematischen Gründen erforderlich.

2. *Die Vereinbarung von ÖPNV-Dienstleistungen zwischen öffentlichem und privatem Recht*

Wie im ersten Teil dargestellt, erfolgt eine öffentliche Vergabe von ÖPNV-Dienstleistungen nach der derzeitigen Rechtslage nur, soweit eine Bestellung gemeinwirtschaftlicher Verkehre nach den ÖPNV-Gesetzen der Länder durch Vereinbarung erfolgt. Durch die Ausschreibung werden die geringsten Kosten für die Allgemeinheit als Genehmigungserfordernis nach § 13a PBefG i.V.m. § 1 GKV erreicht. Werden die hier abgeschlossenen Verträge der fiskalischen Bedarfsdeckung der öffentlichen Hand zugerechnet, so folgt hieraus nach dem eben Dargestellten grundsätzlich ihre Zuordnung zum Zivilrecht. Die Bestimmungen des VwVfG finden dann keine Anwendung. Soweit eine Bestellung gemeinwirtschaftlicher Verkehre durch Auferlegung erfolgt, liegt allerdings ohne Weiteres öffentlich-rechtlich zu beurteilendes, hoheitliches Verwaltungshandeln durch Verwaltungsakt oder einem diesen ersetzenden Verwaltungsvertrag nach § 54 S. 2 VwVfG vor. Im Folgenden wird untersucht, ob nicht dementsprechend auch die Vereinbarung gemeinwirtschaftlicher Verkehre als öffentlich-rechtlicher Vertrag

---

470 Hiervon geht *Puhl,* VVDStRL 60 (2001), 456 (484) aus. Zu den möglichen Rechtswegen siehe im Überblick *Kus,* in *Niebuhr/Kulartz/Kus/Portz,* VergabeR, § 102, Rn. 11ff.

471 So auch *Hertwig*, Praxis der Auftragsvergabe, Rn. 190, m.w.N., *Binder*, ZZP 2000, 195 (216); *Dörr*, DÖV 2001, 1014 (1024); *Heiermann/Ax*, Rechtsschutz, S. 96. Abweichend zu diesem Modell wird aber bezüglich des Rechtswegs unterhalb der Schwellenwerte teilweise auch nach den Anspruchsgrundlagen unterschieden. Gehören diese dem öffentlichen Recht an, so soll § 40 VwGO einschlägig sein: *Boesen*, VergabeR, Einl., Rn. 159. Bei „gemischten Rechtsverhältnissen" mit unterschiedlichen Rechtswegen für die Ansprüche, hat das für einen Klagegrund zuständige Gericht über alle anderen mit zu entscheiden, KG Berlin v. 10.4.1995, EuZW 1995, 645 (646). Siehe für die Einschlägigkeit des Zivilrechtsweges auch *Hösch*, BayVBl. 1997, 193 (197).

472 § 20 VwVfG soll aber als allgemeiner Rechtsgedanke analog auch bei privatrechtlichem Verwaltungshandeln anwendbar sein, siehe hierzu die unten dargestellte Rechtsprechung des OLG Brandenburg v. 3.8 1999, NVwZ 1999, 1142; OLG Saarbrücken v. 22.10.1999, NZBau 2000, 158 (161); BayObLG v. 20.12.1999, NZBau 2000, 259 (260); OLG Koblenz v. 10.8.2000, NZBau 2000, 534 (539). Vgl. kritisch OLG Stuttgart v. 24.3.2000, NZBau 2000, 301 (305). Siehe auch unten, Dritter Teil, B.II.

473 VgRÄG, BGBl. I, S. 2512, v. 26.8.1998.

474 Die alte Vergabeverordnung ist gem. § 3 Abs. 1 VgRÄG nicht aufgehoben worden, und galt bis zur Neuregelung fort.

nach § 54 VwVfG zu verstehen ist, so dass als Folge die Anwendung der §§ 20f. VwVfG zu diskutieren ist.[475]

a) Die Vereinbarung gemeinwirtschaftlicher Verkehre als öffentlich-rechtlicher Vertrag nach § 54 VwVfG

Verträge, durch die ein öffentlich-rechtliches Rechtsverhältnis begründet oder aufgehoben wird, stellen nach § 54 Satz 1 VwVfG öffentlich-rechtliche Verwaltungsverträge[476] dar.[477] Ob demnach die Vereinbarung gemeinwirtschaftlicher Verkehrsdienstleistungen dem VwVfG unterfallende Verträge des öffentlichen Rechts darstellen, ergibt sich nicht unmittelbar aus dieser Vorschrift, sondern aus dem Inhalt des geregelten Rechtsverhältnisses selbst.[478] Daraus, dass regelmäßig eine Behörde i.S.d. § 1 VwVfG Partner einer solchen Vereinbarung ist, folgt aufgrund der Möglichkeit der Verwaltung auch in privatrechtlichen Formen zu handeln noch nicht, dass das Vertragsverhältnis dem öffentlichen Recht zu unterstellen ist.[479] Auch kann nicht deshalb, weil Verträge über die Erbringung gemeinwirtschaftlicher Verkehrsdienstleistungen regelmäßig unter den Begriff der öffentlichen Aufträge nach dem (zivilistischen) Kartellvergaberecht subsumiert werden können, auf eine stets zivilrechtliche Ausgestaltung geschlossen werden.[480] Für die Abgrenzung zu zivilrechtlichen Verträgen kommt es auf die objektive Zuordnung des Vertragsgegenstandes an, also darauf, dass er sich auf einen öffentlich-rechtlich zu beurteilenden Sachverhalt bezieht.[481]

Nach Art. 1 Abs. 4 VO 1191/69 F 91 schließen die zuständigen Behörden der Mitgliedsstaaten Verträge über Verkehrsdienste aufgrund von Verpflichtungen des öffentlichen Dienstes, welche der Vereinbarung gemeinwirtschaftlicher Verkehre nach dem PBefG entsprechen. Zuständige Behörden sind nach §§ 1, 4 RegG des Bundes und den ÖPNV-Gesetzen der Länder regelmäßig die Kreise und kreisfreien Städte.[482] Da der Abschluss gemeinwirtschaftlicher Verträge somit nach der Sonderrechtstheorie[483] auf Normen des öffentlichen Rechts fußt, scheinen auch sie selbst öffentlich-rechtlich zu betrachten sein.[484] Hierfür spricht auch, dass die Aufgabenträger durch die Bestellung gemeinwirtschaftlicher Verkehre eine ihnen von §§ 1, 4 RegG des Bundes i.V.m. den

475 Für die Anwendbarkeit dieser Bestimmungen bei öffentlich-rechtlichen Verträgen nach § 54 VwVfG siehe nur *Bonk*, in *Stelkens/Bonk/Sachs*, VwVfG, § 54, Rn. 17.

476 Diese Terminologie wird vorliegend zur Abgrenzung von anderen öffentlich-rechtlichen Verträgen gewählt, siehe *Maurer*, Allg. Verwaltungsrecht, § 14, Rn. 7.

477 Siehe näher *Grziwotz*, Vertragsgestaltung, S. 29f.

478 Siehe *Lange*, NVwZ 1983, 313 (314); *Erbguth/Ratsch*, DÖV 1992, 45 (46).

479 Siehe *Maurer*, Allg. Verwaltungsrecht, § 14, Rn. 8; *Lange*, NVwZ 1983, 313 (314).

480 Wenn auch der Gesetzgeber nur zivilrechtliche Verträge als öffentliche Aufträge erfassen wollte, so betraf dies nur die Anwendung des Kartellvergaberechts, aber nicht eine Umwälzung der hergebrachten Dogmatik bezüglich der systematischen Einordnung von Verträgen. Siehe RegE zum VergRÄG, BT-Drs. 13/9340, S. 15. Vgl. aber *Winnes*, NZBau 2002, 371 (375).

481 *Kopp/Ramsauer*, VwVfG, § 54, Rn. 27, 33; *Maurer*, Allg. Verwaltungsrecht, § 14, Rn. 11; siehe auch GmS-OGB, BGHZ 97, 312 (314). Vertiefend zu den möglichen Abgrenzungsansätzen siehe *Schlette*, Die Verwaltung als Vertragspartner, S. 111ff.

482 Siehe hierzu oben, Erster Teil, A.II.2.c).

483 Zu den Zuordnungstheorien siehe die Nachweise Fn. 431.

484 Siehe *Barth*, Nahverkehr in kommunaler Verantwortung, S. 144.

ÖPNV-Gesetzen der Länder zugewiesene Aufgabe der Daseinsvorsorge wahrnehmen, also im überwiegend öffentlichen Interesse handeln.[485]

Dass ein Vertrag der Erfüllung öffentlicher Aufgaben dient, reicht für seine Einordnung als Verwaltungsvertrag alleine allerdings noch nicht aus.[486] So hat der gemeinsame Senat der obersten Gerichtshöfe des Bundes die Zulassung eines Sanitätshauses zur Lieferung von Hilfsmitteln an die Mitglieder der Ersatzkrankenkassen privatrechtlich beurteilt, obgleich mit der Belieferung mittelbar die öffentlich-rechtliche Fürsorgepflicht der Ersatzkassen erfüllt wird.[487] Gleiches gilt für eine Beschaffungsvereinbarung zwischen einer Krankenversicherung und einem Badebetrieb, die gleichfalls der Erfüllung der gesetzlichen Aufgabe der Krankenkasse dient.[488] In beiden Fällen hat der gemeinsame Senat darauf abgestellt, dass der öffentlichen Hand für die Beschaffung der von ihr zur Erfüllung ihrer gesetzlichen Aufgaben benötigten Mittel hoheitliche Handlungsweisen nicht zur Verfügung stehen und sie sich somit nach den für jedermann geltenden Bestimmungen des Privatrechts versorgen muss.[489]

Diese Rechtsprechung steht einer Einordnung der Vereinbarung gemeinwirtschaftlicher Verkehre als Verwaltungsverträge angesichts der (subsidiären) Möglichkeit der Auferlegung durch Verwaltungsakt aber nicht entgegen. Da den Aufgabenträgern neben der vertraglichen Vereinbarung auch originär hoheitliche Mittel zur Erfüllung der ihnen gesetzlich zugewiesenen Aufgabe zur Verfügung stehen, kann auch die vertragliche Vereinbarung gemeinwirtschaftlicher Verkehre dem hoheitlichen Verwaltungsbereich zugeordnet werden. Hinzu kommt, dass die Aufgabenträger - im Unterschied zu den den zitierten Entscheidungen zugrunde liegenden Sachverhalten - mit der Vereinbarung gemeinwirtschaftlicher Verkehrsverträge unmittelbar öffentlich-rechtliche Normen vollziehen.[490] Die diesbezüglichen Verträge sind somit zunächst als Verwaltungsverträge nach § 54 Satz 2 VwVfG zu qualifizieren.[491] Unabhängig davon, ob ein Verwaltungsvertrag einen Verwaltungsakt ersetzt, was im Falle der Vereinbarung gemeinwirtschaftlicher Verkehrsdienstleistungen nicht der Fall ist, erfasst diese Bestimmung entgegen ihrem Wortlaut alle Verträge zwischen der Verwaltung und Rechtspersonen, die ihr üblicherweise im Über-/Unterordnungsverhältnis begegnen (subordinationsrechtliche Verträge).[492]

---

485 Siehe auch *Kulartz,* NZBau 2001, 173 (176); *Prieß,* NZBau 2002, 539 (542).

486 *Bonk*, in *Stelkens/Bonk/Sachs,* VwVfG, § 54, Rn. 76; *Kopp/Ramsauer*, VwVfG, § 54, Rn. 28. GmS-OGB, BGHZ 97, 312 (315); ebenso im Beschluss v. 29.10.1987, in NJW 1988, 2297 (2298).

487 GmS-OGB, BGHZ 97, 312 (315f).

488 GmS-OGB, Beschluss v. 29.10.1987, in NJW 1988, 2297 (2298).

489 GmS-OGB, BGHZ 97, 312 (316); ebenso im Beschluss v. 29.10.1987, in NJW 1988, 2297 (2298); vgl. auch GmS-OGB, BGHZ 102, 280 (283).

490 Vgl. *Schlette,* Die Verwaltung als Vertragspartner, S. 118; *Maurer,* Allg. Verwaltungsrecht, § 14, Rn. 11.

491 So auch *Burgi,* NZBau 2002, 57 (58); *Barth/Baumeister,* ZUR 1997, 17 (25); *Kulartz,* NZBau 2001, 173 (176); *Wachinger/Wittemann,* Regionalisierung des ÖPNV, S. 40. Ohne Begründung a.A. *Höhnscheid,* Regionalisierung des ÖPNV, S. 13.

492 *Burgi,* NZBau 2002, 57 (58); *Maurer,* Allg. Verwaltungsrecht, § 14, Rn. 12; *Bonk*, in *Stelkens/Bonk/Sachs,* VwVfG, § 54, Rn. 61; *Gusy,* DVBl. 1983, 1222 (1223), der allerdings nur VA-ersetzende Verträge im Verhältnis Verwaltung - Bürger für zulässig hält. Ein Vertrag zwischen der Bundesbahn und einer Gemeinde über Schülerbeförderung (siehe BVerwGE 81, 312) wird aber auch nach der Privatisierung der Bahn für koordinationsrechtlich gehalten (*Maurer,* ebenda), Gleiches soll auch für Verträge über gemeinwirtschaftliche Verkehrsdienstleistungen gelten: *Barth,* Nahverkehr in kommunaler Verantwortung, S. 145, im Ergebnis auch *Kulartz,* NZBau 2001, 173

b) Zur Formenwahlfreiheit der Aufgabenträger

Auch wenn die Vereinbarung gemeinwirtschaftlicher Verkehre demnach als Sicherung der Daseinsvorsorge im Vollzug öffentlich-rechtlicher Vorschriften eine originäre Verwaltungsaufgabe darstellt, kann nicht zwingend davon ausgegangen werden, dass die hier abgeschlossenen Verträge stets als Verwaltungsverträge dem VwVfG unterfallen.[493] Rechtsprechung[494] und der überwiegende Teil der Literatur[495] gehen davon aus, dass der Verwaltung, sofern sie nicht eingreifend tätig wird oder bestimmte Handlungsformen vorgeschrieben sind, Wahlfreiheit hinsichtlich der Rechtsform ihres Handelns zur Erfüllung der ihr obliegenden Aufgaben zukommt.[496] Da die vertragliche Bestellung gemeinwirtschaftlicher Verkehre der Leistungsverwaltung zugerechnet werden kann,[497] steht es den Aufgabenträgern nach dieser Ansicht frei, die diesbezüglichen Verträge unter unmittelbar zivil- oder verwaltungsrechtliches Regime zu stellen.[498]

Die Berechtigung eines solchen Wahlrechts kann allerdings mit guten Gründen in Frage gestellt werden.[499] So spricht viel dafür, dass das öffentliche Recht als zwingendes Sonderrecht des Staates den beliebigen Rückgriff der Verwaltung auf das Privatrecht hindert.[500] Die Annahme einer Wahlfreiheit stellt das öffentliche Recht als disziplinierendes Sonderrecht der öffentlichen Hand in Frage, wobei öffentlich-rechtliche Bindungen bei der Erfüllung öffentlicher Aufgaben in Privatrechtsform über den Umweg des Verwaltungsprivatrechts fortgelten sollen.[501] Mit der gesetzlichen Etablierung des Verwaltungsvertrages als vollwertiges Handlungsinstrument der Verwaltung ist die Rechtfertigung der Wahlfreiheit durch die Formenarmut des öffentlichen Rechts entfallen.[502] Die Wahlfreiheit kann insofern als historisch überholte Entwicklung bezeichnet wer-

---

(176). Eine solche Einordnung ist möglich, wenn nicht auf das übliche Verhältnis der Vertragspartner abgestellt wird, sondern darauf, ob der Vertragsinhalt zumindest teilweise auch einer Regelung durch VA zugänglich ist, siehe zu dieser Begriffsdefinition *Kopp/Ramsauer*, VwVfG, § 54, Rn. 47f.

493 Vgl. *Schlette,* Die Verwaltung als Vertragspartner, S. 123.

494 Siehe aus neuerer Zeit nur BVerwGE 92, 56 (64, m.w.N.); BGH v. 2.10.1998, NJW 1999, 208 (209); BayVerfGH v. 27.3.1998, BayVBl. 1998, 528.

495 Siehe etwa *Achterberg*, Allg. Vw-Recht, § 21, Rn. 234; *Erichsen*, in *Erichsen*, Allg. Vw-Recht, § 2, Rn. 33; *Lange,* NVwZ 1983, 313 (317); *Krebs,* VVDStRL 52 (1992), 248 (275f.); *Maurer,* Allg. Verwaltungsrecht, § 14, Rn. 9; *Pakeerut,* Dogmatik des verwaltungsrechtlichen Vertrags, S. 130; *Püttner,* in *Geis/Lorenz (Hrsg.)*, FS *Maurer,* S. 714; *Stelkens/Schmitz,* in *Stelkens/Bonk/Sachs,* VwVfG, § 1, Rn. 84; *Schmidt-Aßmann*, in *Schmidt-Aßmann*, Bes. Vw-Recht, 1. Abschnitt, Rn. 111ff., sowie die im Folgenden genannten.

496 Siehe hierzu im Zusammenhang mit Privatisierungsvorgängen näher *Müller,* Rechtsformenwahl.

497 Siehe *Barth*, Nahverkehr in kommunaler Verantwortung, S. 145.

498 Hiervon geht auch *Eiermann*, in *Püttner* (Hrsg.), Der regionalisierte Nahverkehr, S. 122, aus.

499 Neben den im Folgenden genannten kritisch auch: *Ehlers*, DVBl. 1983, 422; *Ossenbühl,* JuS 1979, 681 (686); *Zuleeg,* VerwArch 73 (1982); 384 (397f.); *V. Zezschwitz,* NJW 1983, 1873ff. Vgl. auch *Röhl,* VerwArch 1995, 531 (572); *Unruh,* DÖV 1997, 653 (666).

500 Siehe *Bull*, in *Geis/Lorenz (Hrsg.)*, FS *Maurer,* S. 551 (m.w.N.); *Pestalozza,* Formenmißbrauch, S. 172; Derselbe, DÖV 1974, 188 (190).

501 Siehe *Schlette,* Die Verwaltung als Vertragspartner, S. 128. Zum Verwaltungsprivatrecht siehe näher noch unten, Dritter Teil, C.I.1.a)(2).

502 *Schlette,* Die Verwaltung als Vertragspartner, S. 125f., vgl. auch *Burgi,* NZBau 2002, 57 (58). Demgegenüber geht *Pakeerut,* Dogmatik des verwaltungsrechtlichen Vertrages, S. 133f. davon aus, dass aufgrund des Verweises des § 62 VwVfG auf die Bestimmungen des BGBs der Verwaltungsvertrag den privatrechtlichen nicht ersetzen kann.

den,[503] von der sich zu verabschieden ist.[504] Da aber in der Rechtsrealität von einer Formenwahlfreiheit der Verwaltung ausgegangen wird, ist eine solche auch der vorliegenden Untersuchung zugrunde zu legen.

Die Wahl der Rechtsform ist nicht nur hinsichtlich der regelmäßig zu beachtenden Form- und Verfahrenserfordernisse bei Abschluss eines Vertrages mit der Verwaltung von Bedeutung, sondern nach § 13 GVG und § 40 VwGO auch für den Rechtsweg für Ansprüche aus dem Vertrag. Insbesondere aufgrund des Amtsermittlungsgrundsatzes, aber auch wegen der fehlenden Möglichkeit eines Versäumnisurteils, wird der Verwaltungsrechtsweg hierbei für den beteiligten Bürger im Falle von Leistungsstörungen für günstiger gehalten.[505]

In der Praxis werden in gemeinwirtschaftliche Verkehrsvereinbarungen oft Hinweise darauf aufgenommen, dass sie Verträge über Verkehrsdienste aufgrund von Verpflichtungen des öffentlichen Dienstes nach Art. 1 Abs. 4 VO 1191/96 F 91 darstellen. Durch den Verweis auf diese Bestimmung, die aus nationaler Sicht nach der Sonderrechtstheorie dem öffentlichen Recht zu zuordnen ist, soll zum Ausdruck gebracht werden, dass auch das gesamte Vertragswerk unmittelbar[506] dem öffentlichen Recht unterstellt wird. Angesichts des Wahlrechts der Verwaltung hinsichtlich der Handlungsform wird durch die Bezugnahme auf die öffentlich-rechtliche Grundlage gemeinwirtschaftlicher Dienstleistungsverträge hinreichend klar zum Ausdruck gebracht, dass auch die Verträge selbst dem nämlichen Rechtsregime unterstellt werden sollen. Für eine öffentlich-rechtliche Betrachtung kann des Weiteren auch sprechen, dass die vereinbarten Entgelte für die Verkehrsdienstleistungen oftmals als Zuwendungen beschrieben werden, was sie *begrifflich* in die Nähe öffentlich-rechtlicher Subventionen rückt.

Fehlen ausreichend klare Hinweise für die dogmatische Einordnung eines Vertrages zwischen Zivil- und Verwaltungsrecht, so soll eine Vermutung für öffentlich-rechtliches Verwaltungshandeln sprechen.[507] Verkehrsdienstleistungsverträge sind also keinesfalls stets zivilrechtlich zu beurteilen.[508] Dennoch ist die Zuordnung nicht eindeutig klassifizierter Verträge mit Rechtsunsicherheiten behaftet. So soll zum einen die Rechtsprechung die Vermutung für hoheitliches Handeln häufig unausgesprochen umkehren.[509] Zum anderen liegt eine zivilrechtliche Deutung gerade von Verträgen, die der Bedarfsdeckung zuzurechnen sind, nach der traditionellen Betrachtung dieser Geschäfte nahe.[510] Im Anschluss an die von der Verwaltung sinnvollerweise vorzunehmende Abwägung, welchem originären Rechtsregime sie einen Vertrag unterstellen will, empfiehlt es sich daher, die Rechtsnatur der Vereinbarung eindeutig klarzustellen. Dies kann beispiels-

503 *Schlette,* Die Verwaltung als Vertragspartner, S. 125f.

504 *Kempen,* Formenwahlfreiheit, S. 70ff. stellt schon die Privatrechtsfähigkeit des Staates angesichts der fehlenden Grundrechtsberechtigung in Frage.

505 Siehe *Schlette,* Die Verwaltung als Vertragspartner, S. 116f.; *Bonk/Schmitz,* in *Stelkens/Bonk/Sachs,* VwVfG, § 1, Rn. 68.

506 Die Vorschriften des BGB gelten ergänzend, § 62 Satz 2 VwVfG. Zu den sich hier ergebenden Änderungen durch die Schuldrechtsreform siehe *Geis,* NVwZ 2002, 285ff.

507 *Erichsen,* in *Erichsen,* Allg. Vw-Recht, § 24, Rn. 7; *Lange,* NVwZ 1983, 313 (318); *Renck,* JuS 1986, 268 (271); *Spannowsky,* Verträge und Absprachen, S. 109; GmS-OGB, BVerwGE 74, 368 (372). Siehe auch VGH Mannheim, NVwZ 1987, 701 (702).

508 Hiervon wird aber vielfach ausgegangen: *Berschin,* ZUR 1997, 4 (8); *Muthesius,* in *Püttner,* ÖPNV in Bewegung, S. 78; *Werner,* Nach der Regionalisierung, S. 201; *Soukop,* ZögU 1996, 164 (169).

509 *Schlette,* Die Verwaltung als Vertragspartner, S. 128, Fn. 93.

510 S.o.

weise durch eine klärende Bezeichnung des Vertrages oder die Aufnahme einer Klausel über den einschlägigen Rechtsweg für Ansprüche aus dem Vertrag erfolgen.

c) Öffentlich-rechtliche Vertragsgestaltungen und Vergaberecht

Wird für eine vertragliche Vereinbarung gemeinwirtschaftlicher Verkehre die Form des öffentlich-rechtlichen Verwaltungsvertrags gewählt, so entspräche es dem Willen des Gesetzgebers, dass das Kartellvergaberecht keine Anwendung findet. Dieser verstand öffentliche Aufträge ausschließlich als privatrechtliche Verträge, öffentlich-rechtliche Ausgestaltungen sollten nicht in den Anwendungsbereich des vierten Teils des GWBs fallen.[511] Dem folgend, würden nach § 62 VwVfG die allgemeinen Form- und Verfahrensvorschriften des Verwaltungsverfahrensgesetzes Anwendung finden. Personelle Überschneidungen zwischen einer Vergabestelle und einem Bieter oder Bewerber wären an den Befangenheitsregelungen der §§ 20f. VwVfG zu messen.[512]

Da in einigen Mitgliedsstaaten der EG öffentliche Aufträge aber typischerweise dem öffentlichen Recht zugeordnet werden, kann es aus europäischer Perspektive für die Anwendung des Kartellvergaberechts nicht auf die jeweilige Handlungsform der Verwaltung ankommen.[513] Das Kartellvergaberecht dient der vollständigen Umsetzung der EG-Vergaberichtlinien,[514] welche entsprechend der unterschiedlichen Praxis in den Mitgliedsstaaten nicht auf die Handlungsformen bei der öffentlichen Beschaffung abstellen.[515] Der EuGH hat klargestellt, dass auch ein öffentlich-rechtlicher Vertrag, der die Ausübung von Hoheitsgewalt einschließt, als Vertrag nach Art. 1 lit. a BKR in den Anwendungsbereich der Richtlinie fällt.[516] Um die von den Vergaberichtlinien geforderte Öffnung der nationalen Beschaffungsmärkte für echten Wettbewerb zu erreichen, kann also der Anwendungsbereich des Kartellvergaberechts nicht auf privatrechtliche Verträge beschränkt werden.[517] Angesichts des allgemein angenommenen Wahlrechts könnte die öffentliche Hand sich andernfalls der Bindungen des Vergaberechts durch eine „Flucht in das öffentliche Recht“[518] entziehen.[519] Da der Text von § 99 GWB einer Er-

511 RegE zum VergRÄG, BT-Drs. 13/9340, S. 15. So auch *Bechthold*, GWB, 3 99, Rn. 1; *Bonk*, in *Stelkens/Bonk/Sachs*, VwVfG, § 54, Rn. 51; *Hailbronner*, in *Byok/Jaeger*, VergabeR, § 99, Rn. 335; und wohl auch *Kopp/Ramsauer*, VwVfG, § 54, Rn. 40, *Otting*, JA 1998, 505 (505) und *Winnes*, NZBau 2002, 371 (372). *Dreher*, in *Immenga/Mestmäcker*, KartellR, § 99, Rn. 7, hat diese von ihm in DB 1998, 2579 (2578) geäußerte Sicht inzwischen aufgegeben.

512 Siehe nur *Bonk*, in *Stelkens/Bonk/Sachs*, VwVfG, § 62, Rn. 10ff.

513 Siehe *Boesen*, VergabeR, § 99, Rn. 24; *Burgi*, NZBau 2002, 57 (60); *Kulartz*, NZBau 2001, 173 (176); *Kulartz/Niebuhr*, NZBau 2000, 6 (7); *Thieme*, in *Langen/Bunte*, KartellR, § 99, Rn. 3; *Pache*, DVBl. 2001, 1781 (1782); *Pieper*, DVBl. 2000, 160 (164); *Stickler*, in *Reidt/Stickler/Glahs*, VergabeR, Vorb. zu §§ 97-101, Rn. 7.

514 RegE zum VergRÄG, BT-Drs. 13/9340, S. 12, Punkt 3.

515 Neben der Zielrichtung bietet auch der Normtext der Richtlinien für eine Beschränkung auf privatrechtliche Verträge keine Anhaltspunkte, siehe *Althaus*, NZBau 2000, 277 (277). Die Annahme des OLG Celle, NZBau 2000, 299 (300), der Anwendungsbereich des GWBs sei entsprechend den Vergaberichtlinien auf privatrechtliche Verträge beschränkt, ist also nicht zu halten.

516 EuGH v. 12.7.2001, VergabeR 2001, 380 (387, Rz. 73).

517 Vgl. EuGH, VergabeR 2001, 380 (387, Rz. 52, 73), sowie *Müller-Wrede*, Anmerkung zu diesem Beschluss, VergabeR 2001, 390 (391).

518 So der Titel des Aufsatzes von *Pieper*, DVBl. 2000, 160.

519 Dies verkennen *Bonk*, in *Stelkens/Bonk/Sachs*, VwVfG, § 54, Rn. 51 und *Hailbronner*, in *Byok/Jaeger*, VergabeR, § 99, Rn. 335.

streckung auch auf öffentlich-rechtliche Verträge nicht entgegensteht,[520] sind die §§ 97ff. GWB aufgrund des Vorrangs des Europarechts in richtlinienkonformer Auslegung[521] oberhalb der Schwellenwerte auch auf solche anzuwenden.[522] Die Bestimmungen des VwVfG werden nach allgemeinen dogmatischen Prinzipien durch das Kartellvergaberecht als spätere und speziellere Regelungen verdrängt. Dem kann nicht entgegengehalten werden, dass das VwVfG einen möglichst umfassenden Anwendungsbereich[523] beanspruchen soll.

Ob bei einer Erstreckung auch auf öffentlich-rechtliche Verträge die traditionelle Zuordnung des Vergaberechts alleine zum Zivilrecht noch haltbar ist, kann im Übrigen nicht Gegenstand dieser Arbeit sein. Auch unter Berücksichtigung der öffentlich-rechtlichen Bindungen[524] der öffentlichen Auftraggeber spräche womöglich einiges dafür, das Vergaberecht als bereichsspezifisches Wirtschaftsrecht mit einer Stellung zwischen öffentlichem und privatem Recht zu begreifen.[525] Dies bedürfte aber hinsichtlich seiner dogmatischen Auswirkungen einer eigenen Untersuchung.

Unabhängig von der rechtlichen Klassifizierung fallen Verträge zur Bestellung gemeinwirtschaftlicher Verkehrsleistungen also unter das Kartellvergaberecht. Findet damit jedenfalls über § 97 Abs. 6 GWB die VgV für das bei der Vergabe einzuhaltende Verfahren Anwendung, so gilt hier auch § 16 VgV. Als Sonderregelung für Vergabeverfahren oberhalb der Schwellenwerte verdrängt diese Bestimmung nach dem Grundsatz der Spezialität[526] die Befangenheitsregelungen der Verwaltungsverfahrensgesetze.[527] Es zeigt sich somit, dass unabhängig von der rechtlichen Ausgestaltung des Vertragsverhältnisses Interessenkollisionen in der öffentlichen Beschaffung oberhalb der Schwellenwerte am einheitlichen Maßstab des § 16 VgV zu messen sind. Für eine direkte Anwendung der §§ 20f. VwVfG bleibt kein Raum.

---

520 Nach dem Normtext sind öffentliche Aufträge bestimmte entgeltliche Verträge, über die Zuordnung zu einem Rechtsgebiet schweigt sich die Vorschrift allerdings aus, siehe *Althaus*, NZBau 2000, 277 (277); *Burgi*, NZBau 2002, 57 (60); *Schulte*, NZBau 2000, 272 (275). Die Annahme des Gesetzgebers, öffentlich-rechtliche Vertragsgestaltungen fielen nicht unter diese Bestimmung, lässt sich nur mit der traditionellen Sicht der öffentlichen Beschaffung erklären. Siehe näher *Pieper*, DVBl. 2000, 160 (161f.).

521 Für den Vorrang des Gemeinschaftsrechts grundlegend EuGH Rs. 6/64, Slg. 1964, 1251 (1270), Costa/ENEL. Siehe zur richtlinienkonformen Auslegung EuGH Rs. C-91/92, Slg. 1994, I-3325, (Rn. 26), „Faccini Dori", sowie *Herrnfeld*, in *Schwarze (Hrsg.)*, EU-Kommentar, Art. 94, Rn. 70ff. Für die richtlinienkonforme Auslegung des Kartellvergaberechts siehe OLG Brandenburg v. 3.8.1999, 1142 (1144).

522 *Eschenbruch*, in *Niebuhr/Kulartz/Kus/Portz*, VergabeR, § 99, Rn. 20; *Müller-Wrede*, Anmerkung zu EuGH, VergabeR 2001, 390 (391). Siehe so auch VK Magdeburg v. 06.06.2002, Az. 33-32571/07 VK 05/02 MD, S. 13 des Beschlusses.

523 Siehe *Bonk/Schmitz*, in *Stelkens/Bonk/Sachs*, VwVfG, § 2, Rn. 1.

524 Siehe zur Grundrechtsbindung eingehend unten, Dritter Teil, C.I., sowie allgemein auch schon oben, Zweiter Teil, A.I.1.

525 Für eine Einordnung des Vergabeverfahrens als Verwaltungsverfahren siehe Ziekow/Siegel, ZfBR 2004, 30 (35). Vgl. auch *Gallwas*, VergabeR 2001, 2 (2).

526 Siehe hierzu nur *Schmalz*, Methodenlehre, Rn. 78ff.

527 Siehe zum Verhältnis von öffentlichem Recht und Kartellvergaberecht bei Verwaltungsverträgen auch *Burgi*, NZBau 2002, 57 (61). Aufgrund des eigenen Rechtsschutzsystems im Vergabeverfahren sind für das Geltendmachen von Ansprüchen nach § 97 Abs. 7 GWB die Rechtswegbestimmungen der §§ 13 GVG/40 VwGO ohne Bedeutung. Sie bleiben aber für Ansprüche aus dem Vertrag erheblich.

II. *Die Verordnungsgebungsgeschichte*

Seit dem Inkrafttreten des Kartellvergaberechts gab es eine Reihe von Entscheidungen der Vergabesenate zu Fällen, in denen personelle Verflechtungen zwischen einem öffentlichen Auftraggeber und einem Bieter/Bewerber eine Rolle spielten. Eine herausgehobene Stellung haben hier die Entscheidungen des Brandenburgs[528] und des OLG Stuttgart[529] erhalten. Auf beide Beschlüsse nimmt der Verordnungsgeber in den Begründungen zu § 16 VgV ausdrücklich Bezug,[530] wobei das OLG Brandenburg mit der viel beachteten[531] Entscheidung zur Vergabe von Bau- und Planungsleistungen zur Errichtung und Privatisierung des Großflughafens Berlin-Brandenburg Initiator und Pate[532] einer diesbezüglich eigenen Regelung in der VgV war. Aufgrund der Unanwendbarkeit des § 20 VwVfG in den zivilrechtlich beurteilten Vergabeverfahren stellen sich die Beschlüsse hinsichtlich der anzuwendenden Rechtssätze zunächst nicht ganz homogen dar, die Aufnahme einer klärenden Regelung in die VgV war also geboten.[533]

Zum besseren Verständnis der in § 16 VgV getroffenen Regelung wird im Folgenden diese dem Erlass der neuen VgV vorgelagerte Rechtsprechung vorgestellt und in ihren Übereinstimmungen und (scheinbaren) Widersprüchen kurz skizziert. Anschließend wird die Verknüpfung des Verordnungsgebungsverfahrens mit der Rechtsprechung aufgezeigt. Schließlich wird die Deckung des § 16 VgV mit der Ermächtigungsgrundlage nach dem GWB erörtert.

1. *Die maßgebliche Rechtsprechung vor Erlass der neuen VgV*

a) *OLG Brandenburg*[534]

Ausgangspunkt der Voreingenommenheitsregelung des § 16 VgV ist die Rechtsprechung des OLG Brandenburg im Vergabeverfahren zum Großflughafen Berlin-Brandenburg. Als Auftraggeber trat als Vertreterin der vom Bund und den Ländern Berlin und Brandenburg gegründeten und gehaltenen Berlin Brandenburg Flughafen Holding GmbH (BBF) eine Projektplanungs-Gesellschaft mbH (PPS) auf. In den Aufsichtsräten beider Gesellschaften saßen Personen, die gleichzeitig auch Aufsichtsratsmitglieder bei Unternehmen des Bieterkonsortiums waren, welche als die geeignetste Bietergemeinschaft („preferred bidder") angesehen wurde. Auf Basis eines „Letter of Intend" sollte nur mit diesem weiterverhandelt werden. Die Antragsstellerin des Ausgangsverfahrens rügte unter anderem die personellen Überschneidungen.[535]

Im Rahmen der sofortigen Beschwerde (§ 116 GWB) der Antragsstellerin stellt das OLG Brandenburg hierzu fest, dass das Diskriminierungsverbot des § 97 Abs. 2 GWB

---

528 Beschl. v. 3.8.1999, abgedruckt in NVwZ 1999, 1142ff.

529 Beschl. v. 24.3.2000, abgedruckt in NZBau 2000, 301ff.

530 BR-Drs. 455/00, S. 19f., sowie BR-Drs. 455/00 (Beschluss), S. 3.

531 Neben der juristischen Fachliteratur fand die Entscheidung aufgrund ihrer Auswirkungen auf das politisch bedeutsame Großprojekt auch ein beachtliches Echo in den regulären Medien. Aus der Fachliteratur siehe die im Folgenden genannten.

532 So *Gröning*, WRP 2001, 1 (6).

533 Siehe *Kratzenberg,* NZBau 2001, 119 (121).

534 OLG Brandenburg, NVwZ 1999, 1142ff.

535 Siehe die Sachverhaltsschilderung in NVwZ 1999, 1142 (1143).

in engem und unauflöslichem Zusammenhang mit dem Gleichbehandlungs- und Neutralitätsgebot stehe. Da die öffentliche Hand im Rahmen ihrer Beschaffung öffentlich-rechtlichen Bindungen unterliege und die gemeinschaftsrechtlichen Verfahrensregelungen dem Verwaltungsverfahren nachgebildet seien, misst das OLG die personellen Verflechtungen am Rechtsgedanken des § 20 VwVfG, welcher lückenschließend auch bei fiskalischem Handeln anwendbar sei. Dass Personen, die auch eine Aufsichtsratsfunktion auf Seiten des Bieters haben, am Vergabeverfahren entscheidend mitgewirkt haben, wurde dementsprechend - parallel zu § 20 Abs. 1 Nr. 5 Satz 1 VwVfG - als Verstoß gegen das vergaberechtliche Neutralitätsgebot gewertet.[536] Da es im Rahmen von §20 VwVfG ausreiche, wenn schon die konkrete Möglichkeit besteht, dass die Mitwirkung der betroffenen Personen die Entscheidung beeinflusst habe, kam es auf eine konkrete Kausalität der angenommenen Befangenheit für die Entscheidung nicht an. Schon der „böse Schein" der Parteilichkeit müsse vermieden werden.[537] Zur Wahrung der Rechte der Antragsstellerin wurde deshalb die Wiederholung der Vergabeentscheidung ohne die Mitwirkung von Personen angeordnet, die Aufsichtsratsfunktionen in Gesellschaften ausüben, die sich an einer Bietergemeinschaft beteiligen.[538]

Diese Entscheidung ist in der Literatur vielfach auf Kritik gestoßen, die sich auch darauf bezieht, dass § 20 VwVfG in privatrechtlich geregelten Vergabeverfahren keine Anwendung finden könne.[539] Hauptkritikpunkt[540] aber ist, dass eine Verletzung des Diskriminierungsverbots nur vorliege, wenn auch tatsächlich eine konkrete und kausale Ungleichbehandlung aufgrund der personellen Überschneidungen festgestellt werden könne. Der „böse Schein" alleine soll noch keinen Gleichbehandlungsverstoß begründen,[541] so dass ein Ausschluss von Personen von Vergabeverfahren unabhängig von den konkreten Auswirkungen ihrer Verbindung auch mit der Bieterseite als zu weitgehend empfunden wird.[542]

---

536 OLG Brandenburg, NVwZ 1999, 1142 (1146).

537 Da der Ausschluss auf der analogen Anwendung einer rechtlichen Normierung basiert, kann aber keinesfalls davon gesprochen werden, dass das Kriterium des „bösen Scheins" ein politisches, kein rechtliches sei. So aber *Höfler/Bert*, NJW 2000, 3310 (3316).

538 OLG Brandenburg, NVwZ 1999, 1142 (1146f.).

539 So *Dreher*, NZBau 2000, 280 (281) und *Höfler/Bert*, NJW 2000, 3310 (3316). Ausdrücklich zustimmend aber *Danckwerts*, NZBau 2001, 242 (243). Die Kritik übersieht, dass das OLG Brandenburg das VwVfG keinesfalls unmittelbar angewendet hat. Die analoge Anwendung von essentiellen Rechtsgedanken des VwVfG auf privatrechtliches Verwaltungshandeln wird vielfach für möglich gehalten, siehe hierzu näher unten Zweiter Teil, A.II.2.c)(2). Der Einwand von *Berrisch*, DB 1999, 1797 (1798), dass § 97 Abs. 2 GWB mangels Regelungslücke keinen Raum für eine analoge Rechtsanwendung lasse, verfängt ebenfalls nicht, da Diskriminierungs- und Mitwirkungsverbot keinesfalls deckungsgleich sind. Hierzu näher ebenfalls unten, Zweiter Teil, A.II.2.c)(2).

540 Es wird ebenfalls eingewandt, dass es auch im allgemeinen Kartellrecht kein allgemeines Verbot von Doppelmandaten gibt, welches als per se-Regelung auch unverhältnismäßig sei und mit dem Grundsatz der Heilbarkeit in Konflikt stünde: *Dreher*, NZBau 2000, 280 (282); zu dem letzten Einwand siehe auch *Berrisch/Nehl*, WuW 2001, 944 (949). *Neßler*, NVwZ 1999, 1081 (1082f.) erkennt die staatliche Kontrollverantwortung als Problempunkt dieser Rechtsprechung.

541 Nach dem Titel des Aufsatzes von *Ax*, ZVgR 2000, 161ff.

542 Siehe *Ax*, ZVgR 2000, 161ff.; *Berrisch*, Anmerkung zum OLG Brandenburg v. 3.8.1999, DB 1999, 1797 (1798); *Berrisch/Nehl*, WuW 2001, 944 (950 u. 952); *Dreher*, NZBau 2000, 280 (281f.); *Höfler/Bert*, NJW 2000, 3310 (3316); *Neßler*, NVwZ 1999, 1081 (1082f.). Kritisch auch *Quilisch/Fietz*, NZBau 2001, 540 (544). Diesen Ansatz des OLG Brandenburg begrüßend aber *Danckwerts*, NZBau 2001, 242 (243f.); *Kulartz/Niebuhr*, NZBau 2000, 6 (11), *Malmendier*,

b) *OLG Stuttgart*[543]

Am 24.3.2000 erging ein Beschluss des OLG Stuttgart zu Doppelmandaten in Vergabeverfahren, der sich von dieser Rechtsprechung des OLG Brandenburg absetzt und die angeführte Kritik scheinbar berücksichtigt.[544] In dem zugrunde liegenden Fall ging es um die vergaberechtliche Zulässigkeit der Inanspruchnahme von Leistungen eines technischen Beraterbüros durch die Vergabestelle, wobei das Beraterbüro von einer Anwaltskanzlei unterstützt wurde, die auch einen Bieter in einem genehmigungsrechtlichen Verfahren betreute. Hierzu stellte das OLG auf die sofortige Beschwerde der Vergabestelle fest, dass diese Form der Doppelberatung keinem Vertretungsverbot nach § 43a Abs. 4 BRAO oder § 3 BORA unterfällt.[545] Auch seien die Voraussetzungen der §§ 20 VwVfG und 14 LKrO nicht erfüllt, so dass deren Anwendbarkeit nicht diskutiert wurde.[546] Mangels Einschlägigkeit dieser nur eingeschränkt kausalitätsabhängigen Vorschriften reiche deshalb der „böse Schein" der Voreingenommenheit nicht aus, im Rahmen des § 97 Abs. 7 GWB müsse die beanstandete Tätigkeit für eine Ungleichbehandlung ursächlich geworden sein.[547] Da eine solche nicht festgestellt werden konnte, wurde die rechtsberatende Tätigkeit des Anwaltsbüros für mit dem Gleichbehandlungsgrundsatz, dem Diskriminierungsverbot und dem Transparenzgebot nach § 97, Abs. 1, 2 GWB, bzw. § 2 Nr. 2 VOL/A vereinbar gehalten.[548]

Prima facie verfolgt das OLG Stuttgart also einen anderen rechtlichen Ansatz als das OLG Brandenburg, indem es auf das tatsächliche Vorliegen einer Diskriminierung als Folge eines Doppelmandates abstellt. Der Beschluss des OLG Stuttgart wurde in der Literatur vielfach als Abkehr von der Rechtsprechung des OLG Brandenburg hinsichtlich der Unerheblichkeit fehlender Kausalität einer Interessenkollision für die Annahme eines Vergaberechtsverstoßes verstanden. Dieser Ansatz sei verworfen worden[549] und das OLG Stuttgart hätte „klar Gegenposition" bezogen.[550] Kritiker des OLG Brandenburg begrüßten dementsprechend die neue Entscheidung.[551] Da sich die Judikate „durchaus" widersprächen, habe aber eine Vorlage an den BGH nach § 124 Abs. 2 GWB nahe gelegen.[552]

Dieser Betrachtung ist aber keinesfalls zu folgen. Wie von *Ax* zutreffend festgestellt wurde, liegt ein Widerspruch zwischen den beiden Entscheidungen nämlich nicht vor, da das OLG Stuttgart die kausalitätsunabhängigen Vorschriften nicht für anwendbar hielt.[553] Im zu entscheidenden Fall sollte § 20 VwVfG schon von den Voraussetzungen her nicht eingreifen, so dass es das Gericht ausdrücklich offen ließ, ob bei Erfüllen eines

---

DVBl. 2000, 963 (965), sowie auch *Otting,* NVwZ 2001, 775 (777), und derselbe NJW 2000, 484 (485); *Weitbreit,* in *Schwarze (Hrsg.),* Vergabe öffentlicher Aufträge, S. 181.

543 NZBau 2000, 301ff.

544 Siehe die unten erörterte Auffassung des Bundesrates, BR-Drs. 455/00 (Beschluss), S. 3, sowie folgend die eigene Stellungnahme.

545 OLG Stuttgart, NZBau 2000, 301 (304).

546 OLG Stuttgart, NZBau 2000, 301 (305).

547 OLG Stuttgart, NZBau 2000, 301 (305).

548 OLG Stuttgart, NZBau 2000, 301 (303).

549 *Quilisch/Fietz,* NZBau 2001, 540 (541).

550 *Berrisch/Nehl,* WuW 2001, 944 (946).

551 *Dreher,* NZBau 2000, 280 (281).

552 *Dreher,* NZBau 2000, 280 (281); *Otting,* NVwZ 2001, 775 (777). Für eine Uneinheitlichkeit der Rechtsprechung auch *Kratzenberg,* NZBau 2001, 119 (121).

553 *Ax,* ZVgR 2000, 161 (162).

Tatbestandes dieser Norm ein Gleichbehandlungsverstoß unabhängig von der Kausalität vorgelegen habe.[554] Das Gericht stellte fest, dass die beanstandete Interessenkollision weder gegen § 43a BRAO i.V.m. Vorschriften der BORA noch gegen einen Tatbestand des § 20 VwVfG oder § 14 LKrO verstoßen habe und *des Weiteren* auch nicht für die beanstandete Entscheidung der Vergabestelle ursächlich geworden ist.[555] Ob also bei Vorliegen einer Interessenkollision nach einer (ggf. analog anzuwendenden) Rechtsvorschrift darüber hinaus auch eine tatsächliche Diskriminierung zur Annahme eines Vergaberechtsverstoßes gegeben sein muss, wurde offen gelassen. Trotz Skepsis gegenüber dem Ansatz des OLG Brandenburg enthält sich das OLG Stuttgart diesbezüglich einer Feststellung.[556]

c) Andere ausgewählte OLG-Entscheidungen

Auch Entscheidungen anderer Vergabesenate ließen entgegen der hieran geübten Kritik das objektive Vorliegen einer normierten Interessenkollision unabhängig von der tatsächlichen Diskriminierung als Vergaberechtsverstoß ausreichen. Es setzte sich in der Rechtsprechung durch, dass in einem solchem Fall ein derartiger Verstoß aber dann nicht gegeben ist, wenn die Vergabestelle die Nichtkausalität der Interessenkollision beweisen kann.

So liegt der Beschluss des OLG Rostock v. 29.9.1999 zur Beteiligung eines Versicherungsmaklers an der Vergabe von Versicherungsleistungen im Grundsatz auf der Linie des OLG Brandenburg.[557] Diese Beteiligung wird für unzulässig gehalten, wenn der Makler den Vertrag nach Abschluss entgeltlich betreuen soll. Aus § 6 VOL/A wird gefolgert, dass Dritten jedenfalls insoweit eine Einflussnahme auf ein Vergabeverfahren verwehrt sein soll, wie sie ein unmittelbares oder mittelbares Interesse an der Vergabe haben. Das OLG Rostock geht davon aus, dass wenn ein Verfahrensfehlers (hier der Verstoß gegen § 6 VOL/A aufgrund des eigenen wirtschaftlichen Interesses des Maklers) sich nicht nachweislich auf die Entscheidung ausgewirkt hat, die Kausalität vermutet wird. Dem Auftraggeber wird es auferlegt, diese Vermutung zu entkräften:[558] Es reicht also bis zur Widerlegung durch den Auftraggeber zunächst der „böse Schein" einer (normierten) Interessenkollision zur Annahme einer Verletzung eines nicht berücksichtigten Bieters in eigenen Rechten nach § 97 Abs. 7 GWB aus. Zu beachten ist, dass für die Annahme einer Interessenkollision die Bestimmung des § 6 VOL/A vom Gericht herangezogen wurde, ein Rückgriff auf § 20 VwVfG erfolgte ausdrücklich nicht.[559] Das Gericht ließ es angesichts dieses speziellen Rechtsverstoßes auch dahinstehen, ob ein Verstoß gegen das Diskriminierungsverbot des § 97 Abs. 2 GWB tatsächlich vorlag.[560]

---

554 OLG Stuttgart, NZBau 2000, 301 (305). Demgegenüber lag im Fall des Flughafens Berlin-Brandenburg eine Konstellation analog § 20 Abs. 1 Nr. 5 Satz 1 VwVfG vor, siehe oben.

555 OLG Stuttgart, NZBau 2000, 301 (302).

556 OLG Stuttgart, NZBau 2000, 301 (305). Siehe ähnlich OLG Hamburg v. 12.12.2000, NZBau 2001, 460 (461), auch hier wurde diese Frage offen gelassen, da der Beschluss auf andere Überlegungen gestützt werden konnte.

557 Abgedruckt in VersR 1999, 1511ff, mit Anmerkung *Dreher*.

558 VersR 1999, 1511 (Leitsätze, sowie 1513).

559 *Berrisch/Nehl*, WuW 2001, 944 (946) gehen davon aus, dass das OLG Rostock der Rechtsprechung des OLG Brandenburgs kritisch gegenüberstehe. Angesichts des eigenen kausalitätsunabhängigen Ansatzes kommt es hierauf bei systematischer Betrachtung aber nicht an.

560 VersR 1999, 1511 (1512). *Dreher*, ebenda, S. 1513, geht in seiner kritischen Anmerkung zu diesem Beschluss davon aus, dass tatsächlich eine Diskriminierung „auf der Hand" gelegen habe.

Auf den Rechtsgedanken des § 20 VwVfG griffen später das OLG Saarbrücken[561] und das BayObLG[562] zurück.[563] Das OLG Saarbrücken entschied, dass das den Rechtsgedanken des § 20 VwVfG übertragende vergaberechtliche Neutralitätsgebot notwendige Voraussetzung von Transparenz und Gleichbehandlung sei. Dementsprechend dürften Personen, die bei einem Teilnehmer als Mitglied eines Gesellschaftsorgans tätig sind, auf Seiten der Vergabestelle keinen Einfluss auf die Gestaltung des Verfahrens und den Inhalt der abschließenden Entscheidung haben.[564] Die Beratung der Vergabestelle durch eine Gesellschaft, die mit anderen Gesellschaften, die auch Bieter beraten, lediglich verbunden ist, soll hingegen für sich noch keinen solchen Verstoß darstellen, solange die Verletzung des vergaberechtlichen Neutralitätsgebots nicht hinreichend dargelegt wird.[565] Das Gericht geht also parallel zu der Entscheidung des OLG Brandenburg davon aus, dass, nur wenn ein Tatbestand des § 20 VwVfG erfüllt ist, dies auch vergaberechtlich durch Übertragung des Rechtsgedankens aus § 20 VwVfG relevant ist. Indem es feststellt, dass die aus § 20 VwVfG abgeleiteten Tätigkeitsverbote nicht unter die Rügepflicht des § 107 III S. 1 GWB fallen, geht es über die Rechtsprechung des OLG Brandenburg aber sogar hinaus.[566]

Das BayObLG schließt ebenfalls aus dem Rechtsgedanken des § 20 VwVfG, welcher im Verwaltungsverfahren eine Folgerung des Rechtsstaatsgebots und Gleichheitsprinzips sei, auf Mitwirkungsverbote in Vergabeverfahren.[567] So dürften Angehörige eines Bieters nicht an Vergabeverfahren teilnehmen. Unter Hinweis auf die bundesverwaltungsgerichtliche Rechtsprechung zu § 20 VwVfG seien alle schriftlichen und mündlichen Äußerungen und andere aktiven Handlungen, die zur Meinungsbildung der zuständigen Behörde über das Verfahren oder die Sachentscheidung beitragen sollen, untersagt. Da nicht ausgeschlossen war, dass im zu entscheidenden Fall die Mitwirkung der Betroffenen das Vergabeverfahren beeinflusst hat, wurde eine Verletzung von Bestimmungen des Vergabeverfahrens nach § 97 Abs. 7 GWB angenommen.[568]

Auch die nach dem gegenüber dem Brandenburger Ansatz skeptischen Beschluss des OLG Stuttgart[569] liegende Rechtsprechung des OLG Koblenz[570] orientiert sich in seinen rechtlichen Ansätzen an § 20 VwVfG und der Leitentscheidung des OLG Brandenburg. So führt das OLG Koblenz aus, dass in einer weitläufigen gesellschaftsrechtlichen Verbindung eines die Vergabestelle beratenden Unternehmens mit einem Bieter noch keine

---

Dass alleinige Abstellen auf das Vorliegen einer Diskriminierung nach § 97 Abs. 2 GWB verkennt aber insbesondere hinsichtlich der schon damals bestehenden Regelung des § 6 VOL/A die eigenständige Bedeutung des § 97 Abs. 7 GWB, siehe auch unten (d. Zusammenfassung). Auch fehlen bei *Dreher* Ausführungen dazu, worin die Diskriminierung tatsächlich liegen soll, auf der Hand liegt lediglich die Interessenkollision.

561 Beschl. v. 22.10.1999, NZBau 2000, 158.

562 Beschl. 20.12.1999, NZBau 2000, 259.

563 Hierzu auch *Berrisch/Nehl*, WuW 2001, 944 (946).

564 NZBau 2000, 158 (161).

565 NZBau 2000, 158 (160).

566 NZBau 2000, 158 (160f.). Siehe hierzu auch *Jaeger*, NZBau 2001, 427 (438).

567 NZBau 2000, 259 (260).

568 NZBau 2000, 259 (261). *Jaeger*, NZBau 2001, 427 (439) sieht in dieser Formulierung richtig eine Beweislastumkehr.

569 Deutlich OLG Stuttgart, NZBau 2000, 301 (305): „Zweifel (...) ergeben sich insbesondere daraus, dass eine tatsächliche Auswirkung konstitutives Erfordernis eines Verstoßes gegen das Diskriminierungsverbot ist (...)“.

570 Beschl. v. 10.8.2000, NZBau 2000, 534.

Wettbewerbsverzerrung durch Verstoß gegen das vergaberechtliche Neutralitätsgebots liegt.[571] Im zu entscheidenden Fall wurde die Vergabestelle von einer GmbH beraten, von der 25% der Geschäftsanteile einer 80% Tochter einer AG gehören, die zu einem Konzern gehört, welcher verschiedene Gesellschaften als potentielle Bieter betreibt. Soweit sich die Antragstellerin auf § 20 VwVfG beruft, sollen dessen Voraussetzungen offensichtlich nicht vorliegen.[572]

Auf § 2 Nr. 3 VOL/A i.V.m. dem Wettbewerbsgrundsatz und dem Diskriminierungsverbot sowie den Rechtsgedanken des § 6 Nr. 3 VOL/A stützt sich das OLG Düsseldorf, wenn es die vollständige Übertragung eines Vergabeverfahrens auf einen Versicherungsmakler, der eine Courtage vom Auftragnehmer erhalten und auch das Versicherungsverhältnis weiter betreuen soll, als vergaberechtswidrig beurteilt.[573] Auf eine Kausalitätsfeststellung dieser Interessenkollision für eine Diskriminierung soll es nicht ankommen können, da andernfalls der Rechtsschutz der Bieter entgegen dem Beschleunigungsgrundsatz und dem Normzweck des § 107 Abs. 3 S. 1 GWB beeinträchtigt würde.[574] Die Beweislast für das Nichtauswirken der in der Sphäre des Auftraggebers liegenden Gefahr einer unsachlichen Beeinflussung obliege durch eine Beweislastumkehr diesem selbst,[575] so dass also hier die Interessenkollision widerleglich vermutet wird.

d) Zusammenfassung

Im Gegensatz zu den behaupteten Unterschieden in der Rechtsprechung der OLGe Brandenburg und Stuttgart lassen sich bei allen aufgeführten Entscheidungen der Vergabesenate grundlegende Gemeinsamkeiten feststellen.

So wird bei personellen Verknüpfungen zwischen einer Vergabestelle und einem Teilnehmer ein Vergabeverstoß stets angenommen, wenn hierin eine Interessenkollision nach einer im Vergabeverfahren für zumindest dem Rechtsgedanken nach anwendbar gehaltenen Regelung liegt. Solche Regelungen wurden in § 20 VwVfG[576] und auch in § 6 Nr. 3 VOL/A,[577] der die Beteiligung von Sachverständigen in Vergabeverfahren betrifft, gesehen. Entgegen der Skepsis des OLG Stuttgart gegenüber der diesbezüglichen Rechtsprechung des OLG Brandenburg kommt es im Fall einer derart normierten Interessenkollision auf die Ursächlichkeit der Interessenkollision für eine Diskriminierung für die Annahme eines Vergaberechtsverstoßes nicht an. Angesichts des § 97 Abs. 7 GWB, nachdem die Unternehmen unabhängig vom Vorliegen einer Diskriminierung

571 NZBau 2000, 534 (536).

572 NZBau 2000, 534 (539).

573 Beschl. v. 18.10.2000, VergabeR 2001, 45 (48). Siehe zur Stellung von Versicherungsmaklern im Vergabeverfahren auch *Fetzer*, VersR 2000, 1311; *Werber*, VersR 2001, 1313; *Schiefer/Riedlsperger*, RPA 2002, 19 (22).

574 Auch *Berrisch/Nehl* sehen diese Entscheidung in der Nähe der Flughafenentscheidung des OLG Brandenburg, WuW 2001, 944 (947).

575 VergabeR 2001, 45 (50).

576 Dessen Rechtsgedanken auf Vergabeverfahren übertragen wird, OLG Brandenburg, NVwZ 1999, 1142 (1146); OLG Saarbrücken, NZBau 2000, 158 (161); BayObLG, NZBau 2000, 259 (260). Siehe auch OLG Koblenz, NZBau 2000, 535 (539); OLG Rostock, VersR 1999, 1511 (1512). Siehe zur Anwendung dieser Bestimmung auf vorbefasste Beisitzer in Nachprüfungsverfahren vor den Vergabekammern OLG Naumburg, Beschl. v. 3.3.2000, 1 Verg 2/99, S. 6f. des Beschlusses.

577 Siehe OLG Rostock, VersR 1999, 1511 (1512), wo diese Bestimmung unmittelbar angewendet wird, sowie OLG Düsseldorf, VergabeR 2001, 45 (Zweiter Leitsatz), für eine Anwendung des Rechtsgedankens.

nach § 97 Abs. 2 GWB einen Anspruch auf Einhaltung der Bestimmungen über das Vergabeverfahren haben, vermag dieser Ansatz auf Basis des Kartellvergaberechts zu überzeugen. Würde auf das Vorliegen einer tatsächlichen Diskriminierung abgestellt, so würde der Bieterschutz durch Nachprüfungsverfahren zu weit eingeschränkt[578] und § 97 Abs. 7 GWB ein Stück seiner eigenständigen Bedeutung genommen.

Durch die Annahme einer Beweislastumkehr für das tatsächliche Auswirken der Interessenkollision auf das Vergabeverfahren wurde der Bieterschutz nochmals effektiviert.[579] Hierdurch wird aber auch Bestandsschutz für Vergabeverfahren gewährt, in denen eine Beeinflussung tatsächlich ausgeschlossen werden kann. Dies konnte auch Auftraggebern zugute kommen.

Ob in Vergabeverfahren ein über den Rechtsgedanken des § 20 VwVfG und die Regelung des § 6 VOL/A hinausgehendes eigenständiges vergaberechtliches Neutralitätsgebot[580] existiert, kann angesichts der jetzt mit § 16 VgV getroffenen Regelung zunächst offen bleiben. Es wird aber zu untersuchen sein, ob § 16 VgV tatsächlich die Unparteilichkeit der beschaffenden Verwaltung sicherstellen kann und wenn und soweit dies nicht der Fall sein sollte, ob sich in Vergabeverfahren aus anderen Normen ein Neutralitätsgebot für öffentliche Auftraggeber ergibt.

2. *Das Verordnungsgebungsverfahren*

a) *Der Regierungsentwurf*[581]

Parallel zu den Ansätzen der Flughafenentscheidung des OLG Brandenburg wird ungeachtet der an dieser Rechtsprechung geübten Kritik[582] in der Begründung des Regierungsentwurfs für die neue VgV festgestellt, dass nach dem Gleichbehandlungsgrundsatz des § 97 Abs. 2 GWB sicherzustellen ist, dass für den Auftraggeber keine Personen tätig werden, die in ihren Interessen mit einem Bieter oder einem Beauftragten eines Bieters verknüpft sind.[583] Andernfalls könnte eine Diskriminierung der (anderen) Bieter gegeben sein, wobei auf die vorgestellte Rechtsprechung des OLG Brandenburg verwiesen wird. Zum Schutz der Bieter wird eine explizite und auf die Besonderheiten des Beschaffungsbereichs zugeschnittene Regelung für erforderlich gehalten.[584]

Nach dem Text des § 16 des Regierungsentwurfs dürfen an Entscheidungen in einem Vergabeverfahren für einen Auftraggeber Organmitglieder oder Mitarbeiter des Auftraggebers sowie Beauftragte oder Mitarbeiter eines Beauftragten des Auftraggebers als voreingenommen nicht mitwirken, wenn sie in demselben Verfahren in bestimmter

---

578 Siehe hierzu OLG Düsseldorf, VergabeR 2001, 45 (50).

579 Siehe die klaren Ansätze beim OLG Rostock, VersR 1999, 1511 (1512f.), sodann schwächer BayObLG, NZBau 2000, 259. (261); deutlich auch in der Begründung OLG Düsseldorf, VergabeR 2001, 45 (50).

580 Dieser Begriff wird verwendet vom OLG Brandenburg, NZBau 1999, 1142 (1146); OLG Saarbrücken, NZBau 2000, 158 (161); OLG Koblenz, NZBau 2000, 535 (536). Kritisch hierzu *Berrisch/Nehl*, WuW 2001, 944 (951ff.). Im Grundsatz zustimmend *Neßler,* NVwZ 1999, 1081 (1081).

581 BR-Drs. 455/00.

582 Siehe oben, Zweiter Teil, A.II1.a).

583 BR-Drs. 455/00, S. 19f.

584 BR-Drs. 455/00, S. 20.

Weise mit einem Bieter oder Bewerber verbunden sind.[585] Dies sollte der Fall sein, wenn diese Personen selbst Bieter oder Bewerber sind (§ 16 Abs. 1 Nr. 1 RegE), einen Bieter oder Bewerber beraten oder sonst unterstützen oder als gesetzlicher Vertreter oder nur in diesem Vergabeverfahren unterstützen (§ 16 Abs. 1 Nr. 2 RegE), bei einem Bieter oder Bewerber gegen Entgelt beschäftigt oder bei ihm als Mitglied des Vorstandes, Aufsichtsrates oder gleichartigen Organs tätig sind (§ 16 Abs. 1 Nr. 3 RegE), oder für ein in das Vergabeverfahren eingeschaltetes Unternehmen tätig sind, wenn dieses Unternehmen zugleich geschäftliche Beziehungen zum Auftraggeber und zum Bieter oder Bewerber hat (§ 16 Abs. 1 Nr. 4 RegE). Nur im letzteren Fall sollte das Mitwirkungsverbot davon abhängen, dass auch tatsächlich ein Interessenkonflikt besteht.[586] Der sonst angenommene Interessenkonflikt sollte etwa bei Beratungsunternehmen durch geeignete Maßnahmen, wie etwa der Schaffung von aus § 33 Abs. 1 Nr. 2 WpHG bekannten sogenannten chinese-walls, ausgeräumt werden können.[587] In allen übrigen Fällen führte der unwiderleglich vermutete Interessenkonflikt stets zum Ausschluss.[588]

b) Die Änderungen des Bundesrats[589]

Den schon erörterten Beschluss des OLG Stuttgart nahm der Bundesrat zum Anlass, um die Formulierungen des § 16 RegE als zu weitgehend bzw. unklar zu beanstanden. Es wurde befürchtet, dass sich nach der Fassung des Regierungsentwurfs beispielsweise Bürgermeister nicht mehr an Entscheidungen im Vergabeverfahren beteiligen könnten, wenn sie gleichzeitig Aufsichtsratsmitglied einer sich beteiligenden Gesellschaft sind, obwohl im Einzelfall kein Interessenkonflikt bestehe. Dies könnte nach Ansicht des Bundesrates zu Friktionen mit dem Kommunalverfassungsrecht führen.[590] Deshalb sah der Beschluss als Änderung zu § 16 Abs. 1 RegE vor, dass dessen Nr. 4 zu streichen ist und die Nr. 3 neu gefasst wird. Die Tatbestände von § 16 Abs. 1 Nr. 3 a) und b) des Bundesratsbeschlusses entsprechen dabei hinsichtlich der Stellung auf Seiten der Bieter oder Bewerber den vorherigen Tatbeständen des § 16 Abs. 1 Nr. 3 und 4 RegE. Neu eingefügt wurde der anschließende Halbsatz, nachdem diese Tätigkeiten[591] auf Seiten eines Bieters nicht zum Ausschluss führen („es sei denn...“), wenn für die Personen kein Interessenkonflikt besteht oder sich die Tätigkeiten nicht auf die Entscheidungen in dem Vergabeverfahren auswirken. Im Gegensatz zum Regierungsentwurf und der Rechtsprechung des Brandenburgs sollte also die Vermutung einer Interessenkollision in bestimmten Fällen widerlegbar sein.[592] Dieser Vorschlag des Bundesrates spiegelt somit auch die Entwicklung der Beweislastumkehr in der Rechtsprechung wider.

---

585 BR-Drs. 455/00, S. 9.

586 Welcher wohl von einem ein Nachprüfungsverfahren einleitenden Bieter zu beweisen wäre, da es für eine Beweislastumkehr keine Anhaltspunkte gibt, siehe so auch *Berrisch/Nehl*, WuW 2001, 944 (948). Dafür, dass die vermutete Voreingenommenheit stets widerlegbar sein soll (so wohl *Höfler/Bert*, NJW 2000, 3310 (3316)), spricht ebenfalls nichts, siehe *Danckwerts*, NZBau 2001, 242 (243). Siehe diesbezüglich kritisch schon zum Vorentwurf des BMWi *Ax*, BauR 2000, 471 (476).

587 BR-Drs. 455/00, S. 20.

588 So auch *Berrisch/Nehl*, WuW 2001, 944 (948).

589 BR-Drs. 455/00 (Beschluss).

590 BR-Drs. 455/00 (Beschluss), S. 3.

591 Zur Reichweite der Widerlegungsmöglichkeit siehe unten, Zweiter Teil, B.V.1.

592 Siehe *Gröning*, WRP 2001, 1 (7).

Die neue VgV wurde den Änderungen des Bundesrates entsprechend erlassen.[593]

c) *§ 16 VgV und Art. 80 Abs. 1 S. 2 GG*

Die Vergabeverordnung ist auf Grundlage der §§ 97 Abs. 6 und 127 GWB ergangen. Durch diese Regelungen wird die Bundesregierung ermächtigt, durch eine zustimmungsbedürftige Rechtsverordnung nähere Bestimmungen über das Vergabeverfahren zu treffen. Während die formelle Rechtmäßigkeit der VgV nicht in Frage steht, scheint die materielle Seite der Verordnungsermächtigung hinsichtlich der mit § 16 VgV getroffenen Regelung überdenkenswert. Nach Art. 80 Abs. 1 S. 2 GG bedürfen Rechtsverordnungen in Konkretisierung des Demokratie- und Rechtsstaatsgebots[594] einer gesetzlichen Grundlage, die Inhalt, Zweck und Ausmaß der erteilten Ermächtigung bestimmt. Hier ist zum einen zu prüfen, ob die Ermächtigungen des Kartellvergaberechts diesen Anforderungen genügen. Zum anderen muss sich aber auch die Bestimmung selbst im Rahmen der erteilten Ermächtigung bewegen. Dies wird im Folgenden untersucht, wobei alleine Fragen, die mit der Regelung des § 16 VgV in unmittelbaren Zusammenhang stehen, nachgegangen wird.[595]

(1) Zur Ermächtigungsgrundlage

(a) Zur Gesetzgebungskompetenz

Rechtsverordnungen bedürfen einer gesetzlichen Grundlage, die den Vorschriften über die Zuständigkeit sowie den sonstigen Anforderungen des Grundgesetzes entspricht.[596] Hier kann zunächst fraglich sein, ob der Bund überhaupt die Gesetzgebungskompetenz für das Kartellvergaberecht mit seinen Ermächtigungsgrundlagen hatte. Dies wird vereinzelt bestritten und damit die Nichtigkeit der getroffenen Regelungen des Kartellvergaberechts geltend gemacht.[597] So käme als Grundlage einer Gesetzgebungskompetenz alleine Art. 74 Abs. 1 Nr. 11 GG, das „Recht der Wirtschaft", in Betracht. Auch wenn dieser Kompetenztitel (auch) vom Bundesverfassungsgericht weit verstan-

---

593 Ein Grund hierfür mag auch in dem Zeitdruck liegen, unter dem die damalige Bundesregierung stand: Die Kommission hatte bereits ein Vertragsverletzungsverfahren gegen Deutschland wegen nicht fristgerechter Umsetzung der RL 97/52/EG und 98/4/EG erhoben, siehe BR-Drs. 455/00, S. 15.

594 Siehe BVerfGE 34, 52 (58ff., m.w.N.), sowie etwa *Jarass*, in *Jarass/Pieroth*, GG, Art. 80, Rn. 1; *Kunig*, in *v. Münch*, GG, Art. 80, Rn. 2, m.w.N., und *Sommermann*, JZ 1997, 434 (434f.). *Ossenbühl*, ZG 1997, 305 (309) erkennt auch eine bundesstaatliche Komponente in Art. 80 Abs. 1 GG. Siehe hinsichtlich einer eigenen Rechtsetzungskompetenz der Verwaltung *Schmidt-Aßmann*, in *Kirchhof/Lehner/Raupach/Rodi*, FS Vogel, S. 479ff., m.w.N. und *Uhle*, ZG 2001, 328ff., sowie zum Konnex des Art. 80 Abs. 1 GG zur Wesentlichkeitstheorie *Nierhaus*, in *Burmeister* (Hrsg.), FS *Stern*, S. 717ff. und *Cremer*, AöR 122 (1997), 248ff.

595 Auf die Problematik der Verweisung der VgV auf die Verdingungsordnungen als nichtdemokratisch legitimierte Regelungen wird etwa nicht eingegangen. Siehe hierzu *Boesen*, VergabeR, § 97, Rn. 168f., der die Verweisungen der VgV nur als statische Verweisungen für zulässig hält. Siehe ebenso *Niebuhr*, in *Niebuhr/Kulartz/Kus/Portz*, VergabeR, § 97, Rn. 236; *Stickler*, in *Reidt/Stickler/Glahs*, VergabeR, § 97, Rn. 35. Siehe kritisch hingegen *Dreher*, NVwZ 1999, 1265 (1266ff.).

596 *Bauer*, in *Dreier*, GG, Art. 80, Rn. 18.

597 So *Gallwas*, VergabeR 2001, 2 (9).

den würde, sei er keine kompetentielle Brechstange oder ein eben solcher Generalschlüssel.[598] So wäre nach einer vom BVerfG[599] verwendeten Klausel der Kompetenztitel „Recht der Wirtschaft" nur für „alle das wirtschaftliche Leben und die wirtschaftliche Betätigung *als solche* regelnden Normen" einschlägig. Im öffentlichen Vergaberecht gehe es hingegen um die wirtschaftliche Betätigung in ihrer Eigenschaft als Ausübung spezifischer, öffentlicher Vergabemacht. Art. 74 Abs. 1 Nr. 11 GG ermächtige den Bund aber nicht zu Gesetzen, die nur öffentliche Unternehmen oder Einrichtungen beträfen.[600]

Der Gesetzgeber begründet demgegenüber seine Bundeskompetenz im RegE zum VgRÄG auf Art. 74 Abs. 1 Nr. 1, 11 und 16, sowie auch auf Art. 109 Abs. 3 GG.[601] Es wird auch in der Literatur angemerkt, dass bei einer zivilrechtlichen Beurteilung von Vergabeverfahren eine Betrachtung der Regelungen des Vergaberechts als Gegenstände des bürgerlichen Rechts (Art. 74 Abs. 1 Nr. 1 GG) und des Rechts der Wirtschaft nahe liege. Die Verhütung des Mißbrauchs wirtschaftlicher Machtstellungen (Art. 74 Abs. 1 Nr. 16 GG) und die Regelung von Haushaltsgrundsätzen (Art. 109 Abs. 3 GG) seien zusätzlich und ergänzend einschlägig.[602] Welcher von diesen Einschätzungen zu folgen ist, wird im Folgenden anhand der geltend gemachten Kompetenzgrundlagen untersucht.

Das „Recht der Wirtschaft" nach Art. 74 Abs. 1 Nr. 11 GG erfasst als Kompetenztitel zutreffend nach der Rechtsprechung des BVerfG alle Normen, die das wirtschaftliche Leben als solches regeln.[603] Hieraus kann aber entgegen der oben zuerst dargestellten Ansicht nicht geschlossen werden, dass dieser Titel damit keine Stütze für das Kartellvergaberecht des Bundes sein kann. So erfasst das Vergaberecht des GWB auch (echte) private Sektorenauftraggeber (§ 98 Nr. 4), so dass es mitnichten eine Regelung nur für öffentliche Unternehmen und Einrichtungen darstellt. Es wird auch verkannt, dass sich das Kartellvergaberecht nicht in erster Linie an öffentliche Unternehmen richtet, sondern an die öffentliche Hand als Auftraggeberin. Zwar werden auch öffentliche Unternehmen von Ausschreibungspflichten betroffen, eine Regelung nur für öffentliche Unternehmen und Einrichtungen liegt damit aber nicht vor. Im Übrigen erfasst Art. 74 Abs.1 Nr. 11 GG auch staatliches Wirtschaften, und zwar unabhängig von der Rechtsform.[604]

---

598 *Gallwas*, VergabeR 2001, 2 (8).

599 Siehe BVerfGE 8, 143 (148f.), sowie 68, 319 (330), m.w.N., die Hervorhebung im folgenden Zitat stammt vom Verfasser dieses Textes.

600 *Gallwas*, VergabeR 2001, 2 (9). Dieser stützt sich hierbei auf *Maunz*, in *Maunz/Dürig*, GG; Art. 74, V, Rn. 154.

601 BT-Drs. 13, 9340, S. 13.

602 *Boesen*, VergabeR, Einl., Rn. 76ff. *Pietzcker*, ZHR 162 (1998), 427 (441f.) stützt die Gesetzgebungskompetenz alleine auf Art. 74 Abs. 1 Nr. 11 und 16, während *Rittner*, EuR – Beiheft1 - 1996, 7 (12) ein Vergabegesetz alleine auf die zuerst genannte Bestimmung stützen will.

603 Siehe den obigen Nachweis aus der Rechtsprechung des BVerfG, sowie BVerwGE 97, 12 (14ff.), und *Stettner*, in *Dreier*, GG, Art. 74, Rn. 53f.; *Maunz*, in *Maunz/Dürig*, GG, Art. 74, V. Rn. 131; *Degenhart*, in *Sachs*, GG; Art. 74, Rn. 37. Diesbezüglich kritisch *Kunig*, JR 1986, 491; *Pestalozza*, in *Mangoldt/Klein*, GG (3. Aufl.), Art. 74, Rn. 524ff.), vgl. aber nun Oeter, in *Mangoldt/Klein/Starck*, GG, Art. 74, Rn. 100, sowie auch *Kunig*, in *v. Münch*, GG, Art. 74, Rn. 43.

604 Siehe BVerfG-K v. 2.11.1981, JZ 82, 288 (289), sowie Pieroth, in *Jarass/Pieroth*, GG; Art. 74, Rn. 22; Oeter, in *Mangoldt/Klein/Starck*, GG, Art. 74, Rn. 96; *Maunz*, in *Maunz/Dürig*, GG, Art. 74, V. Rn. 134, 154; *Kunig*, in *v. Münch*, GG; Art. 74, Rn. 45; *Degenhart*, in *Sachs*, GG; Art. 74, Rn. 37.

Zu den Regelungsbereichen des Rechts der Wirtschaft zählt nicht nur die Organisation der Wirtschaft, von Wirtschaftszweigen oder wirtschaftenden Personen, sondern auch die Steuerung und Lenkung des Wirtschaftslebens insgesamt.[605] Das Kartellvergaberecht kann dementsprechend als Organisationsregelung für die öffentliche Hand und Sektorenauftraggeber als gewichtige Nachfrager im Markt als Recht der Wirtschaft begriffen werden. Es dient der Lenkung von Wirtschaftstätigkeit in Form der Marktnachfrage in diesem Bereich. Soweit die kommunale Organisationshoheit der Gemeinden auch deren wirtschaftliche Betätigung erfasst,[606] kann dies der ausdrücklichen Gesetzgebungskompetenz des Bundes nicht entgegenstehen.[607] Die kompetentielle Zulässigkeit einer Aufgabenübertragung auf die Kommunen bestimmt sich nach der materiellen Gesetzgebungskompetenz.[608] Das Vergaberecht und -verfahren richtet sich auch nicht in erster Linie an öffentliche Unternehmen, und die kommunale Organisationshoheit besteht selbst auch nur im Rahmen der Gesetze.[609]

Ergänzend zu Art. 74 Abs. 1 Nr. 11 GG ist dessen Nr. 16 „Verhütung des Mißbrauchs wirtschaftlicher Machtstellung“ als Kompetenztitel des Bundes heranziehbar.[610] Ein Bezug zu dieser Bestimmung ist schon durch die Stellung des *Kartell*vergaberechts im GWB indiziert.[611] Da der Bund auch nach dieser Bestimmung die konkurrierende Gesetzgebungskompetenz hat, ist das Zusammentreffen mit dem Kompetenztitel „Recht der Wirtschaft“ unschädlich.[612]

Ob hingegen Art. 74 Abs. 1 Nr. 1, „Bürgerliches Recht“ eine weitere kompetentielle Grundlage des Bundes darstellt, kann durchaus bezweifelt werden. So wurde schon dargestellt, dass das Kartellvergaberecht in europarechtskonformer Auslegung auch öffentlich-rechtliche Vertragsgestaltungen erfasst, wenn diese in seinen sachlichen Anwendungsbereich fallen. Ihm kommt damit eine gewisse Zwitterstellung in der hergebrachten Rechtssystematik zu. Soweit das Vergaberecht aber nicht nur zivilrechtliche Verträge erfasst, kann es schwerlich unter das Gebiet des bürgerlichen Rechts subsumiert werden. Da das „Recht der Wirtschaft“ demgegenüber aber sowohl privat- als auch öffentlich-rechtliche Formen wirtschaftlicher Betätigung erfasst, bleibt dieser Titel als Stütze der Bundeskompetenz von dieser Verwerfung unberührt.[613]

Nach Art. 109 Abs. 3 GG hat der Bund die Gesetzgebungskompetenz für die Regelung von für Bund und Länder gemeinsam geltende Haushaltsgrundsätze. Die hier eröffnete Grundsatzgebungskompetenz ist - ähnlich wie bei der Rahmengesetzgebung -

605 Siehe BVerfGE 68, 319 (330); sowie Stettner, in *Dreier*, GG, Art. 74, Rn. 53; Pieroth, in *Jarass/Pieroth*, GG; Art. 74, Rn. 22; *Maunz*, in *Maunz/Dürig*, GG, Art. 74, V. Rn. 132; *Kunig*, in *v. Münch*, GG; Art. 74, Rn. 45; *Degenhart*, in *Sachs*, GG; Art. 74, Rn. 37.

606 Pieroth, in *Jarass/Pieroth*, GG, Art. 74, Rn. 24.

607 Siehe BVerfG-K v. 2.11.1981, JZ 82, 288 (288).

608 Siehe *Hermes*, in *Dreier*, GG, Art. 84, Rn. 44.

609 BVerfGE 91, 228 (238), siehe hierzu hinsichtlich der mit § 16 VgV getroffenen Regelung näher unten, Zweiter Teil, B.V.2.c)(3)(b).

610 Siehe so auch *Boesen*, VergabeR; Einl., Rn. 76; *Pietzcker*, ZHR 162 (1998), 427 (441);

611 Siehe zur Unterbringung des Vergaberechts im GWB aufgrund sachlicher Nähe *Niebuhr*, in *Niebuhr/Kulartz/Kus/Portz*, VergabeR, Einl., Rn. 45f. Vgl. *Maunz*, in *Maunz/Dürig*, GG, Art. 74, V. Rn. 192.

612 Siehe *Maunz*, in *Maunz/Dürig*, GG, Art. 74, V. Rn. 149, sowie auch *Stettner*, in *Dreier*, GG, Art. 74, Rn. 54.

613 Siehe soeben oben.

inhaltlich beschränkt.[614] Damit kann bereits bezweifelt werden, ob die unter Einbezug der Regelungen der Vergabeverordnung[615] ins Detail gehende Regelungen des Kartellvergaberechts noch als Grundsatzregelungen von diesem Kompetenztitel erfasst werden können.[616] Mit der Umsetzung der Vorgaben der Vergaberichtlinien und der Verankerung im GWB hat sich das Vergaberecht aber auch vom nur innen wirksamen Haushaltsrecht zum bieterschützenden Außenrecht gewandelt.[617] Insbesondere die Geltung auch für privatwirtschaftliche Sektorenauftraggeber zeigt, dass Art. 109 Abs. 3 GG keine Kompetenzgrundlage mehr für das wettbewerbsschützende Kartellvergaberecht sein kann. Aufgrund dieses Einbezugs wird sogar eine Ablösung des Begriffs „öffentliche Auftragsvergabe“ durch den Terminus der „regulierten Vergabe“ angesonnen.[618] Unabhängig von den fortbestehenden haushaltsrechtlichen Funktionen der öffentlichen Auftragsvergabe, die im Übrigen auch durch die Haushaltsordnungen[619] noch wahrgenommen werden, kann der Bund seine Gesetzgebungskompetenz damit nicht auf diese Bestimmung stützen.[620]

Ein bislang kaum erörtertes Problem hinsichtlich der Gesetzgebungskompetenz des Bundes bei einer Erfassung auch öffentlich-rechtlicher Vertragsgestaltungen durch das Kartellvergaberecht ist, dass nach hergebrachter Dogmatik in solchen Fällen das Vergabeverfahren zu einem öffentlich-rechtlichen Verwaltungsverfahren umschlägt: Die Vorbereitung und der Abschluss eines öffentlich-rechtlichen Vertrages stellt zunächst ein Verwaltungsverfahren im Sinne des § 9 VwVfG dar, wobei schon dargestellt wurde, dass diese Regelung bei öffentlich-rechtlichen Vertragsgestaltungen, die der Bedarfsdeckung dienen, durch das Kartellvergaberecht verdrängt wird.[621] Es wird vertreten, dass bei einer öffentlich-rechtlichen Einordnung des Vergabeverfahrens die Länder nach Art. 84 Abs. 1 GG zur Verfahrensregelung zuständig wären.[622] Dem kann aber pauschal nicht gefolgt werden, da im Rahmen dieser Grundgesetzbestimmung grundsätzlich auch dem Bund Organisationsgewalt durch zustimmungsbedürftige Bundesgesetze zukommt.[623] Hier gilt jedoch das Akzessorietätsprinzip, nachdem die verfahrensrechtliche Kompetenz der materiell-rechtlichen folgt: Der Bund muss von einer Kompetenz zur Sachregelung Gebrauch gemacht haben.[624] Durch die Regelung der materiellen Grundsätze des Vergaberechts, die sich insofern auf Art. 74 Abs. 1 Nr. 11 und Nr. 16 GG stützen lassen, wäre hiervon hinsichtlich der Regelungen des Vergabeverfahrens aber auszugehen. Des Weiteren dürfte der Bund im Rahmen des Art. 84 Abs. 1 GG

614 *Jarass*, in *Jarass/Pieroth*, GG, Art. 109, Rn. 4; *Fischer-Menshausen*, in *v. Münch*, GG, Art. 109, Rn. 17, siehe auch *Siekmann*, in *Sachs*, GG, Art. 109, Rn. 34ff.

615 Die auf die detaillierten Verdingungsordnungen verweist!

616 Vgl. *Gallwas*, VergabeR 2001, 2 (6f.).

617 Siehe nur den Überblick von *Glahs*, in *Reidt/Stickler/Glahs*, VergabeR, Einl., Rn. 6ff., sowie § 97, Rn. 5.

618 *Rittner*, EuR – Beiheft1 - 1996, 7 (10).

619 Siehe § 30 HGrG, § 55 BHO/LHO.

620 Ebenso *Pietzcker*, ZHR 162 (1998), 427 (441), sowie auch im Ergebnis hinsichtlich der Ablehnung einer Kompetenz aus Art. 109 Abs. 3 *Gallwas*, VergabeR 2001, 2 (8).

621 Siehe oben, Zweiter Teil, A.I.2.c).

622 *Boesen*, VergabeR, Einl. Rn. 79.

623 Ob als Annex zu den materiellen Gesetzgebungskompetenzen oder originär aufgrund der Regelung des Art. 84 Abs. 1 GG, mag hier dahinstehen, siehe hierzu einerseits *Lerche*, in *Maunz/Dürig*, GG, Art. 84, Rn. 14, m.w.N., sowie andererseits *Hermes*, in *Dreier*, GG, Art. 84, Rn. 39.

624 Siehe Pieroth, in *Jarass/Pieroth*, GG, Art. 84, Rn. 2; *Broß*, in *v. Münch*, GG, Art. 84, Rn. 4; *Dittmann*, in *Sachs*, GG, Art. 84, Rn. 5. Vgl. *Lerche*, in *Maunz/Dürig*, GG, Art. 84, Rn. 19ff.;

nicht übermäßig in die Organisationsgewalt der Länder eingreifen.[625] Angesichts der vorgegebenen europarechtlichen Bindungen, die den Bund zur vollständigen Umsetzung der Vergaberichtlinien zwingen, und angesichts des sektorspezifischen Ansatzes des Vergaberechts genügen die Regelungen des Vergabeverfahrens aber auch dem. Da der Bundesrat dem VgRÄG als Eingriff in die Verwaltungskompetenz der Länder auch zugestimmt hat, bestehen auch bei einer öffentlich-rechtlichen Betrachtung keine grundlegenden Bedenken gegen das ordnungsgemäße Zustandekommen des VgRÄG.

Die kompetentiellen Grundlagen für eine Gesetzgebung des Bundes hinsichtlich des Kartellvergaberechts ergeben sich also aus Art. 74 Abs. 1 Nr. 11 und 16 GG. Die Ermächtigungsnormen des Kartellvergaberechts sind damit diesbezüglich verfassungsgemäß zustande gekommen. Entgegen der Ansicht des Gesetzgebers kommt Art. 74 Abs. 1 Nr. 1 GG wegen der Anwendung des Vergaberechts des GWB auch auf öffentlich-rechtliche Verträge als Kompetenzgrundlage aber nicht in Betracht. Angesichts des Wandels des Vergaberechts vom Haushalts- zum außenwirksamen Wettbewerbsrecht und angesichts der detaillierten Regelungen des Vergabeverfahrens in der Kaskade GWB – VgV – Verdingungsordnungen scheidet Art. 109 Abs. 3 GG als Grundlage für eine Bundesgesetzgebungskompetenz ebenfalls aus. Soweit aufgrund des Einbezugs solcher Vertragsgestaltungen das Vergabeverfahren als Verwaltungstätigkeit zu verstehen ist, ist das VgRÄG nach Art. 84 Abs. 1 GG ordnungsgemäß unter Zustimmung des Bundesrats zustande gekommen.

(b) Bestimmtheit

Die gesetzlichen Ermächtigungen zum Erlass der VgV müssen nach Art. 80 Abs. 1 S. 2 GG Inhalt, Zweck und Ausmaß der erteilten Ermächtigung bestimmen. Das BVerfG hat verschiedene Formeln entwickelt, anhand derer das Gericht die Bestimmtheit einer Verordnungsermächtigung überprüft. So muss der Gesetzgeber selbst die Entscheidung treffen, welche Fragen durch Verordnung geregelt werden sollen, die Grenzen einer solchen Regelung festsetzen und angeben, welchem Ziel die Regelung dienen soll,[626] was allgemein als „Selbstentscheidungsformel" bezeichnet wird.[627] Nach der „Programmformel" muss sich aus dem Gesetz ermitteln lassen, welches Programm durch die Rechtsverordnung erreicht werden soll.[628] Die „Vorhersehbarkeitsformel" stellt den ersten beiden Ansätzen aus der Sicht des Bürgers entsprechend[629] darauf ab, dass dieser aus dem Gesetz erkennen kann, in welchen Fällen und mit welcher Tendenz von der Ermächtigung Gebrauch gemacht werden wird.[630] Die Bestimmtheit der Er-

625 So darf der Bund nur dann Gemeinden in den Vollzug der Bundesgesetze einschalten, „wenn es sich um punktuelle Annexregelungen zu einer zur Zuständigkeit des Bundesgesetzgebers gehörenden materiellen Regelung handelt und wenn diese Annexregelung für den wirksamen Vollzug der materiellen Bestimmungen des Gesetzes notwendig ist", BVerfGE 77, 288 (299). Siehe auch *Pieroth*, in *Jarass/Pieroth*, GG, Art. 84, Rn. 2. Gegen eine derartige Einschränkung der Bundeskompetenz aber mit beachtlichen Gründen *Dittmann*, in *Sachs*, GG, Art. 84, Rn. 6; *Hermes*, in *Dreier*, GG, Art. 84, Rn. 40ff., sowie vorsichtig auch *Lerche*, in *Maunz/Dürig*, GG, Art. 84, Rn. 15ff.

626 BVerfGE 2, 307 (334); 23, 62 (72).

627 Siehe auch zu den nachfolgenden Formeln etwa *Pieroth*, in *Jarass/Pieroth*, GG, Art. 80, Rn. 14; *Bryde*, in *v. Münch/Kunig*, GG, Art. 80, Rn. 20; *Bauer*, in *Sachs*, GG; Art. 80, Rn. 29.

628 BVerfGE 5, 71 (77); 8, 274 (307ff); 58, 257 (277).

629 *Bryde*, in *v. Münch/Kunig*, GG, Art. 80, Rn. 20.

630 BVerfGE 1, 14 (60); 41, 251 (265f.); 56, 1 (12).

mächtigungsgrundlage ist dabei anhand einer Auslegung des gesamten Gesetzes zu ermitteln, nicht nur anhand der einzelnen Ermächtigungsvorschrift.[631]

Welchen Bestimmtheitsanforderungen eine Ermächtigung im Einzelfall zu genügen hat, ist des Weiteren von der jeweils betroffenen Regelungsmaterie abhängig.[632] So muss etwa bei Eingriffen die gesetzliche Konkretisierung der Grundrechtsrelevanz entsprechen,[633] während aufgrund des Vorrangs des Gemeinschaftsrechts bei der Umsetzung europäischer Vorgaben nur geringere Anforderungen zu stellen sind.[634] Da sich Inhalt und Ausmaß einer Ermächtigung anhand des mit der zu treffenden Regelung verfolgten Zwecks näher bestimmen lassen, kommt diesem besondere Bedeutung zu.[635] Anhand dieser Grundsätze sind im Folgenden die Verordnungsermächtigungen des Kartellvergaberechts zu überprüfen.

Die Verordnungsermächtigung des § 127 GWB betrifft in der Sache Bereiche, die im Wesentlichen durch Vorgaben der europäischen Vergaberichtlinien geprägt sind[636] und die Anwendbarkeit des Kartellvergaberechts[637] sowie besondere Verfahrensregelungen betreffen. Sie bezieht sich in den Nrn. 1 – 4 und Nrn. 6 - 8 auf konkrete Regelungsgegenstände, deren nähere Ausgestaltungen europarechtlich prädeterminiert und damit dem Verordnungsgeber vorgegeben sind.[638] Die Ermächtigung zur Abgrenzung der Zuständigkeiten der Vergabekammern nach Nr. 5 überlässt dies zwar in den Details dem Verordnungsgeber. Eine generelle Unterscheidung der Zuständigkeit hat der Gesetzgeber aber schon in § 104 Abs. 1 GWB getroffen.[639] Da diese formelle Regelungsmaterie keine unmittelbare Grundrechtsrelevanz hat, ist dies nicht zu beanstanden. Aus dem Gesamtzusammenhang von Verordnungsermächtigung, den übrigen gesetzlichen Regelungen des Kartellvergaberechts sowie den Vergaberichtlinien ist Inhalt, Zweck und Ausmaß der Verordnungsgebungsbefugnisse nach § 127 GWB also den Erfordernissen des Art. 80 Abs. 1 S. 2 GG entsprechend bestimmbar.

Die Ermächtigung des § 97 Abs. 6 GWB bezieht sich auf das bei der Vergabe öffentlicher Aufträge einzuhaltende Verfahren, wobei Regelungen insbesondere über die Bekanntmachung, den Ablauf und die Arten der Vergabe, über die Auswahl und Prüfung der Unternehmen und Angebote sowie den Abschluss des Vertrags zu treffen sind. Es wird aber auch zur Regelung sonstiger Fragen des Vergabeverfahrens ermächtigt.

---

631 BVerfGE 8, 274 (307); 58, 257 (277); 80, 1 (20f.), sowie etwa *Maurer,* Allg. Verwaltungsrecht, § 13, Rn. 6; *Bryde*, in *v. Münch/Kunig,* GG, Art. 80, Rn. 21f.

632 Siehe *Sannwald,* in *Schmidt-Bleibtreu/Klein,* GG, Art. 80, Rn. 58; *Schmidt-Aßmann*, in *Kirchhof/Lehner/Raupach/Rodi,* FS *Vogel,* S. 490f.; *Bryde*, in *v. Münch/Kunig,* GG, Art. 80, Rn. 21; *Bauer*, in *Sachs,* GG, Art. 80, Rn. 30ff.

633 Siehe BVerfGE 58, 257 (277f.); 80, 1 (21f.). *Sannwald*, in *Schmidt-Bleibtreu/Klein,* GG, Art. 80, Rn. 58; *Pieroth*, in *Jarass/Pieroth*, GG, Art. 80, Rn. 12; *Bryde*, in *v. Münch/Kunig,* GG, Art. 80, Rn. 21.

634 Siehe *Pieroth*, in *Jarass/Pieroth*, GG, Art. 80, Rn. 12a; *Callies*, in NVwZ 1998, 8 (12, m.w.N.); *Bauer*, in *Sachs,* GG, Art. 80, Rn. 31. A.A. *Brenner*, in *Mangoldt/Klein/Starck,* GG, Art. 80, Rn. 36.

635 Siehe *Pieroth*, in *Jarass/Pieroth*, GG, Art. 80, Rn. 12; *Bryde*, in *v. Münch/Kunig,* GG, Art. 80, Rn. 22, m.w.N.

636 *Boesen*, VergabeR, § 127, Rn.3; *Willenbruch*, in *Byok/Jaeger*, VergabeR, § 127, Rn. 940.

637 Siehe *Willenbruch*, in *Byok/Jaeger*, VergabeR, § 127, Rn. 940.

638 Siehe zum Europarechtsbezug der einzelnen Gegenstände im Einzelnen *Boesen*, VergabeR, § 127, Rn. 4ff., *Willenbruch*, in *Byok/Jaeger*, VergabeR, § 127, Rn. 944ff., sowie auch *Stockmann*, in *Immenga/Mestmäcker,* GWB, § 127, Rn. 3ff.

639 Siehe *Boesen*, VergabeR, § 127, Rn. 26.

Soweit § 97 Abs. 6 GWB ausdrücklich die Bereiche des Vergabeverfahrens nennt, die durch Verordnung näher auszugestalten sind, hat der Gesetzgeber den Inhalt der Verordnung selber bestimmt. Ziel der Schaffung des Kartellvergaberechts ist die vollständige Umsetzung der europäischen Vergaberichtlinien,[640] so dass insofern auch das Ziel der Verordnungsregelungen hinreichend vorgeprägt ist. Aus den Vergaberichtlinien ergeben sich aber auch hinsichtlich der konkreten Ausgestaltung des Vergabeverfahrens inhaltliche Determinanten. Grenzen für Regelungen des Vergabeverfahrens folgen aus den im Gesetz fixierten Grundsätzen der Vergabe und des Vergabeverfahrens. Diese sind überschritten, wenn eine Verordnungsregelung nicht ihrer Effektivierung und näheren Ausgestaltung dient. Das Programm der Vergabeverordnung ist damit auch im Rahmen des § 97 Abs. 6 GWB durch den Gesetzgeber und die Vergaberichtlinien festgelegt.[641] Dies könnte allenfalls hinsichtlich der Ermächtigung zur Regelung auch sonstiger Fragen des Vergabeverfahrens fraglich sein, einer Formel, die nach dem Wortlaut Inhalt und Grenzen der zu treffenden Regelungen nicht vorgibt.[642] In Zusammenhang mit der lückenlosen Umsetzung des europäischen Vergaberechts und den gesetzlich normierten Vergabegrundsätzen sind aber die aufgrund dieser Regelung zu treffenden Verordnungsbestimmungen ebenfalls noch bestimm- und vorhersehbar. Die in § 97 GWB normierten Grundsätze der Vergabe öffentlicher Aufträge entfalten hier als verbindliche Vorgaben für den Verordnungsgeber Wirkung.[643] Die Klausel ist hinsichtlich des zu erreichenden Ziels als Auffangtatbestand für nicht ausdrücklich erwähnte Verfahrenshandlungen und -weisen zu verstehen. Diesbezügliche Grenzen der Ermächtigung ergeben sich aus dem Regelungszusammenhang und -zweck, der Gesetzgeber mußte nicht alle einzelnen von den Vergaberichtlinien oder den Vergabegrundsätzen berührten Bereiche des Vergabeverfahrens einzeln im Gesetzestext anführen. Auf die Ermächtigung zur Regelung sonstiger Fragen des Vergabeverfahrens können Verordnungsregelungen, die nicht unter einen der anderen, expliziteren Ermächtigungstatbestand fallen, nur dann gestützt werden, wenn sie der Umsetzung europäischer Vorgaben dienen, oder der Ausgestaltung eines der in § 97 genannten Vergabegrundsatzes dienen.

Die §§ 97 Abs. 6 und 127 GWB genügen damit als Verordnungsermächtigungen den Anforderungen des Art. 80 Abs. 1 S. 2 GG.

(2) Vereinbarkeit von § 16 VgV mit der Ermächtigungsgrundlage

Liegt damit eine dem Art. 80 Abs. 1 genügende Ermächtigung für die VgV vor, so darf diese selbst nicht über die Grenzen der erteilten Ermächtigung hinausgehen.[644] Dementsprechend ist zu prüfen, ob § 16 VgV auf die Verordnungsermächtigungen des Kartellvergaberechts rückführbar ist. Als Grundlage der getroffenen Regelung kommt nur § 97 Abs. 6 GWB - Bestimmungen über „sonstige Fragen des Vergabeverfahrens“ -

640 Siehe Begründung zum RegE VgRÄG, BT-Drs. 13/9340, S. 12.

641 Siehe so auch *Boesen*, VergabeR, § 97, Rn. 161; *Hailbronner*, in *Byok/Jaeger*, VergabeR, § 97, Rn. 192;

642 Sofern *Gallwas*, VergabeR 2001, 2 (7) meint, dass die Regelungsmaterien so zahlreich und allgemein formuliert seien, dass man sich schwer tun würde, noch eine Vorschrift in der VgV oder den Verdingungsordnungen zu finden, für die es keine Ermächtigungsgrundlage gibt, kann sich die Allgemeinheit wohl nur auf diese Formulierung beziehen.

643 Siehe *Boesen*, VergabeR, § 97, Rn. 4.

644 BVerfGE 42, 374 (387f.); 58, 68 (79); 101, 1 (37ff.). Siehe auch etwa Pieroth, in *Jarass/Pieroth*, GG, Art. 80, Rn. 20.

in Betracht, da die übrigen im Einzelnen in §§ 97 Abs. 6, 127 GWB angeführten Regelungsmaterien ersichtlich nicht berührt sind.

Als Regelung des Vergabeverfahrens, die ein Mitwirkungsverbot hinsichtlich der auf Auftraggeberseite am Vergabeverfahren beteiligten Personen aufstellt, lässt sich § 16 VgV zunächst ohne weiteres mit diesem Auffangtatbestand der gesetzlichen Verordnungsermächtigung vereinbaren. Der extrem weite und damit auch unbestimmte Wortlaut dieser Ermächtigungsbestimmung wird aber durch den Regelungszusammenhang und die Ziele des Kartellvergaberechts beschränkt. So kann sich § 16 VgV nur dann zulässigerweise auf § 97 Abs. 6 GWB stützen, wenn er der Umsetzung von Vorgaben der europäischen Vergaberichtlinien oder der Verwirklichung sonstiger Grundsätze des Kartellvergaberechts dient.

Den Vergaberichtlinien lässt sich unmittelbar kein Mitwirkungsverbot in Vergabeverfahren entnehmen, eine diesbezügliche Verfahrensanforderung wird nicht aufgestellt.[645] Ein Ansatzpunkt für die Normierung des § 16 VgV könnte aber das Diskriminierungsverbot der Vergaberichtlinien sein. So führt das OLG Brandenburg in der schon zitierten Entscheidung zum Vergabeverfahren Flughafen Berlin - Brandenburg aus, dass das Gleichbehandlungs- und Neutralitätsgebot in engem und unauflöslichem Zusammenhang mit dem das Vergaberecht beherrschenden Diskriminierungsverbot, wie es in § 97 Abs. 2 GWB angeführt ist, stehe.[646] Gleichbehandlung und Neutralität werden hier ersichtlich gleichgesetzt. Die Grundlage des § 97 Abs. 2 findet sich im Diskriminierungsverbot der Vergaberichtlinien als beherrschender Grundsatz des europäischen Vergaberechts.[647] Auch im Regierungsentwurf zu § 16 VgV heißt es, dass es der das Vergaberecht beherrschende Gleichbehandlungsgrundsatz erfordere sicherzustellen, dass für den Auftraggeber nur Personen tätig werden, die in ihren Interessen weder mit einem Bieter noch mit einem Beauftragten des Bieters verknüpft sind. Die Verletzung des mit dem Gleichbehandlungsgebot in engem Zusammenhang stehenden Neutralitätsgebots könne an öffentlichen Aufträgen interessierte Bieter diskriminieren.[648] Parallel hierzu wird auch in der Literatur vertreten, dass § 16 VgV Ausfluss des das gesamte Vergaberecht bestimmenden Gleichbehandlungsgrundsatzes sei.[649] Die getroffene Regelung wäre damit als Umsetzung des Diskriminierungsverbots der Vergaberichtlinien auf diese rückführbar und vom Ziel des Kartellvergaberechts, der Umsetzung der europäischen Vorgaben, gedeckt.

Dass aus den vergaberechtlichen Gleichbehandlungsgeboten auch der Ausschluss bestimmter Personen gefolgert werden könnte,[650] wurde aber schon nach der Leitentschei-

645 Wegen der Abweichung vom bisherigen nationalen, europäischen und WTO-Vergaberecht hält *Dreher*, NZBau 2000, 178 (178) die Normierung des § 16 VgV nach dem Regierungsentwurf nicht für überzeugend.

646 OLG Brandenburg, NVwZ 1999, 1142 (1146).

647 Siehe EuGH v. 22.6.1993, Rs. C-243/89, „Storebaelt", Slg. 1993, I-3353, Rn. 33; EuGH v. 25.4.1996, Rs. C-87/94, „Wallonische Busse", Slg. 1996, I-2043, (Rn. 51ff), sowie etwa *Boesen*, VergabeR, § 97, Rn. 30.

648 BR-Drs. 455/00, S. 19f.

649 *Kratzenberg*, NZBau 2001, 119 (121); *Weitbreit*, in *Schwarze (Hrsg.)*, Vergabe öffentlicher Aufträge, S. 189.

650 Siehe *Neßler*, NVwZ 1999, 1081 (1083), sowie *Berrisch*, DB 1999, 1797 (1798); *Berrisch/Nehl*, WuW 2001, 944 (951).

dung des OLG Brandenburg vielfach bestritten.[651] So wirken die Mitwirkungsverbote des § 16 VgV präventiv und begegnen damit der Gefahr zukünftiger Diskriminierungen. Die Gleichbehandlungsgebote untersagen demgegenüber nur tatsächliche Diskriminierungen, also sachlich nicht gerechtfertigte Ungleichbehandlungen in konkreto. Verstöße gegen die Diskriminierungsverbote setzen nachteilige Auswirkungen voraus, ein tatsächliches Auswirken ist hier konstitutiv.[652] Wie die zweite Widerlegungsmöglichkeit des § 16 Abs. 1 Nr. 3 VgV jetzt auch ausdrücklich anerkennt,[653] können[654] aber voreingenommene Personen in Vergabeverfahren an Entscheidungen mitwirken, ohne dass dies zwingend zu einer Diskriminierung führt. Der vergaberechtliche Gleichbehandlungsgrundsatz kann also nicht mit einem zu Mitwirkungsverboten führenden Neutralitätsgebot gleichgesetzt werden,[655] § 16 VgV ist keine unmittelbare Umsetzung des Diskriminierungsverbots. Dieses und der Ausschluss voreingenommener Personen stehen zwar in einem engen Zusammenhang, in dem beide auf dasselbe Ziel gerichtet sind. Das Diskriminierungsverbot beschränkt sich aber auf das Verbot tatsächlicher Ungleichbehandlungen, darüber hinausgehende Anforderungen hinsichtlich des Umgangs mit Personen, die in ihren Interessen mit denen der Wettbewerberseite verknüpft sind, lassen sich ihm nicht entnehmen.[656] Der Zusammenhang der beiden Rechtssätze ist also keinesfalls unauflöslich,[657] eine saubere Trennung ist dogmatisch möglich und geboten.[658]

Soweit das OLG Saarbrücken und auch das Bayerische Oberlandesgericht das vergaberechtliche Neutralitätsgebot neben dem Gleichbehandlungsgrundsatz auch in Zusammenhang mit dem Transparenzgebot des § 97 Abs. 1 GWB stellen,[659] der ebenfalls auf europarechtlichen Vorgaben beruht,[660] kann § 16 VgV aber ebenfalls nicht als Umsetzung diesbezüglicher Vorgaben begriffen werden. Das Transparenzgebot fordert eine durchschaubare und nachvollziehbare Gestaltung des Vergabeverfahrens, so dass alle

651 Siehe die Nachweise der kritischen Literatur zur Rechtsprechung des OLG Brandenburg oben, Zweiter Teil, A.II.1.a).

652 OLG Stuttgart, NZBau 2000, 301 (305).

653 Siehe näher unten, Zweiter Teil, B.V.3.

654 Können, meint hier keinesfalls dürfen. Wird eine etwaige Voreingenommenheit festgestellt, so ist ein Verfahrensausschluss zwingend, wenn der Interessenkonflikt nicht widerlegt werden kann.

655 Vgl. OLG Koblenz, NZBau 2000, 534 (539), welches die beiden recht deutlichen Rechtssätze unterscheidet: „Eine zum Nachteil der Bf. zu 2. wirkende, gegen das vergaberechtliche Gebot der Neutralität und gegen den Grundsatz der Chancengleichheit aller Bieter verstoßende Mitwirkung der EL ist nicht feststellbar".

656 Siehe *Berrisch*, DB 1999, 1797 (1798); *Berrisch/Nehl*, WuW 2001, 944 (952); *Dreher*, NZBau 2000, 178 (179); derselbe, NZBau 2000, 280 (281); *Höfler/Bert*, NJW 2000, 3310 (3315); *Malmendier*, DVBl. 2000, 963 (965).

657 Vgl. OLG Brandenburg v. 3.8.1999, NZBau 1999, 1142 (1146), welches aber schon insoweit unsauber formuliert, als dass auch das Diskriminierungsverbot auch mit dem Gleichbehandlungsgebot in unauflöslichem Zusammenhang stehe. Die beiden Begriffe sind aber als zwei Seiten einer Medaille wohl tatsächlich austauschbar.

658 Siehe *Berrisch/Nehl*, WuW 2001, 944 (952f.). Diese weisen treffend darauf hin, dass auch die Ausführungen des Verordnungsgebers in der Begründung des Regierungsentwurfs dementsprechend zu verstehen sind, da bei einer Verletzung des Neutralitätsgrundsatzes nur von der Möglichkeit („kann") eines Verstoßes gegen den Gleichbehandlungsgrundsatz gesprochen wird.

659 OLG Saarbrücken v. 22.10.1999, NZBau 2000, 158 (161); BayObLG v. 20.12.1999, NZBau 2000, 259 (261).

660 Siehe zum Gebot der Gleichbehandlung EuGH v. 22.6.1993, Rs. C-243/89, „Storebaelt", Slg. 1993, I-3353, Rn. 33;EuGH v. 25.4.1996, Rs. C-87/94, „Wallonische Busse", Slg. 1996, I-2043, (Rn. 53f.). sowie auch EuGH v. 25.4.1996, Rs. 87/94, „Alkatel", abgedruckt in EuZW 1996, 506ff (Tz. 51).

Bieter aufgrund der ihnen gegebenen Information die gleichen Chancen im Vergabewettbewerb haben.[661] Es begründet im Wesentlichen umfassende Informationspflichten der öffentlichen Auftraggeber.[662] Zwar dient der Ausschluss voreingenommener Personen vom Vergabeverfahren auch der Sicherung der Chancengleichheit der Wettbewerber.[663] § 16 VgV stellt aber keine Maßnahme zur Sicherung der Transparenz dar, diese könnte schon dadurch erreicht werden, dass der Auftraggeber die Verknüpfung mit der Bieter- oder Bewerberseite offenlegt. Die getroffene Regelung ist mithin also nicht notwendige Voraussetzung transparenter Vergabeverfahren[664] und damit auch insofern keine Konkretisierung diesbezüglicher Vorgaben der Vergaberichtlinien.

§ 16 VgV ist aber eine Regelung des Vergabeverfahrens, der hinsichtlich der Sicherstellung von Wettbewerb und dem Schutz der Bieter oder Bewerber vor unsachlichen Beeinflussungen des Verfahrens Bedeutung zukommt. Das in § 97 Abs. 1 kodifizierte Wettbewerbsprinzip wird als Kernprinzip des deutschen Vergaberechts verstanden,[665] es hat eine Verankerung auch in europäischen Vorgaben.[666] Aufgrund des Wettbewerbsprinzips müssen Benachteiligungen im Vergabeverfahren wegen spezifischer Interessen des öffentlichen Auftraggebers vermieden werden.[667] Echter Wettbewerb ist ohne Chancengleichheit nicht denkbar,[668] diese steht bei Vorliegen von Interessenkonflikten bei am Vergabeverfahren entscheidend mitwirkender Personen aber stark in Frage. Es besteht die evidente Gefahr unsachlicher Beeinflussungen aufgrund spezifischer Interessen dieser Personen. Zwar wird Wettbewerb aufgrund der Geltung des Gleichbehandlungsgebots bei Vorliegen von Interessenkonflikten noch nicht schlechthin vereitelt. Um die freie Konkurrenz der Angebote sicherzustellen, ist der Ausschluss voreingenommener Personen vom Vergabeverfahren aber geboten. Wie schon festgestellt, berührt die Mitwirkung einer auch auf Bieter- oder Bewerberseite stehenden Person am Vergabeverfahren den grundsätzlichen Wettbewerbsdualismus von Angebot und Nachfrage.[669] § 16 kann damit als Ausprägung des Wettbewerbsgrundsatzes betrachtet werden und liegt innerhalb des bieterschützenden Telos[670] des Kartellvergaberechts (§ 97 Abs. 7 GWB). Das Mitwirkungsverbot regelt eine Frage des Vergabeverfahrens innerhalb von Ziel und Regelungszusammenhang der Ermächtigung des § 97 Abs. 6 GWB.

---

661 Siehe EuGH v. 25.4.1996, Rs. C-87/94, „Wallonische Busse", Slg. 1996, I-2043, (Rn. 54), siehe auch EuGH v. 25.4.1996, Rs. 87/94, „Alkatel", abgedruckt in EuZW 1996, 506ff (Tz. 53), sowie etwa *Boesen*, VergabeR, § 97, Rn. 16; *Ax/Schneider/Nette*, HdB VergabeR, Kap. 1, Rn. 40ff.

662 Siehe *Stickler*, in *Reidt/Stickler/Glahs*, VergabeR, § 97, Rn. 7.

663 Siehe zu dieser Funktion des Transparentsgebots etwa *Ax/Schneider/Nette*, HdB VergabeR, Kap. 1, Rn. 40; *Hailbronner*, in *Byok/Jaeger*, VergabeR, § 97, Rn. 135; *Niebuhr*, in *Niebuhr/Kulartz/Kus/Portz*, VergabeR, § 97, Rn. 82.

664 So aber BayObLG v. 20.12.1999, NZBau 2000, 259 (261).

665 *Ax/Schneider/Nette*, HdB VergabeR, Kap. 1, Rn. 40; *Niebuhr*, in *Niebuhr/Kulartz/Kus/Portz*, VergabeR, § 97, Rn. 2.

666 Wettbewerb im Vergabewesen ist ein Erfordernis zur Realisierung des gemeinsamen Marktes nach Art. 2 EGV, siehe *Kommission*, Weißbuch „Vollendung des Binnenmarktes", KOM(85) 310, S. 23f., sowie etwa *Boesen*, VergabeR, § 97, Rn. 6. Die Schaffung echten Wettbewerbs ist deshalb Ziel der Vergaberichtlinien, siehe RL 92/50/EWG, Erwägungsgrund 20, ABl. 1992, Nr. L 209; RL 93/36/EWG, Erwägungsgrund 14, ABl. 1993, Nr. L 199; RL 93/37/EWG, Erwägungsgrund 10, ABl. 1993, Nr. L 199, 54.

667 *Ax/Schneider/Nette*, HdB VergabeR, Kap. 1, Rn. 33; *Niebuhr*, in *Niebuhr/Kulartz/Kus/Portz*, VergabeR, § 97, Rn. 8.

668 Vgl. *Stickler*, in *Reidt/Stickler/Glahs*, VergabeR, § 97, Rn. 6.

669 Siehe oben, Erster Teil, E.

670 Siehe RegE zum VgRÄG, BR-Drs. 13/9340, S. 12.

Soweit das GWB nach dem Willen des Gesetzgebers der vollständigen Umsetzung der Vergaberichtlinien dient, ergibt sich hieraus auch keine Begrenzung der Ermächtigungsgrundlage durch die gemeinschaftsrechtlichen Vorschriften.[671] Der Verordnungsgeber kann vielmehr über die Standards der Vergaberichtlinien hinausgehen und strengere und weitere Regelungen erlassen.[672] Im Rahmen der auf den ihn delegierten Rechtsetzungsbefugnis kommt dem Verordnungsgeber Gestaltungsfreiheit zu,[673] die gesetzliche Ermächtigung weist der Exekutive zur Regelung des jeweiligen Sachbereichs eine beschränkte, aber selbständige Regelungs- und Gestaltungsvollmacht zu.[674] Wie weit diese reicht, ist durch Auslegung der gesetzlichen Ermächtigung zu bestimmen.[675] Die Konkretisierungen der Vorgaben der Ermächtigung durch den Verordnungsgeber sollen nur darauf nachprüfbar sein, ob sie sich innerhalb des gesetzlich vorgegebenen Bedeutungsrahmens und Ziels bewegen.[676] Dies ist für die wettbewerbsorientierte Regelung des § 16 VgV wohl anzunehmen. Der Verordnungsgeber ist demnach als zum Erlass dieser Bestimmung befugt zu betrachten.

Für eine diesbezügliche Regelungskompetenz des Verordnungsgebers spricht des Weiteren, dass die Normierung des Mitwirkungsverbots auch Ausdruck der öffentlich-rechtlichen Bindungen öffentlicher Auftraggeber ist.[677] Zwar wurde schon festgestellt, dass § 20 VwVfG in privatrechtlich ausgestalteten Beschaffungsverfahren keine direkte Anwendung findet.[678] Die Regelung des § 20 VwVfG wird aber gemeinhin als Ausdruck eines allgemeinen Verwaltungsgrundsatzes betrachtet, der von der Verwaltung auch bei privatrechtlichem Handeln zu beachten sei.[679] Für Vergabeverfahren unter dem Kartell-

671 *Niebuhr*, in *Niebuhr/Kulartz/Kus/Portz*, VergabeR, § 97, Rn.227; siehe auch *Marx*, in *Motzke/Pietzcker/Prieß*, VOB/A, § 97, Rn. 10.

672 *Willenbruch*, in *Byok/Jaeger*, VergabeR, § 127, Rn. 940.

673 *Ossenbühl*, HdBStR III, § 64, Rn. 33. Siehe zur Anerkennung der Gestaltungsfreiheit des Verordnungsgebers der Sache nach oder ausdrücklich etwa BVerfGE 34, 53 (60); 38, 348 (363); 45, 142 (162); 53, 135 (145); 58, 68 (79); 69, 150 (160). Siehe auch *v. Danwitz*, Gestaltungsfreiheit, S. 161. *Zuleeg*, DVBl. 1970, 157ff. geht diesbezüglich von einer Ermessensfreiheit aus.

674 *Badura*, in *Selmer/v. Münch (Hrsg.)*, GS Martens, S. 25. Siehe auch *Pegatzky*, Parlament und Verordnungsgeber, S. 59. Siehe so ausdrücklich für die Verordnungsgebung im Kartellvergaberecht *Marx*, in *Motzke/Pietzcker/Prieß*, VOB/A, § 97, Rn. 9.

675 *Badura*, in *Selmer/v. Münch (Hrsg.)*, GS Martens, S. 27.

676 *Ossenbühl*, in *Isensee/Kirchhof*, HdBStR III, § 64, Rn. 36, siehe auch *Zuleeg*, DVBl. 1970, 157 (161).

677 Siehe zur Bindung an die Grundrechte ausführlich unten, Dritter Teil, C.I.

678 Siehe oben, Zweiter Teil, A.I.1.

679 Siehe die oben dargestellte Rechtsprechung des OLG Brandenburg, sowie *Bonk*, in *Stelkens/Bonk/Sachs*, VwVfG, § 20, Rn. 19; *Clausen*, in *Knack*, VwVfG, § 20, Rn. 5; *Kulartz/Niebuhr*, NZBau 2000, 6 (11); *Pache*, DVBl. 2001, 1781 (1788); *Pietzcker, Zweiteilung des Vergaberechts*, S. 20; *Stickler*, in *Reidt/Stickler/Glahs*, VergabeR, Vorb. zu §§ 97-101, Rn. 11. Siehe auch *Danckwerts*, NZBau 2001, 242 (243); *Kopp/Ramsauer*, VwVfG, § 20, Rn. 7; *Malmendier*, DVBl. 2000, 963 (965); *Neßler*, NVwZ 1999, 1081 (1082); *Schwarze*, EuZW 2000, 133 (141); *v. Zezschwitz*, NJW 1983, 1873 (1881). Vgl. aber *Engelhardt*, in *Obermayer*, VwVfG, § 20, Rn. 16. Gegen einen analogen Rückgriff auf § 20 VwVfG wendet sich ausdrücklich *Dreher*, in *Immenga/Mestmäcker*, GWB, Vor § 97, Rn. 96 und *Berrisch*, DB 1999, 1797 (1798). Angesichts des Diskriminierungsverbots des § 97 Abs. 2 GWB läge keine für eine Analogie erforderliche Regelungslücke vor, siehe diesbezüglich kritisch auch *Weitbreit*, in *Schwarze (Hrsg.)*, Vergabe öffentlicher Aufträge, S. 181. Gegen diese Annahme spricht aber, dass sich Neutralitätspflichten nicht unmittelbar aus dem Diskriminierungsverbot folgern lassen, dieses also diesbezüglich sehr wohl eine auffüllungsbedürftige Lücke im Vergaberecht gelassen hat, so auch *Rahlf*, WuW 2000, 258 (259).

vergaberecht hat das KG Berlin ausdrücklich festgestellt, dass der Anspruch der Bieter aus § 97 Abs. 7 GWB auf Einhaltung der Bestimmungen über das Vergabeverfahren auch die Beachtung der allgemeinen Grundsätze der Verwaltung umfasst.[680] Parallel hierzu hat sich auch die der Regelung des § 16 VgV vorgelagerte Rechtsprechung zumindest teilweise auf den Rechtsgedanken und die Tatbestände des § 20 VwVfG gestützt.[681] Damit kann § 16 VgV auch als Umsetzung von ohnehin zu beachtenden Grundsätzen für das Vergaberecht betrachtet werden.

Es kann als problematisch angemerkt werden, dass der Gesetzgeber bei der Verabschiedung des VgRÄG an eine Ermächtigung des Verordnungsgebers zur Regelung von Mitwirkungsverboten gar nicht dachte. Ein diesbezüglicher Wille hat sich nicht ausdrücklich im Kartellvergaberecht niedergeschlagen, die Thematik wurde auch erst durch den nachgelagerten Beschluss des OLG Brandenburg[682] für Vergabeverfahren prominent. Gerade dies kann aber auch für die klarstellende Normierung sprechen, da die Verordnung der Exekutive als Instrument in die Hand gegeben wird, weil sie schneller reagieren kann.[683] Soweit sich entsprechend obiger Darstellung die Regelung mit Ziel und Inhalt der Verordnungsermächtigung deckt, ist eine fehlende Regelungsabsicht des Gesetzgebers unschädlich, das Verlangen einer solchen würde die Entlastungsfunktion der Verordnung beeinträchtigen.

Wenn sich auch letzte Zweifel hinsichtlich der Vereinbarkeit der Regelung des § 16 VgV mit der Ermächtigungsgrundlage des § 97 Abs. 6 GWB wohl nicht ganz ausschließen lassen, so sprechen aber Wettbewerbs- und Bieterschutz als Ziele des Kartellvergaberechts für die Zulässigkeit der getroffenen Regelung, die sich jedenfalls auf den Wortlaut der Ermächtigung stützen kann.

III. Zusammenfassung

Vergabeverfahren werden als fiskalische Verwaltungstätigkeit traditionell dem Zivilrecht zugeordnet, so dass die Bestimmung des § 20 VwVfG über den Ausschluss befangener Personen von Verwaltungsverfahren keine unmittelbare Wirkung entfalten kann. Bis zum Inkrafttreten der neuen VgV fehlte es somit an einer ausdrücklichen Regelung für Fälle von personellen Überschneidungen zwischen Auftraggebern und Bietern oder Bewerbern.

Angeregt durch die Rechtsprechung des OLG Brandenburg im Fall Flughafen Berlin-Brandenburg, hat sich der Verordnungsgeber bei der Schaffung der neuen VgV zur Aufnahme einer diesbezüglichen Regelung entschlossen. Da das Mitwirkungsverbot als Ausprägung des Wettbewerbsgrundsatzes und Ausdruck öffentlich-rechtlicher Bindungen öffentlicher Auftraggeber zu betrachten ist, kann er sich dabei auf die Ermächtigung des § 97 Abs. 6 GWB stützen. Angesichts neuerer Entwicklungen in der Rechtsprechung wurde der weitestgehend unbedingte Ausschlusstatbestand des Regierungsentwurfs vom Bundesrat dahin gehend modifiziert, dass die Voreingenommenheitsvermu-

---

680 KG Berlin, WuW 2002, 316 (LS 1 und S. 318). Vgl. *Krebs,* VVDStRL 52 (1992), 248 (275), der die zumindest die im Verwaltungsverfahrensgesetz umgesetzten verfassungsrechtlichen Grundaussagen auch bei privatrechtlichen Verträgen der Verwaltung für verbindlich hält.

681 Siehe oben.

682 OLG Brandenburg, NVwZ 1999, 1142ff.

683 Siehe etwa *Maurer,* Allg. Verwaltungsrecht, § 4, Rn. 12, *Bauer*, in *Dreier*, GG, Art. 80, Rn. 11, sowie *Schmidt-Aßmann*, in *Kirchhof/Lehner/Raupach/Rodi,* FS Vogel, S. 478.

tung in bestimmten Fällen widerlegt werden kann. Ob die hiermit verfolgten Ziele des Bundesrates erreicht wurden, wird später noch zu erörtern sein.[684]

Da die vertragliche Bestellung gemeinwirtschaftlicher Verkehrsleistungen aber auf Normen des öffentlichen Rechts fußt, spricht in diesen Fällen zunächst eine Vermutung für eine öffentlich-rechtliche Betrachtung nach § 54 VwVfG. Die herrschende Meinung räumt hier der Verwaltung ein Wahlrecht hinsichtlich der Rechtsform ihres Tätigwerdens ein, die traditionell zivilrechtliche Betrachtung von Beschaffungsvorgängen kann gerade für eine solche sprechen. Unabhängig von diesen systematischen Erwägungen verdrängen oberhalb der Schwellenwerte jedenfalls die Spezialregelungen des Kartellvergaberechts die allgemeinen Vorschriften der Verwaltungsverfahrensgesetze, so dass der Ausschluss voreingenommener Personen in Vergabeverfahren jetzt stets nach § 16 VgV zu beurteilen ist.

B. Die relevanten Tatbestände des § 16 VgV

Die in § 16 VgV getroffene Regelung gründet auf der persönlichen Befangenheit *natürlicher* Personen, die auf Seiten eines öffentlichen Auftraggebers eine Stellung und Funktion nach § 16 Abs. 1 Satz 1 VgV innehaben und zugleich mit einem Bieter oder Bewerber in einer in § 16 Abs. 1 Nr. 1 – 3 VgV beschriebenen Weise verbunden sind.[685] Erfüllt eine Person diese Tatbestände, so gilt sie grundsätzlich als voreingenommen, wenn diese Vermutung nicht in bestimmten Fällen widerlegt werden kann. Ausschlussgrund ist jeweils die Gefahr einer unsachlichen Beeinflussung des Vergabeverfahrens aufgrund dieser Voreingenommenheit.[686] Erfasst werden nach § 16 Abs. 2 auch Personen nach Abs. 1 Satz 1, wenn einer der dort angeführten Angehörigen unter einen der Tatbestände von § 16 Abs. 1 Nr. 1 – 3 VgV fällt. Eine mögliche institutionelle Befangenheit, wie sie aus der Doppelstellung der Kommunen im Vergabewettbewerb um gemeinwirtschaftliche Verkehrsleistungen bestehen kann,[687] findet – wie auch im Rahmen von § 20 VwVfG[688] - keine Berücksichtigung. Die Regelung dient der personell-individuellen Unparteilichkeit des Amtswalters.[689] Die gesellschaftsrechtliche Verbindung einer Vergabestelle mit einem Bieter verstößt alleine noch nicht gegen das vergaberechtliche Neutralitätsgebot,[690] obgleich hier wirtschaftliche Interessen die Gefahr eine Gleichbehandlungsverstoßes erhöhen können.[691]

Für die für die vorliegende Untersuchung relevanten Fälle, in denen Gemeindevertreter zur Wahrnehmung der kommunalen Aufsicht in die Gesellschaftsorgane eines kommunalen Verkehrsunternehmens entsandt werden, ist primär § 16 Abs. 1 Nr. 3 lit. a, Alt. 2 VgV einschlägig, wobei diese Bestimmung in Konkurrenz zu § 16 Abs. 1 Nr. 2

684 Siehe hierzu unten, Zweiter Teil, B.V.2.c)(2).

685 Siehe *Quilisch/Fietz*, NZBau 2001, 540 (542).

686 § 16 VgV dient somit der Sicherstellung eines neutralen Vergabeverfahrens, siehe *Höfler/Bert*, NJW 2000, 3310 (3315). Vgl. Begr. RegE, BR-Drs. 455/00, S. 20. Vgl. auch *Gröning*, WRP 2001, 1 (7), der die Gefahr einer Beeinflussung auch im Rahmen der Widerlegung der Voreingenommenheitsvermutung für erheblich hält.

687 Siehe oben, Erster Teil, C.IV.

688 Siehe *Kopp/Ramsauer*, VwVfG, § 20, Rn. 8; *Engelhardt*, in *Obermayer*, VwVfG, § 20, Rn. 33ff.; *Bonk/Schmitz*, in *Stelkens/Bonk/Sachs*, VwVfG, § 20, Rn. 9.

689 Siehe zur Unterscheidung verschiedener Ebenen der Unparteilichkeitssicherung im Einzelnen *Fehling*, Verwaltung zwischen Unparteilichkeit und Gestaltungsaufgabe, S. 195ff.

690 VK Berlin v. 29.1.2003, VK-B 1-58/02, S. 12 des Umdrucks.

691 Siehe BKartA v. 4.9.2002, NZBau 2003, 110 (118).

VgV treten kann.[692] Der ersten Alternative von § 16 Abs. 1 Nr. 3 lit. a VgV, der entgeltlichen Beschäftigung bei einem Bieter- oder Bewerberunternehmen, kommt für die hier interessierenden Konstellationen hingegen keine Bedeutung zu.

Nach § 16 Abs. 1 Nr. 3 lit. a, Alt. 2 VgV sind Personen auf Seiten des Auftraggebers von Entscheidungen im Vergabeverfahren auszuschließen, wenn sie zeitgleich bei einem Bieter oder Bewerber gegen Entgelt beschäftigt oder bei ihm als Mitglied des Vorstandes, Aufsichtsrats oder eines gleichartigen Organs tätig sind, wenn nicht für die Person kein Interessenkonflikt besteht oder sich die Tätigkeit nicht auf Entscheidungen im Vergabeverfahren auswirkt. Der Normstruktur von Vermutungstatbestand und Widerlegungsmöglichkeit entsprechend, wird diese Regelung im Folgenden in ihrer Reichweite analysiert. Sie ist für die Frage, wer für die Gebietskörperschaften deren Einfluss in den kommunalen Unternehmen sicherstellen und/oder auf Auftraggeberseite am Vergabeverfahren mitwirken kann, entscheidend.

I. *Die Mitwirkung auf Auftraggeberseite*

1. *Die Stellung auf Seiten des Auftraggebers*

Erste Voraussetzung, damit eine Person unter die Regelung des § 16 VgV fällt, ist, dass sie auf Auftraggeberseite eine Stellung gem. § 16 Abs. 1 Satz 1 VgV innehat. Hierzu zählen zum einen *Organmitglieder* und *Mitarbeiter eines Auftraggebers*, also unmittelbar der Vergabestelle selbst zugehörige Personen. Für diese kommt es nach dem Normtext sowie Sinn und Funktion der getroffenen Regelung weder auf die Rechtsform der auftragsvergebenden Stelle noch auf die Natur des Dienstverhältnisses an. Als Organmitglieder werden also sowohl Bürgermeister und Gemeinderäte[693] klassischer öffentlicher Auftraggeber als auch Aufsichtsräte und Vorstände juristischer Personen des Privatrechts, die unter das Kartellvergaberecht (§ 98 Nr. 2, 4, 5 GWB) fallen, erfasst. Da auch die Gesellschafterversammlung einer GmbH und die Hauptversammlung einer AG gesellschaftsrechtliche Organe dieser Unternehmensformen sind, kann schon die bloße Anteilseignerschaft natürlicher Personen an privatisierten öffentlichen Auftraggebern oder die Stellvertretung für die Kommune in diesen Organen zu einer Stellung als Organmitglied auf Auftraggeberseite führen.[694] Diese Organmitgliedschaft wird allerdings nur dann vergaberechtlich problematisch, wenn gleichzeitig auch bestimmte Funktionen im Vergabeverfahren wahrgenommen werden.[695]

Zum anderen bezieht sich die Regelung auch auf *Beauftragte* und *Mitarbeiter eines Beauftragten eines Auftraggebers*, also externe Personen, deren Tätigkeit für die Vergabestelle dieser zugerechnet wird. Hierunter fallen vor allem Personen, die einen öffentlichen Auftraggeber bei einem Vergabeverfahren beraten, oder bei einem in dieser Hinsicht tätigen Beratungsunternehmen beschäftigt sind. Bei der Vergabe von ÖPNV-

---

692 Siehe zu § 16 Abs. 1 Nr. 2 VgV unten, Zweiter Teil, B.III.

693 VK Brandenburg v. 19.9.2001, ZfBR 2002, 196 (197): Mitglieder der Gemeindevertretung sind Organmitglied im Sinne des § 16 VgV.

694 So auch *Quilisch/Fietz,* NZBau 2001, 540 (542f.).

695 Siehe den nächsten Gliederungspunkt.

Dienstleistungen kommen hier neben Rechtsanwälten, vor allem auch Verkehrsexperten und in diesem Bereich spezialisierte Consulting Unternehmen in Betracht.[696]

2. Die betroffenen Funktionen

Personen, die auf Auftraggeberseite eine der zuvor erörterten Positionen innehaben, wird bei Vorliegen der sonstigen Tatbestandsvoraussetzungen von § 16 Abs. 1 VgV grundsätzlich die Mitwirkung bei Entscheidungen in einem Vergabeverfahren für einen Auftraggeber untersagt. Voraussetzung für einen Ausschluss von der Mitwirkung ist also, dass die Betroffenen für den Auftraggeber bestimmte Funktionen in einem Vergabeverfahren ausüben, die untersagten Tätigkeiten können sachlogisch schon auf der Tatbestandsseite verortet werden.[697] Von der Ausschlussfolge des § 16 VgV direkt betroffen sind also nur solche Personen, die für einen Auftraggeber an Entscheidungen im Vergabeverfahren mitwirken. Damit fällt nicht jede Mitarbeit oder Organmitgliedschaft für einen Auftraggeber in den Anwendungsbereich dieser Norm, ein Verstoß gegen § 16 VgV setzt das Mitwirken an Entscheidungen im Vergabeverfahren voraus.[698]

a) Mitwirkung an Entscheidungen im Vergabeverfahren

Als Beispiele für Entscheidungen in Vergabeverfahren, einem im Vergaberecht nicht näher definiertem Begriff,[699] führt der Verordnungsgebers in der Begründung des RegE die Auswahl der Bewerber oder des wirtschaftlichsten Angebots an, also von den Verdingungsordnungen normierte Auswahlentscheidungen. Unter Umständen soll aber auch schon die Festlegung der Leistungsbeschreibung dazu zählen.[700] Durch den Zuschnitt der Leistungsbeschreibung können aber unzweifelhaft bestimmte Bieter oder Bewerber bevorzugt werden, indem auf ihre Produktpalette und Kapazitäten besondere Rücksicht genommen wird. Soll § 16 VgV ein bieterneutrales Vergabeverfahren sicherstellen, so kann kaum Zweifel darüber bestehen, dass zu den Entscheidungen im Vergabeverfahren im Grundsatz auch die Anfertigung der Leistungsbeschreibung zählen muss. Etwas anderes kann nur gelten, wenn genormte Standardprodukte zu beschaffen sind, die von allen Wettbewerbern im Markt identisch angeboten werden. In diesem Fall steht der wesentliche Inhalt der Leistungsbeschreibung nicht zur Disposition und kann nicht zugunsten eines Bieters oder Bewerbers beeinflusst werden. Umfang und Gestaltung der von den Aufgabenträgern zu bestellenden ÖPNV-Dienstleistungen liegt demgegenüber aber in deren Ermessen, so dass hier stets schon das Erstellen der Leistungsbeschreibung zu einer Bevorzugung bestimmter Leistungsanbieter führen kann. Dies zeigt sich plastisch daran, dass in der Leistungsbeschreibung etwa auf den vorhandenen Fuhrpark eines Altunternehmers Rücksicht genommen werden kann, so dass dieser einen Wettbewerbsvorteil gegenüber seinen Konkurrenten erhält.

---

696 Siehe auch *Quilisch/Fietz*, NZBau 2001, 540 (542). Deren Fragestellung, ob auch Organmitglieder eines Beauftragten unter diese Bestimmung subsumiert werden können, geht an der Sache vorbei, solange diese nicht auch als Mitarbeiter eines Beauftragten tatsächlich auf das Vergabeverfahren einwirken, siehe die folgenden Ausführungen im Text.

697 Anders *Quilisch/Fietz*, NZBau 2001, 540 (543), welche die ausgeübte Funktion auf Seiten der Vergabestelle alleine im Rahmen der Rechtsfolgen behandeln.

698 Siehe VK Brandenburg, ZfBR 2002, 196 (197f.). Vgl. *Quilisch/Fietz*, NZBau 2001, 540 (542).

699 Siehe *Quilisch/Fietz*, NZBau 2001, 540 (543f.).

700 BR-Drs. 455/00, S. 20.

Gegen den Einbezug der Festlegung der Leistungsbeschreibung in den von § 16 VgV erfassten Tätigkeitsbereich könnte allerdings sprechen, dass im Fall des offenen Verfahrens (§ 3a Nr. 1 Abs. 1 VOL/A) das Vergabeverfahren erst mit der Bekanntmachung nach § 17a Nr. 1 VOL/A beginnen soll.[701] Zu diesem Zeitpunkt wird die Leistungsbeschreibung oftmals schon fertiggestellt sein, die nachgefragte Leistung muss jedenfalls schon im Wesentlichen feststehen.[702] Liegt hier also die Erstellung der Leistungsbeschreibung zeitlich vor dem eigentlichen Vergabeverfahren, so kann argumentiert werden, dass diese Tätigkeit gar nicht von § 16 Abs. 1 Satz 1 VgV erfasst ist, weil diese Bestimmungen sich auf Entscheidungen *in* einem Vergabeverfahren bezieht.[703]

Dieser formale Ansatz kann allerdings nicht überzeugen, da er auf eine unterschiedliche Behandlung identischer Verfahrenshandlung in den verschiedenen Verfahrensarten hinausliefe. Auch könnte bei einer Berücksichtigung dieses Gedankens die zeitliche Komponente von Auftraggebern bewusst dazu eingesetzt werden, bestimmten Personen die Teilnahme am Vergabeverfahren zu ermöglichen. Die Mitwirkung an Entscheidungen im Vergabeverfahren kann also entsprechend der eingangs angestellten Überlegungen nicht formal am zeitlichen Beginn des nach außen sichtbaren Vergabeverfahrens anknüpfen, sondern muss schon an den internen Vorbereitungen hierzu ansetzen.[704, 705] Hierzu zählt auch die Festlegung der Leistungsbeschreibung und die Ausarbeitung der Ausschreibungsunterlagen.[706] Parallel hierzu bestimmt auch das OLG Düsseldorf den Beginn eines der Nachprüfung zugänglichen Vergabeverfahrens nach materiellen Gesichtspunkten, indem es darauf abstellt, ob ein öffentlicher Auftraggeber sich zur Dekkung eines bestimmten Bedarfs entschlossen hat und diesbezüglich mit organisatorischen oder planerischen Schritten begonnen hat.[707]

Soweit die VK Lüneburg dem entgegen die Beteiligung eines schon im Vorfeld eines Vergabeverfahrens für den Auftraggeber tätig gewordenen Projektanten am Ausschreibungswettbewerb für unschädlich hält, wenn keine konkreten Verletzungen einzelner Vergabebestimmungen hinzukommen, wird in § 16 VgV nur unzureichend berücksichtigt.[708] So verzichtet die Vergabekammer auf eine Erörterung, ob das beteiligte Architektenbüro an Entscheidungen *im* Vergabeverfahren mitgewirkt hat, sondern stellt nur apodiktisch fest, dass ein Mitwirken im zu entscheidenden Fall nicht vorgelegen habe. Zumindest eine Auseinandersetzung mit der Feststellung des Verordnungsgebers, das auch schon die Festlegungen in der Leistungsbeschreibung unter Umständen ein solches Mitwirken begründen kann, wäre aber für eine korrekte und transparente Normanwendung erforderlich gewesen. Im vorliegenden Fall scheint es zwar wahrscheinlich, dass

701 Siehe *Schaller,* VOL, § 30 A, Rn. 4. *Kokott,* in *Byok/Jaeger*, VergabeR, Rn. 34.

702 Siehe § 17a Nr. 1 Abs. VOL/A i.V.m. den angeführten Anhängen.

703 So OLG Koblenz, NZBau 2002, 699 (700).

704 Siehe OLG Hamburg v. 4.11.2002, VergabeR 2003, 40 (42). Siehe in diesem Sinne auch zu § 6 VOL/A *Müller-Wrede,* in *Müller-Wrede,* VOL/A, § 6, Rn. 16. Zu § 7 VOB/A, *Schranner*, in *Ingenstau/Korbion,* VOB/A; § 7, Rn. 5. Zu § 6 VOF *Kulartz,* in *Müller-Wrede,* VOF, § 6, Rn. 8, jeweils m.w.N.

705 Auch im Verwaltungsverfahrensrecht soll es angesichts des Schutzzwecks und der dahinter stehenden verfassungsrechtlichen Postulate für einen Ausschluss nach § 20 VwVfG zumindest für eine analoge Anwendung dieser Bestimmung nicht auf den formalen Beginn eines Verwaltungsverfahrens ankommen: *Scheuing,* NVwZ 1982, 487 (488).

706 Siehe OLG Hamburg, VergabeR 2003, 40 (42); VK Brandenburg, ZfBR 2002, 196 (197); VK Rheinland-Pfalz v. 30.4.2002, VK 6/02, S. 12.

707 OLG Düsseldorf, VergabeR 2001, 329 (Ls. 2 und S. 330f.).

708 VK Lüneburg v. 14.1.2002, Az.: 203-VgK-22/2001, S. 26f.

ein solches Mitwirken tatsächlich nicht vorgelegen hat, weil die Vorarbeiten im Rahmen des neuen, auf die Vergabe einer Baukonzession gerichteten Verfahrens als unabänderliche Grundlage von allen Bietern zu berücksichtigen waren. Die Vorarbeiten betrafen also wohl nicht das Vergabeverfahren selbst. Die Kürze der Ausführungen der VK Lüneburg lässt aber eher ein fehlendes Problembewusstsein erkennen, als die Abkürzung einer (im Ergebnis richtigen) schwierigen Abgrenzung.

Vor der Bekanntmachung eines Vergabeverfahrens steht allerdings noch nicht fest, welche Unternehmen sich am Wettbewerb überhaupt beteiligen werden. Da aber die Voreingenommenheitsvermutung des § 16 VgV auf einer Verbindung eines am Vergabeverfahren Mitwirkenden mit einem *Bieter* oder *Bewerber* beruht, also mit Unternehmen, die ein Angebot abgegeben haben oder die Vergabeunterlagen angefordert haben, wird eine Erstreckung des Mitwirkungsverbots auf Vorbereitungshandlungen abgelehnt.[709] Hier würde schon eine objektiv-abstrakte Gefährdungslage, der „böse Schein", fehlen, es gäbe noch keine Teilnehmer am Wettbewerb.[710] Dem ist aber zumindest für eine kommunale Ausschreibung, auf die sich absehbar ein kommunales Unternehmen bewerben wird, nicht zu folgen.[711] Betrifft eine Ausschreibung etwa die Vergabe von ÖPNV-Dienstleistungen durch eine Kommune, so besteht schon im Vorbereitungsstadium bei der Mitwirkung einer Person, die mit dem kommunalen Verkehrsbetrieb entsprechend § 16 Abs. 1 Nr. 3 lit. a VgV verbunden ist, der „böse Schein", dass die Ausgestaltung der Verdingungsunterlagen zugunsten des Verkehrsunternehmens unsachlich beeinflusst werden. Das jeweilige kommuneneigene Unternehmen ist zu keinem Zeitpunkt Teil der anonymen Masse aller theoretisch als Auftragnehmer in Frage kommenden Unternehmen,[712] sondern wird, soweit eine Ausschreibung seinen Tätigkeitsbereich betrifft, stets eine herausragende Stellung für die Kommune auch als Auftraggeberin haben. Bei Beachtung der gebotenen Sorgfalt ist es einer Vergabestelle in diesen Fällen durchaus möglich, auch schon vor Eröffnung des eigentlichen Vergabewettbewerbs zu wissen, dass sie gegebenenfalls einen Mitarbeiter hat, der als voreingenommen gilt.[713] Die Beachtung einer persönlichen Trennung von Vergabestelle und betroffenem kommunalen Unternehmen ist somit auch bei Vorbereitungshandlungen geboten. Die Vergabestelle muss den potentiellen Bewerber- oder Bieterkreis im Auge behalten, um Verstößte gegen § 16 VgV zu vermeiden.[714]

Um durch § 16 VgV tatsächlich ein neutrales Vergabeverfahren sicherzustellen, sind als Entscheidungen im Vergabeverfahren nicht nur die Wertungs- und Auswahlentscheidungen[715] nach den Verdingungsordnungen zu verstehen, sondern alle Handlungen, durch die bestimmte Bieter oder Bewerber begünstigt oder benachteiligt werden können. Zu Recht wird in der Literatur darauf abgestellt, dass als Entscheidung im Sinne des § 16 VgV jegliches Verhalten zu werten sei, das eine Rechtsverletzung im Sinne des § 107 Abs. 2 GWB, also einen Verstoß gegen Bestimmungen über das Vergabeverfah-

709 OLG Koblenz, NZBau 2002, 699 (700), OLG Thüringen, NZBau 2003, 577 (578).

710 OLG Koblenz, NZBau 2002, 699 (700).

711 Für eine solche differenzierende Betrachtung auch *Erdl*, VergabeR 2002, 629 (630). Kritisch ebenfalls *Hölzl*, VergabeR 2002, 676 (676).

712 Vgl. OLG Koblenz, NZBau 2002, 699 (700).

713 Anders OLG Koblenz, NZBau 2002, 699 (700).

714 *Leinemann* (Hrsg.), VN 2003, 80 (80).

715 So aber ohne Begründung die VK Sachsen v. 29.11.2001, 1/SVK/109-01, S. 15, siehe zu diesem Beschluss auch unten, Zweiter Teil, B.VI.

ren (§ 97 Abs. 7 GWB), begründen könne.[716] Demnach wird von § 16 VgV jedes Mitwirken an Verfahrenshandlungen nach den Verdingungsordnungen erfasst, wenn die zugrunde liegende Bestimmung auch den Schutz der anderen Bieter oder Bewerber bezweckt.[717] Diese Handlungen sind regelmäßig für den Ausgang des Vergabeverfahrens relevant,[718] so dass hier schon der Gefahr einer unsachlichen Beeinflussung des Verfahrens durch § 16 VgV zu begegnen ist.

Auch nach Inkrafttreten der VgV ist die vorgelagerte Rechtsprechung des BayObLG, welche sich insofern auf die Rechtsprechung des BVerwG zu § 20 VwVfG bezieht,[719] zu beachten. Demnach umfasst das Tätigkeitsverbot im Vergabeverfahren alle schriftlichen und mündlichen Äußerungen und sonstigen aktiven Handlungen, die zur Meinungsbildung der zuständigen Behörde über das Verfahren oder die Sachentscheidung beitragen sollen.[720] Im zu entscheidenden Fall wurde dementsprechend die Mitwirkung an der Leistungsbeschreibung als untersagte Tätigkeit verstanden.[721] Parallel hierzu hatte zuvor auch schon das OLG Brandenburg festgestellt, dass unter das Mitwirkungsverbot nicht nur die das Verfahren abschließenden Handlungen sowie evtl. vorausgehende Beratungen und Abstimmungen fallen, sondern auch alle vorbereitenden Entscheidungen.[722] Diese Ansicht vertritt unter dem Regime des § 16 VgV auch die Vergabekammer Rheinland-Pfalz in ihrem Beschluss vom 30.4.2002. Die Vergabekammer stellt fest, dass unter ein Mitwirken im Sinne des § 16 VgV alle Handlungen einschließlich der Vorbereitungshandlungen fallen, „die nach den geltenden Vorschriften für das Vergabeverfahren Einfluss auf das Ergehen oder Nichtergehen einer Entscheidung oder auf den Inhalt der abzuschließenden Verträge haben".[723] Dementsprechend wird auch die Mitwirkung von Sachverständigen am Vergabeverfahren von § 16 VgV erfasst, so dass diese Regelung in Konkurrenz zu § 6 Nr. 3 VOL/A tritt.[724]

Teilweise wird demgegenüber in der Literatur die Ansicht vertreten, dass eine Entscheidung im Vergabeverfahren nur vorliege, wenn der Auftraggeber tatsächlich zwischen mehreren Möglichkeiten eine Auswahl treffen könne. Zwingend vorgeschriebene

---

716 *Quilisch/Fietz,* NZBau 2001, 540 (544). Zur Verbindung von § 107 Abs. 2 GWB mit § 97 Abs. 7 GWB siehe nur *Byok*, in *Byok/Jaeger*, VergabeR, Rn. 677f. und *Boesen*, VergabeR, § 107, Rn. 42ff.

717 Siehe zur Abgrenzung zu reinen Ordnungsvorschriften *Stickler,* in *Reidt/Stickler/Glahs*, VergabeR, § 97, Rn. 38ff. Den meisten Verfahrensregelungen kommt aber auch eine drittschützende Wirkung zu, siehe hierzu noch Zweiter Teil, B.VI.

718 Hierauf stellt *Schaller,* VOL, Einführung, Rn. 60, ab.

719 BVerwGE 69, 256 (267); siehe auch *Bonk/Schmitz,* in *Stelkens/Bonk/Sachs,* VwVfG, § 20, Rn. 24, m.w.N. Nur vereinzelt wurde für Verwaltungsverfahren eine restriktive Auslegung des Tatbestandsmerkmals „tätig werden" in der Literatur vertreten, siehe so *Wais,* NJW 1982, 1263.

720 BayObLG, NZBau 2000, 259 (261). So auch *Schaller,* VOL, Einführung, Rn. 57. Parallel hierzu betrachtet *v. Mutius,* JuS 1979, 37 (40) das Mitwirken an den entscheidungserheblichen, vorbereitenden Willensbildungsprozessen als von den kommunalen Mitwirkungsverboten bedroht. Auch im Rahmen des § 20 VwVfG wird nicht nur das Mitwirken an der Letztentscheidung mit Außenwirkung als untersagtes Tätigwerden verstanden, sondern das Mitwirken am gesamten Verwaltungsverfahren, soweit dies das Ergebnis beeinflussen kann: *Scheuing,* NVwZ 1982, 487 (490). Auch die informelle Vorklärungsphase wird hier erfasst.

721 So jetzt auch OLG Hamburg, VergabeR 2003, 40 (43).

722 OLG Brandenburg, NVwZ 1999, 1143 (1146).

723 VK Rheinland-Pfalz, VK 6/02, S. 12.

724 Vgl. für Tätigkeitsverbote von Sachverständigen vor Inkrafttreten der neuen VgV OLG Rostock, VersR 1999. 1511 (1512); OLG Saarbrücken, NZBau 2000, 158 (160), sowie für die Übertragung des gesamten Vergabeverfahrens OLG Düsseldorf, VergabeR 2001, 45 (48).

Verfahrenshandlungen sollen demnach nicht als Entscheidungen im Sinne des § 16 VgV zu verstehen sein, so dass etwa der zwingende Ausschluss eines Angebots nach § 25 Nr. 1 Abs. 1 VOL/A nicht in den Anwendungsbereich dieser Vorschrift fiele.[725] Richtig an dieser Betrachtung ist, dass bei einer korrekt vorgenommenen zwingenden Verfahrenshandlung ein Bieter nie in seinen Rechten verletzt sein kann. Aber auch bei solchen Entscheidungen im Vergabeverfahren besteht die Gefahr, dass Voreingenommenheit das Ergebnis unsachlich beeinflusst. So können Angebote etwa nur oberflächlich oder besonders intensiv geprüft werden und auch Rechtsbegriffe begünstigend oder benachteiligend ausgelegt werden (etwa die Zweifelsfreiheit von Änderungen des Bieters, § 25 Nr. 1 Abs. lit. c VOL/A). Auch bei zwingenden Verfahrenshandlungen sind also die Bieter vor potentiellen Diskriminierungen zu schützen, so dass auch diese als Entscheidungen nach § 16 Abs. 1 Satz 1 VgV zu verstehen sind. Die Frage der Richtigkeit der getroffenen Entscheidung wird nur im Rahmen der Kausalitätsprüfung bei der Widerlegung der Voreingenommenheitsvermutung relevant.[726] Die Zwangsläufigkeit eines bestimmten Ergebnisses bei rechtskonformer Normanwendung kann aber nicht den Anwendungsbereich von § 16 VgV einengen.

Vergabeverfahren enden üblicherweise mit dem Zuschlag.[727] Zu den bieterschützenden Regelungen im Sinne des § 107 Abs. 2 GWB zählt aber auch der Vergabevermerk (§ 30 VOL/A), mit dem vor allem die Nachvollziehbarkeit eines Vergabeverfahrens in einer Überprüfung sichergestellt werden soll.[728] Auch dessen Abfassung, die zwar einerseits laufend fortführend erfolgt, andererseits aber erst nach der endgültigen Vergabeentscheidung abgeschlossen werden kann,[729] fällt somit als Entscheidung in einem Vergabeverfahren unter die von § 16 Abs. 1 Satz 1 VgV erfassten Tätigkeiten.

Während der Begriff des Mitwirkens schon aus sich heraus Tätigkeiten jeglicher Art umfasst, ist also auch der Begriff der Entscheidungen im Vergabeverfahren dahin gehend zu verstehen, dass alle Verfahrenshandlungen umfasst sind, die Bieter in ihren Rechten aus § 97 Abs. 7 GWB verletzen können.[730] Rein technische Hilfen werden regelmäßig nicht hierzu zählen,[731] wohl aber alle Handlungen, die das Verfahren selbst oder im Ergebnis beeinflussen können. Nicht ausreichend ist die alleinige Mitgliedschaft in der Gemeindevertretung, wenn in diesem Amt nicht entsprechend obigen Ausführungen an Entscheidungen im Vergabeverfahren mitgewirkt wird.[732]

b) Rückfolgerungen für die Stellung auf Seiten des Auftraggebers

Eine Stellung als Organmitglied oder Mitarbeiter eines Auftraggebers wird also nur dann von § 16 VgV berührt, wenn mit dieser Organmitgliedschaft auch Einflussmöglichkeiten auf das Vergabeverfahren verbunden sind. Untergeordnete Tätigkeiten als

725 Siehe *Boesen (Hrsg.),* VN 2002, 9 (10).

726 Siehe näher unten, Zweiter Teil, B.V.3.

727 Siehe *Schaller,* VOL, § 30 A, Rn. 4; *Kokott,* in *Byok/Jaeger*, VergabeR, Rn. 34.

728 Ausführlich OLG Brandenburg, NVwZ 1999, 1142 (114). Nach *Boesen,* VergabeR, § 97, Rn. 210 noch anders VÜA Brandenburg, Beschl. v. 8.5.1999, 1 VÜA 1/99. Siehe auch *Schaller,* VOL, § 30 A, Rn. 9; *Portz,* in *Daub/Eberstein,* VOL/A, § 30, Rn. 1, 6ff.

729 *Portz,* in *Daub/Eberstein,* VOL/A, § 30, Rn. 1, 7.

730 Siehe *Quilisch/Fietz,* NZBau 2001, 540 (543f.).

731 Vgl. *Bonk/Schmitz,* in *Stelkens/Bonk/Sachs,* VwVfG, § 20, Rn. 25; *Scheuing,* NVwZ 1982, 487 (490) und *Unger,* Kommunalverfassungsrecht Hessen, § 25 HGO, Rn. 92.

732 Siehe VK Brandenburg v. 19.9.2001, ZfBR 2002, 196 (197f.).

Mitarbeiter oder Organmitgliedschaften, mit denen eine Beeinflussung des Vergabeverfahrens nicht verbunden sein kann, sind also im Grundsatz unproblematisch.

Für öffentliche Auftraggeber in Privatrechtsform heißt dies, dass die Mitgliedschaft in einem Geschäftsführungs- und Vertretungsorgan grundsätzlich sowohl hinsichtlich der Stellung als auch der ausgeübten Funktion von § 16 Abs. 1 S. 1 VgV erfasst wird. Damit fällt die Mitgliedschaft im Vorstand einer AG[733] (§§ 76ff. AktG) oder der Geschäftsführung einer GmbH[734] (§§ 6, 35ff. GmbHG) bei Vorliegen der übrigen Tatbestandsvoraussetzungen unter das Verdikt des § 16 VgV. Da im Fall einer GmbH die Gesellschafterversammlung gegenüber der Geschäftsführung weisungsbefugt ist (§ 37 GmbHG),[735] impliziert auch die Mitgliedschaft in diesem Organ die Möglichkeit zur Beeinflussung der Vergabeentscheidungen.[736] Demgegenüber hat die Hauptversammlung einer AG im Grundsatz keine Kompetenzen, auf die Leitung der Gesellschaft konkret einzuwirken. Die Leitung[737] obliegt dem Vorstand in eigener Verantwortung (§ 76 Abs. 1 AktG), über Fragen der Geschäftsführung kann die Hauptversammlung nur auf Verlangen des Vorstandes entscheiden (§ 119 Abs. 2 AktG).[738] Eine Beeinflussung des operativen Geschäfts ist der Hauptversammlung also eigentlich nicht möglich. Damit scheint eine Hauptversammlungsmitgliedschaft hinsichtlich des Tatbestandes von § 16 Abs. 1 S. 1 VgV nur im Einzelfall (§ 119 Abs. 2 AktG) problematisch. Im Grundsatz ist davon auszugehen, dass sie mangels Möglichkeit auf ein Vergabeverfahren einzuwirken, nicht die Voraussetzungen des § 16 Abs. 1 S. 1 VgV erfüllt.

Fraglich ist, ob Gleiches auch für eine Stellung als Aufsichtsrat gelten kann. Während der Aufsichtsrat bei AGen ein zwingendes Organ darstellt, ist er bei GmbHs regelmäßig fakultativ,[739] wenn nicht im Rahmen der Arbeitnehmermitbestimmung die Betriebsgröße einen Aufsichtsrat erfordert.[740] Der Aufsichtsrat hat die Geschäftsführung (des Vorstandes) zu überwachen, ist also Überwachungs- und Kontrollorgan.[741] Aufgrund der gesetzlich vorgegebenen Organzuständigkeiten[742] kommen ihm aber keine Geschäftsführungskompetenzen zu, diese können ihm auch nicht übertragen werden (§ 111 Abs. 4 S. 1 AktG).[743] Damit ist auch beim Aufsichtsrat fraglich, ob seine Mitglieder tatsächlich an Entscheidungen im Vergabeverfahren mitwirken. Dies ist jedenfalls der Fall, soweit öffentliche Aufträge als bestimmte Geschäfte nach A§ 111 Abs. 4 S. 2 AktG von seiner Zustimmung abhängig gemacht werden. Derartige Zustimmungsvorbehalte dienen der Sicherstellung kommunaler Einwirkungsmöglichkeiten[744] und sind deshalb geboten.[745] Auf Seiten eines Bieters oder Bewerbers stellt die Mitgliedschaft im

733 Siehe zu dessen Aufgaben näher *Henn*, HdB AktR, Rn. 570ff.

734 Zu dieser näher *Scholz*, GmbHG, § 35, Rn. 10ff.

735 Zur Beschränkung der Geschäftsführung durch die Gesellschafter *Scholz*, GmbHG, § 37, Rn. 30ff.; *Eisenhardt*, Gesellschaftsrecht, Rn. 716f.; *Cronauge*, Kommunale Unternehmen, Rn. 375.

736 Die Weisungsbefugnis reicht bis in den Bereich der laufenden Geschäfte, *Engellandt*, DÖV 1996, 71 (72).

737 Also die Geschäftsführung und die Vertretung nach außen, *Henn*, HdB AktR, Rn. 572.

738 Siehe hierzu *Hüffer*, Gesellschaftsrecht, S. 276; *Henn*, HdB AktR, Rn. 691, 693ff.

739 Siehe § 52 Abs. 1 GmbHG.

740 Siehe *Baumbach/Hueck*, GmbHG, § 52, Rn. 5ff.; *Cronauge*, Kommunale Unternehmen, Rn. 383ff.; *Eisenhardt*, Gesellschaftsrecht, Rn. 718ff.

741 Siehe *Henn*, HdB AktR, Rn. 610; *Cronauge*, Kommunale Unternehmen, Rn. 321.

742 *Cronauge*, Kommunale Unternehmen, Rn. 312.

743 *Henn*, HdB AktR, § 19, Rn. 619.

744 Siehe zu den Grenzen bei einer GmbH *Engellandt*, DÖV 1996, 71 (72).

745 Siehe hierzu bereits oben, Erster Teil, D.

Aufsichtsrat auch jedenfalls eine hinreichende Verknüpfung nach § 16 Abs. 1 Nr. 3 lit. a VgV dar. Da hier die Organmitgliedschaft durch die Reduktion auf dem Vorstand oder dem Aufsichtsrat gleichartige Organe beschränkt wird,[746] eine solche Beschränkung im Rahmen von § 16 Abs. 1 S. 1 VgV aber nicht gegeben ist, sprechen systematische Erwägungen dafür, dass eine Aufsichtsratsmitgliedschaft beim Auftraggeber ebenfalls grundsätzlich eine untersagte Tätigkeit für voreingenommene Personen darstellt. Hierfür spricht auch, dass befangenen Personen die für eine Erfüllung der Überwachungsfunktion des Aufsichtsrats erforderliche Objektivität fehlt, so dass eine effektive Kontrolle der Geschäftsführung (§ 111 AktG)[747] nicht mehr gewährleistet ist. Somit können auch Aufsichtsratsmandate eine Stellung im Vergabeverfahren nach § 16 Abs. 1 S. 1 VgV begründen.

II. Die Verbindung mit der Bieterseite nach § 16 Abs. 1 Nr. 3 lit. a VgV

1. Erfasste Organmitgliedschaften auf der Auftragnehmerseite nach § 16 Abs. 1 Nr. 3 lit. a., 2. Alt. VgV

Die Entsendung kommunaler Vertreter in die Organe eines kommunalen Verkehrsunternehmens in Privatrechtsform kann eine vergaberechtlich problematische Verknüpfung mit einem Bieter oder Bewerber nach § 16 Abs. 1 Nr. 3 lit. a, 2. Alt. VgV darstellen. Gleiches wird für die entsandten Organmitglieder selbständiger öffentlichrechtlicher „Kommunalunternehmen" zu gelten haben. Während § 16 Abs. 1 Nr. 1 VgV davon ausgeht, dass Bieter oder Bewerber natürliche Personen sind, liegt Nr. 3 lit. a die Vorstellung zugrunde, dass sich selbständige juristische Personen im eigenen Namen auf eine Vergabe bewerben. Bieter oder Bewerber meint hier Bieter- oder Bewerber*unternehmen*. Vom Wortlaut des § 16 Abs. 1 Nr. 3 lit. a, 2. Alt. VgV unmittelbar als Regelfall erfasst wird die Situation, dass eine auf Seiten einer Kommune bei der Vergabe einer Nahverkehrsdienstleistung entscheidend mitwirkende Person zugleich auch im Vorstand, Aufsichtsrat oder einem gleichartigen Organ eines kommunalen Verkehrsunternehmen sitzt, wenn sich das Verkehrsunternehmen auf die Ausschreibung oder den Teilnahmewettbewerb bewirbt.

Erforderlich ist die Mitgliedschaft in einem vorstands- oder aufsichtsratsähnlichen Organ bei einem Bewerberunternehmen, so dass hier die Organmitgliedschaft zunächst enger gefasst scheint, als auf Seiten des Auftraggebers. § 16 Abs. 1 S. 1 VgV spricht nur unspezifisch von „Organmitglied", ohne dass irgendwelche Anforderungen an das Organ selbst gestellt werden.[748] Gemeinsames Kennzeichen des in § 16 Abs. 1 Nr. 3 lit. a VgV beispielhaft angeführten Vorstands und Aufsichtsrats ist, dass sie die Verwaltungsorgane der AG bilden.[749] Für die Gleichartigkeit eines Gesellschaftsorgans wird es unter Berücksichtigung der gesellschaftsrechtlichen Stellung von Vorstand und Aufsichtsrat darauf ankommen, dass es leitende oder kontrollierende Funktionen wahrnimmt. Die Mitgliedschaft in reinen Beratungsorganen ohne eigene Entscheidungskom-

746 Vgl. *Quilisch/Fietz,* NZBau 2001, 540 (543).
747 Siehe hierzu etwa *Henn*, HdB AktR, Rn. 610ff; *Hüffer*, AktG, § 111, Rn. 2ff.
748 Wohl aber an die mit der Mitgliedschaft verbundene Funktion, s.o.
749 Siehe *Henn*, HdB AktR, Rn. 525; *Mertens,* in Kölner Kommentar AktG, Vorb. § 76 Rn. 2.

petenz, etwa in Beiräten oder Unterausschüssen,[750] wird hingegen nicht erfasst.[751] Soweit der Schluss gezogen wird, dass die bloße Beteiligung an einem Unternehmen nicht hierunter fallen soll,[752] ist dies zumindest für die GmbH aber zu kurz gegriffen. Wie schon erwähnt, hat die Gesellschafterversammlung Eingriffsbefugnisse gegenüber den Geschäftsführern auch hinsichtlich konkreter Einzelmaßnahmen, so dass zumindest bei der GmbH auch die Gesellschafterversammlung als „operatives“[753] Organ dem Vorstand oder dem Aufsichtsrat „gleichartig“ i.S.d. § 16 Abs. 1 Nr. 3 lit. a, Alt. 2 VgV ist.

Der Hauptversammlung einer AG kommen demgegenüber keine Zuständigkeiten zu, die es ihr außerhalb von § 119 Abs. 2 AktG ermöglichen, auf die Geschäftsführung Einfluss zu nehmen. Auch wenn sie als oberstes Organ einer AG zu begreifen ist,[754] scheint damit die Hauptversammlung bewusst aus dem Kreis der angeführten Organe herausgehalten zu sein. Ihr kommen keine Geschäftsführungs- oder Überwachungsfunktionen zu, wie sie dem Vorstand oder dem Aufsichtsrat zu eigen sind, so dass sie nach dem Wortlaut von § 16 Abs. 1 Nr. 3 lit. a VgV nicht als gleichartiges Organ begriffen werden soll.

Gegen diesen Befund spricht allerdings, dass Anteilseigner, also auch Hauptversammlungsmitglieder, die von einer Kommune entsandt sind, ein wirtschaftliches Interesse am Wohlergehen „ihres“ Unternehmens haben. Für „echte“ Anteilseigner ist dies ein originär eigenes Interesse, für Vertreter der Kommunen ein solches der Kommune, das sie wahrzunehmen haben. Hauptversammlungsmitglieder werden regelmäßig ein Interesse daran haben, dass das Unternehmen den Auftrag, auf den es sich bewirbt, auch erhält.[755] Ihre Stellung ist insofern Personen vergleichbar, die selbst unmittelbar Bieter oder Bewerber sind. Diese werden von § 16 Abs. 1 Nr. 1 VgV erfasst, welcher aber bloße Anteilseigner an einem Bieter- oder Bewerberunternehmen nicht umfasst. Sind Anteilseigner eines Bewerber- oder Bieterunternehmen oder Vertreter eines solchen Anteilseigners als natürliche Personen auf Seiten des Auftraggebers an Entscheidungen im Vergabeverfahren beteiligt, so wird bei ihnen also stets ein Interessenkonflikt gegeben sein, ohne dass es darauf ankäme, dass sie auch auf Bieterseite auf das Vergabeverfahren Einfluss nehmen können.[756] Da ein solcher Einfluss angesichts der eigenen Lei-

---

750 Dies kann sich anders verhalten, wenn diesen Organen satzungsmäßig eigene Kompetenzen eingeräumt werden. Siehe etwa für den Fall eines mit den Befugnissen eines Aufsichtsrats ausgestatteten Verwaltungsrats BVerwG v. 18.12.1987, 527 (530). Siehe des Weiteren Zöllner, in *Baumbach/Hueck*, GmbHG, § 25, Rn. 13 u. § 46, Rn. 63; *Schmidt*, in *Scholz*, GmbHG, § 45, Rn. 8.

751 So zur insofern gleichlautenden Bestimmung des § 20 Abs. 1 Nr. 5 VwVfG *Clausen*, in *Knack*, VwVfG, § 20, Rn. 17; *Bonk/Schmitz*, in *Stelkens/Bonk/Sachs*, VwVfG, § 20, RN. 36; *Engelhardt*, in *Obermayer*, VwVfG, § 20, Rn. 63. Siehe auch *Scheuing*, in NVwZ 1982, 487 (489). Entsprechend zu identischen Formulierungen im Kommunalrecht siehe etwa *Unger*, Kommunalverfassungsrecht Hessen, § 25 HGO, Rn. 55; *Wansleben*, in *Held, u.a. (Hrsg.)*, Kommunalverfassungsrecht NRW, § 31 GO-Kommentar, Nr. 4.3.2.

752 So *Leinemann*, BauR 1999, 1183; mit Zweifeln *Quilisch/Fietz*, NZBau 2001, 540 (543). Zu weit für das ähnliche Mitwirkungsverbot nach § 25 Abs. 1 Nr. 5 HGO auch *Unger*, Kommunalverfassungsrecht Hessen, § 25 HGO, Rn. 55.

753 Diesen Begriff verwenden *Quilisch/Fietz*, NZBau 2001, 540 (543).

754 Siehe *Henn*, HdB AktR, Rn. 527.

755 Ähnlich *Winnes*, NZBau 2002, 371 (373).

756 So auch *Quilisch/Fietz*, NZBau 2001, 540 (543). Siehe hinsichtlich der Widersprüchlichkeit des Ausschlusses von Gesellschaftern aus dem Kreis der voreingenommenen Personen nach der Flughafenentscheidung des OLG Brandenburg *Winnes*, NZBau 2002, 371 (373), der allerdings unzutreffend nicht zwischen persönlicher und institutioneller Befangenheit unterscheidet.

tungsverantwortung des Vorstands regelmäßig aber auch dem Aufsichtsrat einer AG nicht zukommt, kann insofern schon die beispielhafte Nennung dieser beiden Organe in § 16 Abs. 1 Nr. 3 lit. a VgV als nicht konsistent betrachtet werden. Es spräche deshalb viel dafür, den Begriff des gleichartigen Organs weit zu verstehen und jedes Organ darunter fallen zu lassen, bei dem die Mitgliedschaft einen Interessenkonflikt nahe legt oder tatsächlich begründet. Da § 16 VgV nur auf eine Doppelstellung natürlicher Personen anwendbar ist, bleibt die kommunale Inhaberschaft aber jedenfalls unproblematisch.[757]

Demgegenüber kann aber eine systematische Auslegung des § 16 Abs. 1 Nr. 3 lit. a VgV mit den Bestimmungen des Gesellschaftsrechts und die diesbezüglich nahe liegende Intention des Gesetzgebers als Grenze der Auslegung angeführt werden. Die Mitgliedschaft eines Gemeindevertreters in der Hauptversammlung einer AG, die eine Interessenkollision regelmäßig tatsächlich begründen wird, wird damit nicht von der Ausschlussregelung erfasst.[758] Es wird noch zu untersuchen sein, ob eine Berücksichtigung von Anteilseignern und deren Vertretern im Rahmen des § 16 VgV aber aus anderen rechtlichen Gesichtspunkten zu erfolgen hat.

In den übrigen angeführten Fallkonstellationen von Doppelmandaten begründet die Personenidentität bei Auftraggeber und Bieter jedenfalls unmittelbar die Vermutung der Voreingenommenheit, welche auch bei den in § 16 Abs. 2 VgV genannten verwandtschaftlichen Beziehungen angenommen wird.[759] Auf die Beteiligungsverhältnisse der öffentlichen Hand an dem Unternehmen kommt es hier nach dem Wortlaut und auch dem Ziel der Regelung nicht an.[760] Da die Organtätigkeit während eines jeweils in Rede stehenden Vergabeverfahrens erfolgen muss[761], entfällt der Ausschließungsgrund ab Niederlegung des Mandats für die Zukunft.[762] Ein Ruhenlassen reicht als rein formale Maßnahme, die eine Interessenverknüpfung nicht ausschließen kann, nicht aus.[763]

Umfaßt sind auch Situationen, in denen nicht die Kommune unmittelbar selbst Auftraggeber ist, sondern die Bestellfunktion auf eine Person des Privatrechts übertragen hat. Als Beispiel mag die wettbewerbskonforme Restrukturierung des kommunalen ÖPNVs in Frankfurt dienen. Im Rahmen der Trennung von Be- und Erstellerfunktion sollen die Aufgabenträgeraufgaben nach § 7 Abs. 2 Hessisches ÖPNVG auf eine Lokale Nahverkehrsgesellschaft mbH, die im Eigentum der Stadt Frankfurt stehen wird, übertragen werden. Die bisher als integriertes Verkehrsunternehmen geführte Verkehrsgesellschaft Frankfurt am Main mbH (VGF) wird dann als gewerblicher Betreiber die Verkehrsdienstleistungen im Rahmen der auferlegten Konzessionen erbringen.[764] Sollte

757 Wie schon festgestellt, regelt die Norm Fälle institutioneller Befangenheit nicht.

758 So für Anteilseigner auch *Quilisch/Fietz,* NZBau 2001, 540 (543).

759 Hierzu näher unten, Zweiter Teil, B.IV.

760 Ebenso im Rahmen des § 20 VwVfG *Engelhardt,* in *Obermayer*, VwVfG, § 20, Rn. 65.

761 Nach § 16 Abs. 1 S. 1 VgV muss sie „in diesem Verfahren" erfolgen.

762 Vgl. ebenso zu § 20 VwVfG BVerwG, NVwZ 1987, 578 (Ls. 7); *Clausen,* in *Knack,* VwVfG, § 20, Rn. 17; *Stelkens/Schmitz,* in *Stelkens/Bonk/Sachs,* VwVfG, § 20, Rn. 37; *Engelhardt,* in Obermeyer, VwVfG, § 20, Rn 60.

763 So im Anschluss an die Flughafenentscheidung des OLG Brandenburg *Leinemann,* BauR 1999, 1183 (1183). Siehe ähnlich *Malmendier,* DVBl. 2000, 963 (966). Rechtsprechung und Literatur zu § 20 VwVfG decken sich mit diesem Befund, siehe BVerwG, NVwZ 1987, 578 (581); BVerwG, NVwZ 1988, 527 (530); sowie die in der vorherigen Fn. angeführten. Vgl. auch *Winnes,* NZBau 2002, 371 (375).

764 Siehe näher *Barth/Kretschmann/Ott/Werner,* Der Nahverkehr 2001/12, 28ff. und *Kretschmann/Ott,* Verkehr und Technik 2001, 477ff.

sich die VGF später entgegen den bisher geäußerten Absichten[765] am Wettbewerb um Verkehrsleistungen beteiligen, so wäre dies vergaberechtlich problematisch, wenn eine oder mehrere Personen für die Kommune in den Kontrollorganen beider Gesellschaften sitzen sollten. Derartige personelle Überschneidungen würden zwar die angestrebte Trennung der Betreiber- von der Aufgabenträgerfunktion zunichte machen, sie könnten aber womöglich aufgrund der bei einzelnen Personen vorhandenen Fachkompetenzen zunächst nahe liegen. Ob und inwiefern hier eine Widerlegung der Voreingenommenheitsvermutung möglich wäre, wird noch erörtert werden.

2. Geltung bei Organmitgliedschaft lediglich verbundener Unternehmen

a) Der Wortlaut von § 16 Abs. 1 Nr. 3 lit. a, Alt. 2 VgV

Der Tatbestand von § 16 Abs. 1 Nr. 3 lit. a, Alt. 2 VgV stellt darauf ab, dass eine auf Auftraggeberseite nach Abs. 1 Satz 1 mitwirkende Person zugleich bei einem Bieter- oder Bewerberunternehmen in einem gesellschaftsrechtlichen Organ tätig ist. Es ist nach dem Wortlaut fraglich, ob hiervon auch Situationen erfasst werden, in denen kommunale Vertreter lediglich beim Mutterunternehmen eines sich bewerbenden Verkehrsunternehmens eine Aufsichtsratsposition besetzen. Praktisch überaus relevant ist hier die Konstellation, dass eine kommunale Eigengesellschaft (bspw. Stadtwerke) Anteile an einem Verkehrsunternehmen hält. Soweit bei diesem Verkehrsunternehmen ein auf Seiten des Auftraggebers am Vergabeverfahren entscheidend Beteiligter gegen Entgelt beschäftigt oder Mitglied eines gesellschaftsrechtlichen Vertretungsorgans ist, liegt ein Normalfall des § 16 Abs. 1 Nr. 3 lit. a VgV vor. Sitzt ein auf kommunaler Seite an der Ausschreibung Beteiligter aber nur im Aufsichtsrat der Mutter des Bieters oder Bewerbers, also nach dem Beispiel bei den Stadtwerken, so scheint diese Bestimmung nach ihrem Wortlaut nicht zu passen. Nur das Verkehrsunternehmen als selbständige juristische Person beteiligt sich unmittelbar am Vergabeverfahren, das Mutterunternehmen kann nicht ohne weiteres ebenfalls unter den Begriff des Bieters subsumiert werden. Vor Erlass der neuen VgV hat nicht schon jede gesellschaftsrechtliche Verbindung eines Bieters mit einem die Vergabestelle beratenden Unternehmen ausgereicht, um einen Vergabeverstoß zu begründen.[766] Gleiches scheint unter der Regie des § 16 VgV auch für gesellschaftsrechtliche Verbindungen mit kommunalen Bieter- oder Bewerberunternehmen zu gelten.

b) § 36 Abs. 2 GWB

Ein mit einem Bieter- oder Bewerberunternehmen verbundenes Unternehmen kann aber dann ebenfalls unter den Begriff des Bieters oder Bewerbers nach § 16 Abs. 1 Nr. 3 lit. a VgV fallen, wenn diese Verbindung dazu führt, dass die Unternehmen nach der Verbundklausel des § 36 Abs. 2 GWB als einheitliches Unternehmen anzusehen sind. Die Unternehmen wären dann wie ein Unternehmen zu behandeln, so dass es nicht darauf ankäme, bei welchem die Mitgliedschaft im Aufsichtsrat erfolgt. Das Kartellverga-

765 Siehe *Barth/Kretschmann/Ott/Werner,* Der Nahverkehr 2001/12, 28 (31).

766 OLG Saarbrücken, NZBau 2000, 158 (160); OLG Koblenz, NZBau 2000, 534 (536); OLG Hamburg, NZBau 2001, 460 (Ls. 1, S. 461).

berecht sollte nicht den Anwendungsbereich des allgemeinen Kartellrechts beschränken,[767] so dass diese Regelung grundsätzlich auch in Vergabeverfahren Anwendung finden kann. Umstritten ist allerdings, ob § 36 Abs. 2 GWB selbst nicht nur im Rahmen der Zusammenschlusskontrolle gilt.

Der Gesetzgeber wollte durch die mit der 6. GWB-Novelle vorgenommene Streichung der besonderen Anwendungsfälle der Verbundklausel die Maßgeblichkeit dieser Vorschrift für das ganze GWB sicherstellen.[768] Die kartellrechtlich einheitliche Beurteilung wirtschaftlicher Einheiten war angestrebt,[769] so dass entsprechend der gesetzgeberischen Intention die Verbundklausel im ganzen Anwendungsbereich des GWBs für beachtlich gehalten wird.[770]

Der gesetzgeberische Wille hat sich im Wortlaut allerdings nicht niedergeschlagen.[771] So wird auch vertreten, dass sich der Anwendungsbereich dieser Vorschrift doch auf die Fusionskontrollen beschränkt,[772] was sich abgesehen von der systematischen Stellung textlich damit belegen lässt, dass sich der Verbundtatbestand auf an einem Zusammenschluss beteiligte Unternehmen bezieht. Die Anwendung des § 36 Abs. 2 GWB auf den Bieterkreis wird dementsprechend wegen des Fehlens eines direkten marktstrukturellen Ansatzes im Bereich des Kartellvergaberechts abgelehnt.[773]

Da das Kartellvergaberecht aber auch den Wettbewerb schützt,[774] greift zumindest der Hinweis auf das Fehlen eines marktstrukturellen Bezugs im Vergaberecht zu kurz. Das Kartellvergaberecht dient der Verwirklichung des Europäischen Binnenmarktes im Bereich der öffentlichen Aufträge,[775] alle wettbewerblich ausgerichteten Bestimmungen haben hier einen direkten Bezug zur Marktstruktur.[776] Eine einheitliche Auslegung und Betrachtung des im GWB verankerten Vergaberechts mit dem allgemeinen Kartellrecht ist damit nicht nur nach der Intention des Gesetzgebers, sondern auch nach den mit dem Kartellvergaberecht verfolgten Zwecken geboten.[777]

767 Siehe Begr. RegE VgRÄG, BT-Drs. 13/9340, S. 20, wonach § 26, jetzt § 20 GWB, auf bestimmte Fallgruppen anwendbar bleiben soll. Dies zeigt sich auch an der Regelung des § 104 Abs. 2 GWB, nachdem die Befugnisse der Kartellbehörden unberührt bleiben, *Dreher*, in *Immenga/Mestmäcker,* GWB, Vor §§ 97ff., Rn. 67. So geht auch *Bechthold,* GWB, § 97, Rn. 27 von der Anwendbarkeit des § 20 GWB aus.

768 Begr. zu § 36 Abs. 3 des RegE, BT-Drs. 13/9720.

769 *Mestmäcker/Veelken,* in *Immenga/Mestmäcker,* GWB, § 36, Rn. 37.

770 *Mestmäcker/Veelken,* in *Immenga/Mestmäcker,* GWB, § 36, Rn. 40; *Ruppelt,* in *Langen/Bunte,* GWB, § 36, Rn. 4; *Bechthold,* GWB, § 36, Rn. 1.

771 OLG Düsseldorf, in NZBau 2000, 440 (442), „Euro-Münzplättchen III"; *Bechthold,* GWB, § 36, Rn. 1 nennt wohl diesen Wortlautbefund einen „irreführenden Eindruck".

772 *Emmerich,* KartellR, § 23, Ziff. 2; *Wiedemann,* HdB KartellR, § 19, Rn. 36.

773 *Dreher,* in *Immenga/Mestmäcker,* Vor § 97, Rn. 69, unter Bezugnahme auf die vom OLG Düsseldorf aufgehobene Entscheidung der VK Bund v. 30.3.2000, VK 2-2/00.

774 Dies erkennt *Dreher,* in *Immenga/Mestmäcker,* GWB, Vor 97, Rn. 85, selbst auch ausdrücklich an.

775 Siehe RL 92/50/EWG, Erwägungsgrund 2f., ABl. 1992, Nr. L 209; RL 93/36/EWG, Erwägungsgrund 5, ABl. 1993, Nr. L 199; RL 93/37/EWG, Erwägungsgrund 2, ABl. 1993, Nr. L 199, 54.

776 Im Rahmen des Wettbewerbschutzes durch Vergaberecht ist nicht der Wettbewerb eines einzelnen Vergabevorgangs ins Auge zu fassen, sondern auch der potentielle Wettbewerb für künftige Beschaffungsvorgänge, OLG Düsseldorf, NZBau 2000, 440 (442), „Euro-Münzplättchen III".

777 Mit ausführlicher Begründung *Dreher,* in *Immenga/Mestmäcker,* GWB, Vor 97, Rn. 85ff. Siehe zum Zusammenhang von Marktstruktur und Ausschreibungen *Immenga,* WuW 1998, 809.

c) *Die Rechtsprechung des OLG Düsseldorf*[778]

Dementsprechend hat das OLG Düsseldorf festgestellt, dass im Rahmen einer Loslimitierung nach § 5 Nr. 2 VOL/A der Begriff des Bieters so zu verstehen ist, dass auch Konzerne oder die Gesamtheit der verbundenen Unternehmen nach § 36 Abs. 2 GWB hierunter fallen.[779] Die Vergabebedingung der Loslimitierung wurde als verletzt angesehen, wenn mehrere Konzernunternehmen bei der Vergabe der limitierten Lose nicht als ein Unternehmen behandelt werden.[780] Das Gericht ließ es allerdings ausdrücklich offen, ob die Verbundklausel dem Willen des Gesetzgebers entsprechend im gesamten Anwendungsbereich des GWBs gelten soll, ob dies dann auch auf die neu hinzugekommenen Regelungen des Vergabekartellrechts zu erstrecken ist, und ob demnach konzernverbundene Unternehmen im Vergaberecht besonderen Regeln unterliegen. Im zu entscheidenden Fall hielt das Gericht jedenfalls den Rechtsgedanken des § 36 Abs. 2 S. 1 GWB für anwendbar, was es im Einzelnen genau begründete.[781]

Parallel zu dieser Rechtsprechung ist die Anwendung des § 36 Abs. 2 GWB zumindest auch im Rahmen des § 16 VgV geboten. Wie der Loslimitierung kommt auch der Ausschlussregelung drittschützender Charakter im Sinne des § 97 Abs. 7 GWB zu.[782] Das Mitwirkungsverbot dient letztlich auch der Sicherstellung von Wettbewerb im Beschaffungsbereich.[783] Während das OLG Düsseldorf im Rahmen der Zielrichtung der Loslimitierung darauf abstellt, dass es nicht darauf ankommen kann, ob die zu verhindernde Abhängigkeit von einem rechtlich selbständigen Unternehmen oder einem unter einheitlicher Leitungsmacht stehenden Unternehmensverbund ausgeht,[784] kann es parallel hierzu ebenfalls nicht darauf ankommen, ob eine Beeinflussung des Vergabeverfahrens aufgrund einer Aufsichtsratsstellung unmittelbar beim Bieter oder bei einem mit diesem nach § 36 Abs. 2 GWB verbundenen Unternehmen zu befürchten ist. So hat jetzt auch die Vergabekammer Sachsen festgestellt, dass im Rahmen des Ausschlusstatbestandes von § 16 Abs. 1 Nr. 3 lit. b VgV ein Ausschlussgrund gegeben ist, wenn das ins Vergabeverfahren eingeschaltete Unternehmen Geschäftsbeziehungen zum Mutterunternehmen eines Wettbewerbers hat.[785] Das Beratungsverhältnis mit dem verbundenen Unternehmen müsse sich der Wettbewerber zurechnen lassen.[786]

Aufgrund der gesellschaftsrechtlichen Verflechtungen ist grundsätzlich davon auszugehen, dass die Muttergesellschaft ein Interesse an der wirtschaftlichen Lage ihrer Tochter hat, so dass auch die Aufsichtsratsmitgliedschaft in einem solchen Fall für ein am Ausgang des Vergabeverfahrens interessiertes Unternehmen erfolgt. Ein Interessenkonflikt eines entsandten Ratsmitglieds ist regelmäßig wahrscheinlich. Neben dem Einfluss auf die Vergabeentscheidungen kann der kommunale Vertreter über die gesellschaftsrechtliche Beherrschung auch auf das Verhalten des Bewerbers einwirken, so dass sich die vom Normtext unmittelbar erfasste Situation und die vorliegend überprüfte weitestgehend entsprechen.

---

778 OLG Düsseldorf, NZBau 2000, 440, „Euro-Münzplättchen III".
779 OLG Düsseldorf, NZBau 2000, 440 (444).
780 OLG Düsseldorf, NZBau 2000, 440 (5. Ls.).
781 OLG Düsseldorf, NZBau 2000, 440 (442ff.).
782 Siehe hierzu unten, Zweiter Teil, B.VI.
783 Vgl. OLG Düsseldorf, NZBau 2000, 440 (441f.).
784 OLG Düsseldorf, NZBau 2000, 440 (443).
785 VK Sachsen v. 29.5.2002, 1/SVK/044-02, S. 9f.
786 VK Sachsen v. 29.5.2002, 1/SVK/044-02, S. 10.

Wird also nicht schon der Intention des Gesetzgebers und Teilen der Lehre dahin gehend gefolgt, dass die Verbundklausel des § 36 Abs. 2 GWB unmittelbar im gesamten Kartellrecht und damit auch im Kartellvergaberecht anwendbar ist,[787] so spricht die Rechtsprechung des OLG Düsseldorf dafür, den zugrunde liegenden Rechtsgedanken des § 36 Abs. 2 GWB zumindest auch im Rahmen der Voreingenommenheitsregelung des § 16 Abs. 1 Nr. 3 lit. a VgV anzuwenden. Sind die tatbestandlichen Voraussetzungen von § 36 Abs. 2 GWB erfüllt, so kann es nach diesem Ansatz nicht darauf ankommen, ob die Aufsichtsratsmitgliedschaft unmittelbar bei einem Bieterunternehmen oder bei einem mit diesem entsprechend dieser Vorschrift verbundenen Unternehmen erfolgt. Für die Frage, ob die Aufsichtsratsmitgliedschaft bei der Mutter eines sich bewerbenden Verkehrsunternehmen schon nach § 16 Abs. 1 Nr. 3 lit. a, 2. Alt. VgV i.V.m. § 36 Abs. 2 GWB unmittelbar problematisch ist, kommt es also darauf an, dass die gesellschaftsrechtliche Verknüpfung der Unternehmen die Voraussetzungen der §§ 17, 18 AktG erfüllt.

Wird dieser Auffassung nicht gefolgt, so fällt wiederum eine konfliktträchtige Situation aus dem Anwendungsbereich des § 16 VgV heraus, was womöglich hinsichtlich eines auch im Vergaberecht zu beachtenden Neutralitätsgebots problematisch sein kann.

d) Die Voraussetzungen des § 36 Abs. 2 GWB

Die Verbundklausel des § 36 Abs. 2 GWB stellt darauf ab, dass Unternehmen dann als ein einheitliches Unternehmen anzusehen sind, wenn sie als abhängiges oder herrschendes Unternehmen nach § 17 AktG oder als Konzernunternehmen nach § 18 AktG verbunden sind. Die dergestalt verbundenen Unternehmen werden als wirtschaftliche Einheit behandelt,[788] ohne dass es im Rahmen der Verweisung des § 36 Abs. 2 GWB auf die Rechtsform der Unternehmen ankommt. Abweichend vom Anwendungsbereich des AktG werden auch andere Gesellschaftsformen als die Aktiengesellschaft, wie z.B. die GmbH und Personengesellschaft, erfasst.[789]

Abhängige oder herrschende Unternehmen nach § 17 Abs. 1 AktG müssen so miteinander verbunden sein, dass das herrschende Unternehmen auf das andere unmittelbar oder mittelbar einen beherrschenden Einfluss ausüben kann. Das herrschende Unternehmen muss das abhängige dazu veranlassen können, sich seinem Willen zu beugen.[790] Auf die tatsächliche Ausnutzung dieser gesellschaftsrechtlich[791] vermittelten Stellung kommt es nicht an, solange die Möglichkeit zur Durchsetzung der Interessen des beherrschenden Unternehmens besteht. Das Vorliegen eines Beherrschungsverhältnisses

787 Hierfür spricht neben der gesetzgeberischen Intention auch der ohnehin funktionale Unternehmensbegriff des GWBs, der nach dem Inhalt, Sinn und Zweck des Gesetzes zu bestimmen ist, *Zimmer*, in *Immenga/Mestmäcker,* GWB, § 1, Rn. 24, 45f.; *Bunte*, in *Langen/Bunte,* GWB, § 1, Rn. 13; *Wiedemann,* HdB KartellR, § 4, Rn. 9. Siehe auch *Bechthold*, GWB, § 1, Rn. 2.

788 *Mestmäcker/Veelken,* in *Immenga/Mestmäcker,* GWB, § 36, Rn. 38; siehe auch *Ruppelt,* in *Langen/Bunte,* GWB, § 36, Rn. 58.

789 *Emmerich*, KartellR, § 23, Ziff. 2; *Mestmäcker/Veelken,* in *Immenga/Mestmäcker,* GWB, § 36, Rn. 42ff. Siehe auch *Ruppelt,* in *Langen/Bunte,* GWB, § 36, Rn. 59, 61.

790 *Emmerich*, KartellR, § 23, Ziff. 2; *Henn*, HdB AktR, Rn. 234.

791 Zu den die Herrschaftsausübung ermöglichenden Mitteln siehe *Mestmäcker/Veelken,* in *Immenga/Mestmäcker,* GWB, § 36, Rn. 53.

wird nach § 17 Abs. 2 AktG bei einem in Mehrheitsbesitz stehenden Unternehmen widerleglich vermutet.[792]

Die Konzernklausel des § 18 AktG stellt auf die einheitliche Leitung mehrerer zu einem Konzern zusammengefassten Unternehmen ab. Ein solcher liegt nach § 18 Abs. 1 AktG vor, wenn abhängige und herrschende Unternehmen nach § 17 AktG unter einheitlicher Leitung zusammengefasst sind, Unternehmen einen Beherrschungsvertrag nach § 291 AktG geschlossen haben oder sich ein Unternehmen nach § 319 AktG in ein anderes eingegliedert hat. Von abhängigen Unternehmen wird unabhängig von der tatsächlich einheitlichen Leitung vermutet, dass sie mit dem beherrschenden Unternehmen einen Konzern bilden. Nach § 18 Abs. 2 AktG bilden auch rechtlich selbständige Unternehmen, die in keinem Abhängigkeitsverhältnis stehen einen Konzern, wenn sie unter einer einheitlichen Leitung zusammengefasst sind.[793]

e) Zusammenfassung

Hält ein kommunales Unternehmen eine Mehrheitsbeteiligung an einem Verkehrsunternehmen, welches sich auf eine Verkehrsausschreibung der Kommune bewirbt, so sind die dergestalt verbundenen Unternehmen aufgrund der Abhängigkeitsvermutung des § 17 Abs. 2 AktG gem. § 36 Abs. 2 GWB als einheitliches Unternehmen zu behandeln. Die angeführte Rechtsprechung des OLG Düsseldorf spricht dafür, den Begriff des Bieters in § 16 Abs. 1 Nr. 3 lit. a VgV zumindest dem Rechtsgedanken des § 36 Abs. 2 GWB entsprechend auszulegen, so dass nach hier vertretener Ansicht die Aufsichtsratsmitgliedschaft eines am Vergabeverfahren auf Auftraggeberseite entscheidend Beteiligten für das Mutterunternehmen somit unter den Ausschlusstatbestand fällt. Gleiches wird auch im umgekehrten Fall gelten müssen, wenn die Aufsichtsratsmitgliedschaft beim abhängigen Unternehmen erfolgt und sich das herrschende Unternehmen auf eine kommunale Ausschreibung bewirbt. Rechtsprechung zu diesen Fallkonstellationen liegt allerdings noch nicht vor. Ob ein solches Verständnis auch aus anderen rechtlichen Gesichtspunkten geboten ist, wird später noch erörtert.

III. Die Verbindung mit der Bieterseite nach § 16 Abs. 1 Nr. 2 VgV

Werden Personen, die auf Auftraggeberseite den Tatbestand von § 16 Abs. 1 Satz 1 VgV erfüllen, als kommunale Vertreter in ein gesellschaftsrechtliches Vertretungsorgan eines kommunalen Unternehmens entsandt, kann diese Konstellation vielleicht auch unter § 16 Abs. 1 Nr. 2 Alt. 3 VgV subsumiert werden. Nach dieser Bestimmung ist von der Mitwirkung am Vergabeverfahren auszuschließen, wer einen Bieter oder Bewerber in einem Vergabeverfahren als gesetzlicher Vertreter vertritt. Es wird für möglich gehalten, dass Mitglieder des Vorstandes einer AG als deren gesetzliche Vertreter unter diese Vorschrift fallen,[794] so dass diese im Grundsatz sowohl von § 16 Abs. 1 Nr. 2 als auch Nr. 3 lit. a VgV erfasst würden. Da Mitglieder der Vertretungsorgane eines Bieters

792 Siehe *Emmerich*, KartellR, § 23, Ziff. 2; *Ruppelt*, in *Langen/Bunte*, GWB, § 36, Rn. 62; *Mestmäcker/Veelken*, in *Immenga/Mestmäcker*, GWB, § 36, Rn. 42ff. Zu § 17 näher auch *Henn*, HdB AktR, Rn. 231ff.

793 Siehe hierzu näher *Henn*, HdB AktR, Rn. 297ff.; *Mestmäcker/Veelken*, in *Immenga/Mestmäcker*, GWB, § 36, Rn. 73ff., sowie *Ruppelt*, in *Langen/Bunte*, GWB, § 36, Rn. 59f.

794 Siehe VK Rheinland-Pfalz, Beschl. v. 30.4.2002, VK 6/02, S. 10.

oder Bewerbers aber schon ausdrücklich unter den Tatbestand von § 16 Abs. 1 Nr. 3 lit. a VgV fallen, sind an einem solchen Verständnis Zweifel angebracht.

So ist schon fraglich, ob die Mitglieder der Vertretungsorgane juristischer Personen selbst als deren gesetzliche Vertreter zu verstehen sind. Kommunale Unternehmen in Form einer AG oder GmbH können – wie alle juristischen Personen – nur durch ihre Organe handeln.[795] Dementsprechend bestimmt § 78 Abs. 1 AktG, dass der Vorstand die Gesellschaft gerichtlich und außergerichtlich vertritt. Im Fall einer GmbH trifft eine solche Vertretungsbefugnis nach § 35 Abs. 1 GmbHG die Geschäftsführer. Nach heute überwiegender Ansicht gilt das Handeln der Organe einer juristischen Person aber als deren Eigenhandeln,[796] so dass hier eigentlich schon nicht von Vertretung gesprochen werden kann.[797] Organschaftliches Vertretungshandeln hat demnach gegenüber dem Handeln anderer Vertreter eine andere Qualität,[798] obgleich es letztlich immer nur um eine Frage der Zurechnung geht.[799] Nach § 26 Abs. 2 Satz 1, 2. HS BGB hat aber der Vorstand eines Vereins als dessen Vertretung die Stellung eines gesetzlichen Vertreters, so dass infolge dieses alle Körperschaften treffenden Grundsatzes[800] die Vertretungsorgane juristischer Personen jedenfalls als gesetzliche Vertreter zu behandeln sind.[801] Angesichts dieser Regelung bedarf es für die Frage der Vertretung juristischer Personen keines Rückgriffs auf die nach wie vor strittigen Theorien zur Handlungsfähigkeit juristischer Personen.

Ob demnach aber die Mitglieder der Vertretungsorgane juristischer Personen selbst als gesetzliche Vertreter nach § 16 Abs. 1 Nr. 2 VgV zu betrachten sind, ist indes fraglich. Dessen Wortlaut stellt eindeutig auf natürliche Personen ab. Nach § 26 Abs. 2 Satz 1 BGB hat aber der „Vorstand" die Stellung eines gesetzlichen Vertreters. Da § 31 BGB zwischen dem Vorstand und dessen Mitgliedern differenziert, ist in systematischer

795 Strittig ist nach wie vor, in welcher Art und Weise die Zurechnung dieses Handelns erfolgt. Nach der auf *Savigny* zurückzuführenden Vertretertheorie bedarf die aus sich heraus nicht des Wollens und Handelns fähige juristische Person eines Vertreters, während nach *von Gierkes* Organtheorie das Handeln der Gesellschaftsorgane der Gesellschaft als Eigenhandeln zuzurechnen ist. Siehe hierzu ausführlicher und mit umfangreichen Textnachweisen *Rittner,* Die werdende juristische Person, S. 180f; *Flume*, Die juristische Person, S. 13ff.; sowie auch im Überblick *Schmidt,* GesellschaftsR, S. 258ff.

796 Die Organtheorie hat sich durchgesetzt: *Reuter,* in *Säcker (Hrsg.)*, Münchener Komm. BGB, § 26, Rn. 11. Siehe *Baumbach/Hueck*, GmbHG, § 35, Rn. 36; *Heinrichs*, in *Palandt*, BGB, § 26, Rn. 1; *Hefermehl*, in *Geßler/Hefermehl*/Eckhardt/Kropf, AktG, § 78, Rn. 2; *Hüffer*, AktG, § 78, Rn. 3; *Mertens,* Kölner Kommentar AktG, Vorb. § 76, Rn. 3; *Schmidt,* GesellschaftsR, S. 261. A.A. *Flume*, Die juristische Person, S. 377; *Altmeppen,* in *Altmeppen/Roth*, GmbHG, § 37, Rn. 7; *Mertens,* in *Hachenburg*, GmbHG, § 35, Rn. 42ff.

797 Siehe *Schmidt,* HandelsR, S. 455. Diesen Gedanken geht *Beuthien* am konsequentesten zu Ende, siehe NJW 1999, 1142ff.; und in *Lieb u.a. (Hrsg.),* FS Zöllner, S. XY.

798 *Schmidt,* GesellschaftsR, S. 256; Siehe auch *Beuthien*, NJW 1999, 1142 (1144); *Hefermehl*, in *Geßler/Hefermehl*/Eckhardt/Kropf, AktG, § 78, Rn. 2; *Altmeppen/Roth*, GmbHG, § 35, Rn. 7; *Heinrichs*, in *Palandt*, BGB, Einf. v. § 164, Rn. 5a.

799 Siehe *Schmidt,* HandelsR, S. 455; *derselbe*, GesellschaftsR, S. 262, und auch *Altmeppen/Roth*, GmbHG, Rn. 7.

800 *Hefermehl*, in *Geßler/Hefermehl*/Eckhardt/Kropf, AktG, § 78, Rn. 2.

801 Siehe für den Vorstand der AG *Hefermehl*, in *Geßler/Hefermehl*/Eckhardt/Kropf, AktG, § 78, Rn. 2.; *Mertens,* Kölner Kommentar AktG, § 78, Rn. 7; *Hüffer*, AktG, § 78, Rn. 3; *Henn*, HdB AktR, Rn. 585. Auch die Geschäftsführer einer GmbH werden als organschaftliche Vertreter betrachtet: *Lutter/Hommelhoff,* GmbHG; § 35, Rn. 1; *Baumbach/Hueck*, § 35, Rn. 36; *Altmeppen,* in *Altmeppen/Roth*, GmbHG, § 35, Rn. 7. *Schneider,* in *Scholz,* GmbHG, § 35, Rn. 21.

Auslegung davon auszugehen, dass auch im Rahmen von § 26 Abs. 2 Satz 2 BGB nur das Organ und nicht seine Mitglieder als natürliche Personen den gesetzlichen Vertretern gleichgestellt werden. Ebenso differenzieren auch die relevanten Bestimmungen des Gesellschaftsrechts zwischen dem Vertretungsorgan und seinen Mitgliedern. So bestimmt § 78 Abs. 1 AktG, dass der Vorstand die Gesellschaft vertritt, während die folgenden Absätze die sich daraus ergebenden Befugnisse der Mitglieder des Vorstands behandeln.[802] Gleiches gilt auch im Rahmen von § 35 GmbHG. Dass diese Verbandsorgane nicht mit ihren Mitgliedern gleichzusetzen sind, zeigt sich ebenfalls daran, dass sie fortbestehen, auch wenn sie einmal nicht besetzt sein sollten.[803] Die Organmitglieder nehmen die dem Organ eingeräumten Zuständigkeiten wahr,[804] sie sind aber von diesem selbst zu unterscheiden.[805] Die Vertretungsbefugnisse treffen das Organ, eine Trennung von den Mitgliedern ist auch bei Einpersonenorganen möglich.[806] Soweit in der Literatur diesbezüglich nicht differenziert wird, ist dies zumindest ungenau[807] und nur aus der Perspektive der Vertretungstheorie, die an der Handlungsfähigkeit menschlicher Personen anknüpft,[808] schlüssig.[809] Ob eine solche Gleichsetzung allerdings den gesetzlichen Vorgaben entspricht, ist nach obigem Auslegungsergebnis zweifelhaft.[810]

Hat dementsprechend nach § 26 Abs. 2 Satz 1 BGB nur das jeweilige Vertretungsorgan einer juristischen Person die Stellung eines gesetzlichen Vertreters, so gilt dies also nicht auch für dessen Mitglieder als natürliche Personen. Da diese ausdrücklich von § 16 Abs. 1 Nr. 3 lit. a VgV erfasst werden, ist eine Subsumtion unter Nr. 2 auch nicht erforderlich. Die Materialien zur Verordnungsgebungsgeschichte legen es im Gegenteil nahe, dass die Nr. 2 von den Kommunen in die Vertretungsorgane kommunaler Unternehmen entsandte Personen nicht erfassen soll. So wurde die Problematik entsandter Ratsmitglieder alleine im Rahmen des Tatbestandes von § 16 Abs. 1 Nr. 3 lit. a VgV diskutiert,[811] was dafür spricht, dass Nr. 2 nach dem Willen des Verordnungsgebers hier nicht greifen soll.

Wird entgegen der hier vertretenen Ansicht davon ausgegangen, dass im Grundsatz auch die Mitglieder des Vorstandes einer AG oder der Geschäftsführung einer GmbH selbst als gesetzliche Vertreter zu betrachten sind, so werden sie nur bei Hinzutreten

---

802 Siehe *Beuthien/Gätsch*, ZHR 156 (1992), 459 (Fn. 49).

803 *Beuthien*, NJW 1999, 1142 (1143); *Mertens*, in Hachenburg, GmbHG, § 35, Rn. 8. *Beuthien/Gätsch*, ZHR 156 (1992), 459 (468) ziehen daraus richtig den Schluss, dass der Begriff des Organs institutionell-funktional zu bestimmen ist.

804 *Hefermehl*, in *Geßler/Hefermehl*/Eckhardt/Kropf, AktG, § 78, Rn. 2.

805 *Schmidt*, GesellschaftsR, § 14 III1.b); *Beuthien*, NJW 1999, 1142 (1144). Andernfalls würde das Organ auch kompetenz- und funktionslos, *Beuthien*, in *Lieb u.a. (Hrsg.)*, FS Zöllner, S. 98.

806 *Beuthien*, NJW 1999, 1142 (1144).

807 *Beuthien*, in *Lieb u.a. (Hrsg.)*, FS Zöllner, S. 97; *Beuthien/Gätsch*, ZHR 156 (1992), 459 (Fn. 49).

808 Nach *Savigny* setzen Handlungen ein denkendes und wollendes Wesen voraus, siehe *Schmidt*, GesellschaftsR, S. 259.

809 Siehe für eine fehlende Differenzierung etwa *Schneider*, in *Scholz*, GmbHG, § 35, Rn. 3. Soweit *Flume*, Die juristische Person, S. 377, die Organe einer juristischen Person mit deren Mitgliedern gleichstellt, ist dies aus Perspektive der von ihm vertretenen Vertretungstheorie konsistent.

810 Siehe auch *Beuthien/Gätsch*, ZHR 156 (1992), 459 (Fn. 49). Dass die Mitglieder der Vertretungsorgane nicht selbst als gesetzliche Vertreter zu betrachten sind, kann auch darauf gestützt werden, dass sie ihre Stellung als Organmitglied erst durch die Bestellung erhalten. Während die Stellung der Organe als gesetzliche Vertreter von § 26 Abs. 2 S. 1 BGB fingiert wird, beruht die Vertretungsbefugnis der Mitglieder auf diesem Rechtsgeschäft, so dass sie nicht selbst als gesetzliche Vertreter zu verstehen sind, *Beuthien*, in *Lieb u.a. (Hrsg.)*, FS Zöllner, S. 96.

811 Siehe BR-Drs. 455/00 (Beschluss), S. 3.

weiterer Umstände von § 16 Abs. 1 Nr. 2 VgV erfasst. Voraussetzung ist, dass sie auch tatsächlich Vertretungsbefugnis haben, da sie andernfalls keinesfalls als gesetzliche Vertreter betrachtet werden können.[812] In Abgrenzung zu dem Tatbestand von § 16 Abs. 1 Nr. 3 lit. a VgV ist des Weiteren erforderlich, dass die unter Nr. 2 fallenden Vorstandsmitglieder oder Geschäftsführer das Bieter- oder Bewerberunternehmen „in diesem Verfahren (...) als gesetzlicher Vertreter (...) vertreten". Wie auch die anderen in Nr. 2 genannten Beispiele zeigen, ist die Ausübung einer handelnden Rolle im Vergabeverfahren auf Seiten eines Bieters oder Bewerbers erforderlich, während bei Nr. 3 lit. a das bloße Bestehen der Organmitgliedschaft ausreicht. Hierfür spricht auch die redaktionelle Begrenzung der Widerlegungsmöglichkeiten auf die Tatbestände § 16 Abs. 1 Nr. 3 VgV, da bei einer aktiven Rolle im Vergabeverfahren die Widerlegung der Voreingenommenheit nie gelingen kann.[813] Wird § 16 Abs. 1 Nr. 2 VgV für auf die Mitglieder eines gesellschaftsrechtlichen Vertretungsorgans als gesetzliche Vertreter anwendbar gehalten, so stellt diese Regelung gegenüber § 16 Abs. 1 Nr. 3 lit. a VgV die speziellere Regelung für aktiv handelnde Vertreter dar. Für diese wird dann eine Widerlegung der Voreingenommenheitsvermutung abgeschnitten. Mitglieder eines gesellschaftsrechtlichen Vertretungsorgans, die diese Voraussetzungen nicht erfüllen, werden jedenfalls vom Tatbestand des § 16 Abs. 1 Nr. 3 lit. a VgV als Auffangregelung erfasst.

Einem derart differenzierten Normverständnis steht nach hier vertretener Ansicht allerdings Wortlaut und Systematik von § 16 Abs. 1 Nr. 2 VgV i.V.m. §§ 26 Abs. 2, 31 BGB, die Verordnungsgebungsgeschichte und auch teleologische Erwägungen entgegen. So werden Mitglieder eines gesellschaftlichen Vertretungsorgans auf Seiten eines Bieter- oder Bewerberunternehmens ausdrücklich nur von § 16 Abs. 1 Nr. 3 lit. a VgV erfasst, wo für sie entsprechend den Änderungsintentionen des Bundesrats die Voreingenommenheitsvermutung widerlegt werden kann.

IV. Verwandtschaftsfälle

Nach § 16 Abs. 2 VgV gelten Personen, welche die Voraussetzungen des Abs. 1 S. 1 erfüllen,[814] auch dann als voreingenommen, wenn ein Angehöriger einen Tatbestand von Abs. 1 Nr. 1 – 3 erfüllt. Die Verbindung der Betroffenen mit einem Auftraggeber und einem Bieter/Bewerber wird hier über das Angehörigenverhältnis vermittelt.[815] Die Angehörigen im Sinne dieser Vorschrift sind enumerativ aufgezählt, hierzu zählen unter anderem der Verlobte, der Ehegatte, Lebenspartner, Verwandte und Verschwägerte gerader Linie und Geschwister auch vom Lebenspartner, Ehegatten oder den Eltern. Der Einbezug des Lebenspartners kann hier aufgrund der schwierigen Bestimmung dessen, wo Lebenspartnerschaft anfängt, für problematisch gehalten werden.[816] Da die Ausschlussregelung des § 16 VgV insoweit aber gesellschaftliche Realitäten widerspiegelt, ist die ausdrückliche Aufnahme der Lebenspartnerschaft in die Angehörigenverhältnisse jedenfalls zu begrüßen.

812 Siehe *Heinrichs*, in *Palandt*, BGB, § 26, Rn. 2; Vgl. *Unger*, in Kommunalverfassungsrecht Hessen, § 25 HGO, Rn. 44.

813 Hierzu näher unten, Zweiter Teil, B.V.

814 Dies ist in Abs. 2 ohne Zweifel hineinzulesen, siehe auch *Gröning*, WRP 2001, 1 (7).

815 Vgl. hierzu den Fall des BayObLG, NZBau 2000, 259, wo schon vor Erlass der neuen VgV die Mitwirkung des Vaters und Onkels eines Bieters an der Leistungsbeschreibung als Verstoß gegen Bestimmungen über das Vergabeverfahren gewertet wurde.

816 Siehe *Quilisch/Fietz*, NZBau 2001, 540 (543).

§ 16 Abs. 2 VgV geht davon aus, dass das Angehörigenverhältnis zum Zeitpunkt des Vergabeverfahrens positiv besteht. Allerdings ist auch bei einem vorherigen Zerbrechen des das Angehörigenverhältnis begründenden Näheverhältnisses ein Interessenkonflikt möglich, etwa nach einem Zerwürfnis.[817] Dies wird in § 20 Abs. 5 S. 2 VwVfG für die dortige Ausschlussregelung auch ausdrücklich anerkannt.[818] Dementsprechend wird eine Ausdehnung des § 16 Abs. 2 VgV auf die in § 20 Abs. 5 S. 2 VwVfG bestimmten Fälle des Nichtmehrbestehens des Angehörigenverhältnisses befürwortet.[819] Ob dies entgegen dem insofern eindeutigen Wortlaut ohne weiteres möglich ist, ist allerdings zweifelhaft. So nimmt etwa die Befangenheitsregelung des § 31 Abs. 5 a.E. GO NW Personen, die aufgrund einer Scheidung rechtlich nicht mehr miteinander verbunden sind, ausdrücklich vom Angehörigenbegriff aus.[820] Parallel hierzu könnte auch § 16 Abs. 2 VgV bewusst an das Bestehen der jeweiligen Verbindung anknüpfen, so dass eine für eine Analogie erforderliche planwidrige Regelungslücke fehlen würde.[821] Ein Rückgriff auf § 20 VwVfG scheidet aber angesichts des abschließenden Charakters und der Spezialität der mit § 16 VgV getroffenen Regelung jedenfalls aus.[822]

Während sich § 16 Abs. 2 VgV insoweit als gegenüber § 20 Abs. 5 VwVfG engere Regelung darstellt, ist sie hinsichtlich der Mitgliedschaft eines Angehörigen in einem gesellschaftsrechtlichen Verwaltungsorgan strikter. So erfasst § 16 VgV auch Personen, bei denen lediglich ein Angehöriger bei einem Bieter oder Bewerber als Organmitglied tätig ist. Die entsprechende Regelung des § 20 Abs. 1 Nr. 5 VwVfG gilt demgegenüber nur für Personen, die selbst eine solche Stellung innehaben.

V. Die Widerlegungsmöglichkeiten

Nach § 16 Abs. 1 Nr. 3 a.E. VgV kann die Voreingenommenheitsvermutung widerlegt werden, wenn für die betroffene Person kein Interessenkonflikt besteht, oder sich die Tätigkeit nicht auf die Entscheidungen im Vergabeverfahren auswirkt. Um nicht von der Mitwirkung an Entscheidungen in einem Vergabeverfahren ausgeschlossen zu werden, reicht das Vorliegen eines dieser alternativ genannten Tatbestände aus.[823] Die Regelung erinnert an den im Verwaltungsverfahrensrecht bekannten und in § 46 VwVfG kodifizierten Rechtsgrundsatz,[824] dass ein Verstoß gegen Verfahrensvorschriften dann unbeachtlich ist, wenn sich der Mangel nicht auf die Entscheidung in der Sache ausgewirkt hat.[825] Im Folgenden wird zunächst der Frage nachgegangen, in welchen Fällen des § 16 Abs. 1 Nr. 1 – 3 VgV eine derartige Widerlegung der Voreingenommenheitsvermutung möglich ist, bevor die einzelnen Widerlegungstatbestände mit Blick auf die hier interessierende Regelung untersucht werden.

---

817 Siehe *Danckwerts*, NZBau 2001, 242 (244).
818 Siehe hierzu *Bonk/Schmitz*, in *Stelkens/Bonk/Sachs*, VwVfG, § 20, Rn. 55ff.
819 *Boesen (Hrsg.)*, VN 2002, 9 (10f.).
820 Siehe auch *Behrens*, in *Blum*, KVR Niedersachsen, § 26 NGO, Rn. 33.
821 Siehe zu den Voraussetzungen einer Analogie noch näher unten, Dritter Teil, C.IV.1.
822 Vgl. *Boesen (Hrsg.)*, VN 2002, 9 (10f.).
823 Siehe nur *Berrisch/Nehl*, WuW 2001, 944 (948).
824 Siehe *Kopp/Ramsauer*, VwVfG, § 46, Rn. 10. Vgl. aber *Meyer*, in *Knack*, VwVfG, § 46, Rn. 7.
825 Siehe nur BVerwG v. 30.5.1984, DVBl. 1984, 1075 (1078); sowie zu diesem Aspekt näher unten, Zweiter Teil, B.V.3.

1. *Begrenzte Reichweite der Widerlegungsregel*

Die vom Bundesrat aufgrund der Rechtsprechung des OLG Stuttgart eingeführten Widerlegungsregelung findet sich eingerückt unter der Nr. 3 von § 16 Abs. 1 VgV.[826] Diese Gestaltung spricht dafür, dass sie nur auf die unter Nr. 3 lit. a und b angeführten Tatbestände anwendbar ist.[827] Demgegenüber wird in der Literatur[828] und Rechtsprechung[829] aber teilweise davon ausgegangen, dass die Voreingenommenheitsvermutung stets, also auch in den Fällen des § 16 Abs. 1 Nr. 1 und 2 VgV widerlegbar sein soll. Hiergegen spricht allerdings neben der redaktionellen Anordnung auch die Verordnungsgebungsgeschichte. Nach dem Entwurf der Bundesregierung zur VgV sollte es nur im Fall von in das Vergabeverfahren eingeschalteten Unternehmen auf das tatsächliche Vorliegen einer Interessenkollision ankommen.[830] Der Bundesrat dehnte dies in Form der jetzt getroffenen Widerlegungsregelung auch auf Organmitgliedschaften auf Seiten eines Bieters aus, so dass beide Tatbestände zu einer einheitlichen Nr. 3 zusammengefasst wurden.[831] Nur im Rahmen dieser Tatbestände sollte ein Ausschluss im Einzelfall nicht erfolgen müssen,[832] eine Ausdehnung auf die Fälle von § 16 Abs. 1 Nr. 1 und 2 war nicht intendiert.

Teleologische Erwägungen stützen diese vom Gesetzgeber intendierte Begrenzung. So wäre eine Erstreckung der Widerlegungsmöglichkeit auf § 16 Abs. 1 Nr. 1 und 2 VgV sinnlos, da in diesen Fällen eine Interessenkollision für eine auch unter § 16 Abs. 1 S. 1 VgV fallende Person seiner Stellung auf Seiten des Bieters/Bewerbers inhärent ist. So wird jeder Bieter oder Bewerber, aber auch jeder Berater, Vertreter oder sonst einen Bieter oder Bewerber *im Vergabeverfahren* Unterstützende nie unvoreingenommen für eine Vergabestelle tätig werden können. Die Tätigkeit auf Seiten eines Bieters oder Bewerbers im Vergabeverfahren impliziert die Wahrnehmung seiner Interessen. Die Anwendung der Widerlegungsregelung ist somit von vornherein auf die Tatbestände von § 16 Abs. 1 Nr. 3 VgV beschränkt.[833]

2. *Kein Interessenkonflikt*

In den Fällen des § 16 Abs. 1 Nr. 3 lit. a VgV ist die Widerlegungsregelung anwendbar. Die vermutete Voreingenommenheit soll dann nicht zwingend zum Ausschluss von

826 Zum Hintergrund der Regelung siehe oben, Zweiter Teil, A.II.

827 So auch *Quilisch/Fietz*, NZBau 2001, 540 (543, Fn. 25).

828 *Gröning*, WRP 2001, 1 (7), wohl auch *Danckwerts*, NZBau 2001, 242 (243). *Höfler/Bert*, NJW 2000, 3310 (3316) haben (ohne jeden textlichen Hinweis!) eine umfassende Widerlegbarkeit der Voreingenommenheitsvermutung schon für den Regierungsentwurf angenommen.

829 Siehe VK Lüneburg v. 14.1.2002, Az.: 203-VgK-22/2001, S. 25. Dieser Beschluss leidet erheblich darunter, dass die Entscheidung keinen Bezug zu den konkreten Tatbeständen des § 16 VgV erkennen lässt. Hinsichtlich der Tätigkeit des Oberbürgermeisters auf Seiten der Vergabestelle und im Verwaltungsrat der Sparkasse käme allenfalls ein Fall von § 16 Abs. 1 Nr. 2 VgV in Betracht, der aber tatsächlich nicht gegeben ist. Im Ergebnis lehnt die VK damit eine Verletzung des § 16 VgV zu Recht ab.

830 BR-Drs. 455/00, S. 9, 20.

831 Eine Beschränkung der Widerlegungsmöglichkeit auf Fälle des § 16 Abs. 1 Nr. 3 lit. b VgV ist also keinesfalls anzunehmen. Diesbezüglich nicht eindeutig aber *Otting*, NVwZ 2001, 775 (777).

832 Siehe BR-Drs. 455/00 (Beschluss, S. 3), so auch *Berrisch/Nehl*, WuW 2001, 944 (948).

833 So auch *Berrisch/Nehl*, WuW 2001, 944 (949); *Boesen (Hrsg.)*, VN 2002, 9 (11); *Kratzenberg*, NZBau 2001, 119 (121).

Entscheidungen im Vergabeverfahren führen, wenn tatsächlich kein Interessenkonflikt für die betroffene Person besteht. Während das Vorliegen eines der objektiven Tatbestände von § 16 Abs. 1 Nr. 1 – 3 VgV die Vermutung der Voreingenommenheit begründet, kommt es hier also darauf an, dass tatsächlich keine Interessenkollision gegeben ist. Eine solche ist parallel zu den diesbezüglichen Regelungen des Verwaltungsverfahrensgesetzes und des Kommunalverfassungsrechts jedenfalls anzunehmen, wenn die Interessen der auftragsvergebenden Stelle mit den eigenen eines am Vergabeverfahren Mitwirkenden in Konflikt stehen,[834] wenn diese Person also widerstreitende Interessensphären zu verwirklichen hat.[835] Welche Bedeutung dieser Widerlegungstatbestand für kommunale Vertreter in kommunalen Unternehmen entsprechend § 16 Abs. 1 Nr. 3 lit. a, Alt. 2 VgV hat, wird im Folgenden untersucht.

a) Kein Gleichlauf mit den kommunalverfassungsrechtlichen Vertretungsverboten

Die Möglichkeit, im Fall der Organmitgliedschaft bei einem Bieter, die von § 16 Abs. 1 Nr. 3 lit. a VgV angenommene Voreingenommenheit zu widerlegen, soll nach dem Willen des Verordnungsgebers dazu dienen, Friktionen mit dem Kommunalverfassungsrecht zu vermeiden.[836] Nach den Gemeindeordnungen ist ein in ein Gesellschaftsorgan eines kommunalen Unternehmens entsandter kommunaler Vertreter nicht von einer die jeweilige juristische Person betreffenden Angelegenheit auszuschließen, wenn die Vertretung in dem Organ für die Gemeinde erfolgt.[837] Ein Teil der Gemeindeordnungen sieht vor, dass die kommunalen Vertreter in den kommunalen Gesellschaften weisungsgebunden sind[838], eine Interessenkollision soll dementsprechend wegen des Gleichlaufs der Willensbildung von Gemeinde und Gesellschaft auszuschließen sein.[839] Die Mitgliedschaft erfolgt gerade zur Wahrnehmung der kommunalen Interessen, so dass sie hier nicht zu einem Konflikt führen soll.[840] Diese Ausnahme von den kommu-

834 Vgl. *Bonk*, *Stelkens/Bonk/Sachs*, VwVfG, § 20, Rn. 1; *V. Arnim*, JA 1986, 1 (2). *Gern*, Kommunalrecht, Rn. 510; *Spies*, DVBl. 1986, 131 (132); Nach *Kirchhof*, VerwArch 66 (1975), 370 (377) ist Befangenheit die eigennützige Voreingenommenheit, die dem Amtswalter die Freiheit für das Recht und die Distanz gegenüber dem Verwaltungsgegenstand nimmt.

835 *Spies*, DVBl. 1986, 131 (132).

836 BR-Drs. 455/00 Beschluss, S. 3.

837 Bspw. § 25 Abs. 1 Nr. 5 HGO, § 31 Abs. 2 Nr. 2 i.V.m. § 43 Abs. 2 GO NW; § 28 Abs. 2 Nr. 2 i.V.m. § 38 Abs. 2 GO Brandenburg; § 26 Abs. 3 Nr. 4 i.V.m. 39 Abs. 3 NGO; .§ 31 Abs. 2 Nr. 2 i.V.m. § 68 GO LSA.

838 So etwa § 125 Abs. 1 Satz 4 HGO; § 113 Abs. 1 Satz 2 GO NW; § 104 Abs. 1 S. 4 und Abs. 2 GO Brandenburg; § 111 Abs. 1 Satz 2 NGO; § 119 Abs. 1 Satz 5 GO LSA.

839 Siehe *v. Mutius*/Rentsch, Kommunalverfassungsrecht SH, § 22, Rn. 11 und. § 25, Rn. 3. Vgl. *Schwintowski*, NJW 1995, 1316 (1317). Mit einem ähnlichen Argument hält *Kopp*, WiVerw 1983, 226 (238), § 20 Abs. 1 Nr. 5 VwVfG auf öffentliche Amtsträger nicht für anwendbar: Die Amtsträger würden in den Gesellschaftsorganen nur „amtliche" Interessen wahrnehmen, was gegenüber Privatinteressen etwas „wesensmäßig" anderes sei. Siehe hiergegen *Berg*, GewArch 1990, 225 (232).

840 Siehe *Unger*, Kommunalverfassungsrecht Hessen, § 25 HGO, Rn. 58 sowie *Wansleben*, in *Held u.a. (Hrsg.)*, Kommunalverfassungsrecht NRW, § 31 GO, Nr. 4.3.2. Siehe zu solchen Fällen der Interessenidentität im Verwaltungsrecht auch BayVGH v. 16.4.1981, NVwZ 1982, 510 (511f.) sowie die bestenfalls als polemisch zu bezeichnenden Gedanken von *Eyermann*, GewArch 1981, 256 hierzu; des Weiteren *Blum*, DÖV 1977, 507 (509). Da die von einer Eigengesellschaft der öffentlichen Hand wahrgenommenen öffentlichen Interessen Sonderinteressen darstellen, ist *Scheuing*, NVwZ 1982, 487 (489) bezüglich einer Gleichsetzung der Interessen für das allgemeine Verwaltungsrecht zu Recht kritisch.

nalen Mitwirkungsverboten kann aber nicht auf § 16 VgV, der in Vergabeverfahren die jeweiligen Regelungen nicht nur aufgrund seiner Spezialität, sondern auch aufgrund seines Vorrangs als bundesrechtliche Regelung verdrängt, übertragen werden.

So ist die Annahme, dass ein Interessenkonflikt dann nicht vorliege, wenn die Mitgliedschaft in einem Organ einer von einer bestimmten Angelegenheit betroffenen juristischen Person für die Gemeinde erfolgt, schon für den Bereich der Gemeindeordnung kritisch zu beurteilen.[841] So müssen die vom kommunalen Unternehmen verfolgten Interessen nicht unbedingt mit dem allgemeinen öffentlichen Interesse zusammenfallen, sondern können sich diesbezüglich als Sonderinteresse darstellen.[842] Weisungsrechte einer ein Aufsichtsratsmitglied entsendenden Gemeinden stehen bei gegenläufigen Interessen der Gesellschaft zurück.[843] Im Konfliktfall hat das Gesellschaftsrecht als Bundesrecht nach Art. 31 GG Vorrang,[844] was einige Gemeindeordnungen auch deklaratorisch anerkennen.[845] Ist ein Vertreter einer Gemeinde im Aufsichtsrat aber nicht an die gemeindlichen Weisungen gebunden,[846] so besteht auch kein Anlass zu der Annahme, dass er bei seiner Tätigkeit als Gemeindevertreter grundsätzlich nicht doch Sonderinteressen der Gesellschaft wahrnimmt.[847]

Bewirbt sich ein kommunales Unternehmen auf eine öffentliche Ausschreibung, so ist aber ein Gleichlauf der Willensrichtung bei der Gemeinde und der betroffenen Gesellschaft auch eindeutig nicht gegeben. Während das Unternehmen mit der Bewerbung oder dem Angebot sein Interesse am Erhalt des Zuschlags ausdrückt, richtet sich das Interesse der Kommune darauf, diesen in rechtskonformer Weise nur dem nach den Zuschlagskriterien besten Angebot zu erteilen. Ein etwaiges Interesse der Kommune, ihrem eigenen Unternehmen den Zuschlag zuzuschanzen, kann bei Bestehen einer Ausschreibungspflicht keine Beachtung finden. Es wäre also verfehlt davon auszugehen,

---

841 Skepsis an den getroffenen Regelungen ist auch aus der Perspektive der Abgrenzung kommunaler Wirtschaftstätigkeit und kommunaler Kontrolle angebracht, siehe hierzu *Schefold*, JuS 1980, 493 (500), sowie näher *derselbe*, Kommunalwirtschaftliche Inkompatibilität.

842 Vgl. BremStGH v. 18.2.1977, NJW 1977, 2307 (2308f.); *Dagtoglou*, in *Doehring*, Festgabe Forsthoff, S. 87; *Röper*, DÖV 1977, 166 (167); *Scheuing*, NVwZ 1982, 487 (489). Siehe auch *Fehling*, Verwaltung zwischen Unparteilichkeit und Gestaltungsaufgabe, S. 205ff., demzufolge bei Amtskonflikten eine alleine auf personell-individueller Ebene ansetzende Unparteilichkeitsregelung nur ein Baustein im Rahmen der Sicherung von Unparteilichkeit sein kann.

843 *Altmeppen*, in *Altmeppen/Roth*, GmbHG, § 52, Rn. 18; *Leisner*, WiVerw 1983, 212 (216f.); *Mertens*, Kölner Kommentar AktG, § 101, Rn. 55. Siehe auch *Schwintowski*, NJW 1995, 1316; *Von Mutius/Rentsch*, Kommunalverfassungsrecht SH, S. 582; *Engellandt*, DÖV 1996, 71 (71).

844 *Decher*, ZIP 1990, 277, (281); *Säcker*, in *Eyrich/Odersky/Säcker (Hrsg.)*, FS Rebmann, S. 792. Für eine Modifikation des Gesellschaftsrechts durch das Kommunalwirtschaftsrecht aus verfassungsrechtlichen Gründen siehe aber *Hellermann*, Örtliche Daseinsvorsorge, S. 240ff., vgl. auch *v. Danwitz*, AöR 120 (1995), 595 (626f.); *Gersdorf*, Öffentliche Unternehmen im Spannungsfeld, S. 247ff.

845 Etwa § 125 Abs. 1 Satz 4 HGO; § 113 Abs. 1 Satz 4 GO NW; § 104 Abs. 2 GO Brandenburg; § 119 Abs. 1 Satz 5 GO LSA.

846 Siehe *Dreher*, JZ 1990, 896 (897); *Säcker*, in *Eyrich/Odersky/Säcker (Hrsg.)*, FS Rebmann, S. 784.

847 Siehe hierzu dass Negativbeispiel bei *Ehlers*, DVBl. 1998, 497, (505), nachdem im Beteiligungsbericht der Stadt Essen aus dem Jahr 1997 gerade bemängelt wird, dass die Vertreter der Stadt „sich bei der Ausübung des Mandats häufig mehr dem Sonderinteresse der Beteiligung als dem Wohl der Stadt verpflichtet fühlten“.

dass ein Interessenkonflikt wegen der Wahrnehmung lediglich öffentlicher Interessen bei der Organmitgliedschaft auszuschließen ist.[848]

Im Rahmen des § 16 VgV ist des Weiteren zu beachten, dass die Befangenheitsregelungen der GOen die Tätigkeiten der Gemeindevertreter in ihrer Ausrichtung auf das öffentliche Wohl schützen. Ihnen soll uneigennütziges Verhalten zum Wohle der Gemeinde möglich sein, Gemeindeinteressen stehen also im Mittelpunkt der Befangenheitsregelungen.[849] Ein Verstoß gegen kommunale Mitwirkungsverbote begründet noch nicht aus sich heraus eine Verletzung in subjektiven Rechten.[850] Die Voreingenommenheitsvermutung der Vergabeverordnung schützt demgegenüber aber auch die Interessen der Bieter und Bewerber an einem objektiven Verfahren.[851] § 16 VgV bezieht also auch Dritte in seinen Schutzbereich mit ein.

Es kann also für kommunale Mitglieder in den Organen eines Bieter- oder Bewerberunternehmens nicht parallel zu den diesbezüglichen Regelungen des Kommunalverfassungsrechts schlechthin angenommen werden, dass eine Interessenkollision auszuschließen ist, weil das Aufsichtsratsmandat für die Gemeinde erfolgt.[852] Das Nichtvorliegen eines Interessenkonfliktes ist vielmehr im Einzelfall zu prüfen.

b) Persönliche Interessen

Wann eine Interessenkollision nach § 16 Abs. 1 Nr. 3 a.E. VgV gegeben ist, ergibt sich nicht unmittelbar aus dieser Bestimmung, deren Grundtatbestände nur eine Vermutung der Voreingenommenheit begründen. Im Gleichlauf mit den Ausschlussregelungen des Kommunalverfassungsrechts und des § 20 VwVfG liegt eine Interessenkollision aber jedenfalls dann vor, wenn eine am Vergabeverfahren beteiligte Person aufgrund ihrer Verbindung mit der Bieter-/Bewerberseite ein eigenes, persönliches Interesse am Ausgang des Verfahrens hat, weil sie einen unmittelbaren Vor- oder Nachteil aus der (Vergabe-) Entscheidung erlangen kann.[853] Der Interessenkonflikt liegt darin, dass der Betroffene aufgrund der persönlichen Verquickung mit dem Verfahrensgegenstand als „Sachbearbeiter in eigener Sache“[854] tätig würde. Wenn auch das Merkmal des unmittelbaren Vor- oder Nachteils nicht explizit in § 16 VgV genannt wird, so belegen doch die insoweit überwiegend einheitlichen Befangenheitsregelungen von Bund und Ländern, dass eine solche persönliche Betroffenheit eines an einem Verfahren Mitwirkenden für diesen einen zum Ausschluss führenden Interessenkonflikt tatsächlich be-

848 Vgl. zu dieser Argumentation *Kopp,* WiVerw 1983, 226 (242f).

849 Siehe etwa *Molitor,* JA 1992, 303 (303); *Hassel*, DVBl. 1988, 711 (713); Vgl. auch *Gern*, Kommunalrecht, Rn. 511; *Von Mutius/Rentsch*, Kommunalverfassungsrecht SH, S. 133;

850 Siehe VG Frankfurt v. 3.9.1971, Az. V/2, zitiert bei *Stahl,* DVBl. 1972, 764 (764f.). Siehe auch *Unger,* Kommunalverfassungsrecht Hessen, § 25 HGO, Rn. 112f.

851 Siehe zum Drittschutz noch näher unten, Zweiter Teil, B.VI.

852 Vgl. ebenso zu § 20 VwVfG: BVerwGE 69, 256 (263f.); BayVGH v. 16.4.1981, NVwZ 1982, 510 (511f.); *Clausen,* in *Knack,* VwVfG, § 20, Rn. 17; *Stelkens/Schmitz,* in *Stelkens/Bonk/Sachs,* VwVfG, § 20, Rn. 37; *Kopp/Ramsauer*, VwVfG, § 20, Rn. 29.

853 Siehe § 20 Abs. 1 S. 2 VwVfG; Vgl. hierzu *Bonk/Schmitz*, in *Stelkens/Bonk/Sachs,* VwVfG, § 20 Rn. 41; *Clausen,* in *Knack,* VwVfG, § 20, Rn. 19; *Kopp/Ramsauer*, VwVfG, § 20, Rn. 33. Siehe aus den Gemeindeordnungen etwa § 18 Abs. 1 GO BW; § 28 Abs. 1 GO Bbg; § 25 Abs. 1 Nr. 1 HGO; § 26 Abs. 1 NGO; § 31 Abs. 1 GO NW.

854 Begriff nach *Wenzel,* DÖV 1976, 411 (411).

gründet.[855] Eine Interessenkollision kann dementsprechend nicht ausgeschlossen werden, wenn jemand aufgrund seiner Verknüpfung mit der Bieter- oder Bewerberseite tatsächlich einen unmittelbaren Vor- oder Nachteil erlangen kann.

Ein solcher wird für einen am Vergabeverfahren Mitwirkenden durch dessen wirtschaftlichen, rechtlichen und auch immateriellen Interessen begründet. Dass nicht nur materielle Vor- und Nachteile umfasst werden, kann angesichts des insoweit offenen Wortlauts der ersten Widerlegungsmöglichkeit parallel zu § 20 VwVfG[856] und den kommunalrechtlichen Vertretungsverboten[857] nicht zweifelhaft sein. Auch Interessen ideeller, ethischer, wissenschaftlicher, privater oder familiärer Natur können eine Widerlegung der Interessenkollision ausschließen.[858] Der Eintritt eines solchen Vor- oder Nachteils muss als in der Zukunft liegendes Ereignis keinesfalls sicher sein, eine Interessenkollision liegt vor, wenn schon die Möglichkeit der Realisierung besteht.[859]

Einschränkend ist entsprechend den diesbezüglich normierten Befangenheitsregelungen des VwVfG und der GOen zu verlangen, dass der Vor- oder Nachteil ein individuelles Sonderinteresse des am Vergabeverfahren Mitwirkenden begründet. Der Vor- oder Nachteil muss durch das Vergabeverfahren in der Art unmittelbar bewirkt werden, dass konkret eigene Interessen des Betroffenen berührt sind.[860] Das Merkmal der Unmittelbarkeit ist im Bereich der kommunalverfassungsrechtlichen Vertretungsverbote äußerst umstritten, richtigerweise ist die Unmittelbarkeit aber nach den Umständen des Einzelfalls zu beurteilen.[861]

So liegt ein eine Interessenkollision begründendes Sonderinteresse in den einer Person möglicherweise erwachsenden individuellen Vor- oder Nachteilen. In Übereinstimmung mit den Ausschlussregelungen des VwVfG[862] und den Gemeindeordnungen sind diese von solchen abzugrenzen, die nur darauf beruhen, dass der Betroffene einer Berufs- oder Bevölkerungsgruppe angehört, deren gemeinsame Interessen durch die zugrunde liegende Angelegenheit berührt werden. Es dürfen also nicht nur Belange einer

---

855 Siehe auch *von Stahl,* DVBl. 1972, 764 (766f.). Gleiches wurde schon vor Erlass des VwVfG angenommen, siehe *Besche,* DÖV 1972, 636 (636); *V. Turegg,* DÖV 1955, 81 (83); *Wenzel,* DÖV 1976, 411ff.; sowie *Scheuing,* NVwZ 1982, 487 (488) mit Nachweisen aus der Rechtsprechung des Preußischen Oberverwaltungsgerichts.

856 Siehe hierzu *Bonk/Schmitz,* in *Stelkens/Bonk/Sachs,* VwVfG, § 20, Rn. 41; *Kopp/Ramsauer,* VwVfG, § 20, Rn. 35; *Clausen,* in *Knack,* VwVfG, § 20, Rn. 19.

857 Siehe hierzu nur *Glage,* Mitwirkungsverbote, S. 136ff.; *Gern,* Kommunalrecht, Rn. 511; *Krebs,* VerwArch 71 (1980), 181 (181); *Unger,* Kommunalverfassungsrecht Hessen, § 25, Rn. 16.

858 Beispiele nach *Schink,* NWVBl. 1989, 108 (111).

859 Vgl. bspw. *Schink,* NWVBl. 1989, 108 (111). *Krebs,* VerwArch 71 (1980), 181 (181); *Bonk/Schmitz,* in *Stelkens/Bonk/Sachs,* VwVfG, § 20, Rn. 45; *Schwirzke,* Allg. Nds. Kommunalrecht, S. 54; *V. Mutius*/Rentsch, Kommunalverfassungsrecht SH, § 22, Rn. 4.

860 Vgl. *Engelhardt,* in *Obermayer,* VwVfG, § 20, Rn. 73; *Unger,* in Kommunalverfassungsrecht Hessen § 25 HGO, Rn. 21.

861 Ähnlich, wenn auch die Abgrenzung der beiden Widerlegungsmöglichkeiten des § 16 Abs. 1 VgV verkennend, *Gröning,* WRP 2001, 1 (7). Siehe zur Ansicht *Grönings* näher noch unten, Zweiter Teil, B.V.3.b). Im Rahmen des § 20 VwVfG so auch *Bonk/Schmitz,* in *Stelkens/Bonk/Sachs,* VwVfG, § 20, Rn. 44; *Engelhardt,* in *Obermayer,* VwVfG, § 20, Rn. 79; *Kopp/Ramsauer,* VwVfG, § 20, Rn. 36. Siehe für einen solchen Ansatz im Kommunalrecht *Schink,* NWVBl. 1989, 108 (112); *Krebs,* VerwArch 71 (1980), 181 (184); *Creutz,* BauR 1979, 470 (472); *V. Mutius,* Jus 1979, 37 (39); *Waibel,* Gemeindeverfassungsrecht BW, Rn. 188; *Reichert/Baumann,* Kommunalrecht, Rn. 225; *Eckhardt/Kleerbaum/Klieve,* Kommunalverfassung NW, S. 73; *V. Mutius*/Rentsch, Kommunalverfassungsrecht SH, § 22, Rn. 4.

862 § 20 Abs. 1 S. 3 VwVfG.

unbestimmten Personenmehrheit berührt werden,[863] wobei auch innerhalb solcher Gruppeninteressen einen Ausschluss begründende Individualinteressen einzelner Mitglieder bestehen können.[864] Der Einzelne muss einen über den allgemeinen Nutzen oder die allgemeine Belastung hinausgehenden Vor- oder Nachteil erlangen können,[865] was regelmäßig anzunehmen sein wird, wenn nur ein Teil einer Berufs- oder Bevölkerungsgruppe von dem Vor- oder Nachteil betroffen ist.[866] Auch die Verfolgung einer Vielzahl von Einzelinteressen durch eine Gruppe kann nicht mit der Verfolgung von Gruppeninteressen gleichgesetzt werden.[867]

Da Vergabeentscheidungen ohne weiteres nur Rechte und Pflichten zwischen den Vertragsparteien entfalten, und somit ohne das Hinzutreten weiterer Umstände regelmäßig keine Vor- oder Nachteile für ein Mitglied eines Gesellschaftsorgans eines Bieters oder Bewerbers begründen können, ist im Vergaberecht keinesfalls zu fordern, dass der Vor- oder Nachteil unmittelbar in einem streng kausalen Sinn ohne weitere Zwischenschritte durch das Vergabeverfahren bewirkt werden kann.[868] Es ist - auch wenn weitere Umstände zur Verwirklichung des Vor- oder Nachteils hinzutreten müssen - vielmehr in wertender Betrachtung abzuwägen, ob das in Rede stehende individuelle Sonderinteresse ein solches Gewicht hat, dass die im Einzelfall bestehende Wahrscheinlichkeit der Verwirklichung eine Interessenkollision begründet oder nicht.[869]

Abzulehnen ist auch eine Betrachtung nach dem Empfängerhorizont, welche die Interessenkollision auf Fälle beschränkte, in denen nach äußerlich erkennbaren Sachverhalten eine unsachliche Beeinflussung der in Rede stehenden Entscheidung zu befürchten ist.[870] Hierdurch werden verdeckte Vor- oder Nachteile, wie sie etwa aufgrund interner gesellschaftsrechtlicher Grundlage entstehen können, nicht erfasst.[871] Auch vermag dieser Ansatz keine tatsächliche Präzisierung zu liefern, wann eine Interessenkollision anzunehmen ist, da das Abstellen auf den „Empfängerhorizont“ der Bürger einen weiten

863 Siehe *Creutz*, BauR 1979, 470 (475); *Behrens*, in *Blum*, KVR Niedersachsen, § 26 NGO, Rn. 28.

864 Siehe *Bonk/Schmitz*, in *Stelkens/Bonk/Sachs*, VwVfG, § 20, Rn. 46; *Waibel*, Gemeindeverfassungsrecht BW, Rn. 189; *Eckhardt/Kleerbaum/Klieve*, Kommunalverfassung NW, S. 75.

865 *Reichert/Baumann*, Kommunalrecht, Rn. 225.

866 *Schwirzke*, Allg. nds. Kommunalrecht, S. 53.

867 *Behrens*, in *Blum*, KVR Niedersachsen, § 26 NGO, Rn. 29.

868 So aber die „formale Theorie“ zur Unmittelbarkeit bei den kommunalen Mitwirkungsverboten, siehe jüngst *Meyer*, LKV 2003, 118 (120), sowie etwa *Knemeyer*, Bay. Kommunalrecht, Rn. 173, *Schwirzke*, Allg. nds. Kommunalrecht, S. 53; sowie auch § 26 Abs. 1 S. 3 NGO; § 31 Abs. 1 S. 2 NW GO. Hiergegen beispielsweise *V. Arnim*, JA 1986, 1 (3); *Borchmann*, NVwZ 1982, 17 (18); *Molitor*, JA 1992, 303 (303); *Krebs*, VerwArch 71 (1980), 181 (183); *Waibel*, Gemeindeverfassungsrecht BW, Rn. 188, die sich überwiegend auf historische und teleologische Argumente stützen. Die „modifizierte formale Theorie“ erfasst auch Vor- oder Nachteile, die durch ein weiteres, aber bereits voll determiniertes Ereignis herbeigeführt werden, siehe hierfür *Hassel*, DVBl. 1988, 711 (715).

869 So auch *Schink*, NWVBl. 1989, 108 (112), für die kommunalrechtlichen Mitwirkungsverbote. Für eine wertende Betrachtung siehe auch *Krebs*, VerwArch 71 (1980), 181 (184); *Reichert/Baumann*, Kommunalrecht, Rn. 225; *Engelhardt*, in Obermeyer, VwVfG, § 20, Rn. 79; *Kopp/Ramsauer*, VwVfG, § 20, Rn. 33. Auch *Creutz*, BauR 1979, 470 (474), stellt auf die Intensität der Betroffenheit ab.

870 Vgl. *v. Mutius*, VerwArch 65 (1974), 429 (435); *v. Mutius*, Jus 1979, 37 (39); und auch v. Mutius/Rentsch, Kommunalverfassungsrecht SH, § 22 GO, Rn. 4.

871 Siehe parallel hierzu *Creutz*, BauR 1979, 470 (475); *Molitor*, JA 1992, 303 (304); *Schink*, NWVBl. 1989, 108 (112).

Spielraum eröffnet.[872] Wann eine Interessenkollision tatsächlich vorliegt, ist bei der Berührung persönlicher Interessen eines am Vergabeverfahren Mitwirkenden anhand aller Umstände des Einzelfalls zu ermitteln. Die hier gegebenenfalls erforderliche Abwägung sollte nicht durch einen Rückgriff auf weitere unbestimmte Rechtsbegriffe verdeckt werden, sondern objektiv und nachvollziehbar gestaltet werden. Anhaltspunkte für das tatsächliche Vorliegen eines Interessenkonflikts können dabei die Intensität des eigenen wirtschaftlichen Interesses am unternehmerischen Erfolg des Bieters oder Bewerbers sowie andere Verpflichtungen gegenüber dem Unternehmen sein.[873]

Ob dementsprechend eine Interessenkollision bei kommunalen Vertretern in den Gesellschaftsorganen von auf Bieterseite stehenden Unternehmen aufgrund eigener Interessen vorliegt, ist hinsichtlich wirtschaftlicher Interessen zunächst anhand der Ausgestaltung der jeweiligen Beziehungen zwischen der betroffenen Person und dem Unternehmen zu ermitteln.

In Fällen, wo eine Aufsichtsratsmitgliedschaft direkt für einen Bieter/Bewerber erfolgt, hat das jeweilige Unternehmen offensichtlich ein wirtschaftliches Interesse, den Zuschlag zu gewinnen. Ebenso ist auch ohne tiefere Prüfung der Gesellschaftsverträge davon auszugehen, dass auch mit Bietern lediglich verbundene Unternehmen von den wirtschaftlichen Erfolgen des sich an einer Ausschreibung beteiligenden Unternehmens partizipieren. Sollte hierdurch beispielsweise auch den Aufsichtsratsmitgliedern ein Vorteil erwachsen, so wäre ein Interessenkonflikt wegen eigener wirtschaftlicher Vorteile nicht ausschließbar. Ein Interessenkonflikt aufgrund persönlicher Vorteile wäre bei der Vergabe von ÖPNV-Leistungen angesichts des Auftragsvolumens etwa regelmäßig nicht zu widerlegen, wenn die Aufsichtsratsmitglieder einen Anteil am Jahresgewinn als Vergütung erhielten (§ 113 III AktG). Da die Aufsichtsratsmitgliedschaft aber für die Gemeinde erfolgt, ist hiervon im Grundsatz wohl nicht auszugehen. Dies ist jedoch anhand der jeweiligen Gesellschaftsverträge im Einzelfall zu untersuchen.

Rein spekulativ wäre die regelmäßige Annahme, dass der Träger eines politischen Amtes wegen eines möglichen Wahlkampfthemas (Stichwort: Rettung und Sicherung kommunaler Unternehmen und Arbeitsplätze) eigene Interessen wahrnehmen könnte.[874] Da nach der Begründung des Verordnungsgebers auch bei in kommunale Unternehmen entsandten Bürgermeistern im Einzelfall kein Interessenkonflikt nachgewiesen werden können soll,[875] kann deren politische Betätigung nicht stets eine persönliche Betroffenheit begründen. Allerdings zeigt das Abstellen des Verordnungsgebers auf den Einzelfall, dass ein diesbezügliches Engagement auch nicht schlechthin kein eigenes Interesse begründen soll, also per se nicht im Rahmen des § 16 VgV zu berücksichtigen wäre. Diesbezügliche Präsenz und Stellungnahmen des Betroffenen in den Medien können einen Hinweis darauf liefern, dass auch eigene immaterielle Interessen hinsichtlich des Ausgangs des Vergabeverfahrens bestehen.[876] Ein Interessenkonflikt ist dann nicht zu widerlegen.

---

872 Siehe *Creutz*, BauR 1979, 470 (475); *Molitor*, JA 1992, 303 (304).

873 *Gröning*, WRP 2001, 1 (7). Vgl. auch *Engelhardt*, in *Obermayer*, VwVfG, § 20, Rn. 79.

874 So kann auch Ruf und Ansehen als immaterielles Interesse einen Vor- oder Nachteil begründen, siehe *Engelhardt*, in *Obermayer*, VwVfG, § 20, Rn. 76; *Unger*, Kommunalverfassungsrecht Hessen, § 25 HGO, Rn. 16; *Kopp/Ramsauer*, VwVfG, § 20, Rn. 35. Diesbezüglich zurückhaltend *Meyer*, LKV 2003, 118 (119).

875 BR-Drs- 455/00 (Beschluss), S. 3.

876 Nach *Kirchhof*, VerwArch 66 (1975), 370 (380f.) kann die Kundgabe bestimmter Auffassungen ein Indiz für eine anderweitig begründete Befangenheit sein.

c) *Die gesellschaftsrechtliche Treuepflicht*

(1) *Bindung von Aufsichtsrats- und Vorstandsmitgliedern*

Neben originär eigenen Interessen kommt im Falle von in die Gesellschaftsorgane entsandter Gemeindevertreter ein Interessenkonflikt auch in Betracht, weil die Mitglieder gesellschaftsrechtlicher Leitungs- und Kontrollorgane aufgrund der ihnen obliegenden Treuepflicht der Wahrung der Interessen ihrer Gesellschaft verpflichtet sind.[877] Müssen die entsandten Mitglieder das Interesse des Unternehmens am Zuschlag vertreten, so kollidiert dies mit den Pflichten in einem neutral durchzuführenden Vergabeverfahren.[878] § 16 VgV beschränkt sich nach seinem Wortlaut nicht darauf, dass nur persönliche Vorteile zu einem Interessenkonflikt führen sollen. Die Bestimmung ist vielmehr offen dafür, auch fremde Interessen, die der Betroffene aufgrund des Pflichtenkreises seiner Tätigkeit zu berücksichtigen hat, für einen Interessenkonflikt ausreichen zu lassen.[879] Insofern steht § 16 VgV der Regelung des § 43a Abs. 4 BRAO nahe, der auch das Vertreten widerstreitender Interessen untersagt, ohne dass es auf persönliche Vor- oder Nachteile ankäme.[880] Aufgrund der gesellschaftsrechtlichen Treuepflicht für die Mitglieder der Verwaltungsorgane wird eine Interessenkollision in den Fällen des § 16 Abs. 1 Nr. 3 lit. a, Alt. 2 VgV nur im Einzelfall überhaupt widerlegbar sein.

Die gesellschaftsrechtliche Treuepflicht trifft zunächst alle Gesellschafter,[881] sie ist auf der durch die Mitgliedschaft vermittelten, organisationsrechtlichen Sonderbindung gegenüber der Gesellschaft und den Mitgesellschaftern begründet.[882] Als allgemeiner Rechtsgrundsatz[883] lässt sich ihr Inhalt nicht abschließend beschreiben, als gesellschaftsrechtliche Generalklausel[884] bestimmen sich die konkreten Anforderungen der Treue-

877 Vgl. hinsichtlich der Befangenheit kommunaler Aufsichtsratsmitglieder im Gemeinderecht *Röper*, MDR 1984, 632 (633), sowie hinsichtlich nicht privater Belange für das Verwaltungsverfahrensrecht *Scheuing*, NVwZ 1982, 487 (487f.), der hier von Drittinteressen spricht.

878 Dies gilt auch für Organmitglieder von lediglich mit einem Bieter oder Bewerber verbundenen Unternehmen.

879 Siehe *Danckwerts*, NZBau 2001, 242, 244.

880 Das OLG Stuttgart, NZBau 2000, 301 (304) untersuchte vor Inkrafttreten des jetzigen § 16 VgV im Fall eines möglichen Doppelmandates, ob dieses einen Verstoß gegen § 43a Abs. 4 BRAO darstellt, was *Dreher*, NZBau 2000, 280 (281) ausdrücklich begrüßt. Zu § 43a Abs. 4 BRAO siehe *Feuerich/Braun*, BRAO.

881 Auch wenn die Treuepflichtbindung zunächst für Personengesellschaften entwickelt wurde, so besteht heute doch nahezu Einigkeit, dass sie neben den Gesellschaftern einer GmbH auch Aktionäre erfasst. Siehe BGHZ 129, 136ff., sowie *Schmidt*, GesellschaftsR, § 20 IV 2; *Kübler*, GesellschaftsR § 15 II 3 c; *Raiser/Veil*, Recht der Kapitalgesellschaften, § 12, Rn. 40ff.; *Henn*, HdB AktR, Rn. 23; *Altmeppen*, in *Altmeppen/Roth*, GmbHG, § 13, Rn. 47; *Lutter/Hommelhoff*, GmbHG, § 14, Rn. 18; *Hueck/Fastrich*, in *Baumbach/Hueck*, GmbHG, § 13, Rn. 21; *Häsemeyer*, ZHR 160 (1996), 109 (113); *Dreher*, ZHR 157 (1993), 150 (151ff.); *Henze*, ZHR 162 (1998), 186 (186); *Timm*, WM 1991. 481 (482).

882 Siehe *Schmidt*, GesellschaftsR, § 20 IV b; *Raiser/Veil*, Recht der Kapitalgesellschaften, § 12, Rn. 47; *Altmeppen*, in *Altmeppen/Roth*, GmbHG, § 13, Rn. 47; Vgl. auch *Lutter/Hommelhoff*, GmbHG, § 14, Rn. 18. *Henze*, ZHR 162 (1998), 186 (191) sieht die Treuepflicht hingegen gewohnheitsrechtlich etabliert.

883 *Hueck/Fastrich*, in *Baumbach/Hueck*, GmbHG, § 13, Rn. 22.

884 *Raiser/Veil*, Recht der Kapitalgesellschaften, § 28, Rn. 37; ähnlich *Schmidt*, GesellschaftsR, § 20 IV 1; *Häsemeyer*, ZHR 160 (1996), 109 (114); *Timm*, WM 1991. 481 (482).

pflicht nach den Umständen des Einzelfalls in einer Interessenabwägung.[885] Sie trifft aber die Mitglieder der Leitungs-[886] und Kontrollorgane[887] einer Gesellschaft in besonderer Weise,[888] diese sind jedenfalls bei ihrer Betätigung als Organmitglied zur Wahrung der Interessen der Gesellschaft und der Mitgesellschafter verpflichtet.[889] Bewirbt sich eine Gesellschaft auf eine öffentliche Ausschreibung, so sind die Mitglieder der Verwaltungsorgane in dieser Funktion dazu verpflichtet, das Interesse der Gesellschaft an der Erteilung des Zuschlags wahrzunehmen.

Hieraus ergibt sich allerdings nicht, dass die betroffenen Personen gesellschaftsrechtlich zur Berücksichtigung der Gesellschaftsinteressen auch außerhalb ihrer Organtätigkeiten verpflichtet wären.[890] Die Treuepflicht trifft die Organmitglieder zunächst nur in dieser Eigenschaft,[891] außerhalb der Mitgliedschaftsrechte können zusätzliche Pflichten nur im Einzelfall entstehen.[892] Nur die Mitgliedschaft darf nicht zum Schaden der Gesellschafter oder Mitgesellschafter ausgeübt werden,[893] außerhalb der Organfunktionen wird aber allgemein noch eine abgeschwächte Bindung an das Gesellschaftsinteresse angenommen.[894]

Für das Bestehen einer Interessenkollision kommt es allerdings nicht darauf an, dass zwei Rechtspflichten bei einer vorzunehmenden Handlung konkret miteinander konkurrieren.[895] Eine Interessenkonflikt liegt vielmehr schon dann vor, wenn eine natürliche Person widerstreitende Interessensphären zu vertreten hat.[896] So kann auch die Auf-

---

885 *Raiser/Veil,* Recht der Kapitalgesellschaften, § 12, Rn. 48; siehe auch *Altmeppen,* in *Altmeppen/Roth,* GmbHG, § 13, Rn. 49; *Lutter/Hommelhoff,* GmbHG, § 14, Rn. 21; *Hueck/Fastrich,* in *Baumbach/Hueck,* GmbHG, § 13, Rn. 23f.; *Winter,* in *Scholz,* GmbHG, § 14, Rn. 53.

886 Für die Mitglieder des Vorstandes einer AG siehe *Henn,* HdB AktR, Rn. 550; *Mertens,* in Kölner Kommentar AktG, § 93, Rn. 57ff. Für die Geschäftsführer einer GmbH siehe nur *Altmeppen,* in *Altmeppen/Roth,* GmbHG, § 43, Rn. 10ff.;

887 Für Aufsichtsratsmitglieder siehe *Henn,* HdB AktR, Rn. 615; *Altmeppen,* in *Altmeppen/Roth,* GmbHG § 52, Rn. 21; *Mertens,* Kölner Kommentar AktG, § 116, Rn. 27ff.

888 *Hüffer,* AktG, § 84, Rn. 9 u. § 116, Rn. 4 spricht hier von organschaftlicher Treuebindung.

889 *Ulmer,* NJW 1980, 1603 (1604). Als Mindestinhalt der Treuepflicht ist wohl die Förderung des gemeinsamen Gesellschaftszwecks, also des Unternehmens festzustellen. Siehe *Raiser/Veil,* Recht der Kapitalgesellschaften, § 12, Rn. 47; *Lutter/Hommelhoff,* GmbHG, § 14, Rn. 19; *Hueck/Fastrich,* in *Baumbach/Hueck,* GmbHG, § 13, Rn. 22; *Winter,* in *Scholz,* GmbHG, § 14, Rn. 51. *Lutter,* ZHR 162 (1998), 164 (167), spricht von „Mindestloyalität".

890 *Dreher,* JZ 1990, 896 (900). Zu beachten sind hier allerdings das Wettbewerbsverbot und die Wahrung der Geschäftschancen der Gesellschaft als Ausdruck der Treuepflichtbindung, siehe *Schmidt,* GesellschaftsR, § 20 V 1 u. 3; *Raiser/Veil,* Recht der Kapitalgesellschaften, § 28, Rn. 52; *Altmeppen,* in *Altmeppen/Roth,* GmbHG, § 13, Rn. 58f.; *Lutter/Hommelhoff,* GmbHG, § 14, Rn. 23; *Hueck/Fastrich,* in *Baumbach/Hueck,* GmbHG, § 35, Rn. 22.

891 *Hüffer,* AktG, § 84, Rn. 9; siehe auch *Hueck/Fastrich,* in *Baumbach/Hueck,* GmbHG, § 13, Rn. 22; *Mertens,* Kölner Kommentar AktG, § 116, Rn. 27; *Fleck,* in *Kübler/Mertens/Werner (Hrsg.),* FS Heinsius, S. 90f.

892 *Winter,* in *Scholz,* GmbHG, § 14, Rn. 59. Siehe hierzu auch *Mertens,* Kölner Kommentar AktG, § 116, Rn. 29.

893 *Altmeppen,* in *Altmeppen/Roth,* GmbHG, § 13, Rn. 48.

894 Siehe *Lutter/Hommelhoff,* GmbHG, § 13, Rn. 21; *Ulmer,* NJW 1980, 1603 (1606); *Winter,* in *Scholz,* GmbHG, § 14, Rn. 13. *Mertens,* Kölner Kommentar AktG, nimmt für Vorstandsmitglieder auch bei außerdienstlichem Verhalten eine Pflicht zur Berücksichtigung von Gesellschaftsbelangen an (§ 93, Rn. 57), Aufsichtsratsmitglieder soll hier eine allgemeine Rücksichtspflicht treffen (§ 116, Rn. 24).

895 Eine Pflichtenkollision ist nicht Voraussetzung eines Interessenkonflikts.

896 *Spies,* DVBl. 1986, 131 (132).

sichtsratstätigkeit in zwei Gesellschaften zu einer Interessenkollision führen,[897] obgleich die Pflichten aus der einen Tätigkeit nicht in die andere fortwirken. In die Leitungs- und Kontrollorgane eines kommunalen Verkehrsunternehmens entsandte kommunale Vertreter sind in dieser Funktion auf das Interesse des Unternehmens am Zuschlag verpflichtet, während sie auf Seiten der ausschreibenden Stelle ein effizientes und rechtskonformes Ausschreibungsverfahren durchzuführen haben. Die hierin liegende Interessenkollision erwächst zwangsläufig aus den unterschiedlichen Pflichtenkreisen[898] und kann als klassischer Interessenkonflikt beschrieben werden.[899]

Dieser kann nicht unter Hinweis darauf, dass die entsprechenden Pflichten nur jeweils bei der Ausübung der entsprechenden Tätigkeit bestehen, negiert werden. Die „Spaltung einer Person" je nach auszuübender Tätigkeit und zu berücksichtigendem Pflichtenkreis ist nicht möglich.[900] Welche Konsequenzen aus einer derartigen Interessenkollision zu ziehen sind, ist eine Frage der anwendbaren Rechtssätze, gesellschaftsrechtlich hingenommene Konflikte sind im Rahmen des § 16 VgV nicht notwendig zu tolerieren.[901] In Fällen von in die Leitungs- und Kontrollorgane eines Bieters oder Bewerbers entsandten kommunalen Vertretern, die gleichzeitig an Entscheidungen im Vergabeverfahren auf Auftraggeberseite mitwirken, erfüllen diese den Vermutungstatbestand von § 16 Abs. 1 Nr.3 lit. a VgV. Aufgrund der gesellschaftsrechtlichen Interessenverknüpfung mit dem Bieter- oder Bewerberunternehmen liegt für diese grundsätzlich ein Interessenkonflikt auch tatsächlich vor, so dass der Widerlegungstatbestand hier nur selten wird greifen können.

(2) Zu Friktionen mit Kommunalverfassungsrecht

Es kann als problematisch angesehen werden, dass diese Interessenkollision der Stellung eines kommunalen Aufsichtsratsmitglieds auf der Seite eines Bieters inhärent ist. Damit wird die Widerlegungsmöglichkeit des § 16 Abs. 1 Nr. 3 a.E. VgV grundsätzlich auch in dem vom Bundesrat in der Begründung der Änderungsvorschläge angeführten Beispiel des Bürgermeisters, der an Entscheidungen im Vergabeverfahren mitwirkt und im Aufsichtsrat einer sich beteiligenden Gesellschaft sitzt, leerlaufen müssen. „Friktionen mit Kommunalverfassungsrecht", die der Bundesrat mit seinen Änderungsvorschläge vermeiden wollte,[902] lassen sich durch die getroffene Regelung womöglich nicht ausschließen. Hier könnte eine teleologische Reduktion der erfassten Interessenkollisionen nach der Intention des Verordnungsgebers dahin gehend geboten sein, dass

897 *Hüffer*, AktG, § 116, Rn. 5.

898 *Danckwerts*, NZBau 2001, 242 (244). Vgl. auch *Berg*, GewArch 1990, 225 (231).

899 So *Otting*, NJW 2000, 484 (485). Auch *Malmendier*, DVBl. 2000, 963 (966) geht in diesen Fällen stets von einem Interessenkonflikt aus. Siehe auch *Berg*, GewArch 1990, 225 (231): „Wie in dieser Situation Entscheidungen (...) überzeugend vertreten werden sollen, bleibt ein Rätsel".

900 Siehe BGH NJW 1980, 1629 (1630), sowie entsprechend *Henn*, HdB AktR, Rn. 616. Aktienrechtlich ist allerdings die Isolierung einzelner Pflichtenkreise bei Aufsichtsratsmandaten grundsätzlich möglich, siehe *Decher*, ZIP 1990, 277 (279), sowie die folgende Fn.

901 So ist einer Stellung als Aufsichtsrat ein Interessenkonflikt häufig immanent, was aktienrechtlich grundsätzlich hingenommenen wird. Dem Aufsichtsratsamt ist in seiner Ausübung aber jeweils der Vorrang einzuräumen. Siehe *Altmeppen*, in *Altmeppen/Roth*, GmbHG, § 52, Rn. 18; *Decher*, ZIP 1990, 277 (278f.); *Dreher*, JZ 1990, 896 (900); *Hüffer*, AktG, § 116, Rn. 4; *Henn*, HdB AktR, Rn. 616; *Mertens*, Kölner Kommentar AktG, § 116, Rn. 27 f.; *Säcker*, in *Eyrich/Odersky/Säcker (Hrsg.)*, FS Rebmann, S. 788.

902 BR-Drs. 455/00, Beschluss, S. 3.

Interessenverknüpfungen aufgrund der gesellschaftsrechtlichen Treubindung vom Anwendungsbereich des § 16 VgV ausgenommen werden, soweit sie mit Kommunalverfassungsrecht kollidieren.[903]

Durch die Einschränkung des Personenkreises, die am Vergabeverfahren mitwirken können und für die Kontrolle kommunaler Unternehmen zur Verfügung stehen, kann sich in Ländern, in denen diese Kontrolle vom Bürgermeister wahrzunehmen ist, ein Problem ergeben, wenn dieser als Spitze der Kommunalverwaltung auch an der Vergabe öffentlicher Aufträge mitzuwirken hat. Ein Mitwirkungsverbot am Vergabeverfahren beschneidet den Bürgermeister nicht nur in der Wahrnehmung seiner kommunalpolitischen Verantwortlichkeit für den jeweils einschlägigen Sachbereich,[904] auch seine „Bürgermeisterverantwortlichkeit“ gegenüber dem Gemeinderat wird geschwächt.[905]

Eine Einschränkung der Aufgabenwahrnehmung durch den Bürgermeister ist aber zur Vermeidung von Interessenkollisionen aufgrund der mit § 16 VgV getroffenen Regelung auch nach der Begründung der Änderungsvorschläge des Bundesrates nach dem Willen des Verordnungsgebers hinzunehmen. So soll nach der Verordnungsbegründung die Widerlegung der Voreingenommenheitsvermutung nur im Einzelfall gelingen. Nur wenn der Nachweis gelingt, dass „konkret“ kein Interessenkonflikt gegeben ist, soll ein Ausschluss nicht erforderlich sein, Bürgermeistern wird damit keine Sonderstellung in Vergabeverfahren eingeräumt.[906] Hierfür spricht schon die ausdrückliche Regelvermutung des § 16 Abs. 1 Nr. 3 lit. a VgV. Es liegen somit keine Anhaltspunkte dafür vor, dass die einer Organmitgliedschaft inhärenten Interessenkonflikte gegenüber der auftragvergebenden Kommune schlechthin unberücksichtigt bleiben sollen. Die Änderungen des Bundesrats haben zwar den strikteren Regierungsentwurf insoweit „aufgeweicht“,[907] als dass im Rahmen des § 16 Abs. 1 Nr. 3 die beiden Widerlegungsmöglichkeiten eingeführt wurden. Das in der Begründung des Regierungsentwurfs angeführte Ziel der Regelung, die Tätigkeit von Personen auf Auftraggeberseite zu verhindern, die mit den Interessen eines Bieters verknüpft sind, bleibt hiervon aber unberührt.[908] Damit ist auch bei einer subjektiven Auslegung nach der Intention des Verordnungsgebers keine restriktive Interpretation des Begriffs Interessenkonflikts geboten, welche die Berücksichtigung von einer Organmitgliedschaft inhärenten Interessenkollisionen bei kommunalen Vergabeverfahren ausschlösse.

Die hieraus folgenden Einschränkungen der Bürgermeisterverantwortlichkeit sind durch das mit § 16 VgV verfolgte Ziel gerechtfertigt. Nach einer vereinzelt gebliebenen Ansicht in der Literatur soll zwar die Bürgermeisterverantwortlichkeit Vorrang gegenüber den jeweiligen Befangenheitsvorschriften haben, so dass diese zurückstehen müs-

---

903 Dies ist sicher nicht der Ort, um über die verschiedenen methodischen Interpretationsansätze, um die schon lange gestritten wird, zu entscheiden. Siehe hierzu übersichtlich *Larenz/Canaris,* Methodenlehre, S. 137ff; *Heinrichs,* in *Palandt,* BGB, Einleitung, Rn. 28ff.; sowie *Rüthers,* Rechtstheorie, § 22; *Loschelder,* Juristische Methodik, S. 29ff. Letztgenannter, S. 32ff., und *Säcker,* MüKo, Einl. Rn. 83ff, 105ff. haben aber überzeugend dargestellt, dass dem Willen des Gesetzgebers bei der Interpretation einer Bestimmung entscheidende Bedeutung zukommt, wofür insbesondere demokratische und rechtsstaatliche Gesichtspunkte sprechen.

904 Siehe für den ÖPNV *Winnes,* NZBau 2002, 371 (371).

905 Vgl. *Kopp,* WiVerw 1983, 226 (240). Siehe zur in den einzelnen Ländern unterschiedlich ausgestalteten Verwaltungsleitung in den Gemeinden im Überblick *Gern,* Kommunalrecht, Rn. 357ff.

906 Siehe BR-Drs. Beschluss 455/00, S. 3.

907 Nach Ansicht *Otting,* NVwZ 2001, 775 (777) sogar „verwässert“.

908 BR-Drs. 455/00, S. 20.

sen.[909] Das BVerwG hat demgegenüber aber zur ausdrücklich in der Verfassung verankerten Ministerverantwortlichkeit nach Art. 65 S. 2 GG festgestellt, dass diese aus verfassungsrechtlichen Gründen einschränkbar ist. Sei ein Minister von seiner Einflussnahme aus rechtlichen Gründen im zu entscheidenden Fall aufgrund der Ausschlussregelung des § 20 Abs. 1 Nr. 5 BayVwVfG, ausgeschlossen, so führe seine Vertretung die Geschäfte „ebenfalls selbständig und unter eigener Verantwortung".[910] Eine Einschränkung der Verantwortlichkeit des tatsächlich Tätigen gegenüber dem Parlament ist hiermit nicht verbunden, die Eigenverantwortlichkeit bezieht sich auf die Geschäftsführung im jeweiligen Ressort gegenüber dem Regierungschef.[911]

Diese Rechtsprechung konnte der Verordnungsgeber mit der in § 16 Abs. 1 Nr. 3 lit. a VgV getroffenen Regelung auf den Bereich der kommunalen Beschaffung übertragen. So schreiben schon die Gemeindeordnungen nicht absolut vor, wer zur Kontrolle der kommunalen Unternehmen zu berufen ist. Nach den eingangs exemplarisch vorgestellten Gemeindeordnungen, nach denen der Bürgermeister zwingend zur Vertretung der Kommunen in ihren Beteiligungsgesellschaften vorgesehen ist, besteht die Möglichkeit, dass dieser vertreten werden kann.[912] Soweit § 16 Abs. 1 Nr. 3 lit. a VgV die Mitwirkung eines Bürgermeisters an Vergabeverfahren hindert, wenn er Mitglied eines Leitungs- oder Kontrollorgans bei einem kommunalen Bieter- oder Bewerberunternehmen ist, ist auf diese Vertretungen zurückzugreifen, die allerdings weisungsunabhängig sein müssen.[913] Nur so kann eine Mitwirkung des Bürgermeisters am Vergabeverfahren entgegen § 16 VgV effektiv verhindert werden. Die sich hieraus ergebenden Einschränkungen seiner politischen Verantwortlichkeit werden im Interesse der anderen Bieter oder Bewerber von der getroffenen Regelung hingenommen. § 16 VgV kommt hier als bundesrechtliche Regelung Vorrang gegenüber entgegenstehenden Regelungen des Kommunalverfassungsrechts zu. Die Weisungsfreiheit kann ergänzend auch auf das in Vergabeverfahren geltende Wettbewerbsprinzip (§ 97 Abs. 1 GWB, § 2 Abs. 1 VOL/A, § 2 Nr. 1 VOB/A) gestützt werden. Danach sind zumindest wettbewerbswidrige Absprachen und Weisungen des Bürgermeisters nicht zulässig. So sind als Ausprägung des Wettbewerbsgrundsatzes die Inhalte der Angebote vertraulich zu behandeln (§ 22 Nr. 6 VOL/A), was sogar den Informationsfluss an den Vertreter hindern wird. Das Mitwirkungsverbot des § 16 VgV erreicht durch die Weisungsfreiheit des Stellvertreters also mehr als nur eine formelle, allein auf die beteiligten Personen abstellende Trennung von ausschreibender Stelle und kommunalem Unternehmen.

---

909 Siehe *Kopp,* WiVerw 1983, 226 (240).

910 BVerwGE 69, 256 (264f.), dargestellt auch von *Geiger*, JA 1985, 169ff. Die Geltung des verwaltungsrechtlichen Mitwirkungsverbots auch für Personen, die in amtlicher Eigenschaft Mitglied in einem der angeführten Gesellschaftsorgane eines Verwaltungsverfahrensbeteiligten sind, ist allgemeine Ansicht, siehe etwa *Clausen,* in *Knack,* VwVfG, § 20, Rn. 17; *Kopp/Ramsauer*, VwVfG, § 20, Rn. 29; *Engelhardt,* in *Obermayer,* VwVfG, § 20, Rn. 64f.; *Bonk/Schmitz*, in *Stelkens/Bonk/Sachs,* VwVfG, § 20, Rn. 37.

911 BVerwGE 69, 256 (264).

912 Siehe § 104 Abs. 1 S. 1 a.E. GO BW; § 104 Abs. 1 S. 1 a.E. GO Bbg; § 52 Abs. 1 S. 2, Abs. 2 S.2 VerfBrhv; § 125 Abs. 1 S. 2 HGO; § 111 Abs. 2 S. 2 NGO; § 113 Abs. 2 GO NW.

913 A.A. wohl *Winnes,* NZBau 2002, 371 (373). Siehe auch *Quilisch/Fietz,* NZBau 2001, 540 (544), die nur von einer „Vertretung nach Außen" sprechen. Damit scheinen sie im Innenverhältnis Weisungen wohl nicht ausschließen zu wollen.

Ein Bürgermeister kann sich aber auch hinsichtlich seiner Stellung als Spitze der Kommunalvertretung in Vergabeverfahren vertreten lassen,[914] so dass eine Beteiligung des Bürgermeisters an etwaigen Ausschreibungen selbst auch nicht unumgänglich ist.[915] Zur Vermeidung einer „Mitwirkung an Vergabeverfahren" durch den Bürgermeister darf der Vertreter als Folge des in § 16 Abs. 1 Nr. 3 lit. a VgV statuierten Mitwirkungsverbots aber auch dann nicht seinen Weisungen unterliegen. Bürgermeister, die zur Kontrolle kommunaler Unternehmen berufen sind, haben sich bei der Ausschreibung von Leistungen, auf die sich ein kommunales Unternehmen bewerben wird, also nach § 16 VgV zwischen zwei Verantwortungsbereiche - der Kontrolle des Unternehmens oder einer Mitwirkung an der Ausschreibung - zu entscheiden.[916]

Im Ergebnis sollen Friktionen des § 16 Abs. 1 Nr. 3 lit. a VgV mit Kommunalverfassungsrecht durch die Möglichkeit, den vermuteten Interessenkonflikt zu widerlegen, auch nach dem Willen des Verordnungsgebers nicht durch einen Vorrang des jeweiligen Kommunalverfassungsrechts gelöst werden. Die Widerlegungsmöglichkeit greift nur, wenn tatsächlich keine Interessenverknüpfung gegeben ist.[917] Aufgrund der gesellschaftsrechtlichen Treuepflicht besteht aber bei Personen, die den Vermutungstatbestand des § 16 Abs. 1 Nr. 3 lit. a VgV erfüllen, regelmäßig auch ein echter Interessenkonflikt. Kein Ausschluss ist damit regelmäßig nicht möglich. Die sich hieraus gegebenenfalls ergebenden Einschränkungen der Stellung des Bürgermeisters sind aus Gründen des Schutzes der Bieterinteressen an einem „sauberen" Vergabeverfahren hinzunehmen. „Friktionen mit Kommunalverfassungsrecht" [918] sind trotz der Widerlegbarkeit des Interessenkonflikts nicht zu vermeiden,[919] sie werden durch § 16 VgV zulässigerweise zugunsten der „Sauberkeit" des Vergabeverfahrens entschieden.

(3) Zu Konflikten mit Art. 28 Abs. 2, Abs. 1 GG

Kann ein Ausschluss von in die Kontroll- und Aufsichtsorgane eines Bieter- oder Bewerberunternehmens entsandten Gemeindevertretern vom Vergabeverfahren aufgrund der diesen treffenden gesellschaftsrechtlichen Treuepflicht nach der mit § 16 Abs. 1 Nr. 3 lit. a VgV getroffenen Regelung nicht unterbleiben, so kann dies neben den erörterten Friktionen mit Kommunalverfassungsrecht auch hinsichtlich der Selbstverwaltungsgarantie des Art. 28 Abs. 2 GG, der nach dem Demokratieprinzip geforderten Kontrolle kommunaler Unternehmen sowie dem freien Mandat von Gemeinderatsmitgliedern problematisiert werden. Es ist zu untersuchen, ob hier möglicherweise bestehende Kollisionen mit Verfassungsrecht eine restriktive Interpretation des Begriffs „Interessenkonflikt" zugunsten der Entsendung kommunaler Vertreter in den Vorstand,

914 Siehe § 48 GO BW; § 60 GO Bbg; § 47 HGO; § 61 Abs. 8 NGO; § 68 GO NW.

915 Siehe *Danckwerts*, NZBau 2001, 242 (243f.). Parallel hierzu darf im Rahmen des § 20 VwVfG etwa auch ein Minister als Mitglied eines Gesellschaftsorgans eines an einem Verwaltungsverfahren Beteiligten an diesem nicht mitwirken. Dass sich die Behörde durch eine andere Person vertreten lassen muss, wird als praktikabel bezeichnet: *Bonk/Schmitz*, in *Stelkens/Bonk/Sachs*, VwVfG, § 20, Rn. 37. Da es keinen Anspruch auf den „gesetzlichen" Beamten gibt, kann die Vertretung im Verwaltungsverfahren behördenintern geregelt werden, *Kopp/Ramsauer*, VwVfG, § 20, Rn. 63ff. Dies gilt auch in Vergabeverfahren.

916 *Winnes*, NZBau 2002, 371 (371), siehe ähnlich auch *Malmendier*, DVBl. 2000, 963 (966).

917 Siehe *Kratzenberg*, NZBau 2001, 119 (122). Hierzu näher noch unten, Zweiter Teil, B.V.4.c).

918 BR-Drs. 455/00, Beschluss, S. 3.

919 So auch *Quilisch/Fietz*, NZBau 2001, 540 (544).

Aufsichtsrat oder ein gleichartiges Organ eines am Vergabewettbewerb teilnehmenden Unternehmens gebieten.

(a) Kommunale Wirtschaftstätigkeit

Teilweise wird aus der Geltung eines Neutralitätsgrundsatzes in Vergabeverfahren geschlossen, dass durch diesen, wenn er auch Vertreter der öffentlichen Hand in öffentlichen Unternehmen erfasst, öffentliche Unternehmen von Ausschreibungen des Muttergemeinwesens grundsätzlich ausgeschlossen würden.[920] Die öffentliche Hand sei mit den jeweiligen Unternehmen immer auf beiden Seiten einer Ausschreibung zu finden, so dass ein derartiges Neutralitätsgebot die Beteiligung der öffentlichen Hand an Unternehmen durch Restriktionen einschränke.[921] Diese Argumentation müsste auch für einen Ausschluss von Gemeindevertretern vom Vergabeverfahren nach § 16 Abs. 1 Nr. 3 lit. a VgV gelten. Nach diesen Ansichten wird die wirtschaftliche Betätigung von Kommunen in Vergabewettbewerben durch den Ausschluss voreingenommener Personen, die für die Kommunen deren Interessen in einem eigenen Unternehmen wahrnehmen, letztlich verhindert. Faktisch würde den Kommunen eine wirtschaftliche Betätigung in Ausschreibungswettbewerben demnach unmöglich, was insbesondere angesichts der europäischen Öffnung[922] vieler Märkte, die der kommunalen Daseinsvorsorge zugeschrieben werden, weitreichende Konsequenzen hätte. Da die kommunale wirtschaftliche Betätigung in Bereichen kommunaler Daseinsvorsorge der Garantie der kommunalen Selbstverwaltung nach Art. 28 Abs. 2 GG zugerechnet wird,[923] wäre eine solche Wirkung von § 16 Abs. 1 Nr. 3 lit. a VgV verfassungsrechtlich problematisch.

Die Annahme, dass ein auch für Vertreter der öffentlichen Hand in öffentlichen Unternehmen geltendes Mitwirkungsverbot in Vergabeverfahren eine Teilnahme des öffentlichen Unternehmens an Ausschreibungen der jeweiligen Gebietskörperschaft hindert, ist allerdings nicht haltbar. So hat schon das OLG Brandenburg in der Entscheidung zum Flughafen Berlin-Brandenburg ausdrücklich festgestellt, dass die Gesellschafterstellung der öffentlichen Hand nicht zu einem Ausschluss von der Vergabe öffentlicher Aufträge führt.[924] Da nur Personenidentitäten natürlicher Personen von § 16 Abs. 1 Nr. 3 lit. a VgV erfasst werden, wird die Teilnahme eines öffentlichen Unternehmens an einem Vergabewettbewerb der anteilseignenden Kommune nicht beschränkt.[925] Eine institutionelle Befangenheit der Kommune, die sich aus ihrer Doppelstellung als Veranstalter von Vergabewettbewerb und Anteilseigner eines sich bewer-

---

920 Siehe VK Lüneburg v. 14.1.2002, 203-VgK-22/2001, S. 25f.; *Neßler,* NVwZ 1999, 1081 (1082); *Winnes,* NZBau 2002, 371 (373). In diese Richtung für kausalitätsunabhängige Ausschlussregelungen *Quilisch/Fietz,* NZBau 2001, 540 (544);

921 Siehe *Neßler,* NVwZ 1999, 1081 (1082).

922 Die europäische Marktöffnung ist selbst durch Art. 86 Abs. 2 EGV, der Ausnahmen zugunsten öffentlicher Unternehmen zulässt, begrenzt.

923 Siehe oben, Erster Teil, A.II.3.b)(1).

924 OLG Brandenburg, NVwZ 1999, 1142 (1147). A.A. *Leinemann,* BauR 1999, 1183 (1183)

925 So geht es um die „Beteiligung konkreter Personen mit Entscheidungsverantwortlichkeit auf beiden Seiten" eines Vergabeverfahrens, siehe *Malmendier,* DVBl. 2000, 963 (966). Eine Beschränkung der Teilnahme öffentlicher Unternehmen, in deren Gesellschaftsorganen Vertreter der öffentlichen Hand sitzen, bringt das Mitwirkungsverbot somit entsprechend der Rechtsprechung des OLG Brandenburg nicht mit sich. Die Doppelmandatsträger sind vom Vergabeverfahren auszuschließen, nicht die Unternehmen.

benden Unternehmens ergibt,[926] wird von § 16 Abs. 1 Nr. 3 lit. a VgV nicht berührt. Dem jeweiligen Unternehmen bleibt als selbständige Rechtsperson eine Bewerbung unbenommen.

(b) Kommunale Organisationshoheit

Aus der Befugnis der Kommunen zur eigenverantwortlichen Regelung ihrer Angelegenheiten nach Art. 28 Abs. 2 GG ergibt sich, dass ihnen auch ein Freiraum in der Organisation der eigenverantwortlichen Aufgabenwahrnehmung zukommt. Letztere ist ohne eine gewisse Selbständigkeit bei der Organisation der Aufgabenwahrnehmung kaum vorstellbar.[927] Dementsprechend legen die Gemeinden aufgrund ihrer kommunalen Organisationshoheit[928] die Abläufe und Entscheidungszuständigkeiten für die Wahrnehmung ihrer Aufgaben selbst im Einzelnen fest.[929] Der Schwerpunkt kommunaler Organisationsgewalt liegt hierbei in der inneren Kommunalstruktur und Verwaltungsorganisation, die äußere ist durch die Gemeindeordnungen bereits weitestgehend gesetzlich geregelt.[930] Die Organisationshoheit umschreibt demnach die gemeindliche Befugnis, Aufbau und Zusammenwirken der gemeindlichen Beschluss- und Vollzugsorgane sowie Einrichtungen und Betriebe zu regeln.[931]

Bei einer kommunalen Aufgabenträgerschaft für den ÖPNV hindert nach bisherigem Kenntnisstand § 16 Abs. 1 Nr. 3 lit. a VgV aufgrund der gesellschaftsrechtlichen Treuepflicht die Möglichkeit, bei Mitgliedschaft in einem gesellschaftsrechtlichen Kontroll- oder Leitungsorgan des kommunalen Verkehrsbetriebes die jeweilige Person auch an der Ausschreibung gemeinwirtschaftlicher Verkehrsleistungen mitwirken zu lassen. Die Verwendung einzelner Personen im kommunalen ÖPNV wird damit eingeschränkt. Kommunen können vor der Wahl stehen, ein Mitglied der Kommunalverwaltung entweder mit der Wahrnehmung der Kontrolle des eigenen Verkehrsunternehmens in einem Gesellschaftsorgan oder mit Funktionen der Aufgabenträgerschaft im ÖPNV zu beauftragen. Aus dem Mitwirkungsverbot des § 16 Abs. 1 Nr. 3 lit. a VgV ergeben sich damit (mittelbar) Anforderungen an die Organisation kommunaler Unternehmen und des kommunalen Beteiligungsmanagements.[932] Die getroffene Regelung stellt eine Weiche hinsichtlich der inneren Verwaltungsorganisation der Gemeinden. Sie berührt damit als Anforderungen hinsichtlich der an Vergabeverfahren beteiligten Personen die kommunale Organisationshoheit unmittelbar.[933]

---

926 Siehe oben, Erster Teil, C.IV.

927 BVerfGE 91, 228 (237f., dort auch Näheres zur geschichtlichen Entwicklung der Organisationshoheit.

928 Siehe hierzu eingehend *Schmidt-Jortzig*, Kommunale Organisationshoheit, mit unterschiedlichen Definitionsansätzen S. 285ff.

929 BVerfGE 91, 228 (236), siehe auch NdsStGH v. 13.3.1996, DÖV 1996, 657 (657).

930 BVerfGE 91, 228 (236); BVerfG NVwZ 1987, 123 (123), sowie auch *Löwer*, in *v. Münch*, GG, Art. 28, Rn. 70; *Pieroth*, in *Jarass/Pieroth*, GG, Art. 28, Rn. 13. Siehe zum Zusammenhang von staatlicher Organisationsgewalt und kommunaler Organisationshoheit auch *Schaffarzik*, DÖV 1996, 152.

931 *Dreier*, in *Dreier*, GG, Art. 28, Rn. 124.

932 Insoweit zutreffend *Winnes*, NZBau 2002, 371 (371).

933 Die Organisationshoheit soll demgegenüber keinen Schutz vor lediglich mittelbaren Eingriffen, wie sie von Finanzierungsentscheidungen ausgehen können, bieten. Siehe BVerfG NVwZ 1987, 123 (124), sowie *Löwer*, in *v. Münch*, GG, Art. 28, Rn. 71.

Die kommunale Organisationshoheit ist aber nur im Rahmen der Gesetze gewährleistet.[934] Zu diesen zählen nicht nur formelle Gesetze, sondern auch Rechtsverordnungen.[935] § 16 Abs. 1 Nr. 3 lit. a VgV kann also eine zulässige Vorgabe hinsichtlich der kommunalen Verwaltungsorganisation darstellen. Der Gesetz- bzw. hinsichtlich der Regelung des § 16 VgV der Verordnungsgeber, hat hier nach der Rechtsprechung des BVerfG jedoch eine doppelte Grenze zu beachten.[936] So darf zum einen der Kernbereich der Selbstverwaltung der Gemeinden nicht ausgehöhlt werden. Regelungen, die „die eigenständige organisatorische Gestaltungsfähigkeit der Kommunen im Ergebnis erstikken würden", sind demnach unzulässig.[937] Zum anderen dürfen die Gemeinden nicht aus der ihnen zugewiesenen Verantwortung verdrängt werden, auch wenn sich die gemeindliche Allzuständigkeit auf die sachliche Aufgabe, nicht die Organisation der Wahrnehmung erstreckt. Kommunen ist Mitverantwortung bei der Organisation ihrer Aufgabenbewältigung einzuräumen, obgleich es ein Prinzip der gemeindlichen Eigenorganisation, nachdem jede staatliche Vorgabe einer spezifischen Rechtfertigung bedürfte, nicht gibt.[938]

Diesen Anforderungen genügt § 16 Abs. 1 Nr. 3 lit. a VgV. Die getroffene Regelung betrifft lediglich den Ausschluss bestimmter Personen von einer Mitwirkung an Vergabeverfahren, die eigenständige organisatorische Gestaltungsfähigkeit wird damit keinesfalls erstickt. Den Kommunen kommt auch bei Geltung des Mitwirkungsverbots weiterhin die Aufgabe zu, selbst über die personelle Organisation der Aufgabenträgerschaft im ÖPNV und die kommunale Vertretung bei einem eigenen Verkehrsunternehmen zu entscheiden. Ihnen verbleibt damit mehr als lediglich Mitverantwortung hinsichtlich der Organisation der sachlichen Aufgabenbewältigung. Selbst wenn für die in § 16 Abs. 1 Nr. 3 lit. a VgV liegende Beeinträchtigung kommunaler Eigenorganisation eine zusätzliche Rechtfertigung durch Gemeininteressen gefordert würde,[939] läge eine solche im Interesse der Allgemeinheit und der betroffenen Wettbewerbsteilnehmer an der ordnungsgemäßen Durchführung von Vergabeverfahren. Hier bietet auch der Grundrechtsschutz durch Verfahren für die Wettbewerber eine stützende Grundlage für die getroffene Regelung.[940]

Wenn sich also aus § 16 Abs. 1 Nr. 3 lit. a VgV auch Vorgaben hinsichtlich der inneren kommunalen Organisation und damit Einschränkungen der kommunalen Organisationshoheit ergeben, so ist dies durch die getroffene Regelung gerechtfertigt. Die Organisationshoheit wird durch staatliche Regelungen ausgeformt und mit Grenzen versehen. Die organisatorische Seite der Aufgabenbewältigung darf durch staatliche Gesetze

---

934 BVerfGE 91, 228 (238).

935 Siehe BVerfGE 26, 228 (237); 56, 298 (309); 71, 25 (34), sowie etwa *Löwer,* in *v. Münch*, GG, Art. 28, Rn. 60.

936 Siehe BVerfGE 91, 228 (238). Vgl. aber auch NdsStGH, DÖV 1996, 657 (657), sowie hierzu *Niebaum,* DÖV 1996, 900 (901).

937 BVerfGE 91, 228 (239).

938 BVerfGE 91, 228 (240f.), sowie hieran anschließend *Dreier*, in *Dreier*, GG, Art. 28, Rn. 124; *Tettinger,* in *v. Mangoldt/Klein/Starck,* GG, Art. 28, Rn. 227ff.; *Nierhaus,* in *Sachs,* GG, Art. 28, Rn. 44a. Zustimmung findet die Entscheidung auch bei *Mayer,* NVwZ 1995, 663 (664). Siehe kritisch zur dogmatischen Begründung hingegen *Frenz*, VerwArch 86 (1995), 378 (397).

939 Siehe *Frenz,* VerwArch 86 (1995), 378 (397), vgl. auch BVerfGE 83, 363 (382).

940 Siehe hierzu näher unten, Dritter Teil, C.I.3.

lediglich nicht voll determiniert werden.[941] Eine so weitgehende Beschränkung erfolgt durch § 16 Abs. 1 Nr. 3 lit. a VgV aber nicht.

(c) Die Kontrolle kommunaler Unternehmen

Wie dargestellt, ergeben sich aus Mitwirkungsverboten in Vergabeverfahren mittelbar Anforderungen an die Organisation kommunaler Unternehmen und des kommunalen Beteiligungsmanagements. Neben den erörterten Einschränkungen von Vorgaben der Gemeindeordnungen und der kommunalen Organisationshoheit kann das Bestehen eines Interessenkonfliktes bei Gemeindevertretern, die zur Kontrolle eines kommunalen Unternehmens berufen sind, auch die Entsendung fachlich besonders geeigneter Personen beschränken. Ist der diesbezüglich fachkompetente Gemeindevertreter bereits im Rahmen einer kommunalen Aufgabenträgerfunktion tätig, so führt ein Aufsichtsrats- oder Vorstandsmandat in einem kommunalen Verkehrsunternehmen zu einer zwingenden Beschränkung dieser Tätigkeit. Soll eine bestimmte Person ihr Fachwissen jedenfalls in Ausschreibungen eines kommunalen Aufgabenträgers einbringen, so steht sie für die Kontrolle des kommunalen Verkehrsunternehmens in einem Gesellschaftsorgan nicht zur Verfügung.[942] Damit kann die Aufsicht über das jeweilige Unternehmen nur noch von der „zweiten Reihe“[943], also fachlich weniger geeigneten Gemeindevertretern wahrgenommen werden, so dass eine effektive und sachgerechte Kontrolle fraglich erscheinen mag. Es stellt sich die Frage, ob bei einer Entsendung fachlich nicht besonders geeigneter Personen in die Gesellschaftsorgane eines kommunalen Unternehmens die nach dem Demokratieprinzip geforderte Kontrolle über Letztere noch gewährleistet ist.[944]

Das Auseinanderfallen von Fachkompetenz und Verantwortlichkeit besteht aber nicht nur im Rahmen des § 16 Abs. 1 Nr. 3 lit. a VgV, sondern auch bei anderen Befangenheitsregelungen, die ebenfalls die Entsendung von Vertretern der öffentlichen Hand in die Organe öffentlicher Unternehmen betreffen können. Zu § 20 Abs. 1 Nr. 5 VwVfG wurde zur Lösung dieser Problematik vertreten, dass ein Interessenkonflikt in solchen Konstellationen wegen der Wahrnehmung von Amtsinteressen nicht anzunehmen sei.[945] Dies konnte sich angesichts der wirtschaftlichen Sonderinteressen öffentlicher Unternehmen allerdings nicht durchsetzen.[946] Ein Vorschlag war auch, das Tatbestandsmerkmal des „tätig werden“ in § 20 Abs. 1 VwVfG restriktiv auszulegen.[947] Soweit in Übertragung dieses Ansatzes allerdings eine Mitwirkung einer mit einem Interessenkollision behafteten Person an Vergabeverfahren in der Art möglich wäre, dass sich ihre Tätigkeit auch auf Handlungen bezieht, die Bieter oder Bewerber in ihren Rechten aus § 97 Abs. 7 GWB verletzen können,[948] würde das Mitwirkungsverbot des § 16 VgV Teile wirkungslos. Eine Lösung der Problematik bietet eine Übertragung dieses Vorschlags somit nicht.

941 *Löwer,* in *v. Münch*, GG, Art. 28, Rn. 71.
942 Siehe auch *Winnes,* NZBau 2002, 371 (374).
943 Begriff nach *Kopp,* WiVerw 1983, 226 (239).
944 Siehe zur Verankerung der geforderten Kontrolle im Demokratieprinzip oben, Erster Teil, D.
945 *Eyermann*, GewArch 1981, 256 (258); *Kopp,* WiVerw 1983, 226 (238f.).
946 Siehe oben, Zweiter Teil, B.V.2.a).
947 *Wais,* NJW 1982, 1263 (1264).
948 Siehe oben, Zweiter Teil, B. I.2.a).

In der Abwägung zwischen einer sachgerechten Vertretung der Kommune/des Staates in den jeweils eigenen Gesellschaften durch fachlich zuständige Amtsträger mit den Vorteilen einer Interessenentflechtung durch Mitwirkungsverbote wird überwiegend der „Sauberkeit der Verwaltung“ der Vorzug gegeben.[949] Soweit hierbei der Unmittelbarkeit des zur Befangenheit führenden Vor- oder Nachteils besondere Bedeutung zugemessen wird,[950] betont dies lediglich, dass ein Interessenkonflikt tatsächlich bestehen muss. Das Greifen eines Mitwirkungsverbots in diesen Fällen böte den Vorteil einer Art „inneradministrativer Gewaltenteilung“ und der Vermeidung des bösen Scheins.[951] Die Entsendung von dem Behördenleiter nachgeordneten Personen sei die am ehesten sachgerechte Lösung,[952] die Behörden müssten und könnten durch andere Personen handeln.[953] Parallel hierzu wird zur Vermeidung von Interessenkonflikten auch hingenommen, dass durch die Inkompatibilitätsvorschrift des Art. 66 GG nicht das bestinformierte Regierungsmitglied die entsprechenden Aufsichtsratsmandate wahrnehmen kann. Die Sicherstellung eines angemessenen Einflusses, der auch haushaltsrechtlich gefordert ist, soll daran nicht scheitern.[954] So sei die Entsendungspraxis der Rechtslage nach den Befangenheitsregelungen anzupassen.[955]

Dem ist auch hinsichtlich der Ausschlussregelung des § 16 Abs. 1 Nr. 3 lit. a, Alt. 2 VgV zu folgen.[956] So ist die fachliche Kompetenz kein Merkmal demokratischer Legitimation.[957] Auch die Gemeindeordnungen verlangen dementsprechend keine besondere Eignung des in ein Gesellschaftsorgan entsandten Vertreters. Insbesondere ist nicht gefordert, dass dieser in seiner hauptamtlichen Beschäftigung im gleichen Sachressort tätig ist. Steht § 16 Abs. 1 Nr. 3 lit. a VgV der Entsendung einer fachlich geeigneten Person, die schon auf Aufgabenträgerseite wichtige Funktionen ausübt, in einen kommunalen Verkehrsbetrieb faktisch entgegen, so mag hierin regelmäßig ein Verlust an Fachkunde hinsichtlich der sachlichen Kontrolle des jeweiligen kommunalen Unternehmens liegen. Die nach dem Demokratieprinzip geforderte Kontrolle wird aber nicht unmöglich, sie ist nicht auf die Entsendung des fachkompetentesten Gemeindevertreters gerichtet. Damit können hier im Falle einer Doppelstellung eines Bürgermeisters auch die schon erwähnten Vertretungsregelungen greifen.[958] Der Verordnungsgeber hat mit der in § 16 VgV getroffenen Regelung der „Sauberkeit“ des Vergabeverfahrens den Vorrang gegenüber möglichen Einschränkungen der sachgerechtesten Vertretung der Kommunen in ihren Unternehmen eingeräumt. Dies ist trotz möglicher Einschränkungen hin-

949 Siehe außer den im Folgenden genannten so auch im Ergebnis *Kopp/Ramsauer*, VwVfG, § 20, Rn. 29.

950 Siehe *Creutz*, BauR 1979, 470 (475); *Hassel*, DVBl. 1988, 711 (714ff.); *Krebs*, VerwArch 71 (1980), 181ff.; *Molitor*, JA 1992, 303 (303ff.). Siehe zur Unmittelbarkeit des Vor- oder Nachteils bereits oben, Zweiter Teil, B.V.2.b).

951 *Scheuing*, NVwZ 1982, 487 (489), ebenso hinsichtlich der Vermeidung des „bösen Scheins“ *Steinberg*, DÖV 1982, 619 (626f.).

952 *Clausen*, in *Knack*, VwVfG, § 20, Rn. 17.

953 *Bonk/Schmitz*, in *Stelkens/Bonk/Sachs*, VwVfG, § 20, Rn. 37.

954 *Nebendahl*, DÖV 1988, 961 (962, 965).

955 *Engelhardt*, in *Obermayer*, VwVfG, § 20, Rn. 66.

956 Siehe für eine Parallele zur Inkompatibilitätsregelung des Art. 66 GG auch *Malmendier*, DVBl. 2000, 963 (966).

957 Siehe zum Begriff der demokratischen Legitimation oben, Erster Teil, D.

958 Siehe oben, Zweiter Teil, B.V.2.c)(2).

sichtlich einer effektiven Kontrolle kommunaler Unternehmen auch angesichts diesbezüglicher Parallelregelungen in den Verwaltungsverfahrensgesetzen hinnehmbar.[959]

(d) Das freie Mandat von Gemeinderatsmitgliedern

Soweit die Vertretung in die Gesellschaftsorgane gewählten Gemeindevertretern obliegt, und die jeweilige Gemeindevertretung an Entscheidungen im Vergabeverfahren mitzuwirken hat, führt das Mitwirkungsverbot des § 16 Abs. 1 Nr. 3 lit. a VgV dazu, dass Ratsmitglieder, die gleichzeitig für die Kommune ein Vertretungsmandat in einem sich am Wettbewerb beteiligenden Unternehmen wahrnehmen, von den diesbezüglichen Handlungen auszuschließen sind. Hierdurch können, wie auch grundsätzlich durch die Mitwirkungsverbote der Gemeindeordnungen, Veränderungen der Mehrheitsverhältnisse und sogar deren Umkehr eintreten. Auch liegt in einem Ausschluss von Tätigkeiten der Volksvertretungen eine Beeinträchtigung des freien Mandats der gewählten Ratsmitglieder.[960] Zwar ist in Art. 38 Abs. 1 S. 2 GG ein freies Mandat nur für die Abgeordneten des Bundestages ausdrücklich erwähnt. Für Mitglieder der Gemeindevertretung ergibt sich ein solches aber aus Art. 28 Abs. 1 S. 2 GG. Diese Bestimmung überträgt die in Art. 20 Abs. 1 und 2 GG getroffenen Grundentscheidungen auf die Ebene der Gemeinden.[961] Die Gemeindevertretungen sind demnach Repräsentanten der Gemeindebürger, was sich in der Rechtsstellung ihrer Mitglieder niederschlägt.[962] Auch wenn die Gemeindevertretungen keine Parlamente sind, gilt das Prinzip des freien Mandats.[963] Dies folgt für die Gemeindeebene aus der grundsätzlichen Anordnung der repräsentativen Demokratie.[964] Das freie Mandat von Gemeinderatsmitgliedern ist als Ausdruck der verfassungsmäßigen Ordnung in den Ländern nach Art. 28 Abs. 1 damit ein Rechtsgut von Verfassungsrang.

Soweit aus der Regelung des § 16 Abs. 1 Nr. 3 lit. a VgV eine Einschränkung des freien Mandats von Gemeinderatsmitgliedern folgt, ist dies zum Schutz der Bieter und Bewerber in einem Vergabeverfahren aber zulässig. So werden den Mitwirkungsrechten der gewählten Kommunalvertreter schon durch die normierten Mitwirkungsverbote in den Gemeindeordnungen Schranken gesetzt.[965] Ihnen gebührt damit keinesfalls stets der Vorrang.[966] Eine den kommunalen Mitwirkungsverboten entsprechende Regelung für die Mitglieder der bremischen Bürgerschaft hat der BremStGH parallel hierzu hinsichtlich der Einschränkung des freien Mandats der Landtagsmitglieder für verfassungskonform gehalten. Die Einschränkung des freien Mandats sei in der Abwägung mit dem Grundsatz der Uneigennützigkeit der Mandatsausübung „aus dem wohlverstandenen Interesse des Gemeinwohls legitimiert", wenn schon die Möglichkeit der eigen- oder

959 A.A. *Neßler,* NVwZ 1999, 1081 (1083).

960 Vgl. zu diesen Aspekten im Rahmen der kommunalen Mitwirkungsverbote *v. Arnim,* JA 1986, 1 (2); *Creutz,* BauR 1979, 470 (471); *Hassel,* DVBl. 1988, 711 (713); *Hill,* DVBl. 1983, 1 (3); *Krebs,* VerwArch 71 (1980), 181 (185); *Schink,* NWVBl. 1989, 108 (110).

961 BVerwG, DÖV 1992, 832 (832).

962 Siehe BVerwG, DÖV 1992, 832 (832).

963 BVerwG, DÖV 1992, 832 (832); *Ehlers,* Jura 1988, 337 (339);

964 *Frowein,* DÖV 1976, 44 (45), unter Hinweis auch auf Art. 28 Abs. 1 S. 2 GG ebenso *Gern,* Kommunalrecht, Rn. 350.

965 Siehe *Creutz,* BauR 1979, 470 (471); *V. Mutius,* JuS 1979, 37 (38).

966 Vgl. *Schink,* NWVBl. 1989, 108 (110).

fremdnützigen Mandatsausübung besteht.[967] Des Weiteren bestehe, wie Fälle des Fraktionswechsels, von Krankheit oder anderweitiger Verhinderung zeigten, auch kein Rechtsgrundsatz, nach dem die Mehrheitsverhältnisse im Parlament unverändert bleiben müssten. Die Ausgestaltung der Uneigennützigkeit der Mandatsausübung durch die Abgeordneten verstoße damit nicht gegen übergeordnete Rechtssätze.[968]

Mit der Normierung des § 16 VgV hat der Verordnungsgeber gezeigt, dass selbiges im Rahmen der getroffenen Bestimmung auch in Vergabeverfahren gelten soll. Wie festgestellt, ist bei der Entsendung kommunaler Vertreter in die Organe eines kommunalen Unternehmens, das sich am Vergabeverfahren beteiligt, eine Interessenkollision bei Mitwirkung dieser Personen auch an Entscheidungen im Vergabeverfahren aufgrund der gesellschaftsrechtlichen Treuepflicht stets gegeben. Soweit sie aufgrund dessen von der Mitwirkung an Vergabeverfahren auszuschließen sind, hat der Verordnungsgeber eine mögliche Einschränkung der Mitwirkungsrechte kommunaler Gemeinderatsmitglieder und eine Veränderung der Mehrheitsverhältnisse im Gemeinderat in Kauf genommen. Dies dient der Vermeidung einer möglichen fremdnützigen Mandatsausübung, so dass die Einschränkungen des freien Mandats hierdurch legitimiert sind.

(e) Zusammenfassung

Dass für Gemeindevertreter, die in ein gesellschaftsrechtliches Kontroll- oder Leitungsorgan eines kommunalen Unternehmens entsandt sind, ein Interessenkonflikt im Rahmen des § 16 Abs. 1 Nr. 3 lit. a VgV aufgrund der sie treffenden Treuepflicht kaum jemals wird ausgeschlossen werden können, ist auch bezogen auf die sich hieraus mittelbar ergebenden Auswirkungen auf das kommunale Beteiligungsmanagement unbedenklich. So führt das auf die Doppelstellung natürlicher Personen abzielende Mitwirkungsverbot weder direkt zu einer Verhinderung kommunaler Wirtschaftstätigkeit noch dadurch, dass die Kontrolle kommunaler Unternehmen ungebührlich eingeschränkt würde. Wie auch hinsichtlich der kommunalen Organisationshoheit konnte der Verordnungsgeber der „Sauberkeit" von Vergabeverfahren den Vorrang gegenüber einer Mitwirkung von Personen, die für die Kommunen in die Gesellschaftsorgane eines teilnehmenden kommunalen Unternehmens entsandt sind, einräumen. Auch etwaige Einschränkungen des freien Mandats von Gemeinderatsmitgliedern und Veränderungen der Zusammensetzung des Gemeinderats bei einer Mitwirkung dieses Organs an Entscheidungen im Vergabeverfahren sind durch den intendierten Schutz der Bieter und Bewerber gerechtfertigt und führen nicht zu einer restriktiven Auslegung des § 16 Abs. 1 Nr. 3 lit. a VgV.

(4) Treuepflichten und Angehörigenverhältnisse

Da die sich aus der gesellschaftsrechtlichen Treuepflicht ergebende Interessenkollision nur die Organmitglieder selbst trifft, scheint sie diesbezüglich aber jedenfalls in den von § 16 Abs. 2 VgV erfassten Angehörigenverhältnissen widerlegbar. Eine auf Auftraggeberseite tätige Person ist in einem solchen Fall nicht selbst mit den Interessen des betroffenen Unternehmens verbunden. Die gesellschaftsrechtliche Treuepflicht trifft nur den Angehörigen, und kann beim Betroffenen selbst nicht zu einer durch das Ver-

967 BremStGH, NJW 1977, 2307 (2307).
968 BremStGH, NJW 1977, 2307 (2308).

wandtschaftsverhältnis vermittelten Interessenverknüpfung mit der Bieterseite führen. Dies wäre nur der Fall, wenn der Verwandte auch ein eigenes persönliches Interesse an der Erteilung des Auftrags hat,[969] aufgrund dessen sich der auf Auftraggeberseite tätige Angehörige zur Vor- oder Nachteilnahme beeinflusst sehen könnte. Kann der Ausgang des Vergabeverfahrens für den Angehörigen auf Bieterseite aber zu keiner Änderung seiner Situation führen,[970] so wird der mit ihm Verwandte sich nicht zur Wahrnehmung seiner dann alleine gesellschaftsrechtlich begründeten Interessen veranlasst sehen.[971] Für diese Wertung spricht auch die Nichtanwendbarkeit des § 20 Abs. 1 Nr. 5 VwVfG in Verwandtschaftsfällen. Die Mitgliedschaft in einem Organ einer an einem Verwaltungsverfahren beteiligten juristischen Person führt auch im Verwaltungsverfahren nur dann zu einem Tätigkeitsverbot, wenn die Mitgliedschaft persönlich wahrgenommen wird. Die VK Rheinland-Pfalz ist einer diesbezüglichen Argumentation allerdings damit entgegengetreten, dass § 16 Abs. 2 VgV den Verwandtschaftsfall dem Fall einer persönlichen Organmitgliedschaft gleichgestellt hat.[972] Da die von § 16 Abs. 1 Nr. 3 lit. a VgV fingierte Voreingenommenheit aber stets widerlegbar sein soll, können die diesbezüglichen Ausführungen nicht überzeugen. So setzt sich die Vergabekammer mit den diesbezüglichen Argumenten des Antragsgegners weder auseinander noch macht sie Angaben dazu, worin der vermutete Interessenkonflikt tatsächlich begründet sein könnte. Hierauf wird im Rahmen der Beweislastverteilung noch näher einzugehen sein.

Wann hingegen in dem vom Bundesrat in der Begründung des Verordnungsänderungsvorschlags angeführten Beispielsfalls des unter § 16 Abs. 1 Nr. 3 lit. a VgV fallenden Bürgermeisters eine Interessenkollision aufgrund der für ihn als Organmitglied bestehenden gesellschaftsrechtlichen Treuepflicht nicht vorliegen soll, ist nicht ersichtlich. Ein Ausschluss vom Vergabeverfahren auf Auftraggeberseite scheint hier unter dem Gesichtspunkt der Interessenverflechtung unvermeidlich.

Wird die Bestellerfunktion auf eine juristische Person des Privatrechts delegiert, so kann bei einer aufgrund dessen bestehenden doppelten Organmitgliedschaft und einem hieraus dauerhaft erwachsenden Interessenkonflikt aber auch schon gesellschaftsrechtlich die Pflicht zur Niederlegung eines Mandates bestehen.[973] Da das Aufsichtsratsamt aber nur Nebenamt ist, nimmt das Aktienrecht hier Interessenkollisionen aufgrund anderer Tätigkeiten eher hin, als dies im Vergaberecht unter dem Regime des § 16 VgV der Fall ist.[974]

Die Bindung der in die gesellschaftsrechtlichen Kontroll- und Leitungsorgane kommunaler Unternehmen entsandten kommunalen Vertreter an das Gesellschaftsinteresse führt in Fällen, in denen sich das jeweilige Unternehmen auf eine öffentliche Ausschreibung bewirbt, regelmäßig zu einem Interessenkonflikt, wenn die Betroffenen zugleich auch an Entscheidungen im Vergabeverfahren auf Auftraggeberseite mitwirken. Aufgrund der gesellschaftsrechtlichen Treuebindung ist eine Widerlegung in dem vom Verordnungsgeber in den Verordnungsmaterialien angeführten Beispiel eines auf Auf-

969 Siehe zu persönlichen Interessen bereits oben, Zweiter Teil, B.V.2.b).

970 Aufgrund möglicher persönlicher Vor- oder Nachteile.

971 Für diese Wertung spricht auch die Nichtanwendbarkeit der Regelung des § 20 Abs. 1 Nr. 5 auf Verwandte.

972 VK Rheinland-Pfalz v. 30.04.2002, VK 6/02, S. 11 des Beschlusses.

973 Siehe *Henn*, HdB AktR, Rn. 615; *Hüffer*, AktG, § 116, Rn. 5; *Schön*, ZGR 1996, 429 (450). Siehe auch *Fleck*, in *Kübler/Mertens/Werner (Hrsg.)*, FS Heinsius, S. 91; *Altmeppen*, in *Altmeppen/Roth*, GmbHG, § 52, Rn. 18; *Decher*, ZIP 1990, 277 (282).

974 Siehe hierzu schon ähnlich OLG Brandenburg, NVwZ 1999, 1142 (1147).

traggeber und -nehmerseite tätigen Bürgermeisters kaum vorstellbar. Alleine in den Verwandschaftsfällen von § 16 Abs. 2 i.V.m. Abs. 1 Nr. 3 lit. a VgV trifft die Treuepflicht nicht den am Vergabeverfahren Beteiligten unmittelbar, so dass eine Widerlegung des vermuteten Interessenkonflikts nicht an der gesellschaftsrechtlichen Treuebindung scheitert.

d) Das subjektive Element einer Interessenkollision

Ein Interessenkonflikt setzt voraus, dass sich die betroffene Person in einem inneren Konflikt aufgrund der Wahrnehmung unterschiedlicher Interessensphären befindet. Die Kenntnis der gegenläufigen Interessen ist also Bedingung der Voreingenommenheit, so dass der von § 16 Abs. 1 Nr. 3 lit. a VgV vermutete Interessenkonflikt bei Unkenntnis der ihn begründenden Tatsachen widerlegt werden kann.[975] Während dies bei der persönliche Wahrnehmung eines Doppelmandats auf Auftraggeber- und Bieter-/Bewerberseite praktisch nie der Fall sein kann, ist eine solche Situation in Fällen verwandtschaftlicher Beziehungen (§ 16 Abs. 2 VgV) aber durchaus vorstellbar. Angesichts der praktisch oft vorkommenden Häufung von Aufsichtsratsämtern bei einzelnen Personen und auch bei Umstrukturierungen im Bereich öffentlicher Wirtschaftstätigkeit ist es möglich, dass jemand, der unter § 16 Abs. 1 S. 1 VgV fällt, keine Kenntnis von der Tätigkeit eines Verwandten auf Bieterseite gem. § 16 Abs. 2 VgV hat. Entgegen dem ersten Anschein liegt in einem solchen Fall tatsächlich kein Interessenkonflikt vor, so dass die diesbezügliche Vermutung mit Unkenntnis bestritten werden kann.

e) Chinese Walls

Nach der Begründung des Regierungsentwurfs besteht im Fall von in Vergabeverfahren eingeschalteten Beratungsunternehmen (§ 16 Abs. 1 Nr. 3 lit. b VgV) eine Möglichkeit zur Vermeidung von Interessenkollisionen darin, dass das betreffende Unternehmen geeignete organisatorische Maßnahmen ergreift. Beraten unterschiedliche[976] Personen eines Unternehmens den Bieter und den Auftraggeber, so soll die Schaffung unabhängiger Vertraulichkeitsbereiche entsprechend der aus dem Wertpapierhandelsgesetz bekannten Maßnahmen (§ 33 Abs. 1 Nr. 2 WpHG) den vermuteten Interessenkonflikt ausräumen.[977]. Sogenannte „chinese walls“[978] können beispielsweise durch die räumliche Trennung der Mitarbeiter mittels getrennter Bürohäuser, Zutrittsschranken, die Begrenzung telephonischer Kontakte oder deren Aufzeichnung verwirklicht werden.[979]

Diese Möglichkeit zur Verhinderung von Interessenkonflikten kann aber nicht auf § 16 Abs. 1 Nr. 3 lit. a VGV übertragen werden. So kommt es im Rahmen dieses Tatbestandes darauf an, dass *eine* natürliche Person an Entscheidungen im Vergabeverfahren

---

975 Demgegenüber spielt diese subjektive Komponente im Rahmen des § 20 VwVfG keine Rolle, siehe *Clausen*, in *Knack*, VwVfG, § 20, Rn. 3.

976 Eine Beratung durch ein und dieselbe Person fällt unter § 16 Abs. 1 Nr. 2 VgV und führt stets zum Ausschluss vom Verfahren auf Auftraggeberseite!

977 BR-Drs. 455/00, S. 20.

978 Diese werden von *Eisele*, WM 1993, 1021 (1024) als durch organisatorische Maßnahmen umgesetzte Übereinkunft definiert, nach der „sensible Informationen, die in einem Geschäftsbereich anfallen oder erarbeitet werden, weder direkt noch indirekt Personen zur Verfügung gestellt werden, die in anderen Geschäftsbereichen bzw. für andere Kunden tätig sind.

979 So für § 33 Abs. 1 Nr. 2 WpHG *Koller*, in *Assmann*, WpHG, § 33, Rn. 17ff., insbesondere Rn. 20.

teilnimmt und zugleich bei einem Bieter oder Bewerber Mitglied eines Gesellschaftsorgans ist. Der hieraus folgende Interessenkonflikt resultiert aus dieser persönlichen Doppelstellung, der eine Bindung an die Interessen des Bieter- oder Bewerberunternehmens immanent ist. Demgegenüber stellt § 16 Abs. 1 Nr. 3 lit. b VgV darauf ab, dass die betroffene Person für ein *Unternehmen* tätig ist, welches zugleich geschäftliche Beziehungen zum Auftraggeber und einem Bieter oder Bewerber hat. Der Fall, dass ein solches Unternehmen durch *diese* Person sowohl den Auftraggeber als auch einen Wettbewerber berät, fällt bereits unter § 16 Abs. 1 Nr. 2 VgV, wo eine Möglichkeit zur Entlastung vom vermuteten Interessenkonflikt nicht besteht. Die Möglichkeit, Interessenkonflikte durch *chinese walls* zu vermeiden, ist also schon demnach alleine auf § 16 Abs. 1 Nr. 3 lit. b VgV beschränkt.

Die Errichtung getrennter Vertraulichkeitsbereiche auf Seiten eines Wettbewerberunternehmens trifft hinsichtlich der von den Mitgliedern der Verwaltungsorgane der juristischen Personen des Privatrechts auszuübenden Funktionen, aber auch auf gesellschaftsrechtliche Bedenken. Wenn zwar auch die Gesamtgeschäftsführung des Vorstands einer AG durch Satzung geändert werden kann, so gilt dies nicht für die Unternehmensplanung, -koordination und -kontrolle sowie die Pflicht des Vorstands zur Selbstkontrolle.[980] Ebenso trifft die Überwachungsfunktion des Aufsichtsrats diesen als Gesamtorgan,[981] was einen Ausschluss einzelner Mitglieder von bestimmten Tätigkeitsbereichen des Unternehmens ausschließt. Auch die Geschäftsführer einer GmbH haben Überwachungspflichten, die sich auch bei unterschiedlichen Ressortaufteilungen im Grundsatz auf ihre Mitgeschäftsführer erstreckt.[982] Getrennte Vertraulichkeitsbereiche dürften mit diesen Pflichtenstellungen schwerlich vereinbar sein.

Chinese walls sind also innerhalb der Kontroll- und Leitungsorgane einer juristischen Person unzulässig und können nicht helfen, den nach § 16 Abs. 1 Nr. 3 lit. a VgV vermuteten Interessenkonflikt zu widerlegen. Soweit *chinese walls* auf Seiten des Auftraggebers errichtet werden, so erfüllen Personen außerhalb dieser schon den Grundtatbestand von § 16 Abs. 1 S. 1 VgV nicht.

3. Keine Kausalität

Unabhängig vom Vorliegen einer Interessenkollision greift die Voreingenommenheitsvermutung des § 16 VgV nicht, wenn die Tätigkeiten der als voreingenommen geltenden Person sich nicht auf Entscheidungen im Vergabeverfahren, also auf Seiten der Vergabestelle, auswirken.

a) Keine Diskriminierung, nicht: keine Mitwirkung

Die Formulierung dieser Widerlegungsmöglichkeit stellt den Rechtsanwender vor erhebliche Schwierigkeiten. So ist zunächst nicht eindeutig, welche Tätigkeiten sich nicht auf die Entscheidungen im Vergabeverfahren auswirken dürfen, damit die Voreingenommenheitsvermutung widerlegt werden kann.

So ist die VK Rheinland-Pfalz davon ausgegangen, dass die Voraussetzungen dieser Widerlegungsmöglichkeiten nicht erfüllt sind, wenn sich die Tätigkeit der betroffenen

980 *Hüffer*, AktG, § 77, Rn. 18; *Mertens*, Kölner Kommentar AktG, § 77, Rn. 15.

981 *Geßler*, in *Geßler/Hefermehl/Eckardt/Kropff*, AktG, § 111, Rn. 31; *Hüffer*, AktG, § 111, Rn. 9.

982 *Zöllner*, in *Baumbach/Hueck*, GmbHG, § 35, Rn. 18, § 43, Rn. 33;

Person auf Auftraggeberseite auf Entscheidungen im Vergabeverfahren ausgewirkt hat.[983] Die Vergabekammer geht also davon aus, dass sich das Auswirken, also die geforderte Kausalität, auf das untersagte Mitwirken auf Seiten des Auftraggebers nach § 16 Abs. 1 S. 1 VgV bezieht, was so auch in der Literatur vertreten wird.[984] Wirkt jemand an Entscheidungen auf Auftraggeberseite mit, so kann demnach die Widerlegung niemals gelingen, die „Tätigkeiten" der Widerlegungsmöglichkeit entsprechen bei diesem Verständnis dem Mitwirken an Entscheidungen nach dem Ausschlusstatbestand (§ 16 Abs. 1 S. 1 VgV). Dieses Verständnis kann allerdings keinesfalls überzeugen, da eine solche Auslegung der zweiten Widerlegungsmöglichkeit auf einen Zirkelschluss hinausläuft, die diesem Widerlegungstatbestand jeden Anwendungsraum nimmt. Wirkt sich nämlich eine Tätigkeit auf Seiten der Vergabestelle schon nicht auf Entscheidungen im Vergabeverfahren aus, liegt also kein Mitwirken nach § 16 Abs. 1 S. 1 VgV vor, so bedarf es mangels Vorliegens eines Ausschlusstatbestandes schon keiner Widerlegungsmöglichkeit.[985] Das von der VK Rheinland-Pfalz und Teilen der Literatur zugrunde gelegte Verständnis der zweiten Entlastungsmöglichkeit macht diese somit sinnlos.

Nach richtigem Verständnis beziehen sich deshalb die Tätigkeiten, die sich nicht auf Entscheidungen im Vergabeverfahren auswirken, auf die Stellung auf Seiten des Auftragnehmers. Die zweite Widerlegungsmöglichkeit ist so zu verstehen, dass sich die Tätigkeit für einen Bieter oder Bewerber nicht auf Entscheidungen im Vergabeverfahren, an denen entsprechend der Stellung auf Auftraggeberseite nach § 16 Abs. 1 S. 1 VgV mitgewirkt wird, auswirkt, also tatsächlich zu einer Diskriminierung führt.[986] Hierfür spricht der Wortlaut, die Systematik, die Verordnungsgebungsgeschichte und der Telos[987] dieser Regelung.

So sprechen die Tatbestände von § 16 Abs. 1 Nr. 3 lit. a und b jeweils davon, dass eine Person bei einem Bieter oder Bewerber oder einem in das Vergabeverfahren eingeschalteten Unternehmen „tätig" ist. Im Rahmen der zweiten Widerlegungsmöglichkeit kommt es darauf an, dass „sich die Tätigkeiten nicht auf die Entscheidungen in dem Vergabeverfahren auswirken". Da sich die Widerlegungsmöglichkeiten direkt auf die zuvor angeführten Tatbestände beziehen, liegt es nahe, die „Tätigkeiten" und das „tätig sein" hier jeweils auf die Stellung auf Auftragnehmerseite zu beziehen. Im Rahmen des § 16 Abs. 1 Nr. 3 lit. a VgV lässt sich die zweite Entlastungsmöglichkeit also so lesen, dass die Voreingenommenheitsvermutung widerlegt werden kann, wenn sich die Tätigkeiten als Organmitglied bei einem Bieter oder Bewerber nicht auf Auftraggeberseite auf die Entscheidungen im Vergabeverfahren auswirken.

Da die zweite Widerlegungsmöglichkeit auch bei Bestehen eines Interessenkonflikts greifen soll, macht dieses Anknüpfen an die Tätigkeit auf Bieter-/Bewerberseite als Grundlage des Interessenkonflikts auch systematisch Sinn. Ein Interessenkonflikt wird im Rahmen der § 16 Abs. 1 Nr. 3 lit. a und b VgV widerleglich aufgrund der Tätigkeit auf Auftragnehmerseite vermutet. Ist dieser nicht entsprechend der ersten Widerle-

983 VK Rheinland-Pfalz v. 30.4.2002, VK 6/02, S. 12.

984 *Gröning*, WRP 2001, 1 (7); sowie *Quilisch/Fietz*, NZBau 2001, 540 (544), die widersprüchlich teilweise aber doch auf das Vorliegen einer Diskriminierung abstellen.

985 Vgl. hierzu *Gröning*, WRP 2001, 1 (7), der dies, aber nicht die ganze Problematik seines Ansatzes erkennt.

986 Auch *Berrisch/Nehl*, WuW 2001, 944 (949) gehen davon aus, dass im Rahmen der zweiten Entlastungsmöglichkeit der Nachweis zu führen ist, dass eine unsachliche Beeinflussung nicht vorliegt.

987 Siehe hierzu den nächsten Gliederungspunkt.

gungsmöglichkeit ausschließbar, so kann die zweite Entlastungsregelung dennoch greifen. Knüpft sie an die Tätigkeit für einen Bieter oder Bewerber an, so meint dies, dass sich der aus dieser Tätigkeit resultierende Interessenkonflikt nicht auf die Entscheidungen im Vergabeverfahren ausgewirkt haben darf. Die Tätigkeit darf also nicht zu einer Diskriminierung geführt haben, sich der Interessenkonflikt nicht in Entscheidungen des Vergabeverfahrens realisiert haben.

Für dieses Verständnis spricht auch die Verordnungsgebungsgeschichte. Nach dem Willen des Verordnungsgebers sollten von der zweiten Exkulpationsmöglichkeit Situationen erfasst werden, in denen die Kausalität eines Beitrags eines von einem Interessenkonflikt Betroffenen für die Entscheidungen auf Auftraggeberseite fehlt.[988] Zwar ist danach ein Verständnis im Sinne der VK Rheinland-Pfalz zunächst möglich. Dieser Ansatz des Verordnungsgebers bezieht sich allerdings ausdrücklich auf die Rechtsprechung des OLG Stuttgart[989]. In dem schon erörtertem[990] Beschluss hat das Gericht vor Erlass der jetzt geltenden VgV im Fall eines Doppelmandates, welches jetzt unter § 16 Abs. 1 Nr. 3b VgV fiele, ex post geprüft, ob die beanstandete Doppeltätigkeit einen „irgendwie gearteten Kausalbeitrag geleistet hat, der eine Ungleichbehandlung (...) bewirkt hat".[991] Das Gericht wollte das zu prüfende Doppelmandat nur sanktionieren, wenn es als Vergabeverstoß die Angebotswertung oder die Vergabeentscheidung beeinflusst hat,[992] also zu einer Diskriminierung geführt hat. Die Bezugnahme des Verordnungsgebers auf diesen Beschluss zeigt, dass er die zweite Entlastungsmöglichkeit für Fälle schaffen wollte, in denen die Verknüpfung mit der Bieterseite nicht zu einer tatsächlichen Diskriminierung geführt hat. Im Rahmen der zweiten Entlastungsmöglichkeit kommt es also darauf an, dass das Mitwirken einer voreingenommenen Person an Entscheidungen im Vergabeverfahren nicht zu einer Diskriminierung geführt hat.

b) Differenzierung nach ex ante und ex post Betrachtung erforderlich

Die Ursächlichkeit eines Interessenkonflikts für eine Diskriminierung im Vergabeverfahren lässt sich naturgemäß aber nur im Nachhinein feststellen. Eine solche ex post Betrachtung der Kausalität eines Interessenkonfliktes ist für die Frage, ob eine Person wegen Voreingenommenheit von Anfang an von einem Vergabeverfahren auszuschließen ist, allerdings wenig hilfreich. Der Ausschluss voreingenommener Personen von Vergabeverfahren im Vorhinein ist zunächst jedoch primärer Gegenstand des § 16 VgV: Bestimmten Personen wird die Mitwirkung an Entscheidungen im Vergabeverfahren auf Auftraggeberseite untersagt, was ein Tätigkeitsverbot von Anfang an begründet. Hiermit verträgt sich eine Entlastungsmöglichkeit, die nur bei einer ex post Betrachtung greifen kann, zunächst nicht.

Eine Kausalitätsbetrachtung im Nachhinein ist auch hinsichtlich des vergaberechtlichen Rechtsschutzes problematisch. Nach § 97 Abs. 7 GWB haben die Bieter einen Anspruch darauf, dass die Auftraggeber die Bestimmungen über das Vergabeverfahren einhalten. Hierzu zählt auch die Regelung des § 16 VgV über ausgeschlossene Perso-

988 BR-Drs. 455/00 (Beschluss), S. 3.
989 NZBau 2000, 301ff.
990 Siehe zur Rezeption des Beschlusses in der Literatur bereits oben, Zweiter Teil, A.II.1.b).
991 OLG Stuttgart, NZBau 2000, 301 (303).
992 OLG Stuttgart, NZBau 2000, 301 (305).

nen.[993] Sollte nur eine ex post Betrachtung im Rahmen der zweiten Entlastungsmöglichkeit des § 16 Abs. 1 Nr. 3 entscheidend sein, so könnten die Bieter den Ausschluss von Personen, die einen der in Nr. 3 genannten Vermutungstatbestände erfüllen, nicht in Nachprüfungsverfahren verlangen, wenn nicht tatsächlich auch schon eine Diskriminierung vorliegt. Die Bieter müssten mit Anträgen bis zu einer diskriminierenden Entscheidung warten, um im Nachhinein feststellen zu lassen, dass sie durch diese Entscheidung in ihren subjektiven Rechten verletzt sind.[994] Ein unbefriedigendes Ergebnis, welches mit dem Grundtatbestand des § 16 Abs. 1, Satz1 VgV unvereinbar ist, da nach diesem ersichtlich jedes Mitwirken voreingenommener Personen an Entscheidungen des Vergabeverfahrens bei Vorliegen eines Falles nach § 16 Abs. 1, Nr. 1 – 3 VgV ausgeschlossen werden soll. Auch würde § 16 VgV insgesamt bedeutungslos, da Schutz vor Diskriminierungen im Vergabeverfahren bereits von § 97 Abs. 2 GWB und zahlreichen Einzelbestimmungen gegeben wird. Auf ein diskriminierendes Einwirken, welches erst im Nachhinein feststellbar wäre, soll es bei voreingenommenen Personen aber nicht ankommen.[995]

Sinnvoll kann der Widerlegungstatbestand der mangelnden Kausalität deshalb nur so verstanden werden, dass in Fällen, bei denen im Nachhinein eine Beeinträchtigung des Vergabeverfahrens durch die Beteiligung einer voreingenommenen Person nicht festzustellen ist, trotz Beteiligung dieser Person nicht das ganze Verfahren zu wiederholen ist. Im Übrigen kann eine Person, bei der ein Interessenkonflikt festgestellt wurde, nicht mit dem Hinweis weiter am Vergabeverfahren beteiligt werden, dass sich ihre Tätigkeit für die Bieterseite bislang nicht diskriminierend in Entscheidungen der Vergabestelle ausgewirkt hat. Der Widerlegungstatbestand des § 16 Abs. 1 Nr. 3 a.E., zweite Alternative VgV ist bei der Beurteilung, ob eine Person ex ante wegen Voreingenommenheit von einem Vergabeverfahren auszuschließen ist, nicht heranzuziehen, er kann aber Bestandsschutz für bereits vollzogene Handlungen erreichen, wenn diese nicht diskriminierend sind.[996] Die Widerlegungsmöglichkeit begründet also eine bislang verkannte Fehlerfolgenregelung.

Demgegenüber vertritt *Gröning* aber die Ansicht, dass die beiden Widerlegungsmöglichkeiten des § 16 Abs. 1 Nr. 3 a.E. VgV abstrakt und somit ex ante zu prüfen sind.[997] Nach seiner Auffassung soll es im Sinne der Adäquanztheorie darauf ankommen, ob die Doppeltätigkeit die Gefahr einer Beeinflussung der Vergabeentscheidung nicht unerheblich erhöht. Die im Rahmen des zweiten Entlastungstatbestandes zu prüfende Kausalität wäre damit eine hypothetische, die auch im Vorhinein zu berücksichtigen wäre. Dieser Ansatz kann aber nicht überzeugen. So erkennt *Gröning* selber an, dass sich nach diesem Modell die beiden Widerlegungstatbestände nicht mehr scharf voneinander trennen lassen. Die Frage, ob eine Verbindung mit der Bieterseite die Gefahr einer unsachlichen Beeinflussung des Vergabeverfahrens in sich trägt, ist nämlich schon in der Feststellung eines Interessenkonflikts enthalten. Die Verknüpfung der Interessen mit der Bieterseite ist Grundlage einer Interessenkollision, diese begründet

993 Siehe näher sogleich unten.

994 Ein solches Vorgehen lehnte das OLG Düsseldorf, Beschl. v. 18.10.2000, VergabeR 2001, 45 (50) schon vor Inkrafttreten des jetzigen § 16 VgV unter Hinweis auch auf den im Vergaberecht geltenden Beschleunigungsgrundsatz ab.

995 Siehe die Begründung des Regierungsentwurfs, BR-Drs. 455/00, 19f.

996 Siehe auch unten, VI.3.b

997 *Gröning*, WRP 2001, 1 (7).

schon die Gefahr der unsachlichen Beeinflussung des Vergabeverfahrens und ist deshalb Ausschlussgrund. Liegt eine Interessenkonflikt vor, so ist die Gefahr einer Diskriminierung gegeben, weitergehende Kausalitätserwägungen sind nicht mehr anzustellen. Tatsächlich würde die zweite Exkulpationsmöglichkeit damit sinnlos, ein Ergebnis, das nicht intendiert sein kann. Auch hat das OLG Stuttgart, auf dessen Rechtsprechung die Entlastungsmöglichkeiten zurückzuführen sind, die Kausalität der Verfahrensbeteiligung für eine Diskriminierung ex post konkret geprüft. Es hat hypothetisch im Sinne der conditio sine qua non Formel gefragt, ob die Bewertung des nicht berücksichtigten Angebots anders ausgefallen wäre, wenn das strittige Mandat hinweggedacht wird[998]. Auf eine mögliche Erhöhung der Gefahr ist es nicht eingegangen. Parallel hierzu geht auch der Bundesrat in seiner Begründung der Änderungsvorschläge zu § 16 VgV davon aus, dass die Widerlegung der Voreingenommenheit jeweils „konkret" und im „Einzelfall" zu erfolgen hat. [999] Da eine abstrakte Erhöhung der Gefahr bereits voll in der ersten Widerlegungsmöglichkeit berücksichtigt wird, kann es auf eine solche im Rahmen der zweiten Entlastungsmöglichkeit nicht ankommen.

Das hier vertretene Verständnis belässt der zweiten Entlastungsmöglichkeit gegenüber der Auffassung *Grönings* eine eigenständige Bedeutung, fügt sich nahtlos in die Verordnungsgebungsgeschichte ein und korreliert auch mit der Regelung zur Antragsbefugnis für Nachprüfungsverfahren (§ 107 Abs. 2 S. 2 GWB). Nach dieser Bestimmung muss in einem Nachprüfungsantrag dargelegt werden, dass aus der behaupteten Verletzung von Vergabevorschriften dem antragstellenden Unternehmen ein Schaden entstanden ist oder zu entstehen droht. Die Möglichkeit des Schadeneintritts ist darzulegen.[1000] Für schon erfolgte Handlungen ist in Nachprüfungsverfahren ex post konkret feststellbar, ob aus diesen bereits ein Schaden entstanden ist oder zu entstehen droht. Ein Schaden kann bei vollzogenen Handlungen aber nur in einer erfolgten Diskriminierung begründet sein, die Beteiligung einer mit einem Interessenkonflikt behafteten Person am Vergabeverfahren kann bei einem im Übrigen einwandfreien Verfahren einen Schaden aus sich heraus nicht bewirken. Hinsichtlich in der Zukunft liegender Verfahrenshandlungen kann es demgegenüber nur auf drohende Schäden ankommen, welchen angesichts der von einer voreingenommenen Person ausgehenden Diskriminierungsgefahr effektiv nur durch einen Ausschluss vom Verfahren zu begegnen ist.

Will die zweite Entlastungsmöglichkeit mit der eingangs dargestellten Auslegung der VK Rheinland-Pfalz nicht gänzlich ihres Zwecks beraubt werden, so entspricht dieses Verständnis auch optimal dem mit der Regelung verfolgten Zweck und den Interessen der an einem Vergabeverfahren Beteiligten. So soll § 16 VgV nach der Begründung des Regierungsentwurf sicherstellen, dass für den Auftraggeber keine Personen tätig werden, die in ihren Interessen mit einem Bieter verknüpft sind.[1001] Zum Schutz vor Diskriminierungen sind diese also von Anfang an nicht an einem Vergabeverfahren zu beteiligen, also ex ante auszuschließen. Im Verordnungsgebungsverfahren bemängelte der Bundesrat die Formulierungen des Regierungsentwurfs aber als „insbesondere im Hin-

---

998 OLG Stuttgart, NZBau 2000, 301 (305).

999 BR-Drs./99 (Beschluss), S. 3.

1000 *Byok*, in *Byok/Jaeger*, VergabeR, Rn. 679. Siehe zu den hier zu stellenden Anforderungen auch *Boesen*, VergabeR, § 107, Rn. 52ff; *Reidt*, in *Reidt/Stickler/Glahs*, VergabeR, § 1027, Rn. 24; *Portz*, in *Niebuhr/Kulartz/Kus/Portz*, VergabeR, § 107, Rn. 21ff.

1001 BR-Drs. 455/00, S. 19f.

blick auf die Rechtsprechung des OLG Stuttgart" zu weitgehend.[1002] Da sich dieses ex post mit der Frage einer tatsächlichen Diskriminierung auseinandergesetzt hat, entspricht damit die differenzierte Anwendung der zweiten Widerlegungsmöglichkeit sowohl den originären Zielen des Regierungsentwurfs, als auch denen des Bundesrats. Führt die Mitwirkung einer als voreingenommen geltenden Person nicht zu einer Diskriminierung, so ist dies im Nachhinein (entsprechend der Rechtsprechung des OLG Stuttgart) für das bis dahin durchgeführte Vergabeverfahren unschädlich, von in der Zukunft liegenden Handlungen ist die betroffene Person (entsprechend der Begründung des Regierungsentwurfs) allerdings auszuschließen.

Eine solche Interpretation der zweiten Entlastungsmöglichkeit berücksichtigt auch die Interessenlage der Wettbewerber und der auftragsvergebenden Stelle.[1003] Greift bei Vorliegen eines Vermutungstatbestandes die erste Widerlegungsmöglichkeit, liegt also tatsächlich kein Interessenkonflikt vor, so besteht kein Grund für einen Ausschluss vom Vergabeverfahren, da die Gefahr einer unsachlichen Beeinflussung nicht erhöht ist. Damit entfällt hier auch das Bedürfnis nach einem weiteren Widerlegungstatbestand, Diskriminierungen sind nicht besonders zu befürchten.[1004] Wirkt hingegen eine Person an Vergabeentscheidungen mit, obgleich für sie ein Interessenkonflikt nicht ausgeschlossen werden kann,[1005] so können die Bieter oder Bewerber aufgrund der hier bestehenden Diskriminierungsgefahr ihren Ausschluss für die Zukunft in einem Nachprüfungsverfahren durchsetzen (Prävention). Soweit bereits vorgenommene Verfahrenshandlungen nicht zu einer Diskriminierung geführt haben, können die Wettbewerber aber kein berechtigtes Interesse an einer Wiederholung dieser Handlungen ohne die betreffende Person haben. Hier besteht kein Rechtsschutzbedürfnis, da aus korrekt vorgenommenen Handlungen den Bietern und Bewerbern kein Schaden entstehen kann.[1006] Da die Handlungen im Wiederholungsfall inhaltlich bestätigt werden könnten, würde eine blinde Wiederholung des gesamten Verfahrens unabhängig von tatsächlich gegebenen unsachlichen Beeinflussungen zu nicht gerechtfertigten Verzögerungen[1007] und neuen Kosten im Vergabeverfahren führen. Die erneute Vornahme inhaltlich nicht zu beanstandender Verfahrenshandlungen wäre unverhältnismäßig und ist damit nicht geboten. Hiervon geht auch das OLG Koblenz aus, wenn es die nachträgliche Korrektur eines Verstoßes gegen § 16 VgV durch die Vergabestelle unter Hinweis darauf bejaht, dass auch der Senat als Beschwerdeinstanz nur die Neuvornahme der beanstandeten Handlungen anordnen könne, aber nicht, wie sie inhaltlich auszugestalten wären.[1008]

Allerdings hat das OLG Koblenz im Rahmen der sofortigen Beschwerde, die die Mitwirkung einer als voreingenommen geltenden Person an der Bearbeitung zweier Rügeschreiben, also an Entscheidungen im Vergabeverfahren betraf, nicht geprüft, ob

1002 BR-Drs. 455/00 (Beschluss), S. 3.

1003 Auch *Berrisch/Nehl*, WuW 2001, 944 (950) halten ein Kausalitätserfordernis für sachgerecht.

1004 Es ist also keinesfalls mit *Danckwerts*, NZBau 2001, 242 (243f.) davon auszugehen, dass die Widerlegungsmöglichkeiten Diskriminierungen Tür und Tor öffneten und damit insgesamt sachlich nicht gerechtfertigt sind.

1005 Siehe hierzu im Folgenden zur Frage der Beweislast.

1006 Siehe *Reidt*, in *Reidt/Stickler/Glahs*, VergabeR, § 107, Rn. 24.

1007 Auch im Nachprüfungsverfahren gilt der Grundsatz der Beschleunigung, wodurch insbesondere Investitionsblockaden verhindert werden sollen. Siehe Begr. zum RegE des VgRÄndG, BT-Drs. 13/9340, S. 19; OLG Düsseldorf, VergabeR 2001, 45 (50); *Boesen*, VergabeR, § 113, Rn. 1ff.; *Byok*, in *Byok/Jaeger*, VergabeR, § 113, Rn. 735.

1008 Siehe OLG Koblenz, NZBau 2002, 699 (702).

sich die Mitwirkung des vom weiteren Vergabeverfahren bereits ausgeschlossenen Mitarbeiters in einer Diskriminierung realisiert hat. Die Vergabestelle hatte nach Kenntnis von der vermuteten Voreingenommenheit die jeweiligen Verfahrenshandlungen ohne Mitwirkung der betroffenen Person wiederholt, so dass das OLG alleine darauf abstellt, dass der im Verstoß gegen § 16 VgV liegende Verfahrensfehler geheilt wurde.[1009] Eine solche hält das Gericht in Vergabeverfahren hinsichtlich der Mitwirkung voreingenommener Personen auch nach Einleitung eines Vergabeverfahrens noch für möglich.[1010] Die Auftraggeber hätten bei der Wiederholung der fraglichen Verfahrenshandlungen keine substanzlosen Pro-forma-Entscheidungen getroffen, sondern die getroffenen teilweise inhaltlich geändert, so dass eine echte Sachentscheidung getroffen worden sei.[1011] Die Mitwirkung des voreingenommenen Mitarbeiters wurde damit als geheilt betrachtet, ohne dass die Richtigkeit der von der Mitwirkung betroffenen Entscheidungen geprüft wurde. Da es bei § 16 VgV nur um eine Verfahrensfrage gehe, habe eine solche Prüfung auch nicht erfolgen müssen.[1012]

Wenn auch der Beschluss im Ergebnis nicht zu beanstanden ist, da eine Diskriminierung in der Behandlung der Rügen nicht erkannt werden kann, so überzeugt die dogmatische Herleitung und auch die Begründung angesichts der hier dargestellten Bedeutung der zweiten Widerlegungsmöglichkeit des § 16 Abs. 1 Nr. 3 a.E. VgV aber nicht. Da der geltend gemachte Verfahrensfehler in einem Verstoß gegen das Mitwirkungsverbot des § 16 VgV lag, wäre hinsichtlich der Fehlerfolgen auch zunächst diese Bestimmung heranzuziehen gewesen. Dass § 16 VgV keine Konsequenzen eines Verstoßes gegen das Mitwirkungsverbot normiere, stimmt für eine Mitwirkung, die nicht zu einer Diskriminierung geführt hat,[1013] nicht. § 16 VgV regelt schon selbst, dass ein Verstoß gegen diese Vorschrift für die Vergangenheit unbeachtlich ist, wenn sie nicht zu einer Diskriminierung geführt hat. Dementsprechend wäre das Vorliegen einer solchen vom OLG Koblenz dringend zu prüfen gewesen.[1014] Eine Heilung der fehlerhaften Mitwirkung durch eine diskriminierungsfreie Wiederholung der jeweiligen Verfahrenshandlungen ist erst dann in Betracht zu ziehen, wenn sich die Mitwirkung auch in einer Diskriminierung niedergeschlagen hat. Andernfalls ist die Heilung entbehrlich, weil schon nach § 16 VgV selbst kein für die Vergangenheit erheblicher Verfahrensfehler vorliegt.

Der Prüfung, ob sich die fehlerhafte Mitwirkung in einer Diskriminierung niedergeschlagen hat, konnte sich das Gericht auch nicht wegen der Wiederholung der Verfahrenshandlungen durch „echte Sachentscheidungen" entziehen. Bei einem solchen Vorgehen besteht die Gefahr, dass unsachlich beeinflusste Entscheidungen übernommen werden, so dass der von § 16 VgV intendierte Schutz unterlaufen würde. Dieser bezieht sich auf die Gefahr von Diskriminierungen, ohne dass die Bieter oder Bewerber eine solche geltend machen müssen. Die erste Entscheidung eines OLG zum Mitwirkungs-

1009 OLG Koblenz , NZBau 2002, 699 (701). Dieser Ansatz entspricht im Wesentlichen der Heilungsmöglichkeit von Verstößen gegen § 20 VwVfG im laufenden Verfahren. Siehe zu Letzterer *Clausen,* in *Knack,* VwVfG, § 20, Rn. 25; *Kopp/Ramsauer,* VwVfG, § 20, Rn. 67; *Sachs,* in *Stelkens/Bonk/Sachs,* VwVfG, § 45, Rn. 164.

1010 OLG Koblenz, NZBau 2002, 699 (701f.).

1011 OLG Koblenz , NZBau 2002, 699 (702).

1012 OLG Koblenz , NZBau 2002, 699 (702).

1013 Dies ist aber die Prämisse des OLG Koblenz , NZBau 2002, 699 (700), wenn es auf die nachträgliche Heilung eines Verstoßes gegen § 16 VgV im Vergabeverfahren abstellt.

1014 So im Ergebnis auch *Erdl,* VergabeR 2002, 629 (631).

verbot des § 16 VgV trägt deshalb zum Normverständnis nicht in dem Maße bei, wie es bei einer Konzentration auf die zweite Entlastungsregelung möglich gewesen wäre.

Als Ergebnis der hier vollzogenen Auslegung der zweiten Widerlegungsmöglichkeit des § 16 Abs. 1 Nr. 3 a.E. VgV bleibt festzuhalten, dass diese nur für schon vollzogene Verfahrenshandlungen greift, wenn die Mitwirkung einer voreingenommenen Person an Entscheidungen im Vergabeverfahren nicht zu einer Diskriminierung geführt hat. Die Mitwirkung einer voreingenommenen Person in der Vergangenheit ist in diesem Fall unschädlich, die zweite Widerlegungsmöglichkeit stellt sich hier als Regelung der Fehlerfolgen bei einem Verstoß gegen § 16 Abs. 1 Nr. 3 VgV dar. Für die Frage, ob eine Person ex ante bei vermuteter Voreingenommenheit von einem Vergabeverfahren auszuschließen ist, kann die Bestimmung hingegen nicht zum Schutz der Vergabestelle herangezogen werden. Hier kann ein Ausschluss alleine dann unterbleiben, wenn ein Interessenkonflikt tatsächlich nicht vorliegt.

4. Beweislast

a) Beweislastverteilung und Untersuchungsgrundsatz

Nachdem sich in der Rechtsprechung der Oberlandesgerichte vor Inkrafttreten der neuen VgV eine Umkehr der Beweislast hinsichtlich des Vorliegens einer Diskriminierung bei einer personellen Verknüpfung mit der Bieterseite herauskristallisierte,[1015] hat § 16 VgV diesen Ansatz in der durch den Bundesrat geänderten Fassung übernommen.[1016] Die einleitenden Worte „es sei denn..." sollen nach verbreiteter Auffassung zeigen, dass die Vergabestelle die Beweislast für die Widerlegung der Voreingenommenheit trägt.[1017] Bieter müssen in Nachprüfungsverfahren nur das Vorliegen eines der Tatbestände von § 16 Nr. 1 - 3 VgV belegen, den Auftraggeber träfe demnach eine formelle/subjektive Beweislast, also eine aktiv wahrzunehmende Beweisführungslast.[1018]

Zu überprüfen ist allerdings, ob eine solche Beweispflicht angesichts des Untersuchungsgrundsatzes nach § 110 GWB tatsächlich gegeben sein kann. Nach diesem erforscht die Vergabekammer in einem Nachprüfungsverfahren den Sachverhalt von Amts wegen. Nach der Begründung des Regierungsentwurfs soll dies wegen des öffentlichen Interesses an der Rechtmäßigkeit des Vergabeverfahrens und der knappen

---

1015 Siehe oben, Zweiter Teil, A.II.1.

1016 Der Regierungsentwurf sah hingegen für § 16 Abs. 1 Nr. 4 RegE, welcher der von § 16 Abs. 1 Nr. 3 lit. b VgV umfassten Situation entspricht vor, dass ein Ausschluss nur im Fall des tatsächlichen Bestehens eines Interessenkonflikts erfolgen muss. Die Beweislast hierfür oblag damit den rügenden Wettbewerbern: *Berrisch/Nehl*, WuW 2001, 944 (948).

1017 OLG Thüringen, VergabeR 2003, 577 (578); VK Baden-Württemberg v. 3.6.2002, 1 VK 20/02, S. 9 des Umdrucks; *Berrisch/Nehl*, WuW 2001, 944 (948); *Boesen (Hrsg.)*, VN 2002, 9 (10); *Gröning*, WRP 2001, 1 (7). Indifferent aber *Danckwerts*, NZBau 2001, 242 (243f.); *Kratzenberg*, NZBau 2001, 119 (121). Siehe auch *Otting*, NVwZ 2001, 775 (777), der aber fälschlich davon ausgeht, dass im Fall des § 16 Abs. 1 Nr. 3 lit. a VgV der jeweilige Berater der Vergabestelle den Gegenbeweis zu führen habe. Als Verfahrensvorschrift richtet sich die VgV an öffentliche Auftraggeber, dementsprechend wirkt § 16 VgV als Verbotsnorm auch nur gegenüber diesen. Der Entlastungsbeweis kann damit allenfalls den Auftraggebern selbst obliegen, Pflichten Dritter werden nicht begründet.

1018 Die objektive/materielle Beweislast bedeutet demgegenüber keine aktiv wahrzunehmende Verpflichtung, sondern bestimmt, wer die Last der aus Unerweislichkeit einer Tatsache erwachsenden Rechtsnachteile zu tragen hat, siehe nur *Engelhardt*, in *Obermayer*, VwVfG, § 24, Rn. 294ff.

Frist, innerhalb der das Nachprüfungsverfahren zu erfolgen hat, erforderlich sein, und den Regelungen in §§ 24 VwVfG, 54 GWB entsprechen.[1019] Die Vergabekammer hat alles aufzuklären, was für ihre Überzeugungsbildung und Entscheidung in freier Beweiswürdigung notwendig ist.[1020] Der Untersuchungsgrundsatz steht im Gegensatz zum Beibringungsgrundsatz, nach dem die Prozeßparteien die für die Entscheidung wesentlichen Tatsachen vorzutragen haben.[1021] Hieraus folgt, dass kein Beteiligter zur Beweisführung verpflichtet ist, eine formelle Beweislast besteht gesetzlich also nicht.[1022]

Damit verträgt sich die Ansicht, dass § 16 Abs. 3 a.E. VgV die Entlastung der Vergabestelle selbst als Beweispflicht aufbürdet, nicht. Die gesetzliche Regelung des § 110 GWB, die sich auf das Verfahren der Nachprüfung von Vergabeverfahren bezieht, kann nicht durch die VgV als nachrangige Verordnung verändert werden. Die Verordnungsermächtigung des § 97 Abs. 6 GWB bezieht sich alleine auf Bestimmungen des unmittelbaren Vergabeverfahrens; soweit §127 GWB Verordnungsregelungen auch hinsichtlich des Nachprüfungsverfahrens zulässt, betrifft dies nach Nr. 5 nur die Abgrenzung der Zuständigkeiten der Vergabekammern von Bund und Ländern. Die Begründung einer formellen/subjektiven Beweislast im Nachprüfungsverfahren ist damit durch die VgV nicht möglich, insofern fehlt es an einer ausreichenden Ermächtigungsgrundlage.

Ein Verständnis der in § 16 Abs. 1 Nr. 3 a.E. getroffenen Regelung als formelle Beweislast der Vergabestelle ist indes aber nicht zwingend. Aus dem Wortlaut ergibt sich lediglich, dass ein Ausschluss einer als voreingenommen geltenden Person dann nicht erfolgen muss, wenn für diese kein Interessenkonflikt besteht oder ihre Tätigkeit auf Bieter- oder Bewerberseite sich nicht im Vergabeverfahren ausgewirkt hat. Dass diesbezüglich die Auftraggeber nachweispflichtig sind, ergibt sich aus der Bestimmung selbst nicht und ist angesichts des Untersuchungsgrundsatzes der Vergabekammern in gesetzeskonformer Auslegung[1023] auch nicht anzunehmen.[1024]

Dass die Bestimmung eine solche Regelung schon nach dem Wortlaut nicht trifft, zeigt ein systematischer Vergleich mit Bestimmungen des GWBs, die abweichend vom Untersuchungsgrundsatz des § 57 GWB eine formelle Beweislast anordnen. So bestimmen sowohl § 19 Abs. 3 S. 2 als auch § 36 Abs. 1 GWB, dass eine bestimmte Rechtsfolge greift, „es sei denn, die (beteiligten) Unternehmen weisen“ für sie günstige Fakten nach.[1025] Hier ergibt sich schon aus dem Wortlaut eindeutig eine formelle Beweisfüh-

1019 BT-Drs. 13/9340, Begründung zu § 120 RegE.

1020 *Reidt,* in *Reidt/Stickler/Glahs*, VergabeR, § 110, Rn. 10f; *Portz,* in *Niebuhr/Kulartz/Kus/Portz,* VergabeR, § 110, Rn. 5. Ebenso zur entsprechenden Regelung in § 24 VwVfG *Kopp/Ramsauer*, VwVfG, § 24, Rn. 6. Siehe zur freien Beweisführung der Vergabekammern auch *Boesen*, VergabeR, § 110, Rn. 21ff.

1021 *Boesen*, VergabeR, § 110, Rn. 5. Siehe so auch im Rahmen der entsprechenden Regelung des VwVfG *Engelhardt,* in *Obermayer,* VwVfG, § 24, Rn. 13, sowie des Weiteren etwa *Marx,* Tragweite der Untersuchungsmaxime, S. 22f.

1022 *Boesen*, VergabeR, § 110, Rn. 24; *Dreher*, in *Immenga/Mestmäcker,* GWB, § 119, Rn. 11. Vgl. ebenso zur entsprechenden Regelung in § 57 GWB *Schmidt,* in *Immenga/Mestmäcker,* GWB, § 57, Rn. 2, sowie zur entsprechenden Regelung in § 24 VwVfG *Clausen,* in *Knack,* VwVfG, A§ 24, Rn. 17; *Kopp/Ramsauer*, VwVfG, § 24, Rn. 40; *Stelkens/Kallerhof,* in *Stelkens/Bonk/Sachs,* VwVfG, § 24, Rn. 54.

1023 Siehe zur gesetzeskonformen Auslegung *Schmalz,* Methodenlehre, Rn. 362.

1024 Siehe auch *Danckwerts*, NZBau 2001, 242 (243f.), der gleichfalls von einer Widerlegbarkeit der Voreingenommenheitsvermutung ausgeht, ohne der Vergabestelle die Beweislast aufzubürden.

1025 Siehe zu diesen Regelungen als Ausnahmen von § 57 GWB *Schmidt,* in *Immenga/Mestmäcker,* GWB, § 57, Rn. 7.

rungspflicht der angeführten Unternehmen. Demgegenüber regelt § 16 Abs. 1 a.E. VgV nur, dass die Vermutung der Voreingenommenheit widerleglich ist. Dies war auch die Intention des Verordnungsgebers.[1026] Damit ist in dieser Regelung keine formelle Beweislastregelung zu sehen, sondern lediglich eine materielle Beweislastverteilung. Eine solche bedeutet keine Beweisführungspflicht, sondern regelt, wer das Risiko der Unaufklärbarkeit trägt.[1027] Jede Partei hat das Vorliegen der Voraussetzungen der für sie günstigen Norm zu beweisen.[1028] Ohne in den Untersuchungsgrundsatz einzugreifen, kann § 16 Abs. 1 Nr. 3 a.E. VgV bestimmen, dass Bieter oder Bewerber nur das Vorliegen eines Tatbestandes nach § 16 Abs. 1 Nr. 1 – 3 VgV nachweisen müssen. Dass deshalb tatsächlich ein Interessenkonflikt besteht, oder sich dieser in einer Diskriminierung realisiert hat, ist von ihnen nicht darzulegen. Nach dieser Regelung soll bei Zweifeln über das tatsächliche Vorliegen einer Interessenkollision oder einer Diskriminierung schon die Doppelstellung eines am Vergabeverfahren Mitwirkenden zu dessen Verfahrensausschluss führen. Die Bestimmung begründet damit keine formelle Nachweispflicht der Auftraggeber, sondern ändert lediglich die Folgen einer *non liquet* Situation.

Den Vergabestellen werden i.V.m. § 113 Abs. 2 S. 1 GWB aber Mitwirkungspflichten auferlegt.[1029] Diese werden sich zumindest faktisch[1030] auch auf den Untersuchungsgrundsatz auswirken,[1031] da dieser schon aufgrund der Eilbedürftigkeit des Nachprüfungsverfahrens durch § 110 Abs. 1 S. 2 GWB beschränkt ist.[1032] Damit liegt es im Interesse der Auftraggeber, von sich aus im Nachprüfungsverfahren alles vorzubringen, was einen vermuteten Interessenkonflikt oder eine Diskriminierung widerlegen kann. Diese trifft damit eine faktische „Darlegungslast".[1033] Der Untersuchungsgrundsatz der Vergabekammer besteht zwar einerseits von § 16 VgV rechtlich uneingeschränkt, andererseits wird sich die materielle Beweislast aber in der Praxis dahin auswirken, dass die Vergabestelle aktiv den Gegenbeweis für einen tatsächlich nicht gegebenen Interessenkonflikt oder eine nicht erfolgte Diskriminierung wird führen müssen.[1034]

§ 16 VgV kann also grundsätzlich unabhängig vom tatsächlichen Bestehen eines Interessenkonflikts oder einer Ungleichbehandlung greifen, wenn ein Bieter oder Bewer-

---

1026 Siehe sowohl die Begründung zu § 16 RegE als auch des Änderungsbeschlusses, BR-Drs. 455/00.

1027 *Schmidt,* in *Immenga/Mestmäcker,* GWB, § 57, Rn. 11. Siehe auch *Stelkens/Kallerhof,* in *Stelkens/Bonk/Sachs,* VwVfG, § 24, Rn. 55.

1028 Nach *Ule,* DVBl. 1959, 537 (543) lässt sich das Prinzip der materiellen Beweislast auf den Zivilprozessrechtler *Rosenberg* zurückführen.

1029 Siehe *Portz,* in *Niebuhr/Kulartz/Kus/Portz,* VergabeR, § 110, Rn. 9.

1030 Gegen eine Beschränkung des amtlichen Untersuchungsgrundsatzes durch die Verletzung von Mitwirkungspflichten siehe *Schromek,* Die Mitwirkungspflichten, S. 262; *Marx,* Tragweite der Untersuchungsmaxime, S. 108ff., jeweils m.w.N. Siehe hierzu auch *Clausen,* in *Knack,* VwVfG, § 24, Rn. 19; *Kopp/Ramsauer*, VwVfG, § 24, Rn. 22; sowie auch *Kaufmann,* Untersuchungsgrundsatz und Verwaltungsgerichtsbarkeit, S. 358; *Köhler-Rott,* Der Untersuchungsgrundsatz im Verwaltungsprozeß, S. 214ff.

1031 Siehe *Byok*, in *Byok/Jaeger*, VergabeR, Rn. 702; *Portz,* in *Niebuhr/Kulartz/Kus/Portz,* VergabeR, § 110, Rn. 9.

1032 Siehe *Portz,* in *Niebuhr/Kulartz/Kus/Portz,* VergabeR, § 110, Rn. 3, 12; *Reidt,* in *Reidt/Stickler/Glahs*, VergabeR, § 110, Rn. 1, sowie auch *Byok*, in *Byok/Jaeger*, VergabeR, Rn. 702: „In der Praxis wird diese Rechtmäßigkeitskontrolle aber aus Zeitgründen aber regelmäßig nicht ausgeschöpft werden können".

1033 Siehe *Quilisch/Fietz,* NZBau 2001, 540 (543).

1034 So kann sich nach *Portz,* in *Niebuhr/Kulartz/Kus/Portz,* VergabeR, § 110, Rn. 3, eine Einschränkung des Untersuchungsgrundsatzes aus praktischen Gründen auch aus dem Umfang der ggf. zu untersuchenden Akten ergeben.

ber das Vorliegen eines Tatbestandes nach § 16 Abs. 1 Nr. 1 - 3 VgV darlegt und eine Entlastung des Auftraggebers nicht gelingt.[1035] Da die Gefahr einer unsachlichen Beeinflussung des Vergabeverfahrens aufgrund einer personellen Verknüpfung mit der Bieterseite zurechenbar aus der Sphäre des Auftraggebers stammt, ist diese materielle Beweislastverteilung auch gerechtfertigt.[1036] Die Wettbewerber erfahren hierdurch Schutz vor den Gefahren einer Interessenkollision bei einem auf Auftraggeberseite am Vergabeverfahren Beteiligten, während für die Auftraggeber Nachteile im Vergabeverfahren nur dann entstehen, wenn der Interessenkonflikt tatsächlich besteht und auch zu einer Diskriminierung geführt hat. Die (materielle) Beweislastverteilung kann daher als „crux" für eine sachgerechte Anwendung des § 16 VgV betrachtet werden.[1037] Da Wettbewerbern der Beweis versteckter Diskriminierungen aufgrund eines auf Auftraggeberseite vermuteten Interessenkonflikts nur schwer gelingen kann,[1038] ist es geboten, von ihnen nicht den positiven Nachweis der Interessenkollision und einer Diskriminierung zu verlangen,[1039] zumal § 16 VgV auch schon vor der Gefahr einer künftigen Diskriminierungen schützt. Nur so lassen sich unbillige Ergebnisse vermeiden.

b) Umfang des Gegenbeweises

In der Literatur wird teilweise vertreten, dass an den Umfang des Nachweises zur Widerlegung der Vermutungstatbestände des § 16 VgV schon deshalb strenge Anforderungen zu stellen seien, weil die Befangenheitsregelungen der Gerichts- und Gemeindeordnungen eine solche Widerlegbarkeit nicht kennen. § 16 VgV habe in sofern eine Sonderstellung.[1040] Dieses Argument kann aus sich heraus aber gerade aufgrund dieser Sonderstellung nicht unmittelbar überzeugen: Weil § 16 VgV hinsichtlich der Widerlegung der vermuteten Voreingenommenheit eine von den Gerichts- und Gemeindeordnungen abweichende Regelung trifft, können diese nicht direkt für die Auslegung dieser Bestimmung herangezogen werden. Für die Frage, welchen Anforderungen die Widerlegung der Voreingenommenheit genügen muss, sind zunächst Wortlaut, Systematik und Verordnungsgebungsgeschichte von § 16 VgV selbst entscheidend.

Ein Ausschluss einer als voreingenommen geltenden Person ist nach dem Wortlaut der Bestimmung dann nicht erforderlich, wenn ein Interessenkonflikt nicht besteht, oder sich nicht in einer Diskriminierung ausgewirkt hat. Demnach ist hier jeweils ein konkreter Nachweis erforderlich, da das tatsächliche Nichtbestehen oder Nichtauswirken den Verfahrensausschluss hindert. Auch stellt § 16 VgV in seinen Grundtatbeständen die Vermutung auf, dass bei deren Erfüllung eine sich auf die Entscheidungen im Vergabeverfahren auswirkende Interessenkollision vorliegt, weshalb die betroffenen Perso-

1035 Verfehlt also die Rechtsprechung der VK Baden-Württemberg v. 3.6.2002, 1 VK 20/02, S. 9 des Umdrucks, nach der die Bieter einen konkreten Wettbewerbsverstoß aufgrund der fehlerhaften Mitwirkung vorzutragen haben.

1036 OLG Düsseldorf, VergabeR 2001, 45 (50); *Jaeger*, NZBau 2001, 427 (439). Einer verfassungsrechtlichen Rechtfertigung bedarf es wohl nicht, siehe *Huster*, NJW 1995, 112f. A.A. aber *Reinhardt,* NJW 1994, 93 (99).

1037 Siehe *Berrisch/Nehl*, WuW 2001, 944 (950).

1038 Siehe OLG Düsseldorf, VergabeR 2001, 45 (50); so auch *Berrisch*, DB 1999, 1797 (1798) und *Berrisch/Nehl*, WuW 2001, 944 (950).

1039 Siehe auch OLG Rostock, VersR 1999, 1511 (1513). Siehe für eine allgemeine Beweispflicht des Auftraggebers hinsichtlich der Rechtmäßigkeit des Vergabeverfahrens *Griem*, WuW 1999, 1182 (1190) und *derselbe*, WRP 1999, 1126 (1129).

1040 *Boesen (Hrsg.),* VN 2002, 9 (11).

nen vom Vergabeverfahren auszuschließen sind. Eine Widerlegung wird deshalb nur dann möglich sein, wenn die in der Verknüpfung mit der Bieterseite begründeten Zweifel an der Objektivität des Mitwirkenden bei der Durchführung des Vergabeverfahrens beseitigt werden können.

Von einem solchen Verständnis geht auch der Verordnungsgeber aus. Nach der Begründung des für die Widerlegungsmöglichkeiten verantwortlichen Bundesrats soll die Änderungsfassung des § 16 VgV deutlich machen, dass bei nicht bestehenden konkreten Interessenkonflikten oder bei fehlender Kausalität des Beitrags eines Betroffenen ein Ausschluss im Einzelfall nicht notwendig ist, obgleich ein Interessenkonflikt nach dem ersten Anschein besteht.[1041] Das Bestehen des vermuteten Interessenkonflikts oder das Vorliegen einer Diskriminierung aufgrund der Beteiligung einer voreingenommenen Person muss also konkret ausgeschlossen werden.[1042] Bei Zweifeln am Vorliegen eines Interessenkonflikts oder einer Diskriminierung zwingt der Anschein der erfüllten Grundtatbestände des § 16 VgV zu einem Ausschluss vom Verfahren.

Die Rechtsprechung vor Inkrafttreten der neuen Vergabeverordnung stützt dieses Ergebnis. So bejahte das OLG Brandenburg in Anlehnung an die ständige Rechtsprechung des BVerwG zur Erheblichkeit eines Verstoßes gegen § 20 VwVfG die Kausalität der Mitwirkung einer befangenen Person für die Entscheidung, wenn die „konkrete Möglichkeit" besteht, dass die Entscheidung ohne den Verfahrensmangel anders ausgefallen wäre.[1043] Nach der hier in Bezug[1044] genommenen Rechtsprechung des BVerwG[1045] führt ein Verstoß gegen die Befangenheitsregelung des § 20 Abs. 1 Satz. 1 Nr. 5 BayVwVfG dann nicht zur Aufhebung des Verwaltungsaktes, wenn sich der Mangel nicht auf die Entscheidung in der Sache ausgewirkt hat. Parallel zu diesem Rückgriff auf das allgemeine Verwaltungsrecht hat auch das OLG Rostock keine Entkräftung des vermuteten Interessenkonflikts angenommen, wenn von den konkurrierenden Angeboten keines derart „offensichtlich" günstiger als das des Antragsstellers ist, als dass dieser von einer Auswertung zu seinen Gunsten ausgeschlossen werden könnte.[1046] Hier war die Regelung des § 46 VwVfG Vorbild, nach der die Aufhebung eines Verwaltungsaktes wegen eines Verstoßes gegen Formvorschriften nicht alleine aus diesem Grund begehrt werden kann, „wenn offensichtlich ist, dass die Verletzung die Entscheidung in der Sache nicht beeinflusst hat".[1047]

1041 BR-Drs. 455/00 (Beschluss), S. 3.

1042 Den Verordnungsmaterialien ist also somit sehr wohl etwas über die Anforderungen an den Entlastungsnachweis zu entnehmen, a.A. aber *Berrisch/Nehl*, WuW 2001, 944 (949), die fälschlich auf die Begründung des Regierungsentwurfs abstellen. Da dieser die Entlastungsmöglichkeit noch gar nicht enthielt, kann auch die Begründung hierzu keinerlei Aufschluss geben.

1043 OLG Brandenburg, NVwZ 1999, 1142 (1147).

1044 Das OLG Brandenburg bezieht sich auf die Rechtsprechungsnachweise bei *Stelkens/Bonk/Sachs*, VwVfG, § 20, Rn. 28.

1045 BVerwGE 69, 256 (268ff.) = DVBl. 1984, 1075, (1078), sowie anschließend BVerwG v. 5.12.1986, NVwZ 1987, 578 (581); BVerwG v. 15.4.1988, NVwZ 1988, 916 (917f.).

1046 OLG Rostock, VersR 1999, 1511 (1513).

1047 Durch diese durch das GenBeschlG v. 12.9.1996, BGBl. I, S. 1354, in § 46 VwVfG eingebrachte Formulierung greift diese Bestimmung auch bei nicht gebundenen Entscheidungen, siehe *Sachs*, in *Stelkens/Bonk/Sachs*, VwVfG, § 46, Rn. 79; *Meyer*, in *Knack*, VwVfG, § 46, Rn. 28; sowie *Kopp/Ramsauer*, VwVfG, § 46, Rn. 32ff. Grundsätzlich zum GenBeschlG siehe *Bonk*, NVwZ 1997, 320ff. Zu den verfassungsrechtlichen Problemen der Unbeachtlichkeitsregelungen siehe *Sodan*, DVBl. 1999, 729 (736ff.) sowie für das Kommunalrecht *Hill*, DVBl. 1983, 1 (5f.).

Soweit hieran anschließend in Übereinstimmung mit dem Verwaltungsverfahrensrecht der Ausschluss der Kausalität auch im Rahmen des § 16 VgV dadurch nachzuweisen sein soll, dass eine unsachliche Beeinflussung „offensichtlich und unzweifelhaft" nicht vorliegt,[1048] geht der Rückschluss auf die Auslegung des § 16 VgV zu weit, wenn damit Offenkundigkeit gemeint ist. Aufgrund des in § 110 GWB normierten Untersuchungsgrundsatzes im Nachprüfungsverfahren, kann es auf eine Offensichtlichkeit im Sinne einer auf der Hand liegenden Evidenz nicht ankommen. Entscheidend ist vielmehr, dass sich die fehlende Kausalität der Mitwirkung einer voreingenommenen Person für eine Diskriminierung anhand von Akten und anderen Beweismitteln objektiv und eindeutig nachweisen lässt.[1049] Auch sind in nach h.M. zivilrechtlich zu beurteilenden Vergabeverfahren das VwVfG und die allgemeinen Grundsätze des Verwaltungsverfahrens nicht unmittelbar anwendbar, so dass die dort getroffenen Lösungen nicht direkt auf § 16 VgV übertragen werden können.[1050]

Das bereits gefundene Auslegungsergebnis zum Umfang der Nachweispflicht für eine Widerlegung der Voreingenommenheitsvermutung bei § 16 VGV deckt sich aber im Wesentlichen mit den Befunden zu § 46 VwVfG und der Erheblichkeit von Verstößen gegen § 20 VwVfG.[1051] Parallel zu § 46 VwVfG reicht auch im Rahmen von § 16 VgV schon die konkrete Möglichkeit einer diskriminierenden Entscheidung aus, um die Beteiligung einer als voreingenommen geltenden Person als erheblichen Fehler im Vergabeverfahren anzunehmen.[1052] Verbleibende Zweifel gehen hier wie dort zu Lasten des Bieters oder Bewerbers.[1053] Der Nachweis des Vorliegens eines Widerlegungstatbestandes kann also nur dann gelingen, wenn konkret das Nichtbestehen eines Interessenkonflikts oder die Nichtdiskriminierung der Mitwirkung einer voreingenommenen Person bewiesen werden kann.

c) Widerlegung des vermuteten Interessenkonflikts

In den Fällen des § 16 Abs. 1 Nr. 3 lit. a, Alt. 2 VgV wird eine Widerlegung des hier vermuteten Interessenkonflikts aufgrund der gesellschaftsrechtlichen Treuepflicht der Organmitglieder kaum möglich sein.[1054] Der Verordnungsgeber ist selber davon ausgegangen, dass eine Widerlegung nur im Einzelfall gelingen kann.[1055] Auch zeigt das Beispiel eines Ausschlusses der Interessenkollision in den Fällen des § 16 Abs. 1 Nr. 3 lit. b VgV durch chinese walls, dass an die Widerlegung hohe Anforderungen zu stellen sind

1048 *Berrisch/Nehl*, WuW 2001, 944 (949).

1049 Zu § 46 VwVfG ebenso *Kopp/Ramsauer*, VwVfG, § 46, Rn. 37.

1050 Siehe oben, Zweiter Teil, B.V.2.(a).

1051 So auch *Berrisch/Nehl*, WuW 2001, 944 (949). Vgl. etwa grundlegend BVerwGE 69, 256 (268ff), sowie *Bonk/Schmitz*, in *Stelkens/Bonk/Sachs*, VwVfG, § 20, Rn. 27; *Kopp/Ramsauer*, VwVfG, § 20 VwVfG, Rn. 14; *Engelhardt*, in *Obermayer*, VwVfG, § 20, Rn. 145.

1052 Die konkrete Möglichkeit besteht im Rahmen des § 16 VgV schon durch das Erfüllen der Vermutungstatbestände des Abs. 1 Nr. 1 – 3. Ebenso geht *Meyer*, in *Knack*, VwVfG, § 46, Rn. 28, davon aus, dass auch im Rahmen des § 46 VwVfG eine Vermutung für die Relevanz des Fehlers besteht, siehe ähnlich *Schäfer*, in *Obermayer*, VwVfG, § 46, Rn. 32. Siehe zur Fehlererheblichkeit im Rahmen des § 20 VwVfG BVerwG v. 30.5.1984, DVBl. 1984, 1075 (1078); BVerwG v. 5.12.1986, NVwZ 1987, 578 (581); BVerwG v. 18.12.1987, NVwZ 1988, 527 (530); sowie auch BVerwG v. 15.4.1988, NVwZ 1988, 916 (917).

1053 Siehe für § 46 VwVfG *Kopp/Ramsauer*, VwVfG, § 46, Rn. 37.

1054 Siehe oben, Zweiter Teil, B.V.2.c).

1055 BR-Drs. 455/00 (Beschluss), S. 3.

und sie im Zweifelsfall nicht möglich sein wird.[1056] Zwar führt der Verordnungsgeber als Beispiel für eine nicht gewollte extensive Auslegung des § 16 RegE den Ausschluss eines sowohl auf Bieter- als auch auf Auftraggeberseite tätigen Bürgermeisters an.[1057] Grund für einen Nichtausschluss soll aber das Nichtbestehen eines Interessenkonflikts im Einzelfall sein, Bürgermeister sollen nicht per se von Interessenkollisionen ausgenommen werden. Angesichts der gesellschaftsrechtlichen Treuepflicht ist der vom Bundesrat gewählte Fall deshalb als Musterbeispiel untauglich. Das gegebene Beispiel kann nicht als Exempel einer jedenfalls möglichen Entlastung von Bürgermeistern, die unter § 16 Abs. 1 Nr. 3 lit. a VgV fallen, dienen. Eine solche ist nur möglich, wenn ein Interessenkonflikt positiv ausgeschlossen werden kann.

Trifft die Treuepflicht aber in einem Verwandtschaftsfall nach § 16 Abs. 2 VgV nicht den auf Auftraggeberseite am Verfahren Beteiligten selbst, so wird für Letzteren ein Interessenkonflikt tatsächlich nicht unmittelbar begründet.[1058] Zwar ist dieser Fall grundsätzlich dem einer persönlichen Organmitgliedschaft gleichgestellt, die Gleichstellung umfasst aber auch die Widerlegbarkeit. Steht in Verwandtschaftsfällen im Grundsatz fest, dass die gesellschaftsrechtliche Treuepflicht für den am Vergabeverfahren Beteiligten nicht unmittelbar zu einem Interessenkonflikt führt, weil die Treuebindung nicht über das Verwandtschaftsverhältnis weitervermittelt wird, so kann ein Hinweis auf die grundsätzliche Gleichstellung diese Widerlegung des vermuteten Konflikts nicht abschneiden.[1059]

Begründet die gesellschaftsrechtliche Treuepflicht in Verwandtschaftsfällen also noch nicht selbst eine Interessenkollision, so kann ein Interessenkonflikt aber noch nicht alleine aufgrund des Nichtbestehens einer Treuebindung ausgeschlossen werden. Nachzuweisen ist vielmehr auch, dass keine persönlichen Vor- oder Nachteile für das betroffene Organmitglied auf Bieterseite durch die Vergabeentscheidung begründet werden, um konkrete Interessenkonflikte, die durch das Verwandtschaftsverhältnis vermittelt werden, auszuschließen.

Um im Einzelfall das Bestehen eigener Interessen des Organmitglieds zu verneinen, ist zu fordern, dass alle diesbezüglich objektiv gerechtfertigten Zweifel widerlegt werden. Andernfalls greift der von den Tatbeständen des § 16 Abs. 1 begründete Anschein einer Interessenkollision. Die bloße Gegenbehauptung, dass ein Interessenkonflikt tatsächlich nicht ersichtlich sei, kann die diesbezügliche Vermutung keinesfalls ausräumen, da sonst die Beweislast wieder auf den Bieter übertragen würde. Es ist also schlüssig darzustellen, dass eine Interessenkollision unter keinem objektiv vertretbaren Gesichtspunkt vorliegt.

Materielle Vorteile eines Organmitglieds und eine hierdurch begründete Interessenkollision können beispielsweise durch die Offenlegung der Gesellschafts- und Anstellungsverträge ausgeschlossen werden. Diesbezüglich bestehen aber für ein sich beteiligendes Unternehmen keine Pflichten, was insbesondere in den relevanten Verwandtschaftsfällen problematisch werden kann.[1060] Die Abgabe strafbewehrter eidesstattlicher

1056 BR-Drs. 455/00 (Beschluss), S. 3; sowie näher bereits oben, Zweiter Teil, B.V.2.c).
1057 BR-Drs. 455/00 (Beschluss), S. 3.
1058 Siehe oben, Zweiter Teil, B.V.2.c)(4).
1059 So aber die VK Rheinland-Pfalz v. 30.4.2002, VK 6/02, S. 11.
1060 Erfolgt die Organmitgliedschaft unmittelbar bei einem kommunalen Unternehmen, so scheinen diesbezügliche Weisungen des (zumindest) Mehrheitsgesellschafters möglich.

Erklärungen,[1061] dass materielle Vor- oder Nachteile nicht in Aussicht stehen, dürfte für einen positiven Ausschluss eines diesbezüglichen Interessenkonflikts ausreichen.

Da immaterielle Interessen nicht abschließend beschreibbar sind, ist es bei diesen stets eine Frage des Einzelfalls, welche diesbezüglich objektiv gerechtfertigten Zweifel zu widerlegen sind. Aber auch hier gilt, dass im Zweifelsfall die Interessenkollision nicht widerlegt ist.

d) Widerlegung einer Diskriminierung

Im Rahmen der Widerlegung des Auswirkens der Tätigkeit auf die Entscheidungen im Vergabeverfahren nach § 16 Abs. 1 Nr. 3 a.E. VgV ist der positive Nachweis erforderlich, dass der vermutete oder tatsächlich bestehende Interessenkonflikt sich nicht im Vergabeverfahren durch eine Diskriminierung, also in einer nicht gerechtfertigten Ungleichbehandlung der Wettbewerber, verwirklicht hat. Der Nachweis keiner Diskriminierung ist also nur für solche Handlungen beizubringen, bei denen sich das Mitwirken der als voreingenommen geltenden Person ausgewirkt haben kann. Dies werden regelmäßig nur die Entscheidungen sein, an denen der Betroffene selbst kausal mitgewirkt hat, soweit es für eine anderweitige Beeinflussung (etwa über andere Mitarbeiter) keine Anzeichen gibt. Es ist somit nicht das gesamte Vergabeverfahren hinsichtlich seiner Diskriminierungsfreiheit darzustellen.

Der Grundsatz der Gleichbehandlung/Nichtdiskriminierung ist als eines der fundamentalen Prinzipien des Vergaberechts in der nationalen[1062] Rechtsordnung in § 97 Abs. 2 GWB kodifiziert, eine Konkretisierung erfolgt aber durch verschiedene Einzelvorschriften.[1063] Bei einem ordnungsgemäßen Vergabeverfahren sollte die Widerlegung einer Diskriminierung aufgrund des angenommenen Interessenkonflikts stets möglich sein. Zum Nachweis, dass keine Diskriminierung aufgrund der Mitwirkung einer als voreingenommen geltenden auf Auftraggeberseite erfolgt, ist vor allem zu belegen, dass diese Mitwirkung nicht zu Verstößen gegen den Gleichheitssatz ausprägende Einzelbestimmungen geführt hat. Dem allgemeinen Diskriminierungsverbot kommt hier bei der Auslegung unbestimmter Rechtsbegriffe und bei Ermessensentscheidungen Bedeutung zu.[1064] Die Widerlegung der Voreingenommenheitsvermutung gestaltet sich also je nach Art der vorgenommenen Verfahrenshandlungen unterschiedlich.

(1) Bei zwingenden Verfahrenshandlungen

Eine Reihe von Verfahrenshandlungen sind im Vergabeverfahren zwingend vorzunehmen (etwa der Ausschluss von Angeboten nach § 25 Nr. 1 Abs. 1 VOL/A). Bei diesen ist eine Diskriminierung bei Vorliegen der Tatbestandsvoraussetzungen der jeweili-

---

1061 Siehe zur Versicherung an Eides statt als Beweismittel in Zivilprozessen etwa *Hartmann*, in *Baumbach/Lauterbach/Albers/Hartmann*, ZPO, § 294, Rn. 6ff.

1062 Auf der Ebene des Gemeinschaftsrechts sind die Diskriminierungsverbote des Primärrechts, also das allgemeine Diskriminierungsverbot aufgrund der Staatsangehörigkeit sowie die Beschränkungsverbote aus den Grundfreiheiten und des sekundären Gemeinschaftsrechts, den Vergaberichtlinien, zu beachten. Siehe hierzu in Kürze *Hailbronner*, in *Byok/Jaeger*, VergabeR, Rn. 141ff.

1063 Etwa das Verbot der Nachverhandlung, § 24 Nr. 2 Abs. 1 VOL/A; die Anforderungen an die Leistungsbeschreibung, § 8 VOL/A; die expliziten Bevorzugungsverbote des § 7 Nr. 1 VOL/A; die Vorschriften über die Bekanntmachung, § 17 VOL/A.

1064 Siehe zu Bedeutung des Gleichbehandlungsgebots in diesem Sinne *Boesen*, VergabeR, § 97, Rn. 30ff. Siehe auch *Thieme*, in *Langen/Bunte*, GWB, § 97, Rn. 6ff;

gen Verfahrensvorschrift nicht möglich. Es genügt also der Nachweis, dass die jeweilige Norm ordnungsgemäß auf die jeweiligen Sachverhalte angewandt wurde, so dass sich das Verhalten der Vergabestelle insofern als rechtmäßig darstellt. Ob bei rechtlich gebundenen Entscheidungen eine Diskriminierung vorliegt, ist eine Frage der Anwendung des einfachen Rechts.[1065] Wird dieses korrekt angewandt, so kann weder § 97 Abs. 2 GWB noch § 16 VgV verletzt sein,[1066] die Handlungen sind ex post nicht zu beanstanden.

(2) Bei Ermessenshandlungen

Viele Verfahrenshandlungen nach den Verdingungsordnungen stehen aber im Ermessen (etwa der Ausschluss von Angeboten nach § 25 Nr. 1 Abs. 2 VOL/A, eine Aufhebung der Ausschreibung nach § 26 Nr. 1 VOL/A) oder gebundenem Ermessen (etwa die Vergabe zu festen Preisen, § 15 Nr. 1 Abs. 1 VOL/A, das Verlangen einer Sicherheitsleistung, § 14 Nr. 1 VOL/A) der Auftraggeber.[1067] Auch hier kommt es darauf an, dass öffentliche Auftraggeber nachweisen können, dass eine Diskriminierung tatsächlich und zweifelsfrei nicht vorliegt, das Ermessen also pflichtgemäß ausgeübt wurde.[1068] Die Diskriminierungsfreiheit der getroffenen Entscheidungen ist zu belegen. Hierzu muss sich die jeweilige Ermessensausübung innerhalb der rechtlichen Grenzen des Ermessens bewegen, was durch eine Begründung der Entscheidung nachzuweisen ist.[1069]

Im Rahmen von Ermessensentscheidungen sind echte Diskriminierungen von erlaubten Vor- oder Nachteilen für einzelne Wettbewerber zu unterscheiden. Trifft ein Auftraggeber etwa eine Entscheidung, die einem bestimmten Bieter einen Vor- oder Nachteil bringt, so ist dies noch nicht zu beanstanden, wenn sich die Entscheidung an die Grenzen der Ermessensausübung hält und nicht mißbräuchlich ist. Aus einem rechtlich unbedenklichen Nachteil ist noch nicht ohne weiteres auf das Vorliegen einer echten Diskriminierung zu schließen. Gelingt es einem Auftraggeber hingegen nicht, alle getroffenen Ermessensentscheidungen sachlich und rechtlich einwandfrei zu stützen, so ist im Zweifel von einer Diskriminierung aufgrund der Interessenkollision auszugehen.

(3) Bei der Erstellung der Leistungsbeschreibung

Die Verdingungsordnungen stellen bestimmte Anforderungen an den Inhalt von Leistungsbeschreibungen, welche als Ausdruck des Gleichbehandlungsgebots zu verstehen sind (siehe insbesondere §§ 8, 8a, 8b VOL/A). Ein Verstoß gegen diese Vorschriften begründet unmittelbar eine Diskriminierung, die eine Widerlegung der Voreingenommenheit unmöglich macht. Hinsichtlich der Bestimmung des Leistungsgegenstandes sind öffentliche Auftraggeber im Rahmen des Diskriminierungsverbots[1070] aber (verga-

1065 *Kopp/Ramsauer*, VwVfG, § 46, Rn. 31. Dieser Befund zu § 46 VwVfG ist auf § 16 VgV ohne weiteres zu übertragen.

1066 Im Ergebnis auch *Boesen (Hrsg.),* VN 2002, 9 (10). Siehe zu dessen Ansicht, dass zwingende Verfahrenshandlungen schon nicht als Entscheidungen im Vergabeverfahren zu verstehen sind oben, Zweiter Teil, B.I.2.a).

1067 Siehe zu Ermessensentscheidungen im Vergabeverfahren auch *Leinemann,* Vergabe öffentlicher Aufträge, Rn. 447, 451, 577, 579, sowie *Noch,* Vergaberecht kompakt, S. 203ff.

1068 Siehe *Leinemann,* Vergabe öffentlicher Aufträge, Rn. 447, 451.

1069 Siehe OLG Brandenburg, NZBau 1999, 1142 (1148).

1070 Die Wahl des Beschaffungsgegenstandes fällt noch nicht in den Anwendungsbereich der europäischen Vergaberichtlinien, so dass dieser nach richtiger Ansicht im Rahmen der technischen Speziberechtlich) weitestgehend frei.[1071] Es gibt für sie keine Pflicht, bestimmte Produkte nachzufragen, oder bei ihrer Beschaffung umfassend alle im Markt angebotenen Lösungen zu berücksichtigen.[1072] Da die positive Bestimmung des Leistungsgegenstandes aber immer auch negativ andere Leistungen ausschließt, kann im Rahmen der Erstellung der Leistungsbeschreibung somit noch nicht jeder Nachteil eine tatsächliche Diskriminierung begründen.[1073] Einem etwaigen Nachteil für einen Wettbewerber steht hier die grundsätzliche Wahlfreiheit der Auftraggeber hinsichtlich der zu beschaffenden Leistung gegenüber. Damit ist eine unsachliche Beeinflussung aufgrund einer Interessenverknüpfung also nicht alleine deshalb anzunehmen, weil ein Auftraggeber eine Leistung nachfragt, die von einem kommunalen Unternehmen in besonderer Weise erbracht werden kann, wenn die Auswahl des Leistungsgegenstands nicht willkürlich dieses Unternehmen bevorzugt. Um hier Zweifel an einer unsachlichen Beeinflussung der Leistungsbeschreibung zu widerlegen, wird es darauf ankommen, dass diese sich als sachlich gerechtfertigt darstellt. Die Auftraggeber haben also darzulegen, dass Punkte, die Zweifel an der Objektivität der Leistungsbeschreibung erwecken könnten, angesichts der hier bestehenden Wahlfreiheit der Auftraggeber objektiv sachgerecht sind. Hier ist eine Abwägung der Wahlfreiheit der Auftraggeber mit den durch einen Tatbestand des § 16 Abs. 1 Nr. 1 – 3 VgV begründeten Zweifeln an der Neutralität des Vergabeverfahrens im Einzelfall erforderlich.

---

fikationen auch umweltfreundliche Produktkriterien rechtfertigen kann, siehe hierzu grundsätzlich EuGH v. 20.9.2988, Rs. 31(87, Slg. 4635ff., „Beentjes“, sowie v. 26.9.2000, Rs. C-225/98, JZ 2001, 138f., „Nord-Pas-de-Calais“ oder auch „Beentjes II“, sowie speziell zur Berücksichtigung umweltfreundlicher Aspekte EuGH v. 17.9.2002, Rs. C-513/99, „Concordia“, NZBau 2002, 618ff.; EuGH v. 4.12.2003, Rs. C-448/01, „EVN Wienstrom“, NZBau 2004, 105ff., sowie *Kommission,* Interpretierende Mitteilung v. 4.7.2001, KOM(2001) 274 endgültig, S. 8; *Schäfer*, Öffentliche Belange, S. 546; *Jennert*, NZBau 2003, 417ff. Kritisch zu den sogenannten „vergabefremden Zwecken“ aber etwa *Bartosch*, EuZW 2001, 229 (231f.); *Schwarze,* EuZW 2000, 133 (138); *Seidel,* ZVgR 2000, 195ff.

1071 Eine Grenze ergibt sich aus dem haushaltsrechtlichen Grundsatz der Sparsamkeit und Wirtschaftlichkeit (§ 7 BHO/LHO), der auch alle öffentlichen Stellen bei ihrer Beschaffung bindet, siehe *Eberstein,* in *Daub/Eberstein,* VOL/A, Rn. 63ff.; *Ingenstau/Korbion,* VOB/A, § 26, Rn. 16; vgl. Vorl. VV-BHO zu § 7, abgedruckt in *Piduch,* BHO. Dieser ist aber offen für die Berücksichtigung der Zweck- und Zielsetzung einer Beschaffungsmaßnahme. Der Kontrollmaßstab für die Legitimität der verfolgten Zwecke liegt außerhalb des Haushaltsrecht, siehe *Wallerath,* Öffentliche Bedarfsdeckung, S. 166; *Kling,* Vergabefremde Regelungen, S. 658. Aus diesem ergibt sich keine Begrenzung auf die primären Aufgaben einer Vergabestelle, *Schmitges-Thees,* Auftragsvergabe als Instrument, S. 233.

1072 Siehe OLG Koblenz, NZBau 2002, 699 (703): Würden im Rahmen einer SPNV-Ausschreibung goldene Armaturen für die Zugtoiletten gefordert, so wäre dies vergaberechtlich zulässig, da alleine der Auftraggeber entscheide, was er haben will, und wie er es haben will. Zu beachten ist aber, dass eine Beschränkung des Leistungsgegenstands auf bestimmte Erzeugnisse, Ursprungsorte und Bezugsquellen in der Leistungsbeschreibung nur nach Maßgabe des § 8 Nr. 3 Abs. 3 VOL/A möglich ist. Gleichsam ist auch eine Bezeichnung bestimmter Erzeugnisse und Verfahren nur ausnahmsweise und mit dem Zusatz „oder gleichwertiger Art“ möglich, siehe § 8 Nr. 3 Abs. 5 VOL/A. Siehe hierzu *Zdzieblo,* in *Daub/Eberstein,* VOL/A, § 8 Rn. 66ff., 72ff.

1073 Siehe auch *Weber,* NZBau 2002, 194 (194).

(4) Ordnungsgemäße Dokumentation

Nach den inhaltlich identischen[1074] Bestimmungen der §§ 30 VOL/A, VOB/A haben Auftraggeber über die Vergabe eines Auftrags einen Vergabevermerk anzufertigen, der die Begründungen der einzelnen Entscheidungen enthält. Hierdurch soll die Überprüfbarkeit des Vergabeverfahrens auch[1075] zugunsten der beteiligten Wettbewerber[1076] gesichert werden, indem jederzeit die Begründungen der einzelnen Entscheidungen nachvollzogen werden können. Wenn der Vergabevermerk auch erst nach der Erteilung des Zuschlags fertiggestellt werden kann, so sind dennoch alle wesentlichen Zwischenentscheidungen zeitnah und nachvollziehbar fortlaufend zu dokumentieren.[1077] Eine Begründungspflicht besteht hier insbesondere für Ermessensentscheidungen.[1078] Dient damit der Vergabevermerk dem Nachweis eines einwandfreien Vergabeverfahrens auch hinsichtlich etwaiger Diskriminierungen, so sollte der Nachweis, dass eine unsachliche Beeinflussung von Entscheidungen im Vergabeverfahren aufgrund der Mitwirkung einer als voreingenommen geltender Person zweifellos nicht vorliegt, bei einer ordnungsgemäß geführten Vergabeakte grundsätzlich möglich sein.[1079] Um im Fall des Mitwirkens als voreingenommen geltende Personen die Nichtkausalität der Mitwirkung zu beweisen, werden also keine anderen Anforderungen an öffentliche Auftraggeber gestellt, als diese nicht ohnehin schon aufgrund der §§ 30 VOL/A, VOB/A treffen.

VI. Subjektive Rechte der Bieter aus § 16 VgV i.V.m. § 97 Abs. 7 GWB

1. § 16 VgV als bieterschützende Norm

Nach § 97 Abs. 7 GWB haben die Bieter einen Anspruch darauf, dass der Auftraggeber die Bestimmungen über das Vergabeverfahren einhält.[1080] Zu diesen zählen auch die diesbezüglichen Regelungen der VgV und der Verdingungsordnungen unabhängig

1074 *Portz,* in *Daub/Eberstein,* VOL/A, § 30, Rn. 2.

1075 Eine Nachprüfung soll auch Nachprüfungsstellen oder -behörden, etwa Rechnungsprüfstellen oder der EG-Kommission, möglich sein, siehe *Portz,* in *Ingenstau/Korbion,* VOB/A, § 30, Rn. 1.

1076 Über § 97 Abs. 7 GWB wird den Wettbewerbern durch die §§ 30 VOL/A, VOB/A ein subjektives Recht auf eine ausreichende Dokumentation eingeräumt: OLG Brandenburg, NZBau 1999, 1142 (1148). Hieran anschließend *Portz,* in *Daub/Eberstein,* VOL/A, § 30, Rn. 7, sowie *derselbe,* in *Ingenstau/Korbion,* VOB/A, § 30, Rn. 2. Anders aber noch der VÜA Brandenburg v. 8.5.1999, 1 VÜA 1/99, dem *Boesen,* VergabeR, § 97, Rn. 210 zu folgen bereit ist.

1077 Siehe nur *Portz,* in *Daub/Eberstein,* VOL/A, § 30, Rn. 8, sowie *derselbe,* in *Ingenstau/Korbion,* VOB/A, § 30, Rn. 3; *Schaller,* VOL/A, § 30, Rn. 3;

1078 Diese müssen für Bieter anhand des Vergabevermerks nachvollziehbar ermessensfehlerfrei sein: OLG Brandenburg, NZBau 1999, 1142 (1148). Siehe auch *Portz,* in *Daub/Eberstein,* VOL/A, § 30, Rn. 8, sowie *derselbe,* in *Ingenstau/Korbion,* VOB/A, § 30, Rn. 3; *Schaller,* VOL/A, § 30, Rn. 3; *Schüler,* in *Motzke/Pietzcker/Prieß,* VOB/A, § 30, Rn. 12.

1079 *Berrisch/Nehl,* WuW 2001, 944 (949), sowie schon *Berrisch,* DB 1999, 1797 (1798). Siehe auch *Quilisch/Fietz,* NZBau 2001, 540 (545); *Winnes,* NZBau 2002, 371 (376).

1080 Diese Bestimmung ist wesentlich für den Paradigmenwechsel des Vergaberechts vom verwaltungsinternen Haushaltsrecht zum außenwirksamen Wettbewerbsrecht. Siehe nur *Boesen,* VergabeR § 97, Rn. 170f.

davon, ob sie der Umsetzung der EG-Vergaberichtlinien dienen.[1081] Auf deren Einhaltung besteht jedenfalls[1082] ein Anspruch, soweit die jeweilige Bestimmung auch den Schutz des potentiellen Auftragnehmers bezweckt. Der Ausschluss voreingenommener Personen nach § 16 VgV wird ausweislich der Begründung des Regierungsentwurfs zum Schutz der Bieter für erforderlich gehalten[1083] und genügt damit als Vergabebestimmung diesem Erfordernis. Die Norm steht nicht alleine im Allgemeininteresse, sondern dient auch den Interessen eines von der Allgemeinheit abgrenzbaren Personenkreises, sie ist also bieterschützend im Sinne der Schutznormtheorie.[1084, 1085] Damit zählt § 16 VgV zweifellos zu den Bestimmungen über das Vergabeverfahren, auf deren Einhaltung die Wettbewerber in einem Vergabeverfahren Anspruch haben.[1086] Bieter und Bewerber können somit grundsätzlich verlangen, dass an Vergabeverfahren keine Personen mitwirken, die einen der objektiven Tatbestände von § 16 Abs. 1 – 3 VgV erfüllen.

1081 Begr. zum RegE VgRÄG, BT-Drs. 13/9340, S. 14f. Siehe auch *Boesen*, VergabeR, § 97, Rn. 186; *Dreher*, in *Immenga/Mestmäcker*, GWB, § 97, Rn. 188; *Thieme*, in *Langen/Bunte*, GWB, § 97, Rn. 47f.

1082 Eine Beschränkung auf bieterschützende Regelungen findet sich in § 97 GWB entgegen dem Referentenentwurf nicht ausdrücklich, siehe zu den hier vertretenen Ansichten beispielhaft einerseits *Boesen*, VergabeR, § 97, Rn. 188, und andererseits *Dreher*, in *Immenga/Mestmäcker*, GWB, § 97, Rn. 190ff. jeweils m.w.N. Wie Letzterer zugibt, wird in der Praxis auch die weitergehende Auslegung durch die in § 107 Abs. 2 GWB geregelte Antragsbefugnis wieder eingeschränkt, *Dreher*, a.a.O., Rn. 194. Es spricht deshalb viel für eine historisch-systematische Begrenzung des § 97 Abs. 7 GWB auf solche Vorschriften, die subjektive Rechte (im europarechtlichen Sinne) begründen, siehe auch *Thieme*, in *Langen/Bunte*, GWB, § 97, Rn. 49, sowie im Ergebnis etwa *Hailbronner*, in *Byok/Jaeger*, VergabeR, § 97, Rn. 197; *Stickler*, in *Reidt/Stickler/Glahs*, VergabeR, § 97, Rn. 39.

1083 BR-Drs. 455/00, S. 20.

1084 Vgl. *Maurer*, Allg. Verwaltungsrecht, § 8, Rn. 8. sowie näher auch *Schmidt-Aßmann*, in *Maunz/Dürig*, GG, Art. 19, Rn. 127ff., sowie *Kopp/Schenke*, VwGO, § 42, Rn. 83ff, jeweils m.w.N.

1085 Soweit das nationale Vergaberecht Vorgaben der EG-Vergaberichtlinien umsetzt, ist deren Gehalt an subjektiven Rechten aus europarechtlicher Sicht zu bestimmen, die Schutznormtheorie ist gegenüber den diesbezüglichen Vorgaben des EuGH enger, siehe OLG Brandenburg, NVwZ 1999, 1142 (1146), sowie näher etwa *Ax/Schneider/Nette*, HdB VergabeR, Kap. 1, Rn. 119ff.; *Boesen*, VergabeR, § 97, Rn. 189ff.; *Hailbronner*, in *Byok/Jaeger*, VergabeR, § 97, Rn. 197; *Dreher*, in *Immenga/Mestmäcker*, GWB, § 97, Rn. 181ff. Siehe widersprüchlich *Stickler*, in *Reidt/Stickler/Glahs*, VergabeR, § 97, Rn. 41 und 44, der einerseits die Schutznormtheorie als im Gestaltungsspielraum des nationalen Gesetzgebers liegend betrachtet, andererseits den Begriff der subjektiven Rechte mit Hinblick auf die Anforderungen des Gemeinschaftsrechts weit auslegen will. Diese Problematik kann hier allerdings dahinstehen, da § 16 VgV zum einen keine europarechtlichen Vorgaben umsetzt und zum andere auch nach der weiteren europarechtlichen Betrachtung jedenfalls subjektive Bieterrechte begründet.

1086 *Boesen (Hrsg.)*, VN 2002, 9 (11); *Gröning*, WRP 2001, 1 (7); *Quilisch/Fietz*, NZBau 2001, 540 (544). Die durch nichts gestützte Behauptung der VK Sachsen, Beschl. v. 29.11.2001, 1/SVK/109-01, siebter Leitsatz, dass ein Verstoß gegen § 16 VgV keine selbständige Bedeutung für das Vergabeverfahren habe, ist angesichts der Intention des Verordnungsgebers und der Systematik des Vergaberechts unhaltbar. Im Text des Beschlusses wird diese Behauptung aber auch nicht wiederholt, ob § 16 VgV verletzt wurde, lässt die VK ausdrücklich dahinstehen (S. 14 des Beschlusses). Der Leitsatz ist also auch im Hinblick auf den Beschluss selbst unverständlich.

2. Ausschluss wegen Voreingenommenheit

Teilweise wird davon ausgegangen, dass Bieter oder Bewerber sich nur dann auf § 16 VgV berufen können, wenn tatsächlich eine ungerechtfertigte Bevorzugung einzelner Bieter aufgrund der personellen Verknüpfung des Auftraggebers mit der Bieterseite erfolgt ist.

So soll unter dem Blickwinkel des Diskriminierungsverbots (§ 97 Abs. 2 GWB) auf einen Kausalitätsnachweis zwischen Doppelmandat und Ungleichbehandlung nicht verzichtet werden können.[1087] Die VK Lüneburg[1088] hält nach Inkrafttreten der neuen Vergabeverordnung den Neutralitätsgrundsatz nur dann für verletzt, wenn Anhaltspunkte dafür vorliegen, dass der öffentliche Auftraggeber einen Bieter ungerechtfertigt bevorzugt hat. Im zu entscheidenden Fall hatte der Oberbürgermeister der Auftraggeberin als Mitglied der Auswahlkommission an dem Vergabeverfahren mitgewirkt, während er gleichzeitig die Position des Vorsitzendes des Verwaltungsrats der Stadtsparkasse, die in das Finanzierungskonzept eines der Bieter eingebunden war, innehatte. Dies hielt die Vergabekammer für unschädlich, weil es entgegen der Rechtsprechung des OLG Brandenburgs[1089] auf tatsächliche Diskriminierungen ankäme. Hierfür spräche auch der Wortlaut des § 16 Abs. 1 VgV, da nach diesem Doppelmandate dann unschädlich seien, wenn für die Person kein Interessenkonflikt besteht, oder sich die Tätigkeit nicht auf die Entscheidungen im Vergabeverfahren auswirkt.[1090] Parallel hierzu stellt auch die VK Sachsen apodiktisch fest, dass die Beteiligung einer ausgeschlossenen Person nur dann Konsequenzen für das Vergabeverfahren habe, wenn dies zu einer Ungleichbehandlung von Bietern oder zu einer wettbewerbswidrigen Vergabe führe.[1091] Einschlägig hierfür wären aber die Regelungen der § 97 Abs. 1 und 2 GWB.[1092]

Wäre eine solche Betrachtung richtig, so wäre § 16 VgV mit dem Diskriminierungsverbot des § 97 Abs. 2 GWB deckungsgleich und im Ergebnis überflüssig.[1093] Ein vom Verordnungsgeber wohl kaum intendiertes Ergebnis. Eine solche Auslegung lässt sich auch mit den bisherigen Befunden zu Wortlaut, Systematik, Verordnungsgebungsgeschichte und Telos des § 16 VgV nicht in Einklang bringen.

So ergibt sich aus dem Wortlaut des § 16 Abs. 1 Nr. 3 VgV eindeutig, dass das Mitwirkungsverbot stets dann zum Tragen kommt, wenn nicht eine der beiden alternativ genannten Entlastungsmöglichkeiten greift. Voraussetzung ist also nur ein (vermuteter) Interessenkonflikt, nicht das Vorliegen einer Diskriminierung. An eine solche knüpft zwar der zweite Widerlegungstatbestand an. Dieser ist aber – wie sich logisch aus diesem Anknüpfungspunkt ergibt – nicht ex ante für die Frage, wer auf Auftraggeberseite trotz Vorliegens eines Tatbestandes von § 16 Abs. 1 Nr. 1 – 3, Abs. 2 VgV mitwirken

1087 *Berrisch/Nehl*, WuW 2001, 944 (950). Schon vor Inkrafttreten der neuen VgV wurde das Vorliegen einer Diskriminierung zu Begründung eines Verstoßes gegen den „Neutralitätsgrundsatz" im Vergaberecht für erforderlich gehalten: *Neßler*, NVwZ 1999, 1081 (1083). Siehe auch *Berrisch*, DB 1999, 1797 (1798); *Dreher*, NZBau 2000, 178 (179); derselbe, NZBau 2000, 280 (281); *Höfler/Bert*, NJW 2000, 3310 (3315).

1088 Beschl. v. 14.01.2002, 203-VgK-22/2001.

1089 NVwZ 1999, 1242, siehe oben.

1090 VK Lüneburg, Beschl. v. 14.01.2002, 203-VgK-22/2001, S. 26.

1091 Beschl. v. 29.11.2001, 1/SVK/109-01, siebter Leitsatz.

1092 VK Sachsen, Beschl. v. 29.11.2001, 1/SVK/109-01, S. 15.

1093 Hiervon geht die VK Sachsen, Beschl. v. 29.11.2001, 1/SVK/109-01, S. 15, ersichtlich aus. So auch *Dreher*, NZBau 2000, 178 (179).

darf, heranzuziehen.[1094] Den Betroffenen wird von § 16 Abs. 1 VgV die Mitwirkung an Entscheidungen schlechthin, also von Anfang an untersagt, der Ausschluss ist mithin also im Vorhinein vorzunehmen. Soweit sich die VK Lüneburg darauf beruft, dass der Gesetzgeber ausdrücklich nicht der Rechtsprechung des OLG Brandenburgs gefolgt sei,[1095] ist dies zwar hinsichtlich der vom Bundesrat getroffenen Änderungen zu § 16 VgV richtig.[1096] Ein Blick in die Verordnung hätte der Vergabekammer aber geholfen festzustellen, in welchem Umfang der Verordnungsgeber von der angeführten Rechtsprechung abgewichen ist.[1097] So konnten die Änderungen des Bundesrats an der in der Begründung des Regierungsentwurfs deutlich werdenden Intention des Verordnungsgebers, bestimmte Personen vom Vergabeverfahren zum Schutz der Bieter vor Parteilichkeit auszuschließen,[1098] nichts ändern. Und der Hinweis, dass die EG-Vergaberichtlinien nur tatsächliche Diskriminierungen vermeiden wolle,[1099] kann den eindeutigen Befund zu § 16 VgV als geltendes nationales Recht auch nicht revidieren, da Richtlinien für die Mitgliedsstaaten nur hinsichtlich des zu erreichenden Ziels verbindlich sind. Die Wahl von Form und Mitteln bleibt aber diesen innerhalb der Gewährleistung der praktischen Wirksamkeit selbst überlassen.[1100]

In Fällen, in denen ein nach § 16 VgV vermuteter Interessenkonflikt nicht zweifelsfrei vom Auftraggeber ausgeschlossen werden kann, reicht somit alleine der „böse Schein“ der Voreingenommenheit, um den Bietern oder Bewerbern einen Anspruch auf Ausschluss der betroffenen Person in die Hand zu geben. Die Rechtsprechung des OLG Brandenburg hat also zumindest zum Teil Eingang in § 16 VgV gefunden.[1101] Auf eine Diskriminierung kommt es bei Vorliegen einer nicht widerlegten Interessenkollision nicht an, die Bestimmung begegnet hier schon der Gefahr der unsachlichen Beeinflussung des Vergabeverfahrens. § 16 VgV geht hier über § 97 Abs. 2 GWB hinaus[1102] und ist also keinesfalls im Hinblick auf das Diskriminierungsverbot überflüssig.[1103]

Wurden im Fall der Mitwirkung einer eigentlich ausgeschlossenen Person allerdings schon Entscheidungen getroffen, so sind diese entsprechend der zweiten Widerlegungsmöglichkeit nur dann aufzuheben, wenn die Mitwirkung tatsächlich zu einer Diskriminierung geführt hat. Insoweit läuft § 16 VgV parallel zum schon in § 97 Abs. 2 GWB statuiertem allgemeinen Diskriminierungsverbot, sachlich nicht zu beanstandende

1094 Siehe oben, Zweiter Teil, B.V.3.b). Im Übrigen ist das Nichtvorliegen einer Diskriminierung zur Entlastung des Auftraggebers nicht von den Wettbewerbern zu beweisen, was belegt, dass das Mitwirkungsverbot im Grundsatz unabhängig von einer solchen greift.

1095 VK Lüneburg, Beschl. v. 14.01.2002, 203-VgK-22/2001, S. 26.

1096 Siehe oben, Zweiter Teil, A.II.b).

1097 Wäre ein solcher Blick erfolgt, so hätte die VK Lüneburg feststellen müssen, dass es auf die Frage der Diskriminierung gar nicht ankam, weil schon kein Tatbestand des § 16 Abs. 1 Nr. 1 – 3 VgV gegeben war! In Betracht käme allenfalls eine Verknüpfung mit der Bieterseite gem. § 16 Abs. 1 Nr. 2 VgV in Form des „sonst unterstützen“. Da sich der Verwaltungsrat der Sparkasse aber noch gar nicht mit dem Engagement für den Bieter befasst hatte, ist ein solches tatsächlich nicht gegeben. Wäre diese Bestimmung allerdings einschlägig gewesen, so wäre eine Entlastung nicht möglich.

1098 BR-Drs. 455/00, S. 20.

1099 VK Lüneburg, Beschl. v. 14.01.2002, 203-VgK-22/2001, S. 25.

1100 Siehe nur *Ruffert*, in *Callies/Ruffert*, EUV/EGV, § 249, Rn. 46.

1101 *Boesen (Hrsg.)*, VN 2002, 9 (11).

1102 Siehe *Malmendier*, DVBl. 2000, 963 (965); *Berrisch*, DB 1999, 1797 (1798). Siehe auch *Dreher*, NZBau 2000, 280 (281); *Rahlf*, WuW 2000, 258 (259).

1103 So auch *Quilisch/Fietz*, NZBau 2001, 540 (544).

Entscheidungen sind trotz der Mitwirkung einer als voreingenommen geltenden Person nicht zu wiederholen. Hinsichtlich der weiteren Mitwirkung der betroffenen Person greift aber das präventive Mitwirkungsverbot. Der Verordnungsgeber hat sich also mit § 16 VgV für eine differenzierende Regelung entschieden, bei der einerseits schon aufgrund der Gefahren einer vermuteten Interessenkollision der Ausschluss der betroffenen Person vom Vergabeverfahren erforderlich ist („böser Schein"), aber anderseits ein unterbliebener Ausschluss dann für die Vergangenheit unerheblich bleibt, wenn die Mitwirkung nicht zu einer Diskriminierung geführt hat.

Da sich Bieter und Bewerber auf § 16 VgV als bieterschützende Bestimmung berufen können, ist somit das Vorliegen einer Diskriminierung keine Voraussetzung dafür, dass sie ihr subjektives Recht auf Verfahrensausschluss gegenüber einem öffentlichen Auftraggeber geltend machen können.

3. *Die Voreingenommenheitsvermutung im Nachprüfungsverfahren*

a) *Zur Antragsbefugnis*

Erfüllt eine auf Auftraggeberseite am Vergabeverfahren beteiligte Person die Voraussetzungen eines der Tatbestände von § 16 Abs. 1 Nr. 1 – 3 VgV, so können die am Auftrag interessierten Unternehmen[1104] diese Verknüpfung zum Gegenstand eines Nachprüfungsantrags gem. §§ 107ff GWB vor der zuständigen[1105] Vergabekammer machen. Hierzu können sie im Rahmen der Antragsbefugnis des § 107 Abs. 2 GWB - unter Beachtung der Rügeobliegenheit[1106] des § 107 Abs. 3 GWB - den Verstoß gegen § 16 VgV als Verletzung in eigenen Rechten geltend machen. Da die subjektive Rechtsverletzung hier nur geltend zu machen ist, kommt es parallel zur insoweit gleichlautenden Bestimmung des § 42 Abs. 2 VwGO darauf an, dass das in Rede stehende Recht im Sinne der Möglichkeitstheorie[1107] verletzt ist. Die Verletzung muss noch nicht feststehen, sondern lediglich möglich erscheinen.[1108]

1104 Dies sind alle Teilnehmer am Vergabeverfahren, aber auch diejenigen potentiellen Bewerber, die aufgrund einer fehlerhaften Ausschreibung von der Teilnahme abgesehen haben oder sich nicht beteiligen konnten. Siehe näher hierzu und auch zu der strittigen Frage, ob Nachunternehmer ein Interesse am Auftrag i.S.d. § 107 Abs. 2 GWB haben einerseits *Boesen*, VergabeR, § 107, Rn. 36ff; Sura, in *Langen/Bunte,* GWB, § 107, Rn. 5. *Leinemann,* VergabeR, Rn. 87, und andererseits *Dreher*, in *Immenga/Mestmäcker,* GWB, § 107, Rn. 12ff.; *Portz,* in *Niebuhr/Kulartz/Kus/Portz,* VergabeR, § 107, Rn. 14ff.; *Korbion,* VgRÄG, § 107, Rn. 3; Selbst wenn diesen Unternehmen mit den zuletzt genannten ein Interesse am Zuschlag im Sinne des § 107 Abs. 2 GWB zugestanden wird, werden die meisten Vergabevorschriften über § 97 Abs. 7 GWB wohl keine subjektive Rechte für diese gewähren.

1105 Siehe § 104 GWB u. § 18 VgV.

1106 Wird das Vorliegen eines Tatbestandes des § 16 VgV im Vergabeverfahren erkannt, so ist dies unverzüglich gegenüber dem Auftraggeber zu rügen. Siehe hierzu näher *Boesen*, VergabeR, § 107, Rn. 57ff.; *Byok*, in *Byok/Jaeger*, VergabeR, § 107, Rn. 680; *Portz,* in *Niebuhr/Kulartz/Kus/Portz,* VergabeR, §107, Rn. 27ff. Vgl. für eine ähnliche „Mitwirkungspflicht" im Rahmen der §§ 20f. VwVfG *Kopp,* BayVBl. 1994, 109.

1107 Siehe zu dieser BVerfG v. 21.1.1993, NVwZ 1993, 884; sowie *Kopp/Schenke,* VwGO, § 42, Rn. 66 m.w.N.

1108 *Portz,* in *Niebuhr/Kulartz/Kus/Portz,* VergabeR, § 107, Rn. 18; *Reidt,* in *Reidt/Stickler/Glahs,* VergabeR, § 114, Rn. 5.

Die Antragsbefugnis nach § 107 Abs. 2 S. 2 GWB setzt des Weiteren voraus, dass dargelegt wird, dass dem Antragsteller durch die behauptete Verletzung der Vergabevorschriften ein Schaden entstanden ist oder zu entstehen droht. Durch diese Vorschrift soll verhindert werden, dass ein Bieter, dessen Angebot keinerlei Aussicht auf Berücksichtigung hat, ein inves-titionshemmendes Nachprüfungsverfahren einleitet. Sie konkretisiert die für alle Rechtsschutzverfahren geltende Zulässigkeitsvoraussetzung des Rechtsschutzbedürfnisses.[1109] Es ist nicht darzustellen, dass der jeweilige Antragsteller bei ordnungsgemäßem Verfahren voraussichtlich den Zuschlag erhalten hätte.[1110] Hat ein Unternehmen zumindest eine Aussicht auf Berücksichtigung beim Zuschlag,[1111] so sind die hier bestehenden Anforderungen nicht zu hoch anzusetzen.[1112] Die Darlegungslast hinsichtlich des kausal aufgrund der Rechtsverletzung möglichen Schadens hängt vom Einzelfall ab[1113] und ist anhand der geltend gemachten Verletzung von Vergabevorschriften zu prüfen.[1114]

Hierbei wird die Beweislastverteilung des § 16 Abs. 1 Nr. 3 a.E. zu beachten sein. Dafür, dass eine (vermutete) Interessenkollision zu einer Diskriminierung geführt hat, ist der Antragssteller nicht darlegungspflichtig. Die Darlegung eines entstandenen oder drohenden Schadens nach § 107 Abs. 2 S. 2 GWB kann deshalb nicht erfordern, dass der Ursachenzusammenhang von konkret möglichen Diskriminierungen und Schädigungen aufgezeigt wird, dies würde die Beweislast für eine tatsächliche Diskriminierung nämlich dem Bieter auferlegen. Für in der Zukunft liegende Verfahrenshandlungen ist deshalb alleine die Gefahr drohender Schäden darzustellen, welche aber schon nach der Normsystematik aufgrund des Vorliegens eines Tatbestandes von § 16 VGV stets gegeben ist. Und da für bereits vollzogene Verfahrenshandlungen die Beweislast für eine Nichtdiskriminierung beim Auftraggeber liegt, ist auch bei diesen im Grundsatz von einer Schädigung durch eine (vermutete) Diskriminierung auszugehen. Zur Darlegung eines durch eine Verletzung von § 16 VgV entstandenen Schadens reicht es also aus, wenn der Bieter behauptet, dass es aufgrund der personellen Verflechtungen zwischen Auftraggeber- und Bieterseite bereits zu unsachlichen Benachteiligungen im Vergabeverfahren gekommen ist, oder dass solche Benachteiligungen in der Zukunft zu befürchten sind, und dass hierdurch die Chancen auf den Zuschlag für den Antragsteller gemindert[1115] sind.

b) Bei Feststellung eines Verstoßes

Stellt die Vergabekammer in einem Nachprüfungsverfahren fest, dass der Antragsteller in seinen Rechten verletzt ist, so trifft sie nach § 114 GWB die geeigneten Maß-

---

1109 BT-Drs. 13/9340, S. 42, 50. Siehe zum Hintergrund der Regelung auch *Boesen*, VergabeR, § 107, Rn. 50f.

1110 OLG Düsseldorf, BauR 1999, 751 (759); *Portz*, in *Niebuhr/Kulartz/Kus/Portz*, VergabeR, §107, Rn. 21; *Marx*, in *Müller-Wrede*, Kommentar VOF, § 21, Rn. 15; *Kulartz*, BauR 1999, 724 (728). *Boesen*, VergabeR, § 107, Rn. 56; *Dreher*, in *Immenga/Mestmäcker*, GWB, § 107, Rn. 19.

1111 Das Angebot muss also ausschreibungskonform sein, siehe *Reidt*, in *Reidt/Stickler/Glahs*, VergabeR, § 107, Rn. 25.

1112 *Boesen*, VergabeR, § 107, Rn. 53; *Portz*, in *Niebuhr/Kulartz/Kus/Portz*, VergabeR, §107, Rn. 22. Siehe etwa auch *Dreher*, in *Immenga/Mestmäcker*, § 107, Rn. 18f.

1113 *Portz*, in *Niebuhr/Kulartz/Kus/Portz*, VergabeR, §107, Rn. 23.

1114 BayObLG, NZBau 2000,49 (52); BayObLG, NZBau 2000, 481 (485).

1115 Was einen Schaden begründet, siehe BayObLG, NZBau 2000,49 (52); BayObLG, NZBau 2000, 481 (485). Siehe auch *Boesen*, VergabeR, § 107, Rn. 53;

nahmen, um die Verletzung zu beseitigen und die Schädigung der betroffenen Interessen zu verhindern. Sie ist dabei nicht auf bestimmte Mittel beschränkt, sondern kann alles unternehmen, was die Rechtmäßigkeit des Verfahrens wieder herstellen kann.[1116] Durch diese Entscheidungskompetenz soll den Vergabekammern eine „flexible Reaktion" ermöglicht werden, die sowohl die Belange des Bieters als auch das öffentliche Interesse an einer schnellen Auftragsvergabe schützt.[1117]

Wirkt auf Auftraggeberseite eine Person an Entscheidungen im Vergabeverfahren mit, die einen Tatbestand des § 16 Abs. 1 Nr. 3 lit. a VgV erfüllt, und kann der hier vermutete Interessenkonflikt nicht widerlegt werden, so ist diese Rechtsverletzung durch den Ausschluss der betroffenen Person von der *künftigen* Verfahrensmitwirkung für das weitere Verfahren zu beseitigen. Andere geeignete Maßnahmen sind hier nicht vorstellbar, für eine Abwägung mit den Interessen der Vergabestelle an einer zügigen Auftragsvergabe ist hier kein Raum.[1118] Für bereits vollzogene Handlungen (an denen der Betroffene mitgewirkt hat) ist zwischen solchen zu unterscheiden, für die eine Diskriminierung ausgeschlossen werden kann und solchen, wo dies nicht zweifelsfrei möglich ist. Sind die Verfahrenshandlungen inhaltlich nicht zu beanstanden, so sind sie auch nicht zu wiederholen. Bei verbleibenden Zweifeln geht § 16 VgV aber davon aus, dass eine Diskriminierung vorliegt. Hier kann der Rechtsverstoß nur durch eine Wiederholung der Handlungen ohne die betroffene Person beseitigt werden.[1119] Ein Interesse an einer zügigen Auftragsvergabe kann bei einem rechtswidrigen Verfahren nicht bestehen.[1120]

VII. Ergebnisse zu den relevanten Tatbeständen des § 16 Abs. 1 Nr. 3 lit. a VgV

Die bisherige Untersuchung hat gezeigt, dass § 16 Abs. 1 Nr. 3 lit. a VgV eine durchaus komplexe Regelung ist, welche sich dem Rechtsanwender nicht sofort erschließt. So kann insbesondere die Regelungstechnik des Verordnungsgebers hinsichtlich der zweiten Widerlegungsmöglichkeit, deren Funktion sich nicht ohne Rückgriff auf die der Verordnungsgebung vorgelagerte Rechtsprechung bestimmen lässt, kritisiert werden. Wird aber der Anwendungsbereich der zweiten Entlastungsregelung entsprechend dem oben gefundenen Auslegungsbefund auf Fälle beschränkt, in denen ex post keine Diskriminierung aufgrund der Mitwirkung einer voreingenommenen Person an Entscheidungen im Vergabeverfahren feststellbar sind, so führt die Regelung zu einem fairen Interessenausgleich und sinnvollen Ergebnissen. Nach hier vertretener Ansicht ist § 16 Abs. 1 Nr. 2 VgV auf von den Kommunen entsandte Organmitglieder schon tatbe-

---

1116 *Byok*, in *Byok/Jaeger*, VergabeR, Rn. 740. Siehe auch die Beispiele bei *Boesen*, VergabeR, § 114, Rn. 18f.; *Kus*, in *Niebuhr/Kulartz/Kus/Portz*, VergabeR, § 114. Rn. 36ff.

1117 Siehe Begr. des RegE zum VgRÄG, BT-Drs. 13/9340, S. 19.

1118 Siehe hierzu *Boesen*, VergabeR, § 114, Rn. 14; *Kus*, in *Niebuhr/Kulartz/Kus/Portz*, VergabeR, § 114, Rn. 40ff.

1119 Die Vergabekammer Rheinland-Pfalz geht demgegenüber unter Verkennung der Bedeutung der zweiten Widerlegungsmöglichkeit davon aus, dass stets alle Handlungen zu wiederholen seien, was eine Aufhebung der Ausschreibung erforderlich mache, siehe Beschl. v. 30.4.2002, S. 12. Dies kann aber nach der Normsystematik und dem Ziel des § 16 VgV nicht überzeugen. Dem ist auch das OLG Koblenz, NZBau 2002, 699 (701f.). entgegen getreten. Im Übrigen ist eine Verpflichtung zur Wiederholung des gesamten Vergabeverfahrens daran gebunden, dass dies unabweislich ist, siehe *Reidt*, in *Reidt/Stickler/Glahs*, VergabeR, § 114, Rn. 17. Dies mag freilich oftmals der Fall sein, wie *Dreher*, in *Immenga/Mestmäcker*, GWB, § 114, Rn. 16, feststellt.

1120 Siehe *Kus*, in *Niebuhr/Kulartz/Kus/Portz*, VergabeR, § 114, Rn. 42.

standlich nicht anwendbar. Jedenfalls tritt diese Bestimmung hinter die ausdrückliche Regelung des § 16 Abs. 1 Nr. 3 lit. a VgV zurück.[1121]

Der Ausschluss von der Mitwirkung an Entscheidungen im Vergabeverfahren nach § 16 Abs. 1 VgV knüpft an konkrete Stellungen der betroffenen Personen auf Bieter- oder Bewerberseite an, die auch durch die in § 16 Abs. 2 VgV angeführten Verwandtschaftsfälle begründet werden können.[1122] Auf Auftraggeberseite werden umfassend Mitarbeiter und Organmitglieder, die an Handlungen mitwirken, durch die die Wettbewerber begünstigt oder benachteiligt werden können, unabhängig von ihrer rechtlichen Stellung erfasst. Hinsichtlich des Mitwirkens kommt es nach hier vertretener Ansicht nicht auf den formalen Beginn des nach außen sichtbar werdenden Vergabeverfahrens an, so dass regelmäßig auch schon die Erstellung der Leistungsbeschreibung zu den Handlungen zählt, von denen voreingenommene Personen auszuschließen sind.[1123]

Die Organstellung auf Auftragnehmerseite setzt nach § 16 Abs. 1 Nr. 3 lit. a VgV eine Mitgliedschaft im Aufsichtsrat, Vorstand oder gleichartigem Organ bei einem Wettbewerber in einem Vergabeverfahren voraus. Erfasst sind damit jedenfalls Organe mit Kontroll- oder Geschäftsführungsbefugnissen, so dass bei einer GmbH schon die Gesellschafterstellung eine problematische Verknüpfung mit der Bieterseite begründen kann. Die Anteilseignerschaft oder die Wahrnehmung der Anteilseignerschaft bei einer AG ist demgegenüber angesichts der geringeren Befugnisse der Hauptversammlung nach dem bisherigen Auslegungsergebnis nicht umfasst, obgleich insbesondere private Anteilseigner stets ein Interesse am wirtschaftlichen Wohlergehen des jeweiligen Unternehmens haben werden.[1124] Nicht alleine von § 16 VgV erfasst wird auch die Organmitgliedschaft in einem mit einem Bieter- oder Bewerberunternehmen lediglich verbundenem Unternehmen, obgleich auch in diesen Fällen oftmals eine Interessenkollision gegeben sein wird. Hier kann aber schon die Verbundklausel des § 36 Abs. 2 GWB eine einheitliche Behandlung der betroffenen Unternehmen innerhalb des Kartellvergaberechts begründen. Wird dem nicht gefolgt, so spricht die Rechtsprechung des OLG Düsseldorf zumindest für eine Gleichstellung nach dem in § 36 Abs. 2 GWB gefundenen Rechtsgedanken.[1125] Nicht anwendbar ist § 16 Abs. 2 VgV nach dem Normtext in Fällen, in denen die dort beschriebenen Angehörigenverhältnisse nicht mehr bestehen. Ob in diesen nicht von § 16 VgV unmittelbar erfassten Fällen ein über § 16 VgV hinausgehendes vergaberechtliches Neutralitätsgebot eine Rolle spielen kann, wird im Folgenden noch erörtert werden.

Die von den Tatbeständen des § 16 Abs. 1 Nr. 1 – 3 VgV begründete Vermutung der Voreingenommenheit kann in den Fällen der Nr. 3 widerlegt werden.[1126] Die Auftraggeber müssen hierzu konkret nachweisen,[1127] dass entgegen dem ersten Anschein tatsächlich kein Interessenkonflikt vorliegt, oder die Mitwirkung der betroffenen Person nicht zu einer Diskriminierung geführt hat. Für Organmitglieder eines Bieter- oder Bewerberunternehmens begründet allerdings die gesellschaftsrechtliche Treuepflicht regelmäßig eine Interessenverflechtung, so dass ein Ausschluss wegen des Fehlens eines tat-

1121 Siehe oben, Zweiter Teil, B.III.
1122 Sieh oben, Zweiter Teil, B.IV.
1123 Siehe oben, Zweiter Teil, B.I.
1124 Siehe oben, Zweiter Teil, B.II.1.
1125 Siehe oben, Zweiter Teil, B.II. 2.
1126 Siehe oben, Zweiter Teil, B.V.1.
1127 Siehe oben, Zweiter Teil, B.V.4.

sächlichen Interessenkonflikts hier nur in Verwandtschaftsfällen nicht zwingend erscheint.[1128]

Demgegenüber ist die zweite Widerlegungsmöglichkeit nach richtigem Verständnis als Fehlerfolgenregelung nicht für die Frage eines Verfahrensausschlusses ex ante heranzuziehen. Sie greift, wenn die Beteiligung einer als voreingenommen geltenden Person an Entscheidungen im Vergabeverfahren nicht zu einer Diskriminierung geführt hat. Dies kann nur ex post festgestellt werden, während die Bieter schon im Vorhinein einen Anspruch auf Ausschluss der betroffenen Person vom Verfahren haben.[1129] Die zweite Widerlegungsmöglichkeit regelt damit nur die Folgen der Mitwirkung einer als voreingenommen geltenden Person an Entscheidungen im Vergabeverfahren, für einen Nichtausschluss kann sie nicht angeführt werden.[1130] Ex ante führt schon die nicht widerlegte Vermutung des Vorliegens einer Interessenkollision zwingend zum Ausschluss vom Vergabeverfahren, insofern reicht der „böse Schein“.[1131] Ein Anspruch auf Verfahrensausschluss nach § 16 VgV knüpft also nicht an das Bestehen einer Diskriminierung an, die Regelung geht somit über den Inhalt des Gleichbehandlungsgebots des § 97 Abs. 2 GWB hinaus.[1132]

1128 Siehe oben, Zweiter Teil, B.V.2.a)(3).

1129 Siehe oben, Zweiter Teil, B.VI.

1130 Siehe oben, Zweiter Teil, B.V.3.

1131 Damit kann entgegen *Otting,* NVwZ 2001, 775 (777) nicht davon gesprochen werden, dass die Einführung der Widerlegungsmöglichkeiten die Ausschlussregelung „verwässert“ hat.

1132 Siehe oben, VI.2.

Dritter Teil: Zu einem weiterreichenden vergaberechtlichen Neutralitätsgebot

Wie festgestellt, kann § 16 VgV insbesondere durch die ausdifferenzierte Möglichkeit der Entlastung des Auftraggebers zu sachgerechten Ergebnissen in Vergabeverfahren führen. Voraussetzung ist allerdings, dass § 16 VgV tatbestandlich überhaupt anwendbar ist. Es hat sich aber gezeigt, dass einige konfliktträchtige Situationen, bei denen eine Interessenkollision eines am Vergabeverfahren Mitwirkenden regelmäßig gegeben sein wird, nicht unmittelbar von § 16 VgV erfasst werden. So ist die Hauptversammlung einer AG mangels Kontroll- oder Geschäftsführungsfunktion kein dem Aufsichtsrat oder dem Vorstand gleichartiges Organ, so dass Anteilseigner, die regelmäßig ein Interesse am wirtschaftlichen Wohlergehen ihres Unternehmens haben oder Vertreter einer Kommune als Anteilseignerin, nicht unter die Regelung des § 16 Abs. 1 Nr. 3 lit. a VgV fallen.[1133] Da sie auch nicht als Bieter oder Bewerber direkt von § 16 Abs. 1 Nr. 1 VgV erfasst werden, verbleibt der durch § 16 VgV gewährte Schutz insofern lückenhaft. Es wurde auch festgestellt, dass die Mitgliedschaft in einem Gesellschaftsorgan eines mit einem Bieter- oder Bewerberunternehmen lediglich i.S.d. § 36 Abs. 2 GWB verbundenen Unternehmen nicht ohne weiteres von der Regelung des § 16 VgV erfasst wird, was angesichts der hier gleichsam oft gegebenen Interessenverknüpfungen ebenfalls bedenklich ist.[1134] Selbiges gilt auch in Fällen, in denen ein unter § 16 Abs. 2 VgV fallendes Angehörigenverhältnis nicht mehr besteht.[1135] § 16 VgV vermag also nicht alle Fälle, in denen ein von einer Kommune in ein auf Bieter- oder Bewerberseite stehendes Unternehmen entsandtes Organmitglied unmittelbar oder mittelbar ein Interesse an der Vergabeentscheidung hat, zu erfassen.

Dies wirft die Frage auf, wie unter dem Regime des § 16 VgV mit solchen Schutzlücken umzugehen ist. Die der Regelung des § 16 VgV vorangehende Rechtsprechung zum Ausschluss bestimmter Personen von der Mitwirkung an Vergabeverfahren auf Auftraggeberseite hat sich teilweise auf ein „vergaberechtliches Neutralitätsgebot" gestützt, welches bei Interessenverknüpfungen mit der Bieterseite Mitwirkungsverbote begründe.[1136] Ein abstrakt bleibender Neutralitätsgrundsatz wurde auch nach Inkrafttreten der neuen VgV noch von der Vergabekammer Lüneburg bemüht.[1137] Auch die Literatur hat sich mit der Herleitung eines solchen Grundsatzes verschiedentlich beschäftigt.[1138]

Existiert neben § 16 VgV noch ein weiteres, neben dieser Regelung anwendbares Neutralitätsgebot, so kann sich aus diesem womöglich ableiten lassen, wie mit von § 16 VgV nicht erfassten Fälle von Interessenverknüpfungen umzugehen ist. Im Folgenden wird deshalb der Frage nachgegangen, ob sich ein solches Gebot, welches den Aus-

---

1133 S.o., Zweiter Teil, B.II.1.

1134 Siehe oben, Zweiter Teil, II.2.

1135 Siehe oben, Zweiter Teil, B.IV.

1136 Siehe OLG Brandenburg, NZBau 1999, 1142 (1146); OLG Saarbrücken, NZBau 2000, 158 (161); OLG Koblenz, NZBau 2000, 535 (536).

1137 Siehe Beschl. v. 14.01.2002, Az. 203-VgK-22/2001, S. 25f. Wie schon festgestellt, lassen die Ausführungen zur Stellung des Oberbürgermeisters als Verwaltungsratsmitglied bei der mit der Bieterseite in Geschäftsverbindungen stehenden Sparkasse eine Anknüpfung an die konkreten Tatbestände des § 16 VgV kaum erkennen.

1138 Siehe *Berrisch/Nehl*, WuW 2001, 944 (950ff.); *Neßler*, NVwZ 1999, 1081ff.

schluss bestimmter Personen vom Vergabeverfahren begründet, tatsächlich normativ verifizieren lässt.[1139] Sollte diese Prüfung positiv ausfallen, so ist auf das Verhältnis dieses Neutralitätsgrundsatzes zu § 16 VgV einzugehen. Als Ansatzpunkt kommen neben den in § 97 GWB normierten Grundsätzen der Auftragsvergabe und der Befangenheitsregelung des allgemeinen Verwaltungsverfahrensrechts (§ 20 VwVfG) insbesondere verfassungsrechtliche Aspekte in Betracht.

A. Grundsätze des Vergabeverfahrens und Neutralität

Im Rahmen der Prüfung, ob sich die mit § 16 VgV getroffene Regelung im Rahmen der Ermächtigung des § 97 Abs. 6 GWB bewegt, wurde bereits festgestellt, dass weder das vergaberechtliche Diskriminierungsverbot (§ 97 Abs. 2 GWB) noch das Transparenzgebot (§ 97 Abs. 1 GWB) als Basis der Normierung von Mitwirkungsverboten ausreichen.[1140] So schützt das Diskriminierungsverbot nur vor tatsächlichen Ungleichbehandlungen, während Mitwirkungsverbote zur Durchsetzung vergaberechtlicher Neutralität präventiv schon den Gefahren unsachlicher Beeinflussungen begegnen. Zu kurz greift deshalb die VK Lüneburg, die Neutralitäts- und Gleichbehandlungsgebot einander gleichstellt.[1141] Bei einer solchen Betrachtung käme § 16 VgV oder einem darüber hinausgehenden Neutralitätsgebot keine eigene Bedeutung zu, so dass es als eigener Rechtssatz nicht existent wäre. Auch dem Transparenzgebot fehlt eine nähere Verbindung zur Neutralität, da Mitwirkungsverbote nicht Voraussetzungen transparenter Vergabeverfahren schaffen. Ansätzen in Rechtsprechung und Literatur, aus diesen Grundsätzen des Vergaberechts ein Neutralitätsgebot in Vergabeverfahren zu konstruieren, ist damit eine Absage zu erteilen.[1142]

Größere Nähe hat vergaberechtliche Neutralität aber zum in § 97 Abs. 1 GWB verankerten Wettbewerbsprinzip. Dieses ist sachliche Grundlage der mit § 16 VgV getroffenen Normierung[1143] und könnte damit auch als allgemeine Begründung von Mitwirkungsverboten zur Sicherstellung eines wettbewerblichen Vergabeverfahrens dienen. Jedoch wird ein Rückgriff auf das Wettbewerbsprinzip durch die explizite Regelung des § 16 VgV als *lex specialis* abgeschnitten. Als ausdrückliche Regelung präzisiert sie das Wettbewerbsprinzip und gestaltet es aus, ohne allerdings für den Wettbewerb konstitutiv zu sein. Wettbewerb ist schon bei Beachtung des Transparenz- und Gleichbehandlungsgebots möglich.[1144] Bei der Gestaltung von Mitwirkungsverboten als „sonstige Fragen des Vergabeverfahrens" (§ 97 Abs. 6 GWB) und Ausdruck des Wettbewerbsprinzips kommt dem Verordnungsgeber damit ein Gestaltungsspielraum zu, der den Rückgriff auf das dahinter stehende Prinzip außerhalb der getroffenen Normierung abschneidet.[1145]

1139 Siehe für ein aus der normativen praktischen Vernunft gefolgertes Unparteilichkeitsprinzip als Teil der gesellschaftlichen Grundsordnung *Ekardt*, Theorie intergenerationeller Grundrechte, § 3 A.III.

1140 Siehe oben, Zweiter Teil, A.II.2.c)(2).

1141 VK Lüneburg v. 14.01.2002, Az. 203-VgK-22/2001, S. 25f.

1142 Siehe die Nachweise oben, Zweiter Teil, A.II.2.c)(2).

1143 Siehe oben, Zweiter Teil, A.II.2.c)(2).

1144 Siehe so auch schon oben, Zweiter Teil, A.II.2.c)(2)

1145 Siehe zum Gestaltungsspielraum des Verordnungsgebers bereits oben, Zweiter Teil, A.II.2.c)(2), vgl. hinsichtlich der Sperrwirkung auch unten, Dritter Teil, C.III.2.

Eine allgemeine Neutralitätspflicht mit Mitwirkungsverboten lässt sich im Vergaberecht im engeren Sinne[1146] neben § 16 VgV also nicht verifizieren. Abgesehen von dieser Bestimmung der Vergabeverordnung enthalten die Regelungen der Verdingungsordnungen[1147] über Betätigungsverbote von Sachverständigen diesbezüglich weitere eindeutige Regelungen.[1148] Diese sind aber, da sie sich nur auf die Hinzuziehung von Sachverständigen in Vergabeverfahren beziehen, gegenüber der allgemeinen Voreingenommenheits- und Ausschlussregelung des § 16 VgV enger. Sie können deshalb ebenfalls als Ausdruck des Wettbewerbsprinzips verstanden werden, ohne aber allgemein erweiterbar zu sein.

B. Neutralität im Vergabeverfahren und § 20 VwVfG

Ausgangspunkt der Normierung einer Ausschlussregelung im Vergaberecht war die Rechtsprechung des OLG Brandenburg, welches in einem Fall, in dem die Tatbestandsvoraussetzungen des § 20 Abs. 1 Nr. 5 VwVfG vorlagen, eine Verletzung des „vergaberechtlichen Neutralitätsgebots" angenommen hat.[1149] Auch die Entscheidungen anderer Gerichte haben im Zusammenhang mit der Zulässigkeit von personellen Verknüpfungen zwischen öffentlichen Auftraggebern und Bietern oder Bewerbern § 20 VwVfG erörtert.[1150] Damit könnte diese Bestimmung als eine öffentlich-rechtliche Bindung der beschaffenden Verwaltung eine mögliche Basis eines auch im Vergaberecht geltenden Neutralitätsgebots zu sein.[1151] Dieses kann neben § 16 VgV aber allenfalls relevant werden, soweit es über diese Bestimmung hinausgeht. Deshalb werden im Folgenden zunächst diese beiden Bestimmungen hinsichtlich der für die vorliegende Untersuchung relevanten Tatbestände miteinander verglichen. Ob § 20 VwVfG in Vergabeverfahren neben § 16 VgV tatsächlich noch Bedeutung zukommen kann, wird im Anschluss untersucht.

I. Vergleich von § 16 Abs. 1 Nr. 3 lit. a VgV und § 20 VwVfG

1. § 20 Abs. 1 Nr. 5 VwVfG

Die für Doppelmandate aufgrund einer gesellschaftsrechtlichen Organstellung einschlägige vergaberechtliche Bestimmung des § 16 Abs. 1 Nr. 3 lit. a VgV entspricht vom Wortlaut her weitestgehend der Parallelregelung im Verwaltungsverfahrensrecht, § 20 Abs. 1 Nr. 5 VwVfG. Während es bei der erstgenannten Regelung darauf ankommt, dass eine entgeltliche Beschäftigung oder eine Organmitgliedschaft bei einem *Bieter* oder *Bewerber* vorliegt, führt im allgemeinen Verwaltungsrecht im Gleichlauf hierzu

---

1146 Gemeint sind die Vorschriften, die sich ausdrücklich auf die Vergabe öffentlicher Aufträge beziehen.

1147 § 6 Nr. 3 VOL/A, § 7 Nr. 1 VOB/A, § 6 Nr. 2 VOF.

1148 Siehe zu § 6 Nr. 3 VOL/A *Müller*, in *Daub/Eberstein*, VOL/A, § 6, Rn. 18f.; *Müller-Wrede*, in *Müller-Wrede*, VOL/A, § 6, Rn. 13ff. Zu § 7 VOB/A *Rusam*, in *Heiermann/Riedl/Rusam*, VOB, § 7 A, Rn. 8f.; *Schranner*, in *Ingenstau/Korbion*, VOB/A, § 7, Rn. 5; Zu § 6 VOF *Kulartz*, in *Müller-Wrede*, VOF, § 6, Rn. 7f.

1149 OLG Brandenburg, NVwZ 1999, 1142 (erster LS u. S. 1146).

1150 OLG Saarbrücken, NZBau 2000, 158 (161); BayObLG, NZBau 2000, 259 (260); OLG Koblenz, NZBau 2000, 534 (539). Vgl. hierzu kritisch OLG Stuttgart, NZBau 2000, 301 (305).

1151 Siehe hierzu bereits oben, Zweiter Teil, A.II.2.c)(2).

eine solche Stellung auf Seiten eines *Beteiligten* (§§ 13, 11 VwVfG) zum Ausschluss vom Verwaltungsverfahren. § 20 Abs. 1 Nr. 5 VwVfG nimmt allerdings Personen, deren Anstellungskörperschaft Beteiligter ist, von dieser Rechtsfolge aus. Hierdurch soll die Funktionsfähigkeit von Verwaltungsbehörden in den Fällen gewahrt bleiben, in denen sich die Anstellungskörperschaft selbst an einem Verwaltungsverfahren beteiligt.[1152] Diese Ausnahme bezieht sich allerdings nur auf entgeltlich Beschäftigte[1153] und ist auf Fälle, in denen ein Amtsträger als solcher in einem Gesellschaftsorgan eines Beteiligten sitzt, nicht entsprechend anwendbar.[1154] Für Vergabeverfahren gibt es und bedarf es einer solchen Ausnahme für entgeltliche Beschäftigte allerdings nicht, da ohnehin nur die entgeltliche Beschäftigung auf Seiten eines Wettbewerbers, also bei einer anderen juristischen Person, unmittelbar erfasst ist. Die Funktionsunfähigkeit einer Beschaffungsstelle steht damit kaum zu befürchten. Im Übrigen entsprechen sich die beiden Regelungen. Es werden jeweils nur dem Vorstand und Aufsichtsrat gleichartige Organe eines unmittelbar Beteiligten oder Bieters oder Bewerbers erfasst. § 20 Abs. 1 Nr. 5 VwVfG selbst erfasst also, parallel zu § 16 Abs. 1 Nr. 3 lit. a VgV, Fälle der bloßen privaten Anteilseignerschaft wie auch der Organmitgliedschaft bei einem lediglich mit einem Beteiligten verbundenen Unternehmen nicht direkt.

2. Die „Öffnungsklausel" des § 20 Abs. 1, S. 2 VwVfG

Nach § 20 Abs. 1 S. 2, 3 VwVfG steht dem Beteiligten (§ 20 Abs. 1 Nr. 1 VwVfG) gleich, wer durch die Verwaltungstätigkeit einen unmittelbaren Vor- oder Nachteil erlangen kann, wenn dieser Vor- oder Nachteil nicht nur darauf beruht, dass jemand einer Berufs- oder Bevölkerungsgruppe angehört, deren Interessen durch die Angelegenheit berührt werden. Im Rahmen der Tatbestände des § 20 Abs. 1 S. 1 VwVfG begründet das bei Erfüllen der jeweiligen Tatbestandsvoraussetzungen gegebene *Näheverhältnis* den Verfahrensausschluss, *ohne dass es auf eine konkrete Befangenheit* ankäme.[1155] In diesen Konstellationen ist ein persönliches Interesse und damit ein Interessenkonflikt im Verwaltungsverfahren nicht auszuschließen.[1156] Kann ein Verwaltungsverfahren aber tatsächlich unmittelbar Vor- oder Nachteile für einen Beteiligten begründen, so erfüllt der Betroffene ebenfalls nicht die Voraussetzungen für unparteiliches Verhalten.[1157] Der Ausschluss vom Verfahren ist hinsichtlich des dann tatsächlich gegebenen Interessenkonflikts erforderlich.[1158]

Unmittelbar vom Tätigkeitsverbot des § 20 VwVfG erfasst werden damit auch Personen, die als bloße Anteilseigner einer von einem Verwaltungsverfahren betroffenen

1152 Plastisches Beispiel sind Baugenehmigungsverfahren, siehe *Engelhardt,* in *Obermayer,* VwVfG, § 20, Rn. 67; *Bonk/Schmitz,* in *Stelkens/Bonk/Sachs,* VwVfG, § 20, Rn. 38.

1153 Eine entsprechende Formulierung für Organmitglieder „in amtlicher Eigenschaft" ist nicht Gesetz geworden, siehe Bericht und Antrag des Innenausschusses, BT-Drs. 7/4494, S. 6.

1154 BVerwGE 69, 256 (266); *Clausen,* in *Knack,* VwVfG, § 20, Rn. 17; *Engelhardt,* in *Obermayer,* VwVfG, § 20, Rn. 64; *Bonk/Schmitz,* in *Stelkens/Bonk/Sachs,* VwVfG, § 20, Rn. 38; *Geiger,* JA 1985, 169 (170). Jetzt auch *Kopp/Ramsauer*, VwVfG, § 20, Rn. 30; anders noch *Kopp,* WiVerw 1983, 226 (242ff.). Als dennoch zu weit geraten betrachtet *Scheuing,* NVwZ 1982, 487 (489) diese Ausnahmebestimmung. Siehe auch einerseits BayVGH v. 16.4.1981, NVwZ 1982, 510 (511); sowie andererseits kritisch BayVGH (8. Senat) v. 18.12.1981, 508 (510).

1155 *Scheuing,* NVwZ 1982, 487 (489); *Kopp/Ramsauer*, VwVfG, § 20, Rn. 33.

1156 Siehe *Bonk/Schmitz,* in *Stelkens/Bonk/Sachs,* VwVfG, § 20, Rn. 41.

1157 *Kopp/Ramsauer*, VwVfG, § 20, Rn. 33.

1158 Vgl. *Bonk/Schmitz,* in *Stelkens/Bonk/Sachs,* VwVfG, § 20, Rn. 41.

Gesellschaft durch das Verfahren einen unmittelbaren Vor- oder Nachteil[1159] erlangen können. Zwar begründet die Anteilseignerschaft alleine keines der in § 20 Abs. 1 Nr. 1 – 6 VwVfG beschriebenen Näheverhältnisses.[1160] Diese tatsächliche Interessenverknüpfung rechtfertigt aber den Ausschluss.

Des Weiteren erfasst die Gleichstellung aufgrund unmittelbarer Vor- oder Nachteile alle in § 20 Abs. 1 Nr. 1 – 6 VwVfG genannten Ausschlussgründe.[1161] Gleichgestellt sind also auch Fälle, in denen der Vor- oder Nachteil einer juristischen Person erwächst, bei der der Behördenbedienstete als Mitglied des Vorstands, Aufsichtsrats oder eines gleichartigen Organs tätig ist.[1162] Auf eine unmittelbare Verfahrensbeteiligung der juristischen Person nach §§ 13 Abs. 1, 11 Nr. 1 VwVfG kommt es hier nicht an, so dass grundsätzlich auch die Organmitgliedschaft bei einem mit einem Verfahrensbeteiligten lediglich verbundenen Unternehmen einen Verfahrensausschluss begründen kann. Voraussetzung ist wiederum lediglich, dass für die betroffene juristische Person ein unmittelbarer Vor- oder Nachteil im Raum steht. Das BVerwG hat dies im Fall eines nicht an einem Verwaltungsverfahren beteiligten Unternehmen, welches aber Gesellschafterin einer beigeladenen Arbeitsgemeinschaft war, ohne weiteres angenommen, da ein unmittelbarer Vorteil im zu entscheidenden Fall nahe gelegen habe.[1163]

Eine solche „Öffnungsklausel", die an tatsächliche Interessenkollisionen aufgrund eigener Interessen anknüpft, findet sich in § 16 VgV nicht. § 16 VgV nennt in Absatz 1, Nr. 1 – 3 abschließend die Tatbestände, in denen eine Voreingenommenheit im Vergabeverfahren aufgrund einer bestimmten Stellung auf Seiten eines Bieters oder Bewerbers vermutet wird. Andere Konstellationen, in denen ein Interessenkonflikt aufgrund unmittelbarer Vor- oder Nachteile für einen am Vergabeverfahren Mitwirkenden tatsächlich besteht, werden nicht unmittelbar erfasst. Es fehlt eine der Gleichstellungsregelung des § 20 Abs. 1 S. 2, 3 VwVfG vergleichbare Formulierung, so dass die Ausschlussregelung im Vergaberecht in tatbestandlich nicht ausdrücklich angeführten Konstellationen, in denen ein Interessenkonflikt aber besteht, nach dem Wortlaut nicht greift. Während im Rahmen des § 20 VwVfG auch die bloße Anteilseignerschaft an einem am Verfahren beteiligten Unternehmen oder die Mitgliedschaft in einem Gesellschaftsorgan eines Unternehmens, welches mit einem am Verfahren Beteiligten lediglich verbundenen ist, einen Ausschluss bei einer tatsächlich gegebenen Interessenverknüpfung begründen kann, werden diese Fälle von § 16 VgV nicht erfasst. Die Voreingenommenheitsregelung im Vergaberecht lässt also Lücken, die der Auffangtatbestand des § 20 Abs. 1 S. 2, 3 VwVfG im Verwaltungsverfahrensrecht für dieses zu schließen vermag.

3. *Verwandtschaftsfälle*

Während nach § 16 Abs. 2, Abs. 1 Nr. 3 lit. a VgV eine Person von der Mitwirkung am Vergabeverfahren auch dann im Grundsatz auszuschließen ist, wenn lediglich einer ihrer Angehörigen Mitglied eines Leitungs- oder Kontrollorgans eines Bieters oder Be-

1159 Siehe hierzu oben, Zweiter Teil, B.V.2.b).

1160 Siehe *Kopp/Ramsauer*, VwVfG, § 20, Rn. 33.

1161 *Kopp/Ramsauer*, VwVfG, § 20, Rn. 34.

1162 So etwa der Fall von BVerwG v. 18.12.1987, NVwZ 1988, 527 (529f.). Siehe auch *Bonk/Schmitz*, in *Stelkens/Bonk/Sachs*, VwVfG, § 20, Rn. 42; *Engelhardt*, in Obermeyer, VwVfG, § 20, Rn. 74.

1163 BVerwG v. 18.12.1987, NVwZ 1988, 526 (529f.).

werbers ist, beschränkt sich die Regelung des § 20 Abs. 1 Nr. 5 VwVfG auf Fälle, in denen der Amtswalter selbst eine solche Stellung innehat. Eine Gleichstellung von Verwandtschaftsfällen erfolgt in einer solchen Konstellation über § 20 Abs. 1 S. 2 VwVfG nur, wenn der Angehörige auch einen unmittelbaren Vor- oder Nachteil durch das Verfahren erlangen kann. Er gilt dann als Beteiligter, so dass dem Amtswalter seinerseits als Angehörigen entsprechend § 20 Abs. 1 Nr. 2, Abs. 5 VwVfG die Mitwirkung am Verfahren untersagt ist. Hier stellt sich § 16 VgV zunächst als gegenüber § 20 VwVfG rigidere Bestimmung dar. Zu beachten ist aber, dass in Fällen, in denen persönliche Vor- oder Nachteile für den Angehörigen als Organmitglied nicht zu befürchten sind, der Interessenkonflikt widerlegt werden kann. Da die gesellschaftsrechtliche Treuepflicht nur das Organmitglied selbst trifft,[1164] erscheint die diesbezügliche Beschränkung des § 20 Abs. 1 Nr. 5 VwVfG sinnvoll. Im Ergebnis werden die hier diskutierten Verwandtschaftsfälle aber von den beiden Ausschlussregelungen gleich behandelt. Kann das Organmitglied durch das jeweilige Verfahren einen unmittelbaren Vor- oder Nachteil erlangen, so ist der im Verfahren tätige Angehörige von diesem wegen einer Interessenkollision auszuschließen. Besteht eine solche persönliche Betroffenheit nicht, so greift § 20 VwVfG schon tatbestandlich nicht, während im Rahmen des § 16 VgV der vermutete Interessenkonflikt widerlegt werden kann.

In den Wirkungen unterscheiden sich die beiden Bestimmungen aber hinsichtlich der Folgen nicht mehr bestehender Angehörigenverhältnisse. Anders als § 16 Abs. 2 VgV greift § 20 Abs. 5 S. 2 VwVfG bei bestimmten Angehörigenverhältnissen auch, wenn diese nicht mehr bestehen. Insofern ist der Schutz vor Interessenkollisionen aufgrund persönlicher Näheverhältnisse bei § 20 VwVfG umfassender ausgestaltet.[1165]

4. Zur Widerlegung des Interessenkonflikts und zu Fehlerfolgen

Das Vorliegen eines Ausschlusstatbestandes des § 16 VgV begründet im Vergaberecht lediglich eine Vermutung der Voreingenommenheit, das Bestehen einer Interessenkollision kann vom öffentlichen Auftraggeber im Rahmen der ersten Entlastungsmöglichkeit von § 16 Abs. 1 Nr. 3 a.E. VgV widerlegt werden. Demgegenüber bestimmt § 20 VwVfG, dass auch bei Vorliegen nur eines Näheverhältnisses[1166] nach § 20 Abs. 1 S. 1 VwVfG der Betroffene stets vom Verwaltungsverfahren auszuschließen ist.[1167] Die beiden Ausschlussregelungen weichen in der Regelungstechnik hier voneinander ab,[1168] § 20 VwVfG scheint strenger zu sein. Es wurde aber schon dargestellt, dass in Fällen des § 16 Abs. 1 Nr. 3 lit. a, 2. Alt. VgV eine Widerlegung des vermuteten Interessenkonflikts aufgrund der gesellschaftsrechtlichen Treuepflicht nur in Verwandtschaftsfällen nach § 16 Abs. 2 VgV überhaupt möglich sein wird.[1169] Mitglieder gesellschaftsrechtlicher Kontroll- oder Leitungsorgane auf Bieterseite sind also auch nach der Voreingenommenheitsregelung des Vergaberechts regelmäßig von der Verfahrensmitwirkung ausgeschlossen.

1164 Siehe oben, Zweiter Teil, B.V.2.c)(4).

1165 Siehe näher schon oben., Zweiter Teil, B.IV.

1166 Bei diesen ist, im Gegensatz zu Fällen der Gleichstellungsklausel des § 20 Abs. 1 S. 2, 3 VwVfG, eine Interessenkollision nicht zwingend gegeben, s.o.

1167 Die Befangenheitsgründe werden also unwiderleglich vermutet: *Engelhardt,* in *Obermayer,* VwVfG, § 20, Rn. 13.

1168 Siehe *Berrisch/Nehl,* WuW 2001, 944 (949); *Boesen (Hrsg.),* VN 2002, 9 (11).

1169 Siehe oben, Zweiter Teil, V.2.c).

Stehen für einen Angehörigen aufgrund seiner Organstellung hingegen unmittelbare Vor- oder Nachteile aufgrund eines Verwaltungsverfahrens im Raum, so fällt der Angehörige unter die Gleichstellungsregelung des § 20 Abs. 1 S. 2, 3 VwVfG und den betroffenen Amtswalter trifft ein Tätigkeitsverbot. In einer parallelen Situation im Vergaberecht, die unmittelbar von § 16 Abs. 2, Abs. 1 Nr. 3 lit. a VgV erfasst wird, ist ein Interessenkonflikt im Gleichlauf mit der verwaltungsrechtlichen Regelung nicht widerlegbar. Trotz normstruktureller Unterschiede entsprechen sich also die Regel*wirkungen* für diese Situationen. Eine Widerlegung des vermuteten Interessenkonflikts im Rahmen des § 16 VgV wird außerhalb der von § 20 VwVfG nicht erfassten Fälle allenfalls in Einzelfällen überhaupt möglich sein.

Die zweite Widerlegungsmöglichkeit des § 16 VgV greift, wenn die Mitwirkung einer voreingenommenen oder als voreingenommen geltenden Person nicht zu einer Diskriminierung im Vergabeverfahren geführt hat. Die fehlerhafte Mitwirkung bleibt für die Vergangenheit unschädlich, wenn die durchgeführten Verfahrenshandlungen selbst nicht inhaltlich fehlerhaft sind.[1170] Diese Regelung stimmt mit der Fehlerfolgenregelung des § 46 VwVfG und der diesbezüglichen Rechtsprechung zu § 20 VwVfG im Kern überein. Nach der Fehlerfolgenregelung des § 46 VwVfG kann die Aufhebung eines nicht nichtigen Verwaltungsaktes nicht alleine deshalb begehrt werden, weil er unter Verletzung von Verfahrens-, Form- oder Zuständigkeitsvorschriften zustande gekommen ist, wenn offensichtlich ist, dass die Verletzung die Entscheidung in der Sache nicht beeinflusst hat. Auch im Verwaltungsverfahrensrecht bleibt damit die Mitwirkung einer befangenen Person als Verfahrensfehler für die Zukunft unschädlich, wenn sich die Befangenheit nicht auch in der Entscheidung materialisiert hat.[1171] Es wurde bereits festgestellt, dass der Beweismaßstab hinsichtlich der Auswirkungen einer untersagten Mitwirkung nach § 16 Abs. 1 Nr. 3 a.E. VgV den Fehlerfolgen eines Verstoßes gegen § 20 VwVfG entstammen. Kann die konkrete Möglichkeit einer unsachlichen Beeinflussung der jeweiligen Entscheidung ausgeräumt werden, so berührt dies hier wie dort nicht ihre materielle Rechtmäßigkeit.[1172] Eine echte Sonderstellung kommt § 16 VgV hinsichtlich der zweiten Widerlegungsmöglichkeit also nicht zu.[1173]

Da die erste in § 16 Abs. 1 Nr. 3 VgV angeführte Entlastungsmöglichkeit, trotz eines anderen Regelungsansatzes, im Ergebnis kaum zu anderen Ergebnissen führen kann als § 20 VwVfG in Parallelsituationen im Verwaltungsrecht, und da der zweite Entlastungstatbestand vom regulativen Ansatz und der Wirkung her der Fehlerfolgenregelung bei Verstößen gegen § 20 VwVfG entspricht, kann von einem „krassen Widerspruch" zwischen den beiden Normgebilden nicht gesprochen werden.[1174] Soweit aus der - nur hinsichtlich der ersten Widerlegungsmöglichkeit des § 16 VgV tatsächlich gegebenen - Abweichung von § 20 VwVfG der Schluss eines Verstoßes gegen diese Bestimmung als höherrangiges Recht und damit der Nichtigkeit der Widerlegungsregelung gezogen wird,[1175] kann dies ebenfalls nicht überzeugen. Abgesehen davon, dass sich die Rege-

1170 Siehe oben, Zweiter Teil, B.V.3.

1171 Siehe BVerwGE 69, 256 (268ff.) = DVBl. 1984, 1075, (1078), sowie anschließend BVerwG v. 5.12.1986, NVwZ 1987, 578 (581); BVerwG v. 15.4.1988, NVwZ 1988, 916 (917f.).

1172 Siehe oben, Zweiter Teil, B.V.4.b

1173 So aber pauschal für die Möglichkeit der Widerlegung der Voreingenommenheitsvermutung im Vergaberecht *Boesen (Hrsg.),* VN 2002, 9 (11).

1174 So aber *Danckwerts*, NZBau 2001, 242 (244).

1175 *Danckwerts*, NZBau 2001, 242 (244).

lungen nach hier vertretener Ansicht im Ergebnis nahe kommen, findet § 20 VwVfG in zivilrechtlich ausgestalteten Vergabeverfahren keine unmittelbare Anwendung.[1176] Damit kann diese Regelung nicht als höhergesetzliche Norm Maßstab der Beurteilung des § 16 VgV sein.

5. Zusammenfassung

Während sich die Tatbestände von § 16 Abs. 1 Nr. 3 lit. a VgV und § 20 Abs. 1 Nr. 5 VwVfG weitestgehend entsprechen, werden durch die Öffnungsklausel des § 20 Abs. 1 S. 2, 3 VwVfG dort auch Fälle erfasst, in denen kein ausdrücklich normiertes Näheverhältnis vorliegt, sondern bei denen aufgrund der Möglichkeit der Erlangung eigener Vor- oder Nachteile unmittelbar durch das Verwaltungsverfahren ein Interessenkonflikt tatsächlich gegeben ist. Grundsätzlich werden damit sowohl Hauptversammlungsmitglieder als auch Organmitglieder eines mit einem beteiligten Unternehmen lediglich verbundenen Unternehmen vom Ausschlusstatbestand des Verwaltungsrechts erfasst, wenn sie ein persönliches Interesse am Ausgang des Verfahrens haben. Eine solche Auffangregelung gibt es im Vergaberecht nicht, § 16 VgV normiert in Abs. 1 Nr. 1 – 3 abschließend bestimmte Situationen, in denen eine Vermutung der Voreingenommenheit besteht, andere Fälle werden nicht erfasst. Ein Ausschluss scheint für diese nicht erforderlich zu sein, so dass sich § 20 VwVfG als die weitergehende Regelung darstellt.

Unterschiedlich ist auch die Ausschlussregelung für am Verfahren Mitwirkende geregelt, wenn lediglich ein Verwandter eine Organstellung nach § 16 Abs. 1 Nr. 3 lit. a VgV oder § 20 Abs. 1 Nr. 5 VwVfG innehat. Diese Konstellation wird im Verwaltungsverfahrensrecht nur über den Auffangtatbestand des § 20 Abs. 1 S. 2, 3 VwVfG erfasst, während § 16 Abs. 2, Abs. 1 Nr. 3 lit. a VgV diese Fälle stets erfasst. Im Ergebnis kommen die Regelungen aber zum selben Ergebnis, da nur dann, wenn dem Organmitglied auch Vor- oder Nachteile durch das jeweilige Verfahren drohen, ein Interessenkonflikt für den am Verfahren mitwirkenden Angehörigen tatsächlich besteht.

Ein echter Unterschied besteht hingegen hinsichtlich der von den Regelungen erfassten Angehörigenverhältnisse. Während § 16 VgV das Bestehen der jeweiligen Beziehung voraussetzt, erfasst § 20 Abs. 5 S. 2 VwVfG auch Fälle, in denen das Verhältnis nicht mehr besteht.

Trotz der nur bei § 16 VgV gegebenen Möglichkeit, den vermuteten Interessenkonflikt zu widerlegen, entsprechen sich die Regelungen für die hier interessierenden Konstellationen der Organmitgliedschaften insoweit im Ergebnis. So wird diese Widerlegungsmöglichkeit in Fällen des § 16 Abs. 1 Nr. 3 lit. a VgV angesichts der gesellschaftsrechtlichen Treuepflicht kaum greifen können, so dass ein Ausschluss, wie auch im Rahmen des § 20 VwVfG, regelmäßig erforderlich ist. Die zweite von § 16 VgV eingeräumte Entlastungsmöglichkeit entspricht im Wesentlichen der mit § 46 VwVfG getroffenen Fehlerregelung im Verwaltungsverfahrensrecht und kann eine Divergenz der Regelungen insoweit nicht begründen. Es verbleibt als evidenter Unterschied zwischen den beiden Ausschlussregelungen aber die Öffnung des § 20 VwVfG für nicht näher spezifizierte Fälle, in denen einem am Verwaltungsverfahren Mitwirkenden ein unmittelbarer Vor- oder Nachteil in Aussicht steht.

1176 Siehe oben, Zweiter Teil, A.I.1.

II. Zur Spezialität des § 16 VgV

Geht der von § 20 VwVfG vermittelte Schutz gegen Interessenverknüpfungen somit über den von § 16 VgV vermittelten hinaus, so bietet sich die Bestimmung als weiterreichendes vergaberechtliches Neutralitätsgebot an. So wurde eine Befugnis des Verordnungsgebers zum Erlass des § 16 VgV auch darauf gestützt, dass die getroffene Normierung Ausdruck der die öffentlichen Auftraggeber treffenden öffentlich-rechtlichen Bindungen ist.[1177]

Dass sich ein über § 16 VgV hinausgehendes vergaberechtliches Neutralitätsgebot aber dennoch nicht aus § 20 VwVfG ableiten lässt, liegt an der jetzt mit § 16 VgV getroffenen Sonderregelung. Als *lex specialis* lässt § 16 VgV für einen (analogen) Rückgriff auf § 20 VwVfG keinen Raum.[1178] Soweit der Verordnungsgeber eine von dieser Regelung abweichende Normierung vorgenommen hat, kann dies im Verhältnis zu § 20 VwVfG nur als beabsichtigte Abweichung gewertet werden. So wurde § 16 VgV nach der Begründung des Regierungsentwurfs als explizite Regelung auf die Besonderheiten der öffentlichen Auftragsvergabe zugeschnitten.[1179] Ein Rückgriff auf § 20 VwVfG ist damit abgeschnitten.

Dem steht die angeführte Rechtsprechung nicht entgegen, da diese vor Inkrafttreten der neuen VgV das Vorliegen von Tatbeständen des § 20 VwVfG nur als Beleg einer Verletzung der Neutralitätspflichten im Vergabeverfahren bewertete, das Neutralitätsgebot selbst aber nicht unmittelbar auf diese Bestimmung stützte. § 20 wird lediglich als Ausfluss des Unbefangenheitsprinzips betrachtet,[1180] dessen Tatbestandsvoraussetzungen auf das Vergaberecht übertragen werden.[1181] Der allgemeine Rechtsgedanke des § 20 VwVfG wird letztlich aus dem Rechtsstaatsprinzip und Gleichheitsgebot gefolgert.

Damit scheidet § 20 VwVfG als Sitz eines über § 16 VgV hinausgehenden vergaberechtlichen Neutralitätsgebots aus. Diese Bestimmung kann letztlich nur als Ausdruck eines die Verwaltung treffenden Neutralitätsgebots verstanden werden, dessen Begründung aber in der Verfassung zu suchen ist.[1182] Lediglich der in § 20 VwVfG zum Ausdruck kommende Rechtsgedanke bietet sich als Grundlage auch des vergaberechtlichen Neutralitätsgebots an,[1183] die Norm selbst aber nicht.

C. Verfassungsrechtliche Vorgaben für die Behandlung von Interessenkollisionen im Vergaberecht

Nachdem sich ein allgemeines, neben § 16 VgV anwendbares Gebot staatlicher Neutralität in Vergabeverfahren weder auf die Grundsätze des Vergabeverfahrens nach § 97 Abs. 1, 2 GWB noch auf die Befangenheitsregelung des § 20 VwVfG stützen lässt,

---

1177 Siehe oben, Zweiter Teil, A.II.2.c)(2).

1178 Ebenso *Berrisch/Nehl*, WuW 2001, 944 (953). Die Eigenständigkeit des Ausschlusstatbestandes des § 16 erkennen auch *Boesen (Hrsg.)*, VN 2002, 9 (10); *Dreher*, NZBau 2000, 280 (282) ausdrücklich an. Hierzu tendiert auch die VK Berlin v. 29.1.2003,VK-B 1-58/02, S. 13 des Umdrucks, auch wenn diese Frage offengelassen wird.

1179 BR-Drs. 455/00, S. 20.

1180 OLG Brandenburg, NVwZ 1999, 1142 (1146).

1181 Siehe OLG Koblenz, NZBau 2000, 534 (539) und auch inzident OLG Saarbrücken, NZBau 2000, 158 (161);

1182 Siehe ähnlich *Neßler*, NVwZ 1999, 1081 (1082).

1183 Siehe *Berrisch/Nehl*, WuW 2001, 944 (951f).

wird im Folgenden untersucht, ob sich ein solches unmittelbar aus der Verfassung ableiten lässt. Ansatzpunkte hierfür sind die Grundrechte und auch das Rechtsstaatsprinzip. Obgleich Vergabeverfahren im Allgemeinen dem Zivilrecht zugeordnet werden, ist anerkannt, dass sie zumindest öffentlich-rechtlich überlagert sind.[1184] Soweit sich solche „Überlagerungen" unmittelbar aus der Verfassung oder anderem, der VgV gegenüber höherrangigen Recht ableiten, sind sie bei der Auslegung und Anwendung von § 16 VgV zwingend zu beachten.[1185] Sie bilden für das Verständnis und die Durchdringung des Gehalts der Norm eine wesentliche Grundlage.[1186] Dieser öffentlich-rechtliche Hintergrund der Behandlung von Interessenkollisionen in Vergabeverfahren kann insbesondere für die Behandlung von Sachverhalten relevant werden, die von § 16 VgV nach dem Wortlaut oder dem Anwendungsbereich, welcher sich auf öffentliche Aufträge oberhalb der Schwellenwerte von § 2 VgV beschränkt, nicht gedeckt sind.

I. Der grundrechtliche Maßstab

Während die Grundrechtsbindung der privatrechtlich handelnden Verwaltung lange umstritten war, besteht heute im Wesentlichen Konsens, dass eine solche für die öffentliche Hand unabhängig von der gewählten Handlungsform besteht. Dies ist Voraussetzung dafür, dass die Grundrechte überhaupt im Sinne eines vergaberechtlichen Neutralitätsgebots effektiv werden können. Im Folgenden wird deshalb zunächst die grundsätzliche Bindung der beschaffenden Verwaltung an die Grundrechte begründet, bevor die Möglichkeit einer Verletzung der Grundrechte aus Art. 12 Abs. 1, Art. 14 Abs. 1 und Art. 3 Abs.1 GG durch Interessenkollisionen im Vergabeverfahren untersucht wird. Im Anschluss wird auf die sich hieraus ergebenden Anforderungen an die Behandlung solcher Situationen im Vergabeverfahren eingegangen.

1. Zur Bindung der beschaffenden Verwaltung an die Grundrechte

Die umfassende Reichweite der strikten Bindungsnorm[1187] des Art. 1 Abs. 3 GG ist von der Literatur heute weit überwiegend[1188] anerkannt.[1189] In der Rechtsprechung findet

---

1184 Siehe nur *Maurer,* Allg. Verwaltungsrecht, § 3, Rn. 7; *Boesen*, VergabeR, Einl., Rn. 7. Die ausschließlich zivilrechtliche Deutung der fiskalischen Rechtsbeziehungen wurde schon 1983 für überwunden erklärt: *v. Zezschwitz,* NJW 1983, 1873 (1878).

1185 Siehe nur *Kluth,* WiVerw 2000, 184 (186).

1186 Vgl. *Hermes*, JZ 1997, 909 (911f.).

1187 *Puhl,* VVDStRL XY, S. 477.

1188 In jüngerer Zeit noch anders: VG Chemnitz, Beschl. v. 23.5.1996, NVwZ-RR 1997, 198 (198); *Badura*, in *Schmidt-Aßmann*, Bes. VerwR, 3. Abschnitt, Rn. 72f.; *Dürig*, in *Maunz/Dürig*, GG, Art. 1, Rn. 135; *Schmidt-Bleibtreu/Klein,* GG, Vorb. v. Art. 1, Rn. 9; *Schumacher,* Rechtsschutz, S. 137; *Starck,* in *v. Mangoldt/Klein/Starck,* GG, Art. 3, Rn. 257; *Voppel,* LKV 1999, 5 (7); einschränkend wohl auch *Wolff/Bachof/Stober,* Verwaltungsrecht I § 23, Rn. 20ff., welche die Grundrechtsgeltung von der Möglichkeit des Eingriffs abhängig machen wollen.

1189 *Hermes*, JZ 1997, 909 (912); *Hösch,* BayVBl. 1997, 193 (196); *Reidt,* BauR 2000, 22 (25); *Kunig,* in *v. Münch*, GG, Art. 1, Rn. 60; *Jarass*, in *Jarass/Pieroth*, GG, Art. 1, Rn. 23; *Pieroth/Schlink,* StaatsR, Rn. 170f.; *Erichsen/Ebber*, Jura 1999, 373 (375); *Faber*, DÖV 1995, 403 (405); *Gusy*, DÖV 1984, 872 (879); *Huber*, JZ 2000, 877 (877); *Kluth,* WiVerw 2000, 184 (194); *Wallerath,* Öffentliche Bedarfsdeckung, S. 318; *Malmendier,* DVBl. 2000, 963 (964f); *Möstl,* Grundrechtsbindungen, S. 67; *Stern,* StaatsR III/1, S. 1410f.; *Löw,* DÖV 1957, 879ff.; *Pache,* DVBl. 2001, 1781, 1787; *Pietzcker,* Zweiteilung des Vergaberechts, S. 17; *Puhl,* VVDStRL 60 (2001), 456 (458); *Tsiliotis,* Schutz der Wettbewerbsfreiheit, S. 154f.; *Wittig,* Probleme des Vergaberechts, S.

sich diese Auffassung auch bestätigt.[1190] Zum besseren Verständnis werden im Folgenden zunächst die diesbezüglich überkommenen Ansätze dargestellt.

a) Überkommene Ansätze

Die Teilnahme der Verwaltung am wettbewerblichen Wirtschafts- und Erwerbsleben zu Zwecken des Erhalts, der Mehrung oder der Veräußerung des Finanz- und Verwaltungsvermögens, oder um dafür benötige Leistungen zu beschaffen, galt lange Zeit als fiskalisches Handeln von der Grundrechtsbindung freigestellt.

(1) Fiskustheorie

Ihren Ursprung hat diese Auffassung[1191] in der schon lange überwundenen Vorstellung,[1192] der privatrechtlich handelnde Fiskus sei eine neben dem hoheitlich handelnden Staat stehende, selbständige juristische Person. Mit dieser Konstruktion sollten im Spätabsolutismus Ersatzansprüche von Bürgern gegen den obrigkeitlichen Staat, dessen hoheitlichen Eingriffe rechtsschutzlos hingenommen werden mussten, ermöglicht werden.[1193] Öffentlich-rechtliches und privatrechtliches Handeln des Staates sind allerdings nur verschiedene Handlungsformen derselben Rechtsperson „Staat", an der rechtlichen Identität des Handelnden bestehen keine Zweifel mehr.[1194] Dementsprechend hat sich die Fiskustheorie, für deren Existenz es aufgrund der „Domestizierung der Verwaltung durch das öffentliche Recht" keinen Bedarf mehr gibt, und die rechtsstaatlich bedenklich ist,[1195] überlebt.[1196]

151; *V. Zezschwitz,* NJW 1983, 1873 (1878); *Zuleeg,* WiVerw 1984, 112 (119). *Kling,* Vergabefremde Regelungen, S. 66; *Prieß,* in *Motzke/Pietzcker/Prieß,* VOB/A, Vor Abschnitt 1, Rn. 6; *Niebuhr,* in *Niebuhr/Kulartz/Kus/Portz,* VergabeR, § 97, Rn. 241; *Boesen,* Vergaberecht, Einl., Rn. 86; *Dreher,* in *Immenga/Mestmäcker,* GWB, Vor § 97, Rn. 90; *Sterner,* Rechtsbindungen und Rechtsschutz, S. 80f.; *Götzke,* Umweltschutz bei der Vergabe, S. 45; *Riese,* Vergaberecht, S. 51; *Kokott,* in *Byok/Jaeger,* Vergaberecht, Einf., Rn. 59f.; *Zdzieblo,* in *Daub/Eberstein,* VOL/A, § 7, Rn. 22; *Hertwig,* Praxis der öffentlichen Auftragsvergabe, S. 1; *Schnapp,* JuS 1989, 1 (6).

1190 Grundlegend BKartA, Beschl. v. 29.4.1999, NJW 2000, 151 (153) „Euromünzplättchen": Auftragsvergabe ist öffentliche Gewalt i.S.d. Art. 19 Abs. 4 und Art 1 Abs. 3 GG, wobei allerdings auch noch eine zweite Begründungslinie aus Art. 20 Abs. 3 GG ausgeführt wird. Eindeutig aber OLG Brandenburg, NVwZ 1999, 1142 (1146): Art. 1 Abs. 3 GG fehlt jede Anknüpfung an Handlungsmodalitäten, so dass auch fiskalisches Handeln von dieser Norm erfasst wird. Der BGH lässt eine abschließende Antwort auf die Frage der Anwendbarkeit von Art. 1 Abs. 3 GG in seinem Beschl. v. 19.12.2000, ZIP 2001, 479 noch ausdrücklich offen, da der Justizgewährleistungsanspruch im zu entscheidenden Fall eine gleich gute Stütze für die Entscheidung bot.

1191 So auch *Möstl,* Grundrechtsbindung, S. 77, ähnlich *Röhl,* VerwArch 1995, 531 (539).

1192 *Ehlers,* Verwaltung in Privatrechtsform, S. 76, m.w.N.

1193 Siehe *Burmeister,* DÖV 1975, 695 (699), *Wolff/Bachof/Stober,* Verwaltungsrecht I, § 8 Rn. 9; *Berg,* GewArch 1990, 225 (226), sowie *Ehlers,* Verwaltung in Privatrechtsform, S. 76f., der auf Schwächen dieses Begründungsansatzes hinweist.

1194 Die Vorstellung des Staates als Doppelpersönlichkeit wurde schon im 19. Jahrhundert aufgegeben: *Burmeister,* DÖV 1975, 695 (699).

1195 *Ehlers,* Verwaltung in Privatrechtsform, S. 77; siehe auch *Möstl,* Grundrechtsbindung, S. 77; *Burmeister,* DÖV 1975, 695 (700).

1196 *Emmerich,* JuS 1970, 332 (334); *Binder,* Der Staat als Träger, S. 69; *Wolff/Bachof/Stober,* Verwaltungsrecht I, § 23, Rn. 17.

Wird heute von fiskalischer Verwaltung gesprochen, so meint dies in einem weitesten Sinne Verwaltungshandeln in Privatrechtsform.[1197] Da diese Zuordnung aber rein deskriptiver Natur ist, können aus einer solchen Qualifizierung noch keine Aussagen über die rechtlichen Bindungen dieses Verwaltungshandelns abgeleitet werden.[1198] Der Fiskusbegriff hat seine Rechtsbedeutung verloren.[1199]

(2) Verwaltungsprivatrecht

Während eine unmittelbare Bindung der privatrechtlich handelnden Verwaltung an die Grundrechte von einigen ganz abgelehnt wurde,[1200] sollte sie nach der wohl lange herrschenden Meinung gemäß dem sogenannten „Verwaltungsprivatrecht"[1201] lediglich in bestimmten Fällen eintreten. Nur wenn die Verwaltung Privatrechtsverhältnisse in Verfolgung der ihr zugewiesenen (öffentlichen) Verwaltungsaufgaben eingeht, sollte Verwaltungsprivatrecht Anwendung finden, in welchem öffentlich-rechtliche Bindungen, auch an die Grundrechte, zur Geltung kommen.[1202] Privatrechtliche Bedarfsdeckungsgeschäfte der öffentlichen Hand sollten demgegenüber regelmäßig alleine zivilrechtlich zu beurteilen sein, wenn nicht ein Verwaltungsträger ihm zugewiesene Aufgaben unmittelbar mit derartigen Geschäften erfüllt. Eine Bindung des öffentlichen Beschaffungswesens an die Grundrechte wurde als „fiskalisches Hilfsgeschäft" im Grundsatz abgelehnt.[1203] Interessenkollisionen in Vergabeverfahren könnten nach dieser Ansicht im Grundsatz keine Grundrechtsrelevanz haben.

Diesem Ansatz folgte auch die Rechtsprechung des BGH. Diesem zufolge bindet der verfassungsrechtliche Gleichheitsgrundsatz die öffentliche Hand „auch" dort, wo sie sich zur unmittelbaren Erfüllung von ihr obliegenden Aufgaben privatrechtlicher For-

1197 Siehe *Wolff/Bachof/Stober,* Verwaltungsrecht I, § 23, Rn. 17; *Löw,* DÖV 1957, 879 (879). Zur identischen Verwendung des Begriffs „Fiskus" siehe beispielsweise *Emmerich*, JuS 1970, 332 (332); *Möstl,* Grundrechtsbindung, S. 78. *Burmeister*, DÖV 1975, 695 (702) möchte unter fiskalischem Handeln den Gegenbegriff zur öffentlichen Verwaltung sehen, welches keine öffentlichen Aufgaben erfüllt. Letztlich können die hier vertretenen unterschiedlichen Ansätze für die vorliegende Darstellung außer Betracht bleiben.

1198 *Ehlers*, Verwaltung in Privatrechtsform, S. 77; *Burmeister*, DÖV 1975, 695 (700f.).

1199 *Gusy*, DÖV 1984, 872 (877). Anders *Faber*, DÖV 1995, 403 (405), die zwischen fiskalischem und verwaltungsprivatrechtlichem Handeln mit unterschiedlichen Rechtsbindungen unterscheidet. Siehe auch am überkommenen Fiskusbegriff festhaltend *Dürig*, in *Maunz/Dürig*, GG, Art. 1 Abs. 3, Rn. 134.

1200 Siehe etwa *Dürig*, in *Maunz/Dürig*, GG, Art. 1 Abs. III, Rn. 134ff.; *Forsthoff,* Der Staat als Auftraggeber, S. 10ff.

1201 Welches, wie *de Wall* treffend festgestellt hat, nach den üblichen Abgrenzungstheorien dem öffentlichen Recht zuzuordnen wäre, also als ein eigenes „Privatrecht" der öffentlichen Hand betrachtet werden kann. Siehe *de Wall*, Die Anwendbarkeit privatrechtlicher Vorschriften, S. 36.

1202 Nach *Wolff/Bachof,* Verwaltungsrecht I, § 23 II b, 9. Aufl., 1974. Siehe auch *Ehlers*, DVBl. 1983, 422 (423); *Ehlers*, Verwaltung in Privatrechtsform, S. 213; *Emmerich*, JuS 1970, 332 (335); *Gusy*, DÖV 1984, 872 (878); *Stern,* StaatsR III/1, S. 1402. Für die frühe Literatur grundlegend *Siebert,* in *Rechts- und Staatswissenschaftliche Fakultät zu Göttingen (Hrsg.),*FS Niedermeyer, S. 240 m.w.N.

1203 Siehe *Erichsen/Ebber*, Jura 1999, 373 (375), *Pietzcker,* AöR 107 (1982), 61 (70); *Stern,* StaatsR III/1, S. 1397; *Schliesky,* Öffentliches Wettbewerbsrecht, S. 67; *Wallerath,* Öffentliche Bedarfsdeckung, S. 37.

men bedient.[1204] Aus dem Judikat in der sogenannten „Gummistrümpfe"-Entscheidung kann herausgelesen werden, dass das „auch" im genannten Leitsatz zunächst als ein „nur" hinsichtlich der Bindungen der Verwaltung bei privatrechtlicher Betätigung zu verstehen war. In dieser Entscheidung hat der BGH festgestellt, dass die vorgestellte Grundrechtsbindung für fiskalische Hilfsgeschäfte, also Geschäfte zur Bedarfsdeckung der öffentlichen Hand, nicht ohne weiteres gelte, da sich diese von der unmittelbaren Erfüllung einer öffentlichen Verwaltungsaufgabe grundlegend unterscheiden würden.[1205] Der BGH geht davon aus, dass nur ein durch Verwaltungsakt geschaffenes öffentlich-rechtliches Rechtsverhältnis und *eine dem Vertragspartner gegenüber zu erfüllende öffentliche Aufgabe* von der unmittelbaren Grundrechtsbindung erfasst werden.[1206] Soweit die Verwaltung Daseinsvorsorge in Formen des privaten Rechts betreibt, sollte es für die Anwendung des Gleichheitssatzes allerdings keiner näheren Begründung bedürfen.[1207] Die Verwaltung solle sich durch die Wahl privatrechtlicher Mittel nicht ihrer Grundrechtsbindung bei der Erfüllung öffentlicher Aufgaben entledigen können.[1208]

Unter Aufrechterhaltung seiner bisherigen Judikatur stellte der BGH in seiner „Abschleppunternehmer"-Entscheidung allerdings fest, dass die öffentliche Hand auch bei fiskalischem Handeln, welches nicht unmittelbar der Erfüllung öffentlicher Aufgaben dient, mehr als ein Privatmann an den Gleichheitssatz gebunden bleibt. Insbesondere bei Bedarfsdeckungsgeschäften genösse sie zwar grundsätzlich wie ein Privater das Recht der freien Auswahl des Geschäftspartners, dies allerdings nur innerhalb einer Willkürgrenze.[1209]

Parallel zu dieser uneinheitlichen Rechtsprechung, welche insbesondere hinsichtlich der öffentlich-rechtlichen Grundlagen erhebliche Lücken aufweist,[1210] wird in der Lehre zwischen drei Bereichen privatrechtlicher Betätigung der vollziehenden Gewalt unterschieden, nämlich der Wahrnehmung von genuinen Verwaltungsaufgaben (Verwaltungsprivatrecht), Hilfsgeschäften zur Bedarfsdeckung und erwerbswirtschaftliche Betätigung der öffentlichen Hand.[1211] Nur für den ersten Bereich wurde eine Grundrechtsbindung allgemein angenommen,[1212] wobei allerdings die Abgrenzung zu den anderen Formen des Verwaltungshandelns im Einzelnen unklar und umstritten waren.[1213] Die erforderliche Abgrenzung ist aber insgesamt in Frage zu stellen. Eine strikte Trennung zwischen privatrechtlichem Verwaltungshandeln in Verfolgung öffentlicher Aufgaben und eben solchem Handeln in „rein fiskalischer Funktion"[1214] ist ebenso wenig möglich, wie die Abgrenzung der „unmittelbaren" von der „mittelbaren" Wahrnehmung dieser

---

1204 BGH, Urt. v. 10.12.1958, BGHZ 29, 76 (erster Leitsatz und S. 80); wiederholt in Urt. v. 26.10.1960, BGHZ 33, 230 (233); auch Urt. v. 26. 10.1961, BGHZ 36, 91 (95); Urt. v. 23.9.1969, BGHZ 52, 325 (328f.).

1205 BGHZ 36, 91 (95). Siehe hierzu die kritische Anmerkung von *Stern,* in JZ 1962, 181.

1206 BGHZ 36, 91 (96).

1207 BGHZ 52, 325 (328f.).

1208 Urt. 26.11.1975, BGHZ 65, 284 (287).

1209 BGH, Urt. v. 14.12.1976, NJW 1977, 628 (629f.). Im Anschluss hieran OLG Koblenz, Urt. v, 3.2.1988, NVwZ-RR 1989, 812f.

1210 Siehe *Hermes*, JZ 1997, 909 (912).

1211 Siehe *Maurer,* Allg. Verwaltungsrecht, § 3, Rn. 6ff. *Pieroth/Schlink,* StaatsR II, Rn. 170; *Dreier*, in *Dreier*, GG Band 1, Art. 1, Rn. 48; *Ossenbühl,* DÖV 1971, 513 (520).

1212 Nach *Pieroth/Schlink,* StaatsR II, Rn. 170.

1213 Siehe nur *Stern,* StaatsR III/1, S. 1397f. u. 1408, jeweils m.w.N.

1214 Begriff nach *Dürig*, in *Maunz/Dürig*, GG, Art. 1 Abs. III, Rn. 135.

Aufgaben.[1215] Öffentlicher Zweck und Aufgabe sind keine Rechtsbegriffe, an die Rechtsfolgen verknüpft sind,[1216] so dass sich die Lehre des Verwaltungsprivatrechts als von Art. 1 Abs. 3 GG abgelöste Theorie darstellen muss. Tatsächlich kann sie nur als Ausläufer der klassischen Fiskustheorie verstanden werden, die sich in ihr - entgegen der theoretischen Überwindung der Trennung von Staat und Fiskus - perpetuiert hat.[1217]

Eine weitergehende, umfassende Darstellung der hier vertretenen Ansichten und der unterschiedlichen Spielarten[1218] des Verwaltungsprivatrechts kann an dieser Stelle aber unterbleiben.[1219] Die umfassende Bindung auch der privatrechtlich handelnden Verwaltung an die Grundrechte ergibt sich aus dem Folgendem.

b) Umfassende Reichweite von Art. 1 Abs. 3 GG

Von einem Handeln der Verwaltung in Privatrechtsform kann nicht auf eine Befreiung von öffentlich-rechtlichen Bindungen, insbesondere den Grundrechten, geschlossen werden, wie dies von der Lehre vom Verwaltungsprivatrecht im Grundsatz angenommen wird.[1220] Es ist allgemein anerkannt, dass der öffentlichen Hand, auch soweit sie privatrechtlich organisiert ist, Privatautonomie als Ausfluss der allgemeinen Handlungsfreiheit nach Art. 2 Abs. 1 GG mangels Grundrechts*berechtigung* nicht zukommt.[1221] Ebenso wenig kann aber die Verwaltung durch fiskalisches Handeln ihre nach Art. 1 Abs. 3 GG umfassende Grundrechts*bindung* abstreifen.

Für eine umfassende Bindung[1222] auch der privatrechtlich handelnden Verwaltung spricht schon der Wortlaut[1223] des Art. 1 Abs. 3 GG, der die drei Staatsgewalten nach der

---

1215 „Eindimensionale" Betrachtungen stehen vor erheblichen Schwierigkeiten. Die „reine" Bedarfsdeckung der öffentlichen Hand dient der Gewährleistung der materiellen und logistischen Grundlagen des Verwaltungsauftrags der öffentlichen Verwaltung, und verfolgt somit (unmittelbar?) öffentliche Aufgaben, siehe *Dörr*, DÖV 2001, 1014 (1015f.). Überzeugende Abgrenzungskriterien lassen sich kaum finden: *Dreier*, in *Dreier*, GG, Art. 1, Rn. 49; Siehe des Weiteren *Leisner,* DÖV 1970, 217 (218f.); *Emmerich*, JuS 1970, 332 (335); *Hösch*, BayVBl. 1997, 193 (196); *Röhl,* VerwArch 1995, 531 (574).

1216 *Emmerich*, JuS 1970, 332 (335); *Gusy*, DÖV 1984, 872 (878). Siehe auch schon oben, Erster Teil, A.II.2.

1217 Siehe *Mallmann*, VVDStRL 19 (1961), 165 (201ff.); *Schliesky,* Öffentliches Wettbewerbsrecht, S. 69; *Wallerath*, Öffentliche Bedarfsdeckung, S. 304. Auch *Ronellenfitsch,* DÖV 1999, 705 (706) stellt fest, dass die Doppelrolle des Staates erhalten blieb.

1218 Siehe die Nachweise bei *Ehlers*, Verwaltung in Privatrechtsform, S. 213f, sowie für die noch ältere Literatur bei *Ossenbühl,* DÖV 1971, 513 (Fn. 1 u. S. 522).

1219 *Pietzcker* schauderte schon 1978 bei dem Gedanken einer umfassenden Darstellung: *Derselbe*, Staatsaufträge als Instrument, S. 366, Fn. 62.

1220 Siehe *Röhl,* VerwArch 1995, 531 (538), der feststellt, das hier Ursache und Wirkung verwechselt wurden, sowie *Erichsen/Ebber*, Jura 1999, 373 (375); *Huber*, JZ 2000, 877 (878);

1221 *Puhl,* VVDStRL 60 (2001), 456 (488); *Ehlers*, Verwaltung in Privatrechtsform, S. 82; *Dreier*, in *Dreier*, GG Band 1, Art. 1, Rn. 49; *Wolff/Bachof/Stober,* Verwaltungsrecht I, § 23, Rn. 6. Siehe auch *Gusy*, DÖV 1984, 872 (878); *Maurer,* Allg. Verwaltungsrecht, § 3, Rn. 9.

1222 Die diesbezügliche Diskussion kann mit *Hermes*, JZ 1997, 909 (912) für erledigt gehalten werden, wenn auch *Dreher*, in *Immenga/Mestmäcker,* GWB, Vor §97, Rn. 88 in der Frage der Fiskalgeltung der Grundrechte entgegengesetzt noch eines der umstrittensten Probleme des Verfassungsrechts sieht. Eine umfassendere Darstellung gibt *Kling,* Vergabefremde Regelungen, S. 41ff.

1223 Gegen einen insofern eindeutigen Wortlaut wenden sich *Schliesky,* Öffentliches Wettbewerbsrecht, S. 59; *Dörr*, DÖV 2001, 1014 (1015); *Stern,* StaatsR III/1, S. 1410. Der Wortlaut steht einer umfassenden Grundrechtsbindung auch privatrechtlichen Verwaltungshandelns aber jedenfalls nicht

Gewaltenteilungslehre in einem organisatorischen Sinne aufführt.[1224] Dementsprechend ist für die Frage der Grundrechtsbindung ein formelles, an der Staatsorganisation ansetzendes Verständnis des Begriffs „vollziehende Gewalt" entscheidend, auf die ausgeübte Tätigkeit[1225] kann es nicht ankommen.[1226] So erfasst auch die identische Formulierung in Art. 20 Abs. 2 GG nicht nur obrigkeitliches Handeln, sondern jegliches Handeln des Staates als Ansatzpunkt für die von der vollziehenden Gewalt ausgeübte Staatsgewalt.[1227] Eine Gesamtschau der Verfassungsnormen lässt also die verfassungsrechtliche Einbindung des Staatshandelns in seiner Gesamtheit erkennen.[1228]

Letztlich muss eine Bindung auch der privatrechtlich tätigen Verwaltung nach Art. 1 Abs. 3 GG auch angenommen werden, damit diese nicht einseitig über ihre auf Verfassungsebene verankerten Rechtsbindungen disponieren kann. Angesichts der bestehenden Formenwahlfreiheit der Verwaltung würde andernfalls die Wahl der Rechtsform auch die Wahl der Rechtsbindungen bei der Erfüllung von Verwaltungsaufgaben bedeuten.[1229] Eine solche Flucht ins Privatrecht gibt es allerdings nicht.[1230]

Nun könnte eine Formenwahlfreiheit der öffentlichen Hand im Rahmen ihrer Beschaffungsvorgänge aber gerade nicht bestehen, so dass das Argument der Dispositionsbefugnis der Verwaltung über ihre Bindungen hier nicht verfinge. Es wird aber zunehmend bestritten, dass die öffentliche Beschaffung nicht auch der Wahrnehmung von Verwaltungsaufgaben[1231] dient.[1232] Die alleinige Zuordnung zum Zivilrecht wird aus die-

---

entgegen und vermag eine Ausklammerung nicht zu begründen. Siehe *Pache,* DVBl. 2001, 1781, (1787).

1224 *Ehlers*, DVBl. 1983, 422 (424); *derselbe*, Verwaltung in Privatrechtsform, S. 215.

1225 Dass „vollziehende Gewalt" im allgemeinen Sprachgebrauch mit staatlichen Zwangsakten verbunden ist, spielt hier keine Rolle. So ist die Grundrechtsbindung der vollziehenden Gewalt auch bei schlicht-hoheitlichem Handeln anerkannt. Siehe nur *Schliesky,* Öffentliches Wettbewerbsrecht, S. 58f.; *Ehlers*, DVBl. 1983, 422 (424); *derselbe*, Verwaltung in Privatrechtsform, S. 214f.

1226 Siehe *Dreier*, in *Dreier*, GG, Band I, Art. 1, Rn. 36; *Möstl,* Grundrechtsbindungen, S. 71ff.; *Schnapp,* JuS 1989, 1 (1f.), sowie auch *Sterner,* Rechtsbindungen und Rechtsschutz, S. 80f.

1227 *Schliesky,* Öffentliches Wettbewerbsrecht, S. 60; *Gusy*, DÖV 1984, 872 (878); siehe auch *Möstl,* Grundrechtsbindungen, S. 72. Gleiches gilt für den Begriff der öffentlichen Gewalt im Rahmen der Rechtsschutzgarantie des Art. 19 Abs. 4, die ebenfalls unabhängig von der Rechtsform des Handelns greift: *Binder* ZZP 2000, 195, 204; siehe auch *Reidt,* BauR 2000, 22 (25) und *Dörr,* DÖV 2001, 1014 (1015). Als systematische Stütze wird auch auf die umfassende Bindung an die Menschenwürde verwiesen, *Schliesky,* Öffentliches Wettbewerbsrecht, S. 60. Vgl. *Ehlers*, DVBl. 1983, 422 (425); *derselbe*, Verwaltung in Privatrechtsform, S. 216.

1228 *Stern,* StaatsR III/1, S. 1411. Auch die Gesetzgebungsgeschichte kann die umfassende Grundrechtsbindung demnach stützen, wenn sie auch nicht ganz eindeutig sein mag (hierzu *Schliesky,* Öffentliches Wettbewerbsrecht, S. 59, *Dörr,* DÖV 2001, 1014 (1015); *Stern,* StaatsR III/1, S. 1410). So ist angesichts des Wortlauts, des systematischen Zusammenhangs und der Überwindung der traditionellen Fiskuslehre nicht davon auszugehen, dass der ursprüngliche Verfassungstext („Verwaltung" statt „vollziehende Gewalt") von vornherein beschränkt gewesen sein soll (so aber *Ronellenfitsch,* in *Isensee/Kirchhof,* HdBStR III, § 84, Rn. 46, insb. Fn. 204; vgl. *Ehlers*, Verwaltung in Privatrechtsform, S. 215; *Stern,* StaatsR III/1, S. 1395 u. 1410), eine Bedeutungseinengung war durch die Änderung jedenfalls nicht intendiert: *Ehlers*, DVBl. 1983, 422 (424); *derselbe*, Verwaltung in Privatrechtsform, S. 215; *Möstl,* Grundrechtsbindung, S. 44.

1229 *Burmeister*, DÖV 1975, 695 (703); siehe auch *Huber*, JZ 2000, 877 (878).

1230 *Faber*, DÖV 1995, 403 (405). Siehe diesen Aspekt betonend auch *Rittner,* ZHR 152 (1988), 318 (332).

1231 So dienen die Beschaffungsgegenstände der Erfüllung des allgemeinen Verwaltungsauftrags. Auch erfolgt nach wie vor eine politische Steuerung über die Vergabe öffentlicher Aufträge. Siehe hierzu bspw. *Burgi*, NZBau 2001, 64; *Böhm/Danker*, NVwZ 2000, 767f; *Neßler,* DÖV 2000, 145ff; *Rittner,* EuZW 1999, 677ff.; *Rust,* EuZW 1999, 453ff.; *Ziekow,* NZBau 2001, 72ff, jeweils m.w.N.

sem Grund bestritten.[1233] Kann somit nicht ausgeschlossen werden, dass die öffentliche Beschaffung der Erfüllung öffentlicher Aufgaben dient, so wäre in diesen Fällen auch der Abschluss eines öffentlich-rechtlichen Austauschvertrages nach § 56 VwVfG möglich. Wie schon gezeigt, gilt dies jedenfalls für gemeinwirtschaftliche Verkehrsverträge, welche der unmittelbaren Erfüllung einer öffentlichen Aufgabe dienen und die als öffentlich-rechtliche Verträge abgeschlossen werden können.[1234] Somit ist das Argument der Verhinderung einer Dispositionsbefugnis der Verwaltung über ihre Bindungen jedenfalls bei der Bestellung gemeinwirtschaftlicher Verkehrsdienstleistungen zu beachten.

Gegen eine Grundrechtsbindung der Verwaltung kann auch nicht eingewandt werden, dass sich die Verwaltung durch die Wahl privatrechtlicher Formen auf eine Stufe der Gleichordnung begebe, in der es einer solchen Bindung nicht bedürfe.[1235] Da sich der Staat die Bedingungen seines Handelns selber setzen kann,[1236] ist eine „Waffengleichheit" mit echten Privaten nie gegeben.[1237] Eine nur mittelbare Grundrechtsbindung der fiskalischen Verwaltung,[1238] wie sie auch im allgemeinen Privatrechtsverkehr zur Gel-

---

In Übereinstimmung mit der Rechtsprechung des EuGH in den Rechtssachen 31/87, Urt. v. 20.9.1988, Slg. 1987, 4635ff. und C-225/98, Urt. v. 26.9.2000, abgedruckt in JZ 2001, 138ff. ist davon auszugehen, dass das europäische Vergaberecht „vergabefremden" Zwecken gleichgültig gegenüber steht, soweit hierdurch die Öffnung der nationalen Vergabemärkte nicht unterlaufen wird, so auch *Benedict*, NJW 2001, 947 (948).

1232 Aus diesem Grund wird vertreten, dass das Vergaberecht in das Verwaltungsprivatrecht hineingewachsen ist: *Gallwas*, VergabeR 2001, 2 (3); siehe auch *Stern*, StaatsR III/1, S. 1416. Die für die Anwendung des Verwaltungsprivatrechts zu treffende Unterscheidung zwischen privatrechtlichem Handeln zur Erfüllung öffentlicher Aufgaben und solchen ohne einem solchen Ziel ist im öffentlichen Auftragswesen tatsächlich weder praktisch noch rechtlich möglich: *Dörr*, DÖV 2001, 1014 (1015f.).

1233 Siehe *Kopp*, Bay.VBl. 1980, 609 (611). Vgl. *Pernice/Kadelbach*, DVBl. 1996, 1100 (1106); *Gusy*, DÖV 1984, 872 (873); *Pietzcker*, in *Bender/Breuer/Ossenbühl/Sendler (Hrsg.)*, FS Redecker, S. 505; *Zuleeg*, WiVerw1984, 112 (113ff.). *Rüfner*, in *Isensee/Kirchhof*, HdBStR V, § 117, Rn. 45 betont, dass die Entwicklung überzeugender Abgrenzungskriterien nicht möglich ist und damit alles für eine prinzipiell umfassende Grundrechtsbindung spricht.

1234 Siehe oben, Zweiter Teil, A.I.2.a).

1235 So z.B. *Bettermann*, in FS Hirsch, S. 19. Siehe hierzu aber *Möstl*, Grundrechtsbindung, S. 56; *Wallerath*, Öffentliche Bedarfsdeckung, S. 311f., Fn. 65 sowie *Stern*, Anmerkung zu BGHZ 36, 91 in JZ 1962, 181 (182).

1236 Vgl. hierzu auch *Erichsen/Ebber*, Jura 1999, 373 (375f.).

1237 Siehe *Wallerath*, Öffentliche Bedarfsdeckung, S. 313. Das Privatrecht vermag hier auch keinen ausreichenden Schutz zu gewähren, da zum Beispiel die heute dem § 26 GWB (alt) entsprechende Regelung des § 19 GWB nur bei Marktbeherrschung greift. Die Entbehrlichkeit des Grundrechtsschutzes für privatwirtschaftliche Verwaltungstätigkeit kann keinesfalls unter Hinweis auf diese Bestimmung gerechtfertigt werden: *Schliesky*, Öffentliches Wettbewerbsrecht, S. 63; *Pietzcker*, Staatsaufträge als Instrument, S. 373; *Götzke*, Umweltschutz bei der Vergabe, S. 44. Siehe auch *Ehlers*, Verwaltung in Privatrechtsform, S. 218. So aber *Emmerich*, JuS 1970, 332 (337f.), der den damaligen § 26 GWB grundsätzlich auf öffentliche Unternehmen anwenden wollte. Auch Ossenbühl hält die Frage der Grundrechtsbindung für überflüssig oder falsch gestellt: DÖV 1971, 513 (521).

1238 Für „rein fiskalische" Verwaltungstätigkeiten noch vertreten von *Dürig*, in *Maunz/Dürig*, GG, Art. 1 Abs. 3, Rn. 138. Unklar *Maurer*, Allg. Verwaltungsrecht, § 3 Rn. 10 in Verhältnis zu Rn. 7. Auch dieser Ansatz geht noch von der überholten Fiskuslehre aus, siehe *Dürig*, ebenda, sowie *Schliesky*, Öffentliches Wettbewerbsrecht, S. 66.

tung kommt,[1239] ließe demgegenüber die spezifischen Eigenheiten der staatlichen Akteure außer Betracht.[1240] Soweit diese privatrechtlich handeln oder privatrechtlich organisiert sind, stellen sie zwar Privatrechtssubjekte, aber keine privaten Rechtssubjekte dar, die vollziehende Gewalt ist als solche Adressat der Grundrechte.[1241] Die dem Gedanken der Gleichbehandlung[1242] folgende Normierung der Europäischen Vergaberichtlinien hat auch bewiesen, dass Gleichbehandlung Wettbewerb erst sicherstellen kann und keinesfalls diesen oder die Verwirklichung der Beschaffungsziele verhindert.[1243]

Die Anwendung von Privatrecht kann die verfassungsvorgegebenen Bindungen der Verwaltung an die Grundrechte ebenso wenig verdrängen,[1244] wie von der Grundrechtsgeltung auf eine Nichtanwendbarkeit des einschlägigen Zivilrechts bei privatrechtlichen Handlungen der öffentlichen Hand geschlossen werden kann.[1245] Soweit Konfliktfälle grundrechtskonform durch einfaches (Zivil-) Recht gelöst werden können, ist ein Rückgriff auf das Grundrecht weder gestattet noch erforderlich. Ein Rückgriff ist aber dann unvermeidbar, wenn derartige Spezialnormen fehlen oder den Grundrechtsstandard nicht erreichen.[1246] Dies könnte hinsichtlich der Regelungslücken des § 16 VgV - welcher nicht alle Sachverhalte, in denen eine Interessenkollision tatsächlich gegeben ist, erfasst - der Fall sein. Angesichts der Nachfragemacht der öffentlichen Hand, ist eine Grundrechtsbindung der öffentlichen Auftraggeber zur Begrenzung ihrer Marktmacht auch geboten.[1247]

Die unbedingte Bindung des Verwaltungshandelns an Art. 1 Abs. 3 GG erfasst alle Formen privatrechtlichen Handelns der öffentlichen Hand, also auch Bedarfsdeckungsgeschäfte. Die Lehre vom Verwaltungsprivatrecht und die damit einhergehende Dreiteilung privatrechtlicher Tätigkeit des Staates ist also nach richtigem Grundrechtsver-

1239 Siehe aus der Literatur nur *Dürig*, in *Maunz/Dürig*, GG, Art. 1 Abs. 3, Rn. 131f; sowie *Hesse*, Verfassungsrecht und Privatrecht, S. 23ff.; *Canaris*, Grundrechte und Privatrecht, S. 23ff.; sowie grundlegend *Leisner*, Grundrechte und Privatrecht. Zum Verhältnis der Grundrecht zum einfachen Gesetz *Jestaedt*, Grundrechtsentfaltung. Die zivilrechtlichen Generalklauseln als Einbruchstellen des Grundrechtsschutzes sind zuletzt im Rahmen der Sittenwidrigkeit von Ehegattenbürgschaften prominent geworden: BVerfG v. 2.5.1996, abgedruckt in NJW 1996, 2021ff.

1240 Siehe *v. Arnauld*, DÖV 1998, 437 (441).

1241 Siehe *Schliesky*, Öffentliches Wettbewerbsrecht, S. 64; *Möstl*, Grundrechtsbindungen, S. 57.

1242 Siehe etwa EuGH v. 22.6.1993, Rs. C-243/89, „Storebaelt“, Slg. 1993, I-3353, Rn. 33; EuGH v. 25.4.1996, Rs. C-87/94, „Wallonische Busse“, Slg. 1996, I-2043, (Rn. 51ff.), sowie auch EuGH v. 25.4.1996, Rs. 87/94, „Alkatel“, abgedruckt in EuZW 1996, 506ff (Tz. 51).

1243 Gegen eine Bindung sprach sich vor allem *Emmerich*, JuS 1970, 332 (334), aus, der einen generellen Kontrahierungszwang und das Ende jeden Preiswettbewerbs befürchtete. Tatsächlich ermöglicht der Gleichheitssatz aber Differenzierungen und Anpassungen an den jeweiligen Sachbereich. Siehe *Schliesky*, Öffentliches Wettbewerbsrecht, S. 274ff.; *Ehlers*, Verwaltung in Privatrechtsform, S. 218; sowie *Wallerath*, Öffentliche Bedarfsdeckung, S. 318ff.

1244 *Stern*, StaatsR III/1, S. 1414.

1245 Hiervon geht aber wohl *Emmerich* aus, der durch die Herauslösung aus dem Wettbewerbsrecht die Privatrechtsordnung bedroht sieht: JuS 1970, 332 (337f.).

1246 Die Grundrechtsanwendung ist subsidiär, siehe nur *Ehlers*, Verwaltung in Privatrechtsform, S. 217; *Starck*, in *v. Mangoldt/Klein*, GG Band 1, Art. 1, Rn. 197f.; *Faber*, DÖV 1995, 403 (405f.); *Stern*, StaatsR III/1, S. 1414f.; sowie *Ossenbühl*, DÖV 1971, 513 (521). Dass die praktische Bedeutung der Grundrechtsbindung deswegen „überaus gering“ sei, ist aber fraglich. Siehe aber *Gallwas*, Die rechtliche Stellung des Bieters, S. 23.

1247 Siehe *Dörr*, DÖV 2001, 1014, (1016), vgl. ähnlich schon *Mallmann*, VVDStRL 19 (1961), 165 (202).

ständnis obsolet.[1248] Dementsprechend stimmig ist der Einbezug des Vergabewesens in Art. 19 Abs. 4 GG, was insbesondere für Aufträge unterhalb der Schwellenwerte der EG-Richtlinien, für die das Rechtsschutzsystem des Kartellvergaberechts keine Anwendung findet, von Bedeutung ist.[1249]

2. *Personelle Reichweite der Grundrechtsbindung*

Nachdem die Grundrechtsbindung der öffentlichen Hand auch in zivilrechtlich zu beurteilenden Vergabeverfahren feststeht, ist darauf einzugehen, ob und inwieweit „öffentliche Auftraggeber" des ÖPNV von dieser Grundrechtsbindung erfasst werden. Es wurde bereits festgestellt, dass Stellen, die gemeinwirtschaftliche Verkehrsleistungen bestellen, unter die öffentlichen Auftraggeberbegriffe des § 98 Nr. 1 – 3 GWB fallen.[1250]

Art. 1 Abs. 3 GG bindet im vorliegend interessierenden Bereich die vollziehende Gewalt, also die Verwaltung im organisationsrechtlichen Sinne. Hierzu zählen zweifellos die Kommunen als Verwaltungsträger, welche als Gebietskörperschaften auch öffentliche Auftraggeber nach § 98 Nr. 1 GWB sind.[1251] Soweit die Kommunen nach den ÖPNV-Gesetzen der Länder die Aufgabenträgerschaft für den ÖPNV - und somit die Bestellerfunktion - innehaben, sind sie bei der Vergabe von ÖPNV-Dienstleistungen unmittelbar an die Grundrechte gebunden.[1252]

Fraglich könnte aber die Grundrechtsbindung privatrechtlicher Nahverkehrsgesellschaften, denen die Ausübung der Bestellerfunktion übertragen wurde, sein (§ 98 Nr. 2 GWB). Während kommunale Eigengesellschaften die Grundrechte zu beachten haben[1253] und Nahverkehrsgesellschaften, die zu 100% in kommunaler Hand liegen, somit jedenfalls dieser Bindung unterfallen, ist dies für Beteiligungsgesellschaften umstritten.[1254] Während von den einen eine Grundrechtsbindung gemischtwirtschaftlicher Unternehmen unter Hinweis auf die Privatautonomie der beteiligten Privaten abgelehnt wird,[1255] wird von anderen eine solche vielfach aber zumindest bei einer Beherrschung des Unternehmens durch die öffentliche Hand angenommen.[1256] Auch funktionale Krite-

1248 Siehe *Röhl*, VerwArch 1995, 531 (572); *Unruh*, DÖV 1997, 653 (666). Vgl. auch die oben genannten Autoren, die ein Wahlrecht der Verwaltung hinsichtlich ihrer Handlungsform ablehnen, Zweiter Teil, A.I.2.b).

1249 Hierzu *Binder*, ZZP 2000, 195 (209ff.); *Dörr*, DÖV 2001, 1014ff. Bei einer einheitlichen Zuordnung des Vergabewesens zum Zivilrecht ist die *un*mittelbare Grundrechtsbindung öffentlicher Auftraggeber von den Zivilgerichten zu beachten.

1250 Siehe oben, Erster Teil, B.I.2.a).

1251 Siehe nur *Boesen*, VergabeR, § 98, Rn. 21;

1252 Siehe *Dörr*, DÖV 2001, 1014 (1018).

1253 Siehe nur *Dreier*, in *Dreier*, GG, Art. 1 Abs. 3, Rn. 52; *Dörr*, DÖV 2001, 1014 (1018); *Jarass*, in *Jarass/Pieroth*, GG, Art. 1, Rn. 29; *Höfling*, in *Sachs*, GG, Art. 2, Rn. 96. A.A. aber *Püttner*, Die öffentlichen Unternehmen, S: 119f.

1254 Siehe hierzu ausführlich *Poschmann*, Grundrechtsschutz gemischt-wirtschaftlicher Unternehmen.

1255 So etwa *Dreier*, in *Dreier*, GG, Art. 1 Abs. 3, Rn. 52; *Ehlers*, Verwaltung in Privatrechtsform, S. 247f.; *derselbe*, JZ 1990, 1089 (1096); *Starck*, in *v. Mangoldt/Klein/Starck*, GG, Art. 1 Abs. 3 Rn. 199; *Rüfner*, in *Isensee/Kirchhof*, HdBStR V, § 117, Rn. 49; Höfling, in *Sachs*, GG, Art. 2, Rn. 96.

1256 Siehe hierfür *v. Arnauld*, DÖV 1998, 437 (444f.); *Dörr*, DÖV 2001, 1014 (1018); *Gersdorf*, Öffentliche Unternehmen im Spannungsfeld, S. 164; *Jarass*, DÖV 2002, 489 (495); *Kluth*, WiVerw 2000, 184 (195); *Möstl*, Grundrechtsbindung, S. 92ff.; *Niebuhr*, Wettbewerbsteilnahme gemischtwirtschaftlicher Unternehmen, S. 233; *Stern*, StaatsR III/1, S. 1421; und wohl auch *Storr*, Der Staat als Unternehmer, S. 88f. Siehe hinsichtlich eines nachträglichen Hinzutretens öffentlicher Anteilseigner differenzierend *Erichsen/Ebber*, Jura 1997, 367 (377).

rien sollen eine Rolle spielen.[1257] Einigkeit besteht nur darüber, dass der öffentliche Anteilseigner jedenfalls bei der Ausübung seiner Gesellschafterrechte die Grundrechte zu beachten hat.[1258]

Die Diskussion über die Reichweite der Grundrechtsbindung gemischtwirtschaftlicher Unternehmen ist im vorliegenden Zusammenhang aber entbehrlich, wenn die Wahrnehmung der Aufgabenträgerschaft durch Personen des Privatrechts eine öffentlich-rechtliche Verwaltungstätigkeit darstellt und nur aufgrund einer Beleihung möglich ist. Beliehene sind als Träger abgeleiteter öffentlicher Gewalt unmittelbar an die Grundrechte gebunden.[1259] Der Staat kann sich von der Grundrechtsbindung nicht durch die Bestellung eines Privaten zur Wahrung einer öffentlichen Aufgabe befreien,[1260] der Beliehene ist für den Umfang der Beleihung „ein Stück Staat mit all den Bindungen, die von der Verfassung diesem auferlegt sind".[1261]

Beliehene sind natürliche oder juristische Personen des Privatrechts, die hoheitliche Funktionen im eigenen Namen und Interesse, aber im Auftrag des Staates ausüben.[1262] Da sie selbständig und in eigenem Namen handeln, sind sie im Rahmen ihres hoheitlichen Kompetenzbereichs Verwaltungsträger.[1263] Die Bestellung gemeinwirtschaftlicher Verkehrsleistungen obliegt zunächst den öffentlich-rechtlichen Aufgabenträgern,[1264] der sie durch den Abschluss öffentlich-rechtlicher Verträge nachkommen.[1265] Subsidiär besteht auch die Möglichkeit der Auferlegung durch Hoheitsakt.[1266] Auch Art. 14 Abs. 1 VO (EWG) 1191/69 F 91 geht davon aus, dass eine *Behörde* die gemeinwirtschaftlich zu erbringenden Verkehrsleistungen mit den Verkehrsunternehmen vereinbart. Die Wahrnehmung der Bestellerfunktion im ÖPNV ist damit eine hoheitliche Verwaltungsaufgabe. Ihre Übertragung auf Private ist damit nur durch Beleihung möglich und steht unter Gesetzesvorbehalt.[1267] Als Ermächtigungsgrundlage kommen hier die Landes-ÖPNV-Gesetze in betracht.[1268] Auch privatrechtliche Bestellerorganisationen im ÖPNV sind als öffentliche Auftraggeber bei der Bestellung gemeinwirtschaftlicher Verkehrsleistungen also unmittelbar grundrechtsgebunden.

1257 Siehe *Poschmann,* Grundrechtsschutz gemischt-wirtschaftlicher Unternehmen, S. 37ff., 76ff.

1258 Siehe zur dogmatischen Begründung nur *Möstl,* Grundrechtsbindung, S. 89 und *v. Arnauld,* DÖV 1998, 437 (443).

1259 Siehe nur *Starck,* in *v. Mangoldt/Klein/Starck,* GG, Art. 1 Abs. 3, Rn. 200; Höfling, in *Sachs,* GG, Art. 1, Rn. 78; *Rüfner,* in *Isensee/Kirchhof,* HdBStR V, § 117, Rn. 9;

1260 Siehe BVerfGE 10, 302 (327), und *Stern,* StaatsR III/1, S. 1205.

1261 *Stern,* StaatsR III/1, S. 1335.

1262 *Rüfner,* in *Isensee/Kirchhof,* HdBStR V, § 117, Rn. 9, m.w.N., siehe auch *Burgi,* in *Erichsen/Badura (Hrsg.),* Allg. VerwR, § 54, Rn. 25, sowie auch *derselbe,* in *Geis,* FS *Maurer,* S: 585.

1263 *Maurer,* Allg. Verwaltungsrecht, § 23, Rn. 56.

1264 Siehe oben, Erster Teil, A.II.2.c).

1265 Siehe zur Einordnung gemeinwirtschaftlicher Verkehrsverträge als öffentlich-rechtliche oben, Zweiter Teil, A.I.2.a).

1266 Siehe § 13a Abs. 1 PBefG, § 1 Abs. 3 GKV.

1267 Siehe *Barth/Kretschmann/Ott/Werner,* Der Nahverkehr 2001/12, 28 (32f), sowie allgemein zur Beleihung durch Gesetz etwa *Burgi,* in *Erichsen/Badura (Hrsg.),* Allg. VerwR, § 54, Rn. 27; *Maurer,* Allg. Verwaltungsrecht, § 23, Rn. 58.

1268 Soweit etwa § 7 Abs. 1 HessÖPNVG vorsieht, dass lokale Nahverkehrsgesellschaften mit der Aufgabe der Sicherstellung betraut werden können, ist dies als Ermächtigung zur Beleihung zu verstehen, siehe *Barth,* in *Barth/Baumeister/Berschin/Werner,* Recht des ÖPNV, A3, Rn. 188.

Wird die Aufgabenträgerschaft auf kommunale Zweckverbände übertragen, die ausschließlich aus Auftraggebern nach § 98 Nr. 1 und 2 GWB bestehen, so gilt für diese als Auftraggeber nach § 98 Nr. 3 GWB selbiges.

3. Relevanter Inhalt der grundrechtlichen Bindungen

Für die an die Grundrechte unmittelbar gebundenen öffentlichen Auftraggeber kommen neben den im Vergaberecht weiter ausgestalteten Gleichheitssatz (Art. 3 Abs. 1 GG) auch Vorgaben aus der Wettbewerbsfreiheit (Art. 12 Abs. 1 GG) und der Eigentumsgarantie (Art. 14 Abs. 1 GG) in Betracht. Im Folgenden wird zunächst die sachliche Betroffenheit und die Eingriffsmöglichkeit durch personelle Verknüpfungen zwischen Bietern und Auftraggebern in Vergabeverfahren für diese Grundrechte untersucht. Im Anschluss werden die sich aus dem festgestellten Befund ergebenden Anforderungen an Vergabeverfahren erörtert. Da sich der Prüfungsmaßstab des im Bereich der öffentlichen Beschaffung prominentesten Grundrechts, dem Gleichheitssatz aus Art. 3 Abs. 1 GG, bei Berührung anderer Grundrechte verändert, werden diese als erste untersucht.

a) Betroffenheit von Art. 12 Abs. 1 GG

(1) Schutzbereich

Art. 12 Abs. 1 GG schützt als einheitliches Grundrecht der Berufsfreiheit die Berufswahl und -ausübung.[1269] Bewerbungen und Angebote bei öffentlichen Aufträgen fallen grundsätzlich – die Grundrechtsfähigkeit der dahinter stehenden Personen unterstellt – in den Schutzbereich der Berufsausübungsfreiheit, da sie im Rahmen einer beruflichen Tätigkeit abgegeben werden.[1270] Zur Freiheit der Berufsausübung gehört auch die Wettbewerbsfreiheit,[1271] für die bei der Vergabe öffentlicher Aufträge Art. 12 Abs. 1 GG gegenüber Art. 2 Abs. 1 GG die speziellere Rechtsgrundlage[1272] für die betroffenen Unternehmen darstellt.[1273] Die Freiheit im Wettbewerb kann verstanden werden als das

---

1269 Siehe nur *Jarass*, in *Jarass/Pieroth*, GG, Art. 12, Rn. 1; *Tettinger*, in *Sachs*, GG, Art. 12, Rn. 8.

1270 Zum Begriff des Berufs als nicht nur vorübergehende Betätigung, die der Schaffung und dem Erhalt der Lebensgrundlage dient, siehe nur *Tettinger*, in *Sachs*, GG, Art. 12, Rn. 29; *Scholz*, in *Maunz/Dürig*, GG, Art. 12, Rn. 18ff.

1271 Diese ergibt sich schon aus der konkurrenzierenden Grundrechtsausübung, „Der Plural von Berufsfreiheit heißt Wettbewerbsfreiheit", *Hufen*, NJW 1994, 2913 (2915). „Wettbewerb ist die konkurrierende Wahrnehmung individueller Handlungsmöglichkeiten (Freiheiten) (...)": *Hösch*, WiVerw 2000, 159 (160). Von manchen wird aber die Wettbewerbsfreiheit noch in Art. 2 Abs. 1 GG verortet, siehe *Helm*, Rechtspflicht zur Privatisierung, S. 151, m.w.N. Zweifel an der grundrechtlichen Kategorie „Wettbewerbsfreiheit" bestehen aber nicht: *Lindner*, DÖV 2003, 185 (186).

1272 Siehe zu möglichen Differenzierungen *di Fabio*, in *Maunz/Dürig*, GG, Art. 2 Abs. 1, Rn. 116; zur Verortung der Wettbewerbsfreiheit in der Rechtsprechung des BVerwG *Pieroth/Hartmann*, DVBl. 2002, 421 (421).

1273 Siehe *Sodan*, DÖV 2000, 361 (364); *Zuleeg*, WiVerw 1984, 112 (121); *Badura*, in *Schmidt-Aßmann*, Bes. VerwR, 3. Abschn., Rn. 44; *Kluth*, WiVerw 2000, 184 (197); *Schulte*, DVBl. 1988, 512 (515); *Schliesky*, Öffentliches Wettbewerbsrecht, S. 197; *Jarass*, in *Jarass/Pieroth*, GG, Art. 12, Rn. 2f.; *Manssen*, in *Mangoldt/Klein/Starck*, GG, Art. 12, Rn. 67. Nach *Tettinger*, DVBl. 1999, 679 (687) bedeutet Freiheit der Berufsausübung zugleich notwendig Wettbewerb. *Kling*, Vergabe-

Recht auf den Versuch, sich durch freie Leistungskonkurrenz als Anbieter (und Nachfrager) auf dem Markt[1274] gegenüber anderen durchzusetzen.[1275] Der freie und gleiche Zugang zum Markt sowie die Freiheit des Agierens im Markt werden durch Art. 12 Abs. 1 GG gesichert.[1276] Dies ergibt sich schon aus der Berufsfreiheit als Gewährleistung im status negativus, die Wettbewerbsfreiheit ergibt sich unmittelbar aus der freiheitlichen Ausübung der Berufsfreiheit.[1277] Umfasst ist also die Möglichkeit, sich frei von staatlicher Ingerenz konkurrierend im Wettbewerb zu betätigen.[1278] Diese Freiheit wird von der Vergabe öffentlicher Aufträge berührt, da öffentliche Beschaffung die Marktteilnehmer in ihrem Versuch, sich als Anbieter von Gütern und Dienstleistungen im Markt durchzusetzen, betrifft. Aussagen, dass die Vergabe öffentlicher Aufträge hinsichtlich der Berufsfreiheit neutral sei, übersehen die Relevanz der Wettbewerbsfreiheit, ohne die die Berufsausübungsfreiheit der Teilnehmer im Markt vom Staat ausgehöhlt werden könnte.[1279] Die Vergabe öffentlicher Aufträge berührt jedenfalls den Schutzbereich der Wettbewerbsfreiheit der sich bewerbenden Unternehmen.[1280]

(2) Eingriff

Es ist nicht mehr erörterungsbedürftig, dass die Grundrechte Schutz gegenüber jeder nicht unerheblichen Beeinträchtigung grundrechtlich geschützten Verhaltens durch die öffentliche Hand bieten, ohne dass es auf die Rechtswirkung, Zielrichtung oder Unmittelbarkeit des beschränkenden Verhaltens ankäme.[1281] Staatliche Maßnahmen können auch alleine aufgrund ihrer faktischen Auswirkungen die Schutzwirkung von Art. 12

---

fremde Regelungen, S. 70, sieht die Wettbewerbsfreiheit im Vergabewesen fälschlich in Art. 2 Abs. 1 GG verankert.

1274 Wobei zum Markt (genauso wie zum Wettbewerb) auch die jeweils einschlägigen Regelungen zählen. Nach dem BVerfG ist der freie Wettbewerb eines der Grundprinzipien der bestehenden Wirtschaftsordnung, und das erlaubte Verhalten der Unternehmer in diesem Wettbewerb Bestandteil ihrer Berufsausübungsfreiheit. BVerfGE 32, 311 (317).

1275 VGH Kassel, Beschl. v. 1.7.1983, NJW 1985, 1356 (1357); *Sodan*, DÖV 2000, 361 (364); *Huber*, Konkurrenzschutz, S. 444. Siehe auch *Huber*, JZ 2000, 877 (879). *Di Fabio*, in *Maunz/Dürig*, GG, Art. 2 Abs. 1, Rn. 116 spricht vom Schutz des Leistungswettbewerbs.

1276 *Kluth*, WiVerw 2000, 184 (197), vgl. *Schliesky*, Öffentliches Wettbewerbsrecht, S. 198.

1277 Siehe *Scholz*, in *Maunz/Dürig*, GG, Art. 12, Rn. 38, 136.

1278 *Huber*, JZ 2000, 877 (879). Zu weitgehend *Puhl*, VVDStRL 60 (2001), 456 (481f.), der wohl jedes Auftreten der öffentlichen Hand im Wettbewerb als Ingerenz im Markt ansieht.

1279 Davon, dass die faktischen Rückwirkungen staatlicher Nachfrage hinsichtlich Art. 12 Abs. 1 GG grundrechtsneutral seien, kann also keine Rede sein. So aber *Wallerath*, Öffentliche Bedarfsdekkung, S. 336; *Gusy*, DÖV 1984, 872 (875).

1280 So zumindest im Ergebnis: *Ax*, Rechtsschutz bei der Vergabe öffentlicher Aufträge, S. 154;. *Gallwas*, VergabeR 2001, 2 (5); *Huber*, Konkurrenzschutz, S. 445f.; *derselbe*, JZ 2000, 877 (879f.); *Niebuhr*, in *Niebuhr/Kulartz/Kus/Portz*, VergabeR, § 97, Rn. 242; *Manssen*, in *Mangoldt/Klein/Starck*, GG, Art. 12, Rn. 97; *Puhl*, VVDStRL60 (2001), 456 (481). A.A. *Pietzcker*, Zweiteilung des Vergaberechts, S. 33.

1281 Der sogenannte weite Eingriffsbegriff ist allgemein anerkannt. Siehe schon *Gallwas*, Faktische Beeinträchtigungen sowie aus der neueren Zeit: *Hösch*, DÖV 2000, 393 (397); *Bethge*, VVDStRL 57 (1998), 7 (40); *Weber-Dürler*, VVDStRL 57 (1998), 57 (94); *Albers*, DVBl. 1996, 233 (234). Zur Ergötzung sei die Kontroverse zwischen *Bleckmann/Eckhof* und *Schwabe* nicht verschwiegen: *Bleckmann/Eckhoff*, DVBl. 1988, 373ff; Erwiderung von *Schwabe*, DVBl. 1988, 1055ff; Replik von *Bleckmann/Eckhoff*, DVBl. 1988, 1057ff.

Abs. 1 GG auslösen.[1282] Es wird allerdings überwiegend gefordert, dass solche Maßnahmen in einem engen Zusammenhang mit der Berufsausübung stehen und eine objektiv berufsregelnde Tendenz[1283] aufweisen müssen, um als Eingriff in Art. 12 GG gewertet werden zu können.[1284]

(a) Eingriff in Art. 12 Abs. 1 GG und öffentliche Aufträge

Ob demnach ein Eingriff in die Berufsfreiheit durch die Vergabe öffentlicher Aufträge möglich ist, wird in jüngster Zeit kontrovers diskutiert. Die freiheitsrechtliche Dimension der öffentlichen Auftragsvergabe ist im Schrifttum bislang meist nur am Rande angeschnitten worden.[1285]

Die weiteste Auffassung vertritt hier ersichtlich *Puhl,* der jede staatliche Auftragsvergabe als Eingriff in die Wettbewerbsfreiheit betrachtet und damit das gesamte öffentliche Beschaffungswesen unter Gesetzesvorbehalt stellt. *Puhl* stützt sich darauf, dass der zum Zuge kommende Bieter durch den öffentlichen Auftrag in seiner Wettbewerbsposition gestärkt wird, was als staatliche Ingerenz auf den Markt die Wettbewerbsfreiheit der unterlegenen Bieter beeinträchtige. Da der Staat stets Staat sei, sei dieses Verhalten nicht mit dem Verhalten Privater[1286] vergleichbar und somit verfassungsrechtlich rechtfertigungsbedürftig. Dementsprechend stehe das gesamte öffentliche Auftragswesen unter Gesetzesvorbehalt.[1287]

Demgegenüber wird aber auch vertreten, dass die Vergabe eines öffentlichen Auftrages nur dann einen Eingriff in die Berufsfreiheit der unterlegenen Bieter darstellt, wenn die öffentliche Hand - etwa durch eine marktbeherrschende oder Monopolstellung - als Nachfrager eine herausgehobene Bedeutung für die Berufsausübung innehat. In diesen

---

1282 Siehe *Hösch,* DÖV 2000, 393 (397); *Jarass,* DÖV 2002, 489 (493); *Manssen,* in *Mangoldt/Klein/Starck,* GG, Art. 12, Rn. 69; *Papier,* DVBl. 1984, 801 (805); *Tettinger,* DVBl. 1999, 679 (684); *Tsiliotis,* Schutz der Wettbewerbsfreiheit, S. 210.

1283 Dieses für Regelungen entwickelte Kriterium kann auf rein faktische Einwirkungen übertragen werden, siehe *Jarass,* DÖV 2002, 489 (492).

1284 Beispielsweise BVerfGE 70, 191 (214); E 97, 228 (254); BVerwGE 75, 107 (115); 89, 281 (283); *Tettinger,* in *Sachs,* GG, Art. 12, Rn. 73; *Jarass,* in *Jarass/Pieroth,* GG, Art. 12, Rn. 14; Vgl. auch BVerfGE 86, 28 (37); E 82, 209 (223); E 71, 183 (194). Aufgrund der den Grundrechtsschutz einschränkenden Wirkung steht das Merkmal der berufsregelnden Tendenz in der Kritik, siehe hierzu *Hösch,* DÖV 2000, 393 (397); *Manssen,* in *Mangoldt/Klein/Starck,* GG, Art. 12, Rn. 71ff., jeweils m.w.N., und auch *Storr,* Der Staat als Unternehmer, S. 174. Das Erfordernis einer objektiv berufsregelnden Tendenz einer in Art. 12 Abs. 1 GG eingreifenden Maßnahme kann aber als lediglich den Schutzzweck der Berufsfreiheit präzisierendes Element gesehen werden, welches beizubehalten ist: *Kluth,* WiVerw 2000, 184 (198). Ist dieses Merkmal nicht erfüllt, so kann Art. 2 Abs. 1 GG greifen, siehe nur *Gubelt,* in *v. Münch,* GG, Art. 12, Rn. 43. Hinsichtlich eines Eingriffs in Art. 12 Abs. 1 GG ist jedenfalls eine „spezifische, rechtlich oder faktische Betroffenheit des Bürgers bei seiner beruflichen Betätigung" zu fordern, siehe *Breuer,* in *Isensee/Kirchhof,* HdBStR VI, § 148, Rn. 32. *Schliesky,* Öffentliches Wettbewerbsrecht, S. 215f. sieht das Merkmals der objektiv berufsregelnden Tendenz mittlerweile als aufgegeben an, während *Pieroth/Hartmann,* DVBl. 2002, 421 (424) unter dem Grundgesetz drei verschiedene Eingriffsbegriffe ausmachen wollen.

1285 Überwiegend wird nur oder zumindest primär auf Art. 3 Abs. 1 GG abgestellt, siehe etwa *Hermes,* JZ 1997, 909 (913); *Kling,* Vergabefremde Regelungen, S. 66; *Kunert,* Staatliche Bedarfsdekkungsgeschäfte, S. 209; *Pietzcker,* Staatsaufträge als Instrument, S. 390; *Wallerath,* Öffentliche Bedarfsdeckung, S. 318 u. 336.

1286 Bei denen im Rahmen der konkurrierenden Grundrechtsausübung ein Unterliegen im Wettbewerb der Wettbewerbsfreiheit immanent ist.

1287 *Puhl,* VVDStRL 60 (2001), 456 (482).

Fällen hänge die Berufsausübung der Leistungsanbieter von der Vergabe öffentlicher Aufträge ab, so dass diese objektiv berufsregelnde Tendenz entfalte.[1288]

Gegen diese Möglichkeiten eines Eingriffs in Art. 12 Abs. 1 GG durch die Vergabe öffentlicher Aufträge hat sich zuletzt aber *Pietzcker* gewandt, der einen solchen nur in bestimmten Fällen exorbitanter Auswirkungen auf den Markt annehmen will.[1289]

(b) Zur weitesten Ansicht

Soweit die öffentliche Hand im jeweilig relevanten Markt nur ein Nachfrager unter Vielen ist, werden die Möglichkeiten der Anbieter, sich im Markt gegenüber anderen durchzusetzen, durch die marktkonforme Vergabe öffentlicher Aufträge auch tatsächlich nicht beeinträchtigt. Ein Eingriff in die Wettbewerbsfreiheit der unterlegenen Bieter liegt also entgegen der Annahme *Puhls* in dieser Situation nicht vor. Art. 12 Abs. 1 GG schützt weder Gewinnerwartungen noch bloße Chancen,[1290] es gibt keinen Anspruch auf den Zuschlag[1291] oder die Vergabe öffentlicher Aufträge überhaupt.[1292] Anbieter der nachgefragten Leistungen, für die noch weitere Betätigungsmöglichkeiten bestehen, können unabhängig von der Vergabeentscheidung ihrer beruflichen Tätigkeit im Leistungswettbewerb ohne weiteres nachgehen. Der Vergabe eines öffentlichen Auftrages kommt in solchen Fällen somit keine berufsregelnde Tendenz zu.[1293] Dass nur ein Bieter den Auftrag erhalten kann und somit der Markt durch die Vergabe eines (öffentlichen) Auftrages stets beeinflusst wird, ist dem Wesen von Wettbewerb immanent. Dies gilt auch für staatliches Verhalten, insofern ist schon der Schutzbereich der Berufsfreiheit begrenzt.[1294]

Dass nicht jedes staatliche Einwirken auf den Markt als staatliche Ingerenz einen Eingriff in Art. 12 Abs. 1 GG darstellt, zeigt auch die herkömmliche Betrachtung kommunaler erwerbswirtschaftlicher Betätigung der öffentlichen Hand. Obgleich kommunale wirtschaftliche Betätigung stets als staatliche Ingerenz im Sinne *Puhls* die Stellung der Wettbewerber im Markt beeinflusst, soll Art. 12 Abs. 1 GG gegen Konkurrenz die-

1288 So *Huber*, Konkurrenzschutz, S. 445f.; *derselbe*, JZ 2000, 877 (879f.); *Niebuhr*, in *Niebuhr/Kulartz/Kus/Portz*, VergabeR, § 97, Rn. 242; *Manssen*, in *Mangoldt/Klein/Starck*, GG, Art. 12, Rn. 97; *Ax*, Rechtsschutz bei der Vergabe öffentlicher Aufträge, S. 154; ebenso *Dörr*, DÖV 2001, 1014 (1016). Vgl. hinsichtlich der Vergabe knapper Ressourcen im Rahmen öffentlich-rechtlicher Verteilungslenkung ähnlich *Koenig*, Öffentlich-rechtliche Verteilungslenkung, S. 208f. Siehe für die parallele Situation, in der die öffentliche Hand Anbieter einer Leistung in marktbeherrschender Stellung ist *Möstl*, Grundrechtsbindung, S. 85.

1289 *Pietzcker*, Zweiteilung des Vergaberechts, S. 29.

1290 Siehe nur *Frenz*, Verwaltungsgerichtlicher Rechtsschutz, S. 99. Vgl. BVerfGE 34, 252 (256); BVerwGE 39, 329 (337); 71, 183, (193). Hiervon zu unterscheiden ist aber die Teilnahme am Wettbewerb als Chance, siehe BVerwGE 89, 281 (184).

1291 Nach Einleitung des Vergabeverfahrens ist eine Aufhebung des Verfahrens allerdings nur unter bestimmten Voraussetzungen zulässig (§ 26 VOL/A; § 26 VOB/A). Liegen diese nicht vor, so macht sich die Vergabestelle im Fall der Nichtvergabe des ausgeschriebenen Auftrags schadensersatzpflichtig. Siehe hierzu nur *Portz*, in *Daub/Eberstein*, VOL/A, § 26, Rn. 28ff.

1292 *Huber*, JZ 2000, 877 (879). Siehe auch *Pietzcker*, Zweiteilung des Vergaberechts, S. 26, 28; sowie BVerfGE 71, 183 (193): In der freien Wettbewerbswirtschaft gibt es kein subjektives Recht auf Erhaltung eines bestimmten Geschäftsumfangs und auf Sicherung weiterer Erwerbsmöglichkeiten, vgl. aber S. 194 des Urteils. Hiergegen wendet sich aber *Schliesky*, Öffentliches Wettbewerbsrecht, S. 198, der auch den Marktanteil eines Unternehmens grundrechtlich geschützt sieht.

1293 *Huber*, JZ 2000, 877 (879).

1294 Siehe *Möstl*, Grundrechtsbindung, S. 86.

ser Art keinen Schutz bieten.[1295] Parallel hierzu kann auch nicht jede Vergabe eines öffentlichen Auftrags als lediglich faktische, dem Markt aber inhärente Ingerenz einen Eingriff in Art. 12 Abs. 1 GG begründen.

Soweit tatsächlich das nach den Bedingungen des Marktes[1296] beste Angebot berücksichtigt wird, ist freie Leistungskonkurrenz der Bieter gegeben, die Wettbewerbsfreiheit der betroffenen Unternehmen wird nicht beeinträchtigt. Ein Eingriff in die Wettbewerbsfreiheit kann dementsprechend auch nicht angenommen werden, wenn auf die Eingriffsvoraussetzung der objektiv berufsregelnden Tendenz verzichtet wird.[1297] Ist die öffentliche Hand ein Nachfrager im Markt unter vielen anderen, so erreicht ihr Beschaffungsverhalten auch nicht die für die Annahme eines Eingriffs erforderliche Schwere.[1298]

(c) Bei marktbeherrschender Nachfragemacht

Hängt die Berufsausübung von Unternehmen, zum Beispiel aufgrund einer marktbeherrschenden Nachfragestellung der öffentlichen Hand, weitestgehend von der Vergabe öffentlicher Aufträge ab, so gilt im Wesentlichen das zur weitesten Ansicht Gesagte: Da es auch in diesen Fällen keinen grundrechtlichen Anspruch auf die Vergabe öffentlicher Aufträge oder den Erhalt eines bestimmten Beschäftigungsumfangs gibt, werden die Wettbewerber nicht in ihrer Berufsfreiheit beeinträchtigt, wenn die öffentliche Hand die nachgefragte Leistung im Wettbewerb oder gar nicht vergibt.[1299] Auch die Entscheidung, ein spezialisiertes Unternehmen nicht länger mit Aufträgen zu versorgen, stellt demnach keinen Eingriff in Art. 12 Abs. 1 GG dar.[1300]

Richtig ist zwar, dass mit zunehmender Nachfragemacht der öffentlichen Hand auch die Auswirkungen auf die Berufsausübung größer werden. Der Inhalt des Auftrags stellt aber keine Regelung der Berufsausübung dar, sondern entspricht privatautonomen Vertragsvereinbarungen.[1301] Der Vertragsinhalt regelt nicht die Berufsausübung, sondern nur die konkrete Auftragsausführung. Dass auch bei einer marktbeherrschenden Nachfragestellung der öffentlichen Hand deren Beschaffungsvorgänge keinesfalls stets Berufsausübungsregelungen vorgeben, zeigt die Möglichkeit der funktionalen Ausschreibung.[1302] Bei solchen bleibt die inhaltliche Ausgestaltung des Angebots weitestgehend

1295 VerfGH Rh.-Pf., v. 28.3.2000, DVBl. 2000, 992 (993); BVerwGE 39, 329 (336); BVerwG, NJW 1978, 1539 (1540); *Frenz*, Verwaltungsgerichtlicher Rechtsschutz, S. 99; *Tettinger*, DVBl. 1999, 679 (684). Teilweise wird aus Art. 12 Abs. 1 GG aber auch ein Vorrang der Privatwirtschaft abgeleitet, so dass jede staatliche Wettbewerbsteilnahme in den Schutzbereich eingreifen soll, siehe *Hösch*, DÖV 2000, 393 (398); *derselbe*, WiVerw 2000, 159 (171f.); *Pielow*, NWVBl. 1999, 369 (375f.). Hierzu wird wohl auch *Puhl*, VVDStRL 60 (2000), 456 (481ff.) zu zählen sein. Siehe hierzu auch bereits oben, Erster Teil, A.II.3.b)(3).

1296 Gemeint sind vorliegend die Kriterien für eine Auftragsvergabe nach dem GWB und dem Haushaltsrecht, siehe weiter im Folgenden.

1297 So aber *Puhl*, VVDStRL 60 (2001), 456 (481).

1298 *Manssen*, in *Mangoldt/Klein/Starck*, GG, Art. 12, Rn. 97, siehe auch Rn. 75.

1299 Insofern zutreffend *Pietzcker*, Zweiteilung des Vergaberechts, S. 28, dessen Argumentation im Übrigen aber wenig überzeugen kann. So zäumt er das Pferd von hinten auf, indem er einen Eingriff ablehnt, weil dies den Gesetzesvorbehalt auslösen würde. Dass die Vergabe öffentlicher Aufträge gesetzlich aber normierbar ist, wurde mit dem Kartellvergaberecht bewiesen.

1300 So aber *Niebuhr*, in *Niebuhr/Kulartz/Kus/Portz*, VergabeR, § 97 GWB, Rn. 242.

1301 Anders *Huber*, JZ 2000, 877 (880).

1302 Bei dieser erfolgt die Bezeichnung der Leistung entsprechend § 8 Nr. 2 Abs. 2 VOL/A durch eine Darstellung ihres Zwecks, ihrer Funktion sowie der sonst an sie gestellten Anforderungen. Siehe hierzu *Zdzieblo*, in *Daub/Eberstein*, VOL/A, § 8, Rn. 46ff.

den Anbietern überlassen, die insofern über die Bedingungen der Auftragsausführung selbst bestimmen. So ist es im ÖPNV zum Beispiel möglich, nur den für die Erbringung der Verkehrsleistung maßgeblichen Rahmen vorzugeben und die inhaltliche Ausgestaltung der Verkehre den Angeboten zu überlassen.[1303]

Auch aus einer großen Nachfragemacht ergibt sich also nicht schlechthin, dass die Vergabe öffentlicher Aufträge einen Eingriff darstellt.[1304] Durch die Berufs- und Wettbewerbsfreiheit wird der Zugang zum Markt geschützt,[1305] welcher bei einer ordnungsgemäßen Vergabe öffentlicher Aufträge gerade durch das Vergaberecht gewährleistet ist. Eine Beeinträchtigung der Berufsfreiheit durch die Nichtvergabe eines Auftrages an ein bestimmtes Unternehmen ist also auch bei einer großen Nachfragemacht der öffentlichen Hand nicht gegeben.[1306]

(d) Marktinkonformität als Eingriffsvoraussetzung

Daraus, dass somit durch eine genaue Bestimmung der Reichweite der Wettbewerbsfreiheit die beiden oben zuerst dargestellten Ansichten zur Möglichkeit eines Eingriffs durch die Vergabe öffentlicher Aufträge widerlegt sind, ergibt sich aber noch nicht, dass Art. 12 Abs. 1 GG tatsächlich nicht beeinträchtigt sein kann. Die im Grundrecht der Berufsfreiheit verankerte Wettbewerbsfreiheit als Recht auf die Möglichkeit zur Durchsetzung im Markt beinhaltet zwingend, dass auch tatsächlich das nach den Bedingungen des Marktes beste Angebot berücksichtigt wird. Andernfalls würde die Wettbewerbsfreiheit leerlaufen, da nur die Teilnahme am Scheinwettbewerb geschützt würde. Wettbewerbliche Berufsausübung könnte dann im Ergebnis vereitelt werden, ohne dass ein Eingriff anzunehmen wäre. Der Zugang zum Markt als Schutzgut der Wettbewerbsfreiheit ist sinnlos, wenn nicht der Markt selbst auch Leistungskonkurrenz sicherstellt. Dementsprechend ist die Wettbewerbsfreiheit beeinträchtigt, wenn Aufträge abweichend von den für die Vergabe öffentlicher Aufträge geltenden Bedingungen und Regelungen des Marktes, also abweichend vom einschlägigen Vergaberecht des GWB oder des Haushaltsrechts[1307], vergeben werden.[1308] Der Eingriff liegt in einem solchen Fall darin, dass den unterlegenen Bietern eine Möglichkeit zur Durchsetzung in freier

1303 So reicht etwa die Angabe von Anzahl und Verlauf der Fahrtstrecken in der Leistungsbeschreibung aus: OLG Thüringen, VergabeR 2003, 683 (Ls. 3). Siehe zur Ausschreibung von Busverkehrsleistungen *Gierga/Jahnke/Ortz*, Der Nahverkehr 6/1998, 19ff.

1304 So auch *Pietzcker,* Zweiteilung des Vergaberechts, S. 27ff.

1305 *Kluth,* WiVerw 2000, 184 (197).

1306 Die Folgerung *Huber,* JZ 2000, 877 (880), dass die Bieter bei großer Nachfragemacht der öffentlichen Hand u.U. durch Losstückelung oder in zeitlich versetzten Vergabeverfahren gleichmäßig zu berücksichtigen seien, ist für Aufträge auch unterhalb der Schwellenwerte jedenfalls zu weitgehend, da der Gleichheitssatz einen Zuschlag auf das jeweils wirtschaftlichste Angebot rechtfertigt. Schließlich kann auch bei der Zerlegung eines Auftrages in Lose nicht ohne weiteres geltend gemacht werden, dass der Auftrag auch tatsächlich an verschiedene Bieter vergeben wird. Siehe hierzu eingehend *Baumeister/Kirch*, NZBau 2001, 653ff.

1307 §§ 30 HGrG, 50 BHO/LHO i.V.m. den einschlägigen Verdingungsordnungen, deren Anwendung meist über Verwaltungsvorschriften angeordnet ist, siehe VV-BHO zu § 55, abgedruckt in *Piduch,* BHO. Unterhalb der Schwellenwerte können die Eignungs- und Vergabekriterien auch als sich aus der Natur der Sache, dem Wirtschaftlichkeitsprinzip und dem Gleichheitssatz ergebend betrachtet werden: *Puhl,* VVDStRL 60 (2001), 456 (482f.).

1308 *Gallwas*, VergabeR 2001, 2 (5) bezeichnet die Bindungen der öffentlichen Vergabemacht zutreffend als Konkretisierungen des Schutzbereichs der Art. 12 Abs. 1 und Art. 2 Abs. 1 GG.

Leistungskonkurrenz nach den Bedingungen des Marktes genommen wird.[1309] Es greift zu kurz, hier nur darauf abzustellen, dass die Bieter keinesfalls einen Anspruch auf staatliche Nachfrage haben und somit der Schutzbereich nicht berührt sei.[1310] In einer nicht vergaberechtskonformen Auftragsvergabe liegt eine den Wettbewerb beeinflussende staatliche Maßnahme, welche die Ausübung der beruflichen Tätigkeit der unrechtmäßig nicht berücksichtigten Anbieter der Leistung behindert.[1311] Parallel hierzu wird von manchen aus den Grundrechten auch eine Pflicht zur öffentlichen Ausschreibung abgeleitet.[1312]

Wird zum Beispiel aufgrund einer zu einer Interessenkollision führenden personellen Verflechtung zwischen Vergabestelle und dem Auftragnehmer Letzterer bei der Vergabe des Auftrags entgegen den Vergabebedingungen bevorzugt, so haben die unterlegenen Bieter keine Chance gehabt, sich durch Leistungskonkurrenz im Wettbewerb zu behaupten. Obgleich sie Angebote abgeben konnten, bleibt ihnen der Zugang zum Markt versperrt, da echter Wettbewerb in diesem Fall nicht stattfindet. Die Bieter sind in ihrer Wettbewerbsfreiheit beeinträchtigt. Dem Bieter mit dem Angebot, welches sich bei einer objektiven Wertung als das Beste herausgestellt hätte, wird durch die anderweitige Vergabe auch konkret eine Beschäftigungsmöglichkeit genommen. Für ihn bedeutet dies also nicht nur eine Beschränkung der Wettbewerbsfreiheit, sondern auch eine Verhinderung der Berufsausübung im Einzelfall.

Ob demnach marktinkonformen[1313] Beschaffungsvorgängen der öffentlichen Hand eine für die Annahme eines Eingriffs für erforderlich gehaltene objektiv berufsregelnde Tendenz zugesprochen werden kann, ist umstritten. Dies wird für die Vergabe öffentlicher Aufträge insgesamt einerseits verneint, da die Beschaffung das primäre Ziel sei und insofern das Lenkungselement fehle.[1314] Diese Ansicht verkennt allerdings, das dass Merkmal der berufsregelnden Tendenz gerade für Eingriffe gilt, die nicht der klassischen Eingriffsdefinition entsprechen.[1315] Da insbesondere mittelbare Eingriffe in die

1309 Vgl. VGH Kassel, NJW 1985, 1356 (1357); *Huber*, Konkurrenzschutz, S. 444.

1310 So aber *Pietzcker,* Zweiteilung des Vergaberechts, S. 26.

1311 Vgl. BVerfGE 86, 28 (37).

1312 *Dürig*, in *Maunz/Dürig*, GG, Art. 3 Abs. 1, Rn. 504; *Faber*, DÖV 1995, 403 (409); *Müller-Serten,* NZBau 2000, 120 (121); *Pietzcker,* Staatsauftrag als Instrument, S: 380, *Wallerath,* Öffentliche Bedarfsdeckung, S. 321f.; *Walthelm,* Das öffentliche Auftragswesen, S. 205; sowie wohl auch *Hermes*, JZ 1997, 909 (913f.) und *Ehlers*, Verwaltung in Privatrechtsform, S. 219 begründen eine solche Pflicht alleine aus Art. 3 Abs. 1 GG heraus, während *Puhl,* VVDStrL60 (2001), 456 (484) richtig eine Pflicht zur Ausschreibung auch aus Art. 12 Abs. 1 GG ableitet. Eine solche Pflicht besteht aber keinesfalls unbedingt, sondern nur nach Abwägung mit entgegenstehenden Belangen, wie in erster Linie die Wirtschaftlichkeit des Verfahrens, aber auch etwaigen Geheimhaltungsinteressen und Beschleunigungserfordernissen. Im Übrigen kann eine grundrechtliche Pflicht zur Ausschreibung nur bestehen, wenn die Verwaltung sich überhaupt zur externen Erledigung entschließt, siehe *Burgi,* NZBau 2001, 64 (65). Andere Verfahren, die Gleichbehandlung und Wettbewerbsfreiheit gewährleisten, stehen der öffentlichen Ausschreibung gleich. Siehe hierzu *Pietzcker,* Zweiteilung des Vergaberechts, S. 41ff., der aber die grundrechtliche Bedeutung der öffentlichen Auftragsvergabe und die hieraus folgende Abwägung verkennt. Gegen die Ableitung von verfahrensrechtlichen Konkretisierungen aus den Grundrechten auch *Sterner,* Rechtsbindung und Rechtsschutz, S. 81.

1313 Vgl. hierzu *Kluth,* WiVerw 2000, 184 (201) und *Antweiler*, VergabeR 2001, 259 (264).

1314 *Pietzcker,* Zweiteilung des Vergaberechts, S. 24.

1315 Siehe nur *Kluth,* WiVerw 2000, 184 (198, Fn. 91, m.w.N.).

Berufsfreiheit durch das Merkmal der objektiv berufsregelnden Tendenz genauer erfasst werden, kann eine direkte Zielrichtung des Eingriffs nicht verlangt werden.[1316]

Andererseits soll aber das Erfordernis einer berufsregelnden Tendenz nicht verhindern, dass die Vergabe öffentlicher Aufträge insgesamt als Eingriff in die Berufsfreiheit zu werten seien.[1317]

Im Falle einer nicht marktkonformen Auftragsvergabe werden die Bedingungen der Berufsausübung im Wettbewerb *für alle* Bieter oder Bewerber verändert. Mag auch in einem solchen Fall die eigentliche Beschaffung noch das Hauptziel der Maßnahme sein, so entfaltet diese aber jedenfalls berufsregelnde Tendenz: Sie steht in engem Zusammenhang mit der Berufsausübung der Bieter und regelt konkret – *abweichend von den Bedingungen des Marktes und Wettbewerbs*[1318] – die Voraussetzungen der Berufsausübung im Einzelfall. Die berufsregelnde Tendenz liegt hier nicht im vertraglich vereinbarten Inhalt der Auftragsvergabe, sondern darin, dass die Voraussetzungen für die Erlangung des Zuschlags entgegen der von der Wettbewerbsfreiheit geforderten Leistungskonkurrenz verändert werden. Dies gilt unabhängig von der Marktmacht der nachfragenden öffentlichen Hand, wobei mit zunehmender Nachfragemacht die berufsregelnde Tendenz der Auftragsvergabe deutlicher hervortritt. Voraussetzung für die Erlangung des Zuschlages und Wettbewerbsbedingung ist in obigem Beispiel etwa, dass die Bieter mit der Vergabestelle personell verflochten sind.

Die hierin liegende Beeinträchtigung der Wettbewerbsfreiheit der unterlegenen Bieter trifft diese auch spürbar.[1319] Dies zeigt sich schon daran, dass zum Beispiel bei der Ausschreibung von komplexen Nahverkehrsleistungen erhebliche Angebotskosten der Bieter anfallen. Diese sind bei einer marktinkonformen Vergabe des Auftrags in unmittelbarem Zusammenhang mit der Wettbewerbsbeeinträchtigung nutzlos aufgewandt worden. Auch wird die Berufsausübung des in Leistungskonkurrenz besten Bieters in jedem Einzelfall verhindert. Dies geschieht unabhängig davon, ob es neben der Vergabe öffentlicher Aufträge noch Ausweichmöglichkeiten für eine Betätigung gibt oder nicht. Zur Wettbewerbsfreiheit gehört auch die Freiheit, sich die Aufträge, auf die sich beworben werden soll, selbst auszusuchen. Deshalb kann eine einen Eingriff begründende Beeinträchtigungsintensität nicht deshalb verneint werden, weil der jeweils Betroffene seiner Berufsausübung auch anderweitig nachgehen könne.[1320]

Der Annahme eines Eingriffs in die Wettbewerbsfreiheit durch marktinkonforme Auftragsvergabe lässt sich auch die Rechtsprechung zu den grundrechtlichen Grenzen privatwirtschaftlicher Betätigung der öffentlichen Hand nicht entgegenhalten.[1321] Dieser zufolge ist die Wettbewerbsfreiheit[1322] durch staatlich/kommunale Betätigung im Markt nur dann verletzt, wenn die Wettbewerbsfreiheit eines betroffenen Marktteilnehmers in unerträglichem Maße eingeschränkt wird, eine Auszehrung der Konkurrenz oder ein

1316 Siehe BVerwGE 89, 281 (283) und *Albers*, DVBl. 1996, 233 (235).

1317 *Puhl*, VVDStRL 60 (2001), 456 (482), siehe hierzu die soeben gemachten Ausführungen.

1318 Dies ist der entscheidende Unterschied zu den oben erörterten Fällen der marktkonformen Vergabe öffentlicher Aufträge auch bei großer Nachfragemacht.

1319 Siehe zur Intensität einer als Eingriff zu wertenden Maßnahme *Schliesky*, Öffentliches Wettbewerbsrecht, S. 211 m.w.N.

1320 Vgl. *Boesen*, Vergaberecht, Einl., Rn. 90f., der einen Grundrechtseingriff bei der Auftragsvergabe für nur selten denkbar hält.

1321 Siehe oben.

1322 Die zum Teil noch aus Art. 2 GG abgeleitet wird, siehe etwa VGH Mannheim, NJW 1984, 251 (253).

Monopol vorliegt,[1323] also erst, wenn private Konkurrenz unmöglich wird.[1324] Soweit die öffentliche Hand bei der Vergabe öffentlicher Aufträge keine hervorgehobene Stellung im Markt als Nachfrager hat, könnte hierzu analog gefolgert werden, dass durch die anderweitig bestehenden Möglichkeiten im Markt die Wettbewerbsfreiheit der nicht berücksichtigten Bieter auch im Fall einer marktinkonformen Vergabe nicht in unerträglichem Maße eingeschränkt wird. Die Wettbewerbsmöglichkeiten der unterlegenen Bieter sind hinsichtlich des übrigen Marktes nicht unzumutbar geschädigt,[1325] die grundsätzliche Möglichkeit, sich als verantwortlicher Unternehmer wirtschaftlich zu betätigen, wird in einem solchen Fall nicht beeinträchtigt. Demnach wäre ein Eingriff in die Wettbewerbsfreiheit durch eine rechtswidrige Vergabe nicht ohne weiteres anzunehmen.

Wie dargestellt,[1326] ist diese Rechtsprechung allerdings vielfacher Kritik ausgesetzt, so dass schon die Prämissen dieses Rückschlusses mit guten Gründen in Frage gestellt werden können.[1327] Aufgrund der unterschiedlichen zugrunde liegenden Sachverhalte kann aber die Rechtsprechung zum Eingriff durch öffentliche Konkurrenz schon gar nicht auf die Fälle einer rechtswidrigen Vergabe übertragen werden.[1328] Während durch die Zulassung privatwirtschaftlicher Konkurrenz der öffentlichen Hand im Rahmen der Wettbewerbsfreiheit den privaten Konkurrenten im Rahmen der von der Rechtsprechung aufgestellten Grundsätze nicht die Möglichkeit zur Durchsetzung in der Leistungskonkurrenz des Marktes genommen wird, bewirkt eine zugunsten eines Bieters/Bewerbers unsachlich beeinflusste Vergabeentscheidung genau dies. In der konkreten Leistungskonkurrenz wird den Bietern/Bewerbern die Möglichkeit zur tatsächlichen Teilnahme an diesem Wettbewerb genommen, ihre Konkurrenz wird verhindert. Da den nicht berücksichtigten Bietern/Bewerbern eine konkrete Möglichkeit, sich als verantwortlicher Unternehmer wirtschaftlich zu betätigen, genommen wird, ist hier in Übereinstimmung mit der angeführten Rechtsprechung von einem Eingriff in die Wettbewerbsfreiheit auszugehen. Das BVerwG hat ausdrücklich anerkannt, dass die Verhinderung von Chancen im Wettbewerb einen Eingriff in Art. 12 Abs. 1 GG darstellt.[1329]

Dementsprechend steht die Annahme eines Eingriffs in die Wettbewerbsfreiheit durch eine marktinkonforme, also eine entgegen den jeweils einschlägigen Regelungen sachwidrig beeinflusste Vergabe eines öffentlichen Auftrages mit der Rechtsprechung zum Schutz vor öffentlicher Marktkonkurrenz im Einklang. Wird ein öffentlicher Auftrag abweichend von den einschlägigen Regelungen, also marktinkonform, vergeben, so

---

1323 VerfGH Rh.-Pf., DVBl. 2000, 992 (993); VGH Mannheim, NJW 1995, 274 (274); BVerwG, NJW 1978, 1539 (1540).

1324 BVerwG, NJW 1995, 2938 (2939); BVerwGE 39, 329 (337). Die Möglichkeit, sich als verantwortliche Unternehmer wirtschaftlich zu betätigen, soll beeinträchtigt sein müssen, VGH Mannheim, NJW 1984, 251 (253), vgl. auch BVerwGE 65, 167 (174).

1325 Vgl. BVerwG, NJW 1995, 2938 (2939); VGH Mannheim, NJW 1984, 251 (253).

1326 Siehe oben, Erster Teil, A.II.3.b)(3).

1327 Siehe etwa *Ehlers*, DVBl. 1998, 497 (502); *Frenz*, Verwaltungsgerichtlicher Rechtsschutz, S. 100; *Hösch*, DÖV 2000, 393 (399); *Krölls*, GewArch 1992, 281 (284); *Pielow*, NWVBl. 1999, 369 (375f.); *Schink*, NVwZ 2002, 129 (138); *Schliesky*, Öffentliches Wettbewerbsrecht, S. 89f.; *Sodan*, DÖV 2000, 361 (371); *Tettinger*, NJW 1998, 3473 (3474). Ein weiteres Eingriffsverständnis hat auch *Scholz*, in *Maunz/Dürig*, GG, Art. 12, Rn. 104.

1328 Dennoch wird diese von einigen der Antwort auf die Frage eines Eingriffs in Art. 12 Abs. 1 GG durch die Vergabe öffentlicher Aufträge zugrunde gelegt, siehe *Pietzcker, Zweiteilung des Vergaberechts*, S. 29 und *Boesen*, Vergaberecht, Einl., Rn. 88f.

1329 BVerwGE 89, 281 (384).

stellt dies einen Eingriff in die Wettbewerbsfreiheit der nicht berücksichtigten Wettbewerber dar.

(e) Das Verhältnis von Ausschreibung und Genehmigung

Im Bereich der Vergabe von ÖPNV-Dienstleistungen stellt sich allerdings noch eine zusätzliche Problematik. Die Vergabe des Auftrages ist Voraussetzung für die Erteilung einer Genehmigung zur Personenbeförderung nach § 13a PBefG. Das Vergabeverfahren ersetzt hier große Teile des Genehmigungsverfahrens,[1330] kann also als Teil eines Berufszulassungsverfahrens verstanden werden. Bei einer rechtswidrigen Vergabe aufgrund einer unsachlich beeinflussten Vergabeentscheidung wird den unterlegenen Bewerbern der Erwerb der Genehmigung unmöglich. Die Berufszulassung wird in einem solchen Fall weder von gesetzlich vorgesehenen Kriterien abhängig gemacht noch können diese den Rechtfertigungserfordernissen für Berufszulassungsvoraussetzungen genügen.[1331] Dies stützt die Annahme eines Grundrechtseingriffs bei einer marktinkonformen Beschaffung von gemeinwirtschaftlichen Verkehrsdienstleistungen, auch wenn das genaue Zusammenspiel von Auftragsvergabe und Genehmigung noch nicht genau geklärt ist.[1332]

(3) Zusammenfallen von Eingriff und Rechtswidrigkeit

Eingriffe in die Berufsfreiheit können gemäß Art. 12 Abs. 1 GG durch Gesetz gerechtfertigt sein. Marktinkonforme Beeinträchtigungen der Wettbewerbsfreiheit durch einen Verstoß gegen die Regelungen des Vergaberechts sind einer solchen Rechtfertigung aber nicht zugänglich, soweit sie nicht auf verfassungskonformen Ausnahmeregelungen für die öffentliche Hand beruhen. Eine Rechtfertigung unsachlicher Behinderungen wird in der Regel aber nicht aufgrund eines Gesetzes erfolgen können.[1333] Hieraus ergibt sich, dass Eingriffe in die Wettbewerbsfreiheit der nicht berücksichtigten Bieter durch entgegen den einschlägigen Regelungen des Vergaberechts getroffene Vergabeentscheidungen stets auch rechtswidrig sein werden. Was erlaubt ist, ist auch marktkonform, der Verstoß gegen Regelungen des Vergaberechts durch unsachliche Beeinflussung des Vergabeverfahrens impliziert hingegen die Rechtswidrigkeit des Eingriffs in die Wettbewerbsfreiheit. Ein solcher kann auch nicht durch unmittelbaren Rückgriff auf die kommunale Selbstverwaltungsgarantie nach Art. 28 Abs. 2 GG, die auch kommunale wirtschaftliche Betätigungen erfasst, gerechtfertigt werden. Wird, was in dieser Arbeit unterstellt wird, ein Bereich kommunaler Wirtschaftstätigkeit zulässigerweise für Ausschreibungswettbewerb geöffnet, so kann dieser Wettbewerb nicht durch einen Hinweis auf die Selbstverwaltungsgarantie zum Scheinwettbewerb umfunktioniert werden. Die Selbstverwaltungsgarantie besteht nur im Rahmen der Gesetze. Auch stellt Art. 28 Abs. 2 GG keine Ermächtigung für Grundrechtseingriffe dar.[1334] Eine

---

1330 *Werner*, in *Barth/Baumeister/Berschin/Werner*, Recht des ÖPNV, A 4, Rn. 48.

1331 Vgl. hierzu etwa *Wieland*, in *Dreier*, GG, Art. 12, Rn. 118; *Manssen*, in *v. Mangoldt/Klein/Starck*, GG, Art. 12 Abs. 1, Rn. 135ff.; *Tettinger*, in *Sachs*, GG, Art. 12, Rn. 103ff.

1332 Siehe *Werner*, in *Barth/Baumeister/Berschin/Werner*, Recht des ÖPNV, A 4, Rn. 67.

1333 So auch *Pietzcker*, Zweiteilung des Vergaberechts, S. 27.

1334 *Dreier*, in *Dreier*, GG, Art. 28, Rn. 100 m.w.N.; *Pieroth*, in *Jarass/Pieroth*, GG, Art. 28, Rn. 10; *Löwer*, in *v. Münch*, GG; Art. 28, Rn. 40 m.w.N.; *Wieland/Hellermann*, DVBl. 1996, 401 (407). Siehe auch *Henneke*, NdsVBl. 1998, 273 (282); *Lecheler*, NVwZ 1995, 8 (10); *Ossenbühl*, DÖV

Bevorzugung kommunaler Unternehmen wäre hier allenfalls aufgrund einer gesetzlichen Regelung möglich.

(4) Zusammenfassung zur Betroffenheit von Art. 12 Abs. 1 GG

Die Bevorzugung eines Bewerbers aufgrund einer Interessenkollision ist (subsidiär zu den Regelungen des Kartell- und Haushaltsvergaberechts) auch am Grundrecht der Berufs- und Wettbewerbsfreiheit zu messen. Personelle Überschneidungen zwischen einer Vergabestelle und einem Bewerber können aufgrund der hier oftmals gegebenen Interessenkollision zu rechtswidrigen Eingriffen in die Wettbewerbsfreiheit führen. Erfolgt der Zuschlag aufgrund personeller Überschneidungen zwischen einer Vergabestelle und einem Bieter auf das Angebot des Letzteren und nicht auf das in der Leistungskonkurrenz nach den Regelungen des Marktes Besten, so stellt dies einen rechtswidrigen Eingriff in die Wettbewerbsfreiheit der anderen Bieter und Bewerber dar. Den unterlegenen Bietern wird hierdurch – ohne dass sie einen Anspruch auf die Vergabe öffentlicher Aufträge hätten - ihre grundrechtlich geschützte Möglichkeit zur Teilnahme am und Durchsetzung im Markt genommen. Die Marktinkonformität[1335] des Verhaltens der öffentlichen Hand indiziert die Rechtswidrigkeit des Eingriffs.

b) Betroffenheit von Art. 14 GG

Die Bedeutung des Eigentumsschutzes nach Art. 14 Abs. 1 GG für Vergabeverfahren ist bisher wenig ausgelotet. Während von einigen die Relevanz dieser Bestimmung ohne Begründung angenommen wird,[1336] gehen andere Arbeiten, die sich mit der Bedeutung der Grundrechte in Vergabeverfahren beschäftigen, auf diese Bestimmung mit keinem Wort ein.[1337] Ob Art. 14 Abs. 1 GG bei personellen Überschneidungen zwischen Auftraggeber und einem Bieter in Vergabeverfahren relevant sein kann, ist anhand der allgemeinen Dogmatik dieses Grundrechts zu ermitteln.

Der Schutz des Eigentums durch Art. 14 I GG bezieht sich auf die rechtliche Zuordnung eines vermögenswerten Rechts zu einem Rechtsträger.[1338] Umfasst ist auch das Recht am eingerichteten und ausgeübten Gewerbebetrieb als Gesamtheit der sachlichen, personellen und sonstigen Mittel, die zu einem einheitlichen Organismus zusammenge-

---

1992, 1 (8); *Schmidt-Bleibtreu/Klein,* GG, Art. 28, Rn. 10a: Selbstverwaltungsgarantie ist kein Verteilungsprinzip für das Verhältnis zwischen öffentlicher Hand und Wirtschaft. Ähnlich *Nierhaus,* in *Sachs,* GG, Art. 28, Rn. 34, und auch *Held*, WiVerw 1998, 264 (267f.). Demgegenüber soll nach *Schefold*, BDVR-Rundschreiben 2/2004, 89ff. die gemeindliche Kompetenz aus Art. 28 Abs. 2 GG auch die grundrechtlichen Positionen privater Konkurrenten begrenzen.

1335 Marktinkonformität impliziert hier das Fehlen einer gesetzlichen Ermächtigung für das eingreifende Verhalten, so dass dieses Merkmal keinesfalls als willkürlich bezeichnet werden kann, wie *Hösch*, WiVerw 2000, 159 (178), meint.

1336 So *Niebuhr,* in *Niebuhr/Kulartz/Kus/Portz,* Vergaberecht, § 97, Rn. 242; siehe auch *Pietzcker,* Staatsaufträge als Instrument, S. 390.

1337 Siehe *Puhl,* VVDStRL 60 (2001), 456 (481); *Huber*, Konkurrenzschutz, S. 443ff; *Burgi*, NZBau 2001, 64 (66). Auch *Pietzcker* widmet Art. 14 GG keinen eigenen Gliederungspunkt, obgleich er im Rahmen der Prüfung des Art. 12 GG einen Eingriff in Art. 14 GG im Einzelfall bejaht, siehe *Pietzcker,* Zweiteilung des Vergaberechts, S. 28f.

1338 Wendt, in *Sachs,* GG, Art. 14, Rn. 21 m.w.N., siehe ähnlich auch *Badura*, in *Schmidt-Aßmann*, Bes. Vw-Recht, S. 257.

fasst sind.[1339] Geschützt werden allerdings nur vorhandene, konkrete Werte, also die einem Rechtssubjekt bereits zustehenden Rechtspositionen und nicht bloße Verdienstmöglichkeiten und in der Zukunft liegende Chancen.[1340] In Abgrenzung zu Art. 12 Abs. 1 GG schützt Art. 14 Abs. 1 GG nur den vorhandenen Bestand, also das bereits Erworbene.[1341]

Wird ein Vergabeverfahren zugunsten eines Unternehmens beeinflusst, zu dem eine personelle Verflechtung mit der Vergabestelle besteht, so werden die hierdurch benachteiligten Unternehmen nicht in einer ihnen bereits zustehenden Rechtsposition beeinträchtigt. Ihnen wird lediglich eine Chance genommen. Eine solche Benachteiligung ist entsprechend obiger Maßgaben nicht eigentumsgrundrechtlich geschützt, sondern kann, neben Gleichbehandlungsgesichtspunkten, nur der Wettbewerbsfreiheit des Art. 12 Abs. 1 GG unterfallen.[1342]

Eigentumsrechtlich von Bedeutung soll aber auch gezieltes und vorsätzliches Einwirken auf die Gewinnmöglichkeiten eines Betriebes sein.[1343] In Vergabeverfahren mag hierfür die Verwendung unsachlicher Vergabekriterien zur Ausschaltung eines Konkurrenten ein Beispiel sein.[1344] Eine solche Konstellation wird aber nach den allgemeinen Grundsätzen regelmäßig der Wettbewerbsfreiheit zuzuordnen sein. Nur in Fällen, in denen die Ausgestaltung der Vergabeunterlagen zugunsten eines Unternehmens darauf abzielt, den Gewerbebetrieb eines anderen zu beschädigen, wird ein Eingriff auch in die Eigentumsgarantie anzunehmen sein.[1345]

Grundsätzlich kommt also dem Grundrechtsschutz des Eigentums nach Art. 14 Abs. 1 GG für Fälle von Personalunionen zwischen einer Vergabestelle und einem Bieter keine besondere Bedeutung zu.

c) Betroffenheit von Art. 3 Abs. 1 GG

Gleichbehandlung ist, wie in nationalen Regelungen[1346] und auch der Rechtsprechung des EuGH[1347] zum Ausdruck kommt, eines der wesentlichen Gebote des Vergaberechts. Auf nationaler Ebene lässt sich der Gleichbehandlungsgrundsatz im Vergaberecht auf

---

1339 *Papier*, in *Maunz/Dürig*, GG, Art. 14, Rn. 95. Der Schutz des eingerichteten und ausgeübten Gewerbetriebs ist allgemein anerkannt, siehe bspw. VGH Kassel v. 17.9.1994, DÖV 1995, 77 (78); Wendt, in *Sachs*, GG, Art. 14, Rn. 26; *Badura*, in *Schmidt-Aßmann*, Bes. Vw-Recht, S. 258; *Frenz*, Verwaltungsgerichtlicher Rechtsschutz, S. 98 m.w.N. aus der Rechtsprechung.

1340 *Papier*, in *Maunz/Dürig*, GG, Art. 14, Rn. 100; *Frenz*, Verwaltungsgerichtlicher Rechtsschutz, S. 98. Siehe auch bspw. BVerfGE 17, 232 (248).

1341 BVerfGE 30, 292 (335); E 85, 360 (383). Siehe auch *Papier*, in *Maunz/Dürig*, GG, Art. 14, Rn. 220; *Breuer*, in *Isensee/Kirchhof*, HdBStR VI, §147, Rn. 100. *Frenz*, Verwaltungsgerichtlicher Rechtsschutz, S. 98, stellt hierzu fest, dass durch den Schutz auch des Eigentumsgebrauchs diese Formel überholt sei, was jedenfalls insofern richtig ist, als dass sie keine unbegrenzte Allgemeingültigkeit entfalten kann.

1342 Vgl. BVerfGE 28, 61 (102).

1343 So *Wendt*, in *Sachs*, GG, Art. 14, Rn. 49.

1344 Nach *Pietzcker*, Zweiteilung des Vergaberechts, S. 28f.

1345 So auch *Pietzcker*, Zweiteilung des Vergaberechts, S. 29.

1346 Siehe § 97 Abs. 2 GWB, § 2 Nr. 2 VOL/A und VOB/A.

1347 EuGH, Rs. C-243/89, „Storebaelt", Slg. 1993, I-3353, Rn. 33; EuGH, Rs. C-87/94, „Wallonische Busse", Slg. 1996, I-2043, (Rn. 53f.), sowie auch EuGH, Rs. 87/94, „Alkatel", abgedruckt in EuZW 1996, 506ff (Tz. 51).

das - zu den vergaberechtlichen Sonderregelungen subsidiäre - Gleichheitsgrundrecht des Art. 3 Abs. 1 GG zurückführen.[1348]

Der allgemeine Gleichheitssatz des Art. 3 Abs. 1 GG gebietet wesentlich Gleiches gleich, und wesentlich Ungleiches ungleich zu behandeln.[1349] Dies setzt den Vergleich zweier Sachverhalte anhand eines Differenzierungskriteriums voraus, welches mit dem Differenzierungsziel in Relation zu setzen ist.[1350] Nach der „Willkür"-Rechtsprechung des BVerfG war der Gleichheitssatz nur verletzt, wenn sich ein vernünftiger und sachlich einleuchtender Grund für eine gesetzliche Differenzierung nicht finden lässt und sich die geprüfte Regelung demnach als willkürlich darstellt.[1351] Es ist aber entsprechend der sogenannten „neuen Formel"[1352] mittlerweile allgemein anerkannt, dass die Anforderungen an die Rechtfertigung einer Ungleichbehandlung „je nach Regelungsgegenstand und Differenzierungsmerkmal (...) vom bloßen Willkürverbot bis zu einer strengen Bindung an Verhältnismäßigkeitserfordernisse" reichen.[1353] Ist der Gegenstand einer Ungleichbehandlung lediglich sachbezogen[1354] und ohne unmittelbar menschlichen Bezug[1355], so muss die Rechtfertigung der Ungleichbehandlung lediglich dem Willkürverbot genügen.[1356] Werden hingegen Personengruppen ungleich behandelt[1357] oder greift die Maßnahme in den Schutzbereich eines anderen Grundrechts ein,[1358] so müssen die Gründe für die Ungleichbehandlung von solcher Art und Gewicht sein, dass sie die Ungleichbehandlung rechtfertigen.[1359] Ungleichbehandlung und rechtfertigender Grund müssen dann in einem angemessenen Verhältnis zueinander stehen,[1360] also verhältnismäßig sein.

Werden in Vergabeverfahren Angebote oder einzelne Bieter ungleich behandelt, so betrifft dies Personen oder Personengruppen. Auch greift eine Ungleichbehandlung durch marktinkonformes Verhalten der öffentlichen Hand – wie dargestellt – in den

1348 Siehe *Wallerath*, Öffentliche Bedarfsdeckung, S. 318; *Hermes*, JZ 1997, 909 (912f.); *Dörr*, DÖV 2001, 1014 (1017).

1349 Siehe nur *Schoch*, DVBl. 1988, 863 (874); sowie BVerfGE 1, 14 (52); 71, 255 (271); 76, 256 (329).

1350 Das Differenzierungskriterium ist das sogenannte "tertium comparationis", siehe näher *Schoch*, DVBl. 1988, 863 (873f.), sowie *Jarass*, in *Jarass/Pieroth*, GG, Art. 3, Rn. 9, 15ff.

1351 BVerfGE 1, 14 (52); 50, 152 (162); 71, 39 (53, 58); 71, 255 (271), st. Rspr.

1352 *Jarass*, NJW 1997, 2545 (2545), m.w.N.; *Burgi*, NZBau 2001, 64 (70).

1353 BVerfGE 88, 87 (96); 89, 15 (22); 92, 365 (407); 95, 267 (316), St. Rspr. Aus dem Schrifttum siehe *Jarass*, in *Jarass/Pieroth*, GG, Art. 3, Rn. 17; *Badura*, in *Schmidt-Aßmann*, Bes. Vw-Recht, S. 248; *Burgi*, NZBau 2001, 64 (70), sowie auch *Schefold*, in *Heldrich/Schlechtriem/Schmidt (Hrsg.)*, FS Heinrichs, S. 498ff. Teilweise wird im Sinne einer einheitlichen Dogmatik zu Art. 3 Abs. 1 GG vorgeschlagen, auf eine eigene Willkürprüfung zugunsten des Verhältnismäßigkeitsprinzips zu verzichten: *Brüning*, JZ 2001, 669 (673).

1354 Siehe BVerfGE 55, 72 (89); 93, 99 (111).

1355 Siehe BVerfGE 38, 225 (229).

1356 Siehe *Jarass*, in *Jarass/Pieroth*, GG, Art. 3, Rn. 21.

1357 BVerfGE 55, 72 (88f.); 75, 248 (357); 88, 87 (96f.).

1358 BVerfGE 74, 9 (24); 88, 87 (96); 91, 346 (363). Dies ist auch für die Berufsfreiheit anerkannt: BVerfGE 62, 256 (274); 79, 212 (218).

1359 BVerfGE 91, 389 (401); 95, 267 (317), st. Rspr. Aufgrund dieses differenzierten Ansatzes ist die Berührung von Freiheitsrechten zunächst zu prüfen, bevor auf den Gleichheitssatz eingegangen werden kann, siehe *Brüning*, JZ 2001, 669 (673).

1360 BVerfGE 82, 126 (146).

Schutzbereich der Berufsfreiheit ein, so dass im Vergaberecht Ungleichbehandlungen dem Prinzip der Verhältnismäßigkeit genügen müssen.[1361]

Personelle Überschneidungen zwischen einer grundrechtsgebundenen Vergabestelle und einem (potentiellen) Bieter können Ungleichbehandlungen begründen, wobei die Gefahr einer Diskriminierung alleine eine solche noch nicht darstellt. Führt aber Befangenheit eines auf Seiten der Vergabestelle tätigen Bearbeiters dazu, dass ein bestimmter Bieter einen Vorteil erlangt, so liegt kein sachlich gerechtfertigter Grund für diese Ungleichbehandlung vor, die also als willkürlich zu bezeichnen ist. Dieser Fall steht einer von persönlichen Gründen beeinflussten Behördenentscheidung gleich[1362] und verstößt gegen den allgemeinen Gleichheitssatz.

Die öffentliche Hand ist bei der Wahl ihrer Vertragspartner nach dem Gleichheitssatz also keinesfalls frei, sondern unterliegt dem Zwang sachlicher Rechtfertigung.[1363] Verdrängen speziellere Regelungen die unmittelbare Anwendung des Art. 3 Abs. 1 GG, so müssen sich im Zweifelsfall diese Regelungen selbst am allgemeinen Gleichheitssatz messen lassen.

4. Rückschlüsse auf Anforderungen an das Vergabeverfahren

Sachlich nicht gerechtfertigte Ungleichbehandlungen in Vergabeverfahren verletzen die Bieter und Bewerber nach dem Dargestellten in ihrem Anspruch auf Gleichbehandlung nach Art. 3 Abs. 1 GG und in ihrer Wettbewerbsfreiheit nach Art. 12 Abs. 1 GG. Die Berufsfreiheit und der allgemeine Gleichheitssatz sind im Vergabeverfahren nebeneinander anwendbar, sie stehen in verbundener Idealkonkurrenz und können sich somit inhaltlich ergänzen.[1364] Auch soweit die Gleichbehandlung der gemeinsame Nenner aller staatlichen Auswahl- und Verteilungsverfahren ist, sind grundrechtliche Anforderungen an Vergabeverfahren aus beiden Bestimmungen parallel abzuleiten.[1365] Zu untersuchen bleibt, ob in Fällen von Interessenkollisionen, bei denen die Gefahr einer Diskriminierung und damit auch eines Eingriffs in die Wettbewerbsfreiheit stets besteht, die Möglichkeit der Grundrechtsverletzung auch verfahrensrechtliche Auswirkungen hat.

Es ist in der Rechtsprechung des BVerfG schon lange anerkannt, dass sich aus den materiellen Grundrechten Verfahrensrechte ableiten lassen, wenn dies zum effektiven

---

1361 Dies verkennt *Boesen*, Vergaberecht, Einl., Rn. 91, der Art. 3 Abs. 1 GG nur die Bedeutung eines Willkürverbotes zukommen lässt.

1362 Hierzu *Gubelt*, in *von Münch/Kunig*, GG, Art. 3, Rn. 38.

1363 Siehe *Zuleeg*, WiVerw 1984, 112 (121).

1364 So auch *Gallwas*, VergabeR 2001, 2 (5); Siehe des Weiteren *Breuer*, in *Isensee/Kirchhof*, HdBStR VI, § 147, Rn. 99; *Scholz*, in *Maunz/Dürig*, GG, Art. 12, Rn. 144ff. Dementgegen misst *Pöcker*, DÖV 2003, 193 (193f.) der Wettbewerbsfreiheit keine Relevanz für wirtschaftsverwaltungsrechtliche Entscheidungen zu, alleiniger Maßstab soll Art. 3 Abs. 1 GG sein.

1365 Der alleinige Rückgriff auf Art. 3 Abs. 1 GG, wie er etwa von *Hermes*, JZ 1997, 909 (913), *Grziwotz*, Jus 1998, 807 (809) und *Bender*, JuS 1962, 178 (181) vorgenommen wird, blendet die spezifisch wettbewerbliche Dimension weitestgehend aus. Demgegenüber hat schon *Zeidler*, VVDStRl 19 (1961), 208 (236f.) die Frage aufgeworfen, ob nicht die grundrechtliche Wettbewerbsfreiheit einer Auftragserteilung entgegensteht, die von der Beschäftigung ortsansässiger Bauarbeiter abhängig gemacht wird. Verteilungsgerechtigkeit ist im Beschaffungswesen aber entgegen *Manssen*, in *Mangoldt/Klein/Starck*, GG, Art 12, Rn. 97, den Normprogrammen von Art. 3 und 12 GG zu entnehmen. Durch den Einbezug eines Freiheitsrechts verändert sich auch der Maßstab der Prüfung des Gleichheitssatzes, s.o. Siehe hierzu auch *Koenig*, Öffentlich-rechtliche Verteilungslenkung, S. 337; *Huber*, Konkurrenzschutz, S. 432.

Rechtsschutz gegen Grundrechtsverletzungen erforderlich ist.[1366] Besteht die Möglichkeit einer Grundrechtsverletzung, so ist Grundrechtsschutz schon weitgehend durch die Gestaltung des Verfahrens zu bewirken.[1367] Die Unwiederbringlichkeit des Rechtsverlustes und irreparable Beeinträchtigungen durch vollendete Tatsachen sind der Ausgangspunkt für den Schutz der Grundrechte durch Verfahren als Teil der materiellen Grundrechte selbst.[1368] Da sich dies bereits unmittelbar aus den Grundrechten[1369] in ihrer klassischen Abwehrfunktion ergibt,[1370] gilt dies nicht nur für gerichtliche Verfahren, sondern auch für die Gestaltung des behördlichen Verfahrens, soweit die behördliche Entscheidung ein Grundrecht berührt.[1371] Da Organisations- und Verfahrensweisen regelmäßig die materielle Rechtsstellung beeinflussen, sind diesbezügliche Rechtsvorschriften letztlich Ausprägungen des materiellen Rechts.[1372] Organisation und Verfahren sind damit Mittel, um ein grundrechtsgemäßes Ergebnis herbeizuführen und die Grundrechte wirksam zu sichern.[1373] Sie sollten also so gestaltet sein, dass das Ergebnis regelmäßig als grundrechtskonform anzusehen sein wird.[1374] Das Konzept des Grundrechtsschutzes durch Verfahren wird im Kern nicht in Frage gestellt[1375], wobei es stets eine Frage des

1366 Zurückgehend auf BVerfGE 24, 367 (401) ständig weiter ausgebaute Rechtsprechung, siehe etwa BVerfGE 63, 131 (143); E 75, 214 (215); BVerfG v. 25.2.1981, DVBl. 1981, 623 (624). Eine umfassendere Darstellung der älteren Rechtsprechung findet sich bei *Goerlich*, Grundrechte als Verfahrensgarantien, S. 56ff., sowie auch bei *Laubinger,* VerwArch 73 (1982), 60ff. Siehe auch *Murswiek,* in *Sachs,* GG, Art. 2, Rn. 36 sowie *Held*, Grundrechtsbezug, S. 80ff. Grundlegend für einen vorweggenommenen Grundrechtsschutz durch Verfahren *Häberle*, VVDStRL 30 (1972), 43 (86ff., 125ff.).

1367 Siehe BVerwGE 74, 109 (112); BVerfGE 84, 59 (1. Ls.) sowie *Meyer,* in *Knack,* VwVfG, § 46, Rn. 11. *Lorenz,* NJW 1977, 865 (869) nennt diese Grundrechtswirkung „mittelbare Verfahrensdeterminanten".

1368 Siehe *Goerlich*, Grundrechte als Verfahrensgarantien, S. 61f., m.w.N. aus der höchstrichterlichen Rechtsprechung, sowie *derselbe*, DVBl. 1978, 362 (364). *Winters,* DÖV 1980, 305 (305): „Je weniger das materielle Recht den Grundrechtsschutz verwirklichen kann, um so mehr wird das Verfahrensrecht zum materiellen Grundrechtsschutz". Nach *Mutius,* Jura 1984, 529 (535) kann der repressive Rechtsschutz des Art. 19 Abs. 4 GG eine Aushöhlung von Grundrechten nicht in allen Fällen vermeiden. Durch Grundrechtsschutz durch Verfahren wird der Gefahr einer Entwertung von Grundrechtspositionen vorgebeugt, siehe BVerfGE 63, 131 (143); *Dreier*, in *Dreier*, GG, Vorb., Rn. 66.

1369 Dies ist vom BVerfG für eine Vielzahl von Grundrechten anerkannt: Zu Art. 16 GG vgl. BVerfGE 52, 391 (407); zu Art. 14 GG E 35, 348 (361); zu Art. 12 GG E 39, 276 (294); zu Art. 2 Abs. 1 GG E 52, 214 (219). Für eine Systematisierung der Grundrechte hinsichtlich ihrer Relevanz für Verfahren siehe *Ossenbühl,* in *Müller/Rhinow/Schmid/Wildhaber (Hrsg.),* FS Eichenberger, S. 183ff.

1370 Siehe *Bethge*, NJW 1982, 1 (3).

1371 BVerfGE 52, 380 (390); siehe auch BVerfGE 53, 31 (sechster LS).

1372 Vgl. *Starck,* in *Mangoldt/Klein/Starck,* GG, Art. 3, Rn. 194.

1373 *Hesse*, in EuGRZ 1978, 427 (434f.) Siehe auch *Hesse*, in Grundzüge des Verfassungsrechts, § 11 III. Der Grundrechtsschutz durch Verfahren wirkt „kumulativ-verstärkend" für Grundrechtspositionen des Einzelnen, deren Durchsetzung in der Rechtsanwendung sichergestellt wird, *Friauf,* DÖV 1980, 480 (483), siehe auch *Lorenz,* AöR 105 (1980), 622 (628).

1374 *Alexy*, Theorie der Grundrechte, S. 431.

1375 Siehe etwa *Ekardt*, Steuerungsdefizite im Umweltrecht, S. 339; *Grimm*, NVwZ 1985, 865; *Hufen*, NJW 1982, 2160; *Martens,* DVBl., 1981, 597 (602); *Ossenbühl,* NVwZ 1982, 465 (467); *Sellner,* BauR 1980, 391 (395); *Steinberg,* DÖV 1982, 619 (625). Zurückhaltung oder parallele Ansätze finden sich aber bei *Behtge*, NJW 1982, 1 (2); *Laubinger,* VerwArch 73 (1982), 60 (83ff.); *Ossenbühl,* in *Müller/Rhinow/Schmid/Wildhaber (Hrsg.)*, FS Eichenberger, S. 183ff., sowie mit Kritik an der Rechtsprechung des BVerfG auch bei *Dolde*, NVwZ 1982, 65 (70). Ablehnend jedoch *Rauschning,* DVBl. 1980, 831 (833).

jeweiligen Grundrechts- und Verwaltungsbereichs ist, welche verfahrensrechtlichen Anforderungen grundrechtlich geboten sind.[1376]

Soweit öffentliche Auftraggeber an die Grundrechte gebunden sind, ergibt sich somit, dass Vergabeverfahren nicht nur eine effiziente Beschaffung, sondern auch den Schutz der grundrechtlichen Positionen der Bieter ermöglichen müssen.[1377] In den Auswirkungen auf das Vergabeverfahren wird sogar die entscheidende Bedeutung der Grundrechtsgeltung im Beschaffungswesen gesehen.[1378] Die grundrechtsgebundenen öffentlichen Auftraggeber müssen, schon um den grundrechtlichen Anforderungen zu genügen, alle Bieter und Angebote einer sachlichen Prüfung[1379] unterziehen.[1380]

Ein Merkmal von Vergabeverfahren ist aber, dass Fehler im Verfahren regelmäßig nicht zur Unwirksamkeit eines nach Zuschlag geschlossenen Vertrages führen.[1381] Wird die Wettbewerbsfreiheit und der Gleichheitssatz durch eine von einem Interessenkonflikt beeinflusste Vergabeentscheidung beeinträchtigt, so kann nachträgliche gerichtliche Kontrolle Rechtsschutz nicht mehr sicherstellen. Der zu Unrecht übergangene Bieter ist auf Schadensersatzansprüche zurückgeworfen. Der Grundrechtsschutz muss dementsprechend effektiviert werden, bevor durch die Vergabeentscheidung vollendete Tatsachen geschaffen werden.[1382] Dies kann als Leitmotiv des Grundrechtsschutzes durch Verfahren angesehen werden.[1383]

Letztlich muss damit für Vergabeverfahren dasselbe gelten, wie für berufsbezogene Prüfungen. Wie bei diesen kann auch in Vergabeverfahren der Berufszugang vom Ausgang des Verfahrens abhängen. Das Verfahren muss also einer optimalen Grundrechtsverwirklichung von Art. 12 Abs. 1 GG[1384] und Art. 3 Abs. 1 GG[1385] genügen. Defizite in der gerichtlichen Kontrolle sind durch Verfahrensregelungen auszugleichen.[1386] Auch in Vergabeverfahren ist die Chancengleichheit[1387] der in einer Konkurrenzsituation zuein-

---

1376 Siehe *Alexy*, Theorie der Grundrechte, S. 429; *Hermes*, JZ 1997, 909 (913); *v. Mutius*, NJW 1982, 2150 (2156); *Redeker*, NJW 1980, 1593, (1595).

1377 So ausdrücklich *Pernice/Kadelbach*, DVBl. 1996, 1100 (1106). Vgl. für Verwaltungsverfahren *Degenhart*, DVBl. 1982, 872 (872).

1378 *Dörr*, DÖV 2001, 1014 (1017).

1379 Hier ist die bieterbezogene Eignungsprüfung und die eigentliche Wertung der Angebote strikt zu unterscheiden, siehe BGH, NJW 1998, 3636.

1380 So schon *Zuleeg*, WiVerw 1984, 112 (121).

1381 „Pacta sunt servanda", siehe nur *Boesen*, VergabeR, Einleitung, Rn. 4. Eine Ausnahme bildet das Unterlassen der Vorabinformation nach § 13 VgV. Ein ohne Vorabinformation geschlossener Vertrag ist nichtig. Analog hierzu wird gefordert, dass auch ein Vertrag, der entgegen einer diesbezüglichen Pflicht ohne Ausschreibung geschlossen wurde (de facto Vergabe), gleichsam nichtig sein müsse, siehe hierzu einerseits *Müller-Wrede/Kaelble,* VergabeR 2002, 1ff.; und andererseits *Hailbronner*, NZBau 2002, 474ff., *Höß*, VergabeR 2002, 443 (446ff.), jeweils m.w.N.

1382 Siehe *Gubelt*, in *v. Münch/Kunig,* GG, Art. 3 Abs. 1, Rn. 37. Vgl. *Degenhart*, DVBl. 1982, 872 (874 u. 876).

1383 Siehe BVerfGE 24, 367 (402); BVerfGE DVBl. 1981, 623 (625); BKartA, NJW 2000, 151 (152f.).

1384 Siehe für Prüfungen *Scholz*, in *Maunz/Dürig*, GG, Art. 12, Rn. 475.

1385 Siehe für Prüfungen *Starck*, in *Mangoldt/Klein/Starck,* GG, Art. 3, Rn. 37ff. *Osterloh*, in *Sachs*, GG, Art. 3, Rn. 58, leitet den Anspruch auf Chancengleichheit im Prüfungsrecht aus Art. 3 Abs. 1 und Art, 12 Abs. 1 GG ab.

1386 Siehe für Prüfungen *Tettinger, Sachs,* GG, Art. 12, Rn. 17.

1387 Diese meint selbstverständlich nicht „Gleichheit von Glücksfällen", sondern vielmehr Gleichheit in den Startbedingungen, siehe *Schoch,* DVBl. 1988, 863 (880), sowie zur Chancengleichheit in Prüfungen *Seebass,* NVwZ 1985, 521 (523f.).

ander stehenden Beteiligten im Sinne präventiver Grundrechtssicherung zu gewährleisten.[1388]

Dies bedeutet für die Fälle der personellen Überschneidungen zwischen Vergabestelle und Bewerbern, die eine Interessenkollision tatsächlich begründen, dass der hier bestehenden erhöhten Gefahr einer unsachlichen Beeinflussung des Vergabeverfahrens begegnet werden muss, soll der Grundrechtsschutz nicht beeinträchtigt werden. Hier ist präventiver Grundrechtsschutz durch die Ausgestaltung des Vergabeverfahrens, nämlich durch einen Ausschluss der betroffenen Person von der Mitwirkung am Vergabeverfahren, *prima facie* geboten.[1389]

Der hier gebotene Grundrechtsschutz kann in Fällen, in denen personelle Überschneidungen zwischen Auftraggebern und -nehmern bestehen, auch nicht in gleicher Weise durch die Vorabinformation der Bieter über den beabsichtigten Zuschlag, wie sie jetzt in § 13 VgV vorgesehen ist, verwirklicht werden. Um den erforderlichen[1390] Primärrechtsschutz zu ermöglichen, werden Auftraggeber durch diese Bestimmung verpflichtet, die unterlegenen Bieter 14 Tage vor der Erteilung des regelmäßig nicht aufhebbaren Zuschlags über den beabsichtigten Vertragsschluss zu unterrichten.[1391] Im Rahmen dieser schriftlich zu erteilenden Vorabinformation ist lediglich der Name des Bieters, dessen Angebot angenommen werden soll, und der Grund der Nichtberücksichtigung des jeweiligen Bieterangebots mitzuteilen. Um die Praktikabilität der Vorschrift zu gewährleisten und um zu verhindern, dass die Vorabinformation zu einer Investitionsbremse wird und auch bei pflichtgemäßen Auftraggebern zu oft eingreift, sind keine zu hohen Anforderungen an die Vorabinformationspflicht zu stellen. Bei einer verständlichen, präzisen und wahrheitsgemäßen Information reicht es aus, wenn der Bieter seinen Stand im Vergabeverfahren erkennen und die Sinnhaftigkeit eines Nachprüfungsverfahrens ermessen kann.[1392] Über mögliche personelle Verknüpfungen zwischen dem Auftraggeber und dem erfolgreichen Bieter und Interessenkollisionen ist hingegen nicht aufzuklären, diese bleiben den unterlegenen Bietern verborgen. Damit bleibt Letzteren aber ein wichtiger Hinweis darauf, dass das Vergabeverfahren womöglich unsachlich beeinflusst wurde, verborgen. Sie können die Sinnhaftigkeit eines Nachprüfungsverfahrens aus diesem Grund nicht abschätzen, auch wenn die Rechtsschutzmöglichkeiten im Kartellvergaberecht grundsätzlich zur Gewährleistung eines diskriminierungsfreien Vergabeverfahrens geeignet sind. Insofern kann die mit § 16 VgV getroffenen Regelung als Mosaikstein zur Sicherstellung eines umfassenden Schutzes der Bieter und Bewerber vor Diskriminierungen betrachtet werden.

Aufgrund der grundsätzlichen Wirksamkeit des geschlossenen Vertrags kann auch die Kontrolle der Voraussetzungen des § 13a PBefG durch die Genehmigungsbehörde

---

1388 *Wallerath,* Öffentliche Bedarfsdeckung, S. 320f. Siehe auch *Hermes*, JZ 1997, 909 (913), der die Chancengleichheit für staatliche Auswahl- und Verteilungsentscheidungen postuliert, sowie *Kazele*, Interessenkollision und Befangenheit, S. 51ff., der in Verwaltungsverfahren das Unbefangenheitsgebot parallel zu dem hiesigen Befund ebenfalls als Ausdruck materieller Freiheitsrechte und des Gleichbehandlungsgebots betrachtet.

1389 Vgl. *Alexy*, Theorie der Grundrechte, S. 446.

1390 Siehe hierzu aus verfassungsrechtlicher Perspektive BKartA, NJW 2000, 151 (152ff.); sowie aus europarechtlicher Sicht EuGH, Rs. C- 81/98, „Alcatel", abgedruckt in NJW 2000, 569.

1391 Siehe zu § 13 VgV näher *Gröning*, WRP 2001, 1 (4ff.); *Höfler/Bert*, NJW 2000, 3310 (3312f.); *Kratzenberg,* NZBau 2001, 119 (120f.); *Otting,* NVwZ 2001, 775 (776);

1392 Vergabesenat OLG Düsseldorf v. 6.8.2001, Az. Verg 28/01. Siehe auch VK Sachsen v. 27.9.2001, Vergabe-RR 11/2001, 2.

wirksamen Rechtsschutz bei der Vergabe von ÖPNV-Dienstleistungen nur unzureichend sicherstellen. Mitwirkungsverbote sind hier nicht deshalb überflüssig, weil eine Verwaltungsinstanz „die Vergabeentscheidung nochmals unparteiisch durchleuchtet".[1393]

Nach dem Gesagten ist also eine personelle Trennung zwischen ausschreibenden Stellen und den Bietern oder Bewerbern zur Vermeidung von Interessenkonflikten, die zu einer Verletzung der Wettbewerbsfreiheit und des Gleichbehandlungsgebots führen können, von vornherein zur Gewährleistung eines effektiven Grundrechtsschutzes zunächst geboten. Vergaberechtliche Neutralität ist insofern auf die Grundrechte rückführbar.[1394] § 16 VgV stellt sich damit als Verfahrens- und Organisationsregelung zum präventiven Grundrechtsschutz hinsichtlich der Wettbewerbsfreiheit aus Art. 12 Abs. 1 GG und des Gleichbehandlungsgrundsatzes aus Art. 3 Abs. 1 GG dar und sichert die Chancengleichheit der teilnehmenden Wettbewerber. Bevor jedoch ein über die getroffene Regelung hinausgehendes grundrechtlich begründetes Neutralitätsgebot in Vergabeverfahren Geltung beanspruchen kann, ist zu überprüfen, ob dem nicht konfligierende Verfassungsgüter entgegenstehen.

II. Zur Bedeutung des Rechtsstaatsprinzips

Befangenheitsregelungen werden üblicherweise als Ausdruck (auch)[1395] des Rechtsstaatsprinzips verstanden.[1396] Schon früh wurde festgestellt, dass die Mitwirkungsverbote der DGO eine unbedingte Forderung des demokratischen Rechtsstaats seien.[1397] Das in § 20 VwVfG verankerte Unbefangenheitsprinzip wird oft als Gewährleistung eines rechtsstaatlichen Verwaltungsverfahrens betrachtet.[1398] Eine rechtsstaatliche Entscheidung soll ein Mindestmaß an Distanz zwischen einer Person und der Sache verlangen,[1399] der Kampf gegen die persönliche Motivation sei ein Kampf um die Durchset-

1393 So aber *Winnes,* NZBau 2002, 371 (375).

1394 Vgl. *Neßler,* NVwZ 1999, 1081 (1082); *Winnes,* NZBau 2002, 371 (372). Vgl. auch BVerwGE 69, 256 (266), wo schon die Vermeidung des „bösen Scheins" als hinsichtlich des Grundrechtsschutzes durch Verfahren als relevant betrachtet wurde.

1395 Für *Kopp/Ramsauer,* VwVfG, § 20, Rn. 6 sind etwa die §§ 20, 21 VwVfG eine Folgerung aus dem Rechtsstaatsprinzip, den Grundrechten und den aus dem Rechtsstaatsprinzip abzuleitenden Prinzipien der Verfahrensgerechtigkeit und des fairen Verfahrens. *Kösling,* NVwZ 1994, 455 (455) und *Trute/Pfeifer,* DÖV 1989, 192 (196) verankern Befangenheitsregelungen ähnlich im Rechtsstaatsprinzip und den Grundrechten. *Kopp,* Verfassungsrecht und Verwaltungsverfahrensrecht, S. 42, 88, 174 stützt die Unparteilichkeit von Amtsträgern auf die Menschenwürde, das Prinzip der Gesetzmäßigkeit der Verwaltung und den Gleichheitssatz. Vgl. auch Siehe für ein aus der normativen praktischen Vernunft gefolgertes Unparteilichkeitsprinzip als Teil der gesellschaftlichen Grundordnung *Ekardt,* Theorie intergenerationeller Grundrechte, § 5 B.II.1.; *Hill,* DVBl. 1983, 1 (2); *Kazele,* Interessenkollision und Befangenheit, S. 45ff. *Scheuing,* NVwZ 1982, 487 (488); *Schink,* NWVBl. 1989, 108 (110).

1396 Siehe außer den im Folgenden genannten auch *Besche,* DÖV 1972, 636 (637); *Schink,* NWVBl. 1989, 108 (110).

1397 Siehe den Rechtsprechungsnachweis bei *Haueisen,* DVBl. 1950, 774 (776). Angesichts der geschichtlichen Herkunft der DGO kann diese Aussage für sich genommen etwa überraschen.

1398 *Clausen,* in *Knack,* VwVfG, § 20, Rn. 2; *Kopp/Ramsauer,* VwVfG, § 20, Rn. 1. Ähnlich *Engelhardt,* in *Obermayer,* VwVfG, § 20, Rn. 1; *Sachs,* in *Sachs,* GG, Art. 20, Rn. 165; *Bonk/Schmitz,* in *Stelkens/Bonk/Sachs,* VwVfG, § 20, Rn. 1.

1399 *Schulze-Fielitz,* in *Dreier,* GG, Art. 20, Rn. 195.

zung des Rechtsstaates.[1400] Dementsprechend wird auch vergaberechtliche Neutralität im Rechtsstaatsprinzip verankert.[1401]

Dieses ist ein vielseitiges, verschiedene verfassungsrechtliche Aspekte zusammenfassendes Rechtsprinzip.[1402] Nach einer geläufigen Definition soll Rechtsstaatlichkeit bedeuten, dass die Ausübung staatlicher Macht nur auf der Grundlage der Verfassung und von formell und materiell verfassungsmäßig erlassenen Gesetzen mit dem Ziel der Gewährleistung von Menschenwürde, Freiheit, Gerechtigkeit und Rechtssicherheit zulässig ist.[1403] Es herrscht Konsens darüber, dass sich der Inhalt der Rechtsstaatlichkeit aus einzelnen Verfassungsausprägungen näher bestimmt[1404] und damit erst „operational" wird.[1405] Teilelemente und Konkretisierung des Rechtsstaatsprinzips stellen auch die Grundrechte dar.[1406] Deren konkrete Bedeutung für eine in Vergabeverfahren zu gewährleistende Neutralität der Vergabestelle wurde bereits herausgearbeitet. Soweit sich ihnen als konkrete Verfassungsbestimmungen eine Verfassungsaussage entnehmen lässt, geht dies einer Begründung aus dem diese umfassenden Rechtsstaatsprinzip vor.[1407] Zwar kann der Ausschluss befangener Amtsträger von Vergabeverfahren zur Vermeidung schon des „bösen Scheins" einer einseitigen Interessenausrichtung in Übereinstimmung mit der genannten Literatur und Rechtsprechung auch aus rechtsstaatlichen Gesichtspunkten gefordert sein. Weitergehende verfahrensrechtliche Anforderungen als die grundrechtlich abgeleiteten lassen sich dem umfassenden Rechtsstaatsprinzip hinsichtlich eines vergaberechtlichen Neutralitätsgebots aber nicht entnehmen.[1408, 1409] Nach der allgemein gültigen lex specialis Regel tritt das Rechts-

---

1400 *Kirchhof,* VerwArch 66 (1975), 370 (371).

1401 Siehe BayObLG v. 20.12.1999, NZBau 2000, 259 (260); *Berrisch/Nehl,* WuW 2001, 944 (953); *Malmendier,* DVBl. 2000, 963 (966); *Neßler,* NVwZ 1999, 1081 (1082).

1402 *Herzog,* in *Maunz/Dürig,* GG, § 20 VII, Rn. 3.

1403 *Stern,* StaatsR I, S. 781. Siehe hierzu etwa *Herzog,* in *Maunz/Dürig,* GG; Art. 20 VII, Rn. 3; *Sobotha,* Das Prinzip Rechtsstaat, S. 22ff.

1404 Siehe *Sommermann,* in *Mangoldt/Klein/Starck,* GG; Art. 20, Rn. 217; *Schnapp,* in *v. Münch/Kunig,* GG, Art. 20, Rn. 24; *Sobotha,* Das Prinzip Rechtsstaat, S. 24ff.; *Stern,* StaatsR I, S. 784. Umstritten ist, ob dem Rechtsstaatsprinzip über diese Einzelausformungen hinaus noch eine weitergehende Bedeutung zukommt. Siehe hiergegen *Kunig,* Das Rechtsstaatsprinzip, S. 482; *Schnapp,* in *v. Münch/Kunig,* GG, Art. 20, Rn. 24f. A.A.: *Sachs,* in *Sachs,* GG, Art. 20, Rn. 76; *Schulze-Fielitz,* in *Dreier,* GG, Art. 20, Rn. 43; *Sommermann,* in *Starck,* GG, Art. 20, Rn. 228.

1405 Siehe *Herzog,* in *Maunz/Dürig,* GG; Art. 20 VII, Rn. 3; *Stern,* StaatsR I, S. 781.

1406 Siehe *Jarass,* in *Jarass/Pieroth,* GG, Art. 20, Rn. 28; *Herzog,* in *Maunz/Dürig,* GG; Art. 20 VII, Rn. 23; *Sachs,* in *Sachs,* GG, Art. 20, Rn. 77; *Schmidt-Aßmann,* in *Isensee/Kirchhof,* HdBStR I, § 24, Rn. 5; *Stern,* StaatsR I, S. 788.

1407 Siehe für den Vorrang konkreter Einzelausprägungen des Rechtsstaatsprinzips gegenüber einer Ableitung aus diesem selbst: *Jarass,* in *Jarass/Pieroth,* GG, Art. 20, Rn. 28; *Sachs,* in *Sachs,* GG, Art. 20, Rn. 77; *Schmidt-Aßmann,* in *Isensee/Kirchhof,* HdBStR I, § 24, Rn. 7; *Schnapp,* in *v. Münch/Kunig,* GG, Art. 20, Rn. 24f.; *Sobotha,* Das Prinzip Rechtsstaat, S. 444. Vgl. *Laubinger,* VerwArch 73 (1982), 60 (84).

1408 Siehe parallel hierzu hinsichtlich verfahrensrechtlicher Gewährleistungen im Verwaltungsverfahren *Kunig,* Das Rechtsstaatsprinzip, S. 377f. Soweit *Kirchhof,* VerwArch 66 (1975), 370 (371f.) Unbefangenheit in Verwaltungsverfahren aus der Bindung der Exekutive an das Recht ableitet, gewinnt er in der Sache keinen anderen Maßstab.

1409 *Laubinger,* VerwArch 73 (1982), 60 (83f.) will verfassungsrechtliche Verfahrensanforderungen demgegenüber vorrangig aus rechtsstaatlichen Gesichtspunkten sichergestellt wissen, ohne jedoch zu anderen Ergebnissen zu kommen. Parallel hierzu sehen auch *Berrisch/Nehl,* WuW 2001, 944 (953) das vergaberechtliche Neutralitätsgebot allenfalls im Rechtsstaatsprinzip verankert.

staatsprinzip eigentlich hinter die grundrechtliche Begründung zurück.[1410] Da die Grundrechte Teil des Rechtsstaatsprinzips sind, kann die verfassungsrechtliche Verankerung des vergaberechtlichen Neutralitätsgebots aber insofern auch auf dieses zurückgeführt werden. Die grundrechtliche Begründung des vergaberechtlichen Neutralitätsgebots führt dazu, dass es allgemein auch als Ausdruck von Rechtsstaatlichkeit zu betrachten ist.

III. Zu Konflikten mit Art. 28 GG

Aus der bisherigen Untersuchung ergibt sich, dass personelle Neutralität in Vergabeverfahren zur Gewährleistung eines effektiven Grundrechtsschutzes und als Ausdruck von Rechtsstaatlichkeit geboten ist. Als Anforderung aus der Verfassung muss ein solches Gebot aber in Einklang mit den übrigen Verfassungsbestimmungen stehen. Die Vermeidung von Interessenkonflikten im Vergaberecht kann nicht isoliert bezogen nur auf die Grundrechte und das Rechtsstaatsprinzip betrachtet werden. In systematischer Auslegung sind alle Normen des Grundgesetzes bei einer Verfassungsinterpretation zur Wahrung der „Einheit der Verfassung" zu berücksichtigen.[1411] So werden grundrechtliche Gebote durch andere Verfassungsgüter begrenzt.[1412]

1. Parallelität der Konfliktlage mit § 16 Abs. 1 Nr. 3 lit. a VgV

Bei der Untersuchung, ob § 16 Abs. 1 Nr. 3 lit. a VgV aus verfassungsrechtlichen Gesichtspunkten zugunsten der Entsendung kommunaler Vertreter in die Leitungs- und Kontrollorgane eines kommunalen Unternehmens eingeschränkt auszulegen ist, wurde bereits festgestellt, dass das dort normierte Mitwirkungsverbot die in Art. 28 Abs. 2 GG verankerte kommunale Organisationshoheit und unter Umständen auch das freie Mandat von Gemeinderatsmitgliedern beeinträchtigt. Gleiches gilt auch für ein aus der Verfassung abgeleitetes Neutralitätsprinzip in Vergabeverfahren. Auch ein solches errichtet Vorgaben hinsichtlich der innergemeindlichen Verwaltungsorganisation, indem es die Frage, wer für eine Kommune am Vergabeverfahren mitwirken kann und wer in ein Gesellschaftsorgan eines von dem jeweiligen Vergabeverfahren sachlich berührten Gemeindeunternehmen zu entsenden ist, prädeterminiert. Die kommunale Organisationshoheit wird hier eingeschränkt.[1413] Ist ein Gemeinderatsmitglied in ein Gesellschaftsorgan eines kommunalen Unternehmens entsandt, so wäre diesem entsprechend dem Befund zu § 16 Abs. 1 Nr. 3 lit. a VgV eine Mitwirkung an Entscheidungen im Vergabeverfahren untersagt, auch wenn eine solche dem Gemeinderat als Organ obläge. Hier kollidiert das Neutralitätsgebot mit dem auch auf Gemeindeebene geltenden demokratischen Prinzip des freien Mandats.[1414] Das aus den Grundrechten und dem Rechtsstaatsprinzip abgeleitete Neutralitätsgebot in Vergabeverfahren steht also mit anderen Bestimmungen der Verfassung in Konflikt.

1410 Siehe *Jarass*, in *Jarass/Pieroth*, GG, Art. 20, Rn. 28; *Kunig*, Das Rechtsstaatsprinzip, 377f.

1411 Siehe BVerfGE 19, 206 (220); E 55, 274 (300), sowie aus der Literatur etwa *Jarass*, in *Jarass/Pieroth*, GG, Einl., Rn. 7; *Schmalz*, Methodenlehre, Rn. 537; *Stern*, StaatsR I, S. 131.

1412 Siehe nur *Jarass*, in *Jarass/Pieroth*, GG, Vorb. vor Art. 1, Rn. 46, sowie näher zu verfassungsunmittelbaren Begrenzungen der Grundrechte *Sachs*, in *Stern*, StaatsR III/2: S. 493ff.

1413 Vgl. näher oben, Dritter Teil, B.V.2.c)(3)(b).

1414 Vgl. näher oben, Dritter Teil, B.V.2.c)(3)(d).

2. *Zum Gestaltungsermessen des Verordnungsgebers*

Steht ein grund- und rechtsstaatlich fundiertes Gebot in Vergabeverfahren demnach in einer Spannungslage mit der kommunalen Organisationshoheit nach Art. 28 Abs. 2 GG und dem freien Mandat von Gemeinderatsmitgliedern nach Art. 28 Abs. 1 S. 2 GG, so ist zu untersuchen, ob und gegebenenfalls wie dieses verfassungsrechtliche Spannungsverhältnis zu lösen ist.

Die Begründung der Änderungsvorschläge des Bundesrats zu § 16 VgV RegE zeigen, dass sich der Verordnungsgeber bei Erlass der getroffenen Regelung über die Implikationen auf die kommunale Organisationsstrukturen im personellen Bereich im Klaren war. So sollten mit den Änderungen „Friktionen mit Kommunalverfassungsrecht", die sich aus der Einschränkung des an Vergabeverfahren zu beteiligenden Personenkreises ergeben, verhindert werden.[1415] Der Verordnungsgeber hat die hier auch mit Verfassungsrecht bestehenden Spannungsverhältnisse durch die getroffene Regelung gelöst.[1416] Dies kann im Rahmen verordnungsgeberischen Gestaltungsspielraums[1417] einer erneuten Gewichtung und Bewertung der berührten Verfassungsgüter durch den Rechtsanwender entgegenstehen.

Die Gestaltungsfreiheit des Gesetzgebers, von der sich die Gestaltungsfreiheit des Verordnungsgebers im Rahmen der Verordnungsermächtigung ableitet,[1418] basiert auf dem Demokratieprinzip.[1419] Sie steht damit grundsätzlich mit den mehrheitsfesten Grundrechtspositionen des Grundgesetzes in einem Spannungsverhältnis.[1420] Der Gesetzgeber ist nicht dazu verpflichtet, den Grundrechtsschutz durch Verfahren im Rahmen der getroffenen Regelung zu optimaler Geltung zu verhelfen,[1421] eine solche Pflicht kann auch nicht den Verordnungsgeber treffen. Bei der Erfüllung von grundrechtlichen Schutzpflichten kommt der Legislative ein weiterer Einschätzungs-, Wertungs- und Gestaltungsbereich zu, in dessen Rahmen auch konkurrierende Belange berücksichtigt

1415 Siehe BR-Drs. 455/00 (Beschluss), S. 3.

1416 Siehe auch oben, Zweiter Teil, B.V.2.c)(3).

1417 Siehe hierzu auch schon oben, Zweiter Teil, A.II.2.c)(2),

1418 Siehe hierzu *v. Danwitz,* Gestaltungsfreiheit, S. 161ff. und insbesondere die Nachweise auf S. 168. Die Verschiedenartigkeit der Natur der Gestaltungsfreiheit von Gesetz- und Verordnungsgeber wird hiermit keinesfalls verkannt, siehe hierzu *Badura,* in *Selmer/v. Münch (Hrsg.),* GS Martens, S. 29f. und *v. Danwitz,* aaO., S. 168f.

1419 Siehe für weitere Begründungsansätze *Jestaedt,* Grundrechtsentfaltung im Gesetz, S. 135ff. und 206ff.

1420 Siehe *Bumke,* Grundrechtsvorbehalt, S. 40 und *Raabe,* Grundrechte und Erkenntnisse: S. 495 und 15. *Kirchhof,* NJW 1996, 1497 (1498) stellt zutreffend fest, dass die Verfassung (als Ganzes) dem Gemeinwesen ungeachtet wechselnder Mehrheiten ein gleichbleibendes Gesicht gebe.

1421 *Starck,* Praxis der Verfassungsauslegung: S. 80; *Lerche,* in *Burmeister (Hrsg.),* FS *Stern,* S. 201, *Clausen,* in *Knack,* VwVfG, Vor § 9, Rn. 17; *Mutius,* Jura 1984, 529 (535). Parlamentsgesetze stellen zunächst einen Kompromiß zwischen kollidierenden Freiheitsrechten dar, wie *Ekardt,* Theorie intergenerationeller Grundrechte, § 3 A.II., anhand der Rawlsschen Rechtsphilosophienachweist. Nach Ekardt, aaO., § 5 B.II.1 kann das von ihm erörterte Neutralitätsprinzip Gesetzgebung und Regierung größere Spielräume belassen. Siehe gegen die Gefahren von grundrechtlichen Optimierungstendenzen, welche die Rechtsgestaltungsmacht des Gesetzgebers einschränkt *Böckenförde,* Der Staat, 29 (1990), 1 (29f.). Vgl. hierzu *Hesse,* in *Däubler-Gmelin/-Kinkel/Meyer/Simon (Hrsg.),* FS Mahrenholz, S.557ff. Siehe hinsichtlich des Umfangs grundrechtsgebotener Verfahrensregelungen auch die Darstellung von *Denninger,* in *Isensee/Kirchhof,* HdBStR V, § 113, Rn. 20ff.

werden können.[1422] Insbesondere bei Kollisionen zwischen den Grundrechten und anderen Verfassungsgütern wird vielfach betont, dass die hier erforderliche Abwägung[1423] nicht hinreichend normativ diszipliniert sei[1424] und Freiraum für Subjektivitäten eröffne.[1425] Sie wird als „Zauberformel" bezeichnet,[1426] die zu einer Rechtsanwendung ohne Normbefehl führe.[1427] Angesichts der Vagheit des Verfassungsrechts und der geringen Determinationskraft seiner Methodik handele es sich bei der Abwägung um einen schöpferischen Akt, der die vermittelnde Entscheidung des Gesetzgebers fordere.[1428] Die Lösung von Verfassungskonflikten sei in erster Linie seine Aufgabe.[1429] Soweit im Verwaltungsverfahren darauf abgestellt wird, dass Regelungen, die Grundrechte und Verfassungsprinzipien mit divergierender Tendenz betreffen, die betroffenen Rechtsgüter zu einem angemessenem Ausgleich zu kommen haben,[1430] kann dies zunächst als Anweisung für den Gesetzgeber gedeutet werden.[1431] Im Rahmen der jeweiligen Ermächtigungsnorm muss entsprechendes auch für die Ausgestaltungsfreiheit des Verordnungsgebers angenommen werden:[1432] Soweit dieser nach Maßgabe der Ermächtigung und im Rahmen seines Gestaltungsspielraums Verfassungskonflikte entschieden hat, sind die hierdurch gesetzten Grenzen vom Rechtsanwender zu respektieren.

Die Berufung auf Grundrechtsschutz durch Verfahren basiert zwar einerseits darauf, dass der geltend gemachte Schutz von den getroffenen Regelungen nicht erreicht wird.[1433] Dies verpflichtet den Gesetzgeber (hier: den Verordnungsgeber) jedoch andererseits nur innerhalb seines Gestaltungsermessen,[1434] so dass ein unmittelbarer Rückgriff auf die Verfassung neben der mit § 16 VgV getroffenen Regelung womöglich abgeschnitten ist.[1435] Unabhängig davon, ob die Verfassung als Rahmenordnung des Staates bezeichnet werden kann,[1436] können ihr nicht in jedem Fall abschließende Anhalts-

---

1422 BVerfGE 79, 174 (202), vgl. auch BVerfGE 80, 109 (118); 81, 156 (205).

1423 Siehe hierzu beispielsweise BVerfGE 28, 243 (261); 30, 173 (195); 35, 202 (225); 67, 213 (228); 81, 278 (292); 83, 130 (143); 93, 1 (21).

1424 *Sachs,* in *Sachs,* GG, Einf., Rn. 50.

1425 *Stern,* StaatsR I, 133, der sie aber bei rational nachvollziehbarer Ausgestaltung für zulässig hält.

1426 So *Ossenbühl,* DVBl. 1995, 904 (905).

1427 *Leisner,* NJW 1997, 636 (638).

1428 *Scherzberg,* DVBl. 1999, 356. *Jarass,* AöR 120 (1995), 345 (372) spricht davon, dass der Gesetzgeber einen erheblichen Spielraum besitzt, wenn er die verfassungsrechtliche Grenzziehung kollidierender Verfassungsgüter nachzeichne.

1429 *Ossenbühl,* DVBl. 1995, 904, siehe auch ähnlich *Winkler,* Kollisionen zwischen Grundrechten und anderen Schutznormen, S. 363, sowie hinsichtlich der Kontrolle des BVerfG differenzierend *Hesse,* in *Däubler-Gmelin/Kinkel/Meyer/Simon (Hrsg.),* FS Mahrenholz, S. 553.

1430 Siehe *Ossenbühl,* DÖV 1981, 1 (8); *Kopp/Ramsauer,* VwVfG, Einf., Rn. 20.

1431 Für eine Kompetenz des Gesetzgebers ausdrücklich *Dolde,* NVwZ 1982, 65 (70). Siehe in diesem Sinne auch *di Fabio,* VerwArch 81 (1990), 193 (214) und *Bethge,* DVBl. 1989, 841 (850).

1432 Siehe zur Gestaltungsfreiheit des Verordnungsgebers bei Grundrechtsberührung ähnlich *v. Danwitz,* Gestaltungsfreiheit, S. 185f.

1433 Siehe BVerfGE 63, 131 (143), sowie *Ossenbühl,* NVwZ 1982, 465 (467).

1434 Siehe *Grimm,* NVwZ 1985, 865 (867); *Ossenbühl,* in *Müller/Rhinow/Schmid/Wildhaber (Hrsg.),* FS Eichenberger, S. 192ff.; *Scheuner,* DÖV 1971, 505 (510) und *Dolde,* NVwZ 1982, 65 (70). Siehe auch *Schink,* NWVBl. 1989, 108 (110).

1435 So stellt auch *Alexy,* Theorie der Grundrechte, S. 446 fest, dass Verfahrensnormen, die den Schutz der Grundrechte erhöhen, nur *prima facie* gefordert seien. Ein Recht auf Geltung wird davon abhängig gemacht, dass keine entgegenstehenden Prinzipien durchschlagen.

1436 So etwa *Böckenförde,* NJW 1976, 2089 (2090); *Kirchhof,* NJW 1996, 1497 (1503); *Scherzberg,* DVBl. 1999, 356 (363). Siehe differenzierend *Lerche,* in *Burmeister (Hrsg.),* FS *Stern,* S. 203ff.

punkte für die Entscheidung der von ihr geregelten Rechtsfragen entnommen werden.[1437] Das Verfassungsrecht enthält nicht schon im Kern die gesamte Rechtsordnung,[1438] sondern im Wesentlichen Prinzipien, die erst der Ausfüllung und Konkretisierung bedürfen.[1439] Die Verfassung ist damit nicht mit umfassend dirigierendem Inhalt ausgestattet.[1440]

Da auch Gesetz- und Verordnungsgeber an die Grundrechte gebunden sind,[1441] ist deren Gestaltungsbefugnis jedoch nicht unbeschränkt.[1442] Die Grundrechte haben auch diesen gegenüber eine Garantiefunktion,[1443] wobei der Verordnungsgeber zusätzlich an die Vorgaben der Ermächtigungsnorm gebunden ist. Das Gestaltungsermessen kann durch Mindestanforderungen an den prozeduralen Grundrechtsschutz begrenzt sein.[1444] Als solche können im öffentlichen Auftragswesen die Durchführung eines transparenten und chancengleichen Vergabeverfahrens mit Rechtsschutzmöglichkeiten der unterlegenen Bieter betrachtet werden.[1445] Soweit der Verordnungsgeber das Mitwirkungsverbot des § 16 Abs. 1 Nr. 3 lit. a VgV nicht in der Weise umfassend ausgestaltet hat, dass alle Konstellationen öffentlicher Wirtschaftstätigkeit, bei denen eine Interessenkollision in Vergabeverfahren zunächst nicht von der Hand zu weisen ist, von der Bestimmung erfasst werden, bleiben die Pflichten öffentlicher Auftraggeber zur Durchführung eines transparenten und diskriminierungsfreien Vergabeverfahrens (§ 97 Abs. 1, 2 GWB) unberührt. Auch verbleiben den Bietern und Bewerbern die Möglichkeiten des Primärrechtsschutzes durch die Nachprüfungsinstanzen im Vergaberecht (§§ 107ff. GWB). Den Teilnehmern eines Vergabewettbewerbs bietet das eigene Rechtsschutzsystem des Kartellvergaberechts hiermit grundsätzlich Schutz vor unsachlichen Benachteiligungen im Vergabeverfahren. Ein Ausschluss voreingenommener Personen von der Mitwirkung an Vergabeverfahren ist zur Begegnung der hier bestehenden Gefährdungslage zwar besser geeignet.[1446] Hieraus ergibt sich aber noch nicht, dass er stets zwingend erforderlich wäre. Ein faires Verfahren ist ohne einen solchen nicht undenkbar.[1447] Indem bestimmte Konstellationen, bei denen Interessenkonflikte eines auf Auftraggeberseite am Vergabeverfahren Mitwirkenden regelmäßig bestehen werden, nicht unter die getroffe-

---

1437 *Scherzberg,* DVBl. 1999, 356 (636).

1438 *Wahl,* NVwZ 1984, 401 (409).

1439 *Böckenförde,* NJW 1976, 2089 (2091).

1440 *Lerche,* in *Burmeister (Hrsg.),* FS *Stern,* S. 203ff.

1441 Siehe unterliegen hier der Kontrolle des BVerfG. Siehe zum Konflikt von verfassungsgerichtlicher Kontrolle und gesetzgeberischer Gestaltungsfreiheit bspw. *Hesse,* in *Däubler-Gmelin/Kinkel/Meyer/Simon (Hrsg.),* FS Mahrenholz, S. 541ff.; *Rinken,* in *Wassermann (Gesamt-hrsg.),* AK GG, Vor § 93, Rn. 109; *Vogel,* NJW 1996, 1505 (1508). Vgl. auch etwa *Ekardt,* Theorie intergenerationeller Grundrechte, § 5 C.III.1., der von Gewaltenbalance spricht, sowie *Murswiek,* DÖV 1982, 529 (534); *Raabe,* Grundrechte und Erkenntnisse, S. 16; *Sachs,* JuS 1995, 984 (988).

1442 Siehe *Starck,* in *v. Mangoldt/Klein/Starck,* GG, Art. 1, Rn. 244. Siehe für eine Kritik an der gesetzgeberischen Entscheidungskompetenz als Verfassungsprinzip *Jestaedt,* Grundrechtsentfaltung im Gesetz, S. 222ff.

1443 *Goerlich,* Grundrechte als Verfahrensgarantien, S. 155. Siehe auch *Held,* Grundrechtsbezug des Verwaltungsverfahrens, S. 109.

1444 Siehe für ein vom Gesetzgeber nicht zu unterschreitendes Minimum an prozeduralem Grundrechtsschutz *Grimm,* NVwZ 1985, 865 (867); *Clausen,* in *Knack,* VwVfG, Vor § 9, Rn. 16, sowie auch *Dörr,* DÖV 2001, 1014 (1017).

1445 So unter Stützung auf Art. 3 und 19 Abs. 4 GG verklausuliert *Hermes,* JZ 1997, 909 (913f.).

1446 Siehe oben, Dritter Teil, C.I.3.

1447 Vgl. *Clausen,* in *Knack,* VwVfG, Vor § 9, Rn. 17.

ne Ausschlussregelung unmittelbar subsumiert werden können, wird damit der Mindeststandard am Grundrechtsschutz in Vergabeverfahren nicht unterlaufen.

Der Verordnungsgeber konnte demnach also innerhalb des im mit der Verordnungsermächtigung übertragenen Gestaltungsspielraums den Schutz des § 16 VgV vor Interessenkollisionen im Bereich der öffentlichen Wirtschaft begrenzen. Hinsichtlich der Annahme von kommunalen Mitwirkungsverboten wird aufgrund des Eingriffs in das demokratische Gefüge des Gemeinderates Zurückhaltung angemahnt.[1448] Dies ist auch im Bereich kommunaler Beschaffung zu beachten. Als ausdrückliche Regelung steht die Getroffene demnach einem unmittelbarem Rückgriff auf die Verfassung und einer Abwägung der hier bestehenden Konfliktlage durch den Rechtsanwender entgegen. Zumindest angesichts der Konfliktlage hinsichtlich der berührten Verfassungsgüter aus Art. 28 GG lassen sich aus den Grundrechten keine diesbezüglichen Detailregelungen ableiten,[1449] auch wenn bei tatsächlichem Bestehen eines Interessenkonflikts ein Mitwirkungsverbot grundsätzlich im Interesse eines rechtsstaatlichen und grundrechtskonformen Verfahrens geboten ist.[1450] § 16 VgV kann insofern als Ausprägung des grundrechtlich verankerten Neutralitätsgrundsatzes betrachtet werden, der aufgrund konfligierender Verfassungsgüter vom Verordnungsgeber im Rahmen seines Gestaltungsermessens nicht umfassend kodifiziert wurde.

IV. Zur Berücksichtigung des Neutralitätsgebots bei Auslegung und analoger Anwendung des § 16 Abs. 1 Nr. 3 lit. a VgV

Steht nach dem bisher Gesagten das dem Verordnungsgeber übertragene Gestaltungsermessen, das sich auf die Ausgestaltung des mit § 16 VgV verfolgten Grundrechtsschutzes in Abwägung mit den konfligierenden anderen Verfassungsgütern bezieht, einem unmittelbaren Rückgriff auf die Verfassung entgegen, so ist damit noch nicht entschieden, dass das aus den Grundrechten und dem Rechtsstaatsprinzip abgeleitete Gebot personeller Neutralität in Vergabeverfahren überhaupt keine Beachtung finden kann. Verfahrensvorschriften sind „grundrechtsgeleitet" auszulegen,[1451] das Gebot personeller Neutralität in Vergabeverfahren nach den Grundrechten ist bei der Rechtsanwendung durch Vergabestellen und Nachprüfungsinstanzen zu beachten.[1452] Wenn auch der Bundesrat seine in der Vergabeverordnung umgesetzten Änderungsvorschläge zum Regierungsentwurf des § 16 VgV mit einer Rücksichtnahme auf kommunale Strukturen begründet, so betont er gleichzeitig, dass ein Ausschluss voreingenommener Personen nur dann nicht erfolgen soll, wenn ein Interessenkonflikt konkret nicht gegeben ist. Dies steht mit dem im Regierungsentwurf zu § 16 VgV festgehaltenen Ziel der Regelung, die Mitwirkung voreingenommener Personen am Vergabeverfahren zu verhindern, im Einklang.[1453] Wie festgestellt, räumt der Verordnungsgeber im Rahmen von § 16 Abs. 1 Nr. 3 lit. a VgV damit der personellen Neutralität von Vergabestellen grundsätzlich Vorrang gegenüber der entgegenstehenden kommunalen Organisationshoheit und dem freien Mandat von Gemeinderatsmitgliedern ein.[1454] Dieses Ziel der Re-

---

1448 Siehe *Creutz*, BauR 1979, 470 (471).

1449 Vgl. auch *Ossenbühl*, DÖV 1981, 1 (9).

1450 Vgl. für die gesetzliche Regelung kommunaler Mitwirkungsverbote *Hill*, DVBl. 1983, 1 (3).

1451 *Grimm*, NVwZ 1985, 865 (865).

1452 Vgl. *Laubinger*, VerwArch 73 (1982), 60 (77).

1453 Siehe BR-Drs. 455/00, S. 20 sowie S. 3 des getroffenen Beschlusses.

1454 Siehe schon näher hierzu oben, Zweiter Teil, B.V.2.c)(3).

gelung ist als Ausdruck grund- und rechtsstaatlicher gebotener Neutralität in Vergabeverfahren bei der Auslegung und analogen Anwendung dieser Bestimmung im Rahmen der vom Verordnungsgeber gesetzten Grenzen zu berücksichtigen.[1455] Weder Auslegung noch die Methode der Analogie schieben den erkennbaren Willen des Gesetzgebers beiseite, sondern beruhen auf den Wertungen des Gesetzes.[1456] Auch eine analoge Rechtsanwendung steht damit nicht im Widerspruch zur oben erörterten Gestaltungsfreiheit des Verordnungsgebers.[1457]

Eine solche Auslegung und Anwendung der Widerlegungsregelung wird im Ergebnis auch zu gerechten Ergebnissen führen. Durch die Widerlegbarkeit der zunächst nur vermuteten Voreingenommenheit ist ein Ausschluss nur dann erforderlich, wenn ein Interessenkonflikt aufgrund der Stellung als Organmitglied tatsächlich besteht oder nicht widerlegbar ist. Über das Ziel des vergaberechtlichen Neutralitätsgebots und dessen Normierung in § 16 VgV, die Bieter oder Bewerber vor Nachteilen durch unsachliche Beeinflussungen des Vergabeverfahrens und damit in ihren Grundrechten ex ante zu schützen, wird nicht hinausgegangen. Die kommunale Organisationshoheit und auch das freie Mandat von Gemeinderäten wird damit nur in Fällen beeinträchtigt, in denen dies tatsächlich zum Schutz der anderen Bieter und Bewerber erforderlich ist.

Bei der Untersuchung der Tatbestände von § 16 Abs. 1 Nr. 3 lit. a und Abs. 2 VgV wurden drei Fallgruppen festgestellt, bei denen das Vorliegen einer Interessenkollision zumindest wahrscheinlich ist, ohne dass sie von der getroffenen Regelung unmittelbar erfasst werden. Dies waren zum einen persönliche Doppelstellungen in Vergabeverfahren, die sich aus der Mitgliedschaft in der Hauptversammlung einer AG[1458] oder aus der Mitgliedschaft in einem Gesellschaftsorgan eines mit einem Bieter oder Bewerber lediglich verbundenen Unternehmen[1459] ergeben. Und zum anderen Interessenkollisionen, die auch bei einem nicht mehr bestehenden Angehörigenverhältnis aus einem solchen Näheverhältnis erwachsen können.[1460] Entsprechend dem bisherigen Befund zur Reichweite eines vergaberechtlichen Neutralitätsgebots wird im Folgenden untersucht, wie mit diesen Konstellationen bei einer die vom Verordnungsgeber gesetzten Grenzen beachtenden Auslegung oder analogen Anwendung des § 16 Abs. 1 Nr. 2 lit. a VgV umzugehen ist.

1. Mitglieder der Hauptversammlung einer AG

Wie festgestellt, wird auch in Fällen, in denen ein am Vergabeverfahren Mitwirkender als Anteilseigner oder Vertreter eines Anteilseigners Mitglied der Hauptversamm-

---

1455 Siehe zur Unterscheidung von Analogie und Auslegung *Kaufmann,* Jura 1992, 631 (633): „Was man in der Jurisprudenz traditionell Analogie nennt, unterscheidet sich von der ‚normalen' Rechtsfindung und namentlich von der sogenannten ‚teleologischen Interpretation' nur durch den Grad der extensio, aber nicht durch die logische Struktur des Verfahrens. Auch die ‚gewöhnliche' Subsumtion ist eine Analogie." Subsumtion und Analogie seien nur dann voneinander logisch zu scheiden, wenn es eine logische Grenze zwischen Gleichheit und Ähnlichkeit gäbe. Siehe auch *Bydlinski,* Methodenlehre, Rn. 458; *Larenz/Canaris,* Methodenlehre, S. 187f.; *Schmalz,* Methodenlehre, Rn. 378.

1456 BVerfGE 82, 6 (12f.).

1457 So wird ein gesetzlicher Wertmaßstab auf eine ungeregelte Rechtsfrage übertragen, siehe *Rüthers,* Rechtstheorie, Rn. 894. Siehe auch *Larenz/Canaris,* Methodenlehre, S. 193ff.

1458 Siehe oben, Zweiter Teil, B.II.1.

1459 Siehe oben, Zweiter Teil, B.II.2.

1460 Siehe oben, Zweiter Teil, B.VI.

lung einer AG ist, für den Betreffenden regelmäßig eine Interessenkollision aus dieser Doppelstellung erwachsen.[1461] Der Wortlaut des § 16 Abs. 1 Nr. 3 lit. a VgV ist aber auf Mitglieder von dem Vorstand oder Aufsichtsrat „gleichartigen“ Organen begrenzt, zu denen die Hauptversammlung einer AG bei Betrachtung der gesellschaftsrechtlichen Funktion nicht gehört. Hieraus ergibt sich eine Grenze für eine erweiternde Auslegung dieser Bestimmung,[1462] die Hauptversammlung einer AG ist kein dem Vorstand oder Aufsichtsrat gesellschaftsrechtlich gleichartiges Organ. Können Mitglieder einer Hauptversammlung eines teilnehmenden Unternehmens also nicht unmittelbar unter § 16 Abs. 1 Nr. 3 lit. a VgV subsumiert werden, so ist hier aber womöglich eine analoge Anwendung dieser Bestimmung möglich und geboten.

Dazu muss die hier bestehende Lücke im von § 16 VgV gewährten Schutz planwidrig sein. Die Mitgliedschaft in der Hauptversammlung einer AG darf vom Verordnungsgeber also nicht bewusst ohne Rechtsfolge belassen worden sein.[1463] Hierfür spricht zunächst die Intention des Verordnungsgebers, mit der getroffenen Regelung die Mitwirkung voreingenommener Personen in Vergabeverfahren zu verhindern.[1464] Allerdings hat sich dies im abschließenden Wortlaut der getroffenen Regelung ersichtlich nicht niedergeschlagen, so dass argumentiert werden könnte, dass hier eine bewusste Wortlautgrenze der analogen Anwendung des § 16 Abs. 1 Nr. 3 lit. a VgV auf andere Gesellschaftsorgane entgegenstehe. Ausgangspunkt für die hier angestellten Überlegungen ist aber, dass auch die Mitglieder der Hauptversammlung einer AG regelmäßig in einem Interessenkonflikt stehen werden, wenn sie an einem Vergabeverfahren mitwirken, auf dass sich die jeweilige Gesellschaft bewirbt. Wenn die gesellschaftsrechtlichen Treuepflichten auch die Mitglieder von Leitungs- und Kontrollorganen in besonderer Weise treffen,[1465] so werden Anteilseigner oder Hauptversammlungsmitglieder als Vertreter von Anteilseignern (etwa Kommunen) in dieser Eigenschaft ein Interesse vertreten, dass mit den Zielen eines Vergabeverfahrens, an dem das betroffene Unternehmen teilnimmt, kollidiert. Die von § 16 Abs. 1 Nr. 3 lit. a VgV erfassten Konstellationen und die vorliegend untersuchte entsprechen sich im Wesentlichen. Die analoge Erstreckung des § 16 Abs. 1 Nr. 3 lit. a VgV auf Hauptversammlungsmitglieder einer AG erscheint damit hinsichtlich des vom Verordnungsgeber geäußerten Telos der Regelung gerechtfertigt. Hierfür spricht auch, dass echte Anteilseigner eines am Vergabewettbewerb teilnehmenden Unternehmens in ihrer Stellung und ihren Interessen den Bietern und Bewerbern nach § 16 Abs. 1 Nr. 1 VgV nahe stehen. Wie diese haben sie ein originär eigenes Interesse an der Erteilung des Zuschlags auf das Angebot ihres Unternehmens. Dass sie weder von § 16 Abs. 1 Nr. 1 VgV noch von dessen Nr. 3 lit. a erfasst werden, stellt einen Wertungswiderspruch der Regelung dar, der nicht als bewusste Entscheidung des Verordnungsgebers betrachtet werden kann. Es liegt vielmehr nahe anzunehmen, dass der Verordnungsgeber die Formulierung des § 16 Abs. 1 Nr. 3 lit. a VgV dem § 20 Abs. 1 Nr. 5 VwVfG entlehnt hat, ohne die hieraus folgenden Konsequenzen angesichts des Fehlens einer § 20 Abs. 1 S. 2 VwVfG entsprechenden Öffnungsklausel überblickt zu haben.

1461 Siehe oben, Zweiter Teil, B.II.1.

1462 Siehe BVerfGE 82, 6 (12), sowie *Schmalz,* Methodenlehre, Rn. 236, *Larenz/Canaris,* Methodenlehre, S. 143f, jeweils m.w.N.

1463 Siehe zu den Voraussetzungen einer Analogie etwa *Schmalz,* Methodenlehre, Rn.383ff.

1464 Siehe Begr. des RegE zu § 16 VgV in BR-Drs. 455/00, S. 20.

1465 Siehe oben, Zweiter Teil, B.V.2.c)(1).

§ 16 Abs. 1 Nr. 3 lit. a, Alt. 2 VgV ist deshalb auf Mitglieder der Hauptversammlung eines sich an einem Vergabeverfahren beteiligenden Unternehmen analog anzuwenden, so dass auch diesen Personen grundsätzlich eine Mitwirkung am Vergabeverfahren versagt ist. Dies gilt aber nicht, wenn der Interessenkonflikt entsprechend § 16 Abs. 1 Nr. 3 a.E. VgV konkret ausgeschlossen werden kann.

2. *Organmitgliedschaft bei einem mit einem Wettbewerber lediglich verbundenen Unternehmen*

Parallel hierzu ist eine Erstreckung des Mitwirkungsverbots auch auf kommunale Vertreter angezeigt, die in einem Gesellschaftsorgan eines mit einem Wettbewerber lediglich im Sinne des § 36 Abs. 2 GWB verbundenen Unternehmens sitzen, wenn eine solche Erstreckung nicht schon aufgrund der umfassenden Reichweite dieser Bestimmung angenommen wird. Hat schon die oben angeführte Rechtsprechung des OLG Düsseldorf zur Beachtung des Rechtsgedankens aus § 36 Abs. 2 GWB bei der Vergabe von Losen in Vergabeverfahren es nahe gelegt, solche Konstellationen zumindest in die Rechtsfolgen des § 16 Abs. 1 Nr. 3 lit. a VgV mit einzubeziehen,[1466] so ist dies jetzt auch unter Berücksichtigung des Gebots zur personellen Neutralität und dem Willen des Gesetzgebers geboten. Die Rechtsprechung der VK Sachsen zur Berücksichtigung von Beratungsverhältnissen mit dem Mutterunternehmen eines Bieters im Rahmen des § 16 Abs. 1 Nr. lit. b VgV stützt diesen Befund.[1467] Personen, die aufgrund einer organisationsrechtlichen Verbindung mit der Bieterseite in einem Interessenkonflikt stehen, sind vom Vergabeverfahren auszuschließen.

Dies bedeutet für die hier untersuchte Fallgruppe: Für Organmitglieder bei einem mit einem Bieter- oder Bewerberunternehmen lediglich verbundenen Unternehmen kann ein Mitwirkungsverbot in Vergabeverfahren daraus folgen, dass § 36 Abs. 2 GWB im gesamten Kartellrecht zu beachten ist. Der Ausschluss erfolgt nach dieser auch hier vertretenen Ansicht in systematischer Auslegung unmittelbar aufgrund der getroffenen Regelung.[1468] Angesichts der Vergleichbarkeit der Sachverhalte ist aber auch die Begründung einer Analogie möglich, wenn § 36 Abs. 2 GWB im Kartellvergaberecht nicht für unmittelbar anwendbar gehalten wird. So ist nicht davon auszugehen, dass der Verordnungsgeber diese Fallkonstellationen bewusst vom Anwendungsbereich des § 16 Abs. 1 Nr. 3 lit. a VgV ausnehmen wollte, da sie hinsichtlich des Vorliegens einer Interessenkollision im Wesentlichen den eindeutig erfassten entsprechen.[1469] So begnügt sich auch die VK Sachsen im Rahmen einer Doppelmandatschaft eines Beraters mit dem Hinweis, dass sich das Bewerberunternehmen die Tätigkeit für das Mutterunternehmen zurechnen lassen müsse.[1470]

3. *Nicht mehr bestehende Angehörigenverhältnisse*

Fraglich ist, ob das Mitwirkungsverbot auch entgegen § 16 Abs. 1 Nr. 3 lit. a, Abs. 2 VgV auf nicht mehr bestehende Angehörigenverhältnisse ausgedehnt werden kann. Die angeführten Näheverhältnisse sind abschließend genannt und müssen jeweils tatsächlich

1466 Siehe oben, Zweiter Teil, B.II.2.
1467 VK Sachsen v. 29.5..2002, 1/SVK/044-02, S. 9f.
1468 Siehe oben, Zweiter Teil, B.II.2.b).
1469 Siehe oben, Zweiter Teil, B.II.2.c).
1470 VK Sachsen v. 29.5..2002, 1/SVK/044-02, S. 10.

vorliegen.[1471] Damit steht der Wortlaut einer Erstreckung auf aufgelöste Beziehungen entgegen. Hier wäre nur eine analoge Anwendung möglich. Hierfür spräche, dass sich die Interessenlagen der Betroffenen in den vom Wortlaut erfassten Fällen eines bestehenden Angehörigenverhältnisses und solchen, in denen ein solches nicht mehr besteht, entsprechen können. Während in den ausdrücklich geregelten Konstellationen von der Gefahr einer begünstigenden Einflussnahme ausgegangen werden kann, steht in den anderen Fällen aufgrund einer möglichen Umkehr der Gefühle eher eine Benachteiligung zu befürchten. Interessenkonflikte aufgrund von Verwandtschaftsverhältnissen können sowohl auf besonderer Nähe als auch besonderer Distanz basieren, beide Formen der Beeinflussung sollen in Vergabeverfahren auszuschließen sein.[1472] Während beim Bestehen eines in § 16 Abs. 2 VgV angeführten Angehörigenverhältnisses ein Interessenkonflikt aufgrund des bestehenden Näheverhältnisses aber stets wahrscheinlich ist, kann hiervon nach der Auflösung nicht ohne weiteres ausgegangen werden. Hier ist das Risiko einer unsachlichen Beeinflussung als geringer zu bewerten, weil das Näheverhältnis sich nicht zwingend in ein „Distanzverhältnis" wandeln muss. Die verglichenen Sachverhalte sind hinsichtlich der Wahrscheinlichkeit einer unsachlichen Beeinflussung des Vergabeverfahrens nicht im Wesentlichen gleich.[1473] Die Beschränkung des § 16 Abs. 2 VgV kann deshalb als Ausdruck einer Abwägungsentscheidung des Verordnungsgebers hinsichtlich der Bewertung einer Situation betrachtet werden, in der schon die Möglichkeit einer Gefahr für die ordnungsgemäße Durchführung des Vergabeverfahrens fraglich ist. Zwar könnte auch hier die Möglichkeit einer Widerlegung des vermuteten Interessenkonflikts zu in der Sache gerechten Ergebnissen führen. Eine Erweiterung des § 16 Abs. 2 VgV auf nicht mehr bestehende Angehörigenverhältnisse würde den Kreis der Betroffenen aber ungebührlich weit ziehen, ohne dass die sich hieraus ergebenden Folgen hinsichtlich der Organisation kommunaler Wirtschaftstätigkeit und Ausschreibungsverfahren durch die Gefahr von Interessenkollisionen gerechtfertigt erscheinen. Soweit demnach der Verordnungsgeber die Bieter oder Bewerber gegenüber einer unsachlichen Beeinflussung aufgrund nicht mehr bestehender Angehörigenverhältnisse hinsichtlich der Sicherung ihrer Rechte im Vergabeverfahren auf das vergaberechtliche Diskriminierungsverbot und seine konkreten Ausgestaltungen zurückwirft, ist dies angesichts des nur möglicherweise, aber nicht jedenfalls wahrscheinlichen Bestehens einer Interessenkollision hinzunehmen. Entgegen verschiedentlich geäußerter Ansicht ist § 16 Abs. 2 VgV[1474] also nicht analog auf nicht mehr bestehende Angehörigenverhältnisse anwendbar.

V. Ergebnisse zu einem verfassungsrechtlichen Neutralitätsgebot in Vergabeverfahren

Es konnte zunächst festgestellt werden, dass ein Gebot zur personellen Trennung kommunaler Vergabestellen und von der Vergabe im Wettbewerb berührten kommunalen Unternehmen zur Vermeidung von Interessenkonflikten in Vergabeverfahren als Grundrechtsschutz durch Verfahren und Ausdruck von Rechtsstaatlichkeit in der Verfassung verankert werden kann. Zumindest aufgrund der hier möglichen Konfliktlage

1471 Siehe oben, Zweiter Teil, B.VI.
1472 *Danckwerts*, NZBau 2001, 242 (244).
1473 Siehe zur Ähnlichkeit der Sachverhalte bei einer Analogieprüfung näher *Larenz/Canaris*, Methodenlehre, S. 202ff.
1474 *Boesen (Hrsg.),* VN 2002, 9 (10f.), vgl. auch *Danckwerts*, NZBau 2001, 242 (244).

mit der kommunalen Organisationshoheit (Art. 28 Abs. 2 GG) und dem freien Mandat von Gemeinderäten (Art. 28 Abs. 1 S. 2 GG) kommt dem Verordnungsgeber bei der Ausgestaltung dieses Gebots aber ein weiterer Gestaltungsspielraum zu, der einen unmittelbaren Rückgriff auf die Verfassung neben der mit § 16 VgV getroffenen Regelung abschneidet. Parallel zum Willen des Verordnungsgebers, mit § 16 VgV die Mitwirkung voreingenommener Personen an Vergabeverfahren zu verhindern, kann das Gebot zur personellen Neutralität aber bei der Auslegung und (analogen) Anwendung dieser Bestimmung im Rahmen der vom Verordnungsgeber gesetzten Grenzen Wirkung entfalten.

Für die im Rahmen der Tatbestandsanalyse als problematisch erkannten Fälle, in denen die Anwendung des § 16 Abs. 1 Nr. 3 lit. a VgV zunächst in Frage gestellt stand, ergibt sich damit Folgendes:

Hauptversammlungsmitglieder, seien diese Anteilseigner oder als natürliche Personen Vertreter von Anteilseignern als juristische Personen, werden von einem Mitwirkungsverbot analog § 16 Abs. 1 Nr. 3 lit. a VgV erfasst, da sie in ihrer Eigenschaft als Organmitglied regelmäßig den Zielen eines Vergabeverfahrens entgegenlaufende Interessen wahrnehmen werden. Diese Konstellation fällt angesichts des Ziels der getroffenen Regelung und der Übernahme der Formulierung des § 20 Abs. 1 Nr. 5 VwVfG in eine planwidrige Regelungslücke, so dass eine analoge Anwendung möglich ist.

Wird die Gleichstellung verbundener Unternehmen nach § 36 Abs. 2 GWB nicht schon im gesamten Kartellrecht für beachtlich gehalten, so gilt selbiges auch für Organmitglieder, die aufgrund ihrer Stellung bei einem mit einem Bieter oder Bewerber lediglich verbundenen Unternehmen in einem Interessenkonflikt stehen. Auch hier liegt eine planwidrige Regelungslücke vor, die aufgrund der hohen Wahrscheinlichkeit von Interessenkollisionen einen Ausschluss vom Vergabeverfahren analog § 16 Abs. 1 Nr. 3 lit. a VgV gebietet.

Im Fall nicht mehr bestehender Angehörigenverhältnisse stehen der getroffene Wortlaut und Unterschiede zur ausdrücklich erfassten Konstellation einer analogen Anwendung allerdings entgegen. So spricht der Wortlaut gegen das Vorliegen einer planwidrigen Regelungslücke. Angesichts der geringeren Wahrscheinlichkeit einer unsachlichen Beeinflussung des Vergabeverfahrens entsprechen sich die Sachverhalte aber auch hinsichtlich des ihnen innewohnenden Risikopotentials nicht.

D. Ergebnisse zum Bestehen eines Neutralitätsgebots

Die Neutralität von entscheidend an Vergabeverfahren mitwirkenden Personen dient der Sicherstellung von chancengleichem und fairem Vergabewettbewerb. Ein Neutralitätsgebot in Vergabeverfahren kann sich damit auf den Wettbewerbsgrundsatz des § 97 Abs. 1 GWB stützen, während es keinen unmittelbaren Ausdruck des Gleichbehandlungs- und Transparenzgebots darstellt. Da Wettbewerb aber auch schon alleine bei Beachtung des Gleichbehandlungsgebots gewährleistet sein kann, kommt dem Verordnungsgeber bei der diesbezüglichen Ausgestaltung des Wettbewerbsprinzips ein Gestaltungsspielraum zu. Soweit er innerhalb von diesem den durch § 16 VgV gewährten Schutz lückenhaft ausgestaltet hat, steht dies einem Rückgriff auf das dahinter stehende Rechtsprinzip entgegen.[1475] Die ausdrücklich getroffene Regelung eines Mitwirkungsverbots in Vergabeverfahren verdrängt als Spezialregelung auch die Anwendung des §

1475 Siehe oben, Dritter Teil, A.

20 VwVfG,[1476] der in Verwaltungsverfahren einen umfassenderen Schutz vor Interessenkollisionen gewährleistet.[1477] Gleiches gilt auch hinsichtlich eines Rückgriffs auf die Grundrechte als die Verfahrensorganisation beeinflussende Schutznormen.[1478] Ein aus diesen und dem Rechtsstaatsprinzip zunächst ableitbares Gebot zum Ausschluss voreingenommener Personen zur Gewährleistung eines grundrechtskonformen Vergabeverfahren konfligiert mit der kommunalen Organisationshoheit als Ausfluss der Selbstverwaltungsgarantie nach Art. 28 Abs. 2 GG und dem freien Mandat von Gemeinderatsmitgliedern gem. Art. 28 Abs. 1 S. 2 GG. § 16 VgV ist hier Ausdruck einer Abwägung der betroffenen Güter durch den Verordnungsgeber, die innerhalb der Gewährleistung des grundrechtlichen Mindeststandards als abschließend zu betrachten ist.[1479] Lediglich soweit eine analoge Anwendung der getroffenen Regelung mit dem Willen des Verordnungsgebers in Einklang steht, kann grundrechtsgebotene Neutralität auch außerhalb der eigentlichen Normierung des § 16 VgV Geltung beanspruchen.[1480]

1476 Siehe oben, Dritter Teil, B.II.
1477 Siehe oben, Dritter Teil, B.I.
1478 Siehe oben, Dritter Teil, C.I.
1479 Siehe oben, Dritter Teil, C.III.2.
1480 Siehe oben, Dritter Teil, C.IV.

Vierter Teil: Ergebnisse und Bewertung, Anforderungen aus § 16 Abs. 1 Nr. 3 lit. a VgV

A. Untersuchungsbefund/Zusammenfassung

Im ersten Teil dieser Arbeit wurde dargestellt, dass Kommunen, die über ein eigenes Verkehrsunternehmen verfügen und gleichzeitig eine Stellung als ÖPNV-Aufgabenträger innehaben, eine wettbewerbliche Doppelstellung bei der Vergabe gemeinwirtschaftlicher Verkehrsdienstleistungen zukommt. Die Kommunen treten hier nicht nur als Veranstalter eines gesetzlich vorgeschriebenen Vergabewettbewerbs auf, sondern nehmen mit dem jeweiligen Unternehmen auch selbst an diesem teil. Aufgrund der Kontrolle kommunaler Wirtschaftsunternehmen durch Gemeindevertreter kann sich diese zunächst nur institutionelle Doppelrolle personell materialisieren, wenn eine auf Aufgabenträgerseite entscheidend tätige Person auch mit der Wahrnehmung dieser Kontrolle befasst ist. Für den Betroffenen ergeben sich dann Zielkonflikte aus der Funktion des Vergabeverfahrens und dem unternehmerischen Interesse am Zuschlag.

Diesen Konflikt möchte der im zweiten Teil hinsichtlich dieser Konstellation näher vorgestellte § 16 VgV zugunsten der Sicherstellung eines unbeeinflussten Vergabeverfahrens lösen. Personen, die in bestimmter Weise mit der Bieter- oder Bewerberseite verbunden sind, wird die Mitwirkung an Entscheidungen in einem Vergabeverfahren untersagt. Nach hier vertretener Ansicht fallen hierunter alle Handlungen, durch die bestimmte Bieter oder Bewerber begünstigt oder benachteiligt werden können. Als Entscheidung im Sinne des § 16 VgV ist jegliches Verhalten zu werten sei, dass eine Rechtsverletzung im Sinne des § 107 Abs. 2 GWB, also einen Verstoß gegen bieterschützende Bestimmungen im Vergabeverfahren (§ 97 Abs. 7 GWB), begründen kann. Von § 16 VgV wird jedes Mitwirken an Verfahrenshandlungen nach den Verdingungsordnungen erfasst, wenn die zugrunde liegende Bestimmung auch den Schutz der anderen Bieter oder Bewerber bezweckt. Diese Handlungen sind regelmäßig für den Ausgang des Vergabeverfahrens relevant, so dass hier schon der Gefahr einer unsachlichen Beeinflussung des Verfahrens durch § 16 VgV zu begegnen ist. Da eine solche Gefahr bei der Vergabe gemeinwirtschaftlicher Verkehrsleistungen auch bei der Abfassung der Leistungsbeschreibung besteht, sind Personen, für die aufgrund ihrer Tätigkeit oder Stellung bei einem kommunalen Verkehrsunternehmen absehbar mit den Interessen eines (potentiellen) Bieters oder Bewerbers verbunden sind, schon von der Erstellung der Leistungsbeschreibung auszuschließen, auch wenn diese dem Beginn des eigentlichen Vergabeverfahrens oft vorgelagert ist.[1481]

Sind an einem Vergabeverfahren Mitwirkende auch zur Kontrolle eines kommunalen Unternehmens in dessen Gesellschaftsorgane entsandt, so fällt diese Verknüpfung mit der Bieter- oder Bewerberseite unter den Tatbestand von § 16 Abs. 1 Nr. 3 lit. a, Alt. 2 VgV.[1482] Nach dieser Bestimmung ist von der Mitwirkung an Entscheidungen im Vergabeverfahren grundsätzlich auszuschließen, wer bei einem Bieter oder Bewerber als Mitglied des Vorstandes, des Aufsichtsrats oder eines gleichartigen Organs tätig ist. Während die Gesellschafterversammlung einer GmbH als Organ mit Geschäftsfüh-

1481 Siehe oben, Zweiter Teil, B.I.2.

1482 Siehe zum Vorrang gegenüber § 16 Abs. 1 Nr. 2 VgV oben, Zweiter Teil, B.III.

rungsbefugnissen sicherlich ein solches „gleichartiges Organ" darstellt, ist zunächst fraglich, ob auch in die Hauptversammlung einer AG entsandte Gemeindevertreter von einem Mitwirkungsverbot in Vergabeverfahren betroffen sind.[1483]

Unklar ist nach dem Normtext auch, ob die Mitgliedschaft in einem Gesellschaftsorgan bei einem mit einem Bieter- oder Bewerberunternehmen gem. § 36 Abs. 2 GWB verbundenen Unternehmen zu einem Ausschluss vom Vergabeverfahren führt. Hierfür spricht, dass nach dem Willen des Gesetzgebers und einem Teil der Literatur diese Bestimmung im gesamten Kartellrecht beachtlich sein soll. Wird dem nicht gefolgt, so spricht die Rechtsprechung des OLG Düsseldorf, die im Rahmen der Losvergabe verbundene Unternehmen entsprechend § 36 Abs. 2 GWB einheitlich behandelt, für eine zumindest analoge Anwendung des § 16 Abs. 1 Nr. 3 lit. a VgV.[1484]

Die von § 16 VgV aufgestellte Vermutung der Voreingenommenheit ist in den Fällen des Abs. 1 Nr. 3 widerlegbar,[1485] wenn für den Betroffenen tatsächlich kein Interessenkonflikt[1486] besteht. Daneben trifft § 16 Abs. 1 Nr. 3 a.E. eine bislang verkannte Fehlerfolgenregelung, nach der eine eigentlich untersagte Mitwirkung im Nachhinein für die Vergangenheit unproblematisch ist, wenn sich die Tätigkeit nicht auf die Entscheidungen im Vergabeverfahren auswirkt.[1487]

Das Nichtvorliegen eines Interessenkonflikts knüpft daran an, dass ein am Vergabeverfahren Mitwirkender - entgegen dem aus dem Vorliegen eines Tatbestandes von § 16 Abs. 1 Nr. 3 VgV folgenden Schein – keine mit den Zielen eines Vergabeverfahrens widerstreitende Interessen durch die Verbindung mit der Bieter- oder Bewerberseite wahrnimmt. Ein Interessenwiderstreit kann sich sowohl aus eigenen als auch aus fremden Interessen, zu deren Wahrnehmung der Betroffene in anderer Stellung berufen ist, ergeben. So ist in einem Vergabeverfahren voreingenommen, wer durch das Verfahren selbst einen unmittelbaren Vor- oder Nachteil erlangen kann.[1488] Mit den Zielen eines Vergabeverfahrens konfligierende fremde Interessen ergeben sich für die Mitglieder eines gesellschaftsrechtlichen Geschäftsführungs- oder Kontrollorgans hingegen aus der sie treffenden Treuepflicht. Für Gemeindevertreter, die zur Kontrolle des kommunalen Unternehmens in ein derartiges Organ entsandt sind, kann deshalb eine Interessenkollision regelmäßig nicht ausgeschlossen werden.[1489]

Die zweite Entlastungsmöglichkeit des § 16 Abs. 1 Nr. 3 a.E. VgV, die darauf abstellt, dass sich die Tätigkeit nicht auf die Entscheidungen im Vergabeverfahren auswirkt, ist bisher weder von der Literatur noch der Rechtsprechung richtig gewürdigt worden.[1490] Normtext, Systematik, historischer Hintergrund und Telos sprechen dafür, diese zunächst schwer zugängliche Bestimmung als Fehlerfolgenregelung bei einem Verstoß gegen § 16 Abs. 1 Nr. 3 VgV zu begreifen. Damit kommt es hinsichtlich der Folgen einer untersagten Mitwirkung darauf an, dass diese nicht zu einer Diskriminierung geführt haben.[1491] Kann eine solche ausgeschlossen werden, so ist die Mitwirkung einer voreingenommenen Person am Vergabeverfahren ex post nicht zu beanstanden.

1483 Siehe oben, Zweiter Teil, B.II.1.
1484 Siehe oben, Zweiter Teil, B.II.2.
1485 Siehe oben, Zweiter Teil, B.V.1.
1486 Siehe hierzu oben, Zweiter Teil, B.V.2.
1487 Siehe oben, Zweiter Teil, B.V.3.
1488 Siehe oben, Zweiter Teil, B.V.2.b).
1489 Siehe oben, Zweiter Teil, B.V.2.c).
1490 Siehe die Nachweise oben, Zweiter Teil, B.V.3.
1491 Siehe oben, Zweiter Teil, B.V.3.a).

Ex ante hat aber ihr Ausschluss für das (weitere) Vergabeverfahren zwingend zu erfolgen.[1492]

Ob die Vermutung der Voreingenommenheit widerlegbar ist, haben Wettbewerber, die sich auf § 16 VgV berufen, nicht zu prüfen oder darzulegen. In Nachprüfungsverfahren[1493] unterfällt dies dem die Vergabekammern bindenden Untersuchungsgrundsatz nach § 110 Abs. 1 S. 1 GWB, wobei die Vergabestellen die materielle Beweislast hinsichtlich ihrer Entlastung trifft. Kann das Vorliegen eines Interessenkonflikts oder einer Diskriminierung nicht positiv ausgeschlossen werden, so haben die Auftraggeber die Folgen eines Verstoßes gegen § 16 VgV zu tragen.[1494] Die Teilnehmer eines Vergabeverfahrens haben auf die Beachtung des dort statuierten Mitwirkungsverbots ein subjektives Recht, welches nicht an das Vorliegen einer tatsächlichen Ungleichbehandlung anknüpft.[1495] Insofern schützt § 16 VgV schon vor dem „bösen Schein" einer Interessenkollision und geht über den von den Diskriminierungsverboten erreichten Bieterschutz in Vergabeverfahren hinaus.[1496] Ein solcher ist auch in den in § 16 Abs. 2 VgV genannten Angehörigenverhältnissen anzunehmen.

Dieser Schutz ist allerdings bei einer Auslegung des § 16 Abs. 1 Nr. 3 lit. a VgV nach Wortlaut und Systematik hinsichtlich möglicher und wahrscheinlicher Interessenkollisionen bei einer Beteiligung eines eigenen Unternehmens an einer kommunalen Ausschreibung nur lückenhaft gewährleistet. So ist zunächst fraglich, ob ein in die Hauptversammlung einer gemeindeeigenen AG entsandter kommunaler Vertreter oder gar ein echter Anteilseigner unter diese Bestimmung subsumiert werden können. Gleiches gilt auch bei einer Organmitgliedschaft in einem mit einem Bieter- oder Bewerberunternehmen entsprechend § 36 Abs. 2 GWB verbundenen Unternehmen. Schließlich knüpft § 16 Abs. 2 VgV auch daran an, dass die angeführten Angehörigenverhältnisse positiv bestehen. Deshalb wurde im dritten Teil der Arbeit dem Bestehen und den Grundlagen eines von der Rechtsprechung und der Literatur schon öfter bemühten vergaberechtlichen Neutralitätsgebots nachgegangen.

Als präventives Mitwirkungsverbot kann ein solches nicht Teil des im Vergaberecht geltenden Gleichbehandlungsgrundsatzes (§ 97 Abs. 2 GWB) sein, auch das Transparenzgebot (§ 97 Abs. 1 GWB) bietet hier keine ausreichende Grundlage. Als Verankerung kommt aber das Wettbewerbsprinzip des § 97 Abs. 1 GWB in Betracht. Da die Sicherstellung von Wettbewerb bei der Vergabe öffentlicher Aufträge jedoch Mitwirkungsverbote nicht zwingend erfordert, schneidet die lückenhafte Gestaltung des § 16 Abs. 1 Nr. 3 lit. a VgV als ausdrückliche Regelung einen Rückgriff auf das dahinter stehende Rechtsprinzip ab. Als lex specialis steht die getroffene Regelung auch einer (analogen) Anwendung des § 20 VwVfG entgegen.[1497]

Eine Stütze findet ein Gebot vergaberechtlicher Neutralität in den im Vergaberecht einschlägigen Grundrechten[1498] und auch im Rechtsstaatsprinzip.[1499] Die Grundrechte sind von grundrechtsgebundenen öffentlichen Auftraggebern[1500] auch in privatrechtlich

1492 Siehe oben, Zweiter Teil, B.V.3.b).
1493 Siehe oben, Zweiter Teil, B.VI.1.3.
1494 Siehe oben, Zweiter Teil, B.V.4.
1495 Siehe Zweiter Teil, B.VI.1. und 2.
1496 Siehe oben, Zweiter Teil, B.VI.2.
1497 Siehe oben, Dritter Teil, B.
1498 Siehe oben, Dritter Teil, C.I.
1499 Siehe oben, Dritter Teil, C.II.
1500 Siehe oben, Dritter Teil, C.I.1.c).

ausgestalteten Vergabeverfahren unmittelbar zu beachten.[1501] Sachlich nicht gerechtfertigte Ungleichbehandlungen können hier die Wettbewerber nicht nur in ihrem Anspruch auf Gleichbehandlung nach Art. 3 Abs. 1 GG verletzen, sondern auch in ihrer durch Art. 12 Abs. 1 GG geschützten Wettbewerbsfreiheit.[1502] Wirkt eine mit den Interessen der Bieter- oder Bewerberseite in besonderer Weise verbundene Person an einem Vergabeverfahren mit, so ist die Möglichkeit einer solchen unsachlichen Beeinflussung und damit die Möglichkeit einer Grundrechtsverletzung, nicht von der Hand zu weisen. Da Fehler im Vergabeverfahren nicht zur Unwirksamkeit des Zuschlags führen, Rechtsschutz im Nachhinein also nur eingeschränkt möglich ist, ist diesbezüglicher Schutz schon durch die Gestaltung des Verfahrens als Grundrechtsschutz durch Verfahren geboten. Der Gefahr einer unsachlichen Beeinflussung des Vergabeverfahrens durch voreingenommene Personen kann am effektivsten dem Ausschluss der Betroffenen begegnet werden.[1503] Parallel hierzu lässt sich die Sicherstellung der Neutralität der an einem Vergabeverfahren mitwirkenden Personen auch als Gebot der Rechtsstaatlichkeit, das die Geltung der Grundrecht umfasst, begreifen. Ein diesbezüglich eigener oder weitergehender Maßstab lässt sich dem Rechtsstaatsprinzip aber nicht ableiten.[1504]

Mitwirkungsverbote wirken sich allerdings auf die Organisation der kommunalen Unternehmenskontrolle und der kommunalen Aufgabenträgerschaft im ÖPNV aus, beeinträchtigen insofern also die kommunale Organisationshoheit nach Art. 28 Abs. 2 GG. Auch kann die Stellung von Gemeinderäten als Träger freier Mandate negativ betroffen werden, was Art. 28 Abs. 1 S. 1 GG berührt. Aufgrund des hieraus resultierenden Konflikts verschiedener Verfassungsgüter ist dem Verordnungsgeber damit ein weiter Gestaltungsspielraum bei der Konkretisierung des Gebots zur personellen Neutralität in Vergabeverfahren zuzugestehen. Diesen Spielraum hat der Verordnungsgeber angesichts der bestehenden Möglichkeiten des Primärrechtsschutzes im Vergabeverfahren mit der getroffenen Regelung nicht unterschritten, so dass ein Rückgriff auf ein verfassungsrechtliches Gebot personeller Neutralität in Vergabeverfahren neben der getroffenen Regelung abgeschnitten ist.

Parallel zum Willen des Verordnungsgebers, mit § 16 VgV die Mitwirkung voreingenommener Personen an Vergabeverfahren zu verhindern, kann das Gebot zur personellen Neutralität aber bei der Auslegung und (analogen) Anwendung dieser Bestimmung im Rahmen der vom Verordnungsgeber gesetzten Grenzen Wirkung entfalten.[1505]

So ist die Hauptversammlung einer AG als dem Vorstand oder Aufsichtsrat durchaus „gleichartiges Organ“ im Sinne dieser Vorschrift zu verstehen, da eine Mitgliedschaft in diesem Organ das Bestehen einer Interessenkollision durch eine Bindung der Interessen an das jeweilige Unternehmen nahe legt. § 16 Abs. 1 Nr. 3 lit. a VgV ist hier analog anzuwenden.[1506] Gleiches gilt auch bei Organmitgliedschaften bei einem Mutter- oder Tochterunternehmen eines Wettbewerbers, wenn diese Konstellation nicht schon in systematischer Auslegung nach § 36 Abs. 2 GWB unmittelbar unter § 16 Abs. 1 Nr. 3 lit. a VgV subsumiert wird.[1507] Eine entsprechende Erstreckung des Mitwirkungsverbots

1501 Siehe oben, Dritter Teil, C.I.1.a) und b)
1502 Siehe oben, Dritter Teil, C.I.2.
1503 Siehe oben, Dritter Teil, C.I.3.
1504 Siehe oben, Dritter Teil, C.II.
1505 Siehe oben, Dritter Teil, C.III.
1506 Siehe oben, Dritter Teil, C.III.1.
1507 Siehe oben, Dritter Teil, C.III.2.

nach § 16 Abs. 2 VV auf nicht mehr bestehende Angehörigenverhältnisse ist demgegenüber aber nicht möglich, da sich die betroffenen Sachverhalte hinsichtlich der Gefahr einer Interessenkollision nicht entsprechen und der Wortlaut schon gegen die Annahme einer planwidrigen Regelungslücke spricht.[1508]

B. Abschließende Bewertung

Die Darstellung im ersten Teil hat gezeigt, dass die Betätigung kommunaler Unternehmen im Ausschreibungswettbewerb des ÖPNV grundsätzlich zulässig ist. Die Wahrnehmung von Aufgaben der Daseinsvorsorge durch kommunale Unternehmen und Wettbewerb stehen hier nicht grundsätzlich in Widerspruch,[1509] wenn auch die Legitimität kommunalen Wirtschaftshandelns in umfassenden Ausschreibungsmärkten noch nicht abschließend geklärt ist.[1510] Obliegt der öffentlichen Hand in diesem Wettbewerb aber eine Doppelrolle als Marktveranstalter und auch -teilnehmer, so ist eine Entflechtung dieser Strukturen geboten, um durch die Trennung von Nachfrage- und Angebotsseite echten Wettbewerb sicherzustellen. § 16 Abs. 1 Nr. 3 lit. a VgV stellt sich damit (mittelbar) als zentrale Regelung für die Organisationsstrukturen kommunaler Daseinsvorsorge in Ausschreibungsmärkten dar.

Jedoch wird der bei den jeweiligen Kommunen, die sich mit einem eigenen Unternehmen auf das von ihnen selbst durchzuführende Vergabeverfahren bewerben, institutionalisierte Interessenkonflikt von der getroffenen Regelung nicht aufgelöst.[1511] Damit könnte die Eignung der Mitwirkungsverbote zur Gewährleistung eines unparteiischen Vergabeverfahrens grundsätzlich in Frage gestellt werden.

So wird sich zum einen das institutionelle Interesse einer sich am Vergabeverfahren beteiligenden Kommune am Zuschlag häufig auch bei in der Kommunalpolitik tätigen Personen widerspiegeln, die nicht als Gemeindevertreter in ein Gesellschaftsorgan des jeweiligen Unternehmens entsandt sind. Wie auch bei einer Stellung als Organmitglied können hier immaterielle Interessen zu einer Interessenkollision im Vergabeverfahren führen, für Gemeinderatsmitglieder und Bürgermeister kann eine solche unabhängig von einer konkreten Stellung bei einem Bieter- oder Bewerberunternehmen durchaus nahe liegen.[1512]

Zum anderen kann aber auch soweit aufgrund des Mitwirkungsverbots auf kommunalrechtliche Vertretungsregelungen zurückzugreifen ist, eine echte Interessenentflechtung in Frage gestellt werden. Auch wenn Weisungsrechte des in einem Interessenkonflikt verhafteten Amtsträgers zurückstehen müssen,[1513] kann die faktische Beachtung seines Willens durch den Stellvertreter, etwa unter Gesichtspunkten der eigenen Karrie-

---

1508 Siehe oben, Dritter Teil, C.III.3.

1509 Siehe gegen den oftmals konstruierten Widerspruch von Wettbewerb und Daseinsvorsorge *Nettesheim*, in *Hrbek/Nettesheim*, EU und Daseinsvorsorge, S. 52. *Kämmerer*, DÖV 2004, 28 (29), unterscheidet zwischen Daseinsvorsorge durch Wettbewerb, durch Wettbewerbsregulierung und durch Wettbewerbsbeschränkung. Nach *Behrens*, EuR 2002, 81 (93f.) ist die „Wohlstandsvorsorge" im und ohne Wettbewerb sogar erst im EGV normiert. Aus europarechtlicher Perspektive trifft der zugespitzte Titel des Kommentars von *Koenig*, EuZW 2001, 481 „Daseinsvorsorge durch Wettbewerb!" nur insoweit, als dass keine Ausnahmen nach Art. 86 Abs. 2 EGV vorliegen.

1510 Siehe oben, Erster Teil, C.II.

1511 Siehe zur institutionellen Befangenheit oben, Erster Teil, C.IV.

1512 Vgl. oben, Zweiter Teil, B.V.2.b).

1513 Siehe oben, Zweiter Teil, B.V.2.c)(2).

re, nicht ausgeschlossen werden. Insbesondere im Bereich politischer Mandate, bei denen sich Stellvertreterposten schnell als Schleudersitze erweisen können, kann die Wirksamkeit des vergaberechtlichen Mitwirkungsverbots kritisch hinterfragt werden. Auch unter dem Gesichtspunkt der Organisationsloyalität könnte zunächst kein Gemeindevertreter von der Wahrnehmung der fiskalischen Interessen der Gemeinde freizusprechen sein.[1514] Hier hat der Ersatz einer als voreingenommenen geltenden Person durch einen Stellvertreter womöglich nur geringe Bedeutung. Die Sicherstellung vergaberechtlicher Neutralität durch den Ausschluss einzelner Personen, denen eine Doppelstellung im Vergabeverfahren zukommt, könnte sich damit als formeller Ansatz, der tieferliegende strukturelle Probleme außer Acht lässt, entpuppen.[1515]

Allerdings sind die Vermeidung sozialer Interessenverflechtungen und damit der Ausschluss vom faktischen Willensbildungsprozess auch im Rahmen der kommunal- oder verwaltungsrechtlichen Mitwirkungsverbote nur bedingt möglich.[1516] Mitwirkungsverbote können regelmäßig nur einen Ausschnitt der möglichen Interessenverknüpfungen erfassen, was aber ihre Berechtigung nicht grundsätzlich in Frage stellen kann. Soweit etwaige Interessenverflechtungen von Stellvertretern keine Berücksichtigung in § 16 VgV finden, ist diese „Lückenhaftigkeit“ zum einen der Regelung von Mitwirkungsverboten strukturell immanent. Zum anderen kann ihr im Einzelfall durch eine analoge Anwendung der getroffenen Regelung begegnet werden.

Im Übrigen bewirkt eine institutionelle Befangenheit einer Kommune nicht, dass alle ihre Vertreter in einem Vergabeverfahren als voreingenommen betrachtet werden können. Die institutionelle Befangenheit setzt schon begrifflich an der Gemeinde an und kann nicht pauschal auf die für sie tätigen Personen übertragen werden. Soweit Vertreter der Kommune an einer öffentlichen Ausschreibung mitwirken, trifft diese als Person zunächst die Amtspflicht[1517] zur ordnungsgemäßen Durchführung des Vergabeverfahrens, was bei Beachtung des Vergaberechts eine unsachliche Beeinflussung ausschließt. Die Pflicht zur ordnungsgemäßen Durchführung des Vergabeverfahren relativiert die Bindung von Stellvertretern an die etwaigen Interessen ihrer Vorgesetzten. Schon das strenge Korsett des Vergaberechts steht der Willkür und unsachlichen Beeinflussung in Vergabeverfahren entgegen, so dass nicht jedes mögliche Interesse zu einem Ausschluss im Vorhinein führen muss.[1518]

Die Mitwirkungsverbote des § 16 VgV sind damit aber keinesfalls überflüssig, da sie in Fällen zunächst evidenter Interkollisionen schon den bösen Schein der Wettbewerbsbeeinflussung vermeiden. Sie bieten damit Schutz vor den Gefahren einer Entwertung der auch grundrechtlich verankerten Rechtsstellung der Bieter und Bewerber, ein optimaler Schutz ist im Nachhinein nicht möglich. Demgegenüber wurde im ersten Teil dieser Arbeit bereits festgestellt, dass die Doppelstellung von Kommunen bei der Vergabe von ÖPNV-Dienstleistungen der derzeitigen Rechtslage faktisch inhärent ist, dieser Konflikt wird also von der bestehenden Rechtsordnung, die insofern als Wettbe-

1514 Zur hoheitlich-fiskalischen Interessenkollision und Organisationsloyalität siehe *Kube,* DVBl. 1971, 204 (205).

1515 Vgl. *Winnes,* NZBau 2002, 371 (375).

1516 Siehe so für die kommunalrechtlichen Befangenheitsvorschriften *Krebs,* VerwArch 71 (1980), 181 (186); *v. Mutius,* VerwArch 65 (1974), 429 (435).

1517 Vgl. für Gemeinderatsmitglieder etwa § 32 Abs. 1 GO BW; § 42 GO Nds., sowie die weiteren Hinweise bei *Gern,* Kommunalrecht, Rn. 346.

1518 Vgl. *Winnes,* NZBau 2002, 371 (373f.).

werbsordnung verstanden werden kann, hingenommen. Eine Pflicht zu einem Rückzug des Staates/der Kommunen aus der Erwerbswirtschaft lässt sich aus der Doppelstellung nicht konstruieren.[1519] Der Ausschluss voreingenommener Personen stellt die wettbewerbliche Trennung kommunaler Betätigung als Anbieter (Auftraggeber) und Nachfrager (Angebotserstellung durch eigenes Unternehmen) im Ausschreibungswettbewerb sicher. So wird der institutionelle Wettbewerbskonflikt dadurch entschärft wird, dass ein kommunales Verkehrsunternehmen als selbständige juristische Person Dritter im Vergabewettbewerb ist. Wird diese rechtsorganisatorisch-institutionelle Trennung auch auf personeller Ebene beachtet, so dass die jeweils Beteiligten nur an die Interessen der jeweiligen Wettbewerbsseite gebunden sind, spricht nichts gegen die Annahme, dass tatsächlich Leistungskonkurrenz bei der Vergabe eines öffentlichen Auftrags erreicht werden soll.

Wenn es auch das materielle Vergaberecht und das streng formalisierte Vergabeverfahren nicht zwingend erscheinen lassen, jede Interessenkollision mit einem Mitwirkungsverbot zu sanktionieren, so kann aber dennoch der von § 16 Abs. 1 Nr. 3 lit. a VgV erfasste Personenkreis als zu eng gezogen betrachtet werden. Es wurden verschiedene praxisrelevante Fallkonstellationen herausgearbeitet, in denen eine Interessenkollision auch außerhalb der normierten Tatbestände nicht von der Hand zu weisen ist. Zur Vermeidung des bösen Scheins von Interessenverknüpfungen und aus Gründen der Rechtssicherheit ist deshalb die Aufnahme einer § 20 Abs. 1 S. 2 VwVfG entsprechenden Öffnungsklausel in die vergaberechtliche Ausschlussregelung durchaus wünschenswert. Die Möglichkeit, den vermuteten Interessenkonflikt zu widerlegen, würde auch bei einer Erweiterung der getroffenen Regelung sachgerechte Ergebnisse, die die berührten Interessen sowohl der Bieter oder Bewerber als auch kommunaler Auftraggeber berücksichtigen, sicherstellen.

Nachdenklich stimmt auch die Regelungstechnik des Verordnungsgebers hinsichtlich der Widerlegungstatbestände, deren Bedeutung bislang weder von der Rechtsprechung noch der Literatur verständig erfasst wurde. Hier wirkt die getroffene Regelung tatsächlich „handwerklich etwa ungeschickt“,[1520] indem eine Fehlerfolgen- und eine Tatbestandswiderlegungsregelung auf engem Raum zusammengefasst wurden. Es steht aber zu erwarten, dass die sich hieraus ergebenden Auslegungsprobleme in Zukunft erledigen werden, diese Arbeit möchte hierzu gerne das Fundament legen.

C. Anforderungen an die Praxis

Aus § 16 Abs. 1 Nr. 3 lit. a VgV ergeben sich Anforderungen an die kommunale Vergabepraxis, die im Folgenden zusammengefasst dargestellt werden.

I. Anforderungen an kommunale Strukturen

Als Regelung, die unmittelbar die Beteiligung bestimmter Personen am Vergabeverfahren betrifft, folgen aus § 16 Abs. 1 Nr. 3 lit. a, 2. Alt. VgV unmittelbar Anforderungen an die kommunalen Personalstrukturen im Bereich öffentlicher Auftragsvergabe, die sich mittelbar auch auf das kommunale Beteiligungsmanagement auswirken. Nach

1519 Vgl. in diese Richtung allgemein für die Erwerbswirtschaft aber *Berg*, GewArch 1990, 225 (233f.).

1520 *Quilisch/Fietz*, NZBau 2001, 540 (545).

dem Normtext unmittelbar unzulässig sind personelle Doppelstellungen, die sich aus der Mitgliedschaft in einem gesellschaftsrechtlichen Kontroll- oder Leitungsorgan bei einem sich am Vergabeverfahren beteiligenden Bieter- oder Bewerberunternehmen ergeben, wenn der Betroffene gleichzeitig auch an Entscheidungen im Vergabeverfahren mitwirkt. Am Vergabeverfahren darf damit niemand mitwirken, der für die Gemeinde im Aufsichtsrat oder Vorstand einer kommunalen AG oder der Gesellschafterversammlung einer kommunalen GmbH sitzt, wenn die jeweilige Gesellschaft vom Gegenstand des Vergabeverfahrens in ihrer Markttätigkeit betroffen ist. In analoger Anwendung ist dieses Mitwirkungsverbot auch auf Gemeindevertreter zu erstrecken, die für die Kommune als Anteilseigner einer AG deren Interessen in der Hauptversammlung wahrnehmen. Des Weiteren sind verbundene Unternehmen zumindest in Übertragung des Rechtsgedankens des § 36 Abs. 2 GWB auch hinsichtlich der Rechtsfolgen des § 16 Abs. 1 Nr. 3 lit. a VgV einheitlich zu behandeln. Schon die Mitgliedschaft in einem Gesellschaftsorgan eines mit einem Bieter- oder Bewerber lediglich verbundenen Unternehmen führt regelmäßig zu einer Interessenverflechtung, die den Ausschluss der betroffenen Person von der Mitwirkung am Vergabeverfahren rechtfertigt. Die Mitwirkung eines Vorstandsmitglieds eines Stadtwerkekonzerns am Vergabeverfahren ist damit nicht möglich, wenn zu dem Konzern auch ein Unternehmen gehört, das sich auf das Verfahren bewerben will.

Folge des als Ausdruck des Wettbewerbsprinzips zu verstehenden Mitwirkungsverbots des § 16 Abs. 1 Nr. 3 lit. a VgV ist somit, dass kommunale Vergabestellen und in der Sache berührte kommunale Unternehmen personell zu entflechten sind, so dass jedenfalls Personen, die auch auf (potentieller) Auftragnehmerseite stehen, keinen Einfluss mehr auf das Vergabeverfahren nehmen können. Nur so kann eine weitestgehende Trennung von Nachfrage und Angebot und damit eine Voraussetzung für fairen und ergebnisoffenen Vergabewettbewerb auf Gebieten kommunaler „Daseinsvorsorge" sichergestellt werden. Erfahrungen aus der Betreuung kommunaler ÖPNV-Vergaben zeigen, dass bei der erstmaligen Ausschreibung von ÖPNV-Dienstleistungen Kostenersparnisse von mehr als 10% bei Steigerung der Qualität der zu erbringenden Leistung möglich sind. Den Kosten etwaiger gemeindlicher Doppelstrukturen stehen damit die finanziellen Vorteile des Vergabewettbewerbs gegenüber, was in Kosten-Nutzen-Rechnungen zu berücksichtigen sein wird.

II. Anforderungen an öffentliche Auftraggeber

Wenn auch die Mitwirkung einer als voreingenommen geltenden Person nach der Fehlerfolgenregelung des § 16 Abs. 1 Nr. 3 a.E. VgV nicht zur Rechtswidrigkeit des gesamten Vergabeverfahrens führt, wenn sie sich nicht in einer Diskriminierung realisiert hat, sollten öffentliche Auftraggeber die am Vergabeverfahren Mitwirkenden schon im Vorfeld des eigentlichen Verfahrens auf das Vorliegen eines Ausschlusstatbestandes überprüfen. Nur so können zeitraubende und auch kostenintensive Nachprüfungsverfahren vermieden werden. Hierzu bietet sich das Einholen einer vorformulierten Erklärung von den Verfahrensmitwirkenden an, die das Nichtvorliegen der Tatbestände des § 16 VgV festhält.[1521] Zu berücksichtigen sind hier die Fälle der analogen Anwendung des vergaberechtlichen Mitwirkungsverbots. Es empfiehlt sich damit, den Tatbestand des § 16 Abs. 1 Nr. 3 lit. a VgV im Rahmen der Erklärung nicht auf die Mitgliedschaft in ei-

1521 So auch *Kratzenberg,* NZBau 2001, 119 (122); *Quilisch/Fietz,* NZBau 2001, 540 (544).

nem Kontroll- oder Leitungsorgan eines in der Sache berührten kommunalen Unternehmens zu beschränken, sondern zunächst allgemein Organmitgliedschaften abzufragen, um bei einer positiven Antwort im Einzelfall zu überprüfen, ob ein Ausschluss wegen des tatsächlichen Nichtvorliegens eines Interessenkonflikts unterbleiben kann. Ebenso sind die Organmitgliedschaften auch nicht alleine auf Bieter- oder Bewerberunternehmen zu beschränken, sondern auch solche bei mit potentiellen Bietern- oder Bewerbern verbundenen Unternehmen abzufragen.

Liegt eine solche Organmitgliedschaft bei einem Mitarbeiter der Vergabestelle vor, ohne dass aus dieser ein Interessenkonflikt im Vergabeverfahren erwächst, so empfiehlt es sich, dies von Anfang an im Vergabeverfahren offenzulegen, um *spätere* Nachprüfungsanträge (§ 107 Abs. 3 GWB) abzuschneiden.[1522] Die hierdurch erreichte Transparenz kann sich nur dann nachteilig auswirken, wenn eine Widerlegung der Interessenkollision nicht sicher gelingen kann. Schon die Möglichkeit der Verletzung des § 16 Abs. 1 Nr. 3 lit. a VgV muss ausgeschlossen werden.[1523] Die ist von der Vergabestelle ex ante zu prüfen. Im Rahmen gesellschaftsrechtlicher Treuepflichten gilt der Grundsatz, dass ein Ausschluss des Betroffenen nicht möglich ist.

Im Übrigen ist auf die allgemeinen Dokumentationspflichten in Vergabeverfahren hinzuweisen (§§ 30 VOL/A und VOB/A). Werden diese beachtet, so sollte bei einer unerkannten Mitwirkung einer eigentlich auszuschließenden Person der Nachweis der Nichtdiskriminierung ohne weiteres möglich sein, wenn das Vergabeverfahren diesbezüglich tatsächlich einwandfrei verlaufen ist.[1524]

1522 Siehe für eine Offenlegung auch *Neßler,* NVwZ 1999, 1081 (1083); *Winnes,* NZBau 2002, 371 (375).

1523 Siehe oben, Zweiter Teil, B.VI.3.a).

1524 Siehe näher oben, Zweiter Teil, B.V.4.d.(4).

Literaturverzeichnis

Achterberg, Norbert: Allgemeines Verwaltungsrecht – Ein Lehrbuch. Heidelberg 1986.

Albers, Marion: Faktische Grundrechtsbeeinträchtigungen als Schutzbereichsproblem. DVBl. 1996, 233ff.

Alexy, Robert: Theorie der Grundrechte. 2. Auflage, Frankfurt a.M. 1994.

Althaus, Stefan: Öffentlich-rechtliche Verträge als öffentliche Aufträge gem. § 99 GWB. NZBau 2000, 277ff.

Altmeppen/Roth: Gesetz betreffend die Gesellschaften mit beschränkter Haftung (GmbHG). 3. Auflage, München 1997. Zitiert: Bearbeiter, in Altmeppen/Roth, GmbHG.

Ambrosius, Gerold: Zurück zu den Anfängen? Die institutionelle Entwicklung des öffentlichen Nahverkehrs bis zum Zweiten Weltkrieg unter der Perspektive der aktuellen Regionalisierung. In: *Püttner, Günter (Hrsg.)*, Der regionalisierte Nahverkehr, S. 11ff. 1. Auflage, Baden-Baden 1997.

Antweiler, Clemens: Öffentliche Unternehmen als Bieter in Vergabeverfahren. VergabeR 2001, 259ff.

Antweiler, Clemens: Öffentlich-rechtliche Unterlassungsansprüche gegen kommunale Wirtschaftstätigkeit. NVwZ 2003, 1466ff.

Arnauld, Andreas von: Grundrechtsfragen im Bereich von Postwesen und Telekommunikation - Ein Beitrag zur Geltung der Grundrechte für und gegen gemischtwirtschaftliche Unternehmen und staatliche Eigengesellschaften. In: DÖV 1998, 437ff.

Arnim, Herbert von: Ausschluss von Ratsmitgliedern wegen Interessenkollision. JA 1986, 1ff.

Assmann, Heinz Dieter: Wertpapierhandelsgesetz Kommentar. Köln 1995. Zitiert: *Bearbeiter*, in *Assmann,* WpHG.

Ax, Thomas: Der „böse Schein" allein begründet noch keinen Gleichbehandlungsverstoß. ZVgR 2000, 161ff.

Ax, Thomas: Die neue Vergabeverordnung (Entwurf) – Auswirkungen der Verordnung über die Vergabe öffentlicher Aufträge für die Bau-Vergabepraxis. BauR 2000, 471ff.

Ax, Thomas: Rechtsschutz bei der Vergabe öffentlicher Aufträge in Deutschland und Frankreich – eine rechtsvergleichende Untersuchung. Münster 1996.

Ax, Thomas/Schneider, Wolfgang/Nette, Alexander: Handbuch Vergaberecht – VOB Teil A, VOL Teil A, VOF, Rechtsschutz. München 2002.

Badura, Peter: Das normative Ermessen beim Erlaß von Rechtsverordnungen und Satzungen. In: *Selmer, Peter/Münch, Ingo von (Hrsg.)*, Gedächtnisschrift für Wolfgang Martens. Berlin – New York 1987.

Badura, Peter: Das öffentliche Unternehmen im europäischen Binnenmarkt. ZGR 1997, 291ff.

Badura, Peter: Die Daseinsvorsorge als Verwaltungszweck der Leistungsverwaltung und der soziale Rechtsstaat. DÖV 1966, 624ff.

Badura, Peter: Die Erfüllung öffentlicher Aufgaben und die Unternehmenszwecke bei der wirtschaftlichen Betätigung der öffentlichen Hand. In: *Münch, Ingo von (Hrsg.),*

Festschrift für Hans-Jürgen Schlochauer zum 75. Geburtstag am 28. März 1981, S. 3ff. Berlin u.a. 1981.

Badura, Peter: Wirtschaftliche Betätigung der Gemeinden zur Erledigung von Angelegenheiten der örtlichen Gemeinschaft im Rahmen der Gesetze. DÖV 1998, 818ff.

Baltes, Martin/Schaffkamp, Christoph: Auf dem Weg in den Wettbewerb – Restrukturierung der Innsbrucker Verkehrsbetriebe. Der Nahverkehr, 4/2000, 21ff.

Barth, Sibylle: Anmerkung zu OVG Magdeburg v. 7. April 1998, A 1/4 S 221/97. ZUR 1998, 215ff.

Barth, Sibylle: Nahverkehr in kommunaler Verantwortung – Der öffentliche Personennahverkehr nach der Regionalisierung. Bielefeld 2000.

Barth, Sibylle/Baumeister, Hubertus: Umweltwirksame Gestaltung des öffentlichen Personennahverkehrs durch die kommunalen Aufgabenträger – Die Gewährleistungsprobe im regionalisierten ÖPNV unter besonderer Berücksichtigung der Nahverkehrpläne im ÖSPV. ZUR 1997, 17ff.

Barth, Sibylle/Baumeister, Hubertus/Berschin, Felix/Werner, Jan: Recht des öffentlichen Nahverkehrs – Praxis-Handbuch. Neuwied 2001.

Barth, Sibylle/Kretschmann, Caroline von/Ott, Manfred/Werner, Jan: Strategien für eine wettbewerbskonforme Organisation – Die lokale Nahverkehrsgesellschaft in Frankfurt am Main. Der Nahverkehr 2001/12, 28ff.

Barth, Sibylle/Werner, Jan: Neue Marktordnung für den öffentlichen Personenverkehr – Der Vorschlag der EU-Kommission zur Novellierung des Sekundärrechts für öffentliche Personenverkehrsdienste (VO 1191/69). Verkehr und Technik 2001, 345ff.

Bartosch, Andreas: Schnittstellen zwischen öffentlicher Auftragsvergabe und europäischem Beihilfenrecht. WuW 2001, 673ff.

Bartosch, Andreas: Vergabefremde Kriterien und Art. 87 I EG: Sitzt das öffentliche Beschaffungswesen in Europa auf einem Pulverfass? EuZW 2001, 229ff.

Batzill, Roland/Zuck, Holger: Personenbeförderungsrecht im Spannungsfeld. Baden-Baden 1997.

Baumbach, Adolf/Hueck, Alfred: GmbH-Gesetz – Gesetz betreffend die Gesellschaften mit beschränkter Haftung. 17. Auflage, München 2000. Zitiert: *Bearbeiter*, in *Baumbach/Hueck*, GmbHG.

Baumbach, Adolf/Lauterbach, Wolfgang/Albers, Jan/Hartmann, Peter: Zivilprozeßordnung mit Gerichtsverfassungsgesetz und anderen Nebengesetzen. München 2002. Zitiert: *Bearbeiter*, in *Baumbach/Lauterbach/Albers/Hartmann*, ZPO.

Baumeister, Hubertus: Der EuGH und die Finanzierung der kommunalen Daseinsvorsorge – vor allem des öffentlichen Nahverkehrs. NZBau 2003, 550ff.

Baumeister, Hubertus: Erteilung von Linienverkehrsgenehmigungen. LKV 1999, 12ff.

Baumeister, Hubertus/Kirch, Thomas: Die Zähmung der Global Player im ÖPNV durch das vergaberechtliche Instrument der Mittelstandsförderung. NZBau 2001, 653ff.

Bayer, Dieter/Manka, Jörg: Der Schienenpersonennahverkehr im Lichte des neuen Vergaberechts. Der Nahverkehr 3/1998, 8ff.

Bechtold, Rainer: Kartellgesetz – Gesetz gegen Wettbewerbsbeschränkungen, Kommentar. 3. Auflage, München 2002.

Becker, Florian: Grenzenlose Kommunalwirtschaft. DÖV 2000, 1032ff.

Becker, Ralph: Die Erfüllung öffentlicher Aufgaben durch gemischtwirtschaftliche Unternehmen. Baden-Baden 1997.

Beckmann, Martin/David, Hans-Joachim: Kommunale Abfallwirtschaft als unlauterer Wettbewerb. DVBl. 1998, 1041ff.
Behrens, Peter: Staatliche „Wohlstandsvorsorge“ unter den Bedingungen des Gemeinschaftsrechts. EuR 2002, 81ff.
Bender, Bernd: Der Rechtsweg bei Klagen gegen Auftragssperren der öffentlichen Hand. JuS 1962, 178ff.
Benedict, Christoph: „Vergabefremde“ Aspekte nach Beentjes und Nord-Pas-de-Calais – Europarechtliche Vorgaben für die Anwendung von § 97 IV GWB. NJW 2001, 947ff.
Berg, Wilfried: Die wirtschaftliche Betätigung des Staates als Verfassungsproblem. GewArch 1990, 225ff.
Berg, Wilfried: Die wirtschaftliche Betätigung von Kommunen – kommunale Selbstverwaltung und Wettbewerb. WiVerw 2000, 141ff.
Berger, Matthias: Ausschreibungspraxis im Spiegel der Rechtsprechung – Aktuelle Urteile zur Nachprüfung von Vergabeverfahren. Der Nahverkehr 7-8/2000, 41ff.
Berger, Matthias: Die Pflicht zur Ausschreibung von Verkehrsdienstleistungen. Der Landkreis 2001, 539ff.
Berrisch, Georg M./Nehl, Hans Peter: Doppelmandate, Neutralitätsgebot und „böser Schein“ – Die Rechtsprechung der Vergabesenate und § 16 VgV. WuW 2001, 944ff.
Berrisch, Georg M.: Anmerkung zu OLG Brandenburg v. 3.8.1999 – Flughafen Berlin-Schönefeld. DB 1999, 1797ff.
Berschin, Felix: Anmerkungen zu OVG Magdeburg v. 7.4.1998. TranspR 1999, 33f.
Berschin, Felix: Auslegung Eigen- und Gemeinwirtschaftlichkeit im ÖPNV – Der Vorlagebeschluss des Bundesverwaltungsgerichts vom 6.4.2000. Verkehr und Technik 2000, 469ff.
Berschin, Felix: Daseinsvorsorge durch Wettbewerb – Der öffentliche Verkehr zu Lande im Markt. Heidelberg 2002.
Berschin, Felix: Europäisches Recht der Finanzierung im ÖPNV bringt Wettbewerb um die Subvention – Die deutsche Praxis der ÖPNV-Finanzierung auf dem Prüfstand des EG-Rechts. ZUR 1997, 4ff.
Berschin, Felix: ÖPNV-Finanzierung und Wettbewerb – Zugleich Anmerkung zu EuGH, 24.7.2003 – Rs. C-280/00, TranspR 2003, 335. TranspR 2003, 333ff.
Berschin, Felix/Baumeister, Hubertus: Pro + Contra – Vergaberecht im SPNV. Der Nahverkehr 5/1998, 88f.
Berschin, Felix/Hickmann, Gerd: Von der Bahnreform zur ÖPNV-Strukturreform – Mehr Gestaltung und Kosteneffizienz im ÖPNV. Internationales Verkehrswesen 1998, 600ff.
Besche, Wolfgang: Die Besorgnis der Befangenheit im Verwaltungsverfahren – insbesondere im Prüfungswesen. DÖV 1972, 636ff.
Bethge, Herbert: Der Grundrechtseingriff. VVDStRL 57 (1998), 7ff.
Bethge, Herbert: Grundrechtsverwirklichung und Grundrechtssicherung durch Organisation und Verfahren. DVBl. 1989, 841ff.
Bethge, Herbert: Staatszwecke im Verfassungsstaat – 40 Jahre Grundgesetz. NJW 1982, 1ff.
Bettermann, Karl August: Gewerbefreiheit der öffentlichen Hand – Beiträge zu Art. 12 I, 15, 19 III GG. In: Berliner Festschrift für Ernst Hirsch, dargebracht von Mitgliedern der Juristischen Fakultät zum 65. Geburtstag, Berlin 1968.

Beuthien, Volker: Gibt es organschaftliche Stellvertretung? NJW 1999, 1142ff.
Beuthien, Volker: Zur Theorie der Stellvertretung im Gesellschaftsrecht. In: *Lieb u.a. (Hrsg.)*, Festschrift für Wolfgang Zöllner zum 70. Geburtstag, S. 87ff. Köln 1998.
Beuthien, Volker/Gätsch, Andreas: Vereinsautonomie und Satzungsrechte Dritter - Statutarischer Einfluß Dritter auf die Gestaltung von Körperschaftssatzungen. ZHR 156 (1992), 459ff.
Bidinger, Helmuth: Änderungen des Personenbeförderungsrechts durch das Planvereinfachungsgesetz und das Eisenbahn-Neuordnungsgesetz. NZV 1994, 209ff.
Biletzki, Gregor: Zur Bedeutung des Nahverkehrsplans i.S. des § 8 III PBefG. NZV 2000, 313ff.
Binder, Bruno: Der Staat als Träger von Privatrechten. Wien - New York 1980.
Binder, Bruno: Effektiver Rechtsschutz und neues Vergaberecht – Überlegungen zur Verfassungsmäßigkeit der Differenzierung nach Schwellenwerten in §§ 97 ff. GWB. ZZP 2000, 195ff.
Bleckmann, Albert/Eckhoff, Rolf: Der „mittelbare" Grundrechtseingriff. DVBl. 1988, 373ff.
Bleckmann, Albert/Eckhoff, Rolf: Stellungnahme zur Erwiderung von Schwabe. DVBl. 1988, 1057f.
Blum, Dieter Johannes: Öffentliche Bedienstete als Gemeinderäte tatsächlich befangen? DÖV 1977, 507ff.
Blum, Peter, u.a.: Kommunalverfassungsrecht Niedersachsen. Loseblattsammlung, Stand 12. Nachlieferung August 2002, Wiesbaden. Zitiert: *Bearbeiter*, in *Blum*, KVR Niedersachsen.
Böckel, Markus: Vergaberechtliche Behandlung von Dienstleistungkonzessionen. LKV 2003, 393ff.
Böckenförde, Ernst-Wolfgang: Die Methoden der Verfassungsinterpretation – Bestandsaufnahme und Kritik. NJW 1976, 2089ff.
Böckenförde, Ernst-Wolfgang: Grundrechte als Grundsatznormen – Zur gegenwärtigen Lage der Grundrechtsdogmatik. Der Staat, 29 (1990), 1ff.
Boesen (Hrsg.): Schwerpunktthema – Der Ausschluß voreingenommener Personen nach § 16 VgV. VN 2002, 9ff.
Boesen, Arnold: Vergaberecht – Kommentar zum 4. Teil GWB, 1. Auflage 2000.
Böhm, Monika/Danker, Claudia: Politische Zielvorgaben als Vergabekriterien. NVwZ 2000, 767ff.
Bonk, Joachim: Strukturelle Änderungen des Verwaltungsverfahrens durch das Genehmigungsverfahrensbeschleunigungsgesetz. NVwZ 1997, 320ff.
Borchmann, Michael: Interessenkollision im Gemeinderecht. NVwZ 1982, 17ff.
Bremeier, Wolfram: Kommunales Beteiligungsmanagement – Konzeptionen und Erfahrungen. In: *Buddäus, Dietrich (Hrsg.)*, Organisationswandel öffentlicher Aufgabenwahrnehmung, S 287ff. Baden-Baden 1998.
Brenner, Michael: Die Neugestaltung gemeindlicher Einwirkungs- und Kontrollrechte auf privatrechtliche Unternehmen in Thüringen und die kommunale Selbstverwaltungsgarantie. LKV 2002, 7ff.
Britz, Gabriele: Funktion und Funktionsweise öffentlicher Unternehmen im Wandel: Zu den jüngsten Entwicklungen im Recht der kommunalen Wirtschaftsunternehmen. NVwZ 2001, 380ff.
Broß, Siegfried: Daseinsvorsorge – Wettbewerb – Gemeinschaftsrecht. JZ 2003, 874ff.

Brüggemeier, Gert/Damm, Reinhard: Kommunale Einwirkung auf gemischtwirtschaftliche Energieversorgungsunternehmen – am Beispiel des RWE-VKA-Konflikts. Baden-Baden 1988.

Brüning, Christoph: Gleichheitsrechtliche Verhältnismäßigkeit. JZ 2001, 669ff.

Büchner, Wolfgang: Die rechtliche Gestaltung kommunaler öffentlicher Unternehmen – Grenzen und Möglichkeiten der gemeindlichen Organisationshoheit unter besonderer Berücksichtigung der Arbeitnehmermitbestimmung am Beispiel der Verkehrs- und Versorgungseinrichtungen. Frankfurt a.M. – Bern 1982.

Bühner, Arnd/Augsburg, Gisela: Die Novellierung der EU-Verordnung 1191/69 – Handlungsoptionen für Verkehrsunternehmen im Lichte der geplanten Neuordnung des EU-Rechtsrahmens. Nahverkehrspraxis 11/2000, 23ff.

Bull, Hans Peter: Die Staatsaufgaben nach dem Grundgesetz. 2. Auflage, Kronberg 1977.

Bull, Hans Peter: Über Formenwahl, Formenwahrheit und Verantwortungsklarheit in der Verwaltungsorganisation. In: *Geis, Max-Emanuel/Lorenz, Dieter (Hrsg.)*, Festschrift für Hartmut Maurer zum 70. Geburtstag, S. 345. München 2001.

Bumke, Christian: Der Grundrechtsvorbehalt – Untersuchung über die Begrenzung und Ausgestaltung der Grundrechte. Baden-Baden 1998.

Bundesministerium für Verkehr, Bau- und Wohnungswesen, Bericht der Bundesregierung über den ÖPNV nach der Vollendung der deutschen Einheit. 1999.

Burgbacher, H.G.: Vergaberegeln und Nahverkehr. TranspR 1999, 1ff.

Burgi, Martin: Das Kartellvergaberecht als Sanktions- und Rechtsschutzinstrument bei Verstößen gegen das kommunale Wirtschaftsrecht? NZBau 2003, 539ff.

Burgi, Martin: Der Beliehene – ein Klassiker im modernen Verwaltungsrecht. In: *Geis, Max-Emanuel/Lorenz, Dieter (Hrsg.)*, Festschrift für Hartmut Maurer zum 70. Geburtstag, S. 581. München 2001.

Burgi, Martin: Der Verwaltungsvertrag im Vergaberecht. NZBau 2002, 57ff.

Burgi, Martin: Die öffentlichen Unternehmen im Gefüge des primären Gemeinschaftsrechts. EuR 1997, 261ff.

Burgi, Martin: Funktionale Privatisierung und Verwaltungshilfe: Staatsaufgabendogmatik – Phänomenologie – Verfassungsrecht. Tübingen 1999.

Burgi, Martin: Vergabefremde Zwecke und Verfassungsrecht. NZBau 2001, 64ff.

Burgi, Martin: Verwalten durch öffentliche Unternehmen im europäischen Institutionenwettbewerb. VerwArch 2002, 255ff.

Burmeister, Joachim: Der Begriff des „Fiskus“ in der heutigen Verwaltungsrechtsdogmatik. DÖV 1975, 695ff.

Burmeister, Joachim: Verfassungsrechtliche Grundfragen der kommunalen Wirtschaftsbetätigung. In: *v. Mutius (Hrsg.)*, Festgabe zum 70. Geburtstag von Georg Christoph von Unruh – Selbstverwaltung im Staat der Industriegesellschaft, S. 623. Heidelberg 1983.

Bydlinski, Franz: Juristische Methodenlehre und Rechtsbegriff. 2. Auflage, Wien 1991

Byok Jan: Das neue Vergaberecht. NJW 1998, 2774ff.

Byok, Jan/Jaeger, Wolfgang: Kommentar zum Vergaberecht – Erläuterungen zu den vergaberechtlichen Vorschriften des GWB. Heidelberg 2000.

Callies, Christian: Die verfassungsrechtliche Zulässigkeit von fachgesetzlichen Rechtsverordnungsermächtigungen zur Umsetzung von Rechtsakten der EG. NVwZ 1998, 8ff.

Callies, Christian/Ruffert, Matthias (Hrsg.): Kommentar des Vertrages über die Europäische Union und des Vertrages zur Gründung der Europäischen Gemeinschaft - EUV/EGV. 2. Auflage, Neuwied 2002. Zitiert: *Bearbeiter*, in *Callies/Ruffert*, EUV/EGV.

Canaris, Claus-Wilhelm: Grundrechte und Privatrecht – eine Zwischenbilanz. Berlin – New York 1999.

Cerwenka, Peter: Zuckerbrot und/oder Peitsche zum Umsteigen auf den ÖPNV? Internationales Verkehrswesen, 6/1996, 27.

Clemens, Thomas: Kommunale Selbstverwaltung und institutionelle Garantie: Neue verfassungsrechtliche Vorgaben durch das BVerfG? NVwZ 1990, 834ff.

Cosson, Rainer: Begrenzung kommunaler wirtschaftlicher Betätigung im Bereich der Abfallwirtschaft. DVBl. 1999, 891ff.

Cremer, Wolfram: Art. 80 Abs. 1 S. 2 GG und Parlamentsvorbehalt – Dogmatische Unstimmigkeiten in der Rechtsprechung des Bundesverfassungsgerichts. AöR 122 (1997), 248ff.

Creutz, Eckhard: Gemeinderechtliche Mitwirkungsverbote bei der Aufstellung von Flächennutzungsplänen. BauR 1979, 470ff.

Cronauge, Ulrich: Kommunale Unternehmen – Eigenbetriebe – Kapitalgesellschaften – Zweckverbände - 3. Auflage, Berlin 1997.

Dagtoglou, Prodromos: Befangenheit und Funktionenhäufung in der Verwaltung. In: *Doehring, Karl (Hrsg.)*, Festgabe für Ernst Forsthoff zum 65. Geburtstag, S. 87. München 1967.

Danckwerts, Nikolas: Widerlegbarkeit der Befangenheitsvermutung: Hat der Bundesrat bei der letzten Änderung des § 16 VgV die Lehren aus der „Flughafen Berlin-Schönefeld“-Entscheidung des OLG Brandenburg schon wieder vergessen? NZBau 2001, 242ff.

Danwitz, Thomas von: Die Gestaltungsfreiheit des Verordnungsgebers – zur Kontrolldichte verordnungsgeberischer Entscheidungen. Berlin 1989.

Danwitz, Thomas von: Vom Verwaltungsprivat- zum Verwaltungsgesellschaftsrecht – Zur Begründung und Reichweite öffentlich-rechtlicher Ingerenzen in der mittelbaren Kommunalverwaltung. AöR 120 (1995), 595ff.

Darsow, Thomas: Rechtsfragen im Zusammenhang mit der Subventionierung kommunaler Unternehmen. LKV 2002, 1ff.

David, Hans-Joachim: Wettbewerbliche Ansprüche gegen wirtschaftliche Betätigung von Kommunen und deren Gesellschaften. NVwZ 2000, 738ff.

Decher, Christian E.: Loyalitätskonflikte des Repräsentanten der öffentlichen Hand im Aufsichtsrat. ZIP 1990, 277ff.

Deckert, Martina R./Schröder, Werner: Öffentliche Unternehmen und EG-Beihilfenrecht – Gemeinschaftsrechtliche und zivilrechtliche Implikationen. EuR 1998, 291ff.

Degenhart, Christoph: Gesetzgebung im Rechtsstaat. DVBl. 1982, 872ff.

Derichs, Anka: Nahverkehrspläne im Zeichen der Liberalisierung. Dortmund 2002

Dickersbach, Alfred: Die wirtschaftliche Betätigung der öffentlichen Hand im Verhältnis zur Privatwirtschaft aus öffentlich-rechtlicher Sicht. WiVerw 1983, 187ff.

Dippel, Wolfgang/Wilhelm, Arnd: Marktzugang zum öffentlichen Personenverkehr. WiVerw 2001, 120ff.

Dolde Klaus-Peter: Grundrechtsschutz durch einfaches Verfahrensrecht? NVwZ 1982, 65ff.

Dolde Klaus-Peter: Mehr Wettbewerb durch kommunale Unternehmen? ZHR 166 (2002), 515ff.

Dörr, Oliver: Das deutsche Vergaberecht unter dem Einfluss von Art. 19 Abs. 4 GG. DÖV 2001, 1014ff.

Drechsler, Georg/Hofmann, Peter: Kostenbewusst expandieren – Die Bremer Straßenbahn AG auf dem Weg in den Wettbewerb. Der Nahverkehr 11/2001, 33ff.

Dreher, Meinrad: Das In-house-Geschäft – Offene und neue Rechtsfragen der Anwendbarkeit der In-house-Grundsätze. NZBau 2004, 14ff.

Dreher, Meinrad: Der Anwendungsbereich des Kartellvergaberechts. DB 1998, 2579ff.

Dreher, Meinrad: Der Entwurf einer Vergabeordnung. NZBau 2000, 178ff.

Dreher, Meinrad: Die Zukunft des untergesetzlichen Vergaberechts – Zur Neuordnung von Vergabeverordnung und Verdingungsordnungen. NVwZ 1999, 1265ff.

Dreher, Meinrad: Doppelmandatierung und Doppelmandate im Kartellvergaberecht. NZBau 2000, 280ff.

Dreher, Meinrad: Interessenkonflikte bei Aufsichtsratsmitgliedern von Aktiengesellschaften. JZ 1990, 896.

Dreher, Meinrad: Treuepflichten zwischen Aktionären und Verhaltenspflichten bei Stimmrechtsbündelung – Gesellschaftsrechtliche und zivilrechtliche Grundlagen. ZHR 157 (1993), 150ff.

Dreier, Horst (Hrsg.): Grundgesetz. Tübingen 1996 - 2000. Zitiert: *Verfasser*, in *Dreier*, GG.

Dreier, Horst: Hierarchische Verwaltung im demokratischen Staat – Genese, aktuelle Bedeutung und funktionelle Grenzen eines Bauprinzips der Exekutive. Tübingen 1991.

Daub, Walter/Eberstein, Hans Hermann: Kommentar zur VOL/A – Verdingungsordnung für Leistungen – ausgenommen Bauleistungen. 5. Auflage, Düsseldorf 2000. Zitiert: *Bearbeiter*, in *Daub/Eberstein*, VOL/A.

Eckhardt, Michael/Kleerbaum, Klaus-Viktor/Klieve, Lars Martin: Kommunalverfassung NW. Herausgeber: Kommunalpolitische Vereinigung Bildungswerk e.V. 1. Auflage, Bonn 1999.

Eggstein, Martin: Ist der Straßenverkehr in seiner heutigen Form verfassungswidrig? VBlBW 1995, 161ff.

Ehlers, Dirk: Das neue Kommunalwirtschaftsrecht in Nordrhein-Westfalen. NWVBl. 2000, 1ff.

Ehlers, Dirk: Die Volksvertretung auf Gemeinde- und Kreisebene. Jura 1988, 337ff.

Ehlers, Dirk: Die wirtschaftliche Betätigung der öffentlichen Hand in der Bundesrepublik Deutschland. JZ 1990, 1089ff.

Ehlers, Dirk: Rechtsprobleme der Kommunalwirtschaft. DVBl. 1998, 497ff.

Ehlers, Dirk: Rechtsstaatliche und prozessuale Probleme des Verwaltungsprivatrechts. DVBl. 1983, 422ff.

Ehlers, Dirk: Verwaltung in Privatrechtsform. Berlin 1984.

Eichhorn, Peter/Greiling, Dorothea: Öffentlicher Personennahverkehr durch öffentliche und/oder private Unternehmen? In: *Püttner, Günter (Hrsg.)*, Der regionalisierte Nahverkehr, S. 51ff. 1. Auflage, Baden-Baden 1997.

Eiermann, Rudolf: Rechtsbeziehungen im Schienenpersonennahverkehr (SPNV) zwischen Aufgabenträgern, Dienstleistungserbringern und Fahrwegbetreibern. In: *Püttner, Günter (Hrsg.)*, Der regionalisierte Nahverkehr, S. 115ff. 1. Auflage, Baden-Baden 1997.

Eisele, Dieter: Insiderrecht und Compliance. WM 1993, 1021ff.

Eisenhardt, Ulrich: Gesellschaftsrecht. 9. Auflage, München 2000.

Ekardt, Felix: Steuerungsdefizite im Umweltrecht – Ursachen unter besonderer Berücksichtigung des Naturschutzrechts und der Grundrechte; zugleich zur Relevanz religiösen Säkularisats im öffentlichen Recht. Sinzheim 2001.

Ekardt, Felix: Theorie intergenerationeller Grundrechte – Grundrechtliche, philosophische und wirtschaftsverwaltungsrechtliche Elemente des Nachhaltigkeitsgedankens und eines modernen Liberalismus. Habilitationsschrift Rostock 2002. Veröffentlichung in Vorbereitung.

Emmerich, Volker: Die Fiskalgeltung der Grundrechte, namentlich bei erwerbswirtschaftlicher Betätigung der öffentlichen Hand – BGHZ 52, 325 und BGH, Betr. 1969, 1791. JuS 1970, 332ff.

Emmerich, Volker: Kartellrecht – Ein Studienbuch. 9. Auflage, München 2001.

Engel, Wolfgang: Grenzen und Formen der mittelbaren Kommunalverwaltung. Köln 1981.

Engellandt, Frank: Die Einflußnahme der Kommunen auf ihre Kapitalgesellschaften über das Anteilseignerorgan – Rechtliche, organisatorische und kompetentielle Probleme ihrer Einwirkungspflicht. Heidelberg 1995.

Engellandt, Frank: Zustimmungsvorbehalte zugunsten der Kommunalaufsicht und der Kommunalparlamente in Gesellschaftsverträgen kommunaler Unternehmen. DÖV 1996, 71ff.

Enkler, Claus: Wirtschaftliche Betätigung der Kommunen in neuen Geschäftsfeldern. ZG 1998, 328ff.

Enzian, Sabine: Zur Frage, ob das Vergaberecht auf Dienstleistungskonzessionen anwendbar ist. DVBl. 2002, 235ff.

Erbguth, Wilfried/Ratsch, Arnulf: Der öffentlich-rechtliche Vertrag in der Praxis: Rechtliche Einordnung und Rechtsfragen von Erschließungsabreden. DÖV 1992, 45ff.

Erbguth, Wilfried/Stollmann, Frank: Erfüllung öffentlicher Aufgaben durch private Rechtssubjekte? Zu den Kriterien bei der Wahl der Rechtsform. DÖV 1993, 798ff.

Erdl, Cornelia: Anmerkung zu OLG Koblenz v. 5.9.2002, abgedruckt in NZBau 2002, 699. VergabeR 2002, 629ff.

Erdmann, Joachim: Wirtschaftliche Betätigung von Wirtschaftskammern. DVBl. 1998, 13ff.

Erichsen, Hans-Uwe: Die Vertretung der Kommunen in den Mitgliedsorganen von juristischen Personen des Privatrechts. Köln 1990.

Erichsen, Hans Uwe/Badura, Peter (Hrsg.): Allgemeines Verwaltungsrecht. 12. Auflage, Berlin 2002. Zitiert: *Bearbeiter*, in *Erichsen/Badura (Hrsg.)*, Allg. VerwR .

Erichsen, Hans-Uwe/Ebber, Bodo: Die Grundrechtsbindung des privatrechtlich handelnden Staates. Jura 1999, 373ff.

Eyermann, Erich: Ac respice finem! Gedanken zum Flughafenbeschluß des Bayer. Verwaltungsgerichtshof vom 16. April 1981. GewArch 1981, 256ff.

Faber, Angela: Aktuelle Entwicklung des Drittschutzes gegen die kommunale wirtschaftliche Betätigung. DVBl. 2003, 761ff.

Faber, Angela: Drittschutz bei der Vergabe öffentlicher Aufträge. DÖV 1995, 403ff.

Faber, Angela: Die Zukunft kommunaler Selbstverwaltung und der Gedanke der Subsidiarität in den Europäischen Gemeinschaften. DVBl. 1991, 1126ff.

Faber, Angela: Öffentliche Aufträge an kommunalbeherrschte Unternehmen – Inhouse-Geschäft oder Vergabe im Wettbewerb? DVBl. 2001, 248ff.

Fabio, Udo di: Privatisierung und Staatsvorbehalt – Zum dogmatischen Schlüsselbegriff der öffentlichen Aufgabe. JZ 1999, 585ff.

Fabio, Udo di: Verwaltungsentscheidung durch externen Sachverstand – Am Beispiel des arzneimittelrechtlichen Zulassungs- und Überwachungsverfahrens. VerwArch 81 (1990), 193ff.

Fabry, Beatrice/Augsten, Ursula (Hrsg.): Handbuch Unternehmen der öffentlichen Hand. Baden-Baden 2002.

Fehling, Michael: Zur Reform der Daseinsvorsorge am Beispiel des öffentlichen Personennahverkehrs. Die Verwaltung 2001, 25ff.

Fehling, Michael: Verwaltung zwischen Unparteilichkeit und Gestaltungsaufgabe. Tübingen 2001.

Fetzer, Udo P.: Vergabepflichtige Versicherungsdienstleistungen als maklerfreier Teilmarkt? Erwiderung auf den Aufsatz von Dreher VersR 2000, 666. VersR 2000, 1311ff.

Feuerich, Wilhelm E./Braun, Anton: Bundesrechtsanwaltsordnung – Recht für Anwälte aus dem Gebiet der Europäischen Union. 5. Auflage, München 2000.

Fey, Michael: Zur Verordnung „Geringste Kosten“ als Abschluß des Gesetzeswerkes zur Regionalisierung des ÖPNV-Marktes sowie zu anderen Fragen des novellierten PBefG. NZV 1996, 132ff.

Fikentscher, Wolfgang: Neuere Entwicklungen der Theorie zum Tatbestandsmerkmal der Wettbewerbsbeschränkung des § 1 GWB. WuW 1961, 788ff.

Fischerhof, Hans: Daseinsvorsorge und wirtschaftliche Betätigung der Gemeinden. DÖV 1960, 41ff.

Fleck, Hans-Joachim: Eigengeschäfte eines Aufsichtsratsmitglieds. In: *Kübler, Friedrich/Mertens, Hans-Joachim/Werner, Winfried (Hrsg.),* Festschrift für Theodor Heinsius zum 65. Geburtstag am 25. September 1991, S. 89ff. Berlin – New York 1991.

Flume, Werner: Allgemeiner Teil des Bürgerlichen Rechts, Erster Band - Die juristische Person. Heidelberg u.a. 1983.

Forsthoff, Ernst: Der Staat als Auftraggeber – Unter besonderer Berücksichtigung des Bauauftragswesens. Stuttgart 1963.

Forsthoff, Ernst: Die Verwaltung als Leistungsträger. Stuttgart – Berlin 1938.

Freitag, Alexander/Saxinger, Andreas: Gestaltung des ÖPNV-Wettbewerbs – Überblick über das Vergaberecht und Verkehrsverträge. Der Nahverkehr 7-8/2000, 25ff.

Frenz, Walter: Der Schutz der kommunalen Organisationshoheit. VerwArch 86 (1995), 378ff.
Frenz, Walter: Verwaltungsgerichtlicher Rechtsschutz in Konkurrenzsituationen. Berlin 1999.
Frenz, Walter/Kafka, Axel: Vergaberechtliche Grenzen bei der Einbeziehung Privater in die Abfallentsorgung. GewArch 2000, 129ff.
Friauf, Karl: Eigentumsgarantie und Steuerrecht. DÖV 1980, 480ff.
Fromm, Günter: Zur Neuordnung des Personenbeförderungsrechts. TranspR 1994, 425ff.
Frowein, Jochen Abr.: Das freie Mandat der Gemeindevertreter. DÖV 1976, 44ff.

Gallwas, Birgitta: Das Recht der Vergabe öffentlicher Aufträge – ein Überblick. GewArch 2000, 401ff.
Gallwas, Birgitta: Die rechtliche Stellung des Bieters im öffentlichen Auftragswesen. München 1998.
Gallwas, Hans-Ullrich: Faktische Beeinträchtigungen im Bereich der Grundrechte – Ein Beitrag zum Begriff der Nebenwirkungen. Berlin 1970.
Gallwas, Hans-Ullrich: Verfassungsrechtliche Kompetenzregelungen – ungelöste Probleme des Vergaberechts. VergabeR 2001, 2ff.
Geiger, H.: Verwaltungsrecht, Verwaltungsverfahrensrecht – Ausgeschlossene Personen im Verwaltungsverfahren. JA 1985, 169ff.
Geis, Emmanuel: Die Schuldrechtsreform und das Verwaltungsrecht. NVwZ 2002, 285ff.
Gern, Alfons: Deutsches Kommunalrecht. 2. Auflage, Baden-Baden 1997.
Gern, Alfons: Wirtschaftliche Betätigung der Gemeinden außerhalb des Gemeindegebiets. NJW 2002, 2593ff.
Gersdorf, Hubertus: Öffentliche Unternehmen im Spannungsfeld zwischen Demokratie- und Wirtschaftlichkeitsprinzip – Eine Studie zur verfassungsrechtlichen Legitimation der wirtschaftlichen Betätigung der öffentlichen Hand. Berlin 2000.
Geßler, Ernst/Hefermehl, Wolfgang/Eckardt, Ulrich/Kropff, Bruno: Aktiengesetz Kommentar. München 1973. Zitiert: *Bearbeiter*, in *Gesler/Hefermehl/Eckardt/-Kropff*, AktG.
Gierga, Axel/Jahnke, Claus-D./Ortz, Andreas: Ausschreibung von Busverkehrsleistungen. Der Nahverkehr 6/1998, 19ff.
Glage, Michael: Mitwirkungsverbote in den Gemeindeordnungen – Die Gewinnung von Auslegungskriterien und ihre Anwendung auf Einzelprobleme. Göttingen 1995.
Glahs, Heike/Külpmann, Christoph: Die kommunalrechtlich unzulässige Betätigung öffentlicher Unternehmen im Vergaberecht – zugleich Anmerkung zu BGH, Urteil vom 25.4.2002 – I ZR 250/00, VergabeR 2002, 467 sowie OLG Düsseldorf, Urteil vom 17.6.2002 – Verg 18/02-, VergabeR 2002, 471. VergabeR 2002, 555ff.
Gnittke, Katja/Siederer, Wolfgang: Ausschreibungspflichten im Zusammenhang mit gemischtwirtschaftlichen Entsorgungsunternehmen. ZVgR 2000, 236ff.
Goerlich, Helmut: Eigentum als Verfahrensgarantie – Zugleich zum Beschluß des BVerfG vom 7.12.1977 (1 BvR 734/77), abgedruckt in diesem Heft, S. 367ff. DVBl. 1978, 362ff.
Goerlich, Helmut: Grundrechte als Verfahrensgarantien – Ein Beitrag zum Verständnis des Grundgesetzes für die Bundesrepublik Deutschland. Baden-Baden 1981.

Goßler, Christian: Anmerkungen zur Ordnung des öffentlichen Personennahverkehrs. In: *Smeddinck, Ulrich (Hrsg.)*, Umweltverkehr – Bausteine für eine zukunftsfähige Verkehrswelt, S. 73ff. Taunusstein 1996.

Götzke, Norbert: Die Berücksichtigung des Umweltschutzes bei der Vergabe öffentlicher Bauaufträge. Tübingen 2000.

Grabitz, Eberhard/Hilf, Meinhard: Das Recht der Europäischen Union. Loseblattsammlung, Stand Ergänzungslieferung 19, Februar 2002, München. Zitiert: *Bearbeiter*, in *Grabitz/Hilf*, EUV/EGV.

Gramm, Christof: Privatisierung und notwendige Staatsaufgaben. Berlin 2001.

Grave, Carsten: Art. 86 II EG: Weder Verbot noch Gebot zur Quersubventionierung von Dienstleistungen im allgemeinen wirtschaftlichen Interesse. EuZW 2001, 709ff.

Grawert, Rolf: Mitwirkungsverbote in kommunalen Zweckverbänden und Gesellschaften. NWVBl 1998, 209ff.

Grawert, Rolf: Zuständigkeitsgrenzen der Kommunalwirtschaft: In: *Grupp, Klaus/Ronellenfitsch, Michael,* Festschrift für Willi Blümel zum 70. Geburtstag am 6. Januar 1999, S. 119ff. Berlin 1999.

Griem, Niels: Das Recht zur Akteneinsicht nach § 111 GWB. WuW 1999, 1182ff.

Griem, Niels: Effektiver Rechtsschutz im Nachprüfungsverfahren nach den §§ 102ff. GWB? Zugleich Anmerkung zum Beschluss des OLG Celle vom 30. April 1999 – 13 Verg 1/99. WRP 1999, 1126ff.

Grimm, Dieter: Verfahrensfehler als Grundrechtsverstöße. NVwZ 1985, 865ff.

Gröning, Jochem: Die neue Vergabeordnung. WRP 2001, 1ff.

Gröning, Jochem: Kommunalrechtliche Grenzen der wirtschaftlichen Betätigung der Gemeinden und Drittschutz auf dem ordentlichen Rechtsweg. WRP 2002, 17ff.

Grünendieck, Martin: Die Finanzierung des Öffentlichen Personennahverkehrs – Eine betriebswirtschaftliche Analyse unter Berücksichtigung der gesetzlichen Vorschriften. Berlin 1999.

Grziwotz, Herbert: Einführung in die Vertragsgestaltung im öffentlichen Recht. Jus 1998, 807ff.

Grziwotz, Herbert: Vertragsgestaltung im öffentlichen Recht. München 2002.

Gusy, Christoph: Die Bindung privatrechtlichen Verwaltungshandelns an das öffentliche Recht. DÖV 1984, 872ff.

Gusy, Christoph: Die wirtschaftliche Betätigung des Staates. JA 1995, 166ff.

Gusy, Christoph: Öffentlich-rechtliche Verträge zwischen Staat und Bürgern. DVBl. 1983, 1222ff.

Häberle, Peter: Grundrechte im Leistungsstaat. VVDStRL 30 (1972), 43ff.

Hachenburg, Max: Gesetz betreffend die Gesellschaften mit beschränkter Haftung (GmbHG) – Großkommentar. 8. Auflage, Berlin 1992. Zitiert: *Bearbeiter,* in *Hachenburg*, GmbHG.

Hailbronner, Kay: Der Begriff des öffentlichen Auftraggebers nach den EG-Richtlinien zur Vergabe öffentlicher Aufträge. EWS 1995, 285ff.

Hailbronner, Kay: Rechtsfolgen fehlender Information oder unterlassener Ausschreibung bei Vergabe öffentlicher Aufträge (§ 13 VgV). NZBau 2002, 474ff.

Harms, Jens: Daseinsvorsorge im Wettbewerb. Zur Abgrenzung von Dienstleistungen von allgemeinem wirtschaftlichem Interesse im Sinne der Art. 16 und 68 EG-

Vertrag. In: *Brede, Helmut (Hrsg.)*, Wettbewerb in Europa und die Erfüllung öffentlicher Aufgaben, S. 25ff. Baden-Baden 2000/2001.

Häsemeyer, Ludwig: Obstruktion gegen Sanierung und gesellschaftsrechtliche Treuepflichten. ZHR 160 (1996), 109ff.

Hassel, Volker: Die Bedeutung des Unmittelbarkeitskriteriums für eine interessengerechte Anwendung der kommunalen Befangenheitsvorschrift – Dargestellt am Beispiel der neueren Rechtsprechung des OVG Münster. DVBl. 1988, 711ff.

Haueisen, Vorname unbekannt: Die Bedeutung der Interessenkollision im Verwaltungsrecht. DVBl. 1950, 774ff.

Heiermann, Wolfgang/Ax, Thomas: Rechtsschutz bei der Vergabe öffentlicher Aufträge – Ein Leitfaden für die Praxis. Wiesbaden 1997.

Heiermann, Wolfgang/Riedl, Richard/Rusam, Martin: Handkommentar zur VOB – Teile A und B. 8. Auflage, Wiesbaden – Berlin 1997. Zitiert: *Bearbeiter*, in *Heiermann/Riedl/Rusam*, VOB.

Heintzen, Markus: Zur Tätigkeit kommunaler (Energieversorgungs-) Unternehmen außerhalb der kommunalen Gebietsgrenzen. NVwZ 2000, 743ff.

Heinze, Christian: Daseinsvorsorge im Umbruch. BayVBl. 2004, 33ff.

Heinze, Christian: Der Ausgleich gemeinwirtschaftlicher Leistungen und Aspekte künftiger Regulierungen des ÖPNV – Unter Berücksichtigung der EG-Verordnung 1893/91. Bielefeld 1993.

Held, Friedrich Wilhelm: Die Zukunft der Kommunalwirtschaft im Wettbewerb mit der privaten Wirtschaft – Änderungen des Gemeindewirtschaftsrechts in Nordrhein-Westfalen. NWVBl. 2000, 201ff.

Held, Friedrich Wilhelm: Ist das kommunale Wirtschaftsrecht noch zeitgemäß? Zugleich ein Beitrag zur wirtschaftlichen und nicht-wirtschaftlichen Betätigung der Gemeinden. WiVerw 1998, 264ff.

Held, Friedrich Wilhelm u.a. (Hrsg.): Kommunalverfassungsrecht Nordrhein-Westfalen – Kommentare. Loseblattsammlung Stand Nachlieferung 11. Mai 2002, Wiesbaden. zitiert: *Bearbeiter*, in *Held, u.a. (Hrsg.)*, Kommunalverfassungsrecht NRW.

Held, Jürgen: Der Grundrechtsbezug des Verwaltungsverfahrens. Berlin 1984.

Hellermann, Johannes: Örtliche Daseinsvorsorge und gemeindliche Selbstverwaltung – Zum kommunalen Betätigungs- und Gestaltungsspielraum unter den Bedingungen europäischer und staatlicher Privatisierungs- und Deregulierungspolitik. Tübingen 2000.

Helm, Thorsten Matthias: Rechtspflicht zur Privatisierung – Privatisierungsgebote im Deutschen und Europäischen Recht. Baden-Baden 1998.

Henn, Günter: Handbuch des Aktienrechts. 7. Auflage, Heidelberg 2002.

Henneke, Hans-Günter: Das Recht der Kommunalwirtschaft in Gegenwart und Zukunft. NdsVBl. 1999, 1ff.

Henneke, Hans-Günter: Gewinnerzielung und Arbeitsplatzsicherung als Legitimation kommunalwirtschaftlicher Betätigung? – Verfassungsrechtliche Aspekte. NdsVBl. 1998, 273ff.

Hensel, Jochen: Wettbewerbsfähig durch Ausgründung. ZfK 9/2002, 20ff.

Henze, Hartwig: Treuepflichten der Gesellschafter im Kapitalgesellschaftsrecht. ZHR 162 (1998), 186ff.

Hermanns, David/Hönig, Dietmar: Aktuelle Entwicklungen im Öffentlichen Personennahverkehr in den neuen Ländern. LKV 2002, 206ff.

Hermes, Georg: Gleichheit durch Verfahren bei der staatlichen Auftragsvergabe. JZ 1997, 909ff.

Hermes, Georg: Staatliche Infrastrukturverantwortung – Rechtliche Grundstrukturen netzgebundener Transport- und Übertragungssysteme zwischen Daseinsvorsorge und Wettbewerbsregulierung am Beispiel der leitungsgebundenen Energieversorgung in Europa. Tübingen 1998.

Herr, Christof: Ein Aufgabenträger auf dem Weg in den Wettbewerb. Verkehr und Technik 2001, 525ff.

Hertwig, Stefan: Praxis der öffentlichen Auftragsvergabe (VOB/VOL/VOF). 2. Auflage, München 2001.

Hesse, Konrad: Bestand und Bedeutung der Grundrechte in der Bundesrepublik Deutschland. EuGRZ 1978, 427ff.

Hesse, Konrad: Die verfassungsgerichtliche Kontrolle der Wahrnehmung grundrechtlicher Schutzpflichten des Gesetzgebers. In: *Däubler-Gmelin, Herta/Kinkel, Klaus/-Meyer, Hans/Simon, Helmut (Hrsg.)*, Festschrift für Ernst Gottfried Mahrenholz – Gegenrede, Aufklärung – Kritik – Öffentlichkeit, S. 541, 1. Auflage, Baden-Baden 1994.

Hesse, Konrad: Grundzüge des Verfassungsrechts der Bundesrepublik Deutschland. Neudruck der 20. Auflage, Heidelberg 1999.

Hesse, Konrad: Verfassungsrecht und Privatrecht. Heidelberg 1988.

Hill, Hermann: In welchen Grenzen ist kommunalwirtschaftliche Betätigung Daseinsvorsorge? BB 1997, 425ff.

Hill, Hermann: Zur Dogmatik sog. Heilungsvorschriften im Kommunalverfassungsrecht. DVBl. 1983, 1ff.

Hoffman-Klein, Friederike/Noch, Rainer: Die Vergabe von Leistungen im ÖPNV – Ansätze zur Lösung des Widerstreits zwischen Vergaberecht, Personenbeförderungsrecht und Beihilferecht. DÖV 2002, 422ff.

Hoffmann-Riem, Wolfgang: Tendenzen in der Verwaltungsrechtsentwicklung. DÖV 1997, 433ff.

Höfler, Heiko/Bert, Birgit: Die neue Vergabeverordnung. NJW 2000, 3310ff.

Höhnscheid, Heike: Die Regionalisierung des Öffentlichen Personennahverkehrs, Düsseldorf 2000.

Hölzl, Franz Josef: § 16 VgV: lex nuda? VergabeR 2002, 676f.

Horn, Lutz: Neue Tendenzen im Vergaberecht – Die Kommune als Auftragnehmerin. NVwZ 2001, 647ff.

Hösch, Ulrich: Daseinsvorsorge und Territorialitätsprinzip im öffentlichen Personennahverkehr. GewArch 2001, 223ff.

Hösch, Ulrich: Die Nachprüfung von Vergabeentscheidungen der öffentlichen Hand. BayVBl. 1997, 193ff.

Hösch, Ulrich: Öffentlicher Zweck und wirtschaftliche Betätigung von Kommunen. DÖV 2000, 393ff.

Hösch, Ulrich: Wirtschaftliche Betätigung von gemeindlichen Unternehmen und von Privaten – ein Vergleich. WiVerw 2000, 159ff.

Höß, Stefan: Die Informationspflicht des Auftraggebers nach § 13 VgV – Neueste Rechtsprechung der Vergabekammern und Vergabesenate. VergabeR 2002, 443ff.

Huber, Ernst Rudolf: Vorsorge für das Dasein – Ein Grundbegriff der Staatslehre Hegels und Lorenz v. Steins. In: *Schnur, Roman (Hrsg.)*, Festschrift für Ernst Forsthoff zum 70. Geburtstag, S. 139ff. 2. Auflage, München 1974.

Huber, Peter M.: Der Schutz des Bieters im öffentlichen Auftragswesen unterhalb der sog. Schwellenwerte. JZ 2000, 877ff.

Huber, Peter-Michael: Konkurrenzschutz im Verwaltungsrecht –Schutzanspruch und Rechtsschutz bei Lenkungs- und Verteilungsentscheidungen der öffentlichen Verwaltung. Tübingen 1991.

Hübschle, Wolfgang: Wettbewerbsrechtliche Abwehransprüche gegen die unternehmerische Betätigung der öffentlichen Hand. GewArch 2000, 186ff.

Hufen, Friedhelm: Berufsfreiheit – Erinnerung an ein Grundrecht. NJW 1994, 2913ff.

Hufen, Friedhelm: Heilung und Unbeachtlichkeit grundrechtsrelevanter Verfahrensfehler? Zur verfassungskonformen Auslegung der §§ 45 und 46 VwVfG. NJW 1982, 2160ff.

Hüffer. Uwe: Aktiengesetz. 5. Auflage, München 2002.

Hüffer. Uwe: Gesellschaftsrecht. 5. Auflage, München 1998.

Hünnekens, Georg: Rechtsfragen der wirtschaftlichen Infrastruktur. Köln 1995

Huster, Stefan: Beweislastverteilung und Verfassungsrecht. NJW 1995, 112ff.

Ilgmann, Gottfried/Petzel, Wolfram: Szenarien des öffentlichen Verkehrs in Ballungsräumen bei Öffnung der Märkte. Internationales Verkehrswesen 1998, 248ff.

Immenga, Ulrich: Fusionskontrolle auf Ausschreibungsmärkten. WuW 1998, 809ff.

Immenga, Ulrich/Mestmäcker, Ernst-Joachim: Gesetz gegen Wettbewerbsbeschränkungen – GWB Kommentar. 3. Auflage, München 2001. Zitiert: *Bearbeiter*, in *Immenga/Mestmäcker*, GWB.

Ingenstau, Heinz/Korbion, Hermann: VOB – Verdingungsordnung für Bauleistungen, Teile A und B, Fassung 2000 mit Sektorenrichtlinie sowie Vergaberechtsschutz. 14. Auflage, Düsseldorf 2001. Zitiert: *Bearbeiter*, in *Ingenstau/Korbion,* VOB.

Ipsen, Jörn: Wirtschaftliche Betätigung der Gemeinden als kommunalrechtliche und verfassungsrechtliche Fragestellung. In: *Ipsen, Jörn/Schmidt-Jortzig, Edzard,* Festschrift für Dietrich Rauschning, S. 645ff. Köln u.a. 2001.

Isensee, Josef: Subsidiaritätsprinzip und Verfassungsrecht – Eine Studie über das Regulativ des Verhältnisses von Staat und Gesellschaft. Berlin 1968.

Isensee, Josef/Kirchhof, Paul (Hrsg.): Handbuch des Staatsrechts, Band I Grundlagen von Staat und Verfassung. Zitiert: *Bearbeiter*, in *Isensee/Kirchhoff*, HdBStR I.

Isensee, Josef/Kirchhof, Paul (Hrsg.): Handbuch des Staatsrechts, Band III Das Handeln des Staates. Heidelberg 1988. Zitiert: *Bearbeiter*, in *Isensee/Kirchhoff*, HdBStR III.

Isensee, Josef/Kirchhof, Paul (Hrsg.): Handbuch des Staatsrechts, Band V Allgemeine Grundrechtslehren. Zitiert: *Bearbeiter*, in *Isensee/Kirchhoff*, HdBStR V.

Isensee, Josef/Kirchhof, Paul (Hrsg.): Handbuch des Staatsrechts, Band VI Freiheitsrechte. Zitiert: *Bearbeiter*, in *Isensee/Kirchhoff*, HdBStR VI.

Jaeger, Wolfgang: Die Rechtsprechung der OLG-Vergabesenate im Jahr 2000 – Teil 3: Einzelfragen zu materiell-rechtlichen Vergabevorschriften. NZBau 2001, 427ff.

Jaeger, Wolfgang: Public Private Partnership und Vergaberecht. NZBau 2001, 6ff.

Jarass, Hans D.: Bausteine einer umfassenden Grundrechtsdogmatik. AöR 120 (1995), 345ff.
Jarass, Hans D.: Die Vorgaben des Gemeinderechts für rechtlich selbständige Unternehmen der Kommunen. NWVBl. 2002, 335ff.
Jarass, Hans D.: Folgerungen aus der neueren Rechtsprechung des BVerfG für die Prüfung von Verstößen gegen Art. 3 I GG – Ein systematisches Konzept zur Feststellung unzulässiger Ungleichbehandlungen. NJW 1997, 2545ff.
Jarass, Hans D.: Kommunale Wirtschaftsunternehmen und Verfassungsrecht. DÖV 2002, 489ff.
Jarass, Hans D./Pieroth, Bodo: Grundgesetz für die Bundesrepublik Deutschland – Kommentar. 5. Auflage, München 2000
Jasper, Ute: Die Auslegung der In-House-Kriterien – Anmerkung zu den In-House-Kriterien anlässlich des Beschlusses des OLG Naumburg vom 8.1.2003 – 1 Verg 7/02. VergabeR 2003, 613ff.
Jasper, Ute: Hohe Hürden für erlaubte Zuschüsse – Das EuGH-Urteil ändert ÖPNV-Strukturen. Behördenspiegel 8/2003, S. 18.
Jennert, Carsten: Vergabefremde Kriterien – keine Beihilfen, sondern gemeinwirtschaftliche Pflichten. NZBau 2003, 417ff.
Jestaedt, Matthias: Grundrechtsentfaltung im Gesetz – Studien zur Interdependenz von Grundrechtsdogmatik und Rechtsgewinnungstheorie. Tübingen 1999.
Jung, Christian: Der europarechtliche Rahmen der Verkehrspolitik. TranspR 1998, 133ff.

Kaltenborn, Markus: Gemeinden im Wettbewerb mit Privaten – Zu den Änderungen des kommunalen Wirtschaftsrechts in Nordrhein-Westfalen. WuW 2000, 488ff.
Kämmerer, Jörn Axel: Daseinsvorsorge als Gemeinschaftsziel oder: Europas „soziales Gewissen". NVwZ 2002, 1041ff.
Kämmerer, Jörn Axel: Privatisierung: Typologie – Determinanten – Rechtspraxis – Folgen. Tübingen 2001.
Kämmerer, Jörn Axel: Strategien zur Daseinsvorsorge – Dienste im allgemeinen Interesse nach der „Altmark"-Entscheidung des EuGH. NVwZ 2004, 28ff.
Kämper, Norbert/Heßhaus, Matthias: Beteiligung öffentlicher Unternehmen an Ausschreibungen. NWVBl. 2001, 377ff.
Karnop, Stefan: Der Begriff der „gemeinwirtschaftlichen Verkehrsleistung" nach § 13a PBefG. DVBl. 2004, 160ff.
Karst, Thomas: Die Garantie kommunaler Selbstverwaltung im Spannungsfeld zwischen konservativer Verfassungslehre und faktischen Marktzwängen. DÖV 2002, 809ff.
Kaufmann, Arthur: Rechtsphilosophie zum Mitdenken, 6. Kapitel: Über Sprachlichkeit und Begrifflichkeit des Rechts. Jura 1992, 631ff.
Kaufmann, Marcel: Untersuchungsgrundsatz und Verwaltungsgerichtsbarkeit. Tübingen 2002.
Kazele, Norbert: Interessenkollision und Befangenheit im Verwaltungsrecht. Berlin 1990.
Keller, Jan: Service public und Art. 82 Abs. 2 EGV. Frankfurt a.M., Berlin u.a. 1999
Kempen, Bernhard: Die Formenwahlfreiheit der Verwaltung – Die öffentliche Verwaltung zwischen öffentlichem und privatem Recht. München 1989.

Kirchhof, Paul: Die Aufgabe des Bundesverfassungsgerichts in Zeiten des Umbruchs. NJW 1996, 1497ff.

Kirchhof, Paul: Die Bedeutung der Unbefangenheit für die Verwaltungsentscheidung. VerwArch 66 (1975), 370ff.

Kittler, Matthias: Die öffentliche Hand als Werbeträger im Internet. NJW 2000, 122ff.

Kling, Michael: Die Zulässigkeit vergabefremder Regelungen – Möglichkeiten und Grenzen einer politischen Instrumentalisierung der Vergabe öffentlicher Aufträge. Berlin 2000.

Kluth, Winfried: Eingriff durch Konkurrenz – Zur grundrechtsdogmatischen Verortung kommunaler Teilnahme am wirtschaftlichen Wettbewerb. WiVerw 2000, 184ff.

Knack, Hans Joachim (Begr.): Verwaltungsverfahrensgesetz (VwVfG) Kommentar. 7. Auflage, Köln u.a. 2000.

Knemeyer, Franz-Ludwig: Bayerisches Kommunalrecht. 9. Auflage, Stuttgart u.a. 1996

Knemeyer, Franz-Ludwig: Vom kommunalen Wirtschaftsrecht zum kommunalen Unternehmensrecht – Beispielhafte Fortentwicklung eines überalterten Rechtsbereichs. BayVBl. 1999, 1ff.

Knemeyer, Franz-Ludwig: Zur notwendigen Garantie kommunaler Selbstverwaltung in den neuen Landesverfassungen. LKV 1991, 49ff.

Koch, Hans-Joachim: Gibt es ein Grundrecht auf Mobilität? ZfV 1994, 545ff.

Koehler, Matthias: Die Reform des Gemeindewirtschaftsrechts in Nordrhein-Westfalen – zu Inhalt und Verfassungsmäßigkeit des § 107 GO NW n.F. VerwRdsch 2/2000, 44ff.

Koenig, Christian/Kühling, Jürgen: Diskriminierungsfreiheit, Transparenz und Wettbewerbsoffenheit des Ausschreibungsverfahren – Konvergenz von EG-Beihilfenrecht und Vergaberecht. NVwZ 2003, 779ff.

Koenig, Christian/Kühling, Jürgen: Grundfragen des EG-Beihilfenrechts. NJW 2000, 1065ff.

Koenig, Christian: Daseinsvorsorge durch Wettbewerb! EuZW 2001, 481.

Koenig, Christian: Die öffentlich-rechtliche Verteilungslenkung – Grund und Grenzen einer Deregulierung am Beispiel der Vergabe von Konzessionen, Kontingenten und Genehmigungen zur unternehmerischen Nutzung öffentlich verwalteter Güter. Berlin 1994.

Koenig, Christian/Kühling, Jürgen: EG-beihilfenrechtliche Beurteilung mitgliedsstaatlicher Infrastrukturförderung im Zeichen zunehmender Privatisierung. DÖV 2001, 881ff.

Köhler, Helmut/Piper, Henning: Gesetz gegen den unlauteren Wettbewerb - mit Preisabgabenverordnung – Kommentar. München 2002.

Köhler, Helmut: Das neue kommunale Unternehmensrecht in Bayern. BayVBl. 2000, 1ff.

Köhler-Rott, Renate: Der Untersuchungsgrundsatz im Verwaltungsprozeß und die Mitwirkungslast der Beteiligten. München 1997.

Kommission der Europäischen Gemeinschaft: Mitteilung der Kommission zu Auslegungsfragen im Bereich Konzessionen im Gemeinschaftsrecht v. 12.4.2000, ABl. C 94.

Kommission der Europäischen Gemeinschaften, Mitteilung Leistungen der Daseinsvorsorge, KOM(2000) 580 endg.

Kommission der Europäischen Gemeinschaften: Das Bürgernetz – Wege zur Nutzung des Potentials des öffentlichen Personenverkehrs in Europa – Grünbuch der Europäischen Kommission. KOM(95), 601 v. 29.11.1995.

Kommission der Europäischen Gemeinschaften: Interpretierende Mitteilung der Kommission über das auf das Öffentliche Auftragswesen anwendbare Gemeinschaftsrecht und die Möglichkeiten zur Berücksichtigung von Umweltbelangen bei der Vergabe öffentlicher Aufträge. KOM(2001) 274 endg. v. 4.7.2001.

Kommission der Europäischen Gemeinschaften: Vollendung des Binnenmarktes – Weißbuch der Kommission an den Europäischen Rat. KOM(85) 310endg. v. 146.1985.

Kopp, Ferdinand: Befangenheit öffentlicher Amtsträger gemäß § 20 Abs. 1 Nr. 5 VwVfG bei gleichzeitiger Wahrnehmung eines Aufsichtsratsmandats? WiVerw 1983, 226ff.

Kopp, Ferdinand: Die Ablehnung befangener Amtsträger im Verwaltungsverfahrensrecht. BayVBl. 1994, 109ff.

Kopp, Ferdinand: Die Entscheidung über die Vergabe öffentlicher Aufträge und über den Abschluß öffentlich-rechtlicher Verträge als Verwaltungsakte? BayVBl. 1980, 609ff.

Kopp, Ferdinand: Verfassungsrecht und Verwaltungsverfahrensrecht. München 1971.

Kopp, Ferdinand/Ramsauer, Ulrich: Verwaltungsverfahrensgesetz. 8. Auflage, München 2003.

Kopp, Ferdinand/Schenke, Wolf-Rüdiger: Verwaltungsgerichtsordnung – Kommentar. 13. Auflage, München 2003.

Korbion, Hermann: Vergaberechtsänderungsgesetz – Kommentar. 1. Auflage 1999.

Kösling, Karl-Georg: § 21 VwVfG und der Rechtsschutz der Betroffenen. NVwZ 1994, 455ff.

Kraft, Ernst Thomas: Das Verwaltungsgesellschaftsrecht – Zur Verpflichtung kommunaler Körperschaften, auf ihre Privatrechtsgesellschaften einzuwirken. Frankfurt a.M. 1982.

Kratzenberg, Rüdiger: Die Neufassung der Vergabeverordnung. NZBau 2001, 119ff.

Krebs, Walter: Verträge und Absprachen zwischen der Verwaltung und Privaten. VVDStRL 52 (1992), 248ff.

Krebs, Walter: Zur Problematik des kommunalen Mitwirkungsverbots bei der Aufstellung von Flächennutzungsplänen. VerwArch 71 (1980), 181ff.

Kretschmann, Carline von/Ott, Manfred: Organisation des ÖPNV-Wettbewerbs in Metropolen – Die lokale Nahverkehrsgesellschaft in Frankfurt am Main. Verkehr und Technik 2001, 477ff.

Kroh, Ralph: ÖPNVG Baden-Württemberg – Gesetz über die Planung, Organisation und Gestaltung des öffentlichen Personennahverkehrs – Kommentar. Stuttgart u.a. 1996.

Krölls, Albert: Grundrechtliche Schranken der wirtschaftlichen Betätigung der öffentlichen Hand. GewArch 1992, 281ff.

Kruse, Eberhard: Bemerkungen zur gemeinschaftlichen Verfahrensordnung für die Beihilfenkontrolle. NVwZ 1999, 1049ff.

Kube, Edwin: Besteht ein Mitwirkungsverbot der Gemeinde im Rahmen der Eingriffsverwaltung bei hoheitlich-fiskalischer Interessenkollision? DVBl. 1971, 204ff.

Kübler, Friedrich: Gesellschaftsrecht – Die privatrechtlichen Ordnungsstrukturen und Regelungsprobleme von Verbänden und Unternehmen. 5. Auflage, Heidelberg 1998

Kühling, Jürgen: Verfassungs- und kommunalrechtliche Probleme grenzüberschreitender Wirtschaftsbetätigung der Gemeinden. NJW 2001, 177ff.

Kulartz, Hans Peter: Nachprüfungsverfahren nach neuem Vergaberecht – Voraussetzungen und zeitliche Begrenzung. BauR 1999, 724ff.

Kulartz, Hans Peter: Vergaberecht und Verkehr – Rechtsrahmen für Ausschreibungspflichten. NZBau 2001, 173ff.

Kulartz, Hans Peter/Niebuhr, Frank: Sachlicher Anwendungsbereich und wesentliche Grundsätze des materiellen GWB-Vergaberechts. NZBau 2000, 6ff.

Kunert, Franz-Josef: Staatliche Bedarfsdeckungsgeschäfte und öffentliches Recht. Berlin 1977.

Kunig, Philip: Das Rechtsstaatsprinzip – Überlegungen zu seiner Bedeutung für das Verfassungsrecht der Bundesrepublik Deutschland. Tübingen 1986.

Kunig, Philip: Die Legende vom „weiten“ Begriff des „Rechts der Wirtschaft“ – Wider den leichtfertigen Umgang mit Art. 74 Nr. 11 GG. JR 1986, 491ff.

Lange, Klaus: Die Abgrenzung des öffentlich-rechtlichen Vertrages vom privatrechtlichen Vertrag. NVwZ 1983, 313ff.

Langen, Eugen/Bunte, Hermann-Josef: Kommentar zum deutschen und europäischen Kartellrecht. 9. Auflage, Neuwied 2001. Zitiert: *Bearbeiter*, in *Langen/Bunte*, GWB

Larenz, Karl/Canaris, Claus-Wilhelm: Methodenlehre der Rechtswissenschaft. 3. Auflage, Berlin u.a. 1995.

Laubinger, Hans-Werner: Grundrechtsschutz durch die Gestaltung des Verwaltungsverfahrens. VerwArch 73 (1982), 60ff.

Lecheler, Helmut: Die Bedeutung des öffentlichen Rechts für das Energierecht. NVwZ 1995, 8ff.

Lee, Won-Woo: Privatisierung als Rechtsproblem. Köln 1997.

Lehmann, Carsten/Rodi, Hansjörg: ÖPNV in der Marktwirtschaft – Ein Ordnungsentwurf mit kritischer Würdigung der jüngsten Reform. ZögU 1998, 167ff.

Leimkühler, Ralf: Die überörtliche Betätigung von kommunalen Unternehmen – ein Ausschlußgrund in Vergabeverfahren? VergabeR 2001, 356ff.

Leinemann, Ralf: Anmerkung zu OLG Brandenburg v. 3.8.1999. BauR 1999, 1183f.

Leinemann, Ralf: Die Vergabe öffentlicher Aufträge – VOB/A, VOL/A, VOF, Nachprüfung von Vergabeverfahren, Vergabestrafrecht, Ordnungswidrigkeiten. 2. Auflage, Köln 2001.

Leinemann, Ralf (Hrsg.): Wer darf mitwirken im Vergabeverfahren? VN 2003, 80ff.

Leisner, Walter: „Abwägung überall“ – Gefahr für den Rechtsstaat. NJW 1997, 636ff.

Leisner, Walter: Der Vorrang des Gesellschaftsinteresses bei den Eigengesellschaften der öffentlichen Hand. WiVerw 1983, 212ff.

Leisner, Walter: Grundrechte und Privatrecht. München 1960.

Leisner, Walter: Privatinteressen als öffentliches Interesse. DÖV 1970, 217ff.

Lenz, Carl Otto: EG-Vertrag – Kommentar zu dem Vertrag zur Gründung der Europäischen Gemeinschaften in der durch den Amsterdamer Vertrag geänderten Fassung. 2. Auflage, Köln 1999.

Lerche, Peter: Die Verfassung als Quelle von Optimierungsgeboten? In *Burmeister (Hrsg.)*, Festschrift für Klaus Stern zum 65. Geburtstag – Verfassungsstaatlichkeit. München 1997.

Lindner, Josef Franz: Zur grundrechtsdogmatischen Struktur der Wettbewerbsfreiheit. DÖV 2003, 185ff.

Looschelders, Dirk: Juristische Methodik im Prozess der Rechtsanwendung – Zugleich ein Beitrag zu den verfassungsrechtlichen Grundlagen von Gesetzesauslegung und Rechtsfortbildung. Berlin 1996.

Lorenz, Dieter: Der grundrechtliche Anspruch auf effektiven Rechtsschutz. AöR 105 (1980), 622ff.

Lorenz, Dieter: Grundrechte und Verfahrensordnung. NJW 1977, 865ff.

Löw, Konrad: Fiskalgeltung der Grundrechte? DÖV 1957, 879ff.

Löwer, Wolfgang: Der Staat als Wirtschaftssubjekt und Auftraggeber. VVDStRL 60 (2000), 416ff.

Löwer, Wolfgang: Die Stellung der Kommunen im liberalisierten Strommarkt. NWVBl. 2000, 241ff.

Löwer, Wolfgang: Energieversorgung zwischen Staat, Gemeinde und Wirtschaft. DVBl. 1991, 132ff.

Löwer, Wolfgang: Zum dritten Beratungsgegenstand: „Der Staat als Wirtschaftssubjekt und Auftraggeber. DVBl. 2000, 1757.

Lutter, Marcus/Hommelhoff, Peter: GmbH-Gesetz – Kommentar. 15. Auflage, Köln 2000.

Lutter, Marcus: Treuepflichten und ihre Anwendungsprobleme. ZHR 162 (1998), 164ff.

Lux, Christina: Das neue kommunale Wirtschaftsrecht in Nordrhein-Westfalen. NWVBl. 2000, 7ff.

Maaß, Roland: Der Wettbewerb im örtlichen Personenbeförderungswesen – Möglichkeiten und Notwendigkeiten im Bereich straßengebundener Beförderung. Berlin 1998.

Mackeben, Andreas: Grenzen der Privatisierung der Staatsaufgabe Sicherheit – Eine verfassungsrechtliche Untersuchung zu den nicht entäußerbaren Verantwortungen des grundrechtsgebundenen Rechtsstaats zur Wahrung der Rechte der Bürger. Baden-Baden 2004.

Mallmann, Walter: Schranken nichthoheitlicher Verwaltung. VVDStRL 19 (1961), 165ff.

Malmendier, Bertrand: Vergaberecht, quo vadis? Ausblicke nach der „Alcatel-Entscheidung“ des EuGH und der „Flughafen-Entscheidung“ des OLG Brandenburg. DVBl. 2000, 963ff.

Mangoldt, Hermann von/Klein, Friedrich/Starck, Christian: Das Bonner Grundgesetz – Kommentar. 4. Auflage, München 2000. Zitiert: *Bearbeiter*, in *Magoldt/Klein/-Starck*, GG.

Mangoldt, Hermann von/Klein, Friedrich: Das Bonner Grundgesetz – Kommentar. 3. Auflage, München 1985. Zitiert: *Bearbeiter*, in *Mangoldt/Klein/Starck*, GG (3. Aufl.)

Mann, Thomas: Die „Kommunalunternehmen“ – Rechtsformalternative im kommunalen Wirtschaftsrecht. NVwZ 1996, 557ff.

Mann, Thomas: Öffentliche Unternehmen im Spannungsfeld von öffentlichem Auftrag und Wettbewerb. JZ 2002, 819ff.

Martens, Wolfgang: Immissionsschutzrecht und Polizeirecht. DVBl. 1981, 597ff.
Marx, Manfred: Die Notwendigkeit und Tragweite der Untersuchungsmaxime in den Verwaltungsprozeßgesetzen. Frankfurt a.M. u.a. 1985.
Matthey, Philip: Das Recht der Auftragsvergabe in den Sektoren – unter besonderer Berücksichtigung der deutschen Elektrizitätswirtschaft. Baden-Baden 2001.
Maunz, Theodor/Dürig, Günter: Grundgesetz – Kommentar. Loseblattsammlung, Stand Juni 2002, Ergänzungslieferung 40, München. Zitiert: *Bearbeiter*, in *Maunz/Dürig*, GG.
Maurer, Hartmut: Allgemeines Verwaltungsrecht. 13. Auflage, München 2000.
Maurer, Hartmut: Verfassungsrechtliche Grundlagen der kommunalen Selbstverwaltung. In: *Schoch, Friedrich,* Selbstverwaltung der Kreise in Deutschland, S. 1ff. München 1996.
Mayer, Ingrid Alice: Verpflichtung der Gemeinden zur Bestellung einer Gleichstellungsbeauftragten. NVwZ 1995, 663ff.
Mertens, Hans-Joachim: Kölner Kommentar zum AktG, Band 2, §§ 76-94 AktG. 2. Auflage, München 1996.
Mestmäcker, Ernst-Joachim: Daseinsvorsorge und Universaldienste im europäischen Kontext – Ein Beitrag zur Funktion von Art. 90 Abs. 2 EGV. In: *Ruland, Franz (Hrsg.)*, Festschrift für Hans F. Zacher zum 70. Geburtstag, S. 635. Heidelberg 1998
Mestmäcker, Ernst-Joachim: Staat und Unternehmen im europäischen Gemeinschaftsrecht – Zur Bedeutung von Art. 90 EWGV. RabelsZ 52 (1988), 526ff.
Metz, Reiner: Finanzielles Engagement kommunaler Gebietskörperschaften zugunsten ihrer Nahverkehrsunternehmen und europäisches Beihilferecht. In: *Püttner, Günter (Hrsg.),* ÖPNV in Bewegung – Konzepte, Probleme, Chancen, S. 53ff. Baden-Baden 2000.
Metz, Reiner: Finanzierung und Förderung der Betriebskosten des ÖPNV. In: Kolks, Wilhelm (Hrsg.), Verkehrswesen in der kommunalen Praxis, Band 2 Förderung und Finanzierung, S. 322ff. Berlin 1998.
Metz, Reiner: Mehr Effizienz durch Verstaatlichung des ÖPNV? ZögU 2001, 478ff.
Meyer, Dirk: Hoffnung auf mehr Wettbewerb im ÖPNV – Stellungnahme zum Verordnungsentwurf zur Reform der VO (EWG) 1191/9 der EU-Kommission (Stand 26. Juli 2000). ZögU 2001, 53ff.
Meyer, Hubert: Mitwirkungsverbote durch politisches Engagement und Sachkunde? LKV 2003, 118ff.
Meyer, Hubert: Nichtwirtschaftliche Betätigung der Kommunen: Ein Spiel ohne Grenzen? LKV 2000, 321ff.
Meyer, Hubert: Wettbewerbsrecht und wirtschaftliche Betätigung der Kommunen. NVwZ 2002, 1075ff.
Meyer, Klaus J.: Daseinsvorsorgeleistungen im Personenverkehr – Das Europäische Gesetzgebungsverfahren zur neuen Marktordnung. Verkehr und Technik 2001, 433ff.
Meyer, Susanne: Die Ausschreibungspflicht im gemeinwirtschaftlichen Linienverkehr und ihre Auswirkungen auf den Bestand der Genehmigung. DVBl. 1999, 1409ff.
Mietzsch, Oliver: Der ÖPNV im Spannungsfeld von Liberalisierung und Gemeinwohlverpflichtung. Verkehr und Technik 2001, 529ff.

Mietzsch, Oliver: Marktöffnung im ÖPNV: Der Verordnungsvorschlag der Europäischen Kommission und die Änderungsvorschläge des Europäischen Parlaments aus kommunaler Sicht. ZG 2002, 59ff.

Molitor, Roland: Der Unmittelbarkeitsbegriff in der kommunalen Befangenheitsvorschrift und der Ausschluß bei der Flächennutzungsplanung. JA 1992, 303ff.

Möller, Berenice: Die rechtliche Stellung und Funktion des Aufsichtsrats in öffentlichen Unternehmen der Kommunen. Berlin 1999.

Moraing, Markus/Püttner, Günter: Entwicklungen im Gemeindewirtschaftsrecht In: *Püttner, Günter (Hrsg.)*, ÖPNV in Bewegung – Konzepte, Probleme, Chancen, S. 45ff. Baden-Baden 2000.

Moraing, Markus: Kommunales Wirtschaftsrecht vor dem Hintergrund der Liberalisierung der Märkte. WiVerw 1998, 233ff.

Möstl, Markus: Grundrechtsbindung öffentlicher Wirtschaftstätigkeit – insbesondere die Bindung der Nachfolgeunternehmen der Deutschen Bundespost an Art. 10 GG nach der Postreform II. München 1999.

Motzke, Gerd/Pietzcker, Jost/Prieß, Hans-Joachim: Verdingungsordnung für Bauleistungen Teil A mit Gesetz gegen Wettbewerbsbeschränkungen 4. Teil: Vergabe öffentlicher Aufträge. München 2001. Zitiert: *Bearbeiter*, in *Motzke/Pietzcker/Prieß*, VOB/A.

Müller, Nikolaus: Rechtsformenwahl bei der Erfüllung öffentlicher Aufgaben (Institutional Choice). Augsburg 1992.

Müller-Serten, Annete: Gemeindewirtschafts- und Vergaberecht. NZBau 2000, 120ff.

Müller-Wrede, Malte: Anmerkung zu EuGH v. 12.7.2001, abgedruckt in VergabeR 2001, 380ff. VergabeR 2001, 390ff.

Müller-Wrede, Malte: Verdingungsordnung für freiberufliche Leistungen (VOF) - Kommentar zur Auftragsvergabe und zum Rechtsschutzverfahren. Düsseldorf 1999. Zitiert: *Bearbeiter*, in *Müller-Wrede,* VOF.

Müller-Wrede, Malte: Verdingungsordnung für Leistungen VOL/A – Kommentar. Köln 2001. Zitiert: *Bearbeiter*, in *Müller-Wrede*, VOL/A.

Müller-Wrede, Malte/Kaelble, Hendrik: Primärrechtsschutz, Vorabinformation und die Rechtsfolgen einer De-facto-Vergabe. VergabeR 2002, 1ff.

Münch, Ingo von (Begr.)/Kunig, Philip (Hrsg.): Grundgesetz – Kommentar. 5. Auflage, München 2000. Zitiert: *Bearbeiter*, in *v. Münch/Kunig*, GG.

Murswiek, Dietrich: Der Umfang der verfassungsrechtlichen Kontrolle staatlicher Öffentlichkeitsarbeit – Zum „Grundsatz des judicial slef restraint“. DÖV 1982, 529ff.

Muthesius, Thomas: Das deutsche Genehmigungsrecht für den straßengebundenen Nahverkehr im Lichte der Bestimmungen des Vertrages zur Gründung der Europäischen Gemeinschaft (EGV). In: *Püttner, Günter (Hrsg.),* ÖPNV in Bewegung – Konzepte, Probleme, Chancen, S. 71ff. Baden-Baden 2000.

Muthesius, Thomas: Der Einfluss des europäischen Rechts auf den öffentlichen Personennahverkehr. In: *Brede, Helmut (Hrsg.)*, Wettbewerb in Europa und die Erfüllung öffentlicher Aufgaben, S. 119ff. Baden-Baden 2000/2001

Muthesius, Thomas: Die gesetzlichen Regelungen für den regionalisierten Nahverkehr: Ein Überblick. In: *Püttner, Günter (Hrsg.)*, Der regionalisierte Nahverkehr, S. 71ff. 1. Auflage, Baden-Baden 1997.

Muthesius, Thomas: Ein verbesserter Vorschlag? Der Nahverkehr 3/2002, 6.

Muthesius, Thomas: Getrennte Märkte im Nahverkehr? Der Nahverkehr 4/2001, 6f.

Muthesius, Thomas: Zukünftiger Ordnungsrahmen für den allgemeinen öffentlichen Personennahverkehr in Deutschland. In: *Püttner, Günter (Hrsg.)*, ÖPNV in Bewegung – Konzepte, Probleme, Chancen, S. 13ff. Baden-Baden 2000.

Mutius, Albert von: Der Mühlheim-Kärlich-Beschluß des BVerfG: Grundrechtsschutz durch Verfahren. Jura 1984, 529ff.

Mutius, Albert von: Grundfälle zum Kommunalrecht. JuS 1979, 37ff.

Mutius, Albert von: Grundrechtsschutz contra Verwaltungseffizienz im Verwaltungsverfahren? NJW 1982, 2150ff.

Mutius, Albert von: Örtliche Aufgabenerfüllung – Traditionelles, funktionales oder neues Selbstverwaltungsverständnis? In: *v. Mutius (Hrsg.)*, Festgabe zum 70. Geburtstag von Georg Christoph von Unruh – Selbstverwaltung im Staat der Industriegesellschaft, S. 227. Heidelberg 1983.

Mutius, Albert von: Voraussetzungen und Rechtsfolgen der Interessenkollision bei Mitwirkung an Entscheidungen im Bereich der kommunalen Bauleitplanung. VerwArch 65 (1974), 429ff.

Mutius, Albert von/Rentsch, Harald: Kommunalverfassungsrecht Schleswig-Holstein – Kommentar. 5. Auflage, Kiel 1998.

Nagel, Bernhard: Gemeindeordnung als Hürde? Zur Reichweite der Betätigung von kommunalen Unternehmen nach § 107 der Nordrhein-Westfälischen Gemeindeordnung vor dem Hintergrund des Europäischen Gemeinschaftsrechts und des Grundgesetzes. Baden-Baden 1999.

Nebendahl, Mathias: Inkompatibilität zwischen Ministeramt und Aufsichtsratsmandat. DÖV 1988, 961ff.

Nesemeier, Christof: Organisatorische Effizienzsteigerung im öffentlichen Personennahverkehr auf Basis eines internationalen Benchmarking. St. Gallen 1996.

Neßler, Volker: Politische Auftragsvergabe durch den Staat? Zur europarechtlichen Zulässigkeit politischer Vergabekriterien bei der öffentlichen Auftragsvergabe. DÖV 2000, 145ff.

Neßler, Volker: Der Neutralitätsgrundsatz im Vergaberecht. NVwZ 1999, 1081ff.

Nettesheim, Martin: Europäische Beihilfenaufsicht und mitgliedstaatliche Daseinsvorsorge. EWS 2002, 253ff.

Nettesheim, Martin: Mitgliedstaatliche Daseinsvorsorge im Spannungsfeld zwischen Wettbewerbskonformität und Gemeinwohlverantwortung. In *Hrbek, Rdolf/Nettesheim, Martin (Hrsg.)*, Europäische Union und mitgliedstaatliche Daseinsvorsorge, S. 39ff. Baden-Baden 2002.

Niebaum, Frank: Zur Frauenbeauftragten-Entscheidung des Niedersächsischen Staatsgerichtshofs. DÖV 1996, 900ff.

Niebuhr, Frank: Die Wettbewerbsteilnahme gemischtwirtschaftlicher Unternehmen im Spannungsfeld der Grundrechte. Köln 1993.

Niebuhr, Frank/Kulartz, Hans-Peter/Kus, Alexander/Portz, Norbert: Kommentar zum Vergaberecht – 4. Teil des GWB, Vergabeverfahren, Nachprüfungsverfahren und Schadensersatz. Neuwied 2000. Zitiert: *Bearbeiter*, in *Niebuhr/Kulart/Kus/Portz*, VergabeR.

Nierhaus, Michael: Bestimmtheitsgebot und Delegationsvorbehalt des Art. 80 Abs. 1 Satz 2 GG und der Gesetzesvorbehalt der Wesentlichkeitstheorie. In: *Burmeister,*

Joachim (Hrsg.), Festschrift für Klaus Stern zum 65. Geburtstag, S. 717ff. München 1997.
Noch, Rainer: Vergaberecht kompakt – Verfahrensablauf und Entscheidungspraxis. 2. Auflage, Düsseldorf 2002.

Obermayer, Klaus (Begr.)/ Fritz, Roland (Hrsg.): Kommentar zum Verwaltungsverfahrensgesetz. 3. Auflage, Neuwied 1999. Zitiert: *Bearbeiter*, in *Obermayer*, VwVfG.
Oellers, Friedrich-Wilhelm/Mietzsch, Oliver: Die Rolle der Aufgabenträger im liberalisierten ÖPNV-Markt – Folgen des neuen EU-Rechtsrahmens. Der Städtetag 4/2001, 30ff.
Ohne Verf.: Wettbewerb soll die Angebotsqualität für ÖPNV-Nutzer verbessern. Bus & Bahn 1/2002, 8.
Ossenbühl, Fritz: Abwägung im Verfassungsrecht. DVBl. 1995, 904ff.
Ossenbühl, Fritz: Daseinsvorsorge und Verwaltungsprivatrecht. DÖV 1971, 513ff.
Ossenbühl, Fritz: Die Erfüllung von Verwaltungsaufgaben durch Private. VVDStRL 29 (1971), 137ff.
Ossenbühl, Fritz: Die Handlungsformen der Verwaltung. JuS 1979, 681ff.
Ossenbühl, Fritz: Gesetz und Verordnung im gegenwärtigen Rechtsstaat. ZG 1997, 305ff.
Ossenbühl, Fritz: Grundrechtsschutz im und durch das Verfahrensrecht. In: *Müller, Georg/Rhinow, René A./Schmid, Gerhard/Wildhaber, Luzius (Hrsg.)*, Festschrift für Kurt Eichenberger zum 60. Geburtstag – Staatsorganisation und Staatsfunktion im Wandel, S. 183ff. Basel – Frankfurt a.M. 1982.
Ossenbühl, Fritz: Kernenergie im Spiegel des Verfassungsrechts. DÖV 1981, 1ff.
Ossenbühl, Fritz: Rechtliche Aspekte der Elektrizitätsversorgung in den neuen Bundesländern. DÖV 1992, 1ff.
Ossenbühl, Fritz: Verwaltungsverfahren zwischen Verwaltungseffizienz und Rechtsschutzauftrag. NVwZ 1982, 465ff.
Osterloh, Lerke: Privatisierung von Verwaltungsaufgaben. VVDStRL 54 (1995), 204ff.
Otting, Olaf: Chancengleichheit, Transparenz und Neutralitätsgebot im Vergaberecht. NJW 2000, 484ff.
Otting, Olaf: Die Aktualisierung öffentlich-rechtlicher Schranken kommunalwirtschaftlicher Betätigung durch das Wettbewerbsrecht. DÖV 1999, 549ff.
Otting, Olaf: Die neue Vergabeverordnung. NVwZ 2001, 775ff.
Otting, Olaf: Einführung in das Recht der öffentlichen Auftragsvergabe. JA 1998, 505ff.
Otting, Olaf: Öffentlicher Zweck, Finanzhoheit und fairer Wettbewerb – Spielräume kommunaler Erwerbswirtschaft. DVBl. 1997, 1258ff.

Pache, Eckhart: Der Staat als Kunde – System und Defizite des neuen deutschen Vergaberechts. DVBl. 2001, 1781ff.
Pagenkopf, Martin: Einige Betrachtungen zu den Grenzen für privatwirtschaftliche Betätigung der Gemeinden – Grenzen für Grenzenzieher? GewArch 2000, 177ff.
Pakeerut, Worachet: Die Entwicklung der Dogmatik des verwaltungsrechtlichen Vertrages. Berlin 2000.
Palandt, Otto: Bürgerliches Gesetzbuch – Kommentar. 61. Auflage, München 2002. Zitiert: *Bearbeiter*, in *Palandt*, BGB.

Papier, Hans-Jürgen: Art. 12 GG – Freiheit des Berufs und Grundrecht auf Arbeit. DVBl. 1984, 801ff.

Papier, Hans-Jürgen: Kommunale Daseinsvorsorge im Spannungsfeld zwischen nationalem Recht und Gemeinschaftsrecht. DVBl. 2003, 686ff.

Pegatzky, Claus: Parlament und Verordnungsgeber – Rechtsverordnungen im Spannungsfeld zwischen kompetenzrechtlicher Zuweisung und materieller Funktionenordnung. Baden-Baden 1999.

Pernice, Ingolf/Kadelbach, Stefan: Verfahren und Sanktion im Wirtschaftsverwaltungsrecht. DVBl. 1996, 1100ff.

Pestalozza, Christian: „Formenmißbrauch" des Staates – Zu Figur und Folgen des „Rechtsmißbrauchs" und ihrer Anwendung auf staatliches Verhalten. München 1973

Pestalozza, Christian: Kollisionsrechtliche Aspekte der Unterscheidung von öffentlichem Recht und Privatrecht. DÖV 1974, 188ff.

Peters, Hans: Öffentliche und staatliche Aufgaben. In: *Dietz, Rolf/Hübner, Heinz (Hrsg.)*, Festschrift für Carl Heinz Nipperdey zum 70. Geburtstag 21. Januar 1965 – Band 2, S. 877ff. München 1965.

Piduch, Erwin Adolf: Bundeshaushaltsrecht Kommentar. Stuttgart 1981.

Pielow, Johann Christian: Grundstrukturen öffentlicher Versorgung – Vorgaben des europäischen Gemeinschaftsrechts sowie des französischen und des deutschen Rechts unter besonderer Berücksichtigung der Elektrizitätswirtschaft. Tübingen 2001.

Pielow, Johann-Christian: Gemeindewirtschaft im Gegenwind? Zu den rechtlichen Grenzen kommunaler Wettbewerbsteilnahme am Beispiel Telekommunikation. NWVBl. 1999, 369ff.

Pieper, Stefan Ulrich: Keine Flucht ins öffentliche Recht – Die Vergabe öffentlicher Aufträge durch öffentlich-rechtlichen Vertrag. DVBl. 2000, 160ff.

Pieroth, Bodo/Hartmann, Bernd J.: Grundrechtsschutz gegen wirtschaftliche Betätigung der öffentlichen Hand. DVBl. 2002, 421ff.

Pieroth, Bodo/Schlink, Bernhard: Grundrechte – Staatsrecht II. 18. Auflage, Heidelberg 2002.

Pietzcker, Jost: Änderungen des Rechtsschutzes bei der Auftragsvergabe. In: *Bender, Bernd/Breuer, Rüdiger/Ossenbühl, Fritz/Sendler, Horst (Hrsg.)*, Rechtsstaat zwischen Sozialgeltung und Rechtsschutz – Festschrift für Konrad Redeker zum 70. Geburtstag, S. 501ff. München 1993.

Pietzcker, Jost: Der Staatsauftrag als Instrument des Verwaltungshandelns – Recht und Praxis der Beschaffungsverträge in den Vereinigten Staaten von Amerika und der Bundesrepublik Deutschland. Tübingen 1978.

Pietzcker, Jost: Die neue Gestalt des Vergaberechts. ZHR 162 (1998), 427ff.

Pietzcker, Jost: *Die* Zweiteilung des Vergaberechts. 1. Auflage, Baden-Baden 2001.

Pietzcker, Jost: Rechtsbindung der Vergabe öffentlicher Aufträge. AöR 107 (1982), 61ff.

Pietzcker, Jost: Rechtsschutz bei der Vergabe öffentlicher Aufträge. NVwZ 1983, 121ff.

Pöcker, Markus: Das Verfahrensrecht wirtschaftsverwaltungsrechtlicher Verteilungsentscheidungen – Der einheitliche Verwaltungsakt. DÖV 2003, 193ff.

Poschmann, Thomas: Grundrechtsschutz gemischt-wirtschaftlicher Unternehmen – Ein Beitrag zur Bestimmung des personalen Geltungsbereichs der Grundrechte unter besonderer Berücksichtigung der Privatisierung öffentlicher Aufgaben. Regensburg 2000.

Potthast, Walter: Überörtliche Betätigung der Kommunen im Bereich der Abfallentsorgung. NZBau 2000, 181ff.

Prieß, Hans-Joachim: Ausschreibungspflicht für Verkehrsverträge im Schienenpersonennahverkehr? NZBau 2002, 539ff.

Priewasser, Reinhold: Wahl umweltverträglicher Verkehrsmittel – Eine verhaltenswissenschaftliche Analyse am Beispiel des Berufsverkehrs. ZAU 1997, 342ff.

Puhl, Thomas: Der Staat als Wirtschaftssubjekt und Auftraggeber. VVDStRL 60 (2001), 456ff.

Pünder,Hermann: Die Vergabe öffentlicher Aufträge unter den Vorgaben des europäischen Beihilferechts. NZBau 2003, 530ff.

Püttner, Günter: Das grundlegende Konzept der Daseinsvorsorge. Kommunale Daseinsvorsorge – Begriff, Geschichte, Inhalte. In *Hrbek, Rudolf/Nettesheim, Martin (Hrsg.)*, Europäische Union und mitgliedstaatliche Daseinsvorsorge, S. 32ff. Baden-Baden 2002.

Püttner, Günter: Die Einwirkungspflicht – Zur Problematik öffentlicher Einrichtungen in Privatrechtsform. DVBl. 1975, 353ff.

Püttner, Günter: Die öffentlichen Unternehmen – Ein Handbuch zu Verfassungs- und Rechtsfragen der öffentlichen Wirtschaft. 2. Auflage, Stuttgart u.a. 1985.

Püttner, Günter: Die Vertretung der Gemeinden in wirtschaftlichen Unternehmen – Zum Verhältnis von Kommunalrecht und Gesellschaftsrecht. DVBl. 1986, 748ff.

Püttner, Günter: Neue Regelungen für öffentliche Unternehmen? DÖV 2002, 731ff.

Püttner, Günter: Öffentliches und privates Recht. In: *Geis, Max-Emanuel/Lorenz, Dieter (Hrsg.)*, Festschrift für Hartmut Maurer zum 70. Geburtstag, S. 713. München 2001.

Püttner, Günter: Die Zukunft öffentlicher Unternehmen im europäischen Binnenmarkt. ZÖR 2001, 227ff.

Quilisch, Tobias/Fietz, Eike H.: Die Voreingenommenheit bei der Vergabe öffentlicher Aufträge. NZBau 2001, 540ff.

Raabe, Marius: Grundrechte und Erkenntnis – Der Einschätzungsspielraum des Gesetzgebers. Baden-Baden 1998.

Rahlf, Nils: Das Problem der sog. Doppelmandate – Zur Entscheidung des OLG Brandenburg „Flughafen Berlin". WuW 2000, 258ff.

Raiser, Thomas/Veil, Rüdiger: Recht der Kapitalgesellschaften - Ein Handbuch für Praxis und Wissenschaft. 3. Auflage, München 2001.

Ratzenberger, Ralf/Arnold-Rothmaier, Hildegard: Finanzleistungen für den ÖPNV im Jahr 1993. München 1996.

Rauschning, Dietrich: Anmerkung zu BVerfG v. 20.12.1979 – 1 BvR 385/77, in Leitsätzen abgedruckt in DVBl.1980, 831. DVBl. 1980, 831f.

Recker, Engelbert: Nahverkehrspläne stärken – Landkreise fordern Änderungen der Rechtsgrundlagen für den ÖPNV. Der Nahverkehr 7-8/2000, 16ff.

Redeker, Konrad: Grundgesetzliche Rechte auf Verfahrensteilhabe – Bemerkungen zu einem status activus processualis. NJW 1980, 1593ff.

Reichert, Bernd/Baumann, Roland: Kommunalrecht. 2. Auflage, Baden-Baden 2000.

Reidt, Olaf: Das Verhältnis von Zuschlag und Auftrag im Vergaberecht – Gemeinschafts- oder verfassungsrechtlich bedenklich? BauR 2000, 22ff.

Reidt, Olaf/Stickler, Thomas/Glahs, Heike: Vergaberecht Kommentar. Köln 2000.

Reinhardt, Michael: Die Umkehr der Beweislast aus verfassungsrechtlicher Sicht. NJW 1994, 93f.

Renck, Ludwig: Über die Unterscheidung zwischen öffentlichem und privatem Recht. JuS 1986, 268ff.

Rengeling, Hans-Werner: Rechtsetzung der Europäischen Gemeinschaft und Kommunen. ZG 1994, 277ff.

Rennert, Klaus: Der Selbstverwaltungsgedanke im kommunalen Wirtschaftsrecht. JZ 2003, 385ff.

Retzko, Hans Georg: Anspruch und Wirklichkeit des städteverträglichen Verkehrs. Internationales Verkehrswesen 1997, 12ff.

Riese, Christoph: Vergaberecht – Grundlagen-Verfahren-Rechtsschutz. Heidelberg – New York 1998.

Rittner, Fritz: Das öffentliche Auftragswesen im Spannungsfeld zwischen Gemeinschaftsrecht und nationalem Recht. EuR – Beiheft1 - 1996, 7ff.

Rittner, Fritz: Die werdende juristische Person – Untersuchungen zum Gesellschafts- und Unternehmensrecht. Tübingen 1973.

Rittner, Fritz: Die „sozialen" Belange i.S. der EG-Kommission und das inländische Vergaberecht. EuZW 1999, 677f.

Rittner, Fritz: Öffentliches Auftragswesen und Privatrecht. ZHR 152 (1988), 318ff.

Röhl, Hans Christian: Verwaltung und Privatrecht – Verwaltungsprivatrecht? VerwArch 1995, 531ff.

Ronellenfitsch, Michael: Der ÖPNV im europäischen Binnenmarkt – 1. Teil. VerwArch 2001, 131ff.

Ronellenfitsch, Michael: Der ÖPNV im europäischen Binnenmarkt – 2. Teil. VerwArch 2001, 293ff.

Ronellenfitsch, Michael: Der Verkehrssektor als Bereich der öffentlichen Daseinsvorsorge in Deutschland. In *Hrbek, Rudolf/Nettesheim, Martin (Hrsg.),* Europäische Union und mitgliedstaatliche Daseinsvorsorge, S. 89ff. Baden-Baden 2002.

Ronellenfitsch, Michael: Die Verkehrsmobilität als Grund- und Menschenrecht – Betrachtungen zur „zirkulären" Mobilität in der Europäischen Union. JÖR 44 (1996), 167ff.

Ronellenfitsch, Michael: Mobilität – Vom Grundbedürfnis zum Grundrecht? DAR 1992, 321ff.

Ronellenfitsch, Michael: Staat und Markt: Rechtliche Grenzen einer Privatisierung kommunaler Aufgaben. DÖV 1999, 705ff.

Ronellenfitsch, Michael: Verfassungs- und verwaltungsrechtliche Vorbemerkungen zur Mobilität mit dem Auto. DAR 1994, 7ff.

Röper, Erich: Befangenheit von Bediensteten öffentlicher Gesellschaften als Gemeinderat. DÖV 1977, 166ff.

Röper, Erich: Kommunale Befangenheit von Aufsichtsratsmitgliedern. MDR 1984, 632ff.

Roth, Frank: Von der Direktvergabe zur Ausschreibung öffentlicher Verkehrsleistungen. NVwZ 2001, 616ff.

Ruffert, Matthias: Grundlagen und Maßstäbe einer wirkungsvollen Aufsicht über die kommunale wirtschaftliche Betätigung. VerwArch 2001, 27ff.

Ruffert, Matthias: Kommunalwirtschaft und Landes-Wirtschaftsverfassung. NVwZ 2000, 763ff.
Rüger, Siegfried: Öffentlicher Personennahverkehr – Stand, Probleme und Lösungswege. Verkehr und Technik 2000, 123ff.
Runge, Martin: Zu Ordnungsrahmen und Finanzierung des ÖPNV auf der Straße – Plädoyer für mehr Wettbewerb und Transparenz. ZögU 2001, 223ff.
Rust, Ursula: GWB-Vergaberecht und soziale Standards. EuZW 1999, 453ff.
Rüthers, Bernd: Rechtstheorie – Begriff, Geltung und Anwendung des Rechts. München 1999.

Sachs, Michael: Grundgesetz – Kommentar. 2. Auflage, München 1999.
Sachs, Michael: Grundrechtsbegrenzung außerhalb von Gesetzesvorbehalten. JuS 1995, 984ff.
Säcker, Franz Jürgen (Red.): Münchener Kommentar zum Bürgerlichen Gesetzbuch, Band 1 Allgemeiner Teil. 2. Auflage, München 1984.
Säcker, Franz Jürgen: Behördenvertreter im Aufsichtsrat. In: *Eyrich, Heinz/Odersky, Walter/Säcker, Franz Jürgen (Hrsg.),* Festschrift für Kurt Rebmann zum 65. Geburtstag, S. 781. München 1989.
Schabel, Thomas: Anmerkung zu EuGH v. 7.12.2000, Rs. C-94/99 – ARGE Gewässerschutz. VergabeR 2001, 28ff.
Schäfer, Alexander: Öffentliche Belange im Auftragswesen und Europarecht. Berlin 2003.
Schaffarzik, Bert: Das Gebot der Gleichberechtigung im Spannungsfeld staatlicher Organisationsgewalt und kommunaler Organisationshoheit. DÖV 1996, 152ff.
Schaffkamp, Christoph/Bayer, Dieter: Vergabe von Dienstleistungsaufträgen im ÖPNV nach PBefG und AEG. WiVerw 2001, 148ff.
Schaller, Hans: Verdingungsordnung für Leistungen (VOL) Teile A und B. 2. Auflage, München 2002.
Scheder, Thomas: Das bayerische ÖPNV-Gesetz – Hintergrund, Motive und Inhalte. In: *Kormann, Joachim (Hrsg.),* Kommunen und Verkehrswegeplanung – Selbstverwaltung als Chance und Last, S. 9ff. München 1993.
Scheele, Ulrich/Sterzel, Dieter: Öffentlicher Personennahverkehr zwischen Gemeinwohlinteressen und Markt – Die ökonomischen und rechtlichen Rahmenbedingungen einer kommunalen Daseinsvorsorgeaufgabe im Wandel. Baden-Baden 2000.
Schefold, Dian: Anspruch auf Subvention wegen Subventionierung der Konkurrenz? Ein Lehrstück. In: *Heldrich, Andreas/Schlechtriem, Peter/Schmidt, Eike (Hrsg.),* Festschrift für Helmut Heinrichs zum 70. Geburtstag – Recht im Spannungsfeld von Theorie und Praxis, S. 487ff. München 1998.
Schefold, Dian: BVerfG und kommunalwirtschaftliche Inkompatibilität – BVerfGE 48, 64. JuS 1980, 493ff.
Schefold, Dian: Die wirtschaftlichen Unternehmen der Gemeinden in der Bundesrepublik Deutschland (II). VOP 1985, 101ff.
Schefold, Dian: Die wirtschaftlichen Unternehmen der Gemeinden in der Bundesrepublik Deutschland (I). VOP 1985, 28ff.
Schefold, Dian: Kommunalwirtschaftliche Inkompatibilität – Inwieweit dürfen sich Ratsmitglieder in kommunalen Eigen- oder Beteiligungsgesellschaften betätigen? Stuttgart u.a. 1977.

Schefold, Dian: Privatisierung in der Kommunalverwaltung. BDVR-Rundschreiben 2/2004, 89ff.
Scheidemann, Dieter: Der Begriff der Daseinsvorsorge – Ursprung, Funktion und Wandlung der Konzeption Ernst Forsthoffs. Göttingen 1991.
Scherzberg, Arno: Wertkonflikte vor dem Bundesverfassungsgericht – zur Bewältigung politisch-moralischer Streitfragen im Verfassungsprozeß. DVBl. 1999, 356ff.
Scheuing, Dieter H.: Der Amtskonflikt als Ausschlußgrund im Verwaltungsverfahrensrecht. NVwZ 1982, 487ff.
Scheuner, Ulrich: Die Funktion der Grundrechte im Sozialstaat – Die Grundrechte als Richtlinien und Rahmen der Staatstätigkeit. DÖV 1971, 505ff.
Schiefer, Martin/Riedlsperger, Gunther: Die Vergabe von Versicherungsleistungen. RPA 2002, 19ff.
Schink, Alexander: Befangenheit von Rats- und Ausschußmitgliedern – Geltendes nordrhein-westfälisches Recht und Novellierungsvorschläge. NWVBl. 1989, 108ff.
Schink, Alexander: Kommunale Selbstverwaltung im kreisangehörigen Raum – Verfassungsrechtliche Determinanten für die Zuständigkeitsdisposition zwischen Kreisen und kreisangehörigen Gemeinden. VerwArch 81 (1990), 385ff.
Schink, Alexander: Wirtschaftliche Betätigung kommunaler Unternehmen. NVwZ 2002, 129ff.
Schlette, Volker: Die Verwaltung als Vertragspartner – Empirie und Dogmatik verwaltungsrechtlicher Vereinbarungen zwischen Behörde und Bürger. Tübingen 2000.
Schliesky, Utz: Öffentliches Wettbewerbsrecht – Verhaltensrechtliche Determinanten von wirtschaftsbezogenem Staatshandeln. Berlin 1997.
Schliesky, Utz: Über Notwendigkeit und Gestalt eines Öffentlichen Wettbewerbsrechts. DVBl. 1999, 78ff.
Schmahl, Stefanie: Umfang und Grenzen wirtschaftlicher Betätigung von Gemeinden in Brandenburg. LKV 2000, 47ff.
Schmalz, Dieter: Methodenlehre für das juristische Studium. 4. Auflage, Baden-Baden 1998.
Schmidt, Karsten: Gesellschaftsrecht. 3. Auflage, München 1997.
Schmidt, Karsten: Handelsrecht. 5. Auflage, München 1999.
Schmidt, Reiner: Die verfassungsrechtliche Grenze der wirtschaftlichen Betätigung der deutschen Postbank. WM 1992, 1ff.
Schmidt, Reiner: Privatisierung und Gemeinschaftsrecht. Die Verwaltung 1995, 281ff.
Schmidt-Aßmann, Eberhard: Die Rechtsverordnung in ihrem Verhältnis zu Gesetz und Verwaltungsvorschriften. In: *Kirchhof/Lehner/Raupach/Rodi (Hrsg.)*, Festschrift für Klaus Vogel zum 70. Geburtstag – Staaten und Steuern, S. 477. Heidelberg 2000.
Schmidt-Aßmann, Eberhard: Perspektiven der Selbstverwaltung der Landkreise. In: *Schoch, Friedrich*, Selbstverwaltung der Kreise in Deutschland, S. 175ff. München 1996.
Schmidt-Aßmann (Hrsg.): Besonderes Verwaltungsrecht. 11. Auflage, Berlin - New York 1999. Zitiert: *Bearbeiter*, in *Schmidt-Aßmann*, Bes. VwR.
Schmidt-Aßmann, Eberhard/Röhl, Hans Chr.: Grundpositionen des neuen Eisenbahnverfassungsrechts (Art. 87e GG). DÖV 1994, 577ff.
Schmidt-Aßmann, Eberhard/Ulmer, Peter: Die Berichterstattung von Aufsichtsratsmitgliedern nach § 394 AktG – Eine aktien- und kommunalrechtliche Untersuchung ih-

rer Voraussetzungen und Schranken unter besonderer Berücksichtigung des nordrhein-westfälischen Gemeinderechts. BB 1988, Teil. 13, S. 13ff.
Schmidt-Bleibtreu, Bruno/Klein, Franz: Kommentar zum Grundgesetz. 9. Auflage, Neuwied 1999.
Schmidt-Jortzig, Edzard: Gemeinde- und Kreisaufgaben – Funktionsordnung des Kommunalbereichs nach „Rastede". DÖV 1993, 973ff.
Schmidt-Jortzig, Edzard: Kommunale Organisationshoheit – Staatliche Organisationsgewalt und körperschaftliche Selbstverwaltung. Göttingen 1979.
Schmitges-Thees, Karin: Die öffentliche Auftragsvergabe als Instrument des Umweltschutzes. Aachen 2001.
Schnapp, Friedrich: Die Grundrechtsbindung der Staatsgewalt. JuS 1989, 1ff.
Schneider, Jens-Peter: Der Staat als Wirtschaftssubjekt und Steuerungsakteur. DVBl. 2000, 1250ff.
Schneider, Jens-Peter/Theobald, Christian: Handbuch zum Recht der Energiewirtschaft – Die Grundsätze der neuen Rechtslage. München 2003. Zitiert: Bearbeiter, in *Schneider/Theobald,* HdB Recht der Energiewirtschaft.
Schoch, Friedrich: Der Gleichheitssatz. DVBl. 1988, 863ff.
Schoch, Friedrich: Aufgaben und Funktionen der Landkreise – Funktionsgefährdungen im kreisangehörigen Raum und Aufgabenverlust in der Region. In: *Schoch, Friedrich,* Selbstverwaltung der Kreise in Deutschland, S. 25ff. München 1996.
Scholz, Franz: Kommentar zum GmbH-Gesetz, I. Band, §§ 1-44. 9. Auflage, Köln 2000.
Scholz, Ruppert: Neue Entwicklungen im Gemeindewirtschaftsrecht – Strukturfragen und Verfassungskritik. DÖV 1976, 44ff.
Schön, Wolfgang: Der Einfluß öffentlich-rechtlicher Zielsetzungen auf das Statut privatrechtlicher Eigengesellschaften der öffentlichen Hand – Gesellschaftsrechtliche Analyse. ZGR 1996, 429ff.
Schromek, Klaus-Dieter: Die Mitwirkungspflichten der am Verwaltungsverfahren Beteiligten – Eine Grenze des Untersuchungsgrundsatzes? Frankfurt a.M. 1989.
Schulte, Martin: Ausnahmen vom neuen Vergaberecht durch öffentlich-rechtliche Verträge? Eine Darstellung am Beispiel des Rettungswesens. NZBau 2000, 272ff.
Schulte, Martin: Informales Verwaltungshandeln als Mittel staatlicher Umwelt- und Gesundheitspflege. DVBl. 1988, 512ff.
Schulz, Norbert: Neue Entwicklungen im kommunalen Wirtschaftsrecht in Bayern (Teil 2). BayVBl. 1996, 129ff.
Schulz, Norbert: Neue Entwicklungen im kommunalen Wirtschaftsrecht in Bayern (Teil 1). BayVBl. 1996, 97f.
Schumacher, Friedrich Arndt: Rechtsschutz im öffentlichen Auftragswesen – Rechtsschutz bei der Vergabe öffentlicher Aufträge nach europäischem Gemeinschaftsrecht und dem deutschen Recht. Regensburg 1998.
Schuppert, Gunnar Folke: Die Erfüllung öffentlicher Aufgaben durch verselbständigte Verwaltungseinheiten – eine verwaltungswissenschaftliche Untersuchung. Göttingen 1981.
Schuppert, Gunnar Folke: Die öffentliche Verwaltung im Kooperationsspektrum staatlicher und privater Aufgabenerfüllung: Zum Denken in Verantwortungsstufen. Die Verwaltung 1998, 415ff.
Schuppert, Gunnar Folke: Staatsaufsicht im Wandel. DÖV 1998, 831ff.

Schwabe, Jürgen: Nochmals: „Der ‚mittelbare' Grundrechtseingriff". In: DVBl. 1988, 1055ff.
Schwarze, Jürgen (Hrsg.): EU-Kommentar: Baden-Baden 2000. Zitiert: *Bearbeiter*, in *Schwarze (Hrsg.)*, EU-Kommentar.
Schwarze, Jürgen: Daseinsvorsorge im Lichte des europäischen Wettbewerbsrechts. EuZW 2001, 334ff.
Schwarze, Jürgen: Die Vergabe öffentlicher Aufträge im Lichte des europäischen Wirtschaftsrechts. EuZW 2000, 133ff.
Schwintowski, Hans-Peter: Corporate Governance im öffentlichen Unternehmen. NVwZ 2001, 607ff.
Schwintowski, Hans-Peter: Gesellschaftsrechtliche Bindungen für entsandte Aufsichtsratsmitglieder in öffentlichen Unternehmen. NJW 1995, 1316ff.
Schwirzke, Werner: Allgemeines niedersächsisches Kommunalrecht – Grundriß für die Ausbildung und Fortbildung. 16. Auflage, Köln 1999.
Seebass, Friedrich: Die Prüfung – ein rechtsschutzloser Raum des Prüfers? NVwZ 1985, 521ff.
Seidel, Ingelore: Zur Implementierung von Sekundärzielen im europäischen Vergaberecht – De lege ferenda: Soft-Law-Kodex mit Punkteskala für Frauenquote und Raps-Schmieröl? ZVgR 2000, 195ff.
Sellmann, Klaus-A./Blume, Alexander: Die Entwicklung des öffentlichen Verkehrsrechts. NVwZ 1999, 250ff.
Sellmann, Klaus-A.: Die Entwicklung des öffentlichen Verkehrsrechts. NVwZ 2001, 1360ff.
Sellmann, Klaus-A.: Das Gesetz zur Neuordnung des öffentlichen Personennahverkehrs. NdsVBl. 1996, 121ff.
Sellner, Dieter: Kontrolle immissionsschutzrechtlicher und atomrechtlicher Entscheidungen im Verwaltungsgerichtsprozeß. BauR 1980, 391ff.
Sendler, Horst: Wundersame Vermehrung von Grundrechten – insbesondere zum Grundrecht auf Mobilität und Autofahren. NJW 1995, 1468f.
Siebert, Wolfgang: Privatrecht im Bereich öffentlicher Verwaltung. In: *Rechts- und Staatswissenschaftliche Fakultät zu Göttingen (Hrsg.)*, Festschrift für Hans Niedermayer zum 70. Geburtstag, S. 215ff. Göttingen 1953.
Skouris, Wassilios: Der Einfluß des Europäischen Gemeinschaftsrechts auf die Unterscheidung zwischen Privatrecht und Öffentlichem Recht. EuR 1998, 111ff.
Sobotha, Katharina: Das Prinzip Rechtsstaat – Verfassungs- und verwaltungsrechtliche Aspekte. Tübingen 1997.
Sodan, Helge: Unbeachtlichkeit und Heilung von Verfahrens- und Formfehlern. DVBl. 1999, 729ff.
Sodan, Helge: Vorrang der Privatheit als Prinzip der Wirtschaftsverfassung. DÖV 2000, 361ff.
Sollondz, Frank: Neues kommunales Unternehmensrecht im Freistaat Sachsen. LKV 2003, 297ff.
Soltész, Ulrich: Öffentliche Finanzierung von Infrastruktur- und Erschließungsmaßnahmen und das EG-Beihilfenrecht. EuZW 2001, 107ff.
Sommermann, Karl-Peter: Verordnungsermächtigung und Demokratieprinzip – Verfassungsrechtliche Grenzen parlamentarischer Änderungsvorbehalte. JZ 1997, 434ff.

Soukop, Karl: Gemeinwirtschaftliche Leistungen der Infrastrukturensektoren in der EU. ZögU 1996, 164ff.
Spannowsky, Willy: Der Einfluß öffentlich-rechtlicher Zielsetzungen auf das Statut privatrechtlicher Eigengesellschaften der öffentlichen Hand – Öffentlich-rechtliche Vorgaben, insbesondere zur Ingerenzpflicht. ZGR 1996, 400ff.
Spannowsky, Willy: Die Verantwortung der öffentlichen Hand für die Erfüllung öffentlicher Aufgaben und die Reichweite ihrer Einwirkungspflicht auf Beteiligungsunternehmen. DVBl. 1992, 1072ff.
Spannowsky, Willy: Grenzen des Verwaltungshandelns durch Verträge und Absprachen. Berlin 1994.
Spies, Ulrich: Interessenkollision in der Gemeindevertretung – auch bei öffentlich Bediensteten? DVBl. 1986, 131ff.
Spuller, Gábor: Wettbewerb des Öffentlichen Personennahverkehrs im Rahmen der EG-Beihilfenkontrolle? LKV 2001, 252ff.
Stahl, Rainer: Der Interessenwiderstreit im Gemeinderecht – Voraussetzungen, Rechtsfolge und Fragen des Rechtswegs. DVBl. 1972, 764ff.
Starck, Christian: Praxis der Verfassungsauslegung. Baden-Baden 1994.
Steffen, U. /Venus, A: Gemischtwirtschaftliche Entsorgungsunternehmen und Vergaberecht. VKS-News 2001, 19ff.
Stein, Ekkehart/Götz, Frank: Staatsrecht. 18. Auflage, Tübingen 2002.
Steinberg, Rudolf: Komplexe Verwaltungsverfahren zwischen Verwaltungseffizienz und Rechtsschutzauftrag. DÖV 1982, 619ff.
Stelkens, Paul/Bonk, Joachim/Sachs, Michael: Verwaltungsverfahrensgesetz – Kommentar. 6. Auflage, München 2001. Zitiert: *Bearbeiter*, in *Stelkens/Bonk/Sachs*, VwVfG.
Stern, Klaus: Anmerkung zu BGHZ 36, 91. JZ 1962, 181f.
Stern, Klaus: Das Staatsrecht der Bundesrepublik Deutschland, Band I Grundlagen und Geschichte. München 1988.
Stern, Klaus: Das Staatsrecht der Bundesrepublik Deutschland, Band III/1 Allgemeine Lehren der Grundrechte. München 1988.
Stern, Klaus: Das Staatsrecht der Bundesrepublik Deutschland, Band III/2 Allgemeine Lehren der Grundrechte. München 1988.
Stern, Klaus/Püttner, Günter: Die Gemeindewirtschaft – Recht und Realität. Stuttgart u.a. 1965.
Sterner, Frank: Rechtsbindungen und Rechtsschutz bei der Vergabe öffentlicher Aufträge. Stuttgart u.a. 1996.
Stickler, Thomas: Anmerkung zu OLG Celle v. 12.2.2001, abgedruckt in VergabeR 2001, 207ff. VergabeR 2001, 209f.
Stober, Rolf: Die privatrechtlich organisierte Verwaltung – Zur Problematik privatrechtlicher Gesellschaften und Beteiligungen der öffentlichen Hand. NJW 1984, 449ff.
Storr, Stefan: Der Staat als Unternehmer – Öffentliche Unternehmen in der Freiheits- und Gleichheitsdogmatik des nationalen Rechts und des Gemeinschaftsrechts. Tübingen 2001.
Storr, Stefan: Zwischen überkommener Daseinsvorsorge und Diensten von allgemeinem wirtschaftlichen Interesse – Mitgliedstaatliche und europäische Kompetenzen im Überblick. DÖV 2002, 357ff.

Tettinger, Peter J.: Rechtsschutz gegen kommunale Wettbewerbsteilnahme. NJW 1998, 3473f.

Tettinger, Peter J.: Verfassungsrecht und Wirtschaftsordnung – Gedanken zur Freiheitsentfaltung am Wirtschaftsstandort Deutschland. DVBl. 1999, 679ff.

Theobald, Christian/Kafka, Axel: Vergabe von Verkehrsverträgen im Rahmen des SPNV. NZBau 2002, 603ff.

Thode, Bernd/Peres, Holger: Die Rechtsform der Anstalt nach dem kommunalen Wirtschaftsrecht des Freistaats Bayern. BayVBl. 1999, 6ff.

Timm, Wolfram: Treuepflichten im Aktienrecht. WM 1991, 481ff.

Tomerius, Stephan: Kommunale Abfallwirtschaft und Vergaberecht. NVwZ 2000, 727ff.

Tomerius, Stephan: Wirtschaftliche Betätigung der Gemeinden zwischen Gemeindewirtschafts- und Wettbewerbsrecht. LKV 2000, 41ff.

Triantafylou, Dimitris: Europäisierungsprobleme des Verwaltungsprivatrechts am Beispiel des öffentlichen Auftragsrechts. NVwZ 1994, 943ff.

Trute, Hans-Heinrich/Pfeifer, Axel: Schutz vor Interessenkollisionen im Rundfunkrecht: Zu § 53 NW LRG. DÖV 1989, 192ff.

Tsiliotis, Charlambos: Der verfassungsrechtliche Schutz der Wettbewerbsfreiheit und seine Einwirkungen auf die privatrechtlichen Beziehungen – Eine grundrechtliche Untersuchung im deutschen Wirtschaftsverfassungsrecht mit einer Erweiterung im Wirtschaftsverfassungsrecht der EG/EU. Berlin 2000.

Turegg, E. von: Verwaltungsentscheidung in eigener Sache. DÖV 1955, 81ff.

Uhle, Arnd: Die Verordnungsgewalt unter dem Grundgesetz – Originäre oder derivative Kompetenz der Exekutive? ZG 2001, 328ff.

Ule, C.H.: Verfassungsrecht und Verwaltungsprozeßrecht. DVBl. 1959, 537ff.

Ullrich, Hanns: Dienstleistungskonzessionen und europäisches Vergaberecht. ZVgR 2000, 85ff.

Ulmer, Peter: Aufsichtsratsmandat und Interessenkollision. NJW 1980, 1603ff.

Unger, Walter (Bearb.): Kommunalverfassungsrecht Hessen – Kommentar, Texte. Loseblattsammlung, Stand Nachlieferung 7. Juni 2002, Wiesbaden.

Unruh, Peter: Kritik des privatrechtlichen Verwaltungshandelns – Ein Problemaufriß. DÖV 1997, 653ff.

Vogel, Hans-Jochen: Gewaltenvermischung statt Gewaltenteilung? Zu neueren Entwicklungen im Verhältnis der Verfassungsorgane zueinander. NJW 1996, 1505ff.

Voppel, Rheinhard: Neuerungen im Vergaberecht durch das Vergaberechtsänderungsgesetz (VgRÄG). LKV 1999, 5ff.

Wachinger, Lorenz: Der Marktzugang im Öffentlichen Personennahverkehr im Zeichen des Wettbewerbs – Voraussetzungen und Rahmenbedingungen des Marktzugangs im straßengebundenen ÖPNV nach nationalem und europäischem Recht vor dem Hintergrund der gegenwärtigen Wettbewerbstendenzen. Dissertation am Fachbereich Rechtswissenschaften der Freien Universität Berlin, Veröffentlichung in Vorbereitung.

Wachinger, Lorenz: Zum Anwendungsvorrang des EG-Beihilfenrechts – was vom EuGH in Sachen Magdeburg (nicht) zu erwarten ist. Verkehr und Technik 2001, 197ff.

Wachinger, Lorenz/Wittemann, Martin: Regionalisierung des ÖPNV – Der rechtliche Rahmen in Bund und Ländern nach der Bahnreform. Bielefeld 1996.

Wahl, Rainer: Der Vorrang der Verfassung und die Selbständigkeit des Gesetzesrechts. NVwZ 1984, 401ff.

Waibel, Gerhard: Gemeindeverfassungsrecht Baden-Württemberg. 4. Auflage, Stuttgart u.a. 1999.

Wais, Edgar: Gefahr von Interessenkollisionen bei gleichzeitiger Wahrnehmung eines öffentlichen Amts und eines Aufsichtsratsmandats? NJW 1982, 1263ff.

Wall, Heinrich de: Die Anwendbarkeit privatrechtlicher Vorschriften im Verwaltungsrecht – dargestellt anhand der privatrechtlichen Regeln über Rechtsgeschäfte und anhand des allgemeinen Schuldrechts. Tübingen 1999.

Wallerath, Maximilian: Öffentliche Bedarfsdeckung und Verfassungsrecht – Beschaffung und Leistungserstellung im Staat der Gegenwart. Baden-Baden 1988.

Walthelm, Veit: Das öffentliche Auftragswesen – Eine rechtssystematische Untersuchung. München 1979.

Wassermann (Gesamthrsg.): Kommentar zum Grundgesetz für die Bundesrepublik Deutschland, Band 2, Reihe Alternativkommentare. Neuwied 1989. Zitiert: *Bearbeiter*, in *Wassermann (Gesamthrsg.)*, AK GG.

Weber, Claus: Zulässigkeit und Grenzen von Leistungsbeschreibungen nach europäischem Vergaberecht. NZBau 2002, 194ff.

Weber-Dürler, Beatrice: Der Grundrechtseingriff. VVDStRL 57 (1998), 57ff.

Weitbreit, Andreas: Erste Erfahrungen mit dem Nachprüfungsverfahren nach dem GWB. In *Schwarze (Hrsg.)*, Die Vergabe öffentlicher Aufträge im Lichte des europäischen Wirtschaftsrechts, Baden-Baden 1999.

Wenzel, Alfons: Amtsausübung und Interessenkollision. DÖV 1976, 411ff.

Werber, Manfred: Der Versicherungsmakler im Vergaberecht. VersR 2001, 1313ff.

Werner, Jan: Nach der Regionalisierung – Der Nahverkehr im Wettbewerb. Dortmund 1998.

Wiedemann, Gerhard (Hrsg.): Handbuch des Kartellrechts. München 1999.

Wieland, Joachim/Hellermann, Johannes: Das Verbot ausschließlicher Konzessionsverträge und die kommunale Selbstverwaltung. DVBl. 1996, 401ff.

Will, Wolfgang: Neuer Ordnungsrahmen für den ÖPNV – Verkehrsunternehmen im Spannungsfeld von Politik und Wirtschaftlichkeit. Der Nahverkehr, 1-2/2001, 28ff.

Will, Wolfgang: Neuer Ordnungsrahmen für ÖPNV-Betriebe: Kasseler Verkehrs-Gesellschaft AG im Wettbewerb?! ZögU 2001, 92ff.

Wimmer, Raimund: Der befangene Amtsträger im behördlichen Verfahren (zugleich eine Untersuchung über die Zulässigkeit von Verfahrensanalogien). MDR 1962, 11ff.

Winkler, Markus: Kollisionen zwischen Grundrechten und anderen verfassungsrechtlichen Schutznormen – zur Dogmatik der „verfassungsimmanenten" Grundrechtsschranken. Mainz 1999.

Winnes, Michael: Das Verbot von Doppelmandaten bei Ausschreibungen im ÖPNV-Bereich. NZBau 2002, 371ff.

Winters, Karl-Peter: Anmerkung zu BVerfG v. 20.12.1979, abgedruckt in DÖV 1980, 30. DÖV 1980, 305f.

Wittig, Oliver: Wettbewerbs- und verfassungsrechtliche Probleme des Vergaberechts. Heidelberg 1998.

Wolff, Hans Julius/Bachof, Otto/Stober, Rolf: Verwaltungsrecht Band 1 – Ein Studienbuch. 11. Auflage, München 1999.

Wolff, Hans Julius/Bachof, Otto: Verwaltungsrecht Band 1 – Ein Studienbuch. 9. Auflage, München 1974

Würdinger, Hans: Öffentliche Hand und Unternehmen. DB 1976, 613ff.

Zacharias, Diana: Wirtschaftliche Betätigung der Kommunen. VerwRdsch 2000, 271ff.

Zeidler, Karl: Schranken nichthoheitlicher Verwaltung. VVDStRl 19 (1961), 208ff.

Zeiss, Christopher: Wechselwirkungen zwischen kommunalem Wirtschaftsrecht und Vergaberecht. NZBau 2003, 475ff.

Zezschwitz, Friedrich von: Rechtsstaatliche und prozessuale Probleme des Verwaltungsprivatrechts. NJW 1983, 1873ff.

Ziekow, Jan: Vergabefremde Zwecke und Europarecht. NZBau 2001, 72ff.

Ziekow, Jan/Siegel, Thorsten: Das Vergabeverfahren als Verwaltungsverfahren. ZfBR 2004, 30ff.

Zuck, Holger: Eigenwirtschaftliche und gemeinwirtschaftliche Verkehrsleistungen und geringste Kosten für die Allgemeinheit – Rechtsfragen der Neuordnung des Öffentlichen Personennahverkehrs (ÖPNV) durch die PBefG-Novelle `96. DÖV 1994, 941ff.

Zugmaier, Oliver: Gemeindliche Unternehmen in Privatrechtsform. BayVBl. 2001, 233ff.

Zuleeg, Manfred: Die Anwendungsbereiche des öffentlichen Rechts und des Privatrechts. VerwArch 73 (1982); 384ff.

Zuleeg, Manfred: Die Ermessensfreiheit des Verordnungsgebers. DVBl. 1970, 157ff.

Zuleeg, Manfred: Rechtsschutz und Grundrechtsbindung bei der Vergabe öffentlicher Aufträge. WiVerw 1984, 112ff.